Cruciformity
Paul's Narrative Spirituality of the Cross

삶으로 담아내는 십자가
— 십자가 신학과 영성 —
마이클 고먼 지음 | 박규태 옮김

삶으로 담아내는 십자가
: 십자가 신학과 영성

Copyright ⓒ 새물결플러스 2010

Copyright ⓒ 2001 by Wm. B. Eerdmans Publishing Co.
Originally published in English under the title
Cruciformity: Paul's Narrative Spirituality of the Cross by Michael J. Gorman
Published by Wm. B. Eerdmans Publishing Co.
2140 Oak Industrial Drive NE, Grand Rapids, Michigan 49505, U.S.A.
All rights reserved.

Translated and used by arrangement of Wm. B. Eerdmans Publishing Co., through rMaeng2, Seoul, Korea.

Korean Copyright ⓒ 2010 by Holy Wave Plus, Seoul, Korea.

본 저작물의 한국어판 저작권은 알맹2 에이전시를 통하여 Wm. B. Eerdmans Publishing Co.와 독점 계약한 새물결플러스에 있습니다. 신 저작권법에 의하여 한국 내에서 보호받는 저작물이므로 무단 전재와 무단복제를 금합니다.

사도 바울, 그리고 십자가를 본받는 삶에 관하여
내게 많은 것을 가르쳐 준
나의 가족 낸시, 마크, 에이미, 브라이언과
학생들에게 이 책을 바칩니다.

일러두기

1. 저자가 사용하는 cruciformity는 '십자가의, 십자가 형상을 지닌'이라는 뜻을 가진 cruciform과 '본받음, 닮아감'이라는 뜻을 가진 conformity의 합성어다. 이를 고려하여 cruciformity는 '십자가를 본받는 삶'이라고 번역했으며, cruciform이라는 말 역시 문맥에 따라 '십자가에 달리신, 십자가를 본받는, 십자가로 나타난' 등으로 번역했다.
2. 성경본문은 개역개정판(4판)을 그대로 옮겼다. 개역개정판과 다른 본문이 등장하는 경우는 지은이가 제시한 본문을 옮긴이가 우리말로 옮긴 것이다.
3. 성경 구절 표시 역시 개역개정판을 기준으로 했다. 가령, 개역개정판이 갈라디아서 2:20 서두에 기록해 둔 본문은 지은이가 인용한 NRSV나 헬라어 본문에서는 2:19에 들어있는데, 이 경우 개역개정판을 따라 표시했다.
4. 지은이 주는 각주로, 옮긴이 주는 각 장별 미주로 처리했다. 지면 관계상 다 싣지 못한 옮긴이 주는 로마자 알파벳 소문자(예, 가)로 표시했고, 새물결플러스 홈페이지에서 내용을 확인할 수 있다.
5. 옮긴이 주에서 헬라어 비평본문을 인용할 때는 독일성서공회에서 1999년에 출간한 Nestle-Aland, *Novum Testamentum Graece*, 27차 개정판(6쇄, 약칭 NA)을 사용했다. 헬라어 설명에는 Horst Balz/Gerhard Schneider, *Exegetisches Wörterbuch zum Neuen Testament* I/II/III(Stuttgart: W. Kohlhammer, 1980/1981/1983, 약칭 EWNT I/II/III)와 W. Bauer, W. F. Arndt, F. W. Gingrich, and F. W. Danker. *Greek-English Lexicon of the New Testament and Other Early Christian Literature*. 3rd ed.(Chicago: University of Chicago Press, 2000, 약칭 BDAG)를 사용했다.
6. 옮긴이 주에서 히브리어/아람어 비평본문을 인용할 때는 역시 독일성서공회에서 1997년에 출간한 *Biblia Hebraica Stuttgartensia*, 5차 개정판(BHS로 약칭)을 사용했다. 히브리어/아람어 설명에는 Wilhelm Gesenius' *Hebräisches und Aramäisches Handwörterbuch über das Alte Testament*, 17판(Leipzig: F. C. W. Vogel, 1921, 약칭 WGH)과 Koehler/Baumgartner, *The Hebrew & Aramaic Lexicon of the Old Testament* I/II(Study Edition, Leiden: Brill, 2001, 약칭 KB I/II)를 사용했다.

약 어

BDAG	W. Bauer, W. F. Arndt, F. W. Gingrich, and F. W. Danker. *Greek-English Lexicon of the New Testament and Other Early Christian Literature*. 2nd ed. Chicago: University of Chicago Press, 1979.
HDR	Harvard Dissertations in Religion
JSNTSup	*Journal for the Study of the New Testament*: Supplement Series
KJV	King James Version
NCB	New Century Bible
NIBC	New International Biblical Commentary
NICNT	New International Commentary on the New Testament
NIV	New International Version
NRSV	New Revised Standard Version
OBT	Overtures to Biblical Theology
RSV	Revised Standard Version
SBLDS	Society of Biblical Literature Dissertation Series
SNTSMS	Society for New Testament Studies Monograph Series
TDNT	G. Kittel and G. Friedrich, eds. *Theological Dictionary of the New Testament*. Translated by G. W. Bromiley. 10 vols. Grand Rapids: Eerdmans, 1964-76.

| 목차 |

일러두기 6
약어 7
한국어판 서문 11
감사의 말 13
들어가는 말 15

1장 십자가에 못 박히신 하나님
    바울이 경험한 "우리 주 예수 그리스도의 아버지" 체험 27

2장 십자가에 못 박히셨다가 높이 들리신 메시아
    "그리스도께 잡혀 그분을 본받는 자가 되다" 45

3장 십자가를 본받게 하는 영
    바울이 경험한 하나님의 영, 그리스도의 영 체험 93

4장 십자가로 사랑을 보여주신 삼위일체 하나님
    바울이 경험한 삼위일체 체험 113

5장 십자가에 관한 말씀
    십자가에 관한 내러티브, 십자가를 본받는 삶의 패턴들 133

6장 십자가를 본받는 믿음(I)
    바울, "근본적 선택", 그리고 예수 그리스도를 믿는 믿음 167

7장 십자가를 본받는 믿음(II)
    믿음의 특성과 대가 207

8장 십자가로 나타난 사랑(I)
　십자가에 못 박히신 메시아가 보여주신 본　　　　　　　　257

9장 십자가를 본받는 사랑(II)
　사도들이 보여준 십자가를 본받는 삶　　　　　　　　　　293

10장 십자가를 본받는 사랑(III)
　믿음의 공동체가 보여주는 내러티브 형태　　　　　　　　347

11장 십자가를 본받는 삶의 능력
　약함의 역설　　　　　　　　　　　　　　　　　　　　　429

12장 십자가를 본받는 삶의 소망
　십자가를 본받는 삶의 미래　　　　　　　　　　　　　　483

13장 십자가를 본받는 삶을 사는 공동체
　바울이 경험한 교회 체험과 그가 그린 교회상　　　　　　549

14장 오늘날의 십자가를 본받는 삶
　십자가에 맞선 도전들, 그리고 십자가가 던지는 도전들　579

　옮긴이의 말　　　　　　　　　　　　　　　　　　　　　631
　참고 문헌　　　　　　　　　　　　　　　　　　　　　　637
　현대 저자 색인　　　　　　　　　　　　　　　　　　　　654
　인용한 성경 구절과 다른 고전 문헌 색인　　　　　　　　660

| 한국어판 서문 |

그리스도 안에서 형제·자매 된, 한국에 있는 그리스도인과 각처에 흩어져 있는 그리스도인 공동체들이 제 책에 깊은 관심을 가져준 것에 대해 겸손한 마음과 함께 감사의 마음을 갖게 됩니다. 이러한 관심은 사도신경이 말하고 있는 바, "하나의 거룩한 보편의 사도적" 교회가 갖는 공교회성을 드러내 보이는 일이기 때문입니다.

이 책을 통해 제가 목표했던 것은 교회로 하여금 좀 더 사도적인 교회, 특별히 사도 바울이 말한 교회의 모습을 닮아가도록 돕는 것이었습니다. 이것은 바울이 전한 그리스도, 곧 십자가에 못 박힌 그리스도에 초점을 맞춘다는 것으로, 십자가를 우리의 구원의 원천(source)으로 볼 뿐만 아니라 우리의 구원이 빚어져 가야 할 형상(shape)으로 본다는 의미입니다. 이것이 바로 '십자가를 본받는 삶'(cruciformity)이 뜻하는 바입니다. 우리가 십자가의 형상으로 빚어져 가면 갈수록 그리스도를, 그리고 하나님을 더욱 닮아가게 되며, 그리하여 더욱 거룩해지게 되는 것입니다.

그러나 십자가가 빚어낸 거룩함은 내 안에서만, 그리고 혼자서 만들어갈 수 있는 것이 아닙니다. 거룩함이란 거룩한 개인들로 가득한 거룩한 공동체를 창조하시고, 그러한 공동체를 통해 그들이 살고 있는 세상에 진정한 충격을 주기 위한 성령의 사역이기 때문입니다. 이는 성경을 아는 것만으로는 부족합니다. 하나님께서는 그리스도 이야기를 삶으로 주석하도록, 복음의 의미를 삶으로 담아내도록 우리를 부르셨습니다. 이는 우리의 대가와 희생을 요구합니다. 그리스도께서 우리를 위한 사랑 때문에 십자가에 이르기까지 아버지께 순종하셨을 때, 그분도 멸시와 천대를 받으셨습니다.

하지만 성령께서 믿음의 공동체에 역사하셔서 그 공동체를 십자가에 못 박힌 그리스도의 형상으로 빚어가실 때, 그 공동체는 고난당하고 도전에 직면하게 됨에도 불구하고 더욱 생명력 있는 공동체가 됩니다. 십자가에 못 박히셨던 그리스도는 지금 살아계신 주님이시기 때문입니다! 또한 성령의 생명, 십자가에 못 박혔으나 살아계신 우리 주님의 생명이 더욱 충만히 나타날 때, 우리는 그리스도의 교회가 갖는 하나됨과 보편성("하나의-보편적" 교회), 곧 십자가에 못 박혔다 부활하신 우리 주님의 한 몸을 더욱 온전히 경험하게 됩니다.

저는 이 책을 교회를 위해, 신학자와 성경 연구가, 목회자 그리고 모든 성도를 위하는 마음으로 썼습니다. 그래서 저는 한국의 형제·자매들에게 감사와 기도, 무엇보다 십자가에 못 박혔다 부활하셔서 만유의 주가 되시고 세상의 소망이 되신 그리스도를 고백하는 모든 이들과의 하나됨을 제 책과 이 글에 담아 보냅니다. 그리스도의 이야기가 우리의 이야기가 되게 해 주시기를!

2010.2.1

마이클 J. 고먼

| 감사의 말 |

나는 대학과 신학대학원과 대학원에서 사도 바울을 정식으로 공부하기 시작할 때 존 헤어초크(John Herzog), 브루스 메츠거(Bruce Metzger), 고 크리스티안 베커(J. Christiaan Beker), 폴 마이어(Paul Meyer), 데이비드 애덤스(David Adams), 컬렌 스토리(Cullen Story), 베티 에드워즈(Betty Edwards), 그리고 마틴 드 보어(Martin de Boer) 같은 훌륭한 분들을 스승으로 모시는 행운을 누렸다. 그중에서도 특히 폴 마이어와 마틴 드 보어 두 분께 감사한다. 이 두 분은 내가 1980년대에 바울을 주제로 박사학위 논문을 쓰기 시작할 때, 그리고 논문을 마칠 때 각각 논문 지도를 해주셨다. 마틴과 브루스 메츠거 두 분은 이 책 초고를 읽고 애정 어린 반응을 보여주셨다.

바울 해석학자로서 동지이자 친구인 두 사람 리처드 헤이스(Richard Hays)와 스티브 파울(Steve Fowl)은 이 책을 쓸 때 고비 고비마다 나를 격려해주었다. 이 두 사람에게 큰 감사를 드린다. 리처드는 이 책이 제목과 개요만 나와 있을 때도 이 책이 주장하는 논지에 적극 공감을 표시해주었다. 지금은 에큐메니컬 신학연구소(the Ecumenical Institute of Theology)에서 내 파트타임 동료로도 일하고 있는 스티브는 이 책 초고를 자상하게 읽어보고 꼼꼼하게 평해 주었다. 이 점 특히 감사드린다.

내가 지난 10년간 세인트 메리 신학대학원대학교(St. Mary's Seminary and University)[a] 신학대학원과 에큐메니컬 신학연구소에서 가르친 학생들은 내게 사도 바울을 상고하고 그와 더불어 살아갈 용기를 불어넣어주었다. 이 책을 써나가는 동안 한 고비 한 고비 지날 때마다 이 책에 진심어린 반응과 관심을 보여준 재학생들과 졸업생들에게 특히 감사드린다. 제나이다 벤치, 산드라 대그디지언, 스티브 젬, 제이슨 글로버, 조 제이퍼, 베티 캔슬러, 패트릭 킹, 메리 큐렉, 짐 렌티니, 롭 놀랜드, 마크 오헌, 짐 포포, 톰 서베이셔스, 마크 스톡턴과 바울 강의를 들었던 다른 학생들, 그 중에서도 특히 밥 앤더슨이 그런 학생들이다. 아울러 이 시기에 내 연구조교로 활동한 숀 힐 목사, (지금은 글래스고우 대학교에서 철학박사 과정을 밟고 있는) 캐런 웨넬, 조지 개넌, 그리고 특히 빌 개리슨이 여러 가지 방법으로 나를 도와주었다. 이들에게도 심심한 감사의 뜻을 전한다. 뿐만 아니라, 아주 많은 격려를 보내준 몇몇 동료 교수들, 그 중에서도 특히 폴 질롱카(Paul Zilonka) 신부님께 감사 말씀을 드린다.

세인트 메리 신학대학원대학교 노트 도서관(Knott Library)에서 일하는 친절한 직원들, 그 중에서 특히 메리 케이 레이놀즈와 존 핸슨이 도와주지 않았으면, 이 책을 쓰는데 필요한 연구를 끝낼 수 없었을 것이다. 이 분들께도 감사한다. 질녀 스테이시 펠드스타인은 나를 도와 이 책 원고를 읽으며 교정을 봐주고 색인을 작성해주었다. 내 동료 패트 포자렐리와 내 친구 캐런 화이트도 같은 수고를 해주었다.

마지막으로, 나는 내 가족에게 충심으로 감사한다. 내 세 자녀 마크와 에이미와 브라이언은 나를 도와 교정과 색인 작성을 맡아주었다. 하지만 무엇보다 나는 이 세 자녀 그리고 특별히 아내인 낸시 안에서 십자가를 본받는 믿음과 사랑과 능력과 소망을 추구하는 마음을 볼 수 있다는 점에 늘 감사한다.

2001년 주님이 십자가에 못 박히신 금요일에

| 들어가는 말 |

바울은 자신이 세운 고린도 교회에 편지하면서 범상치 않은 말로 자기를 소개하다가 이런 주장을 한다.

내가 너희 중에서 예수 그리스도와 그가 십자가에 못 박히신 것 외에는 아무 것도 알지 아니하기로 작정하였음이라(고전 2:2)

이 구절에서 "와"로 번역된 헬라어는 문맥상 "아니 오히려" 또는 "그러니까 다시 말해"로 번역하는 편이 더 나을 수 있다. 그러면, 이 본문은 이렇게 번역될 것이다.

내가 너희 중에서 예수 그리스도, 그러니까 다시 말해 **십자가에 못 박히신** 예수 그리스도 외에는 아무 것도 알지 아니하기로 작정하였음이라[1]

문맥상 "알다"라는 말은 "무언가를 체험하고 그것을 말과 행동으로 알리다"라는 의미다.[2] 바울의 이 주장은 정말 놀랍다. 바울은 시야를 좁혀 그리스도의 십자가에만 초점을 맞추고 있는 것처럼 보인다. 그러나 바울은 이 좁은 안목이 **넓은 것이어서**, 그가 처음 고린도 교인들 가운데 있었을 때나, 그가 시사하는 대로, 대리인을 통하여(그가 쓴 목회 서신을 보냄으로써) 그들과 함께 있는 지금까지 충분히 아우르는 것이라고 주장한다. 한스 큉(Hans Küng)[a]은 한 세대

전에 내놓은 그의 걸작 『그리스도인으로 산다는 것』(On Being a Christian)[b]에서 바울이 십자가에 초점을 맞추는 것을 두고 이렇게 말했다.

> **바울은 기독교를 결국 다른 것과 구별해주는 특징**이 무엇인가를 표현하는 데 어느 누구보다 더 분명한 성공을 거두었다……고대 세계의 종교 및 근대 인문주의와 구별되는 기독교의 특징은 바울이 말하고 있는 바로 그대로 "이 예수 그리스도, 곧 **십자가에 못 박히신** 예수 그리스도"다. 부활하여 높이 들림을 받아 지금도 살아있다고 말하는 다른 종교의 신들과 신 대접을 받는 그 종교의 창시자, 그리고 세계사에 등장했던 황제들, 천재들, 영웅들과 이 예수 그리스도를 확실히 구별해주는 것은 그가 부활하였고, 높이 들림을 받았고, 살아 있는 신이라는 점이 아니라, 바로 그가 십자가에 못 박혔다는 점이다.[1]

사람들이 익히 아는 대로, 고대 세계에 살던 유대인들이나 비유대인들에게는 십자가에 못 박히신 메시아, 구주, 또는 신이라는 개념이 해괴한 것이었다. 하지만 거꾸로 초기 그리스도인들은 십자가에 못 박히셨다가 이제는 부활하셔서 높이 올림을 받으신 예수 안에서 바울이 말한 "하나님의 능력과 하나님의 지혜"(고전 1:24)를 발견했으며, 본받을 만한 가치가 있는 겸손과 자기희생과 고난을 찾아냈다. 바울의 영적 체험은 그가 살던 사회 세계의 중심부에 든든히 자리 잡고 있던 "주류" 종교에 속한 것이 아니었다. 오히려 그는 중심부에서 멀찌감치 밀려나 있었다. 그는 비주류 괴짜(eccentric, 말 그대로 "중심부에서 동떨어진" 사람)였다. 바울 자신도 인정하듯이, 십자가와 자신을 동일시하는 바람에 그와 그의 동지들은 괴짜들이요 "그리스도 때문에 어리석은 자들"(고전 4:10)이 되었다. 십자가에 못 박히셨다가 높이 들림을 받으신 메시아라는 개념은 기이하기 이를 데 없다. 이런 기이함에도 불구하고(아니면 이런 기이함 때문이었는지 모르지만), 웨인 믹스(Wayne Meeks)의 말을 빌리자면, 이 개념은 "지금까지 종교사에서 등장한 상징들 가운데 가장 강력한 상징 중 하나"가 되었다. 믹스는 또 "이 개념이 지닌 생산 잠재력을 바울과 그의 동지들만큼 빠

---

1) Hans Küng, *On Being a Christian* (Garden City, NY: Doubleday, 1976), 409-10.(원서 강조)

르고 폭넓게 인식한 사람은 아무도 없는 것 같다"[2]라고 말한다.

이 책 제목인 '**십자가를 본받는 삶: 바울의 십자가 내러티브 영성**(*Cruciformity: Paul's Narrative Spirituality of the Cross*)'이 조금은 평범하지 않다는 것을 나도 인정한다. 논지를 전개해가기 전에 몇 가지 용어를 먼저 정의하고 넘어가는 것이 도움이 될 것 같다.

"영성(Spirituality)"은 모호한 말이어서, 정확히 정의하기가 어렵다. 그 때문인지, 이 말은 아주 다양하게 이해되고 있다. 오늘날에는 이 말을 목적의식이나 평정이라는 모호한 감정과 연결하는 대신, 종교 그 중에서도 특히 종교공동체와 분리시키는 부류가 많다. 심지어 종교계에서도 "영성"을 실체가 없는 모호한 감정으로, 또는 딱히 확인하거나 의문을 제기할 수 없는 경험 정도로 이해하는 경우가 종종 있다.[3]

기독교 맥락에서 내놓은 영성의 표준 정의 중 하나는 "삶으로 기독교 신앙을 체험하는 것"[4]이다. 영성 이해의 출발점으로서 이 책이 받아들이는 영성 개념을 정의한다 할 때, 우리는 하루하루 삶 속에서 하나님의 사랑과 은혜를 체험하는 것이라고 정의할 수 있겠다. 이 체험에는 사랑을 받는 것과 사랑으로 보답하는 것이 다 포함된다. 물론 **영성**은 영 안에서 사는 삶이라고 정의할 수도 있다. 마찬가지로, 그리스도인들은 이 영성을 그리스도와 더불어 그리스도 안에서 사는 삶이요, 그리스도 안에서 지극히 풍성하게 계시된 하나님의 사랑과 은혜를 역시 그리스도 안에서 지극히 풍성하게 체험하는 것이라고 설명할 수 있겠다. 그리스도인들에게 영성은 다른 이들과 더불어 사는 그들의 일상생활에 영향을 미치는 삼위일체 하나님과 나누는 사귐이다. 이런 삶은 바울 덕분에 2천 년 가까이 믿음, 소망, 사랑의 삶(고전 13:13)으로 표현되어 왔다. 따라서 영성은 충분히 정의할 수 있는 내용과 형태를 갖고 있다. 바울은

---

[2] Wayne A. Meeks, *The First Urban Christians: The Social World of the Apostle Paul* (New Haven: Yale University Press, 1983), 180.
[3] 이런 흐름 중 일부와 이런 흐름을 지지하는 사람들을 예리하게 비판한 내용을 보려면, L. Gregory Jones, "A Thirst for God or Consumer Spirituality? Cultivating Disciplined Practices of Being Engaged by God," *Modern Theology* 13(1997): 3-28을 보라.
[4] 이것이 Bernard McGinn and John Meyendorff, eds., *Christian Spirituality: Origins to the Twelfth Century* (New York: Crossroad, 1985)의 서론 xv에서 사용된 "유용한 정의"의 내용이다. 나를 이 정의로 인도해 준 사람은 엘리자베스 패터슨 박사다.

분명 "완전한" 삼위일체 신학을 갖고 있지 않았다. 그러나 우리는 그의 하나님 체험을 삼위일체 하나님 체험으로 특징지을 수 있다는 것을 알게 될 것이다.

이 책 제목에 들어있는 "영성"이라는 말과 관련하여 또 하나 중요한 사실을 이야기해야겠다. 그것은 곧 내가 심사숙고 끝에 이 말을 "신학"이라는 말의 대안으로서 골랐다는 점이다. 학자들은 흔히 바울을 신학자로 묘사한다. 분명 그는 신학자였다. 아니 어쩌면 그는 "기독교 신학자 가운데 으뜸이자 가장 위대한 인물(the first and greatest Christian theologian)"[5]일지도 모른다. 바울은 물론 신학자였다. 그러나 그의 신학은 자신의 십자가 체험에 중심을 두고 있었다. 그런 점에서, 그의 신학적 확신과 주장들은 사람들이 흔히 생각하는 것보다 더 일관성이 있고 체계적이었다. 그러나 신학자 바울과 바울 신학을 논하는 대다수 설명들은 바울의 종교적 체험(그의 영성)과 유달리 자신의 종교적 체험을 이야기하기 좋아하는 그의 성향에 충분한 관심을 기울이지 않는다. 이렇게 바울의 종교적 체험에 무관심한 것은, 루크 존슨(Luke Johnson)이 적절히 지적한대로, 대다수 신약신학자들이 간과하는 중요한 맹점이다.[6]

하지만 바울의 경우에는 사람들이 간과하는 이 체험이란 것이 특히 기이하다. 바울이 보낸 서신들은 사도 자신과 자기 서신의 수신자인 공동체들이 한 체험을 이야기하고 해석한다.[7] 그가 쓴 서신에는 "안락의자 신학(arm-chair theology)"[c]이 들어있지도 않고, "종교적 체험에 관한 비판적 성찰"(이것도 신학을 정의할 수 있는 한 가지 표현이다)이 그 주된 내용을 이루지도 않는다. 바울 서신

---

5) 이 말은 제임스 던(James D. G. Dunn)이 쓴 역작 *The Theology of Paul the Apostle* (Grand Rapids: Eerdmans, 1998, 『바울 신학』, 크리스챤 다이제스트 역간), 2쪽 첫 문장에서 인용했다. 던이 말하는 "가장 위대한(greatest)"에는 "가장 영향력 있는(most influential)"이라는 의미도 들어 있다.
6) Luke Timothy Johnson, *Religious Experience in Earliest Christianity: A Missing Dimension of New Testament Studies* (Minneapolis: Fortress, 1998); 그리고 Luke Timothy Johnson with Todd C. Penner, *The New Testament Writings: An Interpretation*, rev. ed. (Minneapolis: Fortress, 1999), 93-104. 위에서 언급한 제임스 던 역시 바울을 신학자로 고찰하면서도 그가 한 체험의 역할을 무시하지 않은 사람들 가운데 하나임을 여기서 강조해두어야겠다. 사실, 던은 신학을 "종교" 또는 종교적 경험과 대립하는 반대명제로 정의하지 않는다. 도리어 그는 신학을 "더 폭넓게, 하나님에 관한 이야기 나아가 그 이야기에 포함되는 것과 그 이야기에 직접 뒤따라오는 모든 것"이라고 정의하면서, "특히 이 신학에는 믿음과 실천 사이의 상호작용이 포함된다……일상의 삶과 동떨어진 신학은 바울의 신학이 아닐 것이다"라고 말한다(*The Theology of Paul the Apostle*, 9).
7) 바울 서신을 이런 시각으로 읽게 되면, 눈이 열리는 극적 체험을 할 수 있다. 따지고 보면, 로마서와 같은 서신도 본디 체험, 곧 바울과 그의 독자들과 유대인들과 이방인들과 온 인류가 한 체험을 다룬 것이다.

전체, 나아가 그 서신들에 들어 있는 다양한 내러티브들은 신학을 가르치는 데 그 목적을 두기보다, 오히려 어떤 행위를 빚어내거나 어떤 삶의 패턴 내지 체험 패턴들을 주장하거나, 아니면 (사실 이런 경우가 더 많았는데) 그런 패턴들을 바꾸는 데 그 목적을 두었다. 다시 말해, 바울이 쓴 서신들은 신학적 목적 이전에 목회적 내지 영적 목적을 갖고 있다. 오늘날 우리는 영성 형성(spiritual formation)이 바울의 목표였다고 말해도 좋을 것 같다. 실제로 바울은 자신이 계속 갈라디아 사람들을 섬기며 그들을 양육하고 있다는 것을 묘사하고자 태아의 발달과 출산이라는 은유를 사용하고 있다(갈 4:19). 이런 점에서, 바울을 신학자 (또는 윤리학자) 이전에 먼저 목회 저술가 또는 영성 작가로 보는 것이 적절하다.[8]

내러티브 영성(*narrative spirituality*)이라는 개념을 처음 본 사람들은 이를 이상하게 볼지도 모르겠다. 오늘날 "내러티브 신학"과 "내러티브 윤리학" 같은 표현들은 흔한 신학 용어가 되었지만, "내러티브 영성"이라는 말은 그렇게 흔하지 않은 것 같다. 내가 말하는 내러티브 영성은 어떤 이야기를 들려주는 영성, 다시 말해 하나님과 함께 하는 삶으로서 어떤 식으로든 하나님이 하시는 "이야기"(*divine story*)에 부합하는 역동적 삶을 의미한다. 근래에 들어와 바울에게 내러티브가 중요한 것이었음을 간파하는 성경학자들이 점점 더 늘어나고 있다.[9] 일단 바울의 영성이 갖는 특성을 이해하게 되면, 그의 영성에 내러티브라는 말을 적용하는 것이 적절해 보일 것이다.

---

[8] 레이먼드 피케트(Raymond Pickett)는 그가 쓴 *The Cross in Corinth: The Social Significance of the Death of Jesus*, JSNTSup 143 (Sheffield: Sheffield Academic Press, 1997)에서 "학자들은 바울의 글 속에 나타난 예수의 죽음을 다룰 때 이 죽음이 갖는 의미를 바울이 어떻게 **생각했는가**라는 문제에 주로 치중해왔다"(13)라고 바르게 지적했다. 그러면서 피켓 자신은 "십자가에 못 박히신 메시아라는 상징이 대변하는 개념들을 넘어서서 이 상징이 뒷받침하는 사회규범과 가치를 고찰하는 쪽으로 옮겨가려는" 적절한 시도를 하고 있다(31).

[9] 예를 들면, Richard B. Hays, "Crucified with Christ: A Synthesis of the Theology of 1 and 2 Thessalonians, Philemon, Philippians, and Galatians," in Jouette M. Bassler, ed., *Pauline Theology, vol. 1: Thessalonians, Philippians, Galatians, Philemon* (Minneapolis: Fortress, 1991), 227-46; Richard B. Hays, *The Faith of Jesus Christ: An Investigation of the Narrative Substructure of Galatians 3:1-4:11*, SBLDS 56 (Chico, CA: Scholars Press, 1983); Stephen E. Fowl, *The Story of Christ in the Ethics of Paul: An Analysis of the Function of the Hymnic Material in the Pauline Corpus*, JSNTSup 36 (Sheffield: JSOT Press, 1990); Ben Witherington III, *Paul's Narrative Thought World: The Tapestry of Tragedy and Triumph* (Louisville: Westminster/John Knox, 1994).

이 책 제목에서 무엇보다 중요한 말인 "십자가를 본받는 삶(cruciformity)"은 사람들이 보통 바울 신학과 윤리학의 중심 개념이라 믿고 있는 십자가에 못 박히신 그리스도를 본받는 것(conformity to the crucified Christ)을 내 자신의 말로 표현한 용어다.[10] 바울이 십자가에 못 박히신 그리스도를 본받는 것을 무엇이라고 말하는지 밝혀내는 것이 이 책의 과제다. 동시에, 하나님의 사랑과 은혜를 체험하는 첫 번째 방편이지만 기이한 이야기인, 그리스도가 십자가에 못 박히신 사건에 일상의 삶을 역동적으로 일치시켜 가는 것이 바로 십자가에 못 박히신 그리스도를 본받는 것임을 제시하는 것 역시 이 책의 과제다. 다시 말해, 십자가를 본받는 삶이 바울이 기이하게 권면하는, 아니 오히려 강권하고 있는 내러티브 영성이다. 바울이 말하는 내러티브 영성은, 이 책 부제가 말하듯이, (바울의 복음과 삶이 초점을 맞추고 있는) 십자가 영성이다. 바울의 평생 사명은 "모든 것을 십자가라는 무시무시한 중력장 안으로 끌어들임으로써 그리스도를 믿는 회중들의 삶에 질서를 부여"[11]하고자 노력하는 것이었다.

바울의 "십자가" 영성을 생각할 때, 결국 우리가 잊지 말아야 할 것은 **로마의 평화**(*pax Romana*)[d] 기간에 십자가형(crucifixion)이 가졌던 의미다.[12] 십자가형은 1세기 로마에서 가장 음흉하고 위협적인 권력 유지 수단이자 정치적 통제 도구였다. 당대 저술가들은 이 형벌을 "가장 비참한(또는 불쌍한) 죽음", "노예에게 가할 수 있는 가장 혹독한 고문", "저주스러운 것" 또는 "천벌"로 묘사했다.[13] 십자가형은 로마가 제국의 "평화와 안전"에 위협을 가한다고 생각

---

10) 최근까지만 해도, 나는 사실상 내가 이 말을 만들어냈다고 믿었다. 그러나 나는 동료인 에릭 그리취(Eric W. Gritsch)가 20여 년 전에 이미 두 논문에서 이 말을 사용한 사실을 발견했다 ("Defenders of Cruciformity-Detectors of Idolatry: The Case of Sixteenth-Century Restitutionists," *Katallagete* 6 [1977]: 10-14; 그리고 "The Church as Institution: From Doctrinal Pluriformity to Magisterial Mutuality," *Journal of Ecumenical Studies* 16 [1979]: 448-56을 보라. 여기서 cruciformity라는 말은 그리스도의 초림과 재림 사이의 교회 상태를 가리키고 있다). 뿐만 아니라, 내 제자인 빌 개리슨은 인터넷에서 적어도 한 교회가 이 말을 자기 교회가 그리스도를 본받는 데 강조점을 두고 있음을 나타내는 말로 사용하고 있다는 사실, 그리고 그 교회가 *Cruciformity*라는 출판물을 갖고 있다는 사실을 알아냈다. 그러나 내가 아는 한, 바울을 논의하는 장에서 cruciform이라는 형용사는 종종 사용되고 있지만, 이 cruciformity라는 말이 사용된 적은 여태까지 한 번도 없었다.
11) Neill Elliott, *Liberating Paul: The Justice of God and the Politics of the Apostle* (Maryknoll, NY: Orbis, 1994), 93.
12) Martin Hengel, *Crucifixion*, trans. John Bowden(London: SCM, 1977, 『십자가 처형』, 대한기독교서회 역간)을 보라.
13) 이 표현은 각각 Josephus, *Jewish War*(*Bellum judaicum*) 7.203(헬라어로 *oiktiston*), Cicero, *Against*

하는 자들을 고문과 폭력으로 통제하던 방편이었다. 제국에 살던 사람은 모두 "십자가의 공포"를 알고 있었다.[14] 십자가형을 당하는 것은 인간이 맞을 수 있는 가장 치욕스러운 죽음을 당하는 것이었다. 더욱이 유대인이 볼 때 십자가에 달린 사람은 저주받은 사람이었다. "나무에 달린 자는 하나님께 저주를 받은 사람"(신 21:23)이었기 때문이다. 따라서 바울을 포함한 초기 그리스도인들이 십자가에 못 박혀 죽은 정치범과 그가 달린 십자가, 곧 "복음을 상징하는 형상치곤 가장 불경스럽고 끔찍한 형상"[15]을 유일한 헌신 대상이자 이 세상에서 살아갈 삶의 패러다임으로 제시했다는 것은 애초부터 모순이요 불쾌한[16] 움직임이었다. 실제로 당시 세계는 로마의 평화가 지배하는 세계였기에, 십자가를 중심으로 삼는다는 것은 애초부터 제국에 반대하는 자세이자, 당대의 정치, 사회, 종교 현실이 우선시하던 것들과 소중히 여긴 가치들에 수치를 모르고 도전하는 것이었다. 십자가형의 공포나 그 정치적 기능을 직접 경험해보지 않은 현대의 바울 해석자들은 바울 서신을 읽을 때 이런 현실을 신중하게 자주 곱씹어볼 필요가 있다.

이 책에서 바울의 십자가 신학이나 그의 "종교적 체험"을 모두 다루지는 않겠다. 바울의 종교적 체험이라는 주제를 살펴보려면, 먼저 제임스 던(James Dunn)이 쓴 수작 『예수와 성령』(Jesus and the Spirit)의 3부를 참조하는 게 좋겠다. 이 책은 바울과 그가 섬겼던 교회들이 한 종교적 체험을 고찰하고 있다.[17] 바울의 십자가 신학을 살펴보고 싶은 독자들은 찰스 쿠서(Charles Cousar)가 쓴 『십자가 신학』(A Theology of the Cross: The Death of Jesus in the Pauline Letters)[18]을 읽어

    Verres(*In Verrem*) 2.5.66 그리고 2.5.62(라틴어로 *pestem*)에서 가져온 것이다. 문맥상 키케로가 말하고자 했던 것은 로마가 노예를 제외한 어느 누구에게도 십자가형을 사용하지 않았다는 것이 아니라, 이렇게 잔인한 형벌은 가장 비천한 자에게나 적합하다(당연히 로마 시민에게는 적합하지 않다)는 것이었다.

14) Cicero, *In Defense of Rabirius* (*Pro Rabirio*) 5.16.
15) J. Christiaan Beker, *Paul the Apostle: The Triumph of God in Life and Thought* (Philadelphia: Fortress, 1980), 207.
16) 고린도전서 1:23의 표현을 빌리자면, "거리끼는 것"이요 "미련한 것"이었다.
17) James D. G. Dunn, *Jesus and the Spirit: A Study of the Religious and Charismatic Experience of Jesus and the First Christians as Reflected in the New Testament* (London: SCM, 1975; reprint, Grand Rapids: Eerdmans, 1997), 199-342.
18) Charles B. Cousar, *A Theology of the Cross: The Death of Jesus in the Pauline Letters*, OBT (Minneapolis: Fortress, 1990). 이 주제를 간결하면서도 예리하게 다룬 글을 보고 싶으면, John

보면 도움이 될 것이다.

이 책은 바울의 체험과 십자가가 서로 교차하고 있는 지점에 초점을 맞추고 있다는 점에서 방금 말한 걸작들과 조금은 다른 목표를 갖고 있다. 이 책은 학생들과 바울 서신에 어느 정도 익숙한 사람들을 염두에 두면서도, 다른 한편으로는 더 수준이 있는 독자들을 대상으로 삼고 있다. (각주가 거추장스러워 피하고 싶은 이들도 있겠지만, 바울 연구를 처음 시작하는 사람들도 이 책이 유익함을 발견할 수 있을 것이다.) 이 책은 첫 네 개 장에서 바울이 경험한 하나님 체험, 곧 성부, 성자, 성령, 그리고 삼위 하나님 체험을 살펴보고 있다. 이 장들은 여러 가지 주제를 망라하기보다 어떻게 이런 하나님 체험이 십자가를 중심으로 이루어지게 되었는가를 설명하는 데 그 목적을 두고 있다.[19] 이어 5장에서는 십자가가 바울에게 하나님의 행위이자 그리스도의 행위를 의미했다는 점을 살펴본다. 또 이 책은 믿음(6장과 7장), 사랑(8장부터 10장까지), 능력(11장), 그리고 소망(12장)으로 표현되는 바울의 십자가 체험을 살펴보는데 많은 부분을 할애하고 있다. 6장부터 12장까지 일곱 장에서는 1장부터 5장까지 다섯 장에서 간단히 논의한 많은 본문과 주제들을 더 상세히 다루어보겠다. 13장에서는 바울이 체험한 교회 모습과 십자가를 본받는 삶을 사는 공동체로 요약되는 그의 교회상을 살펴보겠다. 마지막 장에서는 오늘날 십자가를 본받는 삶을 가로막는 몇 가지 도전들과 이런 삶이 던지는 몇 가지 도전들을 살펴보겠다.[20]

6장부터 12장에서 고찰할 주제들, 곧 십자가를 본받는 믿음, 십자가를 본받는(또는 십자가로 나타난) 사랑, 십자가를 본받는 삶의 능력, 그리고 십자가를

T. Carroll and Joel B. Green, "'Nothing but Christ and Him Crucified': Paul's Theology of the Cross," in *The Death of Jesus in Early Christianity* (Peabody, MA: Hendrickson, 1995), 113-32을 보라. 이 장은 또 Joel B. Green, "Death of Christ," in Gerald F. Hawthorne et al., eds., *Dictionary of Paul and His Letters* (Downers Grove, IL: Intervarsity, 1992), 146-63을 기초로 한 것이다.

19) 바울의 영성을 분석하여 나름대로 그 틀을 세운 타당한 접근 방법들이 또 몇 가지 있다. 그 중 도움이 되는 한 가지 접근법은 바울의 "신비주의(mysticism)"를 "새 창조(개인 차원)", "너희 모든 사람은 그리스도 예수 안에서 하나다(공동체 차원)", "그리스도 예수를 더 깊이 이해하는 것(지식 차원)", "새 삶을 살아간다(윤리 차원)", 그리고 "우리는 언제나 주님과 함께 있을 것이다(종말론 차원)"라는 관점에서 살펴보고 있다. Romano Penna, "Problems and Nature of Pauline Mysticism," in *Paul the Apostle: Wisdom and Folly of the Cross*, trans. Thomas P. Wahl (Collegeville, MN: Liturgical, 1996), 235-73을 보라.

20) 바울의 영성과 이 영성을 현대에 적용할 수 있는 가능성을 대략 살펴보는 데에만 관심이 있는 독자라면, 이 책의 첫 다섯 장과 마지막 두 장만 읽어봐도 무방할 것이다.

본받는 삶의 소망을 여기서 간단히 살펴보는 게 타당할 것 같다. 바울에 친숙한 독자들은 그가 말했던 저 유명한 믿음, 소망, 사랑이라는 세 요소에 네 번째 요소인 능력이 덧붙여져 있다는 것을 금세 눈치 챌 것이다. 5장에서 잘 알 수 있듯이, 이 주제들은 바울 서신이 십자가의 의미에 관하여 이야기하는 내 러티브 패턴들과 일치한다.

우연의 일치치곤 기막힌 것이지만, 성경 본문이 믿음, 사랑, 소망에 관하여 (그 순서대로) 무엇이라 말하는지 묻는 것은 중세(아우구스티누스로부터 루터에 이르는 시대)에 융성했다가 이 시대에 들어와 다시 르네상스를 맞이한 고대 그리스도인의 성경 읽기 방식과 일치한다. 이 성경 읽기 방법은 그저 본문이 뭐라고 말하는지 묻는 데 그치지 않고, 그 본문이 우리에게 무엇을 믿고(믿음), 무엇을 행하며(사랑), 무엇을 고대하라(소망) 하는지 묻는다.[21] 물론 이런 우연의 일치는 대부분 바울이 말하는 세 요소인 믿음, 소망, 사랑이 기독교 신학 전통과 해석 전통에 끼친 영향에서 비롯된 것이다.

믿음, 사랑, 소망에 능력(power)을 추가하는 것이 적절한 것은 다음 몇 가지 이유 때문이다. 첫째, 능력은 널리 초기 그리스도인들의 체험뿐만 아니라 특히 바울의 십자가 영성에서 중심을 이루고 있다. 둘째, 사람들은 종종 힘(power)[3]의 행사를 사랑과 대비되는 것으로 생각하기 때문에 바울의 글에 나타난 능력과 사랑의 관계를 살펴볼 필요가 있다(사랑을 다룬 장들 뒤에 곧바로 능력을 다룬 장을 둔 것도 그 때문이다). 마지막으로, 우리는 힘을 인간의 가장 중요한 체험으로 여겼던 니체(Nietzsche)[e] 이후 시대를 살고 있는 동시에, 모든 인간관계가 번번이 힘의 관계로 규정되는 시대에 살고 있으므로, 이 능력(힘)이라는 주제를 결코 피할 수가 없다. 믿음, 사랑, 소망에 더하여, 어떤 본문이 능력에

---

21) 이렇게 네 가지 차원에서 성경에 접근하는 방법을 전문 용어로 문자적 접근법, 풍유적 접근법(우리가 믿어야 할 것을 찾는 데 중점을 두고 성경을 읽는 접근법), 교훈적 또는 도덕적 접근법(우리가 해야 할 것을 찾는 데 중점을 두고 성경을 읽는 접근법), 신비적(영적) 접근법(우리가 소망해야 할 것을 찾는 데 중점을 두고 성경을 읽는 접근법)이라 한다. 이를 간단히 소개한 내용을 보려면, Robert M. Grant with David Tracy, *A Short History of the Interpretation of the Bible*, 2nd ed. (Philadelphia: Fortress, 1984), 83-91, 이 중 특히 85-86을 보라. 이렇게 네 가지 차원에서 성경을 읽는 "사중" 접근법을 구성하는 접근 방법의 숫자(셋, 넷, 또는 그보다 더 많은 수), 순서, 그리고 의미를 놓고 신학자들과 영성 작가들마다 그 의견이 각양각색이다. Henri de Lubac, *Medieval Exegesis, vol. 1: The Four Senses of Scripture*, trans. Mark Sebanc (Grand Rapids: Eerdmans, 1998)을 보라.

관하여 무어라고 말하는지 본문에 물어보는 것은 바울의 정황에서나 우리 시대의 정황에서나 모두 타당한 일이라고 생각한다.

바울의 경우에 "오직 예수 그리스도, 다시 말해 십자가에 못 박히신 예수 그리스도만을 아는 것"은 그리스도 안에서 하나님이 자기를 계시하신 이야기를 삶과 말로 진술하는 것을 의미한다. 그러므로 우리는 이 책에서 바울이 그리스도의 십자가를 통해 겪은 하나님 체험을 십자가를 본받는 믿음, 십자가를 본받는 사랑, 십자가를 본받는 삶의 능력, 십자가를 본받는 삶의 소망으로 이해하려고 노력하되, 그런 체험이 오늘날 우리에게 어떤 도전을 던져줄 수 있는가라는 관점에서 이해해보려고 노력하려 한다.[22]

---

22) 독자들은 내 분석이 "다툼이 없는" 7개 바울 서신, 다시 말해 바울이 직접 쓴 서신인가를 놓고 학자들 사이에 심각한 다툼이 벌어지고 있지 않은 서신들인 로마서, 고린도전서와 후서, 갈라디아서, 빌립보서, 데살로니가전서, 빌레몬서를 근거로 하고 있다는 점에 유념해주기 바란다. 그러나 가끔은 바울이 쓴 서신인가를 놓고 다툼이 있는 서신들'에서도 평행 본문을 참조할 때가 있을 것이다.

들어가는 말 옮긴이 주

[1] 헬라어 비평 본문을 수록한 NA에서 고린도전서 2:2 본문을 보면, "그가 십자가에 못 박히신 것"이 제2부정과거 분사 구문으로 표현되어 있다(touton estaurōmenon). 본문에서 이 분사 구문은 "알다(eidenai)"라는 말의 목적어이기 때문에, 개역개정판처럼 "그가 십자가에 못 박히신 것"으로 해석해도 되고 "십자가에 못 박히신 그분"으로 해석해도 상관없다.

[2] 헬라어 본문에서 "알다"에 해당하는 헬라어는 eidenai이며 이 동사의 원형은 oida다. 이 말은 '영의 눈으로 무언가를 꿰뚫어본다' 또는 '무언가를 직관하고 확실히 안다'라는 의미로서 '지식을 얻다'라는 의미를 가진 ginōskō와 그 뜻이 다르다. EWNT II, 1207쪽 참조.

[3] 영어로 power는 '힘, 능력, 동력, 권력' 등 여러 가지 의미를 갖고 있다. 여기에서도 이 말을 번역할 때 문맥과 뉘앙스를 고려하여 능력 또는 힘으로 달리 번역하였음을 밝혀둔다.

"너희 안에 이 마음을 품으라 곧 그리스도 예수의 마음이니"

빌립보서 2장 5절

I장

십자가에 못 박히신 하나님

바울이 경험한 "우리 주 예수 그리스도의 아버지" 체험

신실한 유대인에게는 하나님을 아는 것, 곧 창조주요 이스라엘의 구원자이시며 온 우주의 주재이신 그분께 합당한 두려움을 품으면서도 그분과 친밀한 사귐 내지 동반자 관계를 갖는 것이 예나 지금이나 변함없는 인생 목표다.[1] 바울도 이런 인생 목표를 갖고 있었다. 바울은 (메시아이신 예수를 처음 만나기 전후를 불문하고 늘) 자신을 가리켜 하나님을 아는 지식에 이르는 방편을 찾고 그 지식에 합당한 순종하는 삶을 살고자 열심을 내는 사람으로 규정한다. 하지만 바울은 예수와 처음 만난 뒤로 그분을 계속 경험하게 되면서, 하나님이 누구시고 어떻게 해야 하나님을 가장 풍성히 체험할 수 있는가에 관하여 이전과 다른 이해를 갖게 되었다. 하나님의 아들이신 메시아를 하나님이 보

---

1) 월터 브루그먼(Walter Brueggemann)은 구약의 증인들이 이스라엘의 하나님(야훼)을 늘 "관계 가운데 계신 야훼(Yahweh-in-relation)"로 묘사했으며, 야훼와 관계를 맺고 있는 상대방에는 네 당사자, 곧 이스라엘, 모든 인간 개개인, 민족들, 피조물이 있다고 말한다(Theology of the Old Testament [Minneapolis: Fortress, 1997, 『구약신학』, 기독교문서선교회 역간], 408-12). 물론, 이스라엘은 하나님과 특별한 동반자 관계에 있었다. "(특히 유대인뿐만 아니라 비유대인까지 포함한) 인간의 성품과 운명이 이스라엘의 성품과 운명을 복사기로 찍어내듯이 되풀이하는 경우가 비일비재했기" 때문이다.(위의 책, 451)

내시고 십자가에 달려 죽게 하신 다음 부활시키셨다는 것은 어떤 식으로든 **하나님과 십자가가 떼려야 뗄 수 없는 관계로 서로 연결되어 있다**는 것을 의미했다. 이런 연결 관계 때문에 바울은 예수뿐만 아니라 "우리 주 예수 그리스도의 아버지"이신 하나님까지 십자가가 정의하는 분으로 보게 되었다. 이런 연결 관계는 어떻게 생겨났는가? 또 이 연결 관계는 바울에게 무슨 영향을 미쳤는가?

바울의 하나님에 관한 지식

바울도 신실한 유대인이었기에 하나님을 한 분 하나님이시자, 만유를 지으신 창조주이시며, 신실하시고 자비로우신 언약의 하나님으로 알았다. 이런 점에서, 바울이 예수가 하나님이 약속하셨던 메시아라는 확신을 갖게 된 뒤에도 여전히 하나님을 창조주라고 말한 것은 당연한 일이었다.

> 이는 만물이 주에게서 나오고 주로 말미암고 주에게로 돌아감이라.
> 그에게 영광이 세세에 있을지어다. 아멘(롬 11:36)

바울은 일부 고린도 사람들이 우상숭배로 인식하던 문제들을 다루면서 (고전 8:7,10) 유대인들이 말하는 쉐마(shema)[a], 곧 하나님은 한 분이시라는 신앙고백(신 6:4)을 이야기한다.[2] 바울은 또 한 분이신 하나님은 유대인은 물론이요 이방인의 하나님이시므로 유대인이나 이방인이나 똑같이 믿음으로 말미암아 구원을 얻는다는 것을 강조할 때도 역시 하나님이 한 분이심을 언급한

---

2) 바울은 다른 헬라파 유대인들과 함께 "디아스포라(팔레스타인 바깥 지역에 퍼져 사는 유대인) 회당이 헬레니즘과 다툼을 벌이고 있었던 근본 주제이자 쟁점"을 공유하고 있었다. 그 주제는 바로 "결코 타협할 수 없는 유일신론(uncompromising monotheism)"이었으며, 이 유일신론은 로마-헬라 세계가 보여준 관용과 혼합주의 태도 때문에 오직 이 세계에만 존재하던 것이었다"(Jürgen Becker, *Paul: Apostle to the Gentiles*, trans. O. C. Dean, Jr. [Louisville: Westminster/John Knox, 1993], 43쪽).

다(롬 3:29-30).[3] 바울은 계속하여 하나님을 언약을 세우시는 분이요 언약을 지키시는 분이라고 말한다. 실제로 바울이 거듭난 열정으로 이렇게 말하고 있음은 로마서가 극명하게 보여주고 있다.

> 어떤 자들이 믿지 아니하였으면 어찌하리요. 그 믿지 아니함이 하나님의 미쁘심을 폐하겠느냐. 그럴 수 없느니라. 사람은 다 거짓되되 오직 하나님은 참되시다 할지어다. 기록된 바 주께서 주의 말씀에 의롭다 함을 얻으시고 판단 받으실 때에 이기려 하심이라 함과 같으니라(롬 3:3-4)

> 그러므로 하나님이 자기 백성을 버리셨느냐. 그럴 수 없느니라. 나도 이스라엘인이요 아브라함의 씨에서 난 자요 베냐민 지파라. 하나님이 그 미리 아신 자기 백성을 버리지 아니하셨나니(롬 11:1-2상)

> 하나님의 은사와 부르심에는 후회하심이 없느니라(롬 11:29)

그런가하면, 이런 하나님의 사도인 바울은 가령 일부 시편에서 발견할 수 있는 유대 전통을 따라 하나님을 지칭할 때 인칭대명사인 "내(my)"를 붙인다. 바울은 자기 서신을 시작하는 기도문에서 서신의 수신자인 사람들 때문에 자주 "내 하나님"께 감사한다(롬 1:8, 고전 1:4, 빌 1:3, 몬 4절). 바울 자신이 하나님과 사귐을 갖고 있다는 인식은 "내 하나님이 나를 낮추실 수 있다"(고후 12:21)라는 확신과 "내 하나님이 그리스도 예수 안에서 영광 가운데 그 풍성한 대로 너희 모든 쓸 것을 채우실 것"(빌 4:19)이라는 확신에서도 나타난다.

바울이 말하는 신자의 영적 체험은 "하나님을 아는 것"(갈 4:9상)으로, 아니 그보다는 오히려 "하나님이 아신 것"(갈 4:9상, 고전 13:12 참고)으로 요약할 수 있다. "하나님이 아신 것"이라는 이 말은 하나님을 아는 것을 표현할 때 성경이

---

[3] 바울의 글을 보면, 그가 하나님은 어느 쪽에도 치우치시지 않는다는 유대인들의 확신을 아주 또렷하게 알고 있음을 볼 수 있다. Terence L. Donaldson, *Paul and the Gentiles: Remapping the Apostle's Convictional World* (Minneapolis: Fortress, 1997), 88-93을 보라. 아울러, Jouette Bassler, *Divine Impartiality: Paul and a Theological Axiom*, SBLDS 59 (Chico, CA: Scholars Press, 1982)를 보라.

고수해온 전통을 이어가는 것이기도 하다. 바울에게 이 앎은 분명 친밀한 앎(지식)이다. 언젠가는 "주께서 나를 아신 것 같이"(고전 13:12) 온전히 아는 것이 바울의 목표다. 그러나 바울은 그리스도 안에서 하나님을 알았다. "하나님이 몸소 그리스도를 하나님을 알 수 있는 장소로 정하셨다."[4]

예수 안에서 하나님을 "아버지"로 새롭게 알다

바울은 유대인으로서 신실하시고 의로우시고 자비로우신 이스라엘의 하나님을 체험했지만, 그가 예수를 만났을 때, 이런 체험은 깊어지고 넓어졌다.[5] 하지만 하나님에 관한 그의 지식에 한 가지 중대한 변화가 일어났다. 바울은 예수 안에서 하나님을 체험했다. 그리고 그는, 모든 초기 그리스도인들과 마찬가지로, 하나님과 예수의 관계 그리고 신자들이 한 이 관계 체험을 상세히 설명할 수 있는 언어를 찾아야 했다. 바울은 자신이 하나님을 아버지로 새롭게 알게 된 것, 즉 하나님이 독생자이신 예수 그리스도의 아버지이시자, 예수가 하나님의 아들이시며 메시아이심을 믿음으로써 하나님의 자녀로 입양된 모든 사람의 아버지이심을 새롭게 알게 된 것을 이해하고 표현할 때 초기 그리스도인들의 예배 내용(기도, 찬송, 신경들[creeds])을 끌어다 사용한 것 같다.

바울은 메시아이신 예수를 하나님의 아들로 이해할 때 십중팔구 그가 물려받은 유대교 유산과 짧은 신경 내지 신앙고백 같은 초기 그리스도인들의 예배 전통으로부터 도움을 받았을 것이다. "하나님의 아들"이라는 용어는 당연히 하나님이 그 아들의 아버지이시라는 의미를 함축하고 있다. 이렇게 하나님을 아버지로 부르는 것은 왕 그리고 나중에는 메시아를 하나님의 아들로

---

4) Becker, *Paul*, 378. 여기서 저자는 고후 4:6, 곧 "어두운 데에 빛이 비치라 말씀하셨던 그 하나님께서 예수 그리스도의 얼굴에 있는 하나님의 영광을 아는 빛을 우리 마음에 비추셨느니라"라는 말씀을 언급한다.
5) Donaldson, *Paul and the Gentiles*, 81-100.

부름으로써 하나님을 왕 또는 메시아의 아버지로 지칭하던(가령, 시 2편ᵇ을 보라) 성경과 유대의 전통에서 유래하였으며, 이 전통을 통해 강화되었다. 바울은 갈라디아서 4:4과 로마서 8:3에서 하나님이 당신 아들(혹은, 강조하여 **자기 아들**)을 보내셨다고 말함으로써 초기 그리스도인들이 환호했던 말씀을 되울려 주고 있다. 이와 비슷하게, 바울은 로마서 8:32에서 하나님이 "자기 아들을 아끼지 아니하셨다"[6]라고 말한다. 바울이 썼다는 점에 다툼이 없는 서신들을 보면, 바울은 15번 정도 예수를 하나님 (자신의) 아들(God's [own] Son, 11번), 하나님의 아들(the Son of God, 3번), 또는 그 아들(the Son, 1번)[1]이라고 부른다.[7] 나아가, 바울은 하나님을 "하나님 곧 우리 주 예수(그리스도)의 아버지"[8]로 부른다.

이렇게 초기 그리스도인들이 예수를 하나님의 아들과 동일시하고 하나님을 예수의 아버지와 동일시하는 데 힘을 실어준 것은 하나님을 언급하고 그분께 기도할 때 이 하나님을 당신의 아버지(예수가 사용하셨던 언어인 아람어로 "아빠[Abba]")라 불렀던 예수의 습관이었다.[9] 바울보다 먼저 그리스도인이 되었던 사람들 역시 예수의 습관을 따라 하나님을 그들의 "아버지"로 불렀을 가능성이 아주 높다. 바울이 "아빠"라는 아람어를 두 번이나 쓰고 있다는 것은 이 말이 예수로부터 첫 그리스도인들을 거쳐 바울까지 이어져왔다는 것을 시사한다(롬 8:15, 갈 4:6). 유대교 내에서도 하나님을 "아버지"로 체험한 선례가 일부 있었다(가령, 호 11:1). 그러나 성경과 초기 유대교 문헌들은 이 아버지라는 이

---

6) 때로는 신학적 이유들 때문에, 하나님이 그 아들을 보내신 것은 십자가에 못 박히거나 죽게 하시려는 게 아니라 다만 순종케 하려는 이유 때문이었다고 말하면서, 이 순종의 결과로 결국 그 아들이 십자가에 달려 죽은 것이라고 주장하는 견해가 있었다. 이는 어느 정도 일리가 있는 견해다. 바울조차도 그런 말을 한 적이 있었다. 그러나 바울은 그리스도의 죽음이 하나님의 뜻이요 하나님이 행하신 일이라는 것을 강조하여 말한다(가령, 롬 8:3-4,32 및 갈 4:4-5과 함께 롬 3:25, 4:25, 5:8을 보라). 앞으로 보겠지만, 바울의 십자가 이해에서는 이 십자가가 그리스도의 사랑과 신실하심의 표현인 동시에 **하나님의** 사랑과 신실하심의 표현이라는 점이 아주 중요하다. 십자가가 하나님의 사랑과 신실하심의 표현이 아니라면, 십자가는 하나님이 죄를 해결해주신 것도 아니요 하나님의 자기 계시도 아니다.
7) 롬 1:3-4, 1:9, 5:10, 8:3, 8:29, 8:32, 고전 1:9, 고후 1:19, 갈 1:16, 2:20, 4:4, 4:6, 살전 1:10. 아울러, 고전 15:28을 보라. (하나님 [자신의] 아들이라는 말은 "그" [자신의] 아들이라는 말만큼 빈번히 나타난다.)
8) 롬 15:6, 고후 11:31. 빌 2:11도 "아버지"를 시사한다("하나님 아버지").
9) 예수가 하나님을 아버지로 부른 사실이 이스라엘을 하나님의 아들이 되게 하고 하나님의 아들을 대표할 백성으로 세워야 할 그의 사명을 표현하는 데 중요했다는 점을 살펴보려면, N. T. Wright, *Jesus and the Victory of God* (Minneapolis: Fortress, 1996, 『예수와 하나님의 승리』, 크리스찬 다이제스트 역간), 648-51을 보라.

미지가 유대인들의 삶과 예배에서 다른 이미지만큼 중요하지는 않았다는 점을 보여주고 있다.[2] 물론 유대교 내에서는 이스라엘이 하나님을 아버지로 체험한 경우가 자주 나타나지는 않는다. 하지만 그 체험의 윤곽, 즉 하나님을 당신 자녀/상속자들에게 필요한 것을 공급하시며 마땅히 경배와 순종을 받으셔야 할 분으로 체험하는 것은 예수와 바울의 체험에서도 그대로 나타난다.[10]

바울은 하나님을 언급할 때, 그 중에서도 특히 하나님의 은혜와 평강을 기원하며 같은 그리스도인들에게 인사말을 전하거나 기도하면서 하나님을 언급할 때면, "하나님 우리 아버지", "우리 하나님 아버지", "하나님 아버지" 또는 그냥 "아버지"와 같은 문구를 반복하여 사용한다.[11] 공동체가 함께 예배할 때, 혼자 은밀히 기도할 때나, 글의 형태로 하나님이 복 주시기를 기원할 때, 바울은 하나님을 아버지로 체험한다. 하나님은 모든 신자들과 각 공동체에 후히 베푸시는 아버지로서, 이방신들이나 이방 통치자들과 완전히 다른 분이다. 아버지로서 하나님은 가정을 갖고 계신다. 하나님은 이방신들을 대신하여 새 "백성"의 머리가 되시고, 황제를 대신하여 공동체라는 **가정의 아버지** (pater familias), 또는 (온 백성을 아우르는) 가정의 머리가 되신다.[12] 따라서 바울은 그 자신과 모든 신자, 유대인뿐 아니라 이방인까지 전부를 하나님의 자녀로 본다.

하지만 바울은 이 "하나님의 자녀"라는 지위를 창조를 통해 갖게 되거나, 독특한 선택 또는 (예수의 경우처럼) 선재를 통해 갖게 된 것이 아니라, 믿음을 통해 하나님과 특별한 관계를 맺음으로써 얻게 되었다고 말한다. 하나님이 주도하심으로 하나님과 맺게 된 이 관계를 표현할 때 바울이 사용한 은유가 입양이다. 하나님을 "아빠 아버지"라고 부를 수 있는 사람은 하나님이 양자로

---

10) Marianne Meye Thompson, *The Promise of the Father: Jesus and God in the New Testament* (Louisville: Westminster/John Knox, 2000), 35-55, 116-32쪽.
11) "하나님 우리 아버지"-롬 1:7, 고전 1:3, 고후 1:2, 빌 1:2; "우리 하나님 아버지"-갈 1:4(개역개정판에는 하나님 곧 우리 아버지), 살전 1:3; "하나님 아버지"-고전 8:6(개역개정판에는 하나님 곧 아버지), 15:24(개역개정판에는 아버지 하나님), 갈 1:1, 빌 2:11, 살전 1:1; "아버지"-롬 6:4.
12) 비슷한 시각을 보려면, John L. White, *The Apostle of God: Paul and the Promise of Abraham* (Peabody, MA: Hendrickson, 1999), 6장("God Our Father"), 139-72쪽을 보라. 오늘날에는 당시 사람들이 제국을 일반 가정(헬라어로 *oikos*)에 빗대어 모든 백성이 한 가족인 하나의 가정으로 생각하고 아버지 같은 인물이 통치하는 곳으로 생각했다는 점을 널리 인식하고 있다(많은 논의가 있지만, 그 중 특히 White, *Apostle of God*, 192-197을 보라).

받아들이신 사람들이다. 바울은 기뻐하며 하나님을 "아빠 아버지"라 부르고 또 그렇게 부르도록 권면하고 있는 것으로 보인다(갈 4:6, 롬 8:15). 바울은 하나님이 당신 아들을 보내셔서 바울 자신과 다른 사람들이 하나님의 자녀가 되는 특권을 누릴 수 있게 하신 것을 보면서, 자신을 내어주시고 생명을 내어주시는 하나님의 사랑을 깨닫고 체험했다. 하나님은 처음 나신 아들까지 아끼지 않으시고 사랑 가운데 내어주셨다. 죄에 사로잡힌 인류를 구하시고자, 그 아들이 제일 먼저 고난을 당하고 죽게 하신 다음 부활하게 하셨다. 바울이 볼 때, 하나님이 우리 아버지라고 말하는 것은 무엇보다도 **하나님이 우리를 위하신다**고 말하는 것이다. 하나님이 우리를 위하신다는 것은 당신의 독생자를 내어주심으로 그 아들이 하나님의 많은 "아들들"(자녀) 가운데 맏아들이 되게 하신 사건(롬 8:29)이 잘 증명해준다. 하나님은 이렇게 유대인은 물론이요 이방인까지 아우르는 온 인류에게 신실하심과 사랑을 보여주심으로써 당신을 알리셨다.

우리를 위하시는 하나님

우리 주 예수 그리스도의 아버지시며 신자들의 아버지이신 하나님은, 바울이 볼 때, 특히 그리스도 안에서 "우리를 위해" 사랑을 베푸시는 분이시다. 실제로 "그리스도는 '우리를 위하신 하나님'이시다."[13]

> 만일 하나님이 우리를 위하시면 누가 우리를 대적하리요. 자기 아들을 아끼지 아니하고 우리 모든 사람을 위하여 내주신 이가 어찌 그 아들과 함께 모든 것을 우리에게 주시지 아니하겠느냐(롬 8:31하-32)

---

13) Becker, *Paul*, 399. 브루그먼(*Theology of the Old Testament*, 227)은 이미 구약에서 하나님은 본질상 이스라엘을 위하시는 야훼셨으며, 우리를 위하시는(*pro nobis*) 야훼이셨다는 점을 우리에게 되새겨주고 있다.

하나님은 "평강의 하나님"(빌 4:9)이시다. 즉, 하나님의 원수로서 죽을 수밖에 없는 우리와 화평을 이루신 하나님(롬 5:1-11)이시다. 바울은 "그리스도 안에서 하나님이 세상을 자기와 화목하게 하셨다"는 것을 안다(고후 5:19). 다시 말해, 하나님의 사랑은 예나 지금이나 "그리스도 예수 우리 주" 안에서 발견되며, 그 사랑에서 "우리를 떼어놓을 수 있는 피조물"은 아무 것도 없다(롬 8:39). 따라서 바울이 볼 때, **하나님**의 사랑은 **그리스도**의 사랑, 그 중에서도 특히 그리스도가 죽음이라는 행위로 보여주신 사랑에서 알 수 있다. 바울도 같은 대목에서 이렇게 말한다. "그러나 이 모든 일에 우리를 사랑하시는 이로 말미암아 우리가 넉넉히 이기느니라"(롬 8:37). 이 구절은 문맥상 하나님의 아들이신 그리스도의 죽음을 가리키는 게 분명하다. 위르겐 베커(Jürgen Becker)는 이렇게 말한다.

> 바울은 그리스도 사건을 토대로 인간 파멸의 깊이뿐 아니라 하나님의 은혜와 사랑의 깊이까지 추론해낸다……(하나님은) 당신이 시적 정의(poetic justice)의 원리가 다스리도록 허락하실 수 있을 때까지 기다리시지 않는다. 오히려 바울은 사랑스럽지 않은 자들을 당신의 사랑 아래 사랑스러운 자들로 다시 창조하시고, 원수들을 당신과 화해한 사람들로 바꾸시며, 가치 없는 것들에 가치를 부여하시는 것이 하나님의 본성이라고 말한다. 이것이 예수 그리스도의 아버지가 당신 자신을 규정하신 것이다.[14]

바울 역시 요한일서가 말한 "하나님은 사랑이시라"(요일 4:8,16)라는 느낌을 가졌을 터이지만, 그래도 그는 십중팔구 자신의 하나님 체험을 그 말로 표현하지 않았을 것이다. 바울이 볼 때, 사랑은 하나님의 존재이기 전에 하나님의 존재 **방식**(God's way of being)이다. 바울이 보기에, 사랑은 하나님의 본질이기 전에 하나님이 하시는 이야기(God's story)다. 그 이야기는 자기를 내어주신 사랑의 이야기며("자기 아들", 롬 8:3, 32), 자신을 내어주신 그리스도의 사랑에 해당한다. 바울은 그리스도의 사랑을 하나님의 사랑을 보여주는 표지이자 하나

---

14) Becker, *Paul*, 378-79. 그리스도는 "하나님이 인류를 향한 당신의 중대한 사랑을 아주 폭넓게 펼쳐 보이신 것이다"(379).

님 사랑의 실체라고 본다.

> 우리가 아직 죄인 되었을 때에 그리스도께서 우리를 위하여 죽으심으로 하나님
> 께서 우리에 대한 자기의(말 그대로 "자기 자신의")[15] 사랑을 확증하셨느니라(롬 5:8)

그렇다면 바울은 자신이 한 하나님 체험이 요한복음 말씀에서도 메아리치고 있음을 발견했을 것이다.

> 하나님이 세상을 이처럼 사랑하사 독생자를 주셨으니 이는 그를 믿는 자마다
> 멸망하지 않고 영생을 얻게 하려 하심이라(요 3:16)

바울이 아는 하나님은 당신의 사도에게, 그리고 당신이 한 약속들이 당신 아들인 메시아 예수 안에서 이뤄진다고 믿는 모든 사람들에게 평강과 사랑이라는 선물을 주셨다. 바울이 경험한 하나님 체험은 바울 자신이 직접 한 체험이었으며 그를 바꿔놓은 것이었다. 그는 자신이 이전의 자아 및 삶"에 대하여 죽음"으로써, 다시 말해 이전의 자아 및 삶과 단절함으로써, 이제는 하나님에 대하여 그리고 하나님을 위하여 살게 되었음을 느꼈다.

> 내가 율법으로 말미암아 율법에 대하여 죽었나니 이는 하나님에 대하여 살려
> 함이라. 내가 그리스도와 함께 십자가에 못 박혔나니(갈 2:19-20상)[16]

> 이와 같이 너희도 너희 자신을 죄에 대하여는 죽은 자요 그리스도 예수 안에서
> 하나님께 대하여는 살아 있는 자로 여길지어다(롬 6:11)

"그리스도 예수 안에서 하나님께 대하여 살아 있다"라는 말은 하나님을

---

15) 헬라어 표현을 보면, 롬 8:3,32에 나오는 "자기 아들"과 비슷하다.
16) "하나님에 대하여 산다"라는 말은 신에게 헌신함을 표현할 때 썼던 전형적 헬라식 표현이다. 문맥상 "율법에 대하여 죽었다"라는 말은 율법을 더 이상 하나님과 함께 하는 삶의 근원으로 삼지 않는다는 말이다. 6장의 논의를 보라.

향하여 새로운 자세를 갖는다는 말이다. 하나님께 냉담하고 거역하고 반역하는 자세가 아니라, 믿음과 소망과 사랑의 자세를 갖는다는 말이다.[17]

바울은 하나님과 이런 관계를 계속 유지할 수 있도록 자기와 같은 그리스도인들에게 (물론 바울 자신에게도) 그들 자신과 그들의 몸을, 그들의 삶 전체를 그들에게 생명을 내주신 이 자비의 하나님께 드리라고 권면한다.

오직 너희 자신을 죽은 자 가운데서 다시 살아난 자 같이 하나님께 드리며(롬 6:13하)

그러므로 형제들아 내가 하나님의 모든 자비하심으로 너희를 권하노니 너희 몸을 하나님이 기뻐하시는 거룩한 산 제물로 드리라. 이는 너희가 드릴 영적 예배니라(롬 12:1)

하지만 (위에서 인용한) 갈라디아서 2:19이 시사하고 있듯이, 바울과 하나님의 관계는 바울이 새롭게 발견한 그의 그리스도 체험과 긴밀하게 연결되어 있다. 기독교에서 바울의 하나님 체험이 지니는 독특한 측면은 그가 하나님을 아들이신 예수의 아버지, 그 아들을 세상에 보내셔서 인간이 이룰 수 없는 일을 이루게 하신 아버지로 알게 됨으로써, 바울 자신과 다른 사람들도 이제는 하나님을 그들의 아버지로 알 수 있게 되었다는 점이다. 이런 앎을 가능케 한 행위는 아들이신 예수가 십자가에서 죽음으로 화해를 이루신 것이었다. 이 죽음은 순종과 자기희생의 사랑을 보여준 행위였다. 이런 이유로, 바울의 하나님 체험은 그가 십자가에 못 박히시고 높이 들리신 그리스도를 만나면서 바뀌게 되었다.

---

17) 바울은 늘 신자와 하나님의 관계를 사랑의 관계라고 말하기보다 믿음의 관계 또는 (그보다 숫자는 더 적지만) 소망의 관계라고 말한다(이 주제들을 다룬 다음 장들을 보라). 그러나 그런 그도 가끔씩 하나님을 향한 사랑을 언급한다(롬 8:28, 고전 8:3, 2:9. 이것은 아마도 성경 또는 다른 자료를 인용하거나 고쳐 썼을 것이다; 참고, 살후 3:5). 아울러 바울은 "주(예수)"를 사랑해야 한다는 것을 한 차례 시사하지만(고전 16:22), 그가 말하는 사랑은 대부분 사람들 사이의 관계를 가리키는 것이지 사람과 하나님, 사람과 예수의 관계를 가리키는 게 아니다.

아버지, 아들, 그리고 십자가

하나님이 그 아들을 부활시키시고 높이 올리신 아버지이심을 알게 되면서, 하나님을 심지어 죽음에서도 생명을 다시 창조하실 수 있는 전능하신 창조주로 알았던 바울의 하나님 이해가 옳았다는 것이 확인되었다. 그러나 하나님을 **십자가에 못 박힌** 그리스도의 아버지로 알게 되면서, 바울의 하나님 체험과 이해는 또 다른 차원으로 접어든다. 바울도 다른 고대인들처럼, 딱히 맞는 표현은 아니지만, "아들은 아버지와 닮은꼴"이라는 개념을 알고 있었다. 요한일서 3:9과 4:7-8 같은 본문은 하나님의 자녀라면 마땅히 하나님을 닮을 수밖에 없다는 점을 이야기하는데(하나님의 자녀는 죄를 짓지 않고 사랑한다), 이런 내용 역시 "아들은 아버지와 닮은꼴"이라는 개념에 근거를 두고 있다. 바울이 볼 때, 아버지 하나님과 아들이신 예수 그리스도 사이에는 당연히 "한 가족으로서 유사성"이 있을 수밖에 없었다. 아버지는 아들과 닮았고, 아들은 아버지를 닮았다.

바울이 체험한 그리스도는 신실하고 순종하는 하나님의 아들이었기에, 살아있을 때는 물론이요 특히 죽을 때에도 하나님의 뜻과 성품을 따라 행하였다. 다시 말해, 아들이 십자가에서 한 행위는 "한 가족으로서 유사성"을 보여주는 행위요, 하나님과 일치하는 행위였다. 그렇다 한다면, 바울은 자기의 그리스도 체험으로부터 하나님은 본질상 아들이 원했고 아들이 행했던 것을 원하시고 행하시는 하나님이시라는 결론을 이끌어냈을 것이다. 다시 말해, 하나님은 자기를 희생하고 자기를 내어주시는 하나님이시며, 십자가의 연약함과 어리석음에서 그 능력과 지혜를 발견할 수 있는 하나님이시라는 것이다. 이와 비슷한 맥락에서 마리안 톰슨(Marianne Meye Thompson)은 갈라디아서 5:6을 언급하면서, 바울의 경우에 "하나님이 아버지이심은 '사랑을 통해 보여주신 신실하심'으로 요약할 수 있다"[18]는 적절한 주장을 펴고 있다. 앞으로 이어질 장들에서 우리는 이 갈라디아서 5:6이 신자들의 실존에 관한 바울의 이해와 그

---

18) Thompson, *Promise*, 132.

리스도의 죽음에 관한 그의 견해도 요약해준다는 점을 논증할 것이다.

바울이 볼 때, "그리스도, 곧 십자가에 못 박히신 그리스도"(고전 2:2)는 하나님의 사랑과 지혜와 능력의 계시다. "곧 하나님께서 그리스도 **안에** 계시사 세상을 자기와 화목하게 하시며"(고후 5:19). "(십자가에 못 박히신) 그리스도는 하나님의 능력이요 하나님의 지혜니라"(고전 1:24). 이와 같이, 그리스도는 고대 세계에 전혀 알려지지 않은 하나님을 바울에게 계시한다.[19] 그리스나 로마의 신들 중에서는 분명 이런 하나님을 발견할 수 없다. 심지어 바울의 동족인 유대인 안에서도 이런 하나님을 발견할 수가 없다. 자신의 하나님 체험이 이스라엘의 하나님 체험의 연장선에 있다는 바울의 분명한 주장들은 타당하다. 그러나 바울보다 앞서 있었던 사람 중에 바울과 마찬가지로 예수 그리스도 안에서 하나님을 안 사람은 전혀 없었다. 심지어 하나님이 믿는 자를 의롭다 하시고 죽은 자를 일으키시는 분임을 알고 있었던 아브라함도 모르기는 마찬가지였다(롬 4장).[20]

하지만 바울은 자신이 **다른** 하나님을 알고 있다고 믿지 않았다. 그는 다만 이스라엘이 알고 있는 것과 똑같은 하나님을 더 풍성히 알게 되었고 더 풍성히 알 수 있게 되었다고 믿을 뿐이었다. 그러나 바울이 아는 하나님과 이스라엘이 아는 하나님의 차이는 아주 크다. "예수가 (바로) 하나님의 결정적 행위

---

19) 고대 신화들에도 신들이 죽고 부활하는 이야기가 있었다. 그러나 이런 이야기는 주로 다산이나 내세 개념과 연결되어 있었을 뿐이며, 십자가형이라는 치욕을 통해 하나님을 정의하는 신화는 하나도 없다.

20) 디터 게오르기(Dieter Georgi)는, 그가 쓴 *Theocracy in Paul's Praxis and Theology* (Minneapolis: Fortress, 1991)에서, 이스라엘이 하나님을 다시 생각할 것을 요구하는 "혁명적 계시"에 익숙하긴 했어도(21) 하나님이 십자가에 못 박히신 예수를 부활시키셨다는 확신이 낳을 수밖에 없는 계시만큼 급진적인 계시는 전혀 존재하지 않았다고 말한다. 바울과 예수의 다른 초기 제자들이 볼 때 당시 벌어진 사건은 "그들 자신과 하나님에 관한 그들의 이해에 일어난 변화를 뛰어넘는 것이다. 문제의 본질 자체가 바뀌었다. 바로 하나님의 모습이 바뀌었던 것이다······십자가에 달린 사람은 (시신처럼) 불결한 존재이자 저주받은 존재였다. 그런 사람을 (높이 올림을 통해) 하늘나라에 맞아들이는 것은 하늘나라 자체를 더럽히는 일이다. 예수의 십자가는 땅뿐만 아니라 하늘도 바꿔놓았다. 실제로, 하늘은 더 이상 하늘이 아니다. 바울도 이런 변화를 자기가 쓴 서신에서 자세히 설명한다"(20, 22). 이와 비슷하게, 닐 리처드슨(Neil Richardson)도, 그가 쓴 *Paul's Language about God*, JSNTSup 99 (Sheffield: Sheffield Academic Press, 1994)에서, 바울이 (특히 고전 1장과 2장에서) 말하는 하나님은 구약이 말하는 하나님과 평행을 이루고 있지만, 그가 어리석음과 연약함을 하나님의 특성으로 제시한 것은 "하나님을 표현하는 새 언어이자 하나님에 관한 새 이해"를 대변하는 것이라고 결론짓는다(133).

를 보여주는 표지라고 고백하는 것은 하나님을 거꾸로 세워놓는 것이다."[21] 모든 사람이 하나님을, 그리고 하나님의 사랑과 지혜와 능력을 안다고 주장한다. 이방인이나, 유대인이나, 심지어 (아니, 특히) 그리스도인은 이제 하나님이 당신을 계시하신 그리스도의 십자가에 자신을 일치시키는 시험을 통과해야 한다. "세상을 향한 하나님의 태도는 본질상 (그리스도의 죽음에서 나타난) 그분의 행위가 잘 보여주고 있다."[22] 그리스도가 십자가 위에서 자신을 하나님께 일치시켰다 한다면, 그것은 곧 하나님이 십자가에 자신을 "일치시킨" 것이다. 십자가는 하나님을 들여다보는 해석 렌즈 내지 해석학적 렌즈다. **십자가는 하나님을 알 수 있는 은혜의 방편이다.** 존 캐롤(John Carroll)과 조엘 그린(Joel Green)이 쓴 것처럼, 우리는 바울의 글에서 이런 사실을 발견한다.

> (바울은) 우리가 십자가에서 하나님의 성품을 본다고 단호하게 강조한다. 예수가 십자가형을 당하신 사건은 정통 개념과 다른 하나님의 능력 행사를 실제로 보여준 궁극적 실물 교훈이자 하나님의 측량할 수 없는 사랑을 보여준 척도다.[23]

바울이 하나님의 사랑과 능력을 십자가에 못 박히신 예수 안에서 체험한 사건에는 여러 가지 중요한 차원들이 있지만, 그 차원 중 하나는 하나님이 "현상을 거꾸로 뒤집어버리는 위대한 분(great subverter of the *status quo*)"임을 바울이 발견한 것이다.[24] 하나님만 "거꾸로 뒤집어진" 게 아니라, 결국 인간의 모든 가치와 비전도 뒤집어졌다. 이 "발견"(바울은 이를 "계시"라고 말하곤 했다)이 사도의 삶과 사역에 끼친 영향은 이어질 장들에서 살펴보도록 하겠다.

---

21) Georgi, *Theocracy*, 54.
22) Charles B. Cousar, *A Theology of the Cross: The Death of Jesus in the Pauline Letters*, OBT (Minneapolis: Fortress, 1990), 186.
23) John T. Carroll and Joel B. Green, "'Nothing but Christ and Him Crucified': Paul's Theology of the Cross," in *The Death of Jesus in Early Christianity* (Peabody, MA: Hendrickson, 1995), 128.
24) Richardson, *Paul's Language*, 137-38.

결론: 십자가로 나타나신 하나님

바울은 십자가에 못 박히신 예수가 이제 주님이 되셨다고 역설한다. 이런 역설은 "(하나님을 묘사할 때) 우리가 사용하는 모든 범주들을 한계점을 지나 그 너머까지 잡아당길 것이다……바울은 '하나님'이라는 말 속에 예수라는 의미뿐 아니라, 특히 십자가에 못 박히신 예수라는 의미까지 들어있다고 본다."[25] 하지만 이것은 바울이 (아버지) 하나님을 십자가에 못 박히신 분으로 보았다는 말이 아니다. 바울이 자신의 체험과 신학 속에서 알고 있는 하나님은 **십자가로 나타나신** 하나님(a cruciform God)이지, "**십자가에 못 박히신** 하나님(a crucified God)"이 아니다.[26] 예전에 캔터베리 대주교를 지냈던 아서 램지(Arthur

---

25) N. T. Wright, *What Saint Paul Really Said: Was Paul of Tarsus the Real Founder of Christianity?* (Grand Rapids: Eerdmans, 1997), 69. "하나님은 그리스도를 우리가 하나님을 이해하는 틀로 만드셨다"는 것이 바울의 생각이라는 리앤더 케크(Leander E. Keck)의 평("Biblical Preaching as Divine Wisdom," in John Burke, ed., *A New Look at Preaching* [Wilmington, Del.: Michael Glazier, 1983], 153)과 비교해보라.

26) "십자가에 못 박히신 하나님"이라는 유명한 문구는 교부들로부터 유래한 말로서, 루터가 사용했다가, 20세기 후반에 들어와 위르겐 몰트만(Jürgen Moltmann)이 *The Crucified God: The Cross of Christ as the Foundation and Criticism of Christian Theology*, trans. R. A. Wilson and John Bowden (New York: Harper & Row, 1974, 『십자가에 달리신 하나님』, 한국 신학연구소 역간, 원서 제목은 *Der gekreuzigte Gott: Das Kreuz Christi als Grund und Kritik christlicher Theologie*)을 써내면서 대중들에게 널리 알려졌다. 하지만 바울은 단지 십자가에 못 박히신 하나님이라는 개념에서 "한 발 정도 떨어져 있을 뿐"이라는 쿠서(Cousar)의 주장이 어쩌면 옳을지도 모른다(*A Theology of the Cross*, 50). 도발적 신학서인 Richard Bauckham, *God Crucified: Monotheism and Christology in the New Testament* (Grand Rapids: Eerdmans, 1998)는 바울을 포함한 신약 저자들이 예수를 "본디 하나님이신 분(intrinsic to who God is)"(42)으로 규정했으며, 이는 곧 하나님의 정체(하나님의 성품과 그분의 인격에 관한 이야기[p.7, n.5])가 예수의 자기 낮춤, 그 중에서도 특히 예수의 십자가에서 계시되었다는 점을 설득력 있게 논증한다. 바울은 "섬기는 이의 자기 낮춤 속에서 하나님의 주권과 영광을"(68) 체험한다. 이런 체험은 유대교의 연장선상에 있으면서도 유대교에는 생소한 방식이었다. "하나님의 정체는 하나님의 아들이 죽기까지 사랑으로 섬기고 자기를 부인하는 모습에서 드러난다"(68). 보컴(Bauckham)은 "예수 이야기는 단지 하나님의 정체를 보여주는 예화가 아니다. 예수 자신과 그의 이야기는 본디 하나님의 정체를 이룬다." 따라서 예수 이야기는 "하나님이 자기를 내어주시는 독특한 행위"(69)라고 말하는데, 나도 그의 견해에 동의한다. 그러나 십자가에 못 박히신 하나님이라는 말은 아버지와 아들이 구분되지 않는다는 암시를 줄 수도 있다. 바울 이후의 신학자들은 물론이거니와, 최소한 바울에게도 아버지와 아들의 구분은 아주 중요하다. 그런 점에서, 십자가에 못 박히신 하나님이라고 말하기보다 십자가로 나타나신 하나님이라고 말하는 것은 훗날 "성부수난설(patripassianism, 십자가에서 성자 하나님이 아닌 성부 하나님이 고난을 받으셨다는 주장)"로 불리게 되는 오류에 빠지지 않고, 보컴처럼, 하나님의 정체를 올바로 강조하는 입장을 지키려고 시도하는 것이다.

M. Ramsey)는 이런 말을 했다. "'예수가 주'라는 고백이 중요한 것은 예수가 하나님이실 뿐 아니라 하나님이 그리스도와 닮았다(Christlike)는 고백이기 때문이다."[27] 그런가하면, 제임스 던은 바울이 그의 그리스도 체험 속에서 하나님의 능력을 체험한 사건을 두고 이렇게 썼다. "바울은 선포된 복음(kerygma)을 주저 없이 하나님의 **연약함**(the weakness of God)을 드러내는 복음으로 규정한다." 그러면서 제임스 던은 고린도전서 1:25을 언급한다.[28]

바울은 하나님이 당신의 뜻과 인격을 메시아이시며 주님이신 예수의 십자가를 통하여 알리신다는 것을 체험했다. 요컨대 십자가와 자신을 일치시키시는 것(cruciformity)이 하나님의 성품이다.[29]

---

27) A. M. Ramsey, *God, Christ, and the World* (London: SCM, 1969), 98쪽.
28) James D. G. Dunn, *Jesus and the Spirit: A Study of the Religious and Charismatic Experience of Jesus and the First Christians as Reflected in the New Testament* (London: SCM, 1975; reprint, Grand Rapids: Eerdmans, 1997), 329(던의 강조).
29) 이 마지막 주장은 하나님의 성품을 단 한 가지 특성으로 제약하는 것처럼 보일 수 있다. 그러나 이 주장은 오히려 바울이 말하는 십자가가 하나님의 모든 특성을 아우르고 규정한다는 점을 말하려는 시도하는 것이다. 하나님의 특성에는 신실하심, 사랑, 능력, 지혜 등등이 포함될 것이다. 하지만, 바울이 볼 때에는, 근본적으로 십자가가 하나님을 계시하기 때문에, 하나님은 십자가로 나타나신 하나님으로 우리에게 알려진다.

제1장 옮긴이 주

[1] 이 횟수는 저자가 참조한 NRSV를 기준으로 한 것이며, 개역개정판(4판)을 기준으로 할 경우에는, '그의 아들'이 6번, '하나님의 아들'이 3번, '그 아들'이 3번, 자기 아들이 2번, '아들 자신'이 1번 등장한다. 앞으로 저자가 어떤 문언이 성경 본문에 등장한 횟수를 밝히고 있을 때는 원서가 제시한 숫자를 그대로 옮기고, 한글 성경에 등장하는 횟수는 따로 밝히지 않겠다.

[2] 구약 성경에서 하나님을 아버지로 부르는 경우는 15번뿐이다. 이때 아버지라는 호칭은 하나님을 창조주로서 높일 때 사용되었다. 하나님을 아버지로 부르는 구약의 호칭은 고대 근동의 사례들과 연계되어 있긴 하지만, 모든 민족 중에서 하나님의 선택을 받은 이스라엘만이 하나님의 아들임을 나타낼 목적으로 사용되었다는 점에서 특별한 중요성을 갖는다. Joachim Jeremias, *ABBA* (Göttingen: Vandenhoeck & Ruprecht, 1966), 15-16 참조.

"너희 안에 이 마음을 품으라 곧 그리스도 예수의 마음이니"

빌립보서 2장 5절

2장

십자가에 못 박히셨다가 높이 들리신 메시아

"그리스도께 잡혀 그분을 본받는 자가 되다"

앞장에서 우리는 바울이 체험하고 이해한 하나님이 십자가로 나타나신 하나님, 십자가에 못 박히신 메시아 예수 안에서 계시되고 알려진 하나님이심을 발견했다. 바울이 체험으로 알았던, 이 십자가에 못 박히신 예수는 동시에 하나님이 부활시키시고 높이 올리신 분이셨다. 바울이 볼 때, 예수는 이제 살아계신 주님이시며, 살아계신 주님으로 알 수 있고 체험할 수 있는 분이 되셨다. 하지만 **살아계신 메시아는 여전히 십자가에 못 박히신 예수의 연장선에 자리하고 계신다**. 독일의 신약학자인 에른스트 케제만(Ernst Käsemann)[a]은 십자가를 두고 "부활하신 분이 남긴 서명(the signature of the one who is risen)"이라는 놀라운 정의를 내렸다.[1]

이 역설은 바울의 그리스도 체험의 핵심부에 자리 잡고 있다. 바울은 그리스도가 당신 형상을 본받게 하려고 바울 자신(그리고 다른 신자들)을 붙잡으

---

1) Ernst Käsemann, "The Saving Significance of the Death of Jesus in Paul," in *Perspectives on Paul*, trans. Margaret Kohl (Philadelphia: Fortress, 1971; reprint, Mifflintown, PA: Sigler, 1996), 56.

셨다고 믿는다.[2] 물론 바울은 이미 예수를 살아계신 주님으로 체험한 사람들을 잡아오려고 다메섹으로 가던 중 십자가에 못 박혔다가 높이 들린 메시아를 만나 그 삶이 바뀌기 전에는 이런 시각을 갖고 있지 않았다. 하지만 메시아를 만난 뒤 바울은 십자가에 못 박혔던 예수가 참 하나님을 알려준 계시이자 참 사람의 패러다임이라는 것을 믿게 되었다. 우리는 이번 장에서 바울이 이 주 예수를 체험한 사건을 어느 정도 깊이 있게 살펴보도록 하겠다.

바울이 겪은 "코페르니쿠스적 혁명": 예수를 만남

고린도전서에서 바울은 부활하신 뒤에 당신의 첫 제자들에게 나타나셨던 그리스도가 바울 자신에게도 나타나셨다고 주장한다(고전 15:8). 갈라디아서에서, 바울은 자신이 전하는 복음을 "예수 그리스도의 계시"로 말미암아 받았다고 주장하면서(1:12), 하나님이 당신의 아들을 바울 자신"에게" 또는 바울 자신 "속에서" 나타내셨다고 말한다(1:16). 바울은 이 본문들에서 자신이 십자가에 못 박혔다가 높이 들린 메시아를 체험하는 일이 다메섹 도상에서 이루어진 이 첫 번째 만남에서 시작되었다고 말한다. 사도행전에 따르면, 바울은 이 첫 번째 만남에서 예수께 "주여, 누구시니이까?"라고 물었다(행 9:5, 22:8, 26:15). 바울의 삶을 바꿔놓은 이 체험은 코페르니쿠스(Nicolaus Copernicus)[b]가 태양계의 중심은 지구가 아니라 태양이라고 밝혔을 때 과학계가 겪었던 혁명에 비견할 수 있다. 과학사가인 토마스 쿤(Thomas Kuhn)[c]은 그런 변화에 "과학 혁명"이라는 이름표를 붙였다. 이 혁명 뒤에 과학계는 완전히 달라졌다.[3] 이전에는 토라(Torah)와 할례를 설교했고(갈 5:11) 한때는 교회를 열심히 핍박

---

2) 바울이 "그리스도"를 예수의 성(姓)으로 여기지 않았다는 점을 유념하라. "그리스도"는 그 본래 의미인 "메시아"를 그대로 유지하고 있다.
3) 토마스 쿤의 과학 혁명 모델을 일관되게 적용하여 바울을 해석하는 견해를 보려면, Terence L. Donaldson, *Paul and the Gentiles: Remapping the Apostle's Convictional World* (Minneapolis: Fortress, 1997), 특히 43-47, 293-307을 보라.

했던(갈 1:13-14, 고전 15:9, 빌 3:6) 바울도 열심을 다해 그리스도를 따르는 사람이 되었다. 바울은 이전과 완전히 다른 인물이 되었다. 다메섹으로 가는 길은 바울에게 코페르니쿠스적 혁명이 일어난 장소였다.

다메섹으로 가는 길에서 정확히 무슨 사건이 일어났는지 해석하는 일은 아주 어려운 작업이기 때문에 우리는 이 작업에 오랜 시간을 할애할 수 없다. 또 바울이 다메섹으로 가다 겪은 체험과 이 체험 이후에 그가 갖게 될 체험 및 신학 사이의 상관관계를 상세히 탐구하는 일도 여기서 다루기에는 벅찬 내용이다.[4] 그렇지만 바울이 다메섹으로 가다 겪은 체험과 이 체험이 가져온 결과들의 몇 가지 기본 요소들은 분명해 보이기 때문에 여기서 언급하고 넘어갈 수밖에 없다.

바울 서신에 따르면, 바울이 십자가에 못 박혔다가 높이 들린 예수를 체험한 사건은 일부 사람들이 "신비주의적(mystical)" 만남이라고 불렀던, 다시 말해 예수가 바울에게 나타나셨던 만남에서 시작되었다. 본디 아포칼립스(apokalypsis)라는 헬라어가 "베일을 벗김" 또는 "계시(드러냄)"라는 의미를 갖고 있기 때문에 "신비주의적" 만남보다 "묵시적(계시를 받은)" 만남이라는 표현이 더 나을 수도 있겠다. 이후 바울이 그리스도 안에서 살아간 삶에 그때그때 강조점을 찍어준 것은 그가 더 겪은 "신비주의적" 또는 "묵시적" 체험들(바울은 이런 체험들을 고린도후서 12:1에서 "주의 환상과 계시"라고 부른다)이었다. 사도행전은 환상과 계시라는 이 두 가지 큰 체험 내용과 그 궤를 같이 하는데, 근래에 나온 바울 연구들 역시 이 환상과 계시가 이 사도의 삶에서 중요하다는 점을 강조했다.[5] 바울이 볼 때, 이 환상과 계시 체험의 본질과 의미는 무엇이었을까?

---

4) 서로 다른 몇 가지 시각에서 이 주제를 다룬 논문들을 모아놓은 책을 보려면, Richard N. Longenecker, ed., *The Road from Damascus: The Impact of Paul's Conversion on His Life, Thought, and Ministry* (Grand Rapids: Eerdmanns, 1997)를 보라.

5) 행 9:1-19상(22:6-16과 26:12-23에 평행본문이 있다)은 바울이 처음 받은 계시를 다루는 반면, 행 16:6-10, 18:1-11(특히, 9절)과 22:17-22은 이후에 바울이 본 환상들을 이야기한다. 바울의 유대교 신비주의를 다룬 글을 보려면, 특히 Alan Segal, *Paul the Convert: The Apostolate and Apostasy of Saul the Pharisee* (New Haven: Yale University Press, 1990), 34-71; Christopher Rowland, *The Open Heaven: A Study of Apocalyptic in Judaism and Early Christianity* (New York: Crossroad, 1982), 374-86; C. R. A. Morray-Jones, "Paradise Revisited(2 Cor 12:1-12): The Jewish Mystical Background of Paul's Apostolate, Part 1: The Jewish Sources," *Harvard Theological Review* 86(1993): 177-217; C. R. A. Morray-Jones, "Paradise Revisited(2 Cor 12:1-12): The Jewish Mystical Background of

바울은 그가 쓴 서신에서 이런 체험들을 이야기하는데, 그 중 핵심이 되는 본문들은 이렇다.

맨 나중에 만삭되지 못하여 난 자 같은 내게도 보이셨느니라. 나는 사도 중에 가장 작은 자라. 나는 하나님의 교회를 박해하였으므로 사도라 칭함 받기를 감당하지 못할 자니라. 그러나 내가 나 된 것은 하나님의 은혜로 된 것이니 내게 주신 그의 은혜가 헛되지 아니하여(고전 15:8-10상)

내가 자유인이 아니냐. 사도가 아니냐. 예수 우리 주를 보지 못하였느냐. 주 안에서 행한 나의 일이 너희가 아니냐(고전 9:1)

형제들아 내가 너희에게 알게 하노니 내가 전한 복음은 사람의 뜻을 따라 된 것이 아니니라. 이는 내가 사람에게서 받은 것도 아니요 배운 것도 아니요 오직 예수 그리스도의 계시로 말미암은 것이라. 내가 이전에 유대교에 있을 때에 행한 일을 너희가 들었거니와 하나님의 교회를 심히 박해하여 멸하고⋯. 그러나 내 어머니의 태로부터 나를 택정하시고 그의 은혜로 나를 부르신 이가 그의 아들을 이방에 전하기 위하여 그를 내 속에 나타내시기를 기뻐하셨을 때에 내가 곧 혈육과 의논하지 아니하고⋯(갈 1:11-13,15-16)

십사 년 후에 내가 바나바와 함께 디도를 데리고 다시 예루살렘에 올라갔더니 계시를 따라 올라가 내가 이방 가운데서 전파하는 복음을 그들에게 제시하되 유력한 자들에게 사사로이 한 것은 내가 달음질하는 것이나 달음질한 것이 헛되지 않게 하려 함이라⋯⋯도리어 그들은 내가 무할례자에게 복음 전함을 맡은 것이 베드로가 할례자에게 맡음과 같은 것을 보았고⋯ 또 기둥 같이 여기는 야고보와 게바와 요한도 내게 주신 은혜를 알므로 나와 바나바에게 친교의 악수를 하였으니 우리는 이방인에게로, 그들은 할례자에게로 가게 하려 함이라 (갈 2:1-2,7,9)

Paul's Apostolate, Part 2: Paul's Heavenly Ascent and Its Significance," *Harvard Theological Review* 86(1993): 265-92를 보라.

무익하나마 내가 부득불 자랑하노니 주의 환상과 계시를 말하리라. 내가 그리스도 안에 있는 한 사람을 아노니 그는 십사 년 전에 셋째 하늘에 이끌려 간 자라. (그가 몸 안에 있었는지 몸 밖에 있었는지 나는 모르거니와 하나님은 아시느니라.) 내가 이런 사람을 아노니 (그가 몸 안에 있었는지 몸 밖에 있었는지 나는 모르거니와 하나님은 아시느니라.) 그가 낙원으로 이끌려가서 말로 표현할 수 없는 말을 들었으니 사람이 가히 이르지 못할 말이로다……너무 자만하지 않게 하시려고 내 육체에 가시 곧 사탄의 사자를 주셨으니 이는 나를 쳐서 너무 자만하지 않게 하려 함이라……그러므로 도리어 크게 기뻐함으로 나의 여러 약한 것들에 대하여 자랑하리니 이는 그리스도의 능력이 내게 머물게 하려 함이라(고후 12:1-4,7하,9하)

우리가 다 수건을 벗은 얼굴로 거울을 보는 것 같이 주의 영광을 보매 그와 같은 형상으로 변화하여 영광에서 영광에 이르니 곧 주의 영광으로 말미암음이니라……그 중에 이 세상의 신이 믿지 아니하는 자들의 마음을 혼미하게 하여 그리스도의 영광의 복음의 광채가 비치지 못하게 함이니 그리스도는 하나님의 형상이니라……어두운 데에 빛이 비치라 말씀하셨던 그 하나님께서 예수 그리스도의 얼굴에 있는 하나님의 영광을 아는 빛을 우리 마음에 비추셨느니라(고후 3:18, 4:4,6)

우리는 바울이 예수를 처음 만나고 이후 계속하여 예수를 만난 사건을 증언한 이 본문들의 의미를 좀 더 깊이 밝혀보도록 하겠다.

바울과 예수의 첫 번째 만남

바울에게 일어난 일을 이해하는 것은 여러 가지 점에서 그 일의 의미를 평가하는 것보다 더 어렵다. 때문에 우리는 그 일의 의미에 초점을 맞추려 한다. 바울과 예수의 첫 번째 만남이 갖는 가장 명백한 의미는 이 만남을 통해 바울이 사도로 세움을 받고 그가 전할 복음을 받았다는 점이다.[6] 바울의 사도직과 그가 전할 복음은 모두 하나님으로부터 유래한 것이었다. 그가 부르심을 받은 것은 예상치 못한 일이었고, 온전히 은혜였으며, 그의 삶을 바꿔놓은 것이었다. 바울이 사도로서 받은 사명과 메시지는 이방인들에게 초점을 맞추고 있었다. 바울은 이렇게 예수와 처음 만난 이 사건을 변화 내지 회심, 선지자가 부름 받을 때와 같은 부르심(a prophetic call), 그리고 하나님의 사명 수여(a commission)로서 체험했다.[7] 바울은 여러 해가 지난 뒤에 예루살렘으로 가라는 "계시"를 받았다. 이 "계시"는 그가 처음 예수를 만났던 체험이 지닌 모든 차원들을 확증해주었으며, 그가 이 계시를 예루살렘 교회 지도자들에게 설명하고 변호하도록 이끌어준 원인이 되었다(갈 2:1-10).

그러나 예수와 바울의 첫 번째 만남에는 더 많은 내용이 들어 있다. 이 첫 번째 만남은 바울에게 그가 전할 복음의 기본 내용을 계시해주었다. 이 점은 갈라디아서 1:11-12에 나타난 바울의 주장뿐만 아니라, 갈라디아서 1-2장 및 고린도전서 15장이 언급하는 전체 문맥도 시사하는 것이다. 특히 바울은 십자가에 못 박히셨다가 부활하신 그리스도를 전하는 그의 복음을 먼저 예루살렘에서 설명하고(갈 2:1-10), 이어 안디옥에서 변호하며(갈 2:11-21), 다시 고린도에서 "풀어놓을" 필요성을 느낀다(고전 15장). 이 복음은 율법을 행함과 상관없이 이방인과 유대인에게 똑같은 칭의 원리를 적용할 수 있게 해주고, 이렇게 의롭다 하심을 받은 모든 사람들에게 장래의 부활을 보증해준다.[8]

---

6) 실제로, 고린도전서 15장은 ōphthē라는 동사("보이셨다"라는 뜻으로 고전 15:5-8에 네 번 등장한다)를 써서 그리스도가 바울에게 나타나신 일과 이 본문에서 열거한 다른 사도들에게 나타나신 일이 유사한 체험이라는 것을(그럼으로써 바울의 사도직과 다른 사도들의 사도직이 유사하다는 것을) 강조한다.
7) 뒷부분에서 "첫 번째 만남이 갖는 영속적 의미"라는 제목으로 이 세 가지 차원들을 더 깊이 논의한 내용을 읽어보라. 바울은 갈 1:16에서 자신이 이방인에게 복음을 전할 사명을 받은 일이 정확히 첫 계시 때에 이루어졌다고 분명하게 주장하지는 않지만, 첫 계시의 목적이 그런 사명 수여였다는 점만큼은 분명하게 주장한다(실제 사명 수여는 이후에 이루어졌을 수도 있다). 하지만, 갈 1장의 언어가 선지자들이 부르심을 받고 사명을 받은 이야기들(사 49:1-6, 렘 1:5)과 같다는 점에서, 그리고 고전 9장과 15장이 묘사하는 예수의 환상/나타나심이 자신이 사도, 곧 "보내심을 받은 자"라는 바울의 의식과 긴밀하게 연결되어 있다는 점에서, 바울은 예수와 자신의 첫 번째 만남을 하나님의 사명 수여로 체험했다고 보는 것이 사실상 틀림없을 것이다.
8) 고전 15:3-6은 바울이 이 복음의 윤곽을 사실은 사람들로부터 받았다고 말한다. 이렇게 갈 1:12("이는 내가 사람에게서 받은 것도 아니요")과 다른 말을 하는 이유는 그 정황이 서로 다르기 때문이다. 갈라디아서에서는, 또 다른 사도의 주장(갈 2:11-14에서 묘사하는 게바[베드로]가 이방

그러나 지금까지 말한 모든 것이 바울과 예수의 첫 번째 만남이 갖는 성격을 완전히 설명해주지는 않는다. 가장 깊숙한 차원에서 본다면, 이 첫 만남은 말 그대로 예수 체험일 뿐, 그 이상도 그 이하도 아니다. 다시 말해, 바울은 이 체험 속에서 예수의 정체를 발견했다(바울은 이 정체를 하나님이 계시해주셨다고 말하려 한다). 예수는 하나님의 아들이시고(갈 1:16), 메시아이시며(고전 15:3, 갈 1:12), 주님(고전 9:1)이시다. 예수는 살아계시고 죽지 않으셨다. 간략한 내러티브 형태를 빌어 표현한다면, 예수는 십자가에 못 박힌 예수로서 그의 아버지 하나님이 이 세상에 메시아로 보내셨다가 이제는 높이 들어 올려 주님의 자리에 앉히신 분이다.[9] 그때부터 바울은 다른 예수(가령, 메시아 행세를 하다가 십자가에 못 박혀 죽은 자로서 하나님의 저주를 받은 사람 또는 높이 들리신 것 같은 인물이지만 십자가에 못 박히신 예수와 아무 상관없는 사람)를 알지 않는다. 그런 예수는 예수를 "인간의 관점에서" 또는 "육신을 따라"(고후 5:16) 아는 것이기 때문이었다. 그런 점에서, "신비주의적인" 바울의 첫 체험은 **내러티브를 통해 예수가 누구신가**(the narrative identity of Jesus)를 체험한 것이다. 요컨대 예수와 바울의 이 첫 만남은 우리가 이어지는 장들에서 바울의 "핵심 이야기(master story)"로 부르게 될 이야기의 기본 틀을 바울에게 제공해주었다.[10]

인들을 멀리한 사건이 그 주장 내용을 암시한다)과 **달리**, 이방인들도 의롭다 하심을 받을 수 있다는 자신의 주장이 하나님으로부터 유래한 것임을 증명해야 하는 것이 바울의 입장이다. 그렇지만 고린도전서에서는, 신자들이 부활하리라는 논리를 게바와 다른 사도들의 주장과 **반대되는** 입장이 아니라 이런 사도들과 **같은 입장에서** 증명해야 하는 것이 바울의 처지다. (그러나 비록 바울 자신은 인간이 전해준 말을 따른 게 아니라고 주장하고 있긴 하지만, 갈라디아서에서조차 바울은 1:4과 2:20에서 그리스도의 죽음에 관한 초기 기독교의 공식을 인용하고 있는 것 같다.)

9) 갈 4:4(참고, 롬 8:3-4)을 보면, 바울은 그에게 나타나신 예수를 하나님의 선재하신 아들(God's preexistent Son)로 이해한 게 분명하다.

10) 앞으로 보게 되겠지만, 5장에서 시작될 이 핵심 이야기는 빌 2:6-11에서 가장 완전한 모습으로 나타난다. 대다수 학자들은 이 본문을 바울 이전에 나온 찬송으로 본다. 이 본문은 시(詩)의 특징을 갖고 있으며, 이는 실제로 이 본문이 찬송임을 시사한다. 그러나 이 본문과 바울이 처음으로 체험했던 내러티브 형태를 띤 예수의 정체가 유사하다는 점(이 둘은 완전히 일치하지는 않는다)에서, 이 찬송의 지은이는 바울일 가능성이 아주 높다. 하지만 바울이 자신과 예수의 첫 만남을 자신이 그 이전에 이미 몇몇 신자들로부터 배운 찬송이 묘사한 내러티브 형태를 띤 예수의 정체에 비추어 이후에 이야기한 것일 수도 있다.

이후의 계시들

바울이 예수를 처음 체험한 사건은 이후에 자신이 겪은 체험을 정의하는 것이 되었다. 첫 체험 이후에 바울이 받은 계시들과 환상들은(그가 계시와 환상을 체험한 횟수와 이 계시와 환상의 성격은 학계의 논쟁거리다) 모두 이 독특한 첫 체험을 확증해주곤 했으며, 어쩌면 이 첫 체험에 깊이를 더해주었을 수도 있다. 이처럼 바울은 은연중에 자신을 예루살렘으로 보냈던 계시(갈 2:2)를 일찍이 십자가에 못 박혔다가 이제는 살아계신 예수(갈 2:15-21)와 연관 짓는 동시에, 그의 유명한 승천 사건(고후 12:1-10)을 자신이 약함(그리스도가 당한 "십자가형") 속에서 그리스도의 능력("부활")을 널리 체험한 일과 명백하게 연관 짓고 있다.

바울이 겪은 이 승천 체험(겸양 때문인지 아니면 전형적인 묵시 문체 때문인지, 그는 이 체험을 3인칭으로 이야기한다["내가 그리스도 안에 있는 한 사람을 아노니", 고후 12:2])은 많은 연구와 논쟁의 주제가 되어왔다.[11] 이 승천 체험을 다메섹 도상의 체험과 동일시할 수 없다는 것은 거의 확실하다.[12] 실제로 이 승천 체험의 큰 얼개만 놓고 본다면, 바울 당대의 유대교에서도 유별난 체험은 아니었다. 기독교 문헌뿐만 아니라 고대 유대교 문헌에도 승천 사건들을 보고하는 내용들이 있기 때문이다. 바울이 고린도후서 12장에서 이야기하는 것과 같은 체험을 가리키는 데 사용하는 일반 용어는 **메르카바**(merkabah) 신비주의다. 메르카바라는 히브리어는 전차(chariot)처럼 생긴 하나님의 보좌를 가리키는 말로서, 에스겔서 1장이 그 모습을 묘사하고 있다. 메르카바 신비주의자들이 쓴 글들은 대부분 바울보다 뒤에 나온 것이며, 이 신비주의자들은 하늘에 있는 보좌, 그 중에서도 특히 하늘의 영광과 하나님을 환상으로 보았다고 주장

---

11) 이 승천 체험은 실제로 바울이 한 체험이었다는 것이 통설이다. 이 통설은 2세기 이레나이우스(Irenaeus)까지 거슬러 올라가며(*Against Heresies* 5.5.1), 오늘날도 대다수 학자들이 지지하는 견해다.

12) 이 승천 체험을 성전에서 일어나는 것이 제격인 행 22장의 체험과 동일시하려는 모리-존스(Morray-Jones)의 시도는 매력이 있지만 설득력은 없다("Paradise Revisited, Part 2," 284-92). 또 다른 뛰어난 논문에서도 모리-존스는 승천 체험이 자신이 사도임을 증명해준다는 바울의 주장을 바울이 사도로 부르심을 받은 것을 뒷받침하는 많은 계시 가운데 한 예(고후 12장은 이렇게 읽는 것이 자연스럽다)로 보기보다 "바울이 사도로서 권위를 주장하는 근거"로 읽는 잘못을 범하고 있다(285). 갈 1장이 이야기하는 체험과 고후 12장이 이야기하는 체험의 차이점을 살펴보려면, William Baird, "Visions, Revelation, and Ministry: Reflections on 2 Cor. 12:1-5 and Gal. 1:11-17," *Journal of Biblical Literature* 104 (1985): 651-62를 보라.

했다.[13] 바울이 지금 묘사하는 것도 바로 그런 체험일 수 있다. 바울은 이 체험 때 "셋째 하늘" 또는 "낙원"에 올라갔다(아니면 셋째 하늘에 갔다가 이어서 낙원에 갔을 수도 있다, 고후 12:2,4). 여기서 바울은 "말로 표현할 수 없는 말을 들었는데, 그 말은 사람이 가히 이르지 못할 말이었다."[14] 바울은 조심스럽게 이 체험을 큰 골자만 이야기하면서, 이 체험을 경쟁자들이 내세우는 비슷한 주장에 맞서 자신이 사도임을 변호하는 증거로 사용한다(고후 11:5,12, 11:16-12:13).

바울은 자신이 보거나 들은 것을 상세히 말하지 않는다. 그러나 우리는 그가 무엇을 체험했든 그 모든 체험이 십자가에 못 박혔다가 높이 들린 예수를 하나님이 보내신 메시아이시자 그분의 아들로, 나아가 "하나님의 영광"의 임재로 그에게 다시 계시해주었으리라고 어느 정도 확신할 수 있다. 심지어 바울은 하나님의 영광을 논하는 대목에서 자신이 전하는 복음에 "그리스도의 영광의 복음"(고후 4:4)이라는 이름을 더 붙이기까지 한다. 하지만 이 그리스도의 영광의 복음이라는 이름은 이 이름이 십자가에 못 박힌 분을 전하는 복음인 바울의 복음과 연속성을 갖고 있을 때에만 의미가 있다. 그렇다면 바울은 하늘에 올라갔을 때 십자가에 못 박혔던 예수가 이제는 높이 들리신 주님이시며, 따라서 이 분이 곧 하나님의 영광이시라는 점을 확인했을 가능성이 아주 높다.[15] 선한 "신비주의자"인 바울은 하나님의 영광을 닮은 형상으로 점점 변해가고 싶어 한다(고후 3:18). 이런 바울에게 중요한 것은 땅으로 돌아와 하루하루 삶 속에서 그런 변화를 일으킬 일들을 체험하는 것이다. 그런데 역설

---

13) 이 신비로운 전승과 연관된 다른 성경 본문 중에는 이사야가 환상으로 보좌에 앉으신 주님을 보고 선지자로 부르심을 받은 일을 설명한 유명한 기사(사 6장), 환상 중에 인자를 본 일을 기록한 단 7:9-14, 그리고 하나님의 영광이 이스라엘과 함께 있거나 성전 안에 있거나 하늘에 있는 모습을 묘사한 내용들이 포함된다. 유대 전승은 다양한 방법으로 하나님의 보좌에 앉아 있거나 보좌에 가까이 있는 신이나 "천사 중의 우두머리"를 하나님의 영광과 동일하게 여겼다. 바울도 이 신을 그리스도와 연관 지었을 것이다. Segal, *Paul the Convert*, 40-52(**메르카바**[*merkabah*] 신비주의를 다룬 부분)과 56-58쪽(그리스도인들이 하나님의 영광을 그리스도와 동일시함)을 보라. 현재 학계에서는 **메르카바** 신비주의가 바울 이후에 생겨난 것이 아니라 바울 당대 또는 그 이전의 신비한 묵시 체험들에서도 발견할 수 있다는 데 공감대가 형성되어 있는 것으로 보인다.
14) 특히 Morray-Jones, "Paradise Revisited, Part 2"를 보라.
15) 빌 2:9-11과 비교해보라. 바울이 체험한 하늘은 밧모 섬에서 요한이 체험한 하늘과 그리 다르지 않았을 가능성이 크다. 요한은 보좌에 앉아 계신 하나님과 십자가에 못 박힌, 다시 말해 "죽임 당한" 어린 양을 보았으며(계 4-5장, 21:22, 22:1,4), 십자가에 못 박힌 예수가 바로 영광을 받으신 예수라는 점을 강조했다(계 5:6,9,12, 7:14,17, 12:11, 13:8, 17:14을 보라).

적인 것은 이런 변화 내지 영화(glorification)가 계시를 더 받고 분명한 능력을 더 체험하는 데서 비롯되지 않고 약함을 체험하는 데서 비롯된다는 점이다(고후 12:6-10). 부활을 통해 영광스러운 형상으로 변하는 것은 사실 그리스도의 죽음을 본받음으로써 이루어진다(빌 3:10). 그렇게 그리스도의 죽음을 본받는 체험들 속에서 그리스도의 능력이 현실로 나타난다.[16]

이것은 바울이 체험한 환상과 계시의 궁극적 의미를 우리에게 일러준다. 근래에 나온 연구들은 이런 환상과 계시들이 이전에 생각했던 것보다 더 많았고 바울에게 더 중요한 의미를 가졌을 수도 있다는 주장을 내놓고 있다. 바울의 체험이 지닌 소위 "신비주의적" 성격을 과소평가하는 것은 잘못일 것이다. 하지만 바울에게 무엇보다 중요한 것은 체험 자체가 아니라 이 체험들이 그가 전하는 복음의 메시지와 이 복음에 합당하게 약함과 고난을 겪으며 십자가를 본받는 삶을 다양한 방법으로 확증해준다는 점이었다.

첫 번째 만남이 갖는 영속적 의미

우리가 이미 언급했듯이, 다메섹 도상의 만남에 뒤이은 모든 "주의 환상과 계시들"은 바울의 삶을 바꿔놓은 이 만남을 확증해주었다. 우리는 바울 서신을 토대로 예수와 바울의 첫 만남이 바울에게 지녔던 의미에 관하여 몇 가지 큰 결론을 이끌어낼 수 있다.

첫째, 다메섹 도상의 체험은 **별안간 바울에게 일어난 사건이었다**. 이 체험은 기대할 수도 없고 받을 자격도 없는 은혜를 체험한 사건이었다(고전 15:10). 갓 태동하고 있던 예수 운동의 숨을 끊어놓고자 했던 바울이 이 때문에 어떤 죄책감을 경험했다는 증거는 없다. 십자가에 못 박힌 메시아를 하나

---

16) 시걸(*Paul the Convert*, 61쪽)은 고후 3장이 이야기하는 체험을 "영혼의 변형(spiritual metamorphosis)"이라고 부르는데, 적절한 표현이다. 또 그는 이 체험과 빌 3:10의 연관성을 인정하면서(63-64), 바울의 영적 체험에서는 고난과 변화가 연결되어 있다고 본다(65-69). 더욱이 그는 "그리스도 안에" 있으면서 이 그리스도를 "본받는" 중요한 체험이 유대교의 신비주의 전통과 연계되어 있으며(64), 예수의 죽음 그리고 핍박과 고난 가운데 있는 것을 "그리스도 안에" 있는 것으로 받아들였던 초기 그리스도인들의 체험이 이 전통을 정교하게 다듬어주었다고 주장한다(68-69).

님이 부활시키셨다는 초기 "그리스도인들[17]의" 믿음은 신성모독이나 다를 바 없었다. 이런 믿음과 함께, 이 그리스도인들이 율법의 몇몇 요소들을 꺼려한 점과 이방인들에게 서슴없이 열린 태도를 보인 점은 이들을 죽이려는 자들에게 충분한 명분을 제공해주었다. (다른 사람들이 이 만남에 충격을 받고 의심을 품게 된 것은 차치하더라도) 바울이 다메섹 도상의 만남에 보인 반응은 놀람과 감사였다. 적절한 은유를 찾던 바울은 고린도전서 15:8에서 자신을 "만삭되지 못하여 난 자"(ektrōma)라고 부른다. 바울이 자신을 그렇게 부른 것은 "부활하신 그리스도를 얼핏 본 사건이, 말하자면 발육 부전 태아(aborted fetus)처럼 제 형태도 갖추지 못하고 제대로 준비도 안 된 자신을 예전의 그로부터 떼어놓았기"[18] 때문이었다. 확실히 바울은 이 놀라운 사건에 감사한 나머지, 자신이 말하고 행하고 쓴 모든 것이 은혜임을 강조하기에 이른 것처럼 보인다.

바울은 로마에 있는 신자들에게 그리스도로 말미암아 "우리가 믿음으로서 있는 이 은혜에 들어감을 얻었다"(롬 5:2)라고, 다시 말해 의롭다 함을 받고 하나님과 더불어 화평과 올바른 사귐을 갖는 은혜를 얻었다(참고, 고전 1:4)라고 말한다. 아울러 바울은 로마의 신자들에게 자신과 그들이 "은혜 아래" 있다고(롬 6:14-15), 다시 말해 후히 베푸시고 사람을 바꾸시는 은혜의 영향력과 능력 아래에 있다고 말한다. 바울과 그가 섬기는 공동체들은 예수가 메시아이심을 믿는 자들로서 하나님의 은혜를 "(우리 주 예수) 그리스도의 은혜"로 체험한다(갈 1:6, 살전 5:28, 고후 8:9). 바울은, 그가 보낸 서신의 인사말과 축도에서 나타나듯이, 자신이 섬기는 공동체에 하나님의 은혜와 "주 예수 그리스도"를 일깨워 주는데 전혀 싫증을 내지 않는다.

둘째, 이 다메섹 도상의 체험은 바울이 **회심한** 사건이었다. 이는 그가 종교를 바꾸었다는 말이 아니라(바울은 여전히 유대인이었다[19]), 완전한 방향 전환

---

17) "그리스도인들"이라는 말에 큰 따옴표를 붙인 이유는 예수를 십자가에 못 박히셨다가 이제는 높이 들림을 받아 살아계신 유대인의 메시아로 보는 데 초점을 맞췄던 첫 기독교 공동체 지체들을 표현하는 말로 이 그리스도인들이라는 말을 사용하는 것이 사실상 시대착오적인 일이기 때문이다.

18) David J. Williams, *Paul's Metaphors: Their Context and Character* (Peabody, Mass.: Hendrickson, 1999), 58.

19) 바울은 "내가 이전에 유대교에 있을 때에"(갈 1:13)라는 말을 자신이 특정한 형태의 유대교, 곧 공격적이고 분리주의적인 바리새주의를 추구했던 것을 지칭하는 전문 용어로 사용한다

을 가리키는 말이었다. 히브리 선지자들은 이를 **슈브**(*shuv*)ᵈ라고 불렀다. 종종 선지자들은 부르심을 받을 때 기이한 체험을 하고 인생 방향을 바꾸었다. 하지만 선지자들은 백성들에게 돌아오라고 외쳤다. 반면 바울은 그 자신부터 완전한 방향 전환을 하고 자신이 예수를 잘못 알았으며 십자가에 못 박혔다가 높이 들린 예수가 하나님이 보내신 메시아임을 인정해야했다. 바울을 연구하는 유대 학자 중 한 사람인 앨런 시걸(Alan Segal)은 그렇게 철저하고 완전한 방향 전환을 요구받거나 체험한 선지자는 일찍이 아무도 없었다고 써놓았다.

> 바울은 회심과 함께 부르심을 받았다……역사상 그 어떤 선지자도 바울이 부르심을 받았을 때 체험했던 것과 같은 회심을 체험하지 못했다……사명이라는 관점에서 보면 바울은 사명을 받은 자이며, 종교적 체험이라는 관점에서 보면 바울은 회심한 자다. 현대에 나온 연구들은 회심한 자의 삶이 회심 전이나 회심 후나 여러 가지 점에서 매일반일 수 있다는 점을 보여주고 있다……그러나 바울 자신이 그리스도인으로서 체험한 첫 번째 사실은 그의 엄청난 변화였다. 그는 기독교를 핍박하는 자에서 기독교를 대변하다 핍박받는 자로 바뀌었다.²⁰⁾

바울의 이 회심 이야기에 익숙한 대다수 사람들은 핍박하는 자에서 핍박받는 자로, 살인자가 될 뻔하다 거의 죽음에 이르게까지 된 바울의 극적 변화를 덤덤하게 받아들인다. 하지만 이 변화를 과소평가해서는 안 된다. 바울은 예수를 중심으로 삼고 이방인들에게 열린 태도를 견지하던 위험한 메시아 운동을 파괴할 자신의 거룩한 임무에 남달리 열심을 냈었다. 바울이 볼 때, 이

(James D. G. Dunn, *The Theology of Paul the Apostle* [Grand Rapids: Eerdmans, 1998], 346-54쪽).

20) Segal, *Paul the Convert*, 6. 크리스터 스텐달(Krister Stendahl)이 바울은 "부르심을 받았을 뿐 회심하지는 않았다"는 주장을 내세운 뒤로(Krister Stendahl, *Paul Among Jews and Gentiles* [Philadelphia: Fortress, 1976], 7-23) 이 주장이 학계의 정설이 되었지만, 시걸은 이 주장에 반대하는 논증을 펼친다. 시걸은 바울이 유대인으로 남아있었지만 유대교의 한 형태(그리고 그 공동체)로부터 다른 형태로 돌아섰다는 주장을 견지하는데, 올바른 주장이다. 시걸은 회심에 관한 현대 학자들의 연구 결과를 사용하여 바울이 "이 시대에 말하는 회심의 의미"에 비춰볼 때 회심한 자였다는 결론을 내린다(6). 게다가, 비록 "바울 자신이 때로는 선지자의 언어를 사용하여 자신이 그리스도인으로서 받은 사명을 표현했고, 자신의 새 기독 신앙이 그가 품었던 소망의 성취이자 예언의 영이 나타난 것임을 확실하게 발견하기도 했지만", 그래도 바울은 "그 뒤에도 회심한 자라는 별명을 잃어버리지 않는다"(5).

운동은 이스라엘과 언약의 하나님이 맺은 관계에서 이스라엘이 지켜야 할 정결을 위협하고 있었다. 토라에 열심을 품는다는 것은, 저주받은 죄인을 메시아로 고백한다든지(신 21:23, 갈 3:13을 보라), 할례가 아니라 예수를 전하는 복음을 믿는다는 등의 이유를 내세워 이방인들을 언약 속에 받아들이는 경우처럼, 이스라엘을 오염시킬 수 있는 어떤 운동에도 반대한다는 뜻이었다.[21] 바울은 이제 토라가 아니라 메시아에 열심을 냈다.

바울이 그리스도를 핍박하는 자에서 그리스도를 설교하는 자로 바뀌는 데 그치지 않고 대적들에게 행사했던 보복과 폭력을 모두 중단했다는 점(롬 12:14-21)까지 알고 나면, 바울의 이런 180도 방향 전환은 훨씬 더 놀랍게 다가온다. 더욱이 다른 사람을 죽이는 데 열심을 냈던 그가 이제는 자신을 죽이는 데 열심을 내는 사람이 되었다. 이는 은유이지만 어쩌면 액면 그대로 사실일 수도 있다. 심리학적 해석이나 지나친 단순화를 피하면서, "십자가를 본받는 삶"(날마다 죽는 것[고전 15:31]을 포함하는 삶)이 바울의 회개에서 본질적이고 필수적인 차원이라고 결론짓는 것이 안전할 것이다. 바울의 회개는 정말 철저한 변화였다.

셋째, 바울은 이 회개를 **부르심을 받고 사명을 받는 일**로서 체험했다. 바울은 이런 부르심과 사명 수여를 (어쩌면 이스라엘의 대변자라고 할 수 있는) 예레미야와 (제2)이사야[22] 같은 선지자들의 언어로 다시 표현할 수 있었다.

> 그러나 내 어머니의 태로부터 나를 택정하시고 그의 은혜로 나를 부르신 이가 그의 아들을 이방에 전하기 위하여 그를 내 속에 나타내시기를 기뻐하셨을 때에…(갈 1:15-16)

---

21) 바울은 유대인들이 따르는 한 전통 안에 당당히 서 있었다. 이 전통을 따르는 사람 중 (주전 2세기의 마카비파 같은 사람들) 일부는 폭력을 동원하여 이스라엘의 정결함 내지 독특함을 지키는 데 "열심을 냈다." 초대교회는 토라를 소유하거나 토라를 지키는 것이 언약 공동체의 지체임을 나타내는 근본 표지라는 데 드러내놓고 혹은 은연중에 반대 입장을 표명했다. 바울은 틀림없이 초대교회의 이런 태도가 이스라엘의 독특함을 위협한다고 인식했을 것이다. Donaldson, *Paul and the Gentiles*, 273-92와 Dunn, *Theology*, 346-54를 보라.

22) 대다수 학자들은 사 40-55장을 사 1-39장을 쓴 바로 그 이사야(주전 8세기에 이 부분을 기록했던 예루살렘의 이사야)가 아니라, 후대에 등장한 "제2"이사야로서 때로는 "두 번째 이사야(Deutero-Isaiah)" 또는 "포로기 이사야"(주전 6세기)라고 부르는 인물이 기록했다고 믿는다.[1]

내가 너를 모태에 짓기 전에 너를 알았고 네가 배에서 나오기 전에 너를 성별하였고 너를 여러 나라의 선지자로 세웠노라(렘 1:5)

여호와께서 태에서부터 나를 부르셨고 내 어머니의 복중에서부터 내 이름을 기억하셨으며(사 49:1하; 참고, 6절)

바울이 자신을 부르시고 사명을 주신 은혜에 붙인 이름은 "사도의 직분(apostleship)"이었다. 바울은 자신을 사도라고 부르면서 때로 이 이름 때문에 싸움을 벌여야 하는 처지가 된다. 바울은 그리스도로 말미암아 자신과 자기 동지들을 두고 이렇게 말한다. "그로 말미암아 우리가 은혜와 사도의 직분을 받아 그의 이름을 위하여 모든 이방인 중에서 믿어 순종하게 하나니"(롬 1:5).[23] 이방인을 대적하던 바울이 이방인의 두목이 되었다.

넷째, 바울은 자신과 예수의 첫 만남을 **하나님 아들의 복음, 다시 말해 예수의 진짜 정체를 밝혀주는 복음의 계시**로서 체험했다. 바울은 이 계시를 배워야 할 정보가 아니라 기꺼이 수긍해야할 주장으로 받아들였다. 더 정확히 말하자면, 바울은 십자가에 못 박힌 예수의 계시 속에서 이스라엘의 하나님의 영광을 발견했다. 이스라엘의 하나님은 이제 세상, 그 중에서도 특히 이방인들이 사는 세상을 위하여 바울을 요구하시며 그를 포용하고 계셨다.[24]

이어 바울은 자신이 다메섹 도상에서 한 체험과 관련 사건들을 되돌아보면서, 이 사건들을 전통적으로 선지자들이 받은 부르심이자 철저히 새로운 모험으로 본다. 하나님은 십자가에 못 박히셨다가 높이 들리신 예수를 주님

---

23) 베어드(Baird, "Visions," 656-57)는 선지자가 부르심을 받는 이야기에 꼭 들어가는 요소들을 정리하면서, 갈 1장에는 하나님과 대면, 하나님이 당신을 소개하시는 말, 사명 수여, 거부, 재확인, 그리고 표징이라는 요소가 들어가 있다고 말한다.
24) 시걸(Paul the Convert, 157쪽)이 쓴 대로, "바울이 받은 소명은 예수 그리스도가 바로 하나님의 영광이시라는 것을 알리는 것이다. 다른 사람들은 바울처럼 극적인 방식으로 회심한 적이 없을 뿐더러, 바울처럼 하나님의 영광을 직접 본 경우도 없었기 때문이다." 시걸이 말하는 이 점, 나아가 그의 저작 전체를 통틀어 볼 때, 나와 의견이 다른 게 딱 하나 있다. 그것은 십자가에 못 박힌 예수와 높이 들리신 그리스도 사이의 연속성이 바울의 체험에서 중요하다는 점을 시걸이 충분히 인식하지 못하고 있다는 점이다. 따라서 나는 시걸이 써놓은 말을 이렇게 바꾸고 싶다. "바울이 받은 소명은 **십자가에 못 박히신 메시아** 예수가 바로 하나님의 영광이시라는 것을 알리는 것이다."

으로 만드셨다. 이 예수는 이제 **바울의** 주님이 되셨고 바울은 그의 사도이자 종이 되었다. 바울은 "그리스도께 잡힌" 몸이 되었다(빌 3:12).[25]

종이신 주님의 종

바울은 여생 동안 그리스도가 살아계신 분임을 체험했다. 십자가에 못 박히셨다가 부활하셔서 높이 들리신 그분은 "주님"이셨다. 바울은 이 "주"라는 말을 십자가에 못 박히셨다가 높이 들리신 그분이 어떤 의미에서는 하나님과 동등하시다는 의미로 사용한다. (바울이 살아계신 그리스도를 체험한 일을 언급할 때, 예수를 "[스스로] 부활하신[risen]" 주님으로 표현하는 것은 그리 적합하지 않다. 바울은 그리스도를 언급할 때, "[스스로] 부활하신"이라는 표현보다 하나님이 부활시키시고[또는 부활시키셨거나] 높이 들어 올리신[raised and/or exalted by God]이라는 표현을 더 선호하기 때문이다.) 바울은 자신을 주님의 권위로 말미암아 "하나님의 복음"을 전할 사명을 부여받은 주님의 사도로 보았다(롬 1:1, 15:16, 고후 11:17, 살전 2:2,8,9). 이 "하나님의 복음"은 세상, 그 중에서도 특히 유대인이 아닌 사람들이 사는 세상을 향해 "십자가를 전하는 말씀"(고전 1:18, "십자가의 도")이다.

그러나 동시에 바울은 자신을 주님의 **종** 또는 **노예**(*doulos*)로 보았다. 순종함으로 자기 주님의 백성과 일을 기꺼이 떠맡는 청지기로 본 것이다. 바울은 "예수 그리스도의 종이요 사도로 부르심을 받은 자"(롬 1:1)였다. 그의 인생 목표는 그의 주인이신 그리스도를 기쁘게 해드리는 것이었다(갈 1:10).

실제로 바울에게는 주님이신 예수의 종이 되는 것보다 더 큰 특권이 없었다. 종(또는 노예)과 주(주인)라는 말은 자신을 기꺼이 그리스도께 드리고 그 그

---

[25] 이어지는 내용들을 더 살펴보라. 대다수 영역 성경들이 킹 제임스 역본을 따르지 않음으로써 바울이 그리스도께 잡혔다(헬라어로 *katalambanō*)는 생생한 은유를 전달하지 못하고 있는 것은 불행한 일이다. 레이먼드 브라운(Raymond E. Brown)은 이 본문을 언급하면서, 바울이 "그리스도 예수가 그를 '받아들여 차지해버렸다'는 느낌을 가졌다"고 말한다(*An Introduction to the New Testament* [New York: Doubleday, 1997], 449).

리스도를 통하여 자신을 다시 하나님께 드렸던 바울의 순종을 의미했다. 이 주 님의 종이 바치는 순종은 가혹하고 변덕스러운 주인에게 바치는 순종이 아니라 스스로 "종의 형체를" 가지신 분에게 바치는 순종이었다(빌 2:7). 바울은 자신을 스스로 시종이 되신 분의 시종이요, 스스로 종이 되신 분의 종으로 보았다.

바울이 빌립보서 2:6-11에서 인용하는 말은 초기 기독교의 시나 찬송으로 보인다.[26] 이 말은 높이 들리신 주님과 자기를 비우시고 자기를 낮추시며 십자가에 못 박히셨던 종이 같은 분임을 되새겨준다. 초기 그리스도인들은 "예수(그리스도)는 주"라고 고백했듯이, 바울과 그가 섬기던 교회들도 이 신앙고백을 사용했다(고전 12:3, 빌 2:11). 이 신앙고백은 "예수의 이름 앞에", 인간으로서 십자가에 못 박히셨다가 이제는 높이 들리신 예수 앞에 모든 이가 무릎을 꿇고 이 예수가 주이심을 고백할 날이 오리라는 고백이었다(빌 2:9-11). 높은 곳에 오르셔서 통치하시는 주가 고난 받으시고 죽으셨던 예수라는 사실은 주께 순종하는 것이 예수를 본받는 것임을 의미한다.[27]

이처럼 바울은 자신의 삶을 그리스도의 종이자, 그리스도를 본받는 삶을 통해 다른 사람들의 종이 된 "종의 삶"으로 본다.

> 내가 모든 사람에게서 자유로우나 스스로 모든 사람에게 종이 된 것은 더 많은 사람을 얻고자 함이라(고전 9:19)

> 우리는 우리를 전파하는 것이 아니라 오직 그리스도 예수의 주 되신 것과 또 예수를 위하여 우리가 너희의 종 된 것을 전파함이라(고후 4:5)

더 자세히 살펴보면, 바울은 예수의 죽음을 예수가 종이심을 가장 완전하게 표현한 사건으로 보았다. 그리하여, 바울도 생명을 내어주신 예수의 죽음

---

26) 전부는 아니지만 대다수 신약학자들은 빌 2:6-11이 초기 그리스도인들의 찬송 내지 찬송 중 일부라고 본다. 하지만 이미 각주 10에서 지적했듯이, 이 본문이 바울이 받은 예수의 정체에 관한 내러티브적 계시와 거의 일치한다는 점은 바울이 지은이일 가능성이 아주 높다는 것을 시사한다.
27) 탁월한 논문인 Larry W. Hurtado, "Jesus as Lordly Example in Philippians 2.5-11," in Peter Richardson and John C. Hurd, eds., *From Jesus to Paul*, Francis W. Beare Festschrift (Waterloo: Wilfred Laurier University Press, 1984), 113-26을 보라.

을 분명하게 나타내는 것을 그가 사도로서 행할 주요 **활동**이자 그리스도 체험으로 보았다.

> 우리가 항상 예수의 죽음을 몸에 짊어짐은 예수의 생명이 또한 우리 몸에 나타나게 하려 함이라. 우리 살아 있는 자가 항상 예수를 위하여 죽음에 넘겨짐은 예수의 생명이 또한 우리 죽을 육체에 나타나게 하려 함이라. 그런즉 사망은 우리 안에서 역사하고 생명은 너희 안에서 역사하느니라(고후 4:10-12)

바울은 자신의 삶과 사역이 "십자가 이야기"에 일치하는 이야기, 자신이 전하는 복음에 일치하는 이야기를 말하는 것이 되길 원했다. 그런 점에서, 바울의 영성은 **내러티브** 영성이요, 삶이라는 형태로 십자가에 관한 말씀을 다시 제시하는 체험이었다. 바울은 "나를 부르신 이(하나님)가 그의 아들을 내 **속에 나타내시기를 기뻐하셨을 때에**"(갈 1:15-16)[28]라는 말을 쓸 때 적어도 어느 정도는 자신의 영성이 어떤 영성인가를 염두에 두고 있었을 것이다.

바울은 자신이 종으로서 고난당하신 주 예수로부터 권위를 부여받은 종이라는 증거로서 그의 몸에 나타난 흔적들을 제시한다.

> 이 후로는 누구든지 나를 괴롭게 하지 말라. 내가 내 몸에 예수의 흔적을 지니고 있노라(갈 6:17).

바울이 언급하는 "흔적들"(*stigmata*)은 서로 연관된 두 가지 의미를 갖고 있다. 첫째, 고대에 이 말은 노예 소유자들이 노예의 몸에 찍는 표지를 가리키는 말로 사용되었다. 바울이 자기 몸에 "예수의 흔적"을 갖고 있다고 말하는 것은 자신을 예수의 종(노예)과 동일시한다는 의미다. 둘째, 하지만 바울이 실제로 자기 몸에 그런 낙인이나 문신을 갖고 있었을 가능성은 아주 희박하다. 오히려 "예수의 흔적"은 십중팔구 바울의 몸에 난 상처자국들(채찍질이나 다른 여러 핍박들로 말미암아 생긴 상처자국들)을 가리키는 게 틀림없다.[29] 이처럼 바울은 십

---

28) 헬라어 전치사가 *en*임을 표시한 NRSV 난외주가 옳다면, "내 속에"로 번역해야 한다.[ㄹ]
29) 대다수 주석가들도 이에 동의한다. 가령, J. Louis Martyn, *Galatians: A New Translation with*

자가에 못 박히신 주님의 십자가를 전하다 자신이 겪은 핍박을 자신이 그리스도의 종임을 보여주는 적절한 증거로 여겼다. 바울의 몸은 그의 개인사를 고스란히 담은 생생한 증거였다. 그런 점에서, "그의 몸에 난 상처자국들은 바로 예수가 당하신 십자가형의 현현이다."30)

바울이 설교한 복음과 그가 섬긴 공동체들이 불렀던 찬송은 바울의 주님이신 예수가 생명을 내어주시며 죽임을 당하신 일을 이야기한다. 바울은 자신을 이런 예수의 죽음에 참여하는 자요 이 죽음을 잇는 자로 보았다. (이어질 장들에서 우리는 바울의 이런 자기 이해를 더 깊이 살펴보도록 하겠다.) 하지만 바울은 그리스도의 죽음에 참여하는 사람을 자신과 다른 사도들로 한정하지 않는다. 바울은 자서전이랄 수 있는 많은 대목에서는 은근히, 그 이외의 다른 대목에서는 분명한 언어로 모든 신자가 그리스도의 죽음에, 그 죽음의 은덕뿐만 아니라 그 죽음의 내러티브와 본질적 특징에도 동참해야 한다는 점을 분명히 한다.

본받는다는 것은 곧 십자가를 본받는 것

우리가 위에서 보았듯이, 바울은 자신이 그리스도께 "붙잡혔다"고 느꼈다. 이제 우리는 그리스도가 그를 붙잡은 목적이 주님이신 그리스도, 모든 사람의 종이신 그리스도를 본받게 하는 데 있었음을 본다. 바울은 갈라디아서에서 그리스도께 붙잡힌 이 체험을 필시 초기 그리스도인들이 세례 때 널리

Introduction and Commentary, Anchor Bible 33A (New York: Doubleday, 1997), 568-69를 보라. 마틴은 갈 6:17하를 이렇게 번역한다. "내가 내 자신의 몸에 예수의 흔적인 상처자국들을 갖고 있기 때문이라."

30) Martyn, Galatians, 569. 상처자국 그리고 이 상처자국과 바울의 사역이 어떤 관계인가라는 주제를 다룬 글을 보려면, Basil S. Davis, "The Meaning of proegraphē in the Context of Galatians 3.1," New Testament Studies 45 (1999): 194-212, 그 중에서도 특히 207-10쪽을 보라. 데이비스는 복음이 "십자가에 못 박히신 그리스도를 대중에게 펼쳐 보이는 캔버스"가 된 자신의 삶 속에서 나타나고 있다고 주장했던 바울이 그 복음을 대중 앞에서 선포하는 데 그가 지닌 흔적들이 힘을 더해주었으리라는 점을 설득력 있게 논증했다(208).

사용했을 법한 언어로 묘사한다. 세례를 받은 사람들은 "그리스도로 옷 입었다." 다시 말해, 이 사람들은 그리스도라는 옷을 입었다. 이는 생생하고 친밀한 은유였다.

> 누구든지 그리스도와 합하기 위하여 세례를 받은 자는 그리스도로 옷 입었느니라(갈 3:27)

바울은 또 다른 본문에서 세례를 말하면서 이 체험의 본질을 훨씬 더 자세하게 이야기한다.

> 무릇 그리스도 예수와 합하여 세례를 받은 우리는 그의 죽으심과 합하여 세례를 받은 줄을 알지 못하느냐(롬 6:3)

로마서 6장 문맥을 살펴보면, 이 죽음 체험은 무엇보다 죄에 대하여 죽음을 말함이요, 죄로 가득했던 이전의 자아가 지녔던 능력 및 모습들과 결별한다는 것을 말한다. 그러나 바울에게는 그리스도와 "함께 십자가에 못 박히는 것(co-crucifixion)"[31]이 그리스도 안에 있는 영성을 더 보편적이고 더 구체적으로 규정하는 말이다. 로마서 6장을 보면, 세례를 받음으로 죄에 대하여 죽게 되면 그리스도 안에 있는 삶으로 이어지며(6:1-11), 그리스도 안에 있는 삶은 순종하는 삶이다(6:12-23). 로마서는 순종을 믿음의 합당한 표현이라고 말하면서(1:5), 예수가 순종하심으로 죽음에 이르신 것을 이 순종의 본보기로 든다(5:19). 따라서 세례를 받음으로 그리스도와 하나가 된다는 것은(즉, "그리스도인"이 된다는 것은) 실상 지극히 포괄적인 의미를 함축하고 있는 그리스도의 죽음과 하나가 된다는 것을 말한다.[32] **바울은 예수의 죽음을 자기 죽음과 동일**

---

31) "co-crucifixion(함께 십자가에 못 박힘)"이라는 명사는, 가령, 조지프 피츠마이어(Joseph A. Fitzmyer)가 *Paul and His Theology: A Brief Sketch*, 2nd ed. (Englewood Cliffs, NJ: Prentice Hall, 1989), 81에서 쓴 복합동사 "co-crucified(함께 십자가에 못 박히다)"를 보고 착안한 것이다. 아래에서 살펴보겠지만, "함께"라는 말은 바울이 신자들과 그리스도의 친밀한 동일성을 표현할 때 흔히 쓰는 말이다.
32) 그리스도의 죽음과 하나가 되는 것은, 비록 미리 맛보는 것에 불과하다 할지라도, 목숨을 잃는 육체의 죽음까지 아우르는 말이다. 물론 세례 받는 자들은 세례 때 죽지 않는다. 그러나 그들

시하고 예수의 죽음에 참여하는 것을 신자의 근본적 그리스도 체험으로 인식한다. 환상과 계시 같은 "신비주의적" 체험조차도 이런 근본적 실존 현실에 종속되는 것이요 이런 현실의 표현일 뿐이다.

바울이 볼 때, 세례가 상징하는 신자와 그리스도의 이런 친밀한 동일성은 일회성 이벤트에 그치지 않고, **계속하여** 죽음을 체험하는 것이요 **계속하여** 십자가에 못 박히는 체험을 하는 것이다. 바울은 그리스도와 더불어 자신이 겪은 신앙 체험 전체를 "함께 십자가에 못 박힘"(갈 2:20, 롬 6:6) 또는 그의 죽으심과 "연합함"(롬 6:5)이라는 패러다임으로 제시한다.

> 내가 그리스도와 함께 십자가에 못 박혔나니(갈 2:20)[3]

> 만일 우리가 그의 죽으심과 같은 모양으로 연합한 자가 되었으면 또한 그의 부활과 같은 모양으로 연합한 자도 되리라. 우리가 알거니와 우리의 옛 사람이 예수와 함께 십자가에 못 박힌 것은…(롬 6:5-6상)

그리스도와 함께 십자가에 못 박히고 그의 죽으심과 연합하는 체험은 그리스도 및 그의 십자가와 자신을 동일시하는 동시에, 세속적이든 종교적이든 가리지 않고 바울에게 충성을 요구할 수 있는 다른 "권능들(powers)"에 대하여 죽는 것처럼 결별한다는 의미다. 이런 힘들에는 "세상"(갈 6:14), 자신의 "육체," 또는 하나님께 맞서려는 성향을 보이는 자아(갈 5:24; 그리고 위에서 언급했던 갈 2:20의 "나"도 역시 마찬가지다), 그리고 죄 자체의 권능(롬 6:1,6-7,10-11)이 포함된다.[33] 많은 사람들이 언급한 것이지만, 바울은 자신이 그리스도와 함께 못 박힌 체험을 이야기할 때 번번이 완료 시제를 사용함으로써(즉, "내가 십자가에 못 **박혔나니**"라고 말한다)[f], 이 체험이 한 번으로 끝나는 체험이 아니라 분명 시작이라는 점을 시사한다. 오히려 함께 십자가에 못 박히는 것, 다시 말해 십자가를

은 장차 자신들의 몸이 죽더라도 그들의 몸이 부활하리라는 것, 그리고 옛 자아가 죽고 그리스도 안에 계신 하나님을 위하여 산다는 것이 결국은 순교로 이어질 수 있다는 것을 확실하게 인정한다.

33) 앞으로 보게 되겠지만, 바울은 죄와 다른 "권능들"을 인격체로 묘사하기 때문에 이 말들을 굵은 글씨로 표시하는 경우가 종종 있을 것이다.[e]

본받는 삶은 계속되는 현실이요 생활방식이다. 중요한 것, 문제가 되는 것은 십자가를 본받는 삶이다. 바울은 세례와 믿음을 이야기하는 본문에서, 자기 삶을 이야기하며 패러다임을 제시하는 대목에서, 그리고 (이어질 장들에서 살펴보겠지만) 모든 서신에 들어있는 권고 부분에서 자신이 섬기는 공동체 지체들에게, 바울 자신처럼 그들의 삶으로 십자가의 도를 한 번 더 이야기하라고 권면한다.

패러다임을 제시하는 대목 가운데 하나인 빌립보서 3장은 바울의 그리스도 체험을 특히 잘 요약하고 있다. 바울은 이제 그리스도와 하나가 된 자신의 삶을 이전의 자기 삶과 이렇게 대조한다.

> 그러나 무엇이든지 내게 유익하던 것을 내가 그리스도를 위하여 다 해로 여길뿐더러 또한 모든 것을 해로 여김은 내 주 그리스도 예수를 아는 지식이 가장 고상하기 때문이라. 내가 그를 위하여 모든 것을 잃어버리고 배설물로 여김은 그리스도를 얻고 그 안에서 발견되려 함이니 내가 가진 의는 율법에서 난 것이 아니요 오직 그리스도를 믿음으로 말미암은 것이니 곧 믿음으로 하나님께로부터 난 의라. 내가 그리스도와 그 부활의 권능과 그 고난에 참여함을 알고자 하여 그의 죽으심을 본받아 어떻게 해서든지 죽은 자 가운데서 부활에 이르려 하노니 내가 이미 얻었다 함도 아니요 온전히 이루었다 함도 아니라. 오직 내가 그리스도 예수께 잡힌바 된 그것을 잡으려고 달려가노라(빌 3:7-12)

이 본문에는 바울의 자기 인식과 자신의 그리스도 체험 인식에 필요한 단어들과 형상(이미지)들이 풍부하다.

이 빌립보서 본문에서 가장 중요한 측면은 아마도 그리스도께 "잡혔다"(12절)는 생각, 다시 말해 그리스도가 "나(바울)를 당신의 소유로 만드셨다"는 생각일 것이다. 그리스도가 자신을 붙잡았다는 이 말은 바울이 다메섹으로 가는 길에 부활하신 그리스도를 만났을 때와 그 이후에 그가 체험했던 코페르니쿠스적 혁명을 생생하게 요약해놓은 말 가운데 하나다. 바울은 이제 자신이 그리스도께 붙잡히게 된 이유인 그것을 붙잡고 싶어 한다(12절). 다시 말해, "그리스도를 얻고"(8절), 결국에는 죽은 자들이 부활하는 그 때 그리스도와 더불어 완전함에 이르고 싶어 한다.

바울은 계속되는 자신의 그리스도 체험을 "내 주 그리스도 예수를 아는 것"(8절)으로 정의한다. 그런 다음 그는 이 정의를 더 자세하게 "그리스도와 그 부활의 권능과 그 고난에 참여함(koinōnia)을" 아는 것(10절)이라고 다시 정의한다. 바울은 죽은 자들의 부활이 장래 일임을 강조하면서도(빌 3:11; 참고, 고전 15장), 지금 부활의 권능을 체험하고 싶어 한다. 하지만 역설인 것은 이 부활의 권능이 그리스도의 죽음을 "본받음"으로써 그의 죽음에 동참하는 권능이라는 점이다.

로마서 6:1-11은 세례를 통해 죽음과 부활을 체험하는 것을 신자의 실존이 지닌 유사한 패턴으로 제시한다. 그리스도와 함께 죽고 장사되면, 결국 현재에는 새 생명으로 부활하고(6:4) 장래에는 "그(그리스도)의 부활과 같은 모양으로" 부활하게 된다.[34] 하지만 우리가 위에서 보았듯이, 신자들이 부활하여 얻게 될 새 생명은 하나님께 대하여 살아있고자 끊임없이 죽음을 체험하는 것, 특히 죄에 대하여 죽음을 체험하는 것이다(6:11).

> 그러므로 우리가 그의 죽으심과 합하여 세례를 받음으로 그와 함께 장사되었나니 이는 아버지의 영광으로 말미암아 그리스도를 죽은 자 가운데서 살리심과 같이 우리로 또한 새 생명 가운데서 행하게 하려 함이라. 만일 우리가 그의

---

34) 많은 바울 해석자들은 바울이 쓴 글 속에서 부활을 현재 이루어지는 것으로 보는(다시 말해, "실현된 종말론"을 시사하는) "승리주의자"의 말투를 발견하게 될까 봐, 롬 6:4에서 그리스도의 부활과 신자들의 새 생명이 분명한 평행 관계에 있다는 것을, 그럼으로써 신자들의 부활이 장래 일인 동시에 현재 일이기도 하다는 것을 받아들이려 하지 않는다. 케어드(G. B. Caird)는 부활은 오직 장래 일일 뿐이라는 잘못된 주장을 비판하면서, "옛 삶은 그리스도와 더불어 십자가에 못 박혀 죽었고…… 이제는 부활하신 주님과 연합하여 새 삶이 열렸기" 때문에, 그런 주장은 "시종일관 신자가 지금 살아가야 할 생활방식에 관심을 기울이고 있는 바울의 논증을 한낱 우스갯소리로 만드는 것"이라고 꼬집는다(G. B. Caird, *New Testament Theology*, completed and edited by L. D. Hurst [Oxford: Clarendon, 1994], 187-88). 아울러, A. J. M. Wedderburn, *Baptism and Resurrection: Studies in Pauline Theology against Its Graeco-Roman Background* (Tübingen: J. C. B. Mohr[Paul Siebeck], 1987)을 보라. 웨더번은, 세례는 "통과의식(rite of passage)"이므로(363-71), 이 세례로부터 생겨나는 삶은 실제로 새생명으로 부활하는 것으로서 이 부활은 마지막 날의 부활 상태를 미리 내다보는 것이라는 점을 설득력 있게 논증한다. 그는 이를 가리켜 "실현된 종말론과 아직 완전히 실현되지 않은 종말론이 이루는 놀라운 역설적 조화"라고 말한다(358). 웨더번이 강조하는 내용이지만(가령, 349-50), 우리도 이 책 전체에서 이 새 삶이 십자가를 본받는 삶의 특징을 갖고 있음을 보게 될 것이다.

> 죽으심과 같은 모양으로 연합한 자가 되었으면 또한 그의 부활과 같은 모양으로 연합한 자도 되리라……이와 같이 너희도 너희 자신을 죄에 대하여는 죽은 자요 그리스도 예수 안에서 하나님께 대하여는 살아 있는 자로 여길지어다(롬 6:4-5,11)

한 마디로 바울은 **십자가를 본받는 삶**(cruciformity)을 우리 몸의 부활의 전주곡으로 여기며 이 삶을 살고 싶어 한다. 바울이 빌립보서 3장과 다른 곳들에서 말하듯이, **십자가를 본받는 삶**은 영광을 받으신 그리스도를 닮아가다 보면 언젠가는 완성될 것이다.

> 그는 만물을 자기에게 복종하게 하실 수 있는 자의 역사로 우리의 낮은 몸을 자기 영광의 몸의 형체와 같이 변하게 하시리라(빌 3:21; 참고, 롬 8:29, 고전 15:49, 고후 3:18)

바울은 고린도후서 3:18에서 영광에 이르는 변화는 지금 시작되며, 이 변화는 종말론이 말하는 미래까지 차츰차츰 이루어져간다고 분명하게 주장한다.

> 우리가 다 수건을 벗은 얼굴로 거울을 보는 것 같이 주의 영광을 보매 그와 같은 형상으로 변화하여 영광에서 영광에 이르니 곧 주의 영으로 말미암음이라 (고후3:18)

겉으로 보면, 바울의 이 말은 십자가를 본받는 것(십자가를 본받는 삶)이 현재 바울이 말하는 영성의 **활동방식**이라는 주장과 모순인 것 같다. 하지만 사실은 아무런 모순도 존재하지 않는다. 그 어떤 서신도 고린도후서만큼 십자가를 본받는 삶을 그리스도 안에서 살아가는 실존 규범으로 강조하지 않는다. 바울이 고린도후서 3:18에서 은연중에 강조하는 역설은 어찌되었든 고난과 십자가를 본받는 삶 속에서 영광을 받으신 그리스도의 형상으로 바뀌어가는 변화가 일어난다는 것이다. (바울은 고린도후서 4:7-12에서 이 역설을 더 분명하게 시사한다.)

그리스도의 권능과 영광, 그리스도의 부활과 생명을 아는 길은 십자가를 본받는 삶이다. 이것이 바로 바울이 제시하는 위대한 역설이다. 에른스트 케제만은 이를 이렇게 말한다.

> 바울이 볼 때, 예수의 영광은 그가 그를 본받아 이 땅에서 기꺼이 십자가를 지려 하고 십자가를 질 수 있는 제자들을 만들어낸다는 사실에 있다. 또 교회와 그리스도인들의 삶이 받는 영광은 이 교회와 그리스도인들이 십자가에 못 박힌 분을 하나님의 권능과 지혜로 찬송할 자격이 있는 자들로 여김을 받고, 오직 이 그리스도 안에서 구원을 찾을만한 자격이 있는 자들로 여김을 받으며, 그들의 실존을 십자가라는 표지 아래에서 하나님을 섬기는 실존으로 바꿀 자격이 있는 자들로 여김을 받는 것이다.[35]

이어질 장들에서는 십자가에 못 박히신 하나님의 아들을 본받는 이 영원한 목표를 바울이 무엇이라고 말하는지 더 꼼꼼하게 살펴보도록 하겠다.

"그리스도 안에 있는 우리, 우리 안에 계신 그리스도"

바울이 한 그리스도 체험의 핵심

바울은 위에서 인용한 빌립보서 3장 본문에서 그리스도 "안에서" 발견되고 싶어 하는 자신의 소망을 피력한다(9절). 분명 이 구절은 "그(그리스도) 안에서"라는 말에 초점을 맞추지 않는다. 그러나 "그리스도 안에" 있다는 개념은 바울 영성의 핵심을 차지하고 있다. 많은 학자들이 알베르트 슈바이처(Albert Schweitzer)가 바울의 "그리스도 안에서의 신비주의(in-Christ mysticism)"[36]라고

---

35) Käsemann, "Saving Significance," 59.
36) Albert Schweitzer, *The Mysticism of the Apostle Paul* (London: Black, 1931).

불렀던 것을 논의하는 데 필력을 쏟아 부었다. 슈바이처는 "믿음으로 말미암는 의/믿음으로 말미암아 의롭다 함을 얻음(이신칭의)"이 아니라 이 "그리스도 안에서 신비주의"가 바울의 신학과 체험의 중심이었다는 것을 유려한 필치로 논증했다.

> 따라서 이신칭의 교리는 큰 분화구인 그리스도 안에 있음으로써 구원을 받는다는 신비주의적 교리 안에서 형성된 작은 분화구다.[37]

1977년, 에드 샌더스(Ed P. Sanders)는 바울 신학의 중심이 이신칭의가 아니라 "그리스도에 참여함(participation in Christ)"이라고 주장하여 대다수 학자들이 주장하는 바울 해석론에 다시 한 번 도전장을 던졌다.[38] 그리스도 안에 있음을 경험한 바울 자신의 이 체험은, 설령 "신비주의적"(이 말은 그 내용이 확실하게 잡히지 않는 형용사다)인 것이 아니라 할지라도, 바울이 한 체험의 핵심인 것만은 분명하다. 이 체험은 어쩌면 그의 신학에서도 핵심일 수 있다. 그러나 바울이 자신의 체험을 어떻게 이해했고 어떻게 묘사했는가를 이해하는 것이 중요하다.

"그리스도 (예수) 안에서"라는 말은 바울 저작권을 인정 받는 서신들에서 50번이 넘게 등장한다. 그런가하면, "주 (예수/예수 그리스도) 안에서"라는 말과 "우리 주 그리스도 예수 안에서"라는 말은 통틀어 40번 가까이 나타난다.[39] 이 본문들 가운데 일부는 하나님이 "그리스도 안에서" 행하신 일을 언급하지만

---

37) Schweitzer, *Mysticism*, 225.
38) E. P. Sanders, *Paul and Palestinian Judaism* (Philadelphia: Fortress, 1977), 431-523. 샌더스의 가장 중요한 주장 중 몇 가지만 들어보면 이러하다. "참여를 통한 연합(the participatory union)은 다른 무엇을 가리키는 비유적 언어가 아니라, 많은 학자들이 주장했던 대로 실재다"(455). "바울은 그리스도의 죽음이 갖는 중요성을 생각하면서, 과거에 지은 죄들을 용서받는다는 관점보다 오히려 미래의 구원을 보장하는 섬기는 **주인이 바뀐다**는(change of lordship) 관점에서 더 많은 생각을 하고 있었다. 이 점은 그리스도인이 **그리스도와 함께** 죽음을 이야기하는 본문들을 검토해보면, 잘 알 수 있다. **바로 이런 본문들이 바울의 사상 속에서 그리스도의 죽음이 갖는 진정한 의미를 잘 보여주고 있다**"(466, 샌더스 강조). "(바울은) 법이라는 범주를 활용했지만, 그래도 이 법이라는 범주는 그의 주관심사가 아니다. 바울 신학의 진정한 요체는 참여라는 범주다. 물론 바울 자신은 법과 참여를 이런 식으로 구분하지 않았다"(502, 샌더스 강조).
39) 바울이 썼다는 데 다툼이 없는 서신에서는 "그 안에서"라는 말도 두 번 등장한다. 결국, "(그리스도/주) 안에서"라는 말이 100번 가까이 나오는 셈이다.

40) 대부분은 그리스도 안에 있는 실존을 언급한다. "그리스도 안에서"는 신비주의적 말이라기보다 공간을 지칭하는 말이다. 영향력이 미치는 "지역" 안에서 살아간다는 뜻이기 때문이다. 물론 이 말의 정확한 의미는 문맥에 따라 달라진다. 그러나 **"그리스도 안에" 있다는 말은 무엇보다 그리스도가 주님이심을 인정하는 공동체에 참여함으로써 그리스도의 능력, 특히 그리스도와 그분의 십자가를 본받게 하는 능력의 영향을 받으며 살아간다는 뜻이다.**

바울의 '그리스도 안에서' 영성이 갖고 있는 이 공동체적 차원은 아주 중요하다.[41] 바울이 볼 때, 영성은 개인의 것이 아니라 공동체의 것이다. 이 사실은 영역 본문보다 헬라어 본문을 보면 훨씬 더 분명하게 나타난다. 헬라어 본문을 보면, 바울이 상대방을 부를 때 사용하는 대명사는 거의 모두 복수("너희" 등등)이기 때문이다. "그리스도 안에" 있다는 것은 비단 개인의 체험만이 아니라 공동체가 함께 하는 체험을 가리킨다. 믿는 사람은 세례를 받음으로써 이 공동체에 들어가고, 다른 이들과 더불어 이 공동체 안에 거하기 때문이다.

그러므로 이제 그리스도 예수 안에 있는 자에게는[g] 결코 정죄함이 없나니(롬 8:1)

주 안에서 행한 나의 일이 너희가 아니냐(고전 9:1)

너희는 다 그리스도 예수 안에서 하나이니라(갈 3:28)

그리스도 예수 안에서는 할례나 무할례나 효력이 없으되 사랑으로써 역사하는 믿음뿐이니라(갈 5:6)

아래에서 살펴보겠지만, 바울이 쓰는 "그리스도 안에서"라는 언어는 교회가 인간 공동체 그 자체로 존재하는 데 그치지 않고 그리스도 안에 있는 공동체로 존재한다는 것을 일깨워주는 데 사용되는 말일 수 있다.

---

40) 이를테면, "그리스도 안에서 하나님이(또는 하나님이 그리스도 안에서) 세상을 자기와 화목하게 하셨느니라"(고후 5:19).[h]
41) 특히 이 책 13장을 보라.

> 너희 공동체, 곧 진정 그리스도 안에 있는 [너희 공동체 안에] 이 마음을 품을지니(빌 2:5, 저자 번역).[42]

하지만 바울의 영성이 개인의 것이 아니라는 말은 그의 영성이 개개인과 무관하다는 뜻이 아니다. 우리가 앞에서 보았듯이, 바울은 "**내 주 그리스도 예수를 아는 것**"(빌 3:8)을 이야기한다. 바울은 또 자신이 "주 안에서 크게 기뻐한다"고 말한다(빌 4:10). 더욱이 그는 자신과 그리스도의 관계를 자신이 그리스도 안에 있고 그리스도는 자신 안에 계신 관계로 묘사한다.

> 그런즉 이제는 내가 사는 것이 아니요 오직 내 안에 그리스도께서 사시는 것이라(갈 2:20; 참고, 롬 8:10)

리처드 헤이스(Richard Hays)의 말대로, 여기서 "바울은 도발적인 언사(言辭)로 자기 삶의 '주인공'이 바울 자신이라는 것을 부인하고 이런 입장에서 그리스도가 자신이 차지했던 자리를 대신 차지하게 되셨다고 주장한다."[43]

하지만 바울과 그리스도의 관계가 갖고 있는 이런 측면조차도 단순히 개인의 체험에 그치지 않는다. 가령, 갈라디아서 4:19을 보면, 바울은 자신의 사역을 잉태와 출산에 관한 용어를 사용하여 갈라디아인들의 공동체 안에서 그리스도의 "형상이 이루어져 가는" 과정으로 묘사한다. 이와 비슷하게, 그는 고린도 사람들의 공동체에게 자기 자신을 살펴 그리스도가 진정 그들 공동체 "안에", 다시 말해 그들 "내부에" 또는 그들 "가운데" 계시는지 알아보라고 권면한다.

> 너희는 믿음 안에 있는가 너희 자신을 시험하고 너희 자신을 확증하라. 예수 그

---

42) 원문에 더 가깝게 옮기자면, "너희 (모든 사람) 안에, 곧 또 그리스도 안에 있는 너희 안에"다. 이 번역을 뒷받침하는 내용은 아래 부기(附記)를 보라.

43) Richard B. Hays, *The Faith of Jesus Christ: An Investigation of the Narrative Substructure of Galatians 3:1-4:11*, SBLDS 56 (Chico, CA: Scholars Press, 1983), 168. 헤이스는 계속하여 갈 2:20하의 의미를 이렇게 이야기한다. "'하나님의 아들을 믿는 믿음'은 이제 바울의 실존을 다스리는 힘이다." 이 본문 하반절의 의미는 믿음을 다룰 장들에서 살펴보겠다.

리스도께서 너희 안에 계신 줄을 너희가 스스로 알지 못하느냐. 그렇지 않으면 너희는 버림받은 자니라(고후 13:5)[44]

신자들이 그리스도 안에 있고 그리스도는 신자들 안에 계신 이런 관계를 "공생" 내지 "상호침투"로 부르기도 한다.[45] 20세기 초에 아돌프 다이스만(Adolf Deissmann)[h]은 이 관계를 생생히 묘사하여 바울과 "그리스도의 친근한 관계"를 우리와 우리가 호흡하는 공기의 관계에 비유했다.

> 우리가 호흡하는 생명의 공기가 우리 "안에" 들어와 우리를 채우지만 동시에 우리가 이 공기 안에 살고 이 공기를 호흡하듯이, 사도 바울과 그리스도의 친근한 관계도 역시 마찬가지다. 그리스도는 바울 안에 계시며, 바울은 그리스도 안에 있다.[46]

이 관계를 달리 묘사한 표현이 그리스도와 신자들이 **서로 상대방 안에 들어가 산다는 상호내주** 개념이다. 신자들은 그리스도 안에서 살고, 그리스도 역시 신자들 안에 사신다. 여기서 신자들은 신자 개개인과 신자들의 공동체 전체를 다 함께 이르는 말이다. 제임스 던이 간명하게 말하고 있듯이, 바울과 그가 섬기는 공동체들이 볼 때 이 관계는 "그리스도가 신(神)으로서 **안에도 계시고 밖에도 계심**을 아는 신비주의적 지각 같은 것"[47]이다. 그러나 이 "신비주의적 지각"은 감정적 체험이 아니라 상호내주 내러티브를 만들어낸다. 신자들은 세례를 받음으로써 그리스도의 이야기 속으로 들어간다. 마찬가지로 그리스도의 이야기 역시 세례를 받은 자들 안에서, 그리고 그들 가운데에서 다시 살아난다.

---

44) "너희 안에"로 번역된 말은 빌 2:5에서 사용하는 말(*en hymin*)과 같은 말이다. 따라서 이 "너희 안에"는 "너희 가운데" 또는 "너희 공동체 안에"로 해석해야 한다.
45) "공생"-Fitzmyer, *Paul and His Theology*, 84. "상호침투"-Ben Witherington III, *Paul's Narrative Thought World: The Tapestry of Tragedy and Triumph* (Louisville: Westminster/John Knox, 1994), 277.
46) Adolf Deissmann, *Paul: A Study in Social and Religious History* (New York: Harper, 1957; orig. 1912, rev. 1926), 140.
47) Dunn, *Theology*, 401.(저자 강조)

흥미로운 것은 바울이 그리스도와 신자 사이에 존재하는 이 상호내주 관계에 선례가 있다고 말한다는 점이다. 그리스도 밖에 있는 사람들은 죄가 그들 안에 들어와 산다(롬 7:17,20). 또 이 사람들은 죄의 영역 속에서, 죄의 권세 아래 살아간다(롬 7:14; 참고, 3:9). 바울이 볼 때, 그리스도의 현존과 능력은 바울 안에서 살고 있는 권세이자 바울 역시 그 권세 안에서 살고 있는 죄를 몰아내고 그 자리를 차지하셨다. 그리스도 밖에 있는 사람들은 "육신에 있는 자들"이다. 이 육신은 죄가 다스리는 영역이요 그들이 하나님을 기쁘시게 해드릴 수 없는 곳이다(롬 8:8).

아울러 바울은 자신이 자기 안에 들어와 사시는 그리스도를 체험한 일을 두고 "그리스도의 능력이 내 안에 머물고 있다"(고후 12:9)거나 "그리스도의 사랑이 우리를 강권하신다"(고후 5:14)라고 묘사한다. 이어질 장들에서 상세히 살펴보겠지만, 바울은 우리 안에 그리스도의 임재나 능력이나 사랑이 우리 안에 계심을 말한 이 대목에서 그리스도가 현재 자기 안에 들어와 계신 것을 그분이 과거에 십자가에 못 박혀 죽으신 사건과, 우리 안에 거하시는 그리스도의 능력을 바울 자신의 연약함과 연결 짓는다. 이렇게 우리 안에 들어와 사시는 그리스도는 사랑을 베푸시는 그리스도다. 이 그리스도의 사랑은 십자가에서 자신을 내어주신 사랑에서 극명하게 표현되었다(갈 2:20). 이런 연관관계는 빌립보서 3:10에서 함께 메아리치고 있다. 이 구절에서 바울은 자신이 그리스도의 부활의 권능을 체험한 일을 자신의 고난 및 자신이 그리스도의 죽음을 본받는 것과 연결짓는다.

본받음과 내주: 개인과 전체

상호내주가 바울 영성의 중심이자 생명임을 생생히 보여주는 두 본문이 갈라디아서 2:20과 빌립보서 2:5이다.

이제는 내가 사는 것이 아니요 오직 내 안에 그리스도께서 사시는 것이라. 이제 내가 육체 가운데 사는 것은 나를 사랑하사 나를 위하여 자기 자신을 버리신 하나님의 아들을 믿는 믿음 안에서(또는 하나님의 아들의 "신실하심으로 말미암아")[48] 사는 것이라(갈 2:20)

너희 안에 이 마음을 품으라. 곧 그리스도 예수의 마음이니(빌 2:5)

위에서 이미 제안했듯이, 또 뒤에 나올 부기에서 논증하고 있는 대로, 빌립보서 2:5은 다음과 같이 번역하는 편이 더 낫다.

너희 공동체, 곧 진정 그리스도 안에 있는[너희 공동체 안에] 이 마음을 품을지니

갈라디아서 2:20과 빌립보서 2:5은 몇 가지 공통점을 갖고 있다. 첫째, 이 두 구절은 각기 그 서신에서 "중심축"을 이루고 있는 부분에 속한다. 갈라디아서 2:20은 갈라디아서의 주제를 논하고 있는 2:15-21 속에 자리하고 있다. 빌립보서 2:5은 바울이 이 빌립보서에서 가장 중요한 대목으로 인용하고 있는 그리스도 찬송(Christ-hymn)을 소개하고 있다. 또 이 구절은 이 찬송과 이 찬송이 들어있는 문맥이 제시하는 도덕적 권면을 연결 짓는다.

둘째, 이 두 본문은 비록 그 사용 방법은 달라도 그리스도와 관련하여 모두 "안에"라는 전치사를 사용한다. 갈라디아서 2:20은 그리스도가 "내 안에" 곧 바울 안에 계신다고 말한다. 바울은 자기 삶과 패러다임을 이야기하면서, 어찌되었든 자기가 날마다 정상적인 삶을 살아갈 수 있게 된 것은 다른 사람, 곧 그리스도 때문이라고 주장한다. "이제는 내가 사는 것이 아니요"라는 과장된 언사는 바로 이런 의미를 갖고 있다. 그리스도는 바울, 나아가 신자 한 사람 한 사람 속에 다 들어가 계신다. 이것이 곧 그리스도가 각 사람 안에 들어와 사심을 말하는 개인 영성이다. 빌립보서 2:5에서는, 내가 이미 다른 번역을 통해 시사한대로, 공동체가 그리스도 안에 있다. 이것이 곧 공동체 전체가 그리

---

48) 이 번역을 더 선호해야 한다는 점은 6장에서 논의하는 내용을 보도록 하라.

스도 안에서 살아감을 의미하는 공동체 영성이다.

　빌립보서 2:5은 까다로운 번역 문제 때문에 유명한 구절이다. 이 구절을 어떻게 번역하느냐에 따라 우리의 바울 영성 이해도 크게 달라진다. 때문에 이어서 살펴볼 부기에서는 이 빌립보서 2:5과 이 구절의 전통적 번역들, 그리고 여기서 제시한 번역 대안을 면밀히 분석해보도록 하겠다. 독자들은 부기에서 제시한 논증을 모두 읽어보든지, 아니면 논증의 결론만을 본 뒤에 부기 뒷부분부터 계속 읽어가든지, 원하는 대로 택할 수 있다.

부기(EXCURSUS)

빌립보서 2:5은 바울의 글에서 중요한 본문이다. 이 구절은 권면(1:27-2:4, 특히 2:1-4) 부분과 어떤 식으로든 이 권면의 근거 역할을 하고 있는 부분으로서 그리스도에 관한 내용을 담고 있는 시 형식의 본문(대다수 학자들이 바울 이전의 찬송 내지 찬송 단편으로 믿고 있는 본문)을 이어주는 다리 역할을 하고 있기 때문이다. 2:5의 해석은 찬송과 권면의 연관관계 해석, 기독론과 영성의 연관관계 해석에 영향을 미친다. 바울은 빌립보 사람들에게 그리스도가 가지셨던 마음을 받아들이라고 권면하는 것인가, 아니면 이 사람들이 이미 "그리스도 안에서" 갖고 있는 마음을 계속 유지하라고 말하는 것인가? 바울은 고난당하시고 죽임 당하신 예수를 본받으라고 권면하는 것인가, 아니면 그리스도 주께 순종하라고 권면하는 것인가? 아니면, 어떤 식으로든 이 두 가지를 다 권장하는 것인가?[49]

헬라어 본문을 보면, 빌립보서 2:5은 6절 첫 단어까지 포함하면 이렇게 되어 있다. 이 헬라어 본문 아래에 이 본문의 각 문구를 대강 번역하여 실어놓았다.

touto phroneite	*en hymin*	*ho kai*	*en Christō Iēsou, hos*···
(너희는) 이것을 생각하라	너희 안에	그것은 (동사가 빠져 있음)	또 그리스도 예수 안에, 그는

5절 번역에서 가장 큰 어려움은 두 가지며, 이 두 문제는 서로 연관되어 있다. 첫째, "이것을"(헬라어 본문의 *touto*)과 "그것은"(헬라어 본문의 *ho*)는 무엇을 가리키는가? 둘째, 이 본문이 무슨 말인지 이해하려면 "그것은 또"(헬라어 본문의 *ho kai*) 다음에 무슨 동사를 보충해야 하는가? 우선, 이 두 번째 문제부터 다루어보도록 하자. 그 답이 무엇이냐에 따라 첫 번째 문제에도 영향이 미치기 때문이다.

---

49) 빌립보서 2:5을 다룬 문헌은 2:6-11을 다룬 문헌만큼이나 방대하다. 균형을 잡고 문제 전체에 접근하려면, Hurtado, "Jesus as Lordly Example"을 보라.

"또"로 번역된 말 뒤에 빠져 있는 동사는 전통적으로 (1) "~이 있다(to be)"라는 동사 형태로서 대개 "~이 있었다(was)"로 이해하든지, 아니면 (2) "생각하다(think)"로 번역되는 동사가 한 번 더 등장하는 것으로 이해해왔다. "생각하다"라는 동사가 빠져 있다고 보게 되면, "또" 이후의 문장은 권면이라기보다 서술문이 된다. 이 두 가지 기본 번역을 제시해보면, 다음과 같다.

(1) 너희 안에서 이것을 생각하라. 그것은 또 그리스도 예수 안에 **있었으니**, 그는
(2) 너희 안에서 이것을 생각하라. 그것은 또 **너희가** 그리스도 예수 안에서 **생각하는** 것이니, 그는

실제 성경 역본들을 살펴보면, 이 두 가지 번역은 다음과 같이 나타난다.

(1) 너희 안에 그리스도 예수 안에 **있었던** 것과 똑같은 마음이 있게 하라, 그는…(Let the same mind be in you that *was* in Christ Jesus, who…)
   (NRSV, 그리고 대다수 번역자들과 해석자들)
(2) 너희 안에 **너희가** 그리스도 예수 안에서 **가진** 것과 똑같은 마음이 있게 하라, 그는…(Let the same mind be in you that *you have* in Christ Jesus, who…)
   (NRSV 난외주, 그리고 일부 번역자들과 해석자들)

"(1)" 번역을 지지하는 (대다수) 사람들은 보통 "이것"과 "그것"이 뒤이어 등장하는 그리스도 찬송을 내다보는 말이라고 이해하면서, 이 찬송이 그리스도 "안에" 있었던 "생각"이나 "마음", 곧 그리스도의 겸비한 자세를 묘사한다고 믿는다. 그리스도 찬송이 묘사한 그리스도의 "마음"과 빌립보서 2:1-4이 신자들에게 명령하는 행위의 내용이 유사하기 때문에 "이것"이라는 말은 이미 앞에 나온 2:1-4의 내용을 가리키는 것일 수도 있다. 이 해석은 종종 권면(*phroneite*)과 그리스도 찬송 사이의 연관성을 그리스도를 본받음으로 보기도 한다.

"(2)" 번역을 선호하는 사람들은 바울이 쓰는 "그리스도 안에"라는 말이 그리스도가 주님이신 영역에서 살아가는 공동체에게 적용되는 표준 용어이

지, 그리스도가 갖고 계셨던 어떤 내면의 태도를 가리키는 말은 아니라고 강조하는데, 올바른 생각이다. 이 사람들은 "이것"과 "그것"을 뒤에 나오는 예수의 마음을 언급하는 말이라기보다 널리 그리스도인이 갖는 마음이나 2:1-4이 상세히 설명하는 "태도"를 가리키는 말로 보는 경향이 있다. 이 견해에 따르면, 5절은 독자들이 이미 그리스도 안에서 갖고 있는 마음이 무엇인지 확인해주면서, "지금 너희 모습을 그대로 지켜가라" 또는 "너희가 그리스도, 곧 낮아지셨다가 이제는 높이 들리신 너희 주님이신 그분의 영역 속에서 실제로 갖고 있는 태도를 견지하며 살아가라"라는 의미를 갖고 있다고 본다. 이 견해는 권면과 그리스도 찬송을 이어주는 연결고리가 주님이신 그리스도 안에서 순종하는 것이라고 본다(2:12을 보라). 하지만 이 해석을 비판하는 사람들은 "너희가 가진"이라는 직설법 동사를 보충했을 때 등장하는 번역이 상식에 어긋나는 정도는 아니라 하더라도 조잡한 번역이라고 지적하는데, 이 역시 올바른 지적이다.

그런가하면, "(1)" 및 "(2)"와 달리 번역하는 견해가 있다. 이 번역은 (예수를 본보기로 보는) "(1)" 번역과 ("그리스도 안에"를 그리스도 안에 있으면서 주님이신 그분께 순종하는 공동체를 지칭하는 말로 보는) "(2)" 번역에서 얻은 몇 가지 통찰을 조합하는데, 가능한 해석이긴 하지만 주장자가 거의 없다.[50] 이 번역은 "그리스도 안에"를 공동체를 가리키는 말로 받아들인다("(2)" 번역을 따름). 따라서 이 번역은 "그것"이 그 앞에 나온 "이것"을 지칭하긴 하지만 그리스도 "안에" 있었으리라 짐작되는 "태도"를 가리키는 말로 여기지는 않는다.[51] 그런가하면, 완

---

50) 내가 알기로 이런 해석을 따르는 유일한 해석자는 자신의 빌립보서 주석에서 이런 주장을 펼치고 있는 케어드(G. B. Caird)다(*Paul's Letters from Prison in the Revised Standard Version*, NCB [Oxford: Oxford University Press, 1976], 118-19). 고든 피(Gordon D. Fee, *Paul's Letter to the Philippians*, NICNT [Grand Rapids: Eerdmans, 1995], 201, n.33)는 케어드의 이런 번역을 성급하게 거부해버린다. 이 번역을 더 깊이 논의한 내용을 보려면, Michael J. Gorman, "The Self, the Lord, and the Other: The Significance of Reflexive Pronoun Constructions in the Letters of Paul, with a Comparison to the 'Discourses' of Epictetus," Ph.D. diss., Princeton Theological Seminary, 1989, 690-98, 그 중에서도 특히 694-98을 보라.

51) 꼭 그래야 하는 것은 아니지만, 2:5의 "이것"을 2:1-4이 묘사하는 마음가짐 내지 사고방식과 행동방식으로 이해하는 해석을 선호할 만하다(가령, 케어드의 해석이 이런 경우다). 하지만, 2:5의 "이것"은 앞에 나온 그리스도에 관한 내러티브를 가리키는 말일 수도 있다. 신자들은 빌 2:1-4이 묘사하는 마음을 자신들의 삶으로 구현하며 살아간다. 그러나 이 두 해석을 따르게 되면 어떤 경우든지 "그것"이라는 말이 "이것"과 연결되지 않는다.

전히 새로운 견해가 있다. 이 견해는 "그것"이라는 말을 그 뒤에 나오는 말로서 "또"로 번역되는 말, 그리고 이 "또" 뒤에 빠져 있는 동사와 결합되어 있는 말로 이해한다. 이 말들은 함께 어울려 라틴어 id est("곧, 다시 말해")에 해당하는 헬라어를 만들어내며, 여기에는 강조의 의미도 담겨 있다. 그 결과, "그것은 또 (~이다)"(ho kai [estin])라는 말이 되는데, 이 말은 이 말 앞뒤에 있는 두 언어 요소들이 같음을 나타내는 표지 역할을 한다.[52]

사실, ho kai("그것은 또")라는 헬라어는 어떤 사람의 "또 다른 이름"이나 "별명"을 밝힘으로써 그 사람의 공식 이름과 비공식 이름(라틴어로 signum)을 연결해주려고 대중들이 보는 명문(銘文)에서 사용한 말이었다. 따라서 ho kai라는 말은 "~라고도 불리는 사람(또는 이 사람은 ~라고도 불린다)" 또는 영어에서 사용하는 "a. k. a."를 의미했다.[53] 따라서 빌립보서 2:5의 "그것은 또"라는 말은 "너희 가운데(너희 중에)"를 뜻하는 "너희 안에"와 "그리스도 안에"를 이어주면서, 이 "너희 안에"와 "그리스도 안에"가 같은 의미임을 나타내주는 말로 해석해야만 한다.[54] 이 두 말은 다음과 같이 서로 평행을 이룬다.

en hymin   "너희 안에(가운데)"
    ho kai   "그것은 또 (~이다)"
en Christō   "그리스도 안에"

그 결과, 대충 이 구절을 번역해보면, 이렇다.

너희 안에(en), 곧 그리스도 안에(en) 있다고도 불리는 [너희 안에] 이런 생각을 품

---

52) 케어드(Caird, Paul's Letters, 118-19)는 ho kai라는 헬라어를 독특하게 "라틴어 id est와 같은 말"로 해석하면서, 빌 2:5 본문을 이렇게 번역한다. "이런 마음가짐이 너희의 일상생활(your common life), 곧 그리스도 예수 안에 있는 너희 삶을 지배해야 할지니, 이유인즉 그(그리스도)는……"
53) Jerome Murphy O'Conner, Paul: A Critical Life (Oxford/New York: Oxford University Press, 1997), 43과 거기서 인용하는 글들을 보라. 영어의 "a. k. a."와 같은 말로 라틴어 명문(銘文)에서 사용한 말은 qui et였다.
54) 위에서 언급했듯이, "너희 안에"라는 헬라어는 바울이 고후 13:5에서 쓰고 있는 말(en hymin)과 같은 말이다. 이 말은 하나님 나라가 (너희 "안에"가 아니라) 너희 "가운데" 있다고 번역해야 올바른 복음서 본문(눅 17:21, entos hymōn)과 비슷한 말이다.

을지니, 그는…. ([너희 안에]는 옮긴이 첨가)

이 번역을 더 잘 번역해본다면, 이미 위에서 제시한 것처럼, 이런 본문이 될 것이다.

너희 공동체, 곧 진정 그리스도 안에 있는 [너희 공동체 안에] 이 마음을 품을지니,
그는… ([너희 공동체 안에]는 옮긴이 첨가)

본문은 "너희 (모든 사람) 안에" 있는 사람이 그리스도 "안에" 있는 삶이라는 현실을 강조한다. 이런 이유로 그리스도와 신자들, 그리스도의 이야기와 신자들의 이야기, 시 형식으로 그리스도 이야기를 들려주는 내러티브(빌 2:6-11)와 빌립보 사람들의 공동체가 지닌 "자세" 내지 사고방식과 삶의 방식 사이에는 틀림없이 어떤 일치점이 존재한다.

결국 빌립보서 2:5에 나오는 "그리스도 안에"라는 언어는 바울이 다른 곳에서도 아주 흔하게 사용하고 있는 표현과 철저히 일치한다. 이 "그리스도 안에"라는 말은 공동체 전체가 그리스도와 연합하여, 그리고 그리스도가 영향력을 행사하시고 주님으로 계시는 영역 안에서 살아가는 삶을 가리킨다. (실제로 바울의 글속에는 바울이 그리스도 "안에" 있는 어떤 물건이나 태도를 말한 경우가 전혀 없다.) 빌립보서 2:5이 "다리가 되어 이어주고 있는" 2:1-4과 2:6-11은 그리스도 안에 있는 공동체의 삶(영성)이 지닌 특징을 바로 그 그리스도와 일치하는 삶이라고 규정한다.

셋째, (우리가 갈라디아서 2:20과 빌립보서 2:5이 갖고 있다고 말했던 공통점들로 돌아가 보면), 바울은 이 두 본문에서 영적·도덕적 삶을 기독론(그리스도에 관한 확신들), **바울 자신의** 기독론뿐만 아니라 더 넓게 교회 공동체 전체가 갖고 있는 기독론과 연결한다. 대다수 학자들은 갈라디아서 2:20이 "하나님의 아들이 나를 위하여 자기 자신을 내어주셨다"라는 말로 이루어진 전통적 신앙고백 "공식"을 개작한 것인 반면 빌립보서 2:5은 우리가 이미 언급한 대로 바울 이전에 만들어진 찬송 본문을 소개한 것일 수 있다고 믿고 있다.

더 자세히 살펴보면, 각 본문은 십자가에 못 박혔다가 이제는 부활하신 그리스도 또는 높이 들린 그리스도가 신자들 안에 들어와 사시거나 들어와 사시게 되었다고 말한다. 바울은 갈라디아서 2:20에서 이제는 자기가 사는 것이 아니라 "내 안에 그리스도께서 사신다"라고 주장한다. 분명 죽은 자는 어느 누구 안에도 "살" 수 없다. 때문에 바울은 이 갈라디아서 2:20에서 예수가 죽은 자들 가운데서 부활하신 뒤에 높이 들려서 살아계신 주님이라는 것을, 그리고 어떤 의미에서는 그 주님이 지금 바울의 삶 속에도 임재하신 분이라는 것을 은연중에 언급하는 것이다. 그럼에도 불구하고, 이 살아계신 그리스도는 "나를 사랑하사 나를 위하여 자기 자신을 버리신" 하나님의 아들과 같은 분이다. 이 점은 아주 중요하다. 이번 장을 시작할 때 언급했지만, 십자가는 부활하신 주님의 "서명"이다.[55] 이 말은 곧 바울 안에 들어와 사시는 그리스도가 십자가에 못 박히셨던 하나님의 아들이라는 뜻이요, 지금 그분이 "내" 안에서, 내 삶 속에서 또 내 삶을 통하여 사시는 삶이 그분이 십자가에서 죽으심으로 본을 보여주신, 자기를 내어주신 사랑의 삶과 일치한다는 뜻이다.[56]

---

55) Käsemann, "Saving Significance," 25. 케제만도 "십자가에 못 박히신 분이라는 이름이 없다면, 그리스도를 부를 수 있는 이름이 없을 것"(56)이라고 적절히 언급한다. 이런 점에서, 그는 계속 이렇게 말한다. "십자가에 못 박히셨던 그분만이 부활하셨다. 부활하신 그분이 주님이시라는 점은 십자가에 못 박히셨던 그분을 현재 섬기는 것과 경계를 맞대고 있다"(57). "예수는 여전히 십자가에 못 박히셨던 분으로 남아 계신다. 그분은 오로지 십자가에 못 박히셨던 분으로서 여전히 예수로 남아계신다"(59).

56) 빅터 폴 퍼니쉬는 다른 면에서 탁월한 한 논문에서("'He Gave Himself[Was Given] Up…': Paul's Use of a Christological Assertion," in Abraham J. Malherbe and Wayne A. Meeks, eds., *The Future of Christology: Essays in Honor of Leander E. Keck* [Minneapolis: Fortress, 1993], 109-21, 특히 113-15, 119-21) (바울을 "도덕을 원용하여 설명하려는[moralize] 유혹에서 건져내려고 했지만) 그리스도가 우리를 의롭다 하시고자 행동으로 보여주신 사랑과 공동체의 체험 속에서 그분이 계속 행동으로 보

바울은 빌립보서 2장에서 ("그리스도인의") 공동체에, 다시 말해 "그리스도 안에" 있는 자들(빌 2:5)에 합당한 "마음"이나 생각이나 자세를 묘사하고 이를 권장하려고 노력한다. 이 "마음"은 사실, 앞에 나온 구절들(빌 1:27-2:4, 특히 2:1-4)이 지적하듯이, 사랑과 겸손을 드러내는 삶의 방식이다.[57] 이 구절들은 다음 장에서 꼼꼼하게 살펴보겠다. 지금 여기에서는 바울이 겸손과 사랑을 통하여 연합을 이루는 이런 삶의 방식의 근거를 뒤이어 등장하는 그리스도 찬송 본문에 두고 있다는 점만 간단히 언급하기로 하겠다. 이 찬송 본문은 그리스도를 겸손한 종으로 제시하면서, 이 그리스도가 단지 한 본보기에 그치지 않고 공동체가 살아가는 테두리를 규정하는 분이라고 말한다. 이를 다시 내러티브 관점에서 이야기해본다면, **십자가에 못 박혔다가 높이 들린 그리스도 내러티브는 삶의 규범을 제시하는 내러티브다. 이 내러티브 안에서 그 공동체에 특유한 삶이라는 내러티브가 전개되고 이 내러티브로 말미암아 그 공동체에 특유한 삶이라는 내러티브가 형성된다.** 높이 들린 그리스도의 임재 안에서 살아가면서 그분의 죽음이 갖는 의미를 깨달을 때만, 공동체는 그리스도 내러티브라는 규범 안에서 살아갈 수 있다. 높이 들린 그리스도를 올바로 인식할 때에 심지어 죽기까지 자기를 낮추시고 자기를 내어주신 그분의 이야기를 본받는 삶을 살 수 있다. 이 메시아 안에서 사는 사람들은 빌립보서 2:1-4이 상세히 설명하는 삶의 비전을 계발할 것이다. 이 메시아 안에서 그 삶의 비전이 처음으로 구현되었기 때문이다.

여주시는 사랑 사이에 존재하는 분명한 일치점이 갈라디아서 내에 있다는 사실, 이로 말미암아 그리스도가 "행동으로 보여주신 지극히 이타적인 사랑"(115)이 공동체에 부여된 사명이자 규범이 되고 있다는 사실을 간파하지 못한다. 퍼니쉬는 바울이 "예수의 죽음을 영웅의 행동으로 만들거나 그 죽음을 도덕적으로 설명할 요량으로" 전통적으로 자기를 내어주심을 말한다고 생각해온 본문들을 사용하지 않고 있다고 말하면서, "설령 다양한 이해가 가능하다 하더라도 모든 경우에 바울이 염두에 두고 있는 것은 본문이 갖고 있는 구원론적 의미뿐"(121)이라고 주장한다. 퍼니쉬가 내린 결론이 특히 놀랍고 잘못된 이유는 그 스스로 그리스도가 자기를 내어주셨음을 말하는 바울의 말들을 옛 자아가 십자가에 못 박혀 죽고 자유를 얻음이라는 주제들과 연결하기 때문이다. 옛 자아가 십자가에 못 박혀 죽고 자유를 얻음이라는 주제들은 분명 도덕적 주제들이다.

57) 스티븐 파울(Stephen Fowl)은 개인적인 대화에서 *phroneō*와 *phronēsis*라는 헬라어가 가리키는 행위가 순전히 정신에서 일어나는 사건만이 아니라 지각 기술, 곧 무언가에 합치하는 삶의 방식으로 귀결되는 지각 방식이기도 하다는 것을 적절히 강조한 적이 있다.

그리스도 "안에"가 갖는 세 가지 의미
그리스도 "와 함께", 그리스도 "를 따라", 그리고 그리스도 "를 위하여"

우리가 이미 살펴보았듯이, 바울은 그리스도 안에 있다는 것을 십자가를 본받는 삶을 사는 것으로 본다. 또 그는 그리스도의 현존(presence)과 그분의 이야기가 우리 외면, 나아가 우리 내면의 형상까지 만들어 가시는 것으로 본다. 그분의 현존과 이야기가 우리 내면의 형상까지 만들어내시는 것은 진실로 "그리스도가 내 안에 사시기" 때문이다. 앞서 간략히 언급했지만, 이런 바울의 체험에 담긴 친밀함은 "~과 함께"라는 낱말을 사용하는 문구나 말로 표현되는 경우가 자주 있다. 헬라어 본문을 보면, 이런 표현 가운데 일부는 "~과 함께"(syn)라는 전치사를 사용하지만 이 쉰(syn)이라는 전치사를 "~과 함께"(영어로 with나 co-)를 의미하는 접두어로 가진 표현들도 있다. 이런 본문들은 그리스도에게 느끼는 친밀한 동질감을 표현한다. 이런 본문들을 아래에 열거해보았다. "~과 함께"에 해당하는 부분은 굵은 글씨로 표시해 두었다.

> "그러므로 우리가 그의 죽으심과 합하여 세례를 받음으로 **그와 함께 장사되었나니**(synetaphēmen) 이는 아버지의 영광으로 말미암아 그리스도를 죽은 자 가운데서 살리심과 같이 우리로 또한 새 생명 가운데서 행하게 하려 함이라"(롬 6:4).

> "내가 그리스도**와 함께 십자가에 못 박혔나니**(synestaurōmai)"(갈 2:20)

> "우리의 옛 사람이 **예수와 함께 십자가에 못 박힌**(synestaurōthē) 것은"(롬 6:6)

> "내가 그리스도와 그 부활의 권능과 그 고난에 참여함을 알고자 하여 그의 죽으심을 **본받아**(symmorphizomenos)[5]"(빌 3:10)

> "만일 우리가 그의 죽으심과 같은 모양으로 **연합한**(symphytoi) 자가 되었으면 또한 그의 부활과 같은 모양으로 연합한 자도 되리라"(롬 6:5, 헬라어 본문에는 밑줄 친

부분이 명시되어 있지 않고 암시만 되어 있다)

"만일 우리가 그리스도**와 함께 죽었으면**(aphethanomen syn Christō) 또한 그**와 함께 살**(syzēsomen) 줄을 믿노니"(롬 6:8)

"자녀이면 또한 상속자 곧 하나님의 상속자요 그리스도**와 함께 한 상속자**(synklēronomoi)니 우리가 그**와 함께 영광을 받기**(syndoxasthōmen)를 위하여 **고난도 함께 받아야**(sympaschomen) 할 것이니라"(롬 8:17)

"하나님이 미리 아신 자들을 또한 그 아들의 형상을 **본받게 하기**(symmorphous) 위하여 미리 정하셨으니"(롬 8:29)"

"그러나 우리의 시민권은 하늘에 있는지라. 거기로부터 구원하는 자 곧 주 예수를 기다리노니 그는 만물을 자기에게 복종하게 하실 수 있는 자의 역사로 우리의 낮은 몸을 자기 영광의 몸의 형체**와 같이 변하게**(symmorphon) 하시리라"(빌 3:20-21)

"주 예수를 다시 살리신 이가 예수**와 함께**(syn) 우리도 다시 살리사 너희와 함께 그 앞에 서게 하실 줄을 아노라"(고후 4:14)

"내가 그 둘 사이에 끼었으니 차라리 세상을 떠나서 그리스도**와 함께**(syn) 있는 것이 훨씬 더 좋은 일이라. 그렇게 하고 싶으나"(빌 1:23)

"그리하여 우리가 항상 주**와 함께**(syn) 있으리라"(살전 4:17; 참고, 14절)

"예수께서 우리를 위하여 죽으사 우리로 하여금 깨어 있든지 자든지 **자기와 함께**(syn autō) 살게 하려 하셨느니라"(살전 5:10)

"우리도 그 안에서 약하나 너희에게 대하여 하나님의 능력으로 그**와 함께**(syn) 살리라"(고후 13:4)

위에서 강조한 낱말들과 문구들은 바울이 그리스도 안에 있는 삶을 세례로부터 죽음과 부활에 이르기까지, 시초로부터 영광스럽고 영원한 "결말"에 이르기까지 그리스도**와 함께 하는** 삶으로 그려내고 있다는 것을 분명하게 보여준다. 실제로 위에서 강조한 말들은 고린도전서 15:3-7을 포함하여 신약 성경이 보존하고 있는 초기 신경(信經)의 본문들과 아주 흡사하다. 즉, 여기서 나열한 이 "함께"라는 문구들은 그리스도의 이야기와 신자들의 이야기를 말하고 있다. 우리가 이미 언급했듯이, 바울의 영성은 **내러티브** 영성이다. 신자의 삶은 그리스도와 함께 하는 삶이다. 신자의 삶은 그리스도의 이야기를 이루는 모든 중요한 순간순간을 그대로 따라갈 뿐만 아니라, 이 순간 하나하나에, 나아가 그리스도의 삶 전체에 참여한다. 이런 점에 비춰본다면, "함께"라는 전치사(syn)만으로는 바울의 풍성한 언어나 체험이나 사상을 올바로 담아내지 못한다. 여기서 접두어 "함께"(sym- 또는 syn-)가 더 나은 역할을 한다. 바울은 우리가 그리스도와 함께 장사되었고 십자가에 못 박혔다고 말한다. 그는 또 우리가 그의 죽음과 같은 형상을 받았으며, 장차 영광중에 그의 부활과 같은 형상을 받게 될 것이라고 말한다. 또 우리가 그리스도와 함께 고난을 받으면, 우리는 그와 공동 상속자요 그와 함께 영광을 받게 될 것이라고 말한다.

이 참여는 현재 그리스도와 함께 하는 고난과 죽음에 초점을 맞추면서, 미래의 부활과 영광에도 초점을 맞춘다. 하지만 우리가 이미 위에서 언급했듯이, 로마서 6:4은 부활이 이미 새 생명(삶)을 통하여 시작되었다고 말한다. 여기서 새 삶은, 바울이 로마서 6장에서는 은연중에 그리고 다른 곳에서는 분명하게 말하고 있듯이, 그리스도의 죽음을 본받는 삶이다. 로마서 6:5의 언어는, 비록 장래에 있을 부활에 초점을 맞추긴 하지만 그래도 완료 시제를 사용하여("만일 우리가 그의 죽으심과 같은 모양으로 연합한 자가 되었으면") 그리스도의 죽음과 연합하는 것이 과거에 일어난 1회성 사건이 아니라 끊임없이 지속될 실재임을 시사한다.[58] 따라서 현재의 부활은 "죽음"에 대하여 부활하는 것이요, 십자가를 본받는 삶으로 부활하는 것이다. 현재와 미래, 십자가를 본받는 삶

---

58) 로버트 태니힐(Robert C. Tannehill)이 쓴 고전적 연구서 *Dying and Rising: A Study in Pauline Theology* (Berlin: Alfred Töpelmann, 1966), 38-39를 보라. 태니힐의 말마따나, 롬 6:5의 헬라어 본문에도 빌 3:10의 메아리가 존재한다.

과 영광이 가진 공통점은 이들이 모두 그리스도와 함께, 그분의 현존 안에서 일어난다는 점이다. 데살로니가전서 5:10이 말하듯이, 죽으나 사나 바울과 그가 섬기는 공동체들은 그리스도와 **함께** 한다.

데살로니가전서 5:10은 우리를 곧장 두 가지 다른 전치사로 인도한다. 하나는 "~을 위하여(for)"라는 말인데, 헬라어에서는 이 말을 전치사가 아니라, 의미를 담고 있는 형태인 명사의 "격(case)"을 활용하여 표현한다.59)[6] 또 하나는 "~을 따라(according to)" 또는 "~과 일치하여(in accordance with)"라는 뜻을 지닌 전치사다(kata). 그리스도 **안에서** 살고 그리스도**와 함께** 사는 것은 결국 그리스도**를 위하여** 사는 것이기도 하다. 바울이 이런 생각을 자세하게 표현한 경우는 단 두 번뿐이나, 그 본문들은 바울의 사상과 체험에서 중요한 자리를 차지하고 있다.

> 우리 중에 누구든지 자기를 위하여 사는 자가 없고 자기를 위하여 죽는 자도 없도다. 우리가 살아도 주를 위하여 살고 죽어도 주를 위하여 죽나니 그러므로 사나 죽으나 우리가 주의 것이로다. 이를 위하여 그리스도께서 죽었다가 다시 살아나셨으니 곧 죽은 자와 산 자의 주가 되려 하심이라(롬 14:7-9)

> 그(그리스도)가 모든 사람을 대신하여 죽으심은 살아 있는 자들로 하여금 다시는 그들 자신을 위하여 살지 않고 오직 그들을 대신하여 죽었다가 다시 살아나신 이를 위하여 살게 하려 함이라(고후 5:15).

우리는 이어질 장들에서 이 본문들을 다시 간략하게 살펴볼 것이다. 지금은 바울이 다른 곳에서 영성의 **형태를**(form of spirituality) 예수의 죽음 및 부활과 연결하듯이, 영성을 추구하는 **동기**(motive for spirituality)와 영성의 **목표**(goal of spirituality)를 예수의 죽음 및 부활과 연결하고 있다는 점만 짚고 넘어가기로 한다. 그것은 곧 십자가와 부활이 일상의 삶에 동기를 부여하고 그 삶의 형태를 결정한다는 말이다. 그리스도를 "위하는" 또는 그리스도를 "지향하는"

---

59) "~을 위하여"는 헬라어에서 여격으로 표현할 수 있다.

적절한 삶은 십자가를 본받는 삶이다.

하지만 그리스도를 "위한" 삶은 동시에 다른 사람들을 "위한" 삶이기도 하다. 그럴 수밖에 없는 것은 십자가와 부활이 다른 사람들을 위한 것이었기 때문이다. 이것은 특히 십자가를 본받는 사랑을 다루는 장들의 주제가 될 것이다. 지금은 바울이 로마서 14장과 15장에서 공동체가 그리스도를 위하여 살아갈 때 실제 삶 속에서 나타나는 결과들을 분명하게 이야기하고 있다는 점, 그리고 그가 그리스도가 보여주신 본을 토대로 자신의 이 말을 크게 강조하고 있다는 점만 언급해둔다.

> 믿음이 강한 우리는 마땅히 믿음이 약한 자의 약점을 담당하고 자기를 기쁘게 하지 아니할 것이라. 우리 각 사람이 이웃을 기쁘게 하되 선을 이루고 덕을 세우도록 할지니라. 그리스도께서도 자기를 기쁘게 하지 아니하셨나니 기록된 바 주를 비방하는 자들의 비방이 내게 미쳤나이다 함과 같으니라……이제 인내와 위로의 하나님이 너희로 그리스도 예수를 본받아 서로 뜻이 같게 하여 주사 한 마음과 한 입으로 하나님 곧 우리 주 예수 그리스도의 아버지께 영광을 돌리게 하려 하노라(롬 15:1-3, 5-6)

그리스도를 "지향하며"(또는 그리스도께 "속하여", "à la" Christ) 살아가는 것이 바울이 한 체험이요 그가 품은 비전이다. 바울을 밀어붙여 그리스도의 도를 따라 살게 하고 그 도를 설교하게 만든 것은 하나됨(연합)을 이룰 것이라는 비전, 특히 유대인과 이방인이 연합을 이루고 모든 회중이 연합을 이루며 나아가 결국에는 온 세계가 하나됨을 이룰 것이라는 비전이다.

결론: 십자가를 본받는 삶과 그리스도를 "본받음"

지금까지 우리는 그리스도의 형상을 닮는 것, 그리스도와 신자의 상호내주, 그리고 그리스도와 "함께", 그리스도를 "위하여", 그리스도를 "따라" 살아가는 삶을 살펴보았다. 이제 전통적으로 바울의 생각으로 여겨온 그리스도를 "본받음"(imitation of Christ)을 간단히 살펴보고 이번 장을 끝맺어야겠다.

여러 세기 동안 그리스도를 본받음이라는 모티프는, 그 의미가 고정되지 않았음에도 불구하고, 그리스도인의 영성에서 중심부 노릇을 해왔다. 하지만 일부 바울 학자들은 바울 자신이 그리스도를 본받음이라는 개념을 갖고 있지 않았다고 주장했다. 바울에게는 그리스도가 주님으로서 순종할 분이었지 본받을 대상은 아니었다는 것이 이들의 주장이다. 이미 위에서 빌립보서 2:5을 논의할 때 보았지만, 그들이 내세우는 반대 견해 가운데 하나는 "그리스도 안에서"라는 바울의 언어가 주님의 통치 아래 살아가는 관계의 "영역"을 가리키는 것이지, 그리스도를 멀리 계신 분으로서 모사(模寫)해야 할 대상으로 보거나 영웅 같은 인간(그가 신이든 아니면 다른 존재이든 상관없이)으로서 모방해야 할 대상으로 보는 것은 아니라는 것이다.

이 그리스도를 "본받음"은 "이것 아니면 저것"이라는 해석이 나오는 고전적 사례들 가운데 하나이지만, 사실은 "이것뿐만 아니라 저것"이라고 해석해야 하는 경우다. 바울은 자신을 두고 그리스도를 본받는 자라고 말한다. 또 그는 자신과 다른 신실한 신자들이 근본적으로 주님이신 그리스도와 닮았다고 이해한다. 바울이 그리스도를 본받는 자가 된 것은 그가 한 일이라기보다 그에게 일어난 일이다.[60] 바울이 그리스도를 본받는 자가 된 것은 바울이 그리스도 안에 있고 그리스도가 바울 안에 계심으로써 나타난 결과다. 어떤 영향

---

60) 바울은 자신이 섬기는 회중들에게 자신을 "본받는 자가 되며"(살전 1:6, 고전 4:16), 그리스도를 본받는 자(고전 11:1)가 된 자신을 "본받는 자가 되라"고 당부한다. 그러나 그는 "본받다"라는 동사를 거의 또는 아예 사용하지 않는다(데살로니가후서를 진정 바울이 쓴 서신으로 본다면, 살후 3:7,9에서만 쓰고 있을 뿐이다).[1] 뿐만 아니라, 그는 그리스도를 본받으라는 말을 직접 하지도 않는다. 이 점은 아주 흥미롭다. 어쩌면, 이 사실은 바울이 그리스도를 본받는 자가 된 것이 그의 행위로 된 것이 아니라 그에게 일어난 사건이었다는 점과 관련하여 중요한 의미를 가질 수도 있다.

력, 어떤 능력이 바울 안에서, 바울 위에 역사함으로 바울이 그리스도를 본받는 자가 된 것이다. "본받음"을 특히 인간이 노력하는 과정으로 이해한다면, "본받음"이란 말은 상호내주 체험이나 자신에게 역사하는 능력을 체험한 일을 묘사하는 데에는 가장 적절한 낱말이 아니다. 로버트 태니힐이 말했듯이, 바울이 볼 때 그리스도를 본받는 자가 되는 것은 "사람이 의식적으로 본받는 차원의 문제라기보다 복음의 능력이 신자들의 삶 속에 역사함으로써 어떤 패턴을 만들어낸 결과다."[61]

따라서 "본받음"이라는 과정은 그리스도가 **당신의 형상을 신자들 속에서 만드시는 것**(formation, 갈 4:19), 그리고 그 결과로서 신자들이 그리스도, 특히 그분의 십자가를 **그대로 닮는 것**(conformity, 빌 3:10)이라고 부르는 것이 더 낫겠다. 그런 점에서, 나는 그리스도를 "본받음"이라고 자주 일컬어온 말 대신 그리스도의 십자가를 본받는 삶(cruciformity)이라는 용어가 더 적절하다고 제안하는 바이다. 십자가를 본받는 삶은 계속하여 그리스도 안에서 살아가고 그리스도와 함께 죽는 삶의 패턴이다. 이 패턴이 그리스도를 닮은 사람(Christlike[cruciform] person)을 만들어낸다. 그리스도를 닮은 실존은, 개인에게나 공동체에게나, 그의 종으로 살아간다는 것, 나는 그 안에 들어가 살고 그는 내 안에 들어와 사신다는 것을 의미하는 것이요, 그와 함께, 그를 위하여, 그를 "따라" 산다는 것을 의미한다.

바울이 볼 때, 십자가를 본받는 삶은 인간의 노력으로 될 수 있는 게 아니다. 바울 안에서 그리고 그가 섬기는 공동체들 안에서 역사하는 능력이 있다. 어떻든 이 능력은 그의 주장대로 그리스도를 닮은 특질들을 만들어낸다. 이 능력 덕분에 십자가에 못 박히셨다가 높이 들리신 그리스도는 당신께 속하여 당신 안에서 살아가는 사람들 속에서 그리고 그 사람들 가운데에서 당신 형상을 만들어내실 수 있다. 이 능력 덕분에 십자가를 전하는 내러티브는 다시 이야기되고 다시 살아날 수 있게 된다. 바울이 볼 때, 이 능력은 하나님의 영이다. 이는 그리스도의 영이기도 하다. 다음 장에서 우리는 바울이 그 영, 곧 십자가를 본받는 삶을 만들어내는 영을 체험한 일을 살펴보도록 하겠다.[62]

---

61) Tannehill, *Dying and Rising*, 103.
62) 바울의 **메르카바** 체험과 하나님의 영에 사로잡힌 바울의 삶 전체를 도발적 관점에서 다룬 글

제2장 옮긴이 주

[1] 이사야서를 이사야와 제2이사야라는, 이름 없는 저자가 기록했다는 주장은 아이히호른(J. G. Eichhorn)과 되더라인(J. C. Döderlein)이 이사야의 통일성을 부인한 뒤로 대세가 되었다. 그 근거로서 이들은 사 6:1이 이사야를 주전 700년 이전 앗수르의 공격 당시 살았던 인물로 묘사하나 40장 이하의 기록은 주전 587년에 있은 예루살렘 멸망을 전제로 한 기록이라는 점, 사용한 언어나 사상 세계가 1-39장과 40-66장이 각기 다른 모습을 보인다는 점을 든다. 1892년에 둠(B. Duhm)이 『이사야 주석』을 내놓은 뒤에는 제2이사야를 다시 40-55장으로 이루어진 제2이사야와 56-66장으로 이루어진 제3이사야로 나누게 되었다. 참조, Werner H. Schmidt, *Einführung in das Alte Testament* (Berlin: Walter de Gruyter, 1989), 210.

[2] 본디 헬라어 본문이 갈라디아서 1:16에서 *ton hyion autou en emoi*(그의 아들을 내 속에)라고 기록해놓은 부분을 NRSV 본문은 his Son to me(그의 아들을 내게)로 번역한 다음, 난외주에 헬라어 본문에는 이 to가 en으로 되어 있다고 기록해놓았다. 개역개정판은 "그(그의 아들)를 내 **속에**"로 번역하여 헬라어 본문을 따랐다.

[3] 헬라어 비평 본문을 수록한 NA에서는 이 말씀이 갈 2:19에 들어 있으며, NRSV에서도 마찬가지다. 그러나 개역개정판은 이를 2:20에 실어놓았다. 여기서는 개역개정판의 구절 표시를 따랐다.

[4] 개역개정판은 "하나님께서 그리스도 안에 계시사 세상을 자기와 화목하게 하(셨으니라)"라고 번역해놓았다.

[5] *symmorphizomenos*는 '~과 똑같은 형상을 빌려주다, 제공하다'라는 뜻을 가진 헬라어 동사 *symmorphizō*의 현재형 중간/수동 분사, 남성 주격 단수형이다(EWNT III, 688). 따라서 빌 3:10의 *symmorphizomenos tō thanatō autou*는 "그의 죽으심과 **똑같은** 형상을 부여받아"로 번역할 수 있겠다. 이렇게 번역하면, "그의 죽으심을 **본받아**"로 번역해놓은

을 보려면, John Ashton, *The Religion of Paul the Apostle* (New Haven and London: Yale University Press, 2000)을 보라. 애쉬턴의 이 책이 너무 늦게 나오는 바람에 내가 쓴 이 책에서는 활용하지 못했다. 애쉬턴이 바울을 무당(shaman)에 비유한 것을 보면 실망할 사람도 있겠지만, 그가 바울의 종교적 체험을 강조한 것은 적절하다. 내가 애쉬턴과 주로 다툼을 벌이는 문제는 그가 하나님의 영에 사로잡힌 바울의 삶이 십자가를 본받는 삶의 특질을 갖고 있다는 점을 충분히 강조하지 않는다는 점이다.

개역개정판보다 바울이 말하는 "그리스도와 함께"의 의미가 더 살아난다.

[6] 살전 5:10의 헬라어 본문을 보면, '~를 위하여'라는 말이 헬라어 전치사로 표현되어 있다. "우리를 위하여"가 *hyper hēmōn*으로 표현되어 있는데, *hyper*는 분명 전치사다. 그러나 여기에서는 '위하여'의 주체가 우리가 아니라 예수이시다("예수께서 우리를 위하여"). 저자인 고먼은 '우리가 예수를 위하는 경우'를 염두에 두고 있기 때문에, 살전 5:10에 '~를 위하여'가 등장하지 않는다고 말하는 것이다.

"너희 안에 이 마음을 품으라 곧 그리스도 예수의 마음이니"

빌립보서 2장 5절

3장

십자가를 본받게 하는 영

바울이 경험한 하나님의 영, 그리스도의 영 체험

하나님의 영을 이야기하면, 대개 창조의 능력, 도덕과 영혼을 변화시키는 능력, 그리고 궁극에는 새 창조의 능력과 같은 능력을 떠올린다. 바울도 역시 하나님의 영을 능력의 영으로 보았지만, 동시에 그는 자신의 체험을 토대로 능력을 다시 정의하여 "십자가의 도가 하나님의 능력"(고전 1:18)이라고 보았다. 이번 장에서는 바울이 경험한 하나님의 영 체험을 그가 십자가에 못 박히셨다가 높이 들리신 예수를 체험한 사건에 비추어, 또 이 사건과 관련지어 간략히 살펴보도록 하자.[1]

---

1) 바울과 하나님의 영을 완벽하게 다룬 작품이 Gordon D. Fee, *God's Empowering Presence: The Holy Spirit in the Letters of Paul* (Peabody, MA: Hendrickson, 1994, 새물결플러스 근간)이다. 아울러 그가 이 작품을 요약한 *Paul, the Spirit, and the People of God* (Peabody, MA: Hendrickson, 1996, 『바울, 성령, 그리고 하나님의 백성』, 좋은씨앗 역간)을 보라. 간략하면서도 중요한 개관을 담은 글을 보려면, Paul W. Meyer, "The Holy Spirit in the Pauline Letters," *Interpretation* 33 (1979): 3-18을 보라. 더불어 John Ashton, *The Religion of Paul the Apostle* (New Haven and London: Yale University Press, 2000)도 읽어보라.

카리스마 소유자답지 않은 카리스마 소유자

"카리스마가 있다(charismatic)"라는 말은 두 가지 쓰임새가 있다. 대개 이 말은 역동적이고 흡인력이 있는 개성이나 리더십 스타일의 소유자를 가리킨다. 반면 기독교 세계에서는 이 말을 하나님의 영에 붙잡혀 어떤 영적 체험들과 은사들을 드러내는 자를 가리키는 말로 사용한다.[a] 바울도 카리스마를 지닌 신자였다. 그러나 그는 아주 특이하게도 카리스마 소유자답지 않은 카리스마 소유자였다.

한편으로, 바울은 자신이 "카리스마"라는 말로 불리는 영적 은사들과 체험들을 많이 갖고 체험한 사람이라고 생각했다. 바울의 증언에 따르면, 하나님의 영이 그에게 불어넣어주신 은사에는 사도의 직분뿐만 아니라 방언(glossolalia, 고전 14:18)도 들어있었다. 또 바울은 가끔씩 "표적과 기사"를 행하는 능력도 은사로 보려했던 것 같다(롬 15:19, 고후 12:12). 이런 표적과 기사에는 병든 자를 고치고 악한 영들을 쫓아내는 것(행 19:11-13, 28:7-10; 참고, 갈 3:5)도 들어있었다.[2] 바울은 자신의 사도직을 변호하며 이렇게 주장한다.

> 사도의 표가 된 것은 내가 너희 가운데서 모든 참음과 표적과 기사와 능력을 행한 것이라(고후 12:12)

더욱이 우리가 바로 앞장에서 보았듯이, 바울은 적어도 한 번은 "예수 그리스도의 계시"를 받았다(갈 1:12; 참고, 1:16). 또 그는 자신이 셋째 하늘에 올라간 것으로 묘사한 체험(고후 12:1-7상)을 비롯하여 다른 환상들과 계시들도 체험했다. 바울은 공예배에서 하나님의 영이 부어주신 은사들을 방해하는 행위를 금하면서도, 이런 은사들을 활용할 때 따라야 할 기준을 제시한다(고전 14장, 살전 5:19-21). 바울은 자신도 이런 은사들을 가졌다고 말한다. 심지어 그는

---

[2] 바울 서신에서는 이런 점들을 덜 강조하고 있긴 하지만 사도행전과 바울 서신은 모두 이 점에 동의하고 있다. 행 20:7-12로 보아, 바울이 죽은 자를 살린 경우도 최소한 한 번은 있었던 것 같다.

자신의 카리스마 체험을 적절한 은사 표현이 무엇인가를 보여주는 사례로 사용하거나(고후 14:18), 그 은사들이 자신의 사도직을 확증해주는 가치가 있음을 보여주는 사례로 사용하기까지 한다(고후 12:12).

그런가하면, 바울은 도통 카리스마 소유자답지 않은 사람이었다. 그는 능란한 수사(修辭)를 멀리 했으며(적어도 바울 자신은 그러했다; 참고, 고전 2:1-5), 연약하고 카리스마가 없다는 이유로 호된 비판을 받았다(고후 10;10; 고전 4:3-5도 참고하라). 결국 바울은 카리스마를 체험할 때 느끼는(다시 말해 하나님의 영이 불어넣어주시는) 황홀감을 체험하기도 했지만, 다른 한편에서는 카리스마를 체험하지 못한 자(격[格]이 없어 보이고 깊은 인상을 남기지 못하는 자)의 당혹감도 체험했다.

이렇게 "카리스마가 있다"라는 말은 한편으로 종교성을 가리키면서 다른 한편으로는 개성 내지 인격을 가리키는 두 가지 쓰임새를 갖고 있다. 이 두 쓰임새는 얼핏 보면 서로 관련이 없는 것 같다. 그러나 바울 시대에는 영(Spirit)과 능력(이 능력에는 개인의 능력과 수사 능력이 포함된다)이 서로 연결되어 있었다.[3] 그런데 바울은 (마지못해 하더라도) 자신의 카리스마 체험을 자랑할 수 있건만, 도리어 자신의 연약함을 훨씬 더 많이 자랑한다. 더욱이 그는 이런 자랑을 **자신의 카리스마 체험을 자신의 사도직을 변호하는 근거로 활용하는 바로 그 문맥**에서 하고 있다.

> 나를 위하여는 약한 것들 외에 자랑하지 아니하리라……나에게 이르시기를 내 은혜가 네게 족하도다. 이는 내 능력이 약한 데서 온전하여짐이라 하신지라. 그러므로 도리어 크게 기뻐함으로 나의 여러 약한 것들에 대하여 자랑하리니 이는 그리스도의 능력이 내게 머물게 하려 함이라……이는 내가 약한 그 때에 강함이라(고후 12:5하,9,10하)

---

3) 레이먼드 피케트(*The Cross in Corinth: The Social Significance of the Death of Jesus*, JSNTSup 143 [Sheffield: Sheffield Academic Press, 1997], 56)는 "그리스-로마 사회에서는 수사 기술을 그 연사가 영(靈)을 소유하고 있다는 증거로 여겼을 수도 있다"는 증거를 제시한다. 피케트는 이 책에서 고린도에서는 성령의 나타나심을 능력으로 이해했다고 주장하면서, 문화적으로 능력이 있는 사람은 영적으로도 능력이 있는 사람으로 추정했다고 주장한다. 아울러 Wayne Meeks, *The Moral World of the First Christians* (Philadelphia: Westminster, 1986), 119-22를 보라.

바울의 성령(the Spirit) 체험을 이해하면, 우리는 이 역설을 이해할 수 있다. **바울의 성령 체험이 지닌 특징, 그리고 그에 따른 결과로서 바울이 이해하게 된 성령의 본질은 능력과 연약함, 능력과 십자가를 본받는 삶의 역설적 공생/연합이다.** 카리스마를 가진 성령은 동시에 십자가를 본받게 하는 영이기도 하다.

성령의 임재와 능력

성령의 임재와 능력은 바울과 그가 섬긴 공동체들이 경험한 성령 체험에서 근본이 되는 차원이다. "바울이 볼 때, 체험이자 살아있는 실체인 성령은 그리스도인의 삶에서 시종일관 절대적으로 중요한 문제였다."[4] 바울은 모든 신자가 성령을 갖고 있으며, 이 성령이 없으면 그리스도를 믿는 자도 그리스도인의 공동체도 있을 수 없다는 생각을 늘 하고 있다. 그는 이런 생각을 가끔씩 천명하기도 한다(가령, 고전 12:1-13, 롬 8:9,14). 사람들은 성령으로 "세례를 받아 한 몸이 되었고", 한 성령을 "마셨다"(고전 12:13). "우리 주 예수 그리스도의 이름과 우리 하나님의 성령 안에서" 신자들은 "씻음과 거룩함과 의롭다 하심을 받았다"(고전 6:11). 의롭다 하심을 받는 것뿐만 아니라 성령을 받고 계속하여 체험하는 것 역시 믿음으로 얻게 되는 하나님의 은혜다.

> 너희가 성령을 받은 것이 율법의 행위로냐 혹은 듣고 믿음으로냐…너희에게 성령을 주시고 너희 가운데서 능력을 행하시는 이의 일이 율법의 행위에서냐 혹은 듣고 믿음에서냐(갈 3:2하,5)

바울의 성령 체험과 이해 중 적어도 일부는 그가 히브리/구약 성경에 친

---

4) Fee, *God's Empowering Presence*, 1.

착한 데서 연유한다. 바울이 성령과 인간의 마음을 연계하고 있는 점은 특히 중요하다. 가령, 그는 하나님이 복음에 믿음으로 응답하는 자들의 마음들(kardiai) 속에 성령을 "보내시거나"(갈 4:6) "부으셨다"(롬 5:5)고 말한다. 성령과 마음의 이런 연관관계는 두 가지 면에서 중요한 의미가 있다. 첫째, 인간(특히 이방인)의 마음(kardia)은 하나님을 하나님으로 알지 못함으로 말미암아 어두워졌다(롬 1:21,24). 또 인간(특히 유대인)의 마음은 "고집이 세고 회개하지 아니하였다"(롬 2:5). 이리하여 인간의 마음은 "할례"를 받아야 할 처지가 되었다(롬 2:29). 요컨대 마음은 인간의 근본 문제가 존재하는 "자리(seat)"요 고침을 받아야 할 "대상"이다. 이런 논리에 비춰볼 때, 마음속에서 그리고 마음으로부터 복음에 대한 인간의 응답이 믿음(롬 10:9-10)과 순종(롬 6:17)으로 나타난다.

이 본문들과 다른 본문들은 바울이 말하는 마음과 성령의 연관관계가 두 번째로 갖고 있는 중요한 차원을 시사해준다. 그 차원은 바로 바울이 성령의 임재를 "마음에 할례를 받으라"라는 히브리 성경의 명령들(신 10:16, 렘 4:4)[5]이 이루어진 것이자, 하나님이 이스라엘로부터 돌과 같이 굳은 마음을 제거하고 그 대신 새 영과 마음, 살로 된 마음(a heart of flesh[b]; 겔 11:19, 18:31, 36:26)을 주시리라는 선지자들의 약속들이 성취된 것으로 이해한다는 점이다. 예수를 하나님이 보내신 메시아로 받아들인 유대인들과 이방인들의 공동체인 "하나님의 이스라엘"(갈 6:16) 역시 약속된 성령, 성령으로 할례 받은 마음, 그리고 성령이 그들의 마음에 쓰신 법을 받았다(고후 3:3; 참고, 렘 31:31-34).[6] 요컨대 이 성령은 하나님의 백성들을 능력으로 새롭게 하시고 다시 만들어내셨으며, 이제는 그 백성들 가운데 살고 계신다.

---

5) 렘 9:26은 이스라엘을, 겔 44:7-9은 "이방인"을 할례 받지 못한 마음을 가진 백성들로 묘사한다.
6) 바울이 말하는 "하나님의 이스라엘"이 정확히 무슨 의미인가를 두고 논쟁이 있어왔다. 그러나 적어도 갈라디아서에서는 내가 여기서 제시한대로 이해하는 것이 불가피해 보인다.

성령의 사역

로마서 8장은 바울의 성령 체험, 신자와 신자들의 공동체 안에서 성령이 하는 역할 내지 "사역"을 이해하는 데 아주 중요하다. 핵심 구절 몇 곳을 인용해보면 다음과 같다.

> 율법이 육신으로 말미암아 연약하여 할 수 없는 그것을 하나님은 하시나니 곧 죄로 말미암아 자기 아들을 죄 있는 육신의 모양으로 보내어 육신에 죄를 정하사 육신을 따르지 않고 그 영을 따라 행하는 우리에게 율법의 요구가 이루어지게 하려 하심이니라……육신에 있는 자들은 하나님을 기쁘시게 할 수 없느니라. 만일 너희 속에 하나님의 영이 거하시면 너희가 육신에 있지 아니하고 영에 있나니 누구든지 그리스도의 영이 없으면 그리스도의 사람이 아니라. 또 그리스도께서 너희 안에 계시면 몸은 죄로 말미암아 죽은 것이나 영은 의로 말미암아 살아 있는 것이니라. 예수를 죽은 자 가운데서 살리신 이의 영이 너희 안에 거하시면 그리스도 예수를 죽은 자 가운데서 살리신 이가 너희 안에 거하시는 그의 영으로 말미암아 너희 죽을 몸도 살리시리라(롬 8:3-4,8-11)

바울은 이 본문에서 성령이 모든 신자의 삶뿐만 아니라 바울 자신의 삶 속에서 하는 역할을 자신이 어떻게 이해하고 있는지 이야기한다(4절 "우리", 9-11절 "너희", 9절 "누구든지"). 우리는 바울이 로마 사람들의 성령 체험을 묘사한 내용이 바울 자신의 체험에서 비롯되었다고 충분히 추론할 수 있다. 아울러 우리는 이 본문에서 바울의 신학과 영적 체험 속에서 (성부) 하나님, (그리스도이신) 성자, 그리고 성령이 갖는 상호관계를 알게 된다. 이 상호관계는 다음 장에서 더 많이 다루어보도록 하겠다.

성령 자체와 관련하여, 바울은 그리스도 안에 있는 체험을 "그 영을 따라 행하는 것"(4절)으로 규정한다. 이어서 그는 그 영(하나님의 영 또는 성령)이 신자들을 "인도한다"고 말한다(14절; 참고, 갈 5:25). 이런 언어에서는 히브리 성경의 여러 본문들이 메아리치고 있다. 이런 본문들은 하나님의 백성들에게 여호와의 법이 인도하는 대로 여호와의 길을 따라 행하는 삶을 살아가라고 요구한다(가령, 시 119:1). 바울은 끊임없이 죄를 추구하는 인간의 성향("육")이 율법을 이룰 수 없게 하고 하나님의 뜻을 행할 수 없게 했다고 믿는다. 그는 성령이라는 선물에서 "율법의 정당한 요구"를 이룰 수 있는 능력을 발견한다(4절). 따라서 "성령을 따라" 사는 것은 단순히 겉으로 나타난 규범을 갖는다는 말이 아니라, "육"의 능력 내지 죄의 능력을 짓밟고 이 능력을 대체할 능력을 내면에 갖는다는 말이다(롬 7:17,20).

근래 고든 피(Gordon Fee)는 바울의 성령 이해와 체험을 "능력을 부어주시는 하나님의 임재(God's empowering presence)"라고 서술했다.[7] 이것은 분명 정확한 서술이다(가령, 롬 8:11은 "예수를 죽은 자 가운데서 살리신 이의 영"이라 말하고, 8:14은 "하나님의 영"이라고 말한다). 그러나 이 서술만으로는 불충분하다. 바울의 성령 체험은 그의 그리스도 체험과 긴밀하게 연결되어 있기 때문이다. 피 스스로 말하듯이, 하나님의 영은 그리스도의 영이기도 하다(롬 8:9, 갈 4:4, 빌 1:19).[8] 더욱이 바울은, 우리가 바로 앞장에서 본 대로, 신자들이 그리스도 안에 있고 그리스도가 신자들 안에 계심을 이야기했는데, 로마서 8장에서는 이 상호내주를 유추하여 신자들이 성령 안에 있고 성령이 신자들 안에 계신다고 말한다.

> 만일 너희 속에 하나님의 영이 거하시면 너희가 육신에 있지 아니하고 영에 있나니(9절; 참고, 11절에서는 이 영이 너희 안에 거하신다는 표현이 두 번 등장한다)

이처럼 그리스도와 신자들이 서로 상대방 안에 들어가 사는 상호내주는 성령과 신자들 사이의 상호내주에서도 똑같이 나타난다. 실제로 바울은 바로 이 본문에서 분명 아무 힘도 들이지 않고 기어를 바꿔 넣은 다음, "그리스도께서 너희 안에 계신다"(10절)라고 말한다.[9]

---

7) 위 주 1을 보라. 피가 쓴 책은 탁월한 연구서다. 내가 그가 쓴 책 제목에 이의를 제기한다 해도, 그의 견해와 내 견해가 다르다는 의미는 아니다.
8) Fee, *God's Empowering Presence*, 837-38.
9) 고전 3:16은 성령 역시 "너희"(공동체를 가리킨다) 안에 계신다고 말한다. 이 구절에서는 하나님/성령의 성전이라는 이미지를 사용하고 있다. 고전 6:19도 비슷한 "성전" 이미지를 사용하여 성

바울의 경우에, 신자들 안에서 그리고 신자들 주변에서 다양하게 이루어지는 성령 체험은 "생명"이라는 한 낱말로 요약할 수 있다.

> 또 그리스도께서 너희 안에 계시면 몸은 죄로 말미암아 죽은 것이나 영은 의로 말미암아 살아 있는 것이니라(롬 8:10)

현재, 성령은 능력으로 죄와 사망에서 생명을 이끌어내신다. 미래에는 바로 그 성령이 예수를 죽은 자 가운데서 살리신 것과 같이 죽은 자들에게 생명을 주실 것이다(11절). 다시 말해, 성령은 생명이다. 성령은 죽음을 생명으로 **바꿔놓기** 때문이다. 생명의 영은 변화를 일으키는 영이다. 제임스 던이 쓴 것처럼, 바울은 다음 두 가지 능력 모두를 체험한다.

> 성령의 능력을 **사망을 압도하는 생명의 능력**…부패와 사망의 세력들보다 우월한 능력, [그리고] **사망에서 생명을 끌어내는 능력**…심지어 그가 "육으로" 사는 동안에도 육체 가운데 있는 그 자신을 십자가에 못 박을 수 있게 해주는 능력(롬 8:13, 갈 5:24)으로…[10]

성령은 신자들이 현재 겪는 체험과 미래에 겪을 체험을 이어주는 연결고리를 만들어낸다. 때문에 바울은 성령을 가리켜 하나님과 함께 할 미래의 삶을 보증하는 "첫 번째 납입금" 내지 "1차 할부금"(*arrabōn*)[11]이라고 말한다(고후 1:22).

바울은 성령이 현재 일으키시는 변화를 은유적으로 성령의 "열매"라고 말한다(갈 5:22-23). 바울은 이 "열매"로 아홉 가지를 열거하고 있지만,[11] 서로 모순처럼 보이는 사랑('이웃 섬김'으로 이해할 수 있는 말)과 자유가 성령이 주로 하시는

령이 각 사람 안에 내주하신다는 것을 시사하고 있다.

10) James D. G. Dunn, *Jesus and the Spirit: A Study of the Religious and Charismatic Experience of Jesus and the First Christians as Reflected in the New Testament* (London: SCM, 1975; reprint, Grand Rapids: Eerdmans, 1997), 337-38(던의 강조).

11) 아홉 가지 열매는 사랑과 희락과 화평과 오래 참음과 자비와 양선과 충성(*pistis*)과 온유와 절제다.

일이다. 성령이 주시는 자유는 사실 사랑하는 자유요, 서로 종이 되는 자유다.

> 형제들아 너희가 자유를 위하여 부르심을 입었으나 그러나 그 자유로 육체의 기회를 삼지 말고 오직 사랑으로 서로 종노릇 하라. 온 율법은 네 이웃 사랑하기를 네 자신 같이 하라 하신 한 말씀에서 이루어졌나니(갈 5:13-14)

따라서 변화를 일으키는 성령의 사역은 바울(그리고 모든 신자들)을 다른 사람들과 연결해주되, 그들의 "종"으로 이어준다. 다른 사람들을 섬기는 종으로 살아가지 않는 것은 "육체"로 돌아가는 것이다. 바울의 그리스도 체험과 성령 체험에서 육체는 그 "정욕 및 탐심"과 더불어 "십자가에 못 박혔다"(갈 5:24). 바울은 성령 안에 있는 체험을 더 이상 "육신에(다시 말해, 육신의 권능 아래)" 있지 아니한 것으로 묘사한다(롬 8:9). 그러면서도 분명 바울은 신자들이 성령 안에서 누리는 그들의 자유가 "육체의 기회"(갈 5:13)이자 더 이상 만족시켜서는 안 될 욕심(갈 5:16)이 되어버릴 수 있다고 믿는다. 던은 이렇게 말한다. "**육 안에 있는 삶**[12]은 아주 쉽게, 아주 빨리 (그리고 자신도 모르는 사이에) 육을 **따라** 사는 삶이 될 수 있다."[13]

그런가하면, 바울의 성령 체험은 그를 아버지이신 하나님과 친밀한 관계로 이어준다. 하나님의 영은 신자를 "양자로 삼는 영"(롬 8:15)이다. 1장에서 언급했듯이, 초기 그리스도인들이 하나님을 "아빠! 아버지"로 부른 것(이것은 틀림없이 하나님을 이렇게 부른 예수 자신의 습관에서 비롯된 것이다)은 신자들에게 그들의 정체성을 "하나님의 자녀"로 각인시켜 준(롬 8:14-16) 성령이 하신 일이다. 바울은 여기서 이방인은 물론이요 바울 자신을 포함한 모든 신자들(8:16-17은 줄곧 "우리"라고 말한다)이 하나님의 자녀로 입양되었다고 분명하게 말한다.

하지만 바울은 성령을 온정에 치우친 분으로 묘사하지 않는다. 분명 성령은 바울과 모든 신자들을 하나님과 친밀한 관계로 만들어주신다. 나아가 이들이 연약하여 기도조차 할 수 없을 때에도 이들을 도와주신다(롬 8:26). 그러나 이런 일을 하시는 성령, 신자들이 하나님의 자녀임을 확인해주심으로써

---

12) "육"을 바울이 때로 사용하듯이 중립적인 용어로 이해한다면, 이는 육체로 사는 삶을 말한다.
13) Dunn, *Jesus and the Spirit*, 336(던의 강조).

이 신자들이 곧 "하나님의 상속자요 그리스도와 함께 한 상속자"(롬 8:17)임을 확인해주시는 성령도 한 가지 조건(엄밀히 말하면, 두 가지 조건)이 충족되어야 이런 일을 행하신다. 첫째, 지금 성령은 신자들의 공동체가 일종의 죽음을 체험하게 하시려고 이 공동체 안에서 일하신다.

> 그러므로 형제들아 우리가 빚진 자로되 육신에게 져서 육신대로 살 것이 아니니라. 너희가 육신대로 살면 반드시 죽을 것이로되 영으로써 몸(다시 말해, 육이 지배하는 몸)의 행실을 **죽이면** 살리니(롬 8:12-13)

이는 로버트 태니힐이 언급한 것과 같다.

> **성령은 능동적으로 죽이는 역할**(active killing function)을 하신다. 그리스도가 죽임을 당하실 때 결정적으로 일어났던 일들이 성령으로 말미암아 계속하여 일어난다. 신자는 "육을 따르는" 옛 삶에 대하여 죽는다……신자들은 여전히 바뀌지 않은 세상의 일부다. 또 육체로 말미암아 옛 세력의 공격에 무너질 수밖에 없다. 그런 공격에 부닥쳤을 때, 신자가 과거에 그리스도와 더불어 죽었다는 점이 현재도 계속하여 유지되어야 하고 강조되어야 한다. 따라서 신자의 실존은 그리스도와 더불어 죽는 것으로 계속 규정된다.[14]

나아가, 바울은 두 번째 조건을 언급하며 이렇게 쓰고 있다.

> 성령이 친히 우리의 영과 더불어 우리가 하나님의 자녀인 것을 증언하시나니 자녀이면 또한 상속자 곧 하나님의 상속자요 그리스도와 함께 한 상속자니 우리가 **그와 함께** 영광을 받기 위하여 **고난도 함께 받아야 할** 것이니라(롬 8:16-17)

---

14) Robert C. Tannehill, *Dying and Rising with Christ: A Study in Pauline Theology* (Berlin: Alfred Töpelmann, 1966), 80(태니힐 강조). 성령이 "능동적으로 죽이는 기능"을 갖고 있다는 말은 신자들이 수동적이라는 뜻이 아니다. 오히려, 성령은 신자들이 (육에 대하여) 죽는 과정을 스스로 선택하고 실행할 수 있게 해주는 분이다(롬 8:13의 "영으로써"). 신자가 능동적 책임을 지고 있다는 점은 John M. G. Barclay, *Obeying the Truth: Paul's Ethics in Galatians* (Minneapolis: Fortress, 1991), 117도 갈 5:24("그리스도 예수의 사람들은 육체와 함께 그 정욕과 탐심을 십자가에 못 박았느니라")를 주석하며 올바로 강조하고 있다.

바울의 체험과 이해에 비추어보면, 성령은 미래를 향한 소망을 만들어내지만(갈 5:5도 참조하라), 성령이 그렇게 하는 것은 위에서 시사한 두 가지 조건이 갖추어졌을 때이다. 즉, 위에서 인용한 두 본문은 각기 "~하면, ~이면"이라는 말을 갖고 있는데,[2] 이 말들이 그 두 조건을 시사한다(우리가 영으로써 몸, 다시 말해 육이 지배하는 몸의 행실을 **죽이면**[13절], **그리스도와 함께 고난을 받는다면**[17절]). 성령은 사람들이 지금 육을 죽이며, 그럼으로써 다른 사람들을 섬기고 사랑하며 그리스도와 함께 고난을 받도록 독려한다. **다시 말해, 성령은 바울을 십자가와 이어주고, 이 십자가를 통해 그리스도와 이어줌으로써 고난을 받게 하며 다른 사람들과 이어줌으로써 그들을 사랑하게 한다.** 성령은 십자가를 본받게 하는 영이다. 성령은 오직 사람들이 그리스도의 죽음을 본받을 때만 이 사람들에게 하나님의 자녀요 하나님의 "소유"라는 표시를 하고 "도장"을 찍는다(고후 1:22, 5:5).

십자가를 본받게 하는 영

(흔히 항간에서 말하는 주제들인) 도덕적 삶("열매", 갈 5:22-23), 섬김("은사", 고전 12장, 롬 12:3-8), 하나님의 사랑(롬 5:5), 연합(고전 12장), 그리고 소망(롬 8장)을 바울이 자신의 성령 체험과 연결하고 있다는 것은 널리 인식되어 있다. 그러나 **십자가**와 성령의 연관관계는 그보다 훨씬 덜 인식되어 있고 충분한 연구도 이루어져 있지 않다.[15] 그러나 `근본적으로, 바울의 성령 체험은 그리스도와

---

15) 큰 예외가 Charles H. Cosgrove, *The Cross and the Spirit: A Study in the Argument and Theology of Galatians* (Macon, GA: Mercer University Press, 1988), 특히 169-94이다. 우리가 잠깐 살펴볼 갈라디아서 해석은 십자가와 성령의 연관관계를 시험해볼 수 있는 좋은 사례다. 아울러 Richard B. Hays, "Christology and Ethics in Galatians: The Law of Christ," *Catholic Biblical Quarterly* 49 (1987): 268-90을 보라. 코스그로브 및 헤이스와 달리, 바클리(Barclay)는 또 다른 면에서 탁월한 저작인 그의 *Obeying the Truth*에서 십자가와 성령을 거의 또는 아예 연결 짓지 않는 대신(113에서 이를 간단히 시사한다), 바울에게는 육을 "십자가에 못 박는 것"이 중요했다는 점만을 강조한다(가령, 117, 205-6, 213).

그분의 십자가를 본받게 하는 영을 체험한 사건이다. 즉, 바울이 볼 때 성령은 십자가를 본받게 하는 영이다.

로마서 8장은 십자가와 성령의 이런 연관관계를 간략하면서도 아주 분명하게 언급한다. 그러나 바울이 쓴 다른 서신들에서는 이런 연관관계가 더 폭넓게 나타나면서도 로마서 8장보다 덜 분명한 필치로 표현되어 있다. 가령 갈라디아서를 보면, 바울은 자기 안에 들어와 사시는 그리스도를 가리켜 "나를 사랑하사 나를 위하여 자기 자신을 버리신"(갈 2:20) 분이라고 말한다. 이것은 자기를 내어주는 사랑, 심지어 종의 처지까지 내려가 자기를 희생하며 상대를 섬기는 모습을 표현한 언어인데, 빌립보서 2장의 언어도 이와 유사한 시사를 하고 있다. 따라서 이런 메시아, 이런 하나님의 아들 안에 사는 사람은 자기를 내어주는 사람, 자기를 희생하는 사랑을 보여주는 사람이거나 그런 사람이 될 것이라는 결론을 내리는 게 합리적일 것이다.

하지만 바울은 분명하게 그런 결론을 내리지 않는다. 그가 다만 세 단계를 거쳐 그 연관관계를 분명하게 밝히고 있다.

1. 바울은 하나님 아들의 죽음을 자기를 내어주신 사랑이라고 규정한다(갈 2:20).
2. 이어서 그는 하나님이 보내신 영을 그 아들의 영이라고 규정한다(갈 4:6).
3. 그리고 그는 그 영 안에서 살아가는 삶을 다른 사람들을 사랑하고 섬기는 삶으로 묘사한다.

그러나 그 자유로 육체의 기회를 삼지 말고 오직 사랑으로 서로 종노릇하라(갈 5:13하)

성령의 열매는 사랑이라(갈 5:22)

다시 말해, 하나님의 아들이 과거에 십자가에서 몸소 행하셨던 "일"은 이제 그 하나님의 아들의 영이 신자와 공동체 안에서 몸소 행하시는 일이 되었다. 바울이 그리스도의 사랑과 죽음과 내주를 논한(갈 2:19-20) 뒤에 곧바로 갈라디아 사람들에게 이들이 성령을 받았다는 점을 되새겨주고 있다(갈 3:1-5)는 사실은 십자가와 성령의 연관관계에 힘을 실어주고 있다. 신자들이 체험한 것은 아버지가 보내신 아들과 영을 받은 것이요(갈 4:4-6), 그 아들과 그 영이 이들을 받은 사람들 안에서 사랑, 곧 십자가를 본받는 사랑을 만들어낸다는 것이다.

바울은 갈라디아서에서 이렇게 사랑이 하는 일만을 성령 체험의 유일한 차원이라고 말하지 않는다. 바울은 갈라디아 사람들이 성령을 "받았고", 성령 "으로 시작했으며", 그 성령을, 특히 그 성령이 갈라디아 사람들의 공동체 안에서 행하신 "능한 일들" 내지 "기적들"(dynameis)을 계속하여 체험했다고 말한다(갈 3:2-5).[16] 따라서 성령을 체험하는 것은 능력을 체험하는 것이다. 하지만 역설적이게도 여기에서조차 성령이 십자가와 연결되어 있다. 바울은 자신이 십자가에 못 박히신 예수 그리스도를 "갈라디아 사람들 앞에서 그려보였을 때" 그들이 이 그리스도를 받아들임으로써 성령을 받았다는 점(그들이 "회개"하거나 믿음을 갖고 공동체를 이루기 시작한 것을 일컫는 말이다)을 시사한다(갈 3:1). 성령의 능력은 십자가의 능력과 분리할 수 없다. 진정 십자가를 설교하는 것은 성령의 능력을 쏟아내는 것이다.

따라서 갈라디아 사람들은 처음부터 십자가에 못 박히신 분을 전하는 말에 믿음으로 응답하는 것과 성령의 은사 사이에 존재하는 연관관계를 이해하고 있어야 했다. 바울은 갈라디아 사람들 속에서 십자가와 성령의 연관관계가 기적을 행하는 능력뿐 아니라 십자가를 본받는 사랑 속에서 나타난다는 점을 보여주어야 한다(이것이 그가 해야 할 일 가운데 일부다).

이와 비슷하게, 바울은 고린도 사람들에게 보내는 서신에서도 십자가와 성령을 연결해야 한다는 점을 발견한다. 바울은 고린도서에서 성령의 인도를

---

16) 코스그로브(*The Cross and the Spirit*, 174-75)는 dynameis를 "능한 일들(능력을 행하는 일들, mighty works)"로 번역한다. 루이스 마틴(*Galatians: A New Translation with Introduction and Commentary*, Anchor Bible 33A [New York: Doubleday, 1997], 281, 285)은 이 말을 "이적들(wonders)"로 번역한다. NRSV는 "기적들(miracles)"로 번역했다. 성령이 뒤나메이스(dynameis)를 행하시는 것은 바울의 체험에서는 흔한 것이며, 사도들과 모든 신자들이 기대하는 것이다(아울러 롬 15:19, 고전 12:10, 28-29, 고후 12:12를 보라).

3장 십자가를 본받게 하는 영   105

따라 십자가를 본받는 삶을 살지 않으면 성령의 능력도 무너져버린다고 주장한다. 고린도전서와 후서를 보면, 능력과 십자가를 본받는 삶의 이런 공생 관계는 하나님의 영을 체험했다고 주장하는 모든 사람들을 판단하는 기준이 된다.[17]

고린도전서에서 바울은 십자가를 본받는 삶과 능력을 결합하여 이를 성령을 가졌다고 주장하는 모든 이들을 판단할 잣대로 만든다. 고린도전서, 그 중에서도 특히 14장을 보면, 고린도에서는 방언과 같은 성령의 은사들이 영성과 능력과 지위를 나타내는 지표가 되어 있음을 볼 수 있다. 바울은 여기서 모든 성령의 은사들을 행할 때 따라야 할 **행동방식**으로 사랑을 소개한다(고전 13장). 사랑이 없으면, 성령의 은사도 아무 가치가 없다(13:1-3). 사랑은 자기의 유익을 구하지 아니하고(13:5) 도리어 다른 사람들에게 덕을 끼친다. 공예배에서 성령의 은사들을 행하는 경우에도 이런 기준을 따라야 한다(14:1-5).

고린도전서를 읽는 사람은 이렇게 사랑을 성령의 능력을 참되게 체험하고자 할 때 따라야 할 행동방식으로 이해하는 것이 바울이 이전에 고린도 사람들에게 "내가 그리스도를 본받는 자가 된 것 같이 나를 본받는 자가 되라"(고전 11:1)고 권면한 것과 연관되어 있음을 안다. 물론 바울이 말하는 그리스도는 "예수 그리스도, 곧 십자가에 못 박히신 예수 그리스도"(고전 2:2)를 의미한다. 11:1의 권면은 지식과 사랑을 대조하면서 "지식은 교만하게 하며 사랑은 덕을 세우나니"(8:1)라는 말씀으로 시작하는 고린도전서의 한 단락(8:1-11:1, 이 단락에는 우상에게 제물로 바친 고기를 먹는 것이 적절한가를 놓고 벌어진 논쟁에 바울이 준 답이 들어있다)을 맺는 결론이다. 바울은 이 단락 중간부에서 자신을 다른 사람들을 덕으로 가르치고자, 또는 그들을 사랑하기에, 자기 "권리들"(exousia로서 9:4,5,6,12,18에 나온다)을 주장하지 아니한 본보기로 제시한다. 그는 자신이 보인 모범을 "자신의 유익을 구하지 아니하고 많은 사람의 유익을 구했다"(10:33)라는 말로 요약한다. 그것이 바로 바울이 말하는 그리스도를 "본받음"(11:1, 10:33의 다음 구절이다)의 의미다.

갈라디아서에서와 마찬가지로, 바울은 고린도전서에서도 카리스마의

---

17) 아울러 Fee, *God's Empowering Presence*, 269-71, 365-66을 보라.

영인 성령이 십자가를 본받게 하시는 영이라는 점을 보여주려고 몇 가지 움직임을 펼쳐 보인다. 첫째, 바울은 그리스도가 십자가에 못 박히신 그리스도이심을 확인한다(2:2). 둘째, 그는 그리스도의 사도인 자신을 본받음으로써 이 십자가에 못 박히신 그리스도를 본받으라고 사람들을 독려한다(11:1). 셋째, 그는 자신의 사역을 권세와 권리와 자기 유익을 포기하고 다른 사람들의 유익을 추구한 사역이라고 규정한다(고전 9장, 10:33). 넷째, 바울은 자기를 부인하고 타인을 배려하는 덕성 함양을 사랑을 인증하는 표지로 제시한다(8:1, 13:5). 다섯째, 바울은 "사랑 장"(13장)을 성령의 은사를 둘러싼 논의(12-14장)의 중앙부에 배치함으로써, 사랑을 성령이 하시는 일로 제시한다(갈 5:22에 비춰보면, 이는 놀라운 일이 아니다). **따라서 성령의 활동이냐 아니냐를 판단할 수 있는 기준은 십자가를 본받는 삶이다. 바울은 이 삶이 자기 자신보다 다른 사람의 유익을 추구하는, 그리스도를 닮은 사랑으로 나타난다고 이해한다.**

바울은 고린도후서에서 다시금 능력과 십자가를 성령 안에서 하나로 묶는다. 고린도 공동체를 무너뜨리고 있던 소위 "지극히 크다는 사도들"(11:5)은 강력한 언변(11:5-6)과 카리스마 체험, 그 중에서도 특히 환상을 본 체험(12:1-13) 면에서는 분명 출중한 자들이었다. 이 사람들은 분명 그런 능력들을 자랑하고 있었고, 고린도에 있던 그들의 추종자들도 마찬가지였다. 이 때문에 바울은 자신이 사도로 부르심을 받았다는 것을 증명해 줄 자신의 카리스마 체험들과 능력들을 부득불 조금이라도 자랑할 수밖에 없었다(12:12).

그러나 바울이 볼 때, 이 "지극히 크다는 사도들"의 성령 체험 속에는 능력과 십자가 사이에 어떤 공생 관계도 존재하지 않았다. 바울이 사도로서 자랑하는 점은 자기를 낮춤이지, 자기를 높임이 아니다(11:7). 그는 자기의 능력이 아니라 자기의 약함을 자랑한다(11:21-12:13, 특히 11:30, 12:9). 바울의 자랑은 그가 그리스도를 위하여 받은 고난이다. 그는 이 고난을 당할 때 그리스도의 능력으로 말미암아 진정 강하다(12:9). 십자가와 결합된 바울의 체험 속에는 약함과 자기 낮춤이 존재하지만 지극히 크다는 사도들이 주장하는 영성과 사도성은 이 약함과 자기 낮춤에 초점을 맞추지 않는다. 때문에 그들의 주장은 바울의 시각으로 보면 완전히 부당하다. 그들은 다른 예수, 다른 영, 다른 복음을 전하기 때문이다(11:4). 갈라디아서 및 고린도전서와 마찬가지로, 고린도후서 역시 은사를 베푸는 영(the charismatic Spirit)을 십자가를 본받게 하시는 영(the cruciform Spirit)으로 본다. 바울의 성령 논의에서 중요한 본문인 로마서 5장과 8장도 이와 비슷한 내용을 강조하고 있음은 우리가 이미 살펴보았다.[18]

따라서 바울이 볼 때, 능력의 영은 약함의 영이요, 십자가의 영이다. 바울의 독특한 성령 체험, 그리고 그의 이런 체험 설명은 "**예수 그리스도라는 인물**(바울의 말을 빌리자면, 바울 자신의 신앙고백에 중심이 되는 죽음과 부활의 패턴)**과 연결되어 있다.**"[19] 제임스 던은 고대 그리스도인들의 체험과 현대 그리스도인들의 체험을 반추하면서, 이 점을 이렇게 잘 이야기한다.

> 카리스마 체험이 그저 높이 들리신 그리스도 체험에 그치고 십자가에 못 박히신 그리스도 체험이 되지 않는 한, 그 체험은 그리스도인의 체험이 가져야 할 독특성을 잃어버린다.[20]

요컨대 우리가 성령을 십자가의 영으로 알고 체험할 경우에만 진정 성령을 알고 체험한 것이라는 것이 바울의 생각이다.[21]

---

18) 아울러 Meyer, "Holy Spirit," 5-10을 보라.
19) Meyer, "Holy Spirit," 5(마이어 강조). 마이어는 또 이런 말을 덧붙인다(13). "바울의 기독론은 어디에서나 그의 성령론에 배경을 제공한다."
20) Dunn, *Jesus and the Spirit*, 331.
21) 코스그로브가 규정하는 갈라디아서의 기본 관심사와 비교해보라. 그는 이 기본 관심사로 "**그리스도의 십자가에 참여하는 것**"을 제시하면서, 이 관심사가 성령 안에서 살아가는 삶을 시작하는데 필요한 유일한 조건이자 "**성령 안에서 계속 살아가는 데 필요한 유일한 조건**"이라고 말한다(*Cross and Spirit*, 172[코스그로브 강조]; 참고, 179-91).이 기본 관심사는 모든 바울 서신에 널리 적용할 수 있다. 루이스 마틴은 우리가 어떻게 아는가(인식론)이라는 중요한 문제를 바울이 십자가와 연결된 성령으로 대답하고 있다면서, 이렇게 말한다. "성령으로 아는 것은 오직 십자가의 능력으로 아는 형태로만 이루어진다." 왜냐하면 "그리스도가 재림하실 때까지 십자가는 늘 인식론의 위기로 남아 있으며, 그 때문에 이 십자가는 늘 성령이 바로 십자가에 못 박히신 그리스도의 영이라는 것을 알려주는 규범이 된다"("Epistemology at the Turn of the Ages," in *Theological Issues in the Letters of Paul* [Edinburgh: T&T Clark; Nashville: Abingdon, 1997], 108).

결론: 십자가를 본받는 공동체의 영

이번 장에서 우리는 바울의 성령 체험이 갖는 역설적 성격을 살펴보았다. 그가 체험한 성령은 능력과 십자가 형상이 공생하는 영이었다. 이런 공생은 (바울 자신의 체험 같은) 개인의 체험에만 국한되지 않고 성령으로 충만한 공동체 전체를 규정하는 성격을 갖고 있다. 그리스도 안에서 살아가는 삶은 개인의 삶이지만, 그 개인 소유가 아니다. 성령 안에서 살아가는 삶도 마찬가지다. 성령은 그리스도를 중심으로 한 공동체를 **만들어내고** 그런 공동체 안에서 **발견된다**. 바울이 즐겨 쓰는 말대로, "우리 마음에 있는" 성령은 우리의 모임, 우리의 **사귐**(koinōnia) 안에 있는 성령이기도 하다(가령 고전 12장, 14장, 빌 2:1을 보라).

실제로 카리스마의 관점에서 십자가를 본받는 삶인가, 특히 덕을 끼치는 사랑을 베풀어야 한다는 요구에 합치하는가를 판단하는 기준은 성령이 우리 마음속뿐만 아니라 우리 안에도 거하신다는 바울의 확신에 일부 그 근거를 두고 있다. 십자가를 본받게 하는 영은 그리스도인 공동체의 영이다. 성령은 십자가를 본받게 함으로써 연합을 만들어낸다. 그것이 바울 서신에서 발견할 수 있는 모든 연합 요구의 명시적 또는 묵시적 기초다. 빌립보서의 한 대목은 이 영존하는 테마의 한 보기만을 제공하고 있을 뿐이다.

> 그러므로 그리스도 안에 무슨 권면이나 사랑의 무슨 위로나 성령의 무슨 교제나 궁휼이나 자비가 있거든 마음을 같이 하여 사랑을 가지고 뜻을 합하며 한 마음을 품어 아무 일에든지 다툼이나 허영으로 하지 말고 오직 겸손한 마음으로 각각 자기보다 남을 낫게 여기고 각각 자기 일을 돌볼뿐더러 또한 각각 다른 사람들의 일을 돌보아 나의 기쁨을 충만하게 하라(빌 2:1-4)

바울은 우리가 앞장에서 논의했던 "다리" 구절(빌 2:5)과 6-11절에 포함된 찬송을 계속 써나간다. 그는 이 본문에서 내러티브를 사용하여 십자가에서 돌아가신 주 그리스도를 빌립보 교회에서 이루어진 성령 활동의 패러다임으로 제시한다. 성령 안에서 전개되는 빌립보 신자들의 이야기는 이 신자들이

예배 때 찬송하는 그리스도의 이야기 형상을 따라 만들어져야 한다.[22]

우리는 이 주제들과 본문들 가운데 많은 것들을 십자가로 나타난 (그리고 십자가를 본받는) 사랑과 십자가를 본받는 삶이 지닌 능력을 다룬 장들에서 더 상세하게 다시 살펴보도록 하겠다. 그러나 우선 다음 장에서는, 하나님이 십자가로 나타나신 하나님이시요, 십자가에 못 박히신 예수가 높이 들리신 주님이시며, 하나님의 영과 그리스도의 영은 십자가를 본받게 하시는 영이라는 바울의 주장이 시사하는 "삼위일체" 사상을 살펴보도록 하겠다.

---

22) "새 피조물로 이루어진 공동체인" 교회 안의 삶은 "십자가의 능력으로 말미암아 아는 것이요, 절박한 처지에 있는 이웃을 알고 그들을 섬기는 것이다"(Martyn, "Epistemology," 109).

제3장 옮긴이 주

[1] 헬라어 '아라본'(*arrabōn*)은 본디 셈어(가령, 히브리어의 *ērābōn*)에서 빌려온 거래용어다. *ērābōn*은 창 38:17,18,20에 나오는데, '채무변제를 확실히 약속하는 증표'라는 의미로 사용되었다. 그런가하면, 욥 17:3에서는 이 말이 '담보물, 첫 번째 할부금'이라는 의미로 사용되었다. EWNT Ⅰ, 379쪽; WGH, 617쪽; KB Ⅰ, 881쪽 참조.

[2] 개역개정판은 롬 8:17을 "자녀이면 또한 상속자 곧 하나님의 상속자요 그리스도와 함께 한 상속자니 우리가 **그와 함께** 영광을 받기 위하여 **고난도 함께 받아야 할 것이니라**"라고 번역해놓았으나, 헬라어 본문을 그대로 번역해보면 오히려 이런 번역이 더 자연스럽다. "또 자녀라면 상속자들, 곧 하나님의 상속자들이로되, **그리스도와 함께 영광을 받고자 정녕 그와 함께 고난을 받는다면**(*eiper sympaschomen hina kai syndoxasthōmen*), 곧 그리스도와 함께 한 상속자들이니라." 결국 롬 8:17은 "~라면, ~한다면"이라는 조건문을 두 개 갖고 있는 셈이다.

"너희 안에 이 마음을 품으라 곧 그리스도 예수의 마음이니"

빌립보서 2장 5절

4장

십자가로 사랑을 보여주신 삼위일체 하나님

바울이 경험한 삼위일체 체험

지금까지 우리는 바울이 경험한 하나님 아버지 체험, 십자가에 못 박히셨다가 높이 들리신 예수 체험, 카리스마의 영이면서도 십자가 형상을 지닌 성령 체험에서 무언가를 알아내려고 시도해왔다. 하지만 바울은 이 셋을 서로 별개의 "실체를 가진 신"으로 체험하지 않았다. 바울과 (삼위 하나님의) 각 "위격(person)"(더 나은 용어가 없으므로 이 말을 쓴다)의 만남은 바울과 다른 두 위격의 만남과 단단하게 연결되어 있다. 이번 장에서 우리는 바울의 성부, 성자, 성령 체험이 바울 자신의 체험과 그가 아는 신자들의 체험 속에서 한 분 하나님과 나누는 교제로 나타났다는 것을 보게 될 것이다. 아울러 바울의 이 체험은 (성부, 성자, 성령) 세 "위격"이 십자가와 부활이라는 사건에 공동으로 참여한 사실에 근거를 두고 있었다는 점도 보게 될 것이다. 바울 자신이 십자가의 실체 및 능력에 동참했다는 것, 곧 그의 십자가를 본받는 삶은 하나님이 한 분이시지만 세 위격이시라는 신학적 결론에 이를 수밖에 없는 **경험적** 삼위일체 내지

내러티브 삼위일체를 반영하고 드러내는 것이다.[1)]

바울의 글에 삼위일체가?

대다수 바울 해석자들은 바울 사도에게도 삼위일체 사상을 닮은 어떤 것이 있다고 인정하길 아주 꺼려했다. 그런데 역설적인 것은 하나같이 이런 해석자들이 더 열렬하게 바울이 전개한 **신론**(즉, 바울이 말하는 하나님"**론**")이 하나님을 "십자가에 못 박히신 하나님"으로 이해하는 입장에 가까웠다고 이야기했다는 점이다. 따라서 삼위일체 언어를 주저하는 것은 실상 바울의 글에 들어있는 **기독론** 언어를 주저하는 것이요, 바울이 분명하게 그리스도를 "하나님"으로 부르지 않는 이상,[2)] (차라리 하나님을 십자가와 결합함으로써 인간과 하나로 묶는 것이라면 몰라도) 그리스도를 하나님과 하나로 묶는 일은 하고 싶어 하지 않는 마음을 드러낸 것으로 보인다.

비록 그 표현이 독특하긴 해도, 크리스티안 베커(J. Christiaan Beker)는 바울의 글에 나타난 삼위일체에 관하여 전형적인 태도를 보여주고 있다.

> 바울은 단지 삼위일체 교리의 맹아만을 갖고 있다……그리스도는 결코 "하나님"으로 불리지 않는다(심지어 로마서 9:5하에서조차도). 오히려 그리스도는 늘 아버지 아래에 자리하고 있다……우리는 후대에 전개된 삼위일체 교리로 바울을 읽어서는 안 된다……**그리스도와 성령은 묵시 문헌이 말한 하늘에서 하나님을 "돕는 자들"과 같은 역할을 한다.**[a] 이는 그리스도와 성령을 하나님의 손으

---

1) "사람이 체험한" 하나님의 실체로서 삼위일체를 규정할 때 보통 쓰는 말이 "경륜적(economic)" 삼위일체다.
2) 예외일 수 있는 구절이 롬 9:5("그[그리스도]는 만물 위에 계셔서 세세에 찬양을 받으실 하나님이시니라")이다. 그러나 이 본문 해석은 어렵기로 악명이 높다. 많은 사람들이 보기에는 "주"라는 호칭을 예수에게 적용하는 것 역시 예외이다. 특히, 빌 2:9-11과 사 45:23이 평행 관계에 있다는 점을 생각하면, 더 그렇다. 아래에서 논의하는 내용을 읽어보라.

로 본 이레나이우스(Irenaeus)의 생각과 다르지 않다.[3]

하지만 변화가 일어나고 있다는 증거가 있다. 얼마 전, 성경신학자인 울리히 마우저(Ulrich Mauser)[b]는 바울의 글에 존재하는 성부, 성자, 성령의 "역동적 통일성(dynamic unity)"을 주제로 글을 썼다. 마우저는 이 글에서 "바울은 자신이 하나님과 그리스도와 성령의 행위에 관하여 요약한 내용이 하나님은 한 분이시라는 단호한 언명과 모순될 수도 있다는 모호한 태도를 전혀 보이지 않는다"라고 말한다.[4] 마우저는 바울이 쓴 구절들(이 중 대다수 구절은, 나아가 이보다 더 많은 구절들을 아래에서 논의해보도록 하겠다)을 많이 인용하여, 성부와 성자와 성령의 활동들이 각기 독특성을 가지면서도, 동시에 이 활동들이 "하나님의 뜻과 통찰과 행위로서 통일성을 갖는다"라고, 다시 말해 "삼위일체의 활동"을 이룬다고 결론짓는다.[5] 심지어 바울이 보기에는 하나님과 그리스도와 성령이 비단 그 활동뿐만 아니라 그 "존재와 행위" 면에서도 한 분으로 존재했을 수도 있다고 마우저는 시사한다.[6] 더욱이 고든 피는 바울이 "후대에 나타난 삼위일체 언어[c]를 사용하지는 않았지만, 삼위일체 신앙을" 갖고 있었다고 강조한다. 나아가 피는 성령을 하나님이 인격체로서 현존하시는 것(God's personal presence)으로 본 바울의 견해를 분석하면서, 세 "위격"을 조심스럽게 이야기한다.[7]

공간이 한정되어 있는 탓에, 여기에서는 바울 서신이 삼위일체에 관하여

---

3) J. Christiaan Beker, *Paul the Apostle: The Triumph of God in Life and Thought* (Philadelphia: Fortress, 1980), 200(고먼 강조). 하지만 베커조차도 이렇게 말한다. "우리는 바울이 더 완전한 삼위일체 개념으로 나아가고 있다고 말할 수 있다. 가령, 그리스도의 십자가에서 표현된 세상을 위한 하나님의 사랑(롬 5:6, 8)은 '십자가에 못 박히신 하나님'이라는 개념을 향해 나아간다. 하지만 바울이 완전한 삼위일체 체계를 갖고 있지 않기 때문에, 고난을 하나님의 존재 속에 집어넣거나 세상을 향한 하나님의 궁휼을 '십자가에 못 박히신 하나님'인 그리스도의 십자가가 갖는 결정적 성격(finality)과 같게 여기는 것은 부적절할 것이다"(200). 이 마지막 말에서, 베커는 바울이 이해한 "십자가에 못 박히신 하나님"에 관하여 이야기하는 것을 다른 몇몇 사람들보다 더 주저하는 모습을 보여준다.
4) Ulrich W. Mauser, "One God and Trinitarian Language in the Letters of Paul," *Horizons in Biblical Theology* 20(1998): 102-3(요지 인용), 107("dynamic unity").
5) Mauser, "One God," 107, 108.
6) Mauser, "One God," 103.
7) Gordon D. Fee, *God's Empowering Presence: The Holy Spirit in the Letters of Paul* (Peabody, MA: Hendrickson, 1994), 829.

시사하는 내용들을 충분히 분석할 수 없다. 그보다 우리는 바울이 성부, 성자, 성령을 한 주님으로 보았음을 시사하는 몇몇 본문들을 간략히 살펴본 다음, 바울(그리고 그의 공동체들)이 이 셋으로 계시는 한 분 하나님을 어떻게 체험하고 표현했는지 탐구해보도록 하겠다.

셋으로 계시는 한 주님

1장 서두에서 언급했듯이, 바울은 유대인으로서 오직 한 하나님만이 계신다는 확신을 일관되게 재차 강조한다. 1장에서 서술한대로, 바울은 한 하나님을 "아버지"로 체험했다. 하지만 그의 이 체험은 역시 그의 아들 체험 및 성령 체험과 긴밀하게 연결되어 있다. 로마서 8장이 언급하듯이, 바울이 "아빠! 아버지!"라고 부를 수 있는 것은 바울, 나아가 모든 신자들에게 이들이 하나님의 자녀, 따라서 하나님의 상속자이며 그리스도와 함께 한 상속자라는 확신을 심어주시는 성령의 수고 덕분이다(롬 8:14-17).

초기 그리스도인들과 바울이 강조했던 "예수는 주"라는 말은 하나님은 한 분이라는 단일신론을 고수하던 이들에게 위협이 되었을 수 있다.

> 하늘에 있는 자들과 땅에 있는 자들과 땅 아래에 있는 자들로 모든 무릎을 예수의 이름에 꿇게 하시고 모든 이름으로 예수 그리스도를 주라 시인하여…(빌 2:10-11)

이 본문은 야훼의 주권과 구원 그리고 야훼만이 유일한 하나님이심을 가장 강력하게 천명한 본문 가운데 하나인 이사야 45:21-23을 그리스도인들의 관점에서 해석한 것이다.[8]

---

8) 초기 그리스도인들은 빌립보서의 이 본문을 해석할 때, 예수에게 "주"라는 칭호뿐만 아니라 "구원하는 자"(빌 3:20)라는 칭호도 부여했다.

나 외에 다른 신이 없나니 나는 공의를 행하며 구원을 베푸는 하나님이라. 나 외에 다른 이가 없느니라. 땅의 모든 끝이여 내게로 돌이켜 구원을 받으라. 나는 하나님이라. 다른 이가 없느니라. 내가 나를 두고 맹세하기를 내 입에서 공의로운 말이 나갔은즉 돌아오지 아니하나니 모든 무릎이 꿇겠고 모든 혀가 맹세하리라 하였노라(사 45:21-23)

하나님은 한 분뿐이시라는 이 강력한 주장을 예수에게 적용하게 되면, 부득불 예수에게도 신이라는 지위를 부여할 수밖에 없어서(많은 해석자들은 빌립보서 2:6, "그는 근본 하나님의 본체시나 하나님과 동등됨을 취할 것으로 여기지 아니하시고"가 이런 입장이라고 본다),9) 야훼만이 유일하신 하나님이라는 주장에 이의를 제기하는 것처럼 보인다. 그러나 사실은, 예수를 "지극히 높여" 이 자리에 앉히신 다음(빌 2:9), 이렇게 높이 들어 올리셨다는 것을 온 우주에 선포하여 모든 입으로 "하나님 아버지께 영광을 돌리게 하신" 분은 바로 하나님 자신이시라는 것(빌 2:11; 참고, 1:11)을 빌립보서의 찬송이 직접 주장하고 있다. 따라서 바울은 이사야 45:23을 예수에게 적용해도 이것이 이스라엘이 믿는 일신론을 부정하거나 침해하는 것은 아니라고 본다.

"예수는 주"라고 확언하는 것은 하나님 안에 있는 통일성을 확언하는 것이기도 하다. 다음 본문도 이 점을 시사한다.

그러므로 내가 너희에게 알리노니 하나님의 영으로 말하는 자는 누구든지 예수를 저주할 자라 하지 아니하고 또 성령으로 아니하고는 누구든지 예수를 주시라 할 수 없느니라(고전 12:3)

바울은 이 본문에서 "**예수는 주**"이시라는 고백이 하나님의 뜻이요 하나님이 하시는 일이며, 이 고백을 할 수 있게 하는 것은 하나님의 영임을 인정한다. 따라서 바울은 예수를 주로 고백해도 그가 유대인으로서 갖고 있는 일신

---

9) 하지만 예수의 신성을 명백하게 인정하는 이런 입장을 달리 해석하는 주장들(물론 문제가 있는 주장들이다)이 있다. 이런 주장들은 예수에게 완전한 신의 지위를 부여하지 않는 대신, "부섭정(vice-regent)"보다는 더 높은 지위를 부여한다.

론이 훼손당하지 않는다고 보아 이렇게 천명한다.

> 그러나 우리에게는 한 하나님 곧 아버지가 계시니 만물이 그에게서 났고 우리도 그를 위하여 있고 또한 한 주 예수 그리스도께서 계시니 만물이 그로 말미암고 우리도 그로 말미암아 있느니라(고전 8:6)

바울에게 그리스도는 "하나님의 형상"이다(고후 4:4). 이 그리스도 안에서 하나님은 "예수 그리스도의 얼굴에 있는 하나님의 영광을 아는 빛을 우리 마음에 비추셨다"(고후 4:6).

따라서 하나님의 "영광", 하나님의 쉐키나(shekinah),^{d} 곧 임재는 하나님 아버지와 그리스도이신 아들의 공통점임이 분명하다. 바울은 성령을 이 논의에 끌고 들어와 이 논의를 조금 복잡하게 만든다. 이 성령은, 우리가 앞장에서 보았듯이, "하나님의" 영이요 "그리스도의" 영이다. 아울러 바울은 고린도후서의 바로 이 문맥에서 "주는 영이시라"고 강조한다(3:17-18).[10] 바울의 언어가 다소 혼란스럽긴 해도, 이 언어가 말하는 것보다 더 많은 것을 억지로 끌어내서는 안 된다. 바울은 꼼꼼한 신학 논증을 펼치고 있다기보다 자신이 섬기는 공동체가 함께 체험한 것을 반추하고 있다. 이 체험을 들여다보면, 그리스도 안에서 하나님의 형상으로 변해가는 과정(고후 3:18)에는 아버지와 아들과 성령 사이에 친밀한 연합이 존재하고 있다.[11]

바울이 삼위일체 하나님을 시사하는 주장들을 내놓을 때 가장 큰 관심을 보이는 것은 공리(公理)가 아니라 변화다. 우리가 앞장들에서 보았듯이, 바울과 그의 공동체들은 하나님을 아버지와 아들과 성령으로 체험했다. 앞으로 보게 되겠지만, 바울과 그의 공동체 구성원들은 이 셋이 한 분이라는 것도 체험했다. 하지만 이것이 곧 바울이 아버지와 아들과 성령의 역할에 혼동을 일으켰다는 의미는 아니다. 십자가에서 돌아가신 이는 아버지도, 성령도 아니

---

10) 선택할 수 있는 몇 가지 해석을 살펴보려면, 주석들과 Fee, *God's Empowering Presence*, 311-14를 보라.
11) 이 난해한 구절 전체(고후 3:16-18)를 둘러싸고 전개되고 있는 건전한 논의를 살펴보려면, Victor Paul Furnish, *II Corinthians*, Anchor Bible 32A (Garden City, NY: Doubleday, 1984), 210-16, 234-52를 보라.

었다. 아들을 보내신 이는 물론 아들 자신이 아니었으며, 성령을 보내신 이도 성령 자신이 아니었다. 그러나 바울은 이 "위격들(인격체들)" 가운데 하나를 알고 체험하는 것은 다른 각 위격들을 알고 체험하는 것이요, 그 "위격들 전체", 곧 한 분 하나님을 알고 체험하는 것이라고 절대 확신한다. 바울은 "삼위일체"와 관련하여 무엇보다 유일하신 하나님의 은혜와 사랑의 체험인 신자의 체험이 갖고 있는 통일성과 연속성에 관심을 보인다. 이 유일하신 하나님의 은혜와 사랑은 그리스도의 십자가 위에서 극명하게 계시되었으며, 성령이 이끄는 공동체의 삶 속에서도 발견된다.[12]

영적 체험 속에서 만난 셋으로 계신 한 주님

바울은 한 주님이 세 인격체로 계신다고 확언한다. 바울이 확언한 것들 가운데 적어도 일부는 전승으로 받은 것이며,[13] 그가 만들어낸 것이 아니다. 그가 확언한 것들과 평행을 이루는 내용들이 바울 자신과 그가 섬긴 공동체들이 겪은 영적 체험의 본질적 요소들, 곧 세례, (신앙)고백, 하나님 안에 있는 생명, 기도, 그리고 도덕적 삶(특히 성문제)을 서술한 부분에도 존재한다.

바울 공동체의 **세례** 체험은 분명 그리스도 중심이었고, 특히 십자가 중심이었다. 그 세례는 "그리스도(예수)와 합하는" 세례(갈 3:27, 롬 6:3)였고 "그의 죽음과 합하는" 세례(롬 6:3)로서, 그와 연합을 만들어냈다(롬 6:5). 이 연합은 그리스도로 "옷 입는다"는 말로 표현할 수 있었다(갈 3:27). 세례는 또 그리스도와 한 몸을 이루는 것이었다(고전 12:12-13; 참고, 갈 3:28).

---

12) Fee, *God's Empowering Presence*, 827과 비교해보라. "(바울 서신의) 중심에는 삼위일체의 신비가 자리 잡고 있다. 그러나 바울은 이 신비를 이야기할 때, 성찰을 통한 신학 이론을 전개하기보다, 전제적, 경험적 방식으로 이야기한다. 이것은 곧 바울이 자신의 하나님 체험을 그 본질상 삼위일체 관점에서 표현하긴 하지만 그렇다고 이 체험이 제기하는 신학 이슈들을 붙들고 씨름하지는 않는다는 뜻이다"(참고, 839).

13) 이를테면, "예수는 주"라는 신앙고백과 빌립보서 2장의 그리스도 찬송(이 찬송을 바울 이전의 것으로 가정했을 경우)이 그 예다.

그러나 바울은 세례가 오로지 그리스도에게만 초점이 맞춰진 것은 아니라고 보았다.

> 우리가 유대인이나 헬라인이나 종이나 자유인이나 다 한 **성령**으로 세례를 받아 한 몸이 되었고 또 다 한 **성령**을 마시게 하셨느니라(고전 12:13)

> 주 **예수 그리스도**의 이름과 우리 **하나님**의 **성령** 안에서 씻음과 거룩함과 의롭다 하심을 받았느니라(고전 6:11하)

이 본문들은 세례를 **하나님**의 영이신 성령의 임재 및/또는 부어주심과 분명하게 결합시키고 있다. 더욱이 고린도전서 6:11하가 사용하고 있는 세 수동태 동사(씻음과 거룩함과 의롭다 하심을 받았다)는 이 행위 주체가 하나님임을 암시한다. 따라서 바울은 공동체에 "처음 들어오는 의식"인 세례를 하나님(아버지)과 주 예수 그리스도와 하나님의 영을 체험하는 것으로 본다.

더욱이 개인이든 공동체든, 세례 받은 자들에게 가장 중요한 **신앙고백**은 "예수는 주"인데(고전 12:3, 빌 2:11), 이 고백 자체는 비단 예수뿐만 아니라, 이 고백을 원하시는 하나님(아버지) 및 이 고백을 하도록 능력을 불어넣어주시는 성령과 세례 받은 자를 하나로 이어주는 행위다.

> 그러므로 내가 너희에게 알리노니 **하나님의 영**으로 말하는 자는 누구든지 **예수**를 저주할 자라 하지 아니하고 또 **성령**으로 아니하고는 누구든지 **예수를 주**시라 할 수 없느니라(고전 12:3)

앞장들에서 시사한 바 있지만, 바울이 새생명을 아들이신 그리스도, 하나님의 영/그리스도의 영, 그리고 하나님 아버지 안에 "들어가 살고" 이들과 더불어 살아가는 삶으로 체험했다는 것은 놀라운 일이 아니다. 바울은 남아 있는 그의 서신 가운데 첫 서신인 데살로니가전서에서 데살로니가 교회가 처음부터 줄곧 아버지와 아들 그리고 성령과 나누는 사귐 가운데 존재해왔다고 이야기한다. 데살로니가전서 1:1-10을 보면, 아버지를 일곱 번, 주(예수)를 여섯 번,[14] 성령을 두 번 거명한다. 데살로니가 사람들은 성령의 능력으로 말미암아 "하나님 아버지 및 주 예수 그리스도" **안**에 들어가 살게 되었다. 이들은 지금도 바로 그 성령으로 말미암아 핍박을 이겨내고 "하나님 아버지 및 주 예수 그리스도" **안**에 머물러 있다.

> …**하나님 아버지**와 **주 예수 그리스도** 안에 있는 데살로니가 인의 교회에 편지 하노니…우리가 너희 모두로 말미암아 항상 **하나님**께 감사하며… 너희의 믿음의 역사와 사랑의 수고와 우리 **주 예수 그리스도**에 대한 소망의 인내를 **우리 하나님 아버지** 앞에서 끊임없이 기억함이니 **하나님**의 사랑하심을 받은 형제들아 너희를 택하심을 아노라. 이는 우리 복음이… 또한 능력과 **성령**과…된 것이라……또 너희는 많은 환난 가운데서 **성령**의 기쁨으로 말씀을 받아 우리와 **주**를 본받은 자가 되었으니…**주**의 말씀이 너희에게로부터… **하나님**을 향하는 너희 믿음의 소문이 각처에 퍼졌으므로……너희가 어떻게 우상을 버리고 **하나님**께 돌아와서 살아 계시고 참되신 **하나님**을 섬기는 지와 또 죽은 자들 가운데서 살리신 그의 **아들**이 하늘로부터 강림하실 것을 너희가 어떻게 기다리는 지를 말하니 이는 장래의 노하심에서 우리를 건지시는 **예수**시니라(살전 1:1-10)

어쩌면 바울이 신자의 체험을 가장 열정적으로 묘사한 부분일 수 있는 로마서 8장에서도 그리스도 안에 있는 삶은 역시 "아빠! 아버지!"이신 하나님의 자녀로서 살아가는 삶이자 성령 안에 있는 삶이다.

> 만일 너희 속에 **하나님의 영**이 거하시면 너희가…**영**에 있나니, 또 **그리스도**께서 너희 안에 계시면…**영**(the Spirit)은 의로 말미암아 살아 있는 것이니라. **예수를 죽은 자 가운데서 살리신 이**의 영이 너희 안에 거하시면 **그리스도 예수를 죽은 자 가운데서 살리신 이**가 그의 **영**으로 말미암아 너희 죽을 몸도 살리시리라……무릇 **하나님의 영**으로 인도함을 받는 사람은 곧 **하나님**의 아들이라. 너희는…양자의 영을 받았으므로 우리가 **아빠 아버지**라고 부르짖느니라. **성령**이

---

14) "주"도 예수를 지칭하는 말로 계산했다.

친히 우리의 영과 더불어 우리가 **하나님**의 자녀인 것을 증언하시나니(롬 8:9-16)

이와 비슷하게(비록 더 간결하긴 하지만), 바울은 로마의 신자들에게 그들의 삶이 하나님(아버지), 그리스도, 성령과 연결된 삶이라는 것을 일러준다.

하나님의 나라는 먹는 것과 마시는 것이 아니요 오직 **성령** 안에 있는 의와 평강과 희락이라. 이로써 **그리스도**를 섬기는 자는 하나님을 기쁘시게 하며 사람에게도 칭찬을 받느니라(롬 14:17-18)

이 본문에서 바울이 "성령 안에 있는" 삶을 그리스도를 섬기고 하나님을 기쁘시게 하는 것과 같이 여긴다는 점은 특히 중요한 의미가 있다. 이 본문은 그리스도와 성령을 표현할 때 중첩된 용어를 사용하는 로마서 8장 및 다른 본문들과 일치한다. 그리스도와 성령은 모두 신자들 안에 사시고 신자들 역시 이 둘 안에 산다.[15] 고린도후서의 다음 본문도 이 점을 재확인하면서, 성령 체험을 강조한다.

우리를 너희와 함께 **그리스도** 안에서 굳건하게 하시고 우리에게 기름을 부으신 이는 **하나님**이시니 그가 또한 우리에게 인치시고 보증으로 우리 마음에 **성령**을 주셨느니라(고후 1:21-22)

이와 비슷하게, 바울은 데살로니가 사람들의 영적 삶을 하나님과 주 그리고 성령과 더불어 **기도하는** 관계로 묘사한다.

항상 기뻐하라. 쉬지 말고 기도하라. 범사에 감사하라. 이것이 **그리스도 예수** 안에서 너희를 향하신 **하나님**의 뜻이니라. **성령**을 소멸하지 말라(살전 5:16-19)[16]

---

15) 바울의 그리스도 체험을 다룬 2장을 보라.
16) 살후 2:13, "주께서 사랑하시는 형제들아 우리가 항상 너희에 관하여 마땅히 하나님께 감사할 것은 하나님이 처음부터 너희를 택하사 성령의 거룩하게 하심과 진리를 믿음으로 구원을 받게 하심이니"와 비교해보라.

기도는 하나님을 체험할 수 있는 근본적 방편이자 한 사람의 하나님 이해를 드러내는 표현으로 널리 이해되고 있다. 고대 기독교회는 **렉스 오란디, 렉스 크레덴디**(*lex orandi, lex credendi*)라는 말을 만들어냈다. 이 말을 대강 번역해보면, "신앙 규칙은 기도 규칙이다", 또는 "기도는 기도하는 사람의 진짜 신학을 드러낸다"라는 말이 된다. 이 말이 참이라면, 고린도후서 말미에 있는 바울의 축도는 중요한 의미가 있다.

> **주 예수 그리스도**의 은혜와 **하나님**의 사랑과 **성령**의 교통하심이 너희 무리와 함께 있을지어다(13:13)

바울이 로마 교회 공동체에 요구하는 내용을 담고 있는 로마서 15:30 역시 중요하다.

> 형제들아 내가 우리 **주 예수 그리스도**와 **성령**의 사랑으로 말미암아 너희를 권하노니 너희 기도에 나와 힘을 같이 하여 나를 위하여 **하나님**께 빌라

게다가 바울은 신자들의 **성생활**이라는 민감한 문제를 신자들이 하나님과 나누는 사귐의 한 측면으로 보고 이 문제를 삼위일체 용어를 사용하여 다루고 있다. 그는 고린도전서 6장에서 신자들이 그리스도와 연합하는 것(15-17절)과 성령의 전(殿)이라는 것(19절)과 자기의 몸으로 하나님께 영광을 돌려야 한다는 것(20절)을 이야기한다.

이 본문들은 바울의 영적 삶 속에서 "성령"과 "예수 그리스도"와 "하나님"이 일반적 차원은 물론이요 구체적 차원에서도 서로 연관된 역할을 하고 계심을 시사한다. 이렇게 하나님을 셋이시나 한 분이신 하나님으로 체험하는 것은 믿음과 세례라는 반응 속에서 시작된다. 이 반응 속에서 사람은 한편으로 그리스도의 십자가에 참여하기 시작하고, 동시에 다른 한편으로는 하나님과 주 예수와 성령의 영역과 생명 "안으로" 들어간다. 분명 이것은 체험할 수 있는 동일한 실체를 서로 다른 시각에서 바라본 것이다.

이미 앞장들에서 보았고 앞으로도 보게 되겠지만, 십자가 자체는 물론이

요 이 십자가에 참여하는 것도 아버지와 아들 그리고 성령의 활동과 연관되어 있다. 바울이 볼 때, 세례 받은 사람이 된다는 것, 그리고 하나님이 보내신 메시아 예수에게 초점을 맞추고 살아가는, 기도하는 공동체의 구성원이 된다는 것은 하나님을 공동체로, 사랑과 은혜의 3인1조(a triad), 곧 셋이 곧 하나인 통일체(a tri-unity)로 체험하는 것이다. 바울 및 그와 함께 한 회개자들은 하나님을 삼위일체로 친밀하게 체험했다.

사역 속에 나타난 삼위일체

뿐만 아니라 바울에게 삼위일체는 그 본질상 사역(ministry) 체험이요 사역 영성이다. 그는 이렇게 말한다.

> 이 은혜는 곧 나로 이방인을 위하여 **그리스도 예수**의 일꾼이 되어 **하나님**의 복음의 제사장 직분을 하게 하사 이방인을 제물로 드리는 것이 **성령** 안에서 거룩하게 되어 받으실 만하게 하려 하심이라(롬 15:16)

이 구절과 같은 문맥에서 바울은 자신의 사역을 "**하나님**께서 내게 주신 은혜"(15절), "**그리스도**께서 나를 통하여 역사하신 것"(18절), 그리고 "**성령의 능력**"(19절)이라고 말한다. 바울은 자신의 사역이 남긴 결과들인 그가 세운 공동체들을 역시 위 구절과 비슷한 삼위일체 관점에서 이해한다.

> 너희는 우리로 말미암아 나타난 **그리스도**의 편지니 이는 먹으로 쓴 것이 아니요 오직 살아계신 **하나님의 영**으로 쓴 것이며(고후 3:3)

성령의 은사를 받는 근본적 체험이나 전 공동체를 섬기는 사역은 모두 똑같은 삼위일체 하나님이 하시는 일이다.

> 은사는 여러 가지나 **성령**은 같고 직분은 여러 가지나 **주**는 같으며 또 사역은 여러 가지나 모든 것을 모든 사람 가운데서 이루시는 **하나님**은 같으니(고전 12:4-6)

리처드 헤이스(Richard Hays)가 언급하듯이, 이 본문은 바울이 삼위일체라는 "분명한 교리"를 갖고 있지는 않았지만 "그가 하나님을 삼위일체로서 **체험했다**"는 것을 잘 보여주는 예다.[17]

우리가 지금까지 이 장에서 다룬 본문들은 모두 바울의 영적 체험과 사역 체험이 가진 삼위일체 성격 내지 삼위일체 구조를 시사한다. 물론 바울은 신자의 체험을 늘 "삼위일체" 체험으로 묘사하지 않고, 때로는 "이위일체(binitarian)" 체험으로 묘사한다. 예를 들어, 그는 종종 은혜와 평강이 "하나님 아버지와 주 예수 그리스도"(살전 1:1)로부터 나온다고 말한다.[18]

그런가하면, 그는 오로지 "우리 주 예수 그리스도의 은혜"만을 이야기하기도 한다(갈 6:18). 하지만 이 본문이 하나님 아버지가 은혜의 근원임을 부인하지 않듯이, 하나님 아버지와 주 예수께 은혜를 간구하는 이위일체적 기도도 은혜를 부어주시는 그 일이 성령이 하나님 아버지 및 주 예수와 함께 하시는 역할이라는 점을 부인하지 않는다. 우리가 앞장에서 보았지만, 실제로 바울은 성령을 가리켜 그리스도의 영 및 하나님의 영이라고 서슴없이 이야기한다. 이는 바울이 성령을 하나님 아버지 및 주 예수와 얼마나 긴밀하게 결합시키고 있는지, 이 셋 그리고 이 셋이 지금 하시는 활동들을 무엇은 누구의 활동, 무엇은 누구의 활동 식으로 구별한다는 것이 바울에게는 얼마나 어려운 일인지 아주 잘 보여주고 있다.

여기서 우리는 바울이 아버지와 아들 그리고 성령을 삼위일체로 **체험한 것**과 그 체험의 **기초**는 중요하게 구별해야 한다. 바울이 볼 때, 모든 체험의 기초는 하나님의 계시, 그 중에서도 특히 그리스도의 십자가에서 나타나고 부

---

17) Richard B. Hays, *First Corinthians*, Interpretation (Louisville: Westminster/John Knox, 1997), 210.(『고린도전서』, 한국장로교출판사 역간)
18) 인사말 또는 인사말과 가까운 곳에 자리한 본문인 롬 1:7하, 고전 1:3, 갈 1:3, 빌 1:2와 비교해보라. 뿐만 아니라, 고전 8:6과 같은 곳에도 "이위일체를 말하는" 본문들이 있다. 고전 8:6에서 바울은 유대인의 쉐마(shema, 신 6:4)와 이 구절이 강조하는 한 분 "주 하나님"을 이위일체, 곧 주(예수 그리스도)와 하나님(아버지)이 한 분 하나님이심을 말하는 것으로 해석하는 것 같다.

활로써 확증된 하나님의 계시다. 이 기초 역시 그 성격은 삼위일체성을 띤다.

삼위일체와 십자가

바울은 아버지와 아들 그리고 성령이 구원사에서, 그리고 바울 자신의 영적 체험에서 하시는 역할이 서로 연관되어 있다고 이해한다. 이런 이해를 더 깊이 있게 보여주는 예가 갈라디아서에 있는 한 중요한 본문이다.

> 때가 차매 **하나님**이 그 **아들**을 보내사 여자에게서 나게 하시고 율법 아래에 나게 하신 것은 율법 아래에 있는 자들을 속량하시고 우리로 아들의 명분을 얻게 하려 하심이라. 너희가 아들이므로 **하나님**이 **그 아들의 영**을 우리 마음 가운데 보내사 **아빠 아버지**라 부르게 하셨느니라(갈 4:4-6).

이 본문에서 바울은 두 번이나 하나님이 "보내셨다"라고 말한다. 먼저, 하나님은 때가 차매 우리를 속량하시고 양자로 받아들이실 목적으로 당신 아들을 보내셨다(4:4-5). 그런 다음, 하나님은 이 입양이 완료되었음을 체험을 통해 알 수 있도록 "그 아들의 영을 우리 마음 가운데" 보내셨다. 그 영은 아버지를 향하여 "아빠 아버지"라 부르게 하는 영이다(4:6). 이 본문은 아들과 성령의 연속성을 강조한다. 성령은 그 아들의 영이다. 때문에 성령도, 그 아들**처럼**, 새로 양자가 된 자녀들을 **대신하여** "아빠!"라 부르며 기도하신다. 성령은 그 아들이 이루신 일들, 다시 말해 하나님의 아버지의 양자가 되었다는 현실을 체험케 하신다("우리 마음 가운데 보내사 부르게 하셨다").

이 본문은 바울이 하나님을 **아버지**로 체험한 사건이 동시에 하나님 **아들**의 **영**을 체험한 것이기도 하다는 점을 우리가 위에서 보았던 것보다 훨씬 더 완전하게 밝히고 있다. 그 이유는 성령이 하시는 "일"이 그리스도가 십자가에서 하신 "일", 다시 말해, 하나님 아버지가 하신 "일"이기도 한 그 일을 현실에서 이루시고 그 효과를 발생케 하시는 것이기 때문이다. 이는 곧, (우리가 계시 사건이자 개인이 체험한 현실로 이해하는) 십자가가 아버지와 아들 그리고 성령이 연합하여 행하신 활동이라는 것을 의미한다.

어쩌면 바울의 하나님 체험이 지닌 삼위일체성을 극명하게 계시한 본문은 로마서 5장이 아닐까 싶다. 로마서 5:1-11은 "우리 주 예수 그리스도로 말미암아" 하나님과 더불어 화평과 화목을 누리자는 "이위일체적" 말로 시작하여 이 말로 끝난다(1,11절). 그러나 바울은 이 본문 가운데 부분에서 하나님 사랑을 체험한 것을 아울러 언급하면서, "우리에게 주신 성령으로 말미암아 하나님의 사랑이 우리 마음에 부어졌다"(5절; 참고, 15:30)고 말한다. 하지만 이런 하나님 사랑을 확증하고 예증(例證)한 사건은 그리스도의 죽음이다.

> 우리가 아직 죄인 되었을 때에 그리스도께서 우리를 위하여 죽으심으로 하나님께서 우리에 대한 자기의 사랑을 확증하셨느니라(8절)

따라서 바울은 그리스도가 단번에 행하신 일로 말미암아 역사 속에서 계시된 하나님 사랑을 성령의 계속된 활동으로 말미암아 사람들이 그 삶 속에서 체험하고 있다고 본다. 폴 마이어(Paul Meyer)가 말하듯이, 신자들이 "성령을 체험한 것과 하나님 아들의 죽음이 예증하는 하나님 사랑을 체험한 것은 동일한 실체의 양면으로, 여기서 이 두 면은 서로 구별할 수 없다."[19] **이처럼 십자가에서 나타난 사랑 속에 존재하는 아버지, 아들, 성령의 상호연관성은 바울이 성령을 하나님의 영이자 그리스도의 영으로 이야기하는 기초가 되고 있다.**

로마서 5:1-11은 바울의 영성을 이해하는 데 아주 중요하다. 그 이유는 이 본문이 하나님과 그리스도 그리고 성령이 삼위일체로서 보여주신 사랑에 초점을 맞추고 있기 때문이요, 그리스도의 죽음을 이런 하나님 사랑의 구체적

---

19) Paul W. Meyer, "The Holy Spirit in the Pauline Letters," *Interpretation* 33 (1979): 6. 루크 티모시 존슨(Luke Timothy Johnson, *Reading Romans: A Literary and Theological Commentary* [New York: Crossroad, 1997], 82)은 바울이 사랑을 하나님과 그리스도 그리고 성령의 행위로 규정한 것이 후대 삼위일체 교리에 끼친 영향을 언급한다.

표현(8절)이자 공동체가 겪은 은혜(2절)와 화평(1절) 체험의 근원으로 이야기하기 때문이다.

그 결과, 이런 문제가 등장한다. 바울이 이 본문 이외에 다른 본문들에서 말하는 은혜와 화평은 사람들이 그리스도의 죽음에서 계시된 하나님의 값없는 사랑을 받을 때 체험하는 은혜와 화평을 말하는 게 아니라고 생각해야 하는가? 그 답은 물론 "아니"다. 바울이 볼 때, "은혜와 화평"은 그리스도의 죽음 속에서 이루어진 하나님의 행위가 끼친 은덕들로서 성령이 전해 주신 것이기 때문이다.

결론: 십자가 체험, 사랑 체험, 그리고 삼위일체 체험

요컨대 십자가는 바울의 삼위일체 영성의 근원이요 초점이다. 십자가 안에서 하나님의 사랑과 은혜와 화평을 체험할 수 있는 가능성이 현실로 바뀌기 때문이다. 바울에 따르면, 우리는 십자가에서 하나님이 우리를 위하신다는 것을 배운다. 우리를 위한 그리스도의 죽음은 우리가 생각조차 할 수 없는 방법으로 하나님의 사랑을 **증명하고 정의해준** 사건이다. 이 하나님의 사랑은 사랑 안에서 (예수 그리스도를 이 땅에) 보내신 아버지의 사랑이요, 사랑 안에서 죽으신 아들의 사랑이며, 당신이 들어가 사시는 사람들의 마음 속에서 사랑이라는 열매를 만들어내시는 성령의 사랑이다.

물론 십자가가 결국 이런 의미를 갖는 이유는 오로지 하나님이 십자가에 못 박히신 예수를 다시 살리셨기 때문이요, 그로 말미암아 이 예수가 살아계신 주님으로서 당신의 영을 인간의 마음과 공동체 안에 보내실 수 있게 되었기 때문이다. 바울은 로마서 5장과 갈라디아서 4장에서 이 점을 가정하고 있으며, 위에서 인용했던 로마서 8장의 한 본문에서는 이 점을 말하고 있다.

예수를 죽은 자 가운데서 살리신 이의 영이 너희 안에 거하시면 그리스도 예수를 죽은 자 가운데서 살리신 이가 그의 영으로 말미암아 너희 죽을 몸도 살리시리라(롬 8:11)

바울은 로마서 8장 서두와 결론부에서 하나님이 그 아들을 보내 십자가에서 죽게 하심은 하나님의 사랑이 담긴 관심을 잘 보여준 예라고 주장한다(롬 8:3,32,39). 하지만 바울은 십자가와 부활을 분리할 수도 없고 분리하지도 않는다. 부활이 없으면, (롬 8:38-39와 반대로) 죽음은 우리를 하나님의 사랑으로부터 **갈라놓을 수 있고**, 그리스도의 영이 우리 안에 거하시는 것도 아무런 의미가 없다.

따라서 그리스도의 죽음, 그리스도의 부활, 그리스도/하나님의 영의 임재는 서로 별개이면서도 하나인 사건이다. 이들은 한 이야기를 구성하는 독특한 부분들이요, 하나님의 드라마를 구성하는 하나하나의 막(幕)이다. 이 드라마에는 세 주인공이 있다. 그러나 "관객"인 인간, 특히 신자들의 공동체가 이 드라마를 체험할 때는 하나님의 사랑을 주제로 끊임없이 이어지는 단막극으로서 체험한다. 이 단막극에는 하나님이라는 한 주인공이 있는데, 이 주인공은 셋으로 구분되나 나눌 수는 없는 주인공들로 알려져 있다. 십자가는 그리스도 안에서 나타난 하나님의 사랑으로서, 성령의 임재를 통해 체험하고 부활이 보증하는 것이다. 이 십자가에서 하나님의 드라마는 그 절정에 이른다. 바울이 체험하고 이야기하는 삼위일체는 구원이라는 하나님의 드라마를 여는 신비스러운 열쇠다.

이것은 아버지와 아들과 성령이 한 "본질(essence)"이요 그 "존재(being)"가 하나라는 것을 시사하는가?[f] 어쩌면 이런 언어를 사용하는 것은, 수수께끼 같은 바울의 말을 빌려 표현한다면, "기록된 말씀 밖으로 넘어" 가는 것일지도 모른다(고전 4:6).[20] 그렇지만 바울에겐, 뿐만 아니라 우리에게도 십자가와 관

---

20) 아울러 Fee, *God's Empowering Presence*, 827, 839를 보라. 앞에서도 지적했듯이, 후대 신학 전통이 사용한 용어로 표현한다면, 바울은 "내재적"(또는 존재론적) 삼위일체보다 "경륜적"(또는 체험된) 삼위일체를 주로 묘사한다. 이와 비슷한 견해로서 제임스 던(*The Theology of Paul the Apostle* [Grand Rapids: Eerdmans, 1998], 264)도 이런 결론을 내린다. "초기 그리스도인들의 체험은 하나님이 삼위일체시라는 개념의 발전에 중요한 역할을 했을 수도 있다(may have played a

련하여 아버지, 아들, 성령을 늘 한 하나님으로서 통일된 존재로 보는 것이 절대 중요하다. 그렇지 않으면 십자가는 죄가 없으나 수동적인 "아들"에게 하나님이 분노를 쏟아내는 장소에 그치고 말며, 아버지의 "영"과 아들의 "영"은 결코 한/같은 영일 수가 없다. 오히려 바울은 십자가를 하나님의 사랑과 그 아들의 사랑을 증명하는 예로 본다. 이 하나님의 사랑과 아들의 사랑은 한 영이신 아버지의 영과 아들의 영의 활동으로 말미암아 현실이 된다.

이제 그리스도가 십자가에 죽임 당하신 사건을 바울이 어떻게 이해하고 있는지 더 자세하게 살펴보도록 하자.

---

significant part in)." 왜냐하면 "바울이 섬겼던 교회 신자들은 예배를 이중 관계(아버지이신 하나님과 그들의 관계 및 주님이신 예수와 그들의 관계)로서 체험했으며, 성령이 이런 체험을 하게 하시는 것으로 생각했기 때문이다." 던은 가정법을 쓰고 있지만(may have played), 내가 볼 때 이 가정법은 필요하지 않다. 그러나 그가 예배를 강조하는 것은 옳다. 하지만 그는 이 상호관계 체험에서 십자가가 중심이라는 점에 주목하지 않는다.

"너희 안에 이 마음을 품으라 곧 그리스도 예수의 마음이니"

빌립보서 2장 5절

5장

십자가에 관한 말씀

십자가에 관한 내러티브, 십자가를 본받는 삶의 패턴들

우리는 앞 네 장에서 그리스도의 십자가가 어떻게 바울의 하나님 아버지 체험, 그리스도 체험, 그리고 성령 체험의 중심에 자리하게 되었는지 살펴보았다. 바울의 이 체험은 말하자면 삼위 하나님을 "한 분씩 따로" 체험한 것이요(바울과 각 "위격"의 관계), 삼위일체 하나님으로서 "모두 함께" 체험한 것이었다(바울과 통일체를 이루고 계신 세 "위격"의 관계). 하지만 우리는 바울이 이해했던 십자가의 광대한 의미를 체계 있게 살펴보지 않았다. 그리스도가 십자가에서 당하신 죽음은 하나님의 행위이자 그리스도 자신의 행위였다. 우리는 이번 장에서 바울이 그리스도의 죽음을 무엇이라고 말하는지 살펴보되, 그가 이 죽음을 어떻게 이야기함으로써 이 죽음에 중요한 의미를 부여하고 있는가에 초점을 맞춰보도록 하겠다.

제임스 던이 언급하듯이, 바울의 십자가 신학은 "다소 수수께끼 같은 구석이 있다."[1]

---

1) James D. G. Dunn, *The Theology of Paul the Apostle* (Grand Rapids: Eerdmans, 1998), 211.

바울은 십자가에 못 박히신 그리스도를 다룬 자기 신학을 어떤 식으로든 상세하게 설명할 필요를 느끼지 않았다. 그가 언급한 것들은 모두 신경이나 설교 형식이거나 간략한 암시들이다……바울이 이리 한 것은 십자가에 못 박히신 그리스도가 바울과 그의 독자들 사이에서 명확하지 않은 문제이거나 논쟁거리가 아니었기 때문이다. 그런 공식 형태나 암시만으로도 그들이 공유하는 믿음의 중심 주제인 그리스도의 십자가를 되새겨주는 데 충분했다.[2]

우리는 이번 장에서 바울이 이 "신경 또는 설교 형식들"과 "간략한 암시들" 속에서 그리스도의 죽음에 관한 이야기를 사람들이 인식할 수 있는 몇 가지 내러티브 패턴을 사용하여 말하고 있다는 점을 발견하게 될 것이다. 이 패턴들은 거의 모두 영성 패턴들, 십자가를 본받는 실존 패턴들과 일치한다. 이는 곧, 바울이 십자가에 못 박히신 그리스도에 관한 자신의 신학을 "설명하는" 주요 방법으로서 그리스도의 죽음과 신자들의 공동체 사이에 존재하는 일치점을 제시하는 방법을 사용했다는 것을 의미한다.[3] 결국 바울은 십자가 **영성**에 초점을 맞추고 있다. 그리스도의 죽음과 신자들의 공동체 사이에 존재하는 일치 패턴들은 전승을 체계 있게 서술한 부분들에서는 거의 나타나지 않는다. 오히려 이런 일치 패턴들은 바울의 체험과 성찰의 산물이다.[4] 이 책은

---

2) Dunn, *Theology*, 212. 더 상세한 내용은 바울이 그리스도의 죽음을 아담에 비추어 해석한 내용(가령, 롬 5:12-21)에서 찾을 수 있을 것으로 보인다. 바울의 이런 해석은 던의 바울 해석에서 중심 테마이기도 하다.
3) 위르겐 베커(*Paul: Apostle to the Gentiles*, trans. O. C. Dean, Jr. [Louisville: Westminster/John Knox, 1993], 401)는 바울이 여기저기 구절들에서 예수의 죽음에 관해 "간결하게 천명해놓은 전승들"은 예수의 죽음을 폭넓게 설명하는 내용으로 이어지지 않는 것이 보통이지만, 바울이 "변화를 일으키는 복음의 능력 아래에서" 살아가는 삶을 이야기할 때에는 몇 구절을 할애하는 데 그치지 않고 아예 몇 장을 할애하여 이야기하고 있음을 언급하는데, 적절한 언급이다.
4) 이를 Raymond Pickett, *The Cross in Corinth: The Social Significance of the Death of Jesus*, JSNTSup 143 (Sheffield: Sheffield Academic Press, 1997), 129에서 말하는 다음 내용과 비교해보라. "바울은 뜻밖의 문맥에서 그리스도의 죽음이 나타내는 상징을 적용한다. 이런 적용은 그 상징이 주어진 문맥과 분리되었을 때 갖지 못했던 새로운 의미 차이를 만들어냈다. 바울은 예수의 죽음에 관한 해석을 초대교회로부터 물려받았다. 이 해석은 바울이 그리스도의 죽음이 공동체에게 어떤 의미가 있는가를 자세히 설명할 때마다 늘 확장되어가고 있었다." 이와 비슷하게, 에른스트 케제만("The Saving Significance of the Death of Jesus in Paul," in *Perspectives on Paul*, trans. Margaret Kohl [Philadelphia: Fortress, 1971; reprint, Mifflintown, PA: Sigler, 1996], 59)도 "그런 점에서, 바울 신학은 구원에서 십자가가 갖는 의미를 이끌어내려는 새로운 시도들을 포함하고 있다"라는 결론을 내리고 있는데, 이는 곧 십자가가 그리스도인들의 삶에서 차지하는 의미를 염두에 둔 결

나머지 부분 중 대부분을 십자가를 본받는 삶의 다양한 패턴들에 초점을 맞출 것이다.

살펴봐야 할 본문의 범위

일부 바울 해석자들은(이를테면, 크리스티안 베커)[5] 바울 서신에서 십자가를 언급하지 않고 그리스도의 죽음을 이야기하는 본문들과 십자가를 분명하게 이야기하는 본문들을 구별했다. 실제로 바울이 그리스도의 죽음을 언급하는 부분들은 대다수가 십자가 자체를 말하지 않는다. 놀랍게도 바울은 "십자가에 못 박다(crucify)"라는 동사를 그리스도에 사용할 때와 거의 같은 횟수만큼 자신에게 사용하고 있다. 여기에는 자신이 그리스도와 "함께 십자가에 못 박혔다"고 말하는 부분도 포함되어 있다.[6] "십자가"와 "십자가에 못 박다"라는 말들의 특별한 역할도 중요하지만 바울이 그리스도의 죽음을 생각하고 이야기할 때는 늘 그 죽음의 방식인 십자가형을 염두에 두고 있다는 점[7]을 인식하

론이다. 폴 마이어(Paul W. Meyer, "The Holy Spirit in the Pauline Letters," *Interpretation* 33 [1979]: 5)는 바울 서신에서 "반복하여 나타나는 패턴들"을 인식하는데 중요한 한 가지 원리를 이렇게 천명한다. "우리는 모든 본문이 그가 속한 문맥 속에서 갖고 있는 '완전성'을 존중해야 한다. 그러나 '서로 다른 문맥들에서 구절들을 끄집어내 한데 묶는 일을 주저해서는 안 된다. 이렇게 묶은 구절들이 바울의 이해가 지닌 특징들을 제시해주기 때문이다. 이 특징들은 바울이 한 문맥에서 다른 문맥으로 옮겨갈 때에도 바울의 고유한 면모를 그대로 유지하며, 해당 구절들이 들어 있었던 각 직접 문맥을 초월한다.'"

5) J. Christiaan Beker, *Paul the Apostle* (Philadelphia: Fortress, 1980), 198.
6) "십자가를 못 박다"를 그리스도에게 사용한 경우는 다음과 같다. 고전 1:23, 2:2,8, 고후 13:4, 갈 3:1. "십자가를 못 박다"를 바울(또는 바울을 포함한 신자들)에게 사용한 경우는 다음과 같다. 고전 1:13(바울이 너희를 위하여 십자가에 못 박혔느냐); 갈 5:24(그리스도께 속한 사람들은 그 육체를 십자가에 못 박았다), 6:14(세상이 바울을 대하여 십자가에 못 박히고 바울이 또한 세상을 대하여 십자가에 못 박혔다). "함께 십자가에 못 박다"를 사용한 경우는 다음과 같다. 롬 6:6(신자들의 옛 자아가 그리스도와 함께 십자가에 못 박혔다); 갈 2:20(바울이 그리스도와 함께 십자가에 못 박혔다). 실제로, 로마서에서 십자가에 못 박히신 그리스도를 분명하게 언급하는 구절은 오직 롬 6:6뿐이다. 그것도 신자들이 그리스도와 함께 십자가에 못 박혔다고 표현되어 있다("우리의 옛 사람이 예수와 함께 십자가에 못 박힌 것은").
7) 이 점을 생각하면, "죽기까지 복종하셨으니 곧 십자가에 죽으심이라"(빌 2:8)라는 말이 이해가

는 것이 훨씬 더 중요하다. 따라서 이번 장에서는 그리스도의 죽음을 언급하는 모든 부분을 그가 십자가에서 죽으셨음을 언급하는 부분으로 여기도록 하겠다.[8]

위에서 언급했듯이, 대다수 학자들은 우리가 살펴볼 많은 본문들을 "전승을 기록한" 본문들이라고 믿는다. 다시 말해, 짧은 신앙고백, 복음 요약, 그리고 찬송이라는 형태로 나타난 초기 기독교의 신학적 어록(theological wordbook)에 실린 항목들이라는 것이다. 하지만 그 본문들이 어디에서 유래하였든, 바울 서신에 실린 본문은 이제 바울 것이다. 바울은 이제 그 본문들을 소유하게 되었고, 종종 자기 나름대로 해석하여 제시하기도 한다. 특히 신자들의 실존에서 그 본문들이 갖는 의미를 이야기할 경우에는 더욱 그러하다.[9]

우리는 우선 그리스도의 죽음을 분명하게 또는 은연중에 언급하는 본문들을 정경이 나열하는 순서대로 살펴볼 것이다. 이 본문들에서는 그리스도가 문장의 주어이고, 본문의 언어 속에서 그리스도가 "행위자(actor)" 역할을 다하고 있으며, 그 내러티브 속에서 주인공 역할을 하고 있다. 그 다음에는 그리스도의 죽음을 분명하게 또는 은연중에 언급하는 본문들로서 하나님이 주어와 행위자와 주인공으로 등장하는 본문들을 살펴보겠다. 마지막으로, 우리는 하나님과 그리스도가 주어와 행위자와 주인공으로 거명되는 본문들을 살펴보겠다(앞의 두 경우보다는 그 수가 적다). 이번 장은 상당 부분을 이 본문들을 간략히 분석하고 종합한 뒤 그 안에 존재하는 패턴들을 제시하는 데 할애하려고 한다. 아울러 이번 장은 십자가를 본받는 삶의 패턴들을 제시하는 말로 맺으려 한다. 이런 삶의 패턴들은, 이 본문들이 이야기하는 대로, 십자가에 못박히신 그리스도를 따라가는 것이다.

될 것이다. 대다수 학자들은 바울이 이 빌 2:8의 이 말을 이미 존재하고 있었고, 자신이 빌 2:6-11에서 인용한 초기 그리스도인들의 찬송에 추가했다고 믿는다.

8) 이 문제에 관하여, 찰스 쿠서 (Charles B. Cousar, *A Theology of the Cross: The Death of Jesus in the Pauline Letters*, OBT [Minneapolis: Fortress, 1990], 24)는 이렇게 지혜로운 말을 남기고 있다. "십자가형과 관련한 언어를 사용한 말들이 특별한 힘을 갖고 있음을 인정할 수 있지만, 그렇더라도 이 말들은 예수의 죽음을 이야기한 다른 말들과 함께 나란히 묶어 살펴봐야지, 예수의 죽음을 이야기한 말들이나 예수의 죽음을 다룬 문맥들과 따로 떼어 살펴서는 안 된다."

9) 가령, 던(Dunn, *Theology*, 21, n.19)조차도, 바울이 실제로 십자가 신학을 전개하지는 않지만, "바울이 고린도후서에서 이야기하는 고난의 신학(특히 바울 자신이 사도로서 겪는 고난)은 실상 십자가 신학의 확장"이라는 점을 인정한다.

그리스도가 주어/행위자/주인공인 내러티브 본문들[1]

로마서 3:21-22	이제는 율법 외에 하나님의 한 의가 나타났으니… 곧 예수 그리스도의 믿음(개역개정판은 예수 그리스도를 믿음)10)으로 말미암아 모든 믿는 자에게 미치는 하나님의 의니 차별이 없느니라
로마서 3:26	(하나님이) 예수의 믿음을 가진 자를(개역개정판은 예수 믿는 자를) 의롭다 하려 하심이라
로마서 5:15	더욱 하나님의 은혜와 예수 그리스도의 은혜로 말미암은 선물은 많은 사람에게 넘쳤느니라
로마서 5:18-19	그런즉 한 범죄로 많은 사람이 정죄에 이른 것 같이 한 의로운 행위로 말미암아 많은 사람이 의롭다 하심을 받아 생명에 이르렀나니 한 사람이 순종하지 아니함으로 많은 사람이 죄인 된 것 같이 한 사람이 순종하심으로 많은 사람이 의인이 되리라
로마서 6:6,8	우리가 알거니와 우리의 옛 사람이 예수와 함께 십자가에 못 박힌 것은 죄의 몸이 죽어 다시는 우리가 죄에게 종노릇 하지 아니하려 함이니…만일 우리가 그리스도와 함께 죽었으면 또한 그와 함께 살 줄을 믿노니
로마서 6:10	그가 죽으심은 죄에 대하여 단번에 죽으심이

---

10) 우리가 아래에서 제안하고 다음 장에서 논증하겠지만, 우리는 이 부분과 평행 본문들의 번역으로 "그리스도를 믿음"보다 "그리스도의 믿음(신실하심)"을 더 좋아한다.

	요 그가 살아 계심은 하나님께 대하여 살아 계심이니
로마서 8:17	우리가 그와 함께 영광을 받기 위하여 고난도 함께 받아야 할 것이니라
로마서 14:9	이를 위하여 그리스도께서 죽었다가 다시 살아나셨으니 곧 죽은 자와 산 자의 주가 되려 하심이라
로마서 15:3	그리스도께서도 자기를 기쁘게 하지 아니하셨나니 기록된 바 주를 비방하는 자들의 비방이 내게 미쳤다 함과 같으니라
고린도전서 1:13	바울이 너희를 위하여 십자가에 못 박혔느냐[11]
고린도전서 8:11	그는 그리스도께서 위하여 죽으신 형제라
고린도후서 1:5	그리스도의 고난이 우리에게 넘친 것 같이 우리가 받는 위로도 그리스도로 말미암아 넘치는도다
고린도후서 4:10	우리가 항상 예수의 죽음을 몸에 짊어짐은
고린도후서 5:14-15	그리스도의 사랑이 우리를 강권하시는도다. 우리가 생각하건대 한 사람이 모든 사람을 대신하여 죽었은즉 모든 사람이 죽은 것이라. 그

---

11) 이 말은 곧 "바울이 너희를 위하여 십자가에 못 박힌 것이 아니지 않느냐? 안 그러냐? 너희를 위하여 십자가에 못 박히신 분은 그리스도시니라"라는 말이다.

	가 모든 사람을 대신하여 죽으심은 살아 있는 자들로 하여금 다시는 그들 자신을 위하여 살지 않고 오직 그들을 대신하여 죽었다가 다시 살아나신 이를 위하여 살게 하려 함이라
고린도후서 8:9	우리 주 예수 그리스도의 은혜(charis)를 너희가 알거니와 부요하신 이로서 너희를 위하여 가난하게 되심은 그의 가난함으로 말미암아 너희를 부요하게 하려 하심이라
고린도후서 13:4	그리스도께서 약하심으로 십자가에 못 박히셨으나 하나님의 능력으로 살아 계시니
갈라디아서 1:4	그리스도께서 하나님 곧 우리 아버지의 뜻을 따라 이 악한 세대에서 우리를 건지시려고 우리 죄를 대속하기 위하여 자기 몸을 주셨으니
갈라디아서 2:16	사람이 의롭게 되는 것은 율법의 행위로 말미암음이 아니요 오직 예수 그리스도를 믿음으로 말미암는 줄 알므로 우리도 그리스도 예수를 믿나니 이는 우리가 율법의 행위로써가 아니고 그리스도를 믿음으로써 의롭다 함을 얻으려 함이라
갈라디아서 2:20-21	내가 그리스도와 함께 십자가에 못 박혔나니 그런즉 이제는 내가 사는 것이 아니요 오직 내 안에 그리스도께서 사시는 것이라. 이제 내가 육체 가운데 사는 것은 나를 사랑하사 나를 위하여 자기 자신을 버리신 하나님의 아들을 믿

	는 믿음 안에서 사는 것이라
갈라디아서 3:22	그러나 성경이 모든 것을 죄 아래에 가두었나니 이는 예수 그리스도를 믿음으로 말미암는 약속을 믿는 자들에게 주려 함이라
빌립보서 2:6-8	그(그리스도 예수)는 근본 하나님의 본체시나 하나님과 동등됨을 취할 것으로 여기지 아니하시고 오히려 자기를 비워 종의 형체를 가지사 사람들과 같이 되셨고 사람의 모양으로 나타나사 자기를 낮추시고 죽기까지 복종하셨으니 곧 십자가에 죽으심이라[12]
빌립보서 3:9-11	내가 가진 의는 율법에서 난 것이 아니요 오직 그리스도의 믿음(개역개정판은 그리스도를 믿음)으로 말미암은 것이니…내가 그리스도와 그 부활의 권능과 그 고난에 참여함(koinōnia)을 알고자 하여 그의 죽으심을 본받아 어떻게 해서든지 죽은 자 가운데서 부활에 이르려 하노니.
데살로니가전서 1:6	또 너희는 많은 환난 가운데서 성령의 기쁨으로 말씀을 받아 우리와 주를 본받은 자가 되었으니
데살로니가전서 5:9-10	우리 주 예수 그리스도로…예수께서 우리를 위하여 죽으사 우리로 하여금 깨어 있든지 자든지 자기와 함께 살게 하려 하셨느니라

---

12) 빌 2:9에 대해서는 아래 '하나님이 주어/행위자/주인공인 내러티브 본문들' 항목을 보라.

하나님이 주어/행위자/주인공인 내러티브 본문들[13]

로마서 1:4	(예수 그리스도, 하나님의 아들은) 성결의 영으로는 죽은 자들 가운데서 부활하사 능력으로 하나님의 아들로 선포되셨으니 곧 우리 주 예수 그리스도시니라
로마서 3:24-26	그리스도 예수 안에 있는 속량으로 말미암아 하나님의 은혜로 값없이 의롭다 하심을 얻은 자 되었느니라. 이 예수를 하나님이 그의 피로써 믿음으로 말미암는 화목제물로 세우셨으니 이는 하나님께서 길이 참으시는 중에 전에 지은 죄를 간과하심으로 자기의 의로우심을 나타내려 하심이니 곧 이 때에 자기의 의로우심을 나타내서 자기도 의로우시며 또한 예수의 믿음을 가진 자를(개역개정판은 예수 믿는 자를) 의롭다 하려 하심이라
로마서 4:25	예수는 우리가 범죄한 것 때문에 내줌이 되고 또한 우리를 의롭다 하시기 위하여 살아나셨느니라
로마서 6:4	아버지의 영광으로 말미암아 그리스도를 죽은 자 가운데서 살리심과 같이
로마서 6:9	이는 그리스도께서 (하나님으로 말미암아) 죽은 자 가운데서 다시 살아나셨으매 다시 죽지 아

---

13) 여기에는 수동태로 표현되었어도 실제 행위자가 하나님이 분명한 본문들이 포함되어 있다.

	니하시고 사망이 다시 그를 주장하지 못할 줄을 앎이로라
로마서 8:3	율법이 육신으로 말미암아 연약하여 할 수 없는 그것을 하나님은 하시나니 곧 죄로 말미암아 자기 아들을 죄 있는 육신의 모양으로 보내어 육신에 죄를 정하사
로마서 8:11	예수를 죽은 자 가운데서 살리신 이의 영이 너희 안에 거하시면 그리스도를 죽은 자 가운데서 살리신 이가…
로마서 8:32	자기 아들을 아끼지 아니하시고 우리 모든 사람을 위하여 내주신 이가 어찌 그 아들과 함께 모든 것을 우리에게 주시지 아니하겠느냐
고린도전서 6:19-20	너희는 너희가 하나님으로부터 받은바 너희 가운데 계신 성령의 전(殿)인 줄을 알지 못하느냐 너희는 너희 자신의 것이 아니라 (하나님이) 값으로 산 것이 되었으니…
고린도후서 5:18-19	모든 것이 하나님께로서 났으며 그가 그리스도로 말미암아 우리를 자기와 화목하게 하시고……곧 하나님께서 그리스도 안에 계시사 세상을 자기와 화목하게 하시며 그들의 죄를 그들에게 돌리지 아니하시고…
고린도후서 5:21	하나님이 죄를 알지도 못하신 이를 우리를 대신하여 죄로 삼으신 것은 우리로 하여금 그 안

	에서 하나님의 의가 되게 하려 하심이라
갈라디아서 1:1	그(예수 그리스도)를 죽은 자 가운데서 살리신 하나님 아버지…
빌립보서 2:9	이러므로 하나님이 그를 지극히 높여…

하나님과 그리스도가 주어/행위자/주인공인 내러티브 본문들

로마서 5:6-10	우리가 아직 연약할 때에 기약대로 그리스도께서 경건하지 않은 자를 위하여 죽으셨도다……우리가 아직 죄인 되었을 때에 그리스도께서 우리를 위하여 죽으심으로 하나님께서 우리에 대한 자기의 사랑을 확증하셨느니라. 그러면 이제 우리가 그의 피로 말미암아 의롭다 하심을 받았으니……곧 우리가 원수 되었을 때에 그의 아들의 죽으심으로 말미암아 하나님과 화목하게 되었은즉…
로마서 8:34	죽으실 뿐 아니라 다시 살아나신 이는 그리스도 예수시니 그는 하나님 우편에 계신 자요 우리를 위하여 간구하시는 자시니라
고린도전서 15:3-4	이는 성경대로 그리스도께서 우리 죄를 위하여 죽으시고 장사 지낸 바 되셨다가 성경대로 사흘 만에 다시 살아나사

내러티브 패턴들

위 본문들을 대충 읽어보기만 해도 바울이 십자가에서 그리스도가 죽으신 사건을 여러 차원을 갖고 있으며(multidimensional), 실제로 여러 의미를 지닌(polyvalent) 사건으로 보았음을 알 수 있다. 그리스도의 죽음에 관하여 다양한 해석이 등장하면서, "바울의 십자가 신학이라는 벽화에는 여러 색깔이 찬란하게 펼쳐지게 되었다."[14] 물론 이런 다양한 색깔은 무엇보다 그 죽음을 언급하는 수사 목적과 연결되어 있는 경우가 자주 있다.

그리스도의 죽음이 갖는 이런 다양한 의미들 속에서 우리는 몇 가지 주제들 내지 내러티브 패턴들을 가려낼 수 있다. 이 패턴들은 서로 배타적이지 않고 서로 섞여있는 경우가 자주 있다. 하지만 바울이 그리스도의 죽음이 지닌 여러 의미를 드러내며 그 죽음을 이야기할 때, 우리는 열두 가지가 넘는 패턴들을 가려낼 수 있다.[15]

이 많은 내러티브 패턴들에 상응하는 독특한 **구문** 패턴들, 다시 말해 단

---

14) John T. Carroll and Joel B. Green, "'Nothing but Christ and Him Crucified': Paul's Theology of the Cross," in *The Death of Jesus in Early Christianity* (Peabody, MA: Hendrickson, 1995), 114. 십자가는 "바울의 사상 세계에서 아주 다양한 의미를 함축하고 있는 복잡한 상징"이라고 말한 리처드 헤이스의 언급(*The Moral Vision of the New Testament: A Contemporary Introduction to New Testament Ethics* [San Francisco: HarperCollins, 1996], 27)과 비교해보라. 아울러 십자가를 "풍성하게 넘쳐나는 의미를 지닌 상징"이라고 말하는 피케트의 주장(*The Cross in Corinth*, 1)과 비교해보라. 그리스도의 죽음이 바울에게 가지는 의미에 관하여 20세기에 나온 주요 해석들을 간결하게 개관한 내용을 보고 싶다면, Pickett, *The Cross in Corinth*, 1-24을 보라.

15) 이렇게 다양한 의미를 한 가지 주된 주제로 단순하게 만들려는 시도들을 보면, 그들이 주장하는 내용에는 풍성한 통찰력이 있을 수 있으나, 그들이 부인하는 내용에는 문제가 있다. 가령, 존 포비(John S. Pobee, *Persecution and Martyrdom in the Theology of Paul*, JSNTSup [Sheffield: JSOT Press, 1985], 47-73)는 자기를 내어줌과 희생이라는 바울의 언어가 순교 전승에서 유래했으며, 이는 곧 바울이 예수의 죽음을 무엇보다 순교로 이해하고 있다는 것을 보여준다고 말한다. 포비는 이 순교에 예수가 스스로 하나님께 순종함, 사람들의 죄를 위하여 희생함, 그리고 전 우주 차원에서 거둔 승리라는 요소가 포함되어 있다고 말하면서, "요컨대, 예수는 순교자였다"(59)고 주장한다. 포비는 그리스도가 자기를 내어주시고 뒤에 높이 올림을 받으셨음을 말하는 본문들과 대다수 해석자들이 바울을 이해하는데 아주 중요하다고 말하는 고난 받는 종 찬송(사 52:13-53:12) 사이에는 아무런 연관이 없다고 주장한다(47-53, 81-81). 그러나 바울(그리고 다른 초기 그리스도인들)이 그리스도의 죽음을 단순히 순교로 받아들였다고 보는 것보다 유대교의 순교 신학과 그리스도의 죽음에 관한 그리스도인들의 신학은 모두 성경에서 (고난 받는 종의 이미지를 포함하여) 몇 가지 똑같은 이미지들을 함께 받아들였다고 보는 것이 더 타당할 것 같다.

어와 문법 패턴들이 있다. 이런 **구문** 패턴들이 존재한 덕분에 우리는 내러티브 패턴들을 관찰하고 같은 범주끼리 묶을 수 있다.

그리스도의 죽음을 이야기하는 내러티브 패턴들은, 여기서 간략히 서술하자면(적절한 곳에서는 그 내러티브 패턴의 구문 패턴들도 언급하도록 하겠다), 다음과 같은 것들을 포함하고 있다.

1. **순종/의/믿음(신실함)** 그리스도의 죽음은 순종과 의와 믿음(신실함)의 행위다. 다시 말해, 그리스도의 죽음은 하나님의 뜻에 응답한 것이다. 빌립보서 2:8("죽기까지 복종하셨으니"), 로마서 5:18-19("한 의로운 행위…한 사람이 순종하심으로"), 그리고 갈라디아서 1:4("그리스도께서 하나님 곧 우리 아버지의 뜻을 따라")과 같은 구절들은 이를 아주 확실하게 천명하고 있다. 근래에 학자들도 헬라어 문법상 모호한 표현이 들어있는 7개 구절(로마서 3:22, 3:26, 갈라디아서 2:16[두 번], 2:20, 3:22, 빌립보서 3:9)이 그리스도의 죽음을 그의 "믿음"의(믿음을 드러낸) 행위 내지 "신실하심"의(신실하심을 드러낸) 행위로 묘사한다고 주장한다. 지금까지 이 모호한 부분은 "그리스도를 **믿는** 믿음(faith in Christ)"으로 해석하는 것이 전통이었지만, 이 문구를 "그리스도**의** 믿음(신실하심, faith[fulness] *of* Christ)"으로 번역해야 한다는 주장이 저자인 나 자신을 포함한 많은 사람들에게 설득력을 발휘하고 있다. 만일 "그리스도의 믿음"이 올바른 번역이라면, 바울은 그리스도의 신실하신 죽음이 하나님의 의를 실현하고(로마서) 우리가 의롭다 함을 받을 수 있는 객관적 기초를 이룬다(갈라디아서와 빌립보서)고 말하는 셈이다.[16]

2. **사랑** 바울은 그리스도가 죽음으로 당신의(그리고 하나님의) 사랑을 증명하셨다고 말한다. 이 점을 극명하게 표현하고자, 바울은 문장을 구성할 때 "사랑하다"라는 동사를 그리스도의 죽음을 언급하는 말 앞에 놓는다. 바울은 갈라디아서 2:20에서 그리스도를 언급하면서 이런 표현을 쓰고("나를 사랑하사 나를 위하여 자기 자신을 버리신"), 로마서 5:8에서는 하나님을 언급하면서 이런 표현을 쓴다("우리가 아직 죄인 되었을 때에 그리스도께서 우리를 위하여 죽으심으로 하나님께서 우리에 대한 자기의 사랑을 확증하셨느니라"). 아울러 바울은 고린도후서

---

16) 이 문제는 다음 장에서 충실하게 살펴보도록 하겠다.

5:14에서도 은연중에 이런 표현을 구사한다("그리스도의 사랑이 우리를 강권하시는도다").

몇 가지 이유에서, 갈라디아서 2:20 본문은 "나를 사랑하사 나를 위하여 자기 자신을 버리신"보다 "나를 위해 자기 자신을 버리심으로써 나를 사랑하신 하나님의 아들"이라고 번역하는 편이 나을 수 있다.[17] 이 번역은 그리스도의 죽음이 그가 사랑하시는 방식이었다는 것을 시사한다. 우리가 만일 로마서 5:8도 "하나님께서 자기의 사랑을 확증하신다(God proves his love)"보다 "하나님께서 자기의 사랑을 보이신다(God shows his love)"라고 읽는다면, 하나님의 경우에도 그리스도의 경우와 비슷하게 생각할 수 있겠다.[18]

3. 은혜 바울이 볼 때, 그리스도의 죽음은 그리스도와 하나님이 받을 자격이 없는 자들에게 관용을 베푸신 행위다. 고린도후서 8:9은 그리스도의 행위를 그의 카리스(*charis*), 곧 그의 "은혜"라 규정하고, 로마서 5:15은 예수가 순종함으로 죽으심으로써 베풀어주신 은혜를 동시에 하나님의 은혜와 선물(*dōrea*)이라고 규정한다. 로마서 5:6-10에는 "은혜"라는 말이 빠져 있지만, 여기에도 은혜의 의미가 들어 있다. 하나님이 당신 아들을 보내신 것 또는 내어주신 것을 언급하는 말들은 그 선물이 분에 넘침을 표현함으로써 이 아들의 죽음이 은혜임을 시사한다. 하나님의 선물(아래 6번을 보라)인 은혜에는 사랑이라는 의미도 함축되어 있다.

4. 희생 바울 서신의 몇몇 본문들은 그리스도가 자신의 주도로 그리고 그 아버지의 주도로 사람들의 죄를 대신하여 (희생으로) 죽었다고 시사한다. 이 본문들의 의미 패턴은 대체로 비교적 간단한 문장들로 이루어져 있다. 이 문장들은 그리스도가 우리 죄 때문에 죽으셨다거나 자신을 내어주셨다고, 또

---

17) "나를 사랑하사 나를 위하여 자기 자신을 버리셨다"는 문법학자들이 말하는 "중언법(hendiadys)"에 해당한다. 이는 말하자면 "두 개로 하나를 표현하는 것"인데, 사실은 하나인 사물 또는 사건을 말하면서 문법상 서로 구분되는 두 항목을 사용하는 것이다. 바울은 분명 여기서 서로 다른 두 "사건"을 말하는 게 아니다. 사랑이라는 행위와 죽음이라는 행위가 한 행위이지, 두 행위가 아니라는 말이다.
18) 제임스 던은 하나님이 자기 사랑을 "예증하신다(demonstrates)"로 번역한다(*Romans*, Word Biblical Commentary 38A, 38B, 2 vols. [Waco, TX: Word, 1988], 1:256.). 조지프 피츠마이어는 "내보이신다(shows forth)"로 번역한다(Joseph A. Fitzmyer, *Romans: A New Translation with Introduction and Commentary*, Anchor Bible 33 [New York: Doubleday, 1993], 393, 400).

는 하나님이 죄를 용서하시고자 그리스도를 희생으로 내어주셨다고 말한다. 그리스도의 죽음을 이렇게 해석하는 것은 특히 바울이 초기 전승을 인용하는 본문들에서 발견할 수 있다. 고린도전서 15:3과 갈라디아서 1:4(이 구절에서는 동사가 "죽으셨다"가 아니라 "자기 몸을 주셨다"이다)이 그 예다. 로마서 3:25과 4:25과 8:3은 하나님이 그리스도의 죽음을 주도하셨음을 강조한다(이 구절들에서는 희생이라는 모티프가 단지 암시되어 있다). 주도권과 관련하여 본다면, 로마서 5:9("그의 피로 말미암아 의롭다 하심을 받았으니")은 모호한 본문이다.

5. **이타주의/대속** 바울 서신에 들어있는 많은 본문들은 "죄를 대신하여"라는 의미를 "…사람들을 대신하여(위하여)"로 바꿔 쓴다. 즉, 그리스도는 (비단 죄뿐만 아니라) 사람들을 "대신하여(위하여)" 죽으셨다. 이는 곧 특히 이 사람들에게 은덕을 베푸시려고 죽으셨다는 것을 의미한다. 이번 경우에도 이 죽음은 아버지가 주도하신 것이자 그리스도 자신이 주도하신 것이다. 이 본문들에서는 대표와 "교환"(아래 10번을 보라)이라는 의미가 분명 살아 움직이고 있지만, 대속이라는 개념 자체는 이 본문들 속에 들어있을 수도 있고 들어있지 않을 수도 있다.[19] 어떤 경우이든, 바울은 그리스도의 죽음이라는 행위의 동기와 효과가 이타적임을 강조한다.

이런 내러티브 패턴에서 그리스도가 행위자로 나타나는 본문은 데살로니가전서 5:9-10("우리를 위하여"), 고린도후서 5:14-15("모든 사람을 대신하여"), 고린도전서 8:11("믿음이 약한 형제들을 위하여"), 갈라디아서 2:20("나를 위하여"), 고린도후서 8:9("너희를 위하여")이다. 그리고 고린도전서 1:13("너희를 위하여")은 그리스도가 행위자임을 암시한다.

이 이타주의 패턴에서 하나님이 주도자로 나타나는 본문은 고린도후서 5:21("우리를 대신하여"), 로마서 5:6("경건하지 않은 자를 위하여"), 그리고 5:8("우리[죄인들]를 위하여")이다. 방금 말한 로마서 5장의 두 본문은 이 이타주의 패턴과 로마서 5:9이 표현하는 희생 패턴 사이에 긴밀한 유사성이 있음을 보여준다.

---

19) 특히 던이 이 문제를 다루고 있는 *Theology*, 208-23을 보라. 여기서 던은 대속이 희생 "이야기의 절반일 뿐"이라고 말하면서(223), 대속을 희생뿐 아니라 대표 및 참여와 연결 짓는다. 베커(*Paul*, 409)는 살전 5:10, 고전 1:13, 8:11, 롬 5:8에서 대신 죽음 내지 대속의 신학이 가진 요소들을 발견하고 있는데, 어쩌면 이것이 옳을 수도 있다.

6. 그리스도가 자기를 내어주심/하나님이 그 아들(그리스도)을 내어주심

그리스도의 죽음은 자기를 넘겨줌 또는 자기를 내어줌이었다. 이것 역시 하나님의 선물이었다. 그리스도가 자기를 내어주시고 하나님이 당신 아들을 죽음에 내어주셨다는 말은 분명 바울 이전 시대의 말로 보인다. 바울 이전에 나온 이 패턴은 그리스도 중심적인 형식들을(Christocentric forms) 띠고 있는데, 이 패턴에서는 동사가 "주다"(*didōmi*)나 "넘겨주다"(*paradidōmi*) 같은 동사 형태를 띠면서 그 동사의 목적어로 재귀대명사(이를테면 "자기 자신")가 등장하는 경우가 자주 있다. 이 패턴에서 볼 수 있는 그리스도 중심 형태들은 때로 "넘겨줌/포기 공식들(surrender formulae)"로 부르기도 한다. 재귀 구조는 그 행위를 자기가 주도하고 그 행위에 자기가 관련되어 있다는 뜻을 표현한다. 이 패턴은 갈라디아서에서 두 번 나타난다. 갈라디아서 1:4은 주 예수 그리스도가 "우리를 건지시려고 우리 죄를 대속하기 위하여 자기 몸을 주셨다"라고 말한다. 또 2:20은 "나를 위해 자기 자신을 버리심으로써 나를 사랑하신 하나님의 아들"(개역개정판은 나를 사랑하사 나를 위하여 자기 자신을 버리신 하나님의 아들)이라고 말한다. 이 본문들은 **자기를 넘겨줌** 패턴의 분명한 사례들이다. 빌립보서 2:7,8의 본문들("자기를 비워…자기를 낮추시고")도 비슷한 어조(tone)를 띠고 있다. 이 빌립보서 본문들은 (아래 7번에서 보게 될) 더 큰 패턴의 일부이기도 하다.

바울은 로마서에서도 하나님이 자기 아들을 보내셨다(8:3), 자기 아들을 "아끼지" 아니하시고 "우리 모든 사람을 위하여" 그를 내주셨다(8:32)고 말한다. 로마서 4:25은 수동태 동사("내줌이 되고")로 되어 있지만, 이 본문이 암시하는 행위자도 하나님일 가능성이 아주 높다. 이 로마서 본문들에서도 하나님이 그 아들을 넘겨주시는 패턴이 나타난다.

이 모든 본문은 그리스도가 자신을 내어주시는 것과 하나님이 그 아들을 내어주시는 것을, 은연중에 또는 분명하게 사랑의 행위로 해석한다.

7. 스스로 자기를 낮춤/비하

바울이 보통 재귀 구조를 사용하여 표현하는 내러티브 패턴이 또 있다. 이 패턴은 그리스도의 죽음을 자기 낮춤 또는 겸손 또는 자기 스스로 자기 지위를 "낮추는" 행위로 본다. 이 본문 중 일부도 바울 이전의 것일 수 있다.

이 패턴에서는 원래 있었던 더 높은 지위에 따르는 특권들을 인정하면서도 이 특권들을 포기한다. 그 말뜻으로 보아, 이런 의미를 가장 실감나게 보여주는 본문은 "~인데도 ~하지 않고 ~한다"라고 표현하는 분사를 사용한 경우다. 분사가 가진 이런 "양보" 기능은 "~인데도/~에도 불구하고"라는 말로 번역하는 것이 보통이다.

이 패턴의 극명한 예가 바울이 빌립보서 2:6-11에서 인용하는 찬송 본문(대다수 학자들은 이 본문을 찬송 본문으로 본다)이다. 이 본문의 요체는 그리스도가 본디 하나님과 동등하신 분이었는데도(**지위**; 성경 본문을 그대로 옮기면, "근본 하나님의 본체시나"ᵈ), 이 지위를 당신 자신을 이롭게 하는 데 사용하지 않고(**포기**) 도리어 스스로 종이 되어 십자가에 달려 죽기까지 자신을 낮추셨다는 것(**낮춤**)이다. 빌립보서 2:6-11은 중요하므로, 아래에서 더 철저히 분석해보도록 하겠다.

이 패턴이 힘차게 메아리치는 소리를 고린도후서 8:9에서도 들을 수 있다. 그리스도는 본디 부요하신 분이었다(**지위**; 성경 본문을 그대로 옮기면, "부요하신 이로서/이인데도"ᵉ). 그런데도 그는 가난하게 되셨다(**포기, 낮춤**). 이는 (바울 이후에 나온 용어를 빌리자면) 그리스도의 "성육신"과 특히 죽음을 가리키는 은유다. 그렇게 완전한 형태는 아니지만, 또 다른 메아리를 로마서 15:3에서도 들을 수 있다. "그리스도께서는 자기를 기쁘게 하지 아니하시고"ᶠ (바울이 성경에서 인용한 본문을 바꿔 써보자면) 다른 사람들을 대신하여 죄의 결과를 받아들이셨다.

그리스도가 자기를 내어주심을 말하는 본문들처럼, 이 본문들도 사랑을 논하는 부분에서 등장하고 있다.

8. "성육신"과 고난을 포함하는 이야기의 정점 바울은 "고난을 겪다"라는 동사 또는 "고난"이라는 명사를 그리스도와 그리 자주 연결하지 않는다. 그러나 그는 로마서 8:17, 고린도후서 1:5, 빌립보서 3:10에서는 분명하게, 그리고 데살로니가전서 1:6에서는 은연중에 그리스도와 고난/고난을 겪다를 연결하고 있다. 이 본문들은 그리스도가 당하신 고난들을 이제는 바울과 (때로는) 다른 사람들이 함께 겪어야 한다고 말한다. 게다가, 빌립보서 2:6-11과 고린도후서 8:9은 바울이 그리스도의 죽음을 이 그리스도의 죽음 자체를 넘어 더 많은 것을 담고 있는 이야기 또는 과정의 정점으로 보고 있음을 시사해준다. 바울이 볼 때, "십자가"는 그리스도가 인간이 되셔서 고난 받으시고(데살로니가전서 1:6의 "주를 본받은 자"는 [데살로니가 사람들이 당한] 핍박을 가리킨다) 죽임 당하신 이

야기 전체를 아우르는 상징(icon)이다. 바울이 예수의 "죽음"(nekrōsis)을 사도들이 당하는 고난의 원형이자 패러다임으로 언급할 수 있는 것은 이런 이유 때문이다(고후 4:10).[20]

하지만 십자가상의 죽음 자체는 그리스도 이야기에서 진정한 정점의 예비 단계일 뿐이다. 다른 본문들이 시사하듯이, 그리스도 이야기의 진정한 결말은 부활과 높이 들림이다(아래 13번을 보라).

9. 역설적 능력과 지혜 바울의 십자가 이해는 역설적인 경우가 많다. 바울의 십자가 서술에서 가장 큰 역설은 십자가의 약함이 사실은 능력이며 십자가의 어리석음이 사실은 진정한 지혜라는 바울의 주장이다(고전 1:24-25, 고후 13:4).

10. 교환 그리스도의 죽음은 그리스도 자신의 "특징(character)"과 신자들의 "특징"을 서로 바꿔놓았다. 그리스도는 신자들에게 부요함을 주시고 자신은 가난하게 되셨으며(고후 8:9). 그리스도는 자신의 의를 주시고 자신은 신자들을 대신하여 죄를 짊어지셨다(고후 5:21). 요컨대 그리스도는 우리를 대신하셨다. 이 교환은 이 교환으로부터 은덕을 입은 사람들을 바꿔놓는다.[21]

11. 새생명과 변화를 가져온 궁극적(apocalyptic) 승리와 해방 그리스도의 죽음은 이질적이고 적대적인 권세들의 통치에 마침표를 찍음으로써, 그 권세들과 이 세대로부터 신자들을 해방시키고(갈 1:4), 새 시대 내지 새 피조 세계의 막을 열었다. 통치권을 잃어버린 권세들 중에는 특히 죄와 사망(롬 6:9-10) 및 (옛) 자아(롬 6:6, 고후 5:15, 고전 6:19)도 들어있다. 이 승리는 믿는 자들을 그리스도가 주로서 다스리시는 영역으로 옮겨놓는다(고후 5:14-15, 롬 14:9, 살전 5:9-10). 사실은 이렇게 신자들을 옮겨놓는 것이 그리스도의 죽음이 지닌 목적이었다. 역설 같지만, 그리스도의 죽음은 생명을 가져온다. 그 죽음의 목적과 효과에

---

20) 예수의 죽음(nekrōsis)이 지닌 의미를 둘러싸고 상당한 논란이 있었다는 점을 언급해두어야만 하겠다. 이 nekrōsis는 헬라어 thanatos와 같은 뜻인가? 또 이 nekrōsis는 죽음이라는 사건을 의미하는가? 아니면 다른 의미를 갖고 있어서 죽음이라는 사건이 초래하는 상태(즉, "죽어 있는 상태")나 이 본문에서 시사하듯이 "죽어가는" 과정을 가리키는 말인가? 문맥을 놓고 본다면 여기서 제시한 해석이 좋겠으나, 바울의 실존에 이 죽음이라는 말이 암시하는 의미는 이 말의 뉘앙스가 어떠하냐에 따라 그리 큰 영향을 받지 않는다.
21) Morna D. Hooker, "Interchange in Christ," 13-25와 "Interchange and Atonement," 26-41, in *From Adam to Christ: Essays on Paul* (New York/Cambridge: Cambridge University Press, 1990)을 보라.

는 죄의 용서(희생)뿐 아니라, 삶을 그 근본부터 새롭게 하고 삶의 방향을 다시 설정하는 것까지 포함된다.

12. **화해와 의롭다 하심/칭의** 이 두 가지는 바울의 십자가 체험이자 십자가 해석이다. 이 체험과 해석을 그리스도의 죽음이 끼친 "은덕들"과 연결하거나 그 죽음을 해석하는 (많은 은유 가운데) 두 가지 은유라고 말하는 경우가 종종 있다.[22] 바울 신학에서 이 두 가지가 정확히 무슨 역할을 하느냐와 상관없이, 바울이 십자가를 일종의 능력으로 보고 있다는 점만은 분명하다. 십자가는 믿음으로 만나게 되면 하나님과 올바른 관계를 맺어주기 때문이다. 이 내러티브 패턴은 갈라디아서(2:15-16)와 로마서(3:22, 4:25[부활과 연결되어 있음], 5:18-19)에서 주로 나타난다.

13. **부활과 높이 들림의 전주곡** 그리스도의 죽음은 그의 인생 스토리의 결말이 아니라 어느 한 드라마의 1막이다. 이 드라마는 하나님이 그리스도를 부활시키시고 높이 들어 올리신 일에서 정점에 이른다. 이것은 또 십자가에 못 박히신 예수와 높이 들리신 예수 사이의 연속성을 암시한다. 기독교 전승과 기독교 전례 언어에서는, 고린도전서 15:3-4, 로마서 1:4, 그리고 로마서 4:25(바울이 인용한 전통적 공식들)이 시사하듯이, 일찍부터 죽음과 부활이 하나로 결합되어 있었다. 바울은 이 전승을 로마서 8:34("죽으실 뿐 아니라 다시 살아나신 이는 그리스도 예수시니 그는 하나님 우편에 계신 자요")과 6:10뿐 아니라, 갈라디아서 1:1과 로마서 6:4,9 그리고 8:17 같은 본문들("그리스도를 죽은 자 가운데서 살리심")에서도 거듭 되새겨주고 있다.

빌립보서 2:9-11은 2:6-8이 서술한 자기 낮춤 이야기를 하나님이 높이 들어 올리셨다는 맺음말로 완성하고 있다. 이 두 부분은 함께 어울려 한 편의 완전한 이야기를 만들어내고 있다. 이 이야기는 자기를 낮춘 뒤에 높이 들림을 받는 패턴과 일치하는데, 이 패턴은 히브리 지혜 문헌에 널리 퍼져 있고 이사야서의 네 번째 종의 노래(사 52:13-53:12)가 생생히 묘사하는 것이다.

갈라디아서 2:20은 하나님이 부활시키시고 높이 들어 올리신 그리스도와 십자가에 못 박히신 그분 사이의 연속성이 갖는 중요성을 생생히 보여준

---

22) Joseph A. Fitzmyer, *Paul and His Theology: A Brief Sketch*, 2nd ed. (Englewood Cliffs, NJ: Prentice Hall, 1989), 55-71도 마찬가지다.

다. (부활하셔서 살아계시고) 신자들 안에 들어와 사시는 그리스도는 "나를 위해 자기 자신을 버리심으로써 나를 사랑하신" 하나님의 아들과 같은 분이다.

우리는 십자가의 중요성을 감소시키지 않고도 이 십자가가 바울에겐 부활과 높이 들림으로 나아가는 전주곡이었다고 말할 수 있다. 물론 이 전주곡이 단순히 도입부 정도에 그치지 않고 긴요하며 결정적인 부분이었다고 이해할 경우에 그렇다는 말이다. 부활과 높이 들림이 없다면, 십자가는 그저 인간의 약함과 어리석음일 뿐이다. 결국 바울은 여러 의미를 함축하고 있는 십자가에 가장 높은 위치를 부여하면서도 십자가와 부활의 불가분성을 강조하고 있는 셈이다.

바울이 십자가를 이야기하는 내러티브 패턴들을 위와 같이 간략하게 정리해보았다. 이 정리 결과를 보면, 바울이 십자가를 다양한 차원을 지닌 실체이자 상징으로 보고 있다는 점, 그리고 특정 본문들에서는 내러티브 패턴들이 결합하여 나타나는 경우도 종종 있다는 점을 알 수 있다. 로마서 3:21-26, 로마서 6:1-11, 로마서 8장, 고린도후서 5:14-21, 갈라디아서 2:15-21, 그리고 빌립보서 2:6-11은 여러 가지 이미지들이 들어 있거나 여러 내러티브 패턴들이 한데 뭉친 덩어리들이 들어있는 본문들이다. 이 본문들은 바울의 신학과 체험을 다루는 어떤 토론에서도 특히 중요하며, 앞으로 이어질 장들에서도 거듭하여 등장할 것이다.

위에서 언급한 내러티브 덩어리들을 포함하여 바울 서신에 있는 모든 십자가 내러티브 가운데 특히 한 가지 내러티브가 그 본질상 근본이 되는 내러티브로 보인다. 그 이유는 이 내러티브가 망라하는 범위가 아주 넓기 때문이요, 이 내러티브가 남긴 메아리들이 바울의 글 전체에 퍼져있기 때문이다. 이 내러티브는 빌립보서 2:6-11 안에 들어있다. 아이러니하게도 이 본문은 본디 바울이 만들어낸 것이 아니라 초기 찬송에서 바울이 가져온 것이다. 그렇지만 우리는 이 본문, 이 본문과 평행을 이루는 본문들,[23] 그리고 이 본문 및 평행 본문들이 자리한 문맥들 속에서 위에서 언급한 십자가를 이야기하는 내러

---

23) 이 평행 본문들에는 특히 갈 1:4, 2:20, 고후 8:9이 들어있다.

티브 패턴들과 이미지들, 곧 순종, 사랑, 희생, 이타주의, 은혜, 자신을 내어주심, 스스로 자기를 낮춤, 성육신과 고난 이야기의 정점, 해방을 통해 새생명을 얻게 함, 높이 들림/부활을 내다보는 전주곡을 거의 모두 발견한다. 따라서 빌립보서 2:6-11에서 발견되는 이 찬송 형태 내러티브는 **바울의 십자가 이야기 중 핵심 이야기**(master story)라고 표현하는 것이 정확할 수도 있겠다.

바울의 핵심 이야기

현대에 들어와 학자들이 바울 서신의 다른 어떤 구절보다 빌립보서 2:6-11에 더 많은 관심을 기울이는 것은 어쩌면 당연한 일일지도 모른다.[24] 위에서 언급했듯이, 대다수 학자들은 이 빌립보서 본문의 단어와 문체와 구조가 이 본문이 아주 이른 시기에 그리스도인들이 불렀던 찬송임을 시사한다고 믿는다. 어쩌면 이 찬송이 나온 시기는 교회 성립 이후 첫 몇 년까지 거슬러 올라갈 수도 있다는 것이 이 학자들의 생각이다. 이런 특징들은 이 찬송이 바울 이전의 것임을 시사하는 것이기도 하다. 물론 바울은 이 본문을 자신의 소유로 삼았지만, 어쩌면 원래 본문에 조금 변경을 가한 다음(이를테면, "죽기까지…십자가에 죽으심이라"[지은이의 번역에 따르면, "심지어 십자가에서 죽기까지"]라는 문구는 바울이 첨가했을 수도 있다), 이를 빌립보서와 이 서신이 전하는 메시지의 중심부분으로 삼았을 수도 있다.

빌립보서 2:6-11의 복잡함과 풍부함, 그리고 모든 사람이 인정하는 대로 바울에게 이 본문이 갖고 있는 중요성 때문에 이 본문의 많은 측면이 치열한

---

24) 이 논의를 폭넓게 소개한 글을 보려면, Ralph P. Martin, *A Hymn of Christ: Philippians 2:5-11 in Recent Interpretation and in the Setting of Early Christian Worship*, 3rd ed.(Downers Grove, Ill: InterVarsity, 1997; 이전 판들[1967년판, 1983년판]은 *Carmen Christi*[그리스도 찬송]라는 제목을 달고 있었다)을 보라. 이 본문을 그 문맥 속에서 아주 예리하고 설득력 있게 해석한 글을 보려면, Larry W. Hurtado, "Jesus as Lordly Example in Philippians 2.5-11," in Peter Richardson and John C. Hurd, eds., *From Jesus to Paul*, Francis W. Beare Festschrift (Waterloo: Wilfred Laurier University Press, 1984)를 보라.

토론 대상이 되어왔다. 이런 맥락에서 우리가 다만 시도해볼 수 있는 것은 이 본문의 내러티브 구조를 바울이 "십자가에 관하여 천명하는 근본명제", 또는 그의 십자가 이야기 중 핵심 이야기로 보면서 이 본문을 읽어보는 것이다. 아래에서는 이 핵심 이야기를 NRSV 역본과 지은이 자신의 번역으로 제시해본다. 지은이의 번역문에는 영문 독자들이 헬라어 본문에서 나타나는 동사간의 평행관계와 동사들의 뉘앙스를 느낄 수 있게 밑줄과 이탤릭체를 사용했다.[25][2]

NRSV
(괄호 안은 개역개정판)

[6] [T]hough he[Christ Jesus] was in the form of God,
(그는 근본 하나님의 본체시나)
[he] did not regard equality with God as something to be exploited,
(하나님과 동등됨을 취할 것으로 여기지 아니하시고)

[7] but emptied himself,
(오히려 자기를 비워)
taking the form of a slave,
(종의 형체를 가지사)
being born in human likeness.
(사람들과 같이 되셨고)

지은이의 번역문
(괄호 안은 지은이의 번역문을 번역한 것)

[6] [T]hough *being* in the form of God,
(그[그리스도 예수]는 그 본체가 하나님이신데도)
[Christ Jesus] did not consider his equality with God as something to be exploited for his own advantage,
(그가 하나님과 동등함을 그 자신을 이롭게 하는데 쓸 것으로 여기지 아니하시고)

[7] but emptied himself
(오히려 자기를 비우셨느니라)
   by taking the form of a slave,
   (종의 형체를 취하심으로)
   that is, by being born in the likeness of human beings.

---

25) 특히 (1)나는 헬라어 본문이 사용한 동사에 가장 가까운 영어 동사 형태를 사용했다. 이를테면, 헬라어 분사들은 시종일관 영어 분사들(영어 본문에서는 "-ing"로 끝나는 동사들)로 옮겼다. (2)분사들은 이탤릭체로 주동사(정동사)는 밑줄로 표시했다. (3)핵심 분사 구문들은 정확하게 해석하여 번역문을 제시했다. (4)중요한 구문 관계들, 특히 분사 구문들 및 이 구문들과 연결되어 있는 주동사의 관계를 표시할 때는 들여쓰기를 사용했다.

And being found in human form,
(사람의 모양으로 나타나사; 개역개정판은 8절)
⁸ he humbled himself
(자기를 낮추시고)
and became obedient
(복종하셨으니)
to the point of death-
(죽기까지)
even death on a cross.
(곧 십자가에 죽으심이라)
⁹ Therefore God also highly exalted him
(이러므로 하나님이 그를 지극히 높여)
and gave him the name that is above every name,
(모든 이름 위에 뛰어난 이름을 주사)

¹⁰ so that at the name of Jesus
(예수의 이름에)
every knee should bend,
(모든 무릎을 꿇게 하시고)
in heaven and on earth and under the earth,
(하늘에 있는 자들과 땅에 있는 자들과 땅 아래에 있는 자들로)

(곧, 사람의 모양으로 태어나심으로)
And *being found* in human form,
(또 사람의 형태로 나타나심으로)
⁸ he humbled himself
(자기를 낮추셨느니라)
by becoming obedient
(순종하심으로)
to death—
(죽기까지-)
even death on a cross.
(심지어 십자가에서 죽기까지)
⁹ Therefore God has highly exalted him
(그러므로 하나님이 그를 지극히 높이시고)
and bestowed on him the title that is above every title,
(모든 이름 위에 있는 이름을 그에게 주셨으니)

¹⁰ that at the name of Jesus
(그것은 예수의 이름 앞에)
every knee should bend,
(모든 무릎이 꿇게 하시고)
in heaven and
on earth and
under the earth,
(하늘에 그리고
땅에 그리고
땅 아래에 있는)

¹¹ and every tongue should confess that
(모든 입으로 시인하여)
Jesus Christ is Lord,
(예수 그리스도를 주라)
to the glory of God the Father.
(하나님 아버지께 영광을 돌리게 하셨느니라)

¹¹ and every tongue acclaim that
(모든 혀가 인정하여)
Jesus Christ is Lord,
(예수 그리스도가 주이심을)
to the glory of God the Father.
(하나님 아버지께 영광을 돌리게 하셨느니라)

위에서 언급했듯이, 대다수 학자들은 빌립보서 2:6-11이 바울 이전에 나온 찬송(또는 그런 찬송에서 발췌한 것)을 바울이 인용한 것이며, 어쩌면 그가 원문에 "심지어 십자가에서 죽기까지"(8절)라는 문구를 첨가하여 변경을 가했을 수도 있다는 점에 동의하고 있다. 일부 사람들은 이 본문의 시적 형태와 단어가 본디 이 찬송이 첫째 아담과 둘째 아담을 대조하고 있었음을 시사한다고 하지만 또 다른 사람들은 선재하신 분으로서 이 땅에 오신 하나님의 지혜를 시사한다고 본다. 이 본문에는 이 두 모티프들이 확실히 존재한다. 그러나 (본 지은이를 포함하여) 다른 많은 사람들은, 이 본문이 하나님이 십자가에 못 박히신 메시아 예수를 높이 들어 올리심을 말한다는 점에서, 무엇보다 이 본문의 시적 구조와 관용어는 이사야 52:13-53:12에 실린 네 번째 (고난당하는) 종의 찬송을 해석하여 제시하고 있는 것이라고 본다.²⁶⁾

빌립보서 2:6-11 본문 안에서는 다섯 가지 중요한 구조 패턴 내지 내러티브 패턴을 찾아낼 수 있다. 첫째, 본문 전체의 기본 패턴은 반전과 굴욕(6-8절)에 이어 높이 들림(9-11절)이 나타나는 모습을 띠고 있다. 이 패턴은 하나님이 겸비한 자를 높이 들어 올리신다는 성경의 공통 모티프를 반영한다. 이 모티프는 하나님이 고난당하고 죽임당하는 종을 옹호하시는 이사야서의 네 번째 종의 찬송(사 52:13-53:12)의 기본 형태를 이루는 것이기도 하다. 이렇게 하나님이 옹호하심은 우선 종의 찬송의 주제로 천명된 다음, 그 찬송 자체의 내러티

---

26) 이 이사야서 본문은 8장과 12장에서 더 자세하게 논의하도록 하겠다.

브 속에서 전개되고 있다.

> 보라 내 종이 형통하리니 받들어 높이 들려서 지극히 존귀하게 되리라. 전에는 그의 모양이 타인보다 상하였고 그의 모습이 사람들보다 상하였으므로 많은 사람이 그에 대하여 놀랐거니와 그가 나라들을 놀라게 할 것이며…(사 52:13-15상)

> 나의 의로운 종이 자기 지식으로 많은 사람을 의롭게 하며 또 그들의 죄악을 친히 담당하리로다. 그러므로 내가 그에게 존귀한 자와 함께 몫을 받게 하며 강한 자와 함께 탈취한 것을 나누게 하리니 이는 그가 자기 영혼을 버려 사망에 이르게 하며 범죄자 중 하나로 헤아림을 받았음이니라. 그러나 그가 많은 사람의 죄를 담당하며 범죄자를 위하여 기도하였느니라(사 53:11하-12)

위에서 언급한 대로, 빌립보서 2:6-8에서는 네 가지 패턴들을 더 찾아낼 수 있다. 첫째, 이 세 구절은 한 묶음을 이뤄 스스로 자기를 낮춤이라는 패턴, 곧 굴욕을 당함/높이 들림을 받음이라는 형식의 전반부(곧, 굴욕을 당함)를 표현한다. 이 패턴에는 **지위**를 소유함("그는 그 본체가 하나님이신데도", 6절상), **포기**, 곧 이 지위를 사사로운 이득을 취할 목적으로 사용하기를 거부함("그가 하나님과 동등함을 그 자신을 이롭게 하는데 쓸 것으로 여기지 아니하시고", 6절하), 그리고 **비하**, 곧 스스로 자기를 낮춤("오히려 종의 형체를 취하심으로 자기를 비우셨느니라…자기를 낮추셨느니라", 7-8절상)이 들어있다. 우리는 이 패턴을 요약하여 다음과 같은 공식으로 표현해볼 수 있겠다.

[x]인데도, [y]하지 않고 오히려 [z]함

즉,

[~인 지위]인데도, [이기심]을 부리지 않고 오히려 [**자기를 낮춤/종이 됨**]

또는, 더 완전한 공식으로 만들어보면,

> [하나님과 동등하신 분]인데도, [자기를 위해 그 지위를 쓰지 않고] 오히려 [자기를 비운 종으로 성육신하여 죽기까지 자기를 낮춰 순종하심]

둘째, 그러나 이 공식의 세 번째 요소인 "z" 안에는 또 다른 패턴이 두 번이나 표현되어 있다. 자기를 내어줌과 자기를 낮춤이라는 패턴이 실제로 표현되어 있는 것이다. 7절과 8절은 이 패턴을 표현하려고 자신을 관련시킨 동사 문구(문법 용어로 말하면, "재귀 구조")를 두 번 사용한다. "자기를 비우셨다"와 "자기를 낮추셨다"가 그것이다. 본문은 이런 표현을 사용하여 그리스도의 성육신과 죽음의 본질인 "자기 비움(kenosis)"을 시처럼 이야기하고 있다. "자기를 비우셨다"와 "자기를 낮추셨다"라는 동사 문구, 그 중에서도 특히 "자기를 비우셨다"는 문구는 그 본질이 은유여서 설명이 필요하다. 이 때문에 본문은 분사 구문을 사용하여 설명을 붙여놓았는데, "자기를 비우셨다"에는 세 분사 구문을("종의 형체를 취하심…사람의 모양으로 태어나심…사람의 형태로 나타나심[taking the form of a slave…being born in the likeness of human beings…being found in human form]"), "자기를 낮추셨다"에는 한 분사 구문을("죽기까지 순종하심[becoming obedient to death]") 붙여놓았다.8 셋째, 6-8절의 전체 흐름은 단지 자기 비움이라는 한 행위를 표현하는 데 그치지 않고 그리스도의 죽음을 잇달아 일어난 관련 사건들의 정점으로 묘사한다.

마지막으로, "자기를 낮추셨다"라는 동사에 붙어있는 설명 문구는 이 찬송 내에서 십자가에 관한 또 다른 내러티브, 곧 순종이라는 패턴을 제공한다. 이 순종은 물론 하나님께 순종하는 것을 의미하며, 특히 "죽기까지, 심지어 십자가에서 죽기까지" 순종하심을 가리킨다.

이어서, 우리는 바울 이전에 나온 이 찬송의 구조 자체가 바울 서신의 십자가 내러티브 패턴들 가운데 가장 기본적이고 공통적인 것 몇 가지를 함유하고 있음을 본다. (패턴 13번)부활과 높이 들림의 전주곡, (패턴 7번)스스로 자기를 낮춤/비하, (패턴 6번)그리스도가 자기를 내어주심/하나님이 그 아들(그리스도)을 내어주심, (패턴 8번)"성육신"과 고난을 포함하는 이야기의 정점, 그리고 (패턴 1번)순종/의/믿음(신실함)이 바로 그것이다. 하지만 흥미로운 점은 이 찬송 본문이 십자가가 구원의 방편이나 행위의 패러다임이라고 분명하게

말하지 않는다는 점이다.[27]

본문은 그리스도를 하나님과 유일하게 얼굴을 마주 보며 사귐을 나누던 분이 하나님께 순종하는 종이 되었다고 묘사한다. 여러 의미를 함축하고 있는 그리스도의 이 자기 비움과 죽음은 우리에게 생명을 주는 능력을 갖고 있거나, 우리에게 유익을 주든지 아니면 우리가 본받아야 할 것이라는 점에서, 우리를 **위한** 것이다. 그런데도 이 찬송 본문에는 이런 점에 관하여 특별한 언급이 없다. 그러나 이 찬송 본문을 기본적으로 이렇게 해석하는 것은 바울이 이 본문을 빌립보서에서 사용하고[28] 그가 쓴 다른 서신들에서 이 본문 또는 적어도 이 찬송 본문이 갖고 있는 내러티브 패턴들을 언급할 때 하고자 했던 해석과 정확히 일치한다. 따라서 바울은 빌립보서의 핵심 이야기를 사랑(패턴 2번), 은혜(패턴 3번), 이타주의(패턴 5번), 그리고 약함이 곧 능력(패턴 9번)을 말하는 내러티브로도 읽고 있는 셈이다.

실제로 이 찬송에서 발견되는 십자가 패턴들은 빌립보서와 바울 서신 전체에서 메아리치고 있다. 바울은 빌립보서와 빌립보서 이외의 다른 곳에서도 이 패턴들을 취하고, 이 패턴들과 결합된 단어들을 자주 사용하며, 이 패턴들을 다양한 방식으로 해석한다. 바울이 볼 때, 이 찬송은 그리스도의 십자가와 마찬가지로 특히 다양한 의미를 함축하고 있다. 물론 (던이 우리에게 일깨워주는 대로) 바울이 전개하는 십자가 **신학**은 완전하지 않았을 수 있다. 그러나 그가 전개한 십자가 **영성**은 완전했다.

특히 앞으로 이어질 장들에서 보게 되겠지만, 이 찬송에서 이야기하는 십자가 패턴들은 믿음, 소망, 능력 그리고 특히 사랑에 관한 바울의 이해에서 그대로 반영되고 있으며, 사실은 이런 패턴들이 바울의 이해를 형성한 것으로 보인다. 하지만 이 찬송 본문에는 믿음, 소망, 능력, 사랑이라는 말이 전혀 등

---

27) 다시 말해, 이 그리스도 찬송에는 뚜렷한 구원론(구원이 어떻게 이루어지는가를 다룬 가르침)이나 윤리가 들어있지 않다.
28) 가령, 빌립보서에서는 순종(2:12)과 하나님의 능력(2:13)이라는 테마와 겸손과 사랑이라는 테마(1:27-2:4)가 서로 잇닿은 문맥에서 잇달아 등장하고 있다. 빌립보서 나머지 부분을 보면, 바울과 에바브로디도와 디모데가 이타적이고 자기를 내어주는 사랑과 겸손의 본을 보여주는 것으로 나와 있고, 유오디아와 순두게도 그 본을 보이는 사람이 되기를 소망하는 내용이 나와 있다. 더욱이 바울은 그리스도의 고난과 높이 들림이 신자들의 고난 및 높이 들림과 상응 관계에 있음을 상세히 서술한다(3:2-21).

장하지 않는다. 바울은 이 근본이 되는 찬송 본문에서 예수뿐만 아니라 바울 자신과 모든 신자 개개인과 공동체를 본다. **바울이 볼 때, 그리스도 안에 있다는 것은 이 그리스도 내러티브를 삶으로 주해하는 것이요, 그리스도가 스스로 그 권리들과 사사로운 이득을 포기하고 굴욕을 당하심으로 섬김과 순종을 보여주심으로써 높이 들림을 받으셨다는 원작 드라마를 새롭게 공연하는 것이다.** 바울의 영성은 곧 십자가를 본받는 삶이다. 이런 바울의 영성은 내러티브 영성이며, 이 영성을 형성하는 핵심 내러티브는 빌립보서 2:6-11이다.

결론: 십자가를 본받는 삶과 하나님 이야기의 패턴들

바울 서신에 익숙한 사람이라면 누구든지 바울이 빌립보서 2:6-11과 다른 본문들에서 그리스도의 십자가를 이야기할 때 다양한 차원, 다양한 의미를 지닌 접근방법을 구사하고 있으며, 이런 접근방법은 바울이 십자가를 따라 그리스도 안에서 살아가는 실존을 규정하는 방법과 대체로 일치한다는 점을 인식할 것이다. 바울이 실현하고 싶어 하고 전달하고 싶어 하는 십자가를 본받는 삶(cruciformity)은 십자가 자체만큼이나 다면성을 갖고 있다. 따라서 바울이 볼 때, 십자가 내러티브 패턴들은 십자가를 본받는 삶의 패턴들이 된다.[29] 바울은 그리스도의 사랑, 자유, 자기를 내어주심, 겸손 등등을 그리스도 안에서 살아가는 삶의 기준이자 삶의 어떤 우연한 상황에서도 구현되어야 할 기준으로 본다.

예상하는 사람도 있겠지만, 어떤 십자가 내러티브들은 이 내러티브에 상

---

29) 웨인 믹스도 다양한 일치 패턴들이 중요함을 언급한다. 그는 이 다양한 일치 패턴들을 "삶의 패턴들" 또는 십자가에 못 박히신 메시아와 신자들의 공동체가 살아가는 삶 사이에 존재하는 "공통점들(homologies)"이라고 부른다. 그는 이런 패턴들 내지 공통점들의 예로 신정론, 행위, 소망, 그리고 능력이라는 패턴들을 언급한다(Wayne A. Meeks, *The First Urban Christians: The Social World of the Apostle Paul* [New Haven: Yale University Press, 1983], 180-83; 참고, 146-47, 『바울의 목회와 도시사회: 1세기의 기독교인들』, 대한예수교장로회 출판국 역간).

응하여 그리스도 안에서 살아가는 삶을 서술하는 방법들에 자신을 더 자연스럽게, 더 자주 빌려준다. 따라서 우리는 앞으로 이어질 장들에서 바울이 영적인 삶에 관하여 이야기하는 내러티브들의 근본을 형성해준 내러티브 패턴들을 아주 꼼꼼하게 살펴보도록 하겠다. 하지만 위에서 서술한 내러티브 패턴들 하나하나도 바울의 영성에 어느 정도 영향을 미치고 있다.

십자가를 본받는 삶의 패턴들은 몇 가지 방법으로 탐구해볼 수 있을 것이다. 첫 번째 방법은 본문을 하나씩 살펴보며 나아가는 것이다. 이 방법은 상세한 분석이 가능하겠지만, 결국에는 전체를 포괄하는 종합 작업이 여전히 필요할 것이다. 두 번째 방법은 각 서신을 하나씩 살펴보는 것이다. 이 방법도 근본적인 조직 원리가 되려면, 결국에는 의미 있는 종합 작업이 필요하다. 그래야 십자가를 본받는 삶의 패턴들을 찾아낼 수 있을 것이다. 세 번째 방법은 이 책에서 채택한 것으로서, 기본적으로 종합적인 방법이다. 이것은 우선 위에서 언급한 많은 패턴들(바울이 십자가를 이야기하는 열세 가지 내러티브 패턴들)이 갖고 있는 몇 가지 공통점을 찾아낸 다음, 이 공통점들이 바울 서신에서 십자가를 본받는 삶의 패턴들을 어떻게 만들어내고 있는가를 분석해가는 방법이다.

이런 과정을 거친다면, 우리는 이 5장에서 논의한 열세 가지 십자가 내러티브 패턴들로부터 바울 서신이 십자가를 본받는 삶의 기본 패턴으로 이야기하는 네 가지 패턴들을 밝혀낼 수 있다.

1. 첫 번째 십자가 내러티브 패턴(1번)으로부터 얻어낼 수 있는 십자가를 본받는 삶의 첫 번째 패턴은 믿음으로 순종함으로써 십자가를 본받는 삶이다. 곧, 십자가를 본받는 **믿음**(cruciform *faith*)이다.

2. 다음 몇 가지 패턴들(2번~8번)을 종합하여 추출한 두 번째 패턴은 다른 사람들을 생각하여 스스로 자기 자신을 비우고 자기 자신을 내어줌으로써 십자가를 본받는 삶이다. 곧, 십자가를 본받는 **사랑**(cruciform *love*)이다.

3. 9번~12번 패턴에 상응하는 세 번째 패턴은 (역설 같지만) 고난을 통해 생명을 얻고 약함 속에서 변화를 일으키는 능력을 체험함으로써 십자가를 본받는 삶이다. 곧, 십자가를 본받는 삶의 **능력**(cruciform *power*)이다.

4. 십자가 내러티브 중 마지막 패턴에서 발견되는 네 번째 패턴은 역전의 패턴이다. 이 패턴은 부활과 높이 들림에 필요한 전주곡으로 십자가를 본받

는 삶을 이해하는 것이다. 곧, 십자가를 본받는 삶의 **소망**(cruciform hope)이다.

따라서 바울의 십자가 이야기는 믿음, 사랑, 능력, 소망의 이야기다. 바울이 말하는 십자가 이야기에는 여러 패턴들이 한데 들어있는데, 이 패턴들은 핵심 이야기(빌 2:6-11)가 갖고 있는 각 차원들과 일치한다. 바울은 이 믿음, 사랑, 능력, 소망의 이야기를 전개할 때, 믿음의 이야기로 이해한 것은 순응(compliance)이라는 패턴들을, 사랑의 이야기로 이해한 것은 포기라는 패턴들을, 능력의 이야기로 이해한 것은 역설이라는 패턴들을, 소망의 이야기로 이해한 것은 역전이라는 패턴들을 사용하여 이야기한다. 십자가를 본받는 삶의 네 가지 기본 패턴들은 바로 이 믿음, 사랑, 능력, 소망이라는 십자가의 네 가지 기본 패턴들과 일치하고 있다.

이 네 가지 기본 패턴들, 곧 십자가를 본받는 믿음과 사랑, 십자가를 본받는 삶의 능력과 소망은 각각 앞으로 이어질 일곱 개 장 중 한 장 또는 둘 이상의 장의 주제가 될 것이다. 각 장 또는 둘 이상의 장에서 각 기본 패턴들을 다룰 때는, 우선 십자가를 본받는 삶의 특정 패턴을 만들어내는 십자가 내러티브들을 살펴본 다음, 십자가를 본받는 삶을 바울이 체험하고 묘사하는 그대로 꼼꼼하게 살펴보도록 하겠다. 이때 그리스도 이야기, 바울 이야기, 그리고 바울이 서신을 써 보내는 공동체들 이야기 사이에는 어느 경우에나 늘 긴밀한 연관성이 존재하고 있다.[30] 하지만 세상 속에서 다양한 차원으로 나타난 이 십자가 이야기를 계속하여 살펴보기에 앞서, 우리는 우선 십자가 이야기를 더 큰 이야기의 틀 속에서 간략히 짚어보아야 한다.

이번 장과 그 앞장들에서 우리는 그리스도뿐 아니라 하나님도 십자가 이야기의 주인공이심을 거듭 알게 되었다. 십자가는 하나님의 사랑과 능력과 지혜뿐만 아니라, 심지어 그분의 약함과 어리석음까지 계시한다. 십자가는 예수의 신실하심과 함께 하나님의 신실하심도 계시한다. 예수가 십자가에서 죽임을 당하시고 나중에 높이 들림을 받은 사건은 하나님께 영광을 가져다

---

30) "진정한 사도직에는 교회의 다른 모든 구성원들의 임무와 다른 임무들이 포함될 수 있다. 그러나 교회가 만든 절대적이고 결정적인 기준이 사도와 다른 그리스도인들을 구분해주지는 않는다. 진정한 사도는 십자가에 못 박히신 그분의 제자다"(Käsemann, "Saving Significance," 58).

준다. 다시 말해, 십자가는 독립된 이야기가 아니라, 하나님의 보편적, 우주적 이야기를 구성하는 일부이다.[31]

십자가는 이스라엘 민족과 하나님의 이스라엘(로마서 9-11장은 이 이스라엘에 "접붙임을 받은" 이방인들도 들어간다고 말한다)을, 첫째 아담과 둘째 아담을, 우주의 창조와 우주의 구속을 연결해준다. 바로 이런 이유 때문에 "십자가의 도"가 "하나님의 복음"이요 "하나님의 복음"이 "십자가의 도"다. 바울이 말하는 십자가 내러티브들은 바울의 청중들과 독자들에게 믿음과 사랑과 능력과 소망 가운데 십자가를 본받음으로써 이 하나님의 드라마와 이야기에 동참하라고 권면한다.[32] 우리는 이런 맥락 속에서 십자가를 본받는 삶이 함유하고 있는 이런 여러 차원들을 하나하나 살펴볼 수 있을 것이다.

---

31) 이 더 큰 이야기에 관한 내용은 특히 N. T. Wright, *The New Testament and the People of God* (Minneapolis: Fortress, 1992), 403-9(『신약 성서와 하나님의 백성』, 크리스챤다이제스트 역간)을 보라. 여기서 제시하는 중요한 시각은 곧 나올 바울에 관한 책에서 더 완전한 형태로 다듬어져 나올 예정이다. 아울러 Ben Witherington III, *Paul's Narrative Thought World: The Tapestry and Triumph* (Louisville: Westminster/ John Knox, 1994)를 보라.
32) 베커(*Paul*, 374-75)는 바울을 "자신의 복음 체험을 토대로 생각하고 삶을 살아간" 사람이라고 평하면서, "하나님은 복음을 통하여 부르시고, 사람들은 믿음과 사랑과 소망으로 응답한다"는 것이 바울의 "기본 사상"이라고 말한다.

제5장 옮긴이 주

[1] 여기 실어놓은 본문은 지은이가 제시한 본문을 번역한 것이므로 개역개정판과 다소 차이가 있다. 개역개정판과 차이가 있는 부분은 해당 본문 아래에 괄호로 표시해놓았다.

[2] 옮긴이는 지은이가 헬라어 분사와 분사 구문을 살려 영문으로 옮기려 한 점, 이를 통해 헬라어 구문과 바울이 말하는 내러티브 패턴의 연관관계를 영문으로나마 맛볼 수 있도록 배려한 점, 그러나 분사나 분사 구문이 우리말에는 없다는 점, 지은이가 자신의 번역과 비교하는 대상으로 제시한 NRSV 본문과 개역개정판 사이에 큰 차이가 없는 점을 고려하여, 일단 영문인 NRSV 본문을 제시하고 괄호 안에 개역개정판 본문을 표시한 다음, 비교대상인 지은이 자신의 번역문은 원문을 기록하고 괄호 안에 우리말 번역문을 실어놓았다.

"너희 안에 이 마음을 품으라 곧 그리스도 예수의 마음이니"

빌립보서 2장 5절

6장

십자가를 본받는 믿음(I)

바울, "근본적 선택", 그리고 예수 그리스도를 믿는 믿음

앞장에서 시사했듯이, 십자가를 본받는 삶은 믿음과 사랑과 능력과 소망으로 나타난다. 우리는 이번 장과 다음 장에서 바울이 체험하고 이해한 믿음의 내용을 살펴보겠다. 바울 서신을 대충만 훑어보아도 "믿음"이 바울의 체험과 신학에서 중심부를 차지하고 있음을 알 수 있다. 바울에 관하여 다른 무언가를 알고 있는 사람들도 바울을 믿음으로 의롭다 하심을 얻는다는 원리와 한데 묶는 경우가 자주 있다.

신앙은 신경이 확언하는 일체의 내용에 지식으로 동의하는 것도 포함하지만 바울이 말하는 신앙은 분명 이런 동의만을 가리키는 게 아니다. "신뢰"도 신앙에 필요한 요소이지만, 신앙은 단순히 신뢰만을 의미하는 것도 아니다. 바울이 볼 때, 믿음에서는 체험이 분명한 출발점이 되는 경우가 종종 있지만, 그렇다고 믿음이 오직 체험을 우선시하는 것도 아니다. 바울은 "믿음으로 의롭다 함을 받는다(이신칭의)"를 주창하고 이것이 그리스도와 하나가 되는 첫 걸음이라고 이해하지만(아울러 이 두 가지를 논하고 있지만), 신자들이 믿음을 견지하는 것을 중단하길 원하지 않는다.

바울이 말하는 믿음을 이해하기가 더 어려운 이유는 언어학적 사실 때문이다. "믿음"(pist라는 어근)이 헬라어에서는 명사인 동시에 동사일 수 있다. 그러나 영어는 이 pist와 연관된 명사와 동사로 "belief"와 "believe"를 갖고 있으나, 명사 "faith"에 상응하는 동사는 갖고 있지 않다.[1] 더욱이 헬라어 명사 피스티스(pistis)는 "지적 확신(belief)"뿐 아니라 "신실함(faithfulness)"을 의미할 수도 있다. 그렇다면 바울은 믿음을 무엇이라고 보는가? 이번 장에서 우리는 **믿음이 메시아이신 예수가 보여주신 신실함을 토대로 시종일관 십자가를 본받는 삶을 살아가는 것임**을 살펴보겠다. 다음 장에서는 믿음의 특성을 더 꼼꼼히 살펴보고, 특히 "이신칭의"가 십자가를 본받는 삶과 관련하여 가질 수 있는 의미를 살펴보도록 하겠다.

내러티브 자세로서 믿음(Faith as Narrative Posture):
올바른 방향으로 "근본적 선택(Fundamental Option)"을 하다

바울이 사용하는 많은 단어들과 마찬가지로, "믿음" 역시 여러 의미를 지닌 용어다. 본질적으로, 바울은 하나님의 복음, 곧 십자가의 도에 사람이 보여야 할 적절한 응답을 믿음이라는 한 단어로 간결하게 표현한다.

> 그러므로 믿음은 들음에서 나며 들음은 그리스도의 말씀으로 말미암았느니라
> (롬 10:17)

> 주의 말씀이 너희에게로부터 마게도냐와 아가야에만 들릴 뿐 아니라 하나님을 향하는 너희 믿음의 소문이 각처에 퍼졌으므로 우리는 아무 말도 할 것이 없노라(살전 1:8)

바울은 특히 이방인들을 "믿어 순종케 하는 것을" 자신의 사명으로 보았

다(롬 1:5, 16:26; 참고, 갈 5:7). 요컨대 믿음은 복음을 듣고 하나님 앞에서 가져야 할 올바른 "자세"다. 한 바울 주석가가 말했듯이, "믿음은 자아의 문을 열어 삶을 바꾸시는 하나님의 능력을 받아들이게 하시는 하나님의 주도권에 올바로 응답하는 것이다."[1] 이런 이유 때문에 일부 바울 해석자들은 바울이 말하는 믿음을 순종(가령, 루돌프 불트만, 루크 존슨), 성실 내지 신실함(리처드 헤이스), 복종 내지 헌신(조지프 피츠마이어)으로 이해했는가 하면, 심지어 "회개"로 이해한 사람(앨런 시걸)도 있었다.[2] 각 해석자들의 이해 속에는 각기 커다란 진리가 들어있다.

근본적 선택

바울이 말하는 의미에 비춰볼 때, 어떤 사람이 하나님을 향한 믿음을 그가 나아갈 기본 방향으로 설정했을 경우, 이를 표현할 수 있는 또 한 가지 방법이 있다. 유익한데도 잘 쓰지 않는 이 표현 방법은 바로 "근본적 선택(fundamental option)"이라는 문구다. 이 말은 주로 로마 가톨릭교 윤리학에서 사용하는데, 기본적으로 인간이 나아가는 방향은 하나님을 향하거나 하나님과 동떨어져 있다는 바울의 생각을 간결하게 표현한 것이다.[a] 바울이 볼 때, 방향을 올바로 설정한 근본적 선택은 그 사람이 하나님과 올바른 관계를 맺을 수 있게 해준다. 우리는 이런 올바른 근본적 선택을 그 사람이 하나님 앞에

---

1) Sam K. Williams, *Galatians*, Abingdon New Testament Commentaries (Nashville: Abingdon, 1997), 143.
2) 순종: Rudolf Bultmann, *Theology of the New Testament*, 2 vols., trans. Kendrick Grobel (New York: Charles Scribner's Sons, 1951, 1955), 1:314; Luke Timothy Johnson, *Reading Romans: A Literary and Theological Commentary* (New York: Crossroad, 1997), 54, 60 등등. 성실/신실함: Richard B. Hays, *The Faith of Jesus Christ: An Investigation of the Narrative Substructure of Galatians 3:1-4:11*, SBLDS 56 (Chico, CA: Scholars Press, 1983), 248-51 등등; Richard B. Hays, "Christology and Ethics in Galatians: The Law of Christ," *Catholic Biblical Quarterly* 49 (1987): 279-80. 복종/헌신: Joseph A. Fitzmyer, *Paul and His Theology: A Brief Sketch*, 2nd ed. (Englewood Cliffs, NJ: Prentice Hall, 1989), 84-85. 회개: Alan Segal, *Paul the Convert: The Apostolate and Apostasy of Saul the Pharisee* (New Haven: Yale University Press, 1990), 121("원점부터 방향을 철저히 재설정하고 헌신하는 것"이 "바울 자신의 회개 패러다임"이었다). 헤이스는 믿음을 신실함으로 해석하면서도 이 믿음 안에 신뢰와 순종을 포함시킨다는 점을 유념하라.

서 가지는 올바른 자세라고 부를 수도 있겠다.

"근본적 선택"이라는 개념은 현대 가톨릭 윤리 신학의 필수 요소인데도, 성경 신학이나 가톨릭 윤리학 이외의 윤리학이나 영성 분야에서는 대개 쓰고 있지 않다. 심지어 로마 가톨릭 신학자들조차도 이 근본적 선택이라는 말 자체를 다양하게 해석하고 있다. 나는 이 말의 해석을 둘러싼 논의에서 쏟아져 나온 이 말의 여러 뉘앙스들을 여기서 다룰 생각이 없다. 또 개신교 신자인 내가 어느 로마 가톨릭 윤리 신학자만큼이나 이 말을 정확하게 사용하고 있다는 주장도 하지 않겠다. 그러나 "근본적 선택"이라는 말 자체는 아주 유익한 것이다.

근본적 선택에 관한 논의에서 아주 영향력 있는 참여자 중 하나인 조지프 푹스(Joseph Fuchs)는 서로 연관되어 있는 다양한 문구들을 활용하여 이 근본적 선택 개념을 설명한다. 따라서 그의 시각을 잠시 검토해보는 것이 유익할 것이다.[3] 푹스는 근본적 선택을 그리스도 안에서 제시된 하나님의 사랑과 은혜를 받아들일 것인지 아니면 거부할 것인지 결정하는 기본적 결단이라고 본다.[4] 이 선택은 인간의 "자유롭고 기본적인 자기 헌신으로서, 이는 결국 하나님을 사랑하는 데 자기를 바치든지 아니면 이를 거부하는 것"이다.[5] 푹스는 로마서 1:18-31을 언급하다가, 죄들(sins, 복수)과 죄(sin, 단수)를 구분하고 있는 바울의 글 속에서 푹스 자신의 시각이 그대로 나타나고 있음을 발견한다. 여기서 단수로 표현된 죄는 "비난받아 마땅한 불신앙이라는 한 가지 죄"를 말한다.

> 온갖 종류의 많은 죄들은, 실상 따지고 보면 결국 특정한 종류의 죄에 속한다는 차원을 넘어 더 많은 것을 시사한다. 이 죄들은 구원을 베푸시는 하나님 앞에 선 한 개인이 자유롭게 결정한 근본 성향 전체를 표현하는 것이다. 결국 수많은 죄들을 하나하나 들여다보면, 그 가장 깊은 밑바닥에는 그런 총체적 성향이 자

---

3) Joseph Fuchs, "Basic Freedom and Morality," in Ronald P. Hamel and Kenneth R. Himes, eds., *Introduction to Christian Ethics: A Reader* (New York: Paulist, 1989), 187-98. 푹스는 근본적 선택이 "활동을 촉진시켜주는" 기본적 의지(basic intention)를 가리키는 말로 보통 "기본적 자유(basic freedom)"라는 말을 사용한다. 이 6장은 푹스가 쓴 책 *Human Values and Christian Morality* (Dublin: Gill and Macmillan, 1970)에서 그 내용을 가져왔다.
4) Fuchs, "Basic Freedom and Morality," 195-96 등등.
5) Fuchs, "Basic Freedom and Morality," 188.

리 잡고 있다.

> 모든 죄들(복수)의 근본 실체로서 이 죄들 속에 자리하고 있는 죄(단수)는 자기 자아에 만족하여 우리에게 구원을 베푸시는 하나님의 사랑을 받아들이길 거부하는 것이다.[6]

근본적 선택이 올바른 결정과 표현으로 나타난 것이 하나님 그리고 하나님이 우리 각 사람들에게 제시하시는 요구에 "우리 자아를 완전히 내던지는 총체적 행동"이다.[7] 이 행동은 "우리 사람들을 지으셨으므로 우리에게 가장 큰 권리를 주장하실 수 있는 그분의 처분에 우리 사람들이 자신을 무조건 내맡기는 것이다."[8] 이렇게 "기본적 자유 안에서 행동하게 된" 사람은 다음과 같다.

> 자신의 기본적 의지를 자기 존재와 삶의 모든 부분과 결합시킨다. 그 결과, 은혜는 한 인간의 중심으로부터 그 삶의 모든 영역들 속으로, 그가 자유롭게 선택한 수많은 행위들 속으로 침투해 들어갈 뿐 아니라 이들을 넘어 세상을 만들어 내는 차원까지 나아간다.[9]

이 근본적 선택, 곧 기본적 자유의 표현(다시 말해, 자신의 자유로운 뜻에 따라 자기를 헌신하는 것)[10]이 올바른 방향을 잡아 하나님을 향하게 되면, 이를 우리는 "하나님을 사랑함(love of God)"이라고 부를 수 있겠다.[11] 따라서 하나님을 사랑하는 것은 (적절한) "기본적 의지"다. 그것은 "모든 것을 버리고 하나님을 사랑하는 데 자신을 바치는 것"이다. 이렇게 자기를 헌신하여 하나님을 사랑하

---

6) Fuchs, "Basic Freedom and Morality," 191, 196.
7) Fuchs, "Basic Freedom and Morality," 189.
8) Fuchs, "Basic Freedom and Morality," 188.
9) Fuchs, "Basic Freedom and Morality," 197. 우리는 바울을 논의할 때 이런 점을 다시 듣게 될 것이다.
10) 푹스는 하나님의 은혜를 받아들이거나 거부하는 행위가 "기본적 자유"를 행동으로 옮긴 것이라고 본다. 기본적 자유는 자신의 자유로운 자기 결정에 따라 하나님을 향해 나아갈지 결정하는 것이다. 이렇게 결정된 방향은 하루하루 삶속에서 이루어지는 자유 선택들을 통해 밖으로 나타나게 된다.
11) Fuchs, "Basic Freedom and Morality," 188.

는 것이 "실제로 하나님과 나누는 근본적 사귐"의 구성 부분이다.[12] 하지만 이 근본적 사귐에 "필요한 자기 헌신"이 이루어질 수 있으려면, 오직 다음과 같은 경우에만 가능하다.

> 인간의 정욕이라는 이기주의를 극복하고 **하나님 아버지의 아들로서 사람이 되신 그분을 본받아** 하나님 아버지께 자기를 내드려야 한다. 다시 말해, 그런 자기 헌신은 **오직 은혜 안에서만** 가능하다. 그렇지 않다면, 구원은 (인간) 자신의 능력에 좌우될 것이다.[13]

루이스 마틴(J. Louis Martyn)은 바울을 평하면서, 인간이 자유 의지로 하나님께 굴복하고 하나님을 신뢰하려면 은혜가 필요하다는 점을 훨씬 더 강하게 역설한다.

> 우리가 하나님을 신뢰할 때, 우리는 하나님의 조건 없는 은혜가 우리 안으로 침투해 들어왔다는 신호를 보내며, 하나님이 특히 우리의 의지라는 장소로 침투해 들어오신다는 것을 고백한다고 바울은 말하곤 했다. 바울은 의지의 자유를 전제하지 않고(참고, 호 5:4), 도리어 하나님과 이웃을 기꺼이 섬기려면 그 자유 의지를 치워버려야 한다고 말한다.[14]

다시 말해, 사람은 자신을 하나님께 내어드려야 하지만 그런 일이 이루어지려면 그 사람 밖에서 유래한 은혜와 능력이 있어야 한다. 아래에서 보겠지만, 바울은, 더 구체적으로, 인간이 죄의 권세 아래 있는 이상(이를테면, 롬 3:9), 인간에게는 하나님을 멀리하려는 인간의 그릇된 성향에서 그들 자신을 해방시켜줄 하나님의 행위가 필요하며, 이런 하나님의 행위가 있어야 인간이 "하나님 아버지께 자신을 내어드릴 수 있다"고 말하곤 했다. 역설 같지만, 푹스도

---

12) Fuchs, "Basic Freedom and Morality," 193-94.
13) Fuchs, "Basic Freedom and Morality," 195(지은이 강조).
14) J. Louis Martyn, *Galatians: A New Translation with Introduction and Commentary*, Anchor Bible 33A (New York: Doubleday, 1997), 271, n.173.

어떤 사람이 사랑으로 하나님(그리고 다른 사람들)께 자신을 내드릴 때 사람은 자아를 실현하게 된다고 강조한다.[15]

이스라엘이 생각한 믿음

이 근본적 선택이라는 개념을 올바로 정립하여 "하나님을 사랑하는 데 자기를 헌신하는 것"으로 이해할 경우, 야훼께 온전히 헌신하라는 성경의 요구를 떠올리게 된다. 이스라엘은 "다른 신들을 갖지 말아야" 했고 우상을 만들거나 우상에게 경배하는 일을 하지 말아야 했다(출 20:3-6, 신 5:6-8). 야훼 하나님의 견고한 사랑 내지 긍휼이 담긴 신실하심에 이스라엘은 혼인에 비유할 수 있는 언약의 유대 관계(가령, 호세아서) 안에서 절대적이고 영원한 사랑과 신실함으로 응답해야만 했다. 때문에 이스라엘은 늘 하나님이 한 분이심을 선언하곤 했는데, 이는 단지 어떤 신학 명제를 강조하는 차원을 넘어 확고한 헌신을 요구하는 것이기도 했다. **쉐마**(*shema*, "들으라!")로 부르는 신경의 첫머리는 이 점을 분명하게 이야기한다.

> 이스라엘아 들으라. 우리 하나님 여호와는 오직 유일한 여호와이시니 너는 마음을 다하고 뜻을 다하고 힘을 다하여 네 하나님 여호와를 사랑하라(신 6:4-5)

구약의 증언에 따르면, 이스라엘은 하나님을 향한 사랑을 하나님의 주도권에 대한 총체적이고 복합적인 응답으로 본다. 하나님을 향한 사랑은 정서적 차원과 윤리적 차원(혹자는 이를 "정치적" 차원으로 말할지도 모르겠다)을 갖고 있다. 정서적 차원이 자기를 내어줌, 헌신, 그리고 신뢰로 이루어져 있다면, 윤리적 차원은 "들음(hearing)", 충성, 그리고 순종으로 이루어져 있다.[16]

---

15) Fuchs, "Basic Freedom and Morality," 188, 195 등등. 우리는 바울의 글에서 이 점의 반향(反響)을 다시 듣게 될 것이다.
16) 하나님을 향한 사랑이 지닌 차원들을 살펴보려면, Walter Brueggemann, *Theology of the Old Testament: Testimony, Dispute, Advocacy* (Minneapolis: Fortress, 1997), 419-20을 보라. 브루그만은 하나님을 향한 이스라엘의 사랑이 지닌 이중성을 "정서적"이라는 말과 "정치적"이라는 말

시편은 특히 하나님을 향한 사랑의 정서적 차원을 표현하는 반면 신명기의 또 다른 본문은 하나님을 향한 사랑이 함축하고 있는 윤리적 의미 내지 정치적 의미를 설명해준다.

> 너희 중에 선지자나 꿈꾸는 자가 일어나서 이적과 기사를 네게 보이고 그가 네게 말한 그 이적과 기사가 이루어지고 너희가 알지 못하던 다른 신들을 우리가 따라 섬기자고 말할지라도 너는 그 선지자나 꿈꾸는 자의 말을 청종하지 말라. 이는 너희의 하나님 여호와께서 너희가 마음을 다하고 뜻을 다하여 너희의 하나님 여호와를 사랑하는 여부를 알려 하사 너희를 시험하심이니라. 너희는 너희의 하나님 여호와를 따르며 그를 경외하며 그의 명령을 지키며 그의 목소리를 청종하며 그를 섬기며 그를 의지하라(신 13:1-4)

따라서 하나님을 사랑한다는 것은 "정치적 관용어"요, "야훼의 정책들을 지키겠다고 맹세하는 것"이다. 하나님을 사랑한다는 것은 "결국 야훼 이외의 모든 것에 대한 사랑과 충성을 거부한다는 의미다."[17] 요컨대 하나님을 향한 사랑은 **믿음**("신뢰")과 **신실함**을 의미한다.

예수의 가르침과 다른 곳에서 나타나고 있는 유대 전승은 하나님을 사랑하라는 이 계명을 이웃을 사랑하라는 계명과 함께 묶어 율법의 대요(大要)로 이해했다.[18] 선지자들이 서술한대로, 이스라엘의 죄들과 신실치 못함은 이 두 근본 계명을 여러 모양으로 어긴 것으로 요약할 수 있다. 아니면 더 간단하게, 이스라엘은 하나님과 맺은 언약을 지키지 않았다고 말할 수 있겠다. 이스라엘을 사랑하시는 하나님을 사랑하는 것은 늘 이웃을 사랑하는 것으로 이어지

로 표현한다(The Covenanted Self: Explorations in Law and Covenant, ed. Patrick Miller [Minneapolis: Fortress, 1999], 65). 아울러 그는 하나님이 명령하신다는 것(Theology, 181-86) 그리고 야훼의 "첫 번째 계명은 오직 당신께만 충성하라"(183)는 것이 바로 이스라엘의 "근본적 신앙고백(fundamental testimony)"이라고 주장한다. 따라서 이스라엘의 첫 번째 과업은 **야훼께 순종하는 것**(417, 454-56 등등), 다시 말해 **야훼를 사랑하는 것**(420)이다. 그러므로 이 순종을 불행한 의무나 무조건 동의로 이해해서는 안 된다(도리어 하나님과 사귐을 가지려는 깊은 욕구[420-21을 보라]나 자기주장 및 의문 제기를 포함하는 동의로 이해해야 한다).

17) Brueggemann, *Covenanted Self*, 65, 50.
18) 예수의 가르침을 보려면, 막 12:28-34, 마 22:36-40, 눅 10:25-28을 보라.

기 때문이다. 언약의 두 측면, 하나님을 사랑하는 것과 이웃을 사랑하는 것은 같은 말이 아니지만, 이 둘은 결코 분리할 수 없다.[19]

바울이 말하는 근본적 선택과 믿음

올바른 방향을 잡은 근본적 선택이라는 푹스의 개념과 인간의 신실함을 하나님을 온전히 사랑하는 것으로 이해하는 이스라엘의 전통은 바울의 사상과 체험 속에서 많은 메아리를 낳고 있다. 그러나 우리가 1장에서 언급했듯이, 바울은 단지 가끔씩 하나님을 향한 인간의 **사랑**을 이야기할 뿐이다. 위에서 언급한 것처럼, 하나님을 사랑한다는 것은 "신뢰"와 "신실함"이라는 두 가지 의미를 갖고 있지만, 동시에 "믿음"이라는 말로도 표현할 수 있다. 그 이유가 무엇이든, 바울은 자신이 유대교로부터 물려받은 유산을 통해 알고 있던 하나님께 보여야 할 포괄적이고 올곧은 반응을 이야기할 때 이 믿음이라는 말을 즐겨 쓴다. 바울이 볼 때, 올바른 방향을 잡은 근본적 선택을 표현하는 핵심 용어는 사랑이 아니라 **믿음**이다. 믿음은 인간이 하나님 앞에서 가져야 할 올바른 자세다. 믿음은 마음을 다 쏟는 것(devotion)이요, 온전한 헌신이며, 신실함이다. 더욱이 우리가 바울의 영성을 더 꼼꼼히 살펴볼 때 보게 되겠지만, 믿음은 늘 다른 사람들을 향한 사랑을 낳는다.

바울이 볼 때 근본적 선택의 올바른 방향, 다시 말해 인간이 하나님 앞에서 가져야 할 올바른 자세를 정의해주는 것은 바울 자신의 체험이나 (아브라함 같은) 그의 선배들의 체험이나 (데살로니가 신자들이나 고린도 신자들처럼) 그와 같은 시대를 사는 사람들의 체험만이 아니다. 이번 장에서 보게 되겠지만, 근래 바울 해석자들은 바울이 신자들뿐만 아니라 예수까지 "믿음"의 주체로 보는

---

19) 미가서에 있는 유명한 본문(6:8), "사람아 주께서 선한 것이 무엇임을 네게 보이셨나니 여호와께서 네게 구하시는 것은 오직 정의를 행하며 인자를 사랑하며 겸손하게 네 하나님과 함께 행하는 것이 아니냐"는 이 불가분성을 아주 잘 보여주고 있다. 브루그먼은, 적어도 한 번, "하나님을 사랑하는 것과 이웃을 사랑하는 것이 두드러지게 일치하는 점"을 야훼의 파트너인 이스라엘의 "삶과 소명에서 가장 특색 있고 독특한 점"이라고 이야기한다(Theology, 424). 하지만 그가 하나님을 사랑하는 것과 이웃을 사랑하는 것(또는 야훼와 사귐을 갖는 것 및 정의)을 완전한 삶, 성실한 삶의 구성 요소로 말하고 있는 점은 더 적절하다고 하겠다(428-30).

것에 주목했다. 예수가 참 사람이시자 하나님이 보내신 메시아로서 취한 "근본 태도(fundamental stance)"는 하나님께 신실하게 순종하는 자세였다. 이런 자세는 그의 죽음에서 극명하게 표현되었다. (위에서 보았듯이, 푹스가 "하나님 아버지의 아들로서 사람이 되신 그분을 본받아" 우리 자신을 하나님께 내드려야 한다고 말하는 것 역시 바울의 주장과 평행을 이룬다.) 샘 윌리엄스(Sam K. Williams)가 써놓은 말대로, "그리스도인들의 믿음은 그리스도의 믿음이다. 그것은 곧, 그리스도가 본을 보여주신 하나님과 인간의 관계이자, 그리스도가 행동으로 보여주신 **삶의 태도**다. 이 삶의 태도는, 이 태도로 그리스도께서 살다 죽으셨기 때문에 이제는 그리스도 안에서 살아가는 모든 개인의 실존을 규정한다."[20]

바울의 근본적 체험과 시각의 중심에는 바로 이 믿음과 죽음, 믿는 것과 죽는 것을 서로 연결하는 작업이 자리하고 있다. 그리스도는 순종하는 신실하심을 죽음으로 보여주셨다. 죽음으로 표현된 이 신실하심과 마찬가지로, 신자의 믿음(신자의 체험에서 모퉁잇돌이 되는 것)역시 시종일관 해방을 주고 생명을 주는 "죽음"이다. 바울은 하나님께 죽음으로 믿음을 표현하는 이런 반응을 "믿음의 순종"(롬 1:5, 16:26)[d]이라 부른다. 앞으로 보겠지만, 이 믿음은 어쨌든 그리스도가 보여주신 온전한 헌신 내지 "믿음"과 유사하다. **따라서 인간에게 합당한 근본적 태도도 역시 믿음이며, 이 믿음은 시종일관 십자가를 본받는 삶을 체험하는 것을 의미한다.**[21]

"태도", "삶의 태도"(윌리엄스), 또는 "자세"라는 말은 움직임이 없는 상태

---

20) Sam K. Williams, "Again Pistis Christou," *Catholic Biblical Quarterly* 49 (1987): 446.
21) 로버트 태니힐(*Dying and Rising with Christ: A Study in Pauline Theology* [Berlin: Alfred Töpelmann, 1966], 6)도 비슷한 언급을 하면서, 바울의 글에는 "그리스도와 함께 죽음을 말하는 두 종류" 본문이 있다고 말한다. "과거의 결정적 사건"을 언급하는 본문과 "현재의 체험"을 언급하는 본문이 그 두 종류인데, 전자는 새로운 삶의 기초를 이루고 후자는 새로운 삶의 구조를 이룬다고 한다. 찰스 코스그로브(*The Cross and the Spirit: A Study in the Argument and Theology of Galatians* [Macon, GA: Mercer University Press, 1988], 179)도 갈라디아서를 다루면서, 이 두 가지를 각각 그리스도와 함께 "우주적 차원"에서 십자가에 못 박히는 것과 "실존적 차원에서" 십자가에 못 박히는 것이라고 말한다. 태니힐(*Dying and Rising with Christ*, 123-27)은 이 이중 체험을 옛 자아의 죽음을 의미하는 믿음과 연결한다. 반면 코스그로브(*Cross and Spirit*, 176-77)는 그리스도와 함께 죽는 것을 믿음과 연결할 때 태니힐보다는 더 조용하게 접근하는 입장이다. 하지만 불행하게도 이 두 사람은 모두 그리스도와 더불어 현재 십자가에 못 박히는 것을 주로 고난으로 국한하여 좁게 보고 있다(Cosgrove, *Cross and Spirit*, 184 등등; 태니힐은 "윤리적 행동"에 다소 주목하긴 하지만[*Dying and Rising with Christ*, 77-83], 고난에 초점을 맞춘다[*Dying and Rising with Christ*, 84-123]).

(static position)를 시사하는 것일 수도 있지만, 그런 "움직임이 없는 고요함"은 바울의 믿음 체험과 거리가 멀다. 바울은 하나님을 향한 이런 자세를 역동적인 것, 늘 부동(inaction)이 아니라 활동(action)을 촉구하는 것으로 본다. 그러나 우리가 앞으로 보겠지만, 이런 활동은 비록 완전히 예견할 수는 없어도 정연하게 질서가 잡혀 있다. 이런 활동은 어떤 패턴을 갖고 있으며 어떤 이야기를 펼쳐놓는다. 따라서 우리는 바울이 믿음을 하나님을 향한 올바른 **내러티브** 자세로 보고 있다고 말할 수 있다. 이 자세는 역동적 자세로서 운동과 활동을 포함하고 있다. 앞으로 보겠지만, 이 자세에서는 믿음이 곧 신실함이자, 십자가를 본받는 삶을 통한 순종을 의미한다.

우리는 먼저 이번 장 나머지 부분에서는 십자가에서 체현된 예수의 근본적 내러티브 자세와 이 자세가 다른 사람들에게 끼치려 한 영향을 바울이 어떻게 이해하고 있는지 살펴보도록 하겠다. 이어 다음 장에서는 신자들의 믿음, 곧 바울이 십자가를 본받는 삶이라고 말하는 내러티브 자세(또는 올바른 방향으로 결정된 근본적 선택)를 살펴보도록 하겠다.

십자가의 도

종말론적 해방 사건인 십자가

순종과 신실함을 표현하는 그리스도의 죽음에 관한 바울의 해석을 완전하게 이해하려면, 먼저 인간의 상태에 관한 바울의 견해를 이해해야 한다. 물론 인간 문제에 관한 바울의 견해를 규정해준 것은(아니면 적어도 그 견해를 정교하게 다듬어준 것은) 그가 그 문제의 해결자, 곧 예수 그리스도를 체험한 사건이었다고 보는 것이 아마 옳을 것이다. 그렇지만 우리는 우선 인간이 처한 곤경에 관한 바울의 분석부터 살펴봐야 한다.

바울은 종말론적 시대에 살았으며 중요한 종말론적 확신들을 품고 있었다. 종말 사상은 장차 임할 의와 평강의 시대를 내다보면서, 이 시대를 악과 불의의 시대로 정의한다. 바울은 이런 사고를 물려받아 철저하게 적용했다. 근본적으로 바울은 인간이 인간을 대적하고 하나님을 대적하는 실체들과 세력들로 구성된 겸임 이사회(interlocking directorate)[22]의 권세 아래 있다고 믿는다. 아래에서 열거하는 본문들이 보여주듯이, 바울은 이런 세력들에 죄, 죽음, 세상, 이 세대, 우상과 우주의 권세들, 사탄("이 세대의 신"), 육(肉), 그리고 심지어 자아라는 이름을 붙인다.[23] 더욱이 어쩌면 이 세력들 가운데 가장 가까이

---

22) 나는 이 말을 대니얼 베리건(Daniel Berrigan)이 1970년대에 죽고 죽이는 문화 네트워크를 가리키는 말로 만들어 썼던 "죽음의 겸임 이사회(interlocking directorate of death)"라는 충격적 문구에서 빌려왔다. 베리건은 이 네트워크가 미국 국방부부터 낙태 클리닉까지 퍼져 있다고 말했다.

23) 보통 "육"으로 번역하는 헬라어 sarx의 의미를 바울이 어떻게 보았는가를 놓고 학자들 사이에 많은 논란이 있다. 대다수 학자들은 바울이 이 말을 여러 가지 것을 의미하는 말로 사용했으며, 어떤 때는 중립적 의미를 지닌 말로 사용했지만(이를테면, 인간, 곧 인간이 보통 존재하는 영역을 가리키는 말로 사용), 부정적 의미를 함축한 말로 사용한 경우(이를테면, 영이나 성령의 반대말로 사용)가 잦았다는 데 동의한다. 실제로, 바울의 글에는 sarx의 의미가 스펙트럼처럼 나타난다. 아마도 바울은 "하나로 통합된 sarx 개념"을 갖고 있지 않았던 것 같다(James D. G. Dunn, The Theology of Paul the Apostle [Grand Rapids: Eerdmans, 1998], 70). 존 바클리 같은 학자는 바울이 "육"이라는 말을 사용한 모든 경우를 분석하여 "순전히 인간적인 것(the merely human)"이라는 한 가지 기본 의미를 찾아내 (헬라어 sarx의 의미를 바울이 어떻게 보았는가 하는) 이 문제를 해결하려고 시도한다(John M. G. Barclay, Obeying the Truth: Paul's Ethics in Galatians [Minneapolis: Fortress, 1991], 202-15, 특히 209). 바클리의 견해는 영역 성경인 REB도 널리 따르고 있는 옛 견해를 고친 것이다. 하지만 대다수 학자들은 이렇게 한 면으로만 접근하는 방식을 받아들이지 않는 대신, 바울의 글에서 육이라는 말이 갖고 있는 "부정적" 의미(들)에 초점을 맞춘다. sarx가 함축한 부정적 의미를 해석한 중요 견해 중에는 크게 두 종류가 있다. 하나는 인간론적(또는 심리학적) 견해이고 다른 하나는 종말론적 견해다. 전자는 인간 존재(human person)라는 측면에 초점을 맞춘 것이고, 후자는 그 인간이 굴복하는 권세에 초점을 맞춘 것이다. 육을 종말론적 세력 내지 권세라고 보는 사람들(육을 하나님에 맞서는 우주 차원의 권세[죄와 같은 것이 그 예]로 보는 사람들) 중에는 마틴(J. Louis Martyn, Galatians, 289-94, 485-86, 492-95; 육은 공동체를 공격하고 심지어 그 안에 들어와 살기까지 한다), 나아가 그 이전의 불트만이 있다. 물론 불트만은 "권세들"이라는 언어의 "신화적" 성격을 강조했다(Rudolf Bultmann, Theology of the New Testament, 1: 197-200, 245). 인류학적 견해를 지지하는 사람들은 바울이 말하는 육을 어떻게 이해할 것인가라는 주제를 놓고 몇 가지 변형된 견해를 제시한다. (a)인간론적 차원: 육을 "죄로 가득한 인간 본성"으로 본다(가령, NIV). (b)인간론적 구성요소: 육을 (영이나 혼처럼) 인간을 구성하는 한 측면으로 본다. (c)내면적, 인간론적 세력 또는 권세: 육을 모든 인간을 규정하는 특징 중 일부로서 하나님을 거스르는 충동 내지 성향으로 본다(유대인들이 생각하는 "악한 충동"과 유사하다). (d)인간론적 시각: 육을 태어날 때부터 자기를 중심으로 삼고 하나님을 대적하는 인간 본성 및/또는 연약함과 불충분성으로 본다(가령, Paul W. Meyer, "The Holy Spirit in the Pauline Letters," Interpretation 33[1979]: 12; Dunn, Theology, 70: "육으로 이루어져 늘 육의 욕구와 요구의 조종에 놀아나기 쉬운 인간의 연약함"). 역시 이런 해석들에도 더 많은 뉘앙스들이 존재한다. 나는 바울이 부정적 의미로 사용한 sarx를 정의할 때 위 두 가지 기본적 접근방법을 결합하여 "죄의 권세 아래 있으면서 하나님을 대적하는 죄의 충동질에 조종당하는 자아"로 정의하는 것이 더 만족스럽다고 본다. 이는 또 태어날 때부터 각 사람 안에 자리 잡고 있고 그 안에서 각 사람이 살아가고 있는, 하나님을

있는 세력일 수 있는 죄는 거룩하고 의로우며 선한 법에게 자신을 섬기라고 강요했다.[24]

> 유대인이나 헬라인이나 다 죄 아래에 있다고 우리가 이미 선언하였느니라(롬 3:9하)

> 죄가 사망 안에서 왕 노릇 한 것 같이(롬 5:21)

> 너희가 본래 죄의 종이더니(롬 6:17상; 참고, 6:20상)

> 그러나 너희가 그 때에는 하나님을 알지 못하여 본질상 하나님이 아닌 자들에게 종 노릇 하였더니(갈 4:8)

> 그 중에 이 세상의 신이 믿지 아니하는 자들의 마음을 혼미하게 하여 그리스도의 영광의 복음의 광채가 비치지 못하게 함이니 그리스도는 하나님의 형상이니라(고후 4:4)

> 우리가 육신에 있을 때에는 율법으로 말미암는 죄의 정욕이 우리 지체 중에 역사하여 우리로 사망을 위하여 열매를 맺게 하였더니(롬 7:5)

> 죄가 기회를 타서 계명으로 말미암아 나를 속이고 그것으로 나를 죽였는지라……그런즉 선한 것이 내게 사망이 되었느냐. 그럴 수 없느니라. 오직 죄가 죄로 드러나기 위하여 선한 그것으로 말미암아 나를 죽게 만들었으니(롬 7:11,13상)

> 우리가 율법은 신령한 줄 알거니와 나는 육신에 속하여 죄 아래에 팔렸도다……이제는 그것을 행하는 자가 내가 아니요 내 속에 거하는 죄니라(롬 7:14,17)

대적하는 권세를 의미할 수 있다. 어느 경우든지, 인간론적 해석과 종말론적 해석이 갖고 있는 몇 가지 측면들을 통합할 필요가 있다.

24) 권세들을 더 깊이 다룬 논의를 보려면, 바울과 능력을 다룬 이 책 11장을 보라.

> 그가 모든 사람을 대신하여 죽으심은 살아있는 자들로 하여금 다시는 그들 자신을 위하여 살지 않고 오직 그들을 대신하여 죽었다가 다시 살아나신 이를 위하여 살게 하려 함이라(고후 5:15)[25]

이 세대의 적대적 권세들로 이루어진 이 겸임 이사회는 인류가 영적으로, 도덕적으로 거꾸로 기능하게 만들어버렸다. 바울이 로마서 1-3장에서 열거하듯이, 이런 역기능이 나타나는 모습은 여러 가지지만, 그 뿌리에는 두 가지가 있다. 하나는 제 궤도를 이탈한 하나님과 인간의 관계요, 다른 하나는 역시 제 궤도를 이탈한 인간과 다른 인간의 관계다. 바울은 로마서 첫 몇 장에서 이방인과 유대인을 구분한다. 이방인의 근본 문제(1:18-32)는 우상 숭배(하나님과 그들의 관계에서 바르지 않은 모습)와 부도덕(자기 및 다른 사람들과 그들의 관계에서 바르지 않은 모습)이다. 반면 유대인들의 문제는 자긍심과 굳은 마음(하나님과 그들의 관계에서 바르지 않은 모습, 롬 2:5,25-29) 그리고 위선(자기 및 다른 사람들과 그들의 관계에서 바르지 않은 모습, 롬 2:1-4,17-24)이다. 이 두 문제는 서로 연관되어 있으며, 실제로 분리할 수 없다(가령, 롬 1:24-25, 2:23-24). 이렇게 이방인과 유대인은 모두 자연이나 율법에서 발견되는 하나님의 부르심에 순종하지 않고 있다. 이 둘은 마음과 뜻과 영혼을 다해 하나님을 사랑하지도 않고 이웃을 자신처럼 사랑하지도 않는다. 요컨대 인간은 언약의 두 요소를 모두 지키지 않는다. 인간에게는 바울이 **믿음**과 **사랑**이라고 부르는 것이 존재하지 않는다.

인간은 누구든지, 무엇을 하든지, 자신을 무력하게 만드는 권세들과 끊임없이 커져가는 이 권세들의 영향력의 손아귀에서 벗어날 수가 없다. 말하자면, 인간은 "출구가 없는(no-exit)" 상황(크리스티안 베커)[26]에 빠져 있는 셈이다. 인간은 이 상황에서 벗어나야 하나 자기 자신의 힘으로는 벗어날 수가 없다. 따라서 바울은 인간을 위해 "죄들(sins, 복수)"뿐 아니라 죄를 처리해주고 사람들을 하나님뿐 아니라 다른 사람들과 화해시켜 줄 해결책을 찾아야한다.

---

25) 이 본문의 언어와 구조는 그리스도와 그 사람의 관계가 어떠한가에 따라 서로 다른 두 "소유주들"과 서로 다른 두 "종들"이 있음을 시사한다.
26) 크리스티안 베커(J. Christiaan Beker)가 수업 시간과 세미나 때 즐겨 쓰던 표현이다. 지금 나는 이 말이 들어있던 프린트를 갖고 있지 않다.

바울은 좋은 소식(복음)을 이렇게 말한다.

> 율법이 육신으로 말미암아 연약하여 할 수 없는 그것을 하나님은 하시나니 곧 죄로 말미암아 자기 아들을 죄 있는 육신의 모양으로 보내어 육신에 죄를 정하사 육신을 따르지 않고 그 영을 따라 행하는 우리에게 율법의 요구가 이루어지게 하려 하심이니라(롬 8:3-4)

그 해결책은 한 마디로 그리스도의 십자가다. 그리스도의 십자가는 (우리가 이번 장과 이어질 장들에서 상세히 보게 되겠지만) **예수가 하나님께 신실하심을 보인 것이자, 다른 사람들을 사랑으로 섬긴 것이다.** 이는 "나를 위해 자기 자신을 버리심으로써 나를 사랑하신 하나님 아들의 믿음"(갈 2:20하, 저자 번역)이라는 표현에도 나타난다. 이제 그 영(하나님 아들의 영, 갈 4:6)을 가진 사람들은 이 해결책에 동참함으로써 하나님 및 다른 사람들과 올바른 관계를 맺을 수 있다. 그 영을 가진 사람들은 믿음과 사랑을 내보일 수 있다.

그리스도의 십자가는 믿음으로 응답하는 사람들을 이 시대의 권세들로부터 해방시켜 줌으로써 새 시대를 연다.

> (주 예수) 그리스도께서 하나님 곧 우리 아버지의 뜻을 따라 이 악한 세대에서 우리를 건지시려고 우리 죄를 대속하기 위하여 자기 몸을 주셨으니(갈 1:4)[27]

그리스도는 "때가 차매"(갈 4:4) 보내심을 받았다. 이 "때가 차매"라는 말은, 일부 사람들이 생각하듯이, **로마의 평화**(pax Romana)ᵉ와 이에 따른 혜택들 덕분에 "완벽한 시기가 도래했다"는 말이 아니라, 하나님의 때, 곧 선지자들이 약속했으나 그때까지 사람들이 체험하지 못했던 종말의 순간이 도래했다

---

[27] 아울러 갈 4:1-11,31, 5:1,13을 보라. 바울은 이 본문들에서 신자들이 사망과 종의 처지와 육, 그리고 심지어 율법에서도 해방되었다는 점을 상세히 설명한다. 마틴(*Galatians*, 490)은 바울이 갈라디아서에서 "사람을 종으로 삼은 율법"을 적어도 25차례나 이야기한다고 말한다. 하지만 바울은 로마서에서 신자들이 율법에서 자유를 얻은 것(6:15, 7:1-6)뿐 아니라 율법의 선함도 강조하면서, 죄가 율법을 흡수하여 악한 목적들을 이루려 한다는 이유로 죄를 비판하는데(예, 롬 7:7-13), 이를 통해 아마도 갈라디아서에서 자신이 한 말을 해명하려고 한 것 같다.

는 말이다. 바울은 그리스도의 때를 우리에게 "말세가 임한" 때로 보았다(고전 10:11). 더 정확히 번역해보면, 이 본문은 약속된 시대가 시간의 흐름을 거슬러 악한 이 시대 속으로 침투해 들어와 이루어진 두 시대의 "겹침(overlap)"을 이야기한다. 이렇게 현재와 미래가 겹치는 것은 그리스도의 죽음으로 시작되었다. 따라서 그리스도의 죽음은 종말론적 사건 내지 역사에 종지부를 찍는(apocalyptic) 사건으로 부를 수 있다.

그리스도의 죽음이 그 손아귀에서 인간을 해방시켜준 가장 중요한 권세는 죄다. 그리스도의 죽음은 "죄에 대한" 것, 다시 말해 죄와 관련된 것이었다. 이 죽음으로 말미암아 믿음으로 응답하는 자들에게는 죄의 힘이 영원히 미치지 못하게 되었다.

> 그가 죽으심은 죄에 대하여 단번에 죽으심이요 그가 살아 계심은 하나님께 대하여 살아 계심이니(롬 6:10)

로마서 8:3-4과 비슷하게, 고린도후서 5:21도 사람들이 이전에는 그럴 수 없었으나 이제는 그리스도 안에서 의가 "될" 수 있다고 말한다.

> 하나님이 죄를 알지도 못하신 이를 우리를 대신하여 죄로 삼으신 것은 우리로 하여금 그 안에서 하나님의 의가 되게 하려 하심이라(고후 5:21)

그리스도의 능력이 미치는 영역에서, 인간은 죄로부터 해방되었다. 덕분에 이전에는 불가능했던 것이 이제는 가능하게 되었다. 이제 인간은 더 이상 언약을 거스르는 일을 하지 않게 되었다.

그리스도의 죽음이 그 손아귀에서 인간을 해방시켜 준 권세들 가운데 하나가 자아라는 권세다.[28] 그리스도 밖에 있는 인간들은 그들 자신의 종이 되

---

28) 나는 바울이 현대의 자아 개념을 갖고 있었다고 말하는 게 아니다. 하지만 고대 저술가들이 재귀 구조를 사용한 예들을 연구한 결과가 보여주듯이, 자신과 관련된 적절한 행동과 자신의 적절한 처신의 의미(심지어 그 자신이 타인 또는 자기의 노예 상태에 있는 경우에도)는 고대에도 중요한 관심사였다. 바울의 글과 『에픽테투스의 담화』(Discourses of Epictetus)에서 이 주제를 어떻게 다루고 있는지 살펴본 글을 보려면, Michael J. Gorman, "The Self, the Lord, and the

어 하나님과 다른 사람들이 아니라 그들 자신을 지향하는 부적절한 삶을 살아가고 있다고 바울은 확신한다. 그리스도는 이런 사람들이 그리스도를 위하여 살 수 있도록, 다시 말해 이 사람들이 한 "주"(자아)를 다른 주, 곧 진짜 주로 바꿀 수 있도록 이 사람들을 그들 자신으로부터 해방시켜 주셨다.

> 그가 모든 사람을 대신하여 죽으심은 살아 있는 자들로 하여금 다시는 그들 자신을 위하여 살지 않고 오직 그들을 대신하여 죽었다가 다시 살아나신 이를 위하여 살게 하려 함이라(고후 5:15)

바울은 고린도전서 6:19-20에서도 종의 처지로부터 해방됨을 표현하는 언어를 빌려와 그리스도의 죽음이 가져온 효과들을 강조한다. 이 본문에서 바울은 그리스도의 죽음을 구속에 따른 "값"이라고 부른다.

> 너희는 너희 자신의 것이 아니라 값으로 산 것이 되었으니 그런즉 너희 몸으로 하나님께 영광을 돌리라(고전 6:19-20)

"너희는 너희 자신의 것이 아니라"라는 말은 참이다. 하나님이 "여러분"을 여러분 자신의 소유였던 처지에서, 다시 말해, 여러분의 "소유주" 내지 "주인"이었던 여러분 자신으로부터 구해내셨기 때문이다. 하나님은 신자들을 진짜 주인에게 귀속시키시려고 이 신자들을 그들 자신에게 종살이하던 처지에서 구해내셨다.[29] **한때** 자기 자신의 소유였던 신자들은 **이제 더 이상** 자기 자신의 소유가 아니다. 바울은 갈라디아서 2:19-20에서도 그가 자아와 율법으로부터 해방되었던 체험을 이야기한다.

> 내가 율법으로 말미암아 율법에 대하여 죽었나니 이는 하나님에 대하여 살려

Other: The Significance of Reflexive Pronoun Constructions in the Letters of Paul, with a Comparison to the 'Discourses' of Epictetus," Ph. D. diss., Princeton Theological Seminary, 1989를 보라.

29) Hans Conzelmann, *1 Corinthians*, Hermeneia (Philadelphia: Fortress, 1975), 113.

함이라. 내가 그리스도와 함께 십자가에 못 박혔나니 그런즉 이제는 내가 사는 것이 아니요 오직 내 안에 그리스도께서 사시는 것이라…(갈 2:19-20)[30]

이와 비슷하게, 로마서 6:6도 "옛 자아" 또는 "옛 사람"(palaios anthrōpos)가 죽었다고 말한다.

따라서 바울이 볼 때, 십자가는 하나님이 약속하신 "새 창조(새로운 피조물)"(갈 6:15, 고후 5:17)가 시작되는 지점이다. 그리스도의 십자가는 **하나님**의 종말론적 행위이자, 우리 인간을 종으로 부리는 권세들로 구성된 겸임 이사회로부터 인간을 구속 내지 해방시킬 목적으로 사람이 되신 **그리스도**가 고난 받는 종으로서 하신 행위다. 새 창조는 하나님과 인간의 대표자이신 메시아 예수가 함께 시작하셨다. 이제는 예수 그리스도가 완전히 인간으로서 하신 행위(하나님께 순종과 신실함을 보인 행위)의 성격을 살펴보도록 하자.

그리스도의 순종인 십자가

바울은 그가 쓴 서신에서 그리스도의 순종을 단 두 번 언급한다. 그러나 이 두 곳이 갖는 의미는 아주 중요하다. 우리는 이 두 곳을 하나씩 살펴본 다음, 바울이 그리스도의 순종이 갖는 전체적 의미를 어떻게 이해하고 있는가를 고찰해보도록 하겠다.

빌립보서 2장
그리스도의 순종을 처음으로 언급하는 본문은 그리스도 찬송 본문의 일부인 빌립보서 2:8에서 등장한다. 이 본문은 바울이 원저자가 아니라 단지 인

---

30) "율법에 대하여 죽었다"라는 문구는 어려운 문구다. 바클리(Obeying the Truth, 80-81, n.14)는 이 말이 그리스도가 나무에 달리셨으므로 율법의 저주를 받으셨다고 말하는 갈 3:13과 관련되어 있을 가능성이 있으며, 죽은 자는 더 이상 율법을 지키지 않아도 된다는 유대교 원리가 이 문구의 배경일 수 있다고 주장하는데, 옳은 말일 수 있다. 이 구절들은 모두 신자들이 십자가에 못 박히셔서 율법의("율법을 통하여") 저주를 받으신 메시아와 자신을 동일시함으로써 율법의 종으로 지내던 관계에 종지부를 찍는다고("율법에 대하여 죽는다"고) 말한다.

용한 본문일 가능성이 높지만, 그래도 그는 분명 이 본문을 자기 것으로 삼고 있다.

> 사람의 모양으로 나타나사 자기를 낮추시고 죽기까지 복종하셨으니 곧 십자가에 죽으심이라(빌 2:8)

앞장에서 제시했듯이, 이 본문에서는 (헬라어 본문은 분사로 표현한) "복종하셨으니"를 그리스도가 자신을 낮추신 특별한 방법으로 이해하는 것이 이 본문을 더 잘 번역하는 길일 것이다.

> 그(그리스도 예수)가 **순종하심으로**(또는 순종하심 가운데) 자기를 낮추셨느니라

"종의 형체를 취하심으로, 사람의 모양으로 태어나심으로"가 수수께끼 같은 문구인 7절의 "자기를 비우셨느니라"를 설명해주듯이, "순종하심으로"라는 문구가 "자기를 낮추셨느니라"를 설명해준다.

따라서 그리스도의 순종은 그리스도의 자기 낮춤이 구체적으로 표현된 것이다. 그리스도의 순종은 죽음으로, 심지어 십자가에 못 박혀 죽으심으로 표현된 순종이다. 8절 본문은 순종의 표현인 이 죽음이 섬김과 순종으로 점철된 한 인간의 삶 전체의 정점이라고 말한다. 그러면서도 이 본문은 이 순종의 궁극적 형태요 탁월한 형태인 죽음에 초점을 맞춘다.

그리스도가 순종하신 분은 분명 하나님(아버지)이시다. 때문에 이 그리스도 찬송은 역설적이게도 그리스도가 십자가에서 죽으신 사건을 하나님의 뜻이자 그리스도가 자유로이 하신 행위로 묘사한다. 그리스도가 보여주신 순종의 자발성은 "그가 자기를 낮추셨느니라"와 같은 문구뿐만 아니라 이 찬송 본문 전체가 강조하고 있다. 이 찬송 본문은 그리스도가 이 죽음을 당신의 의지로 주도하셨다는 점을 "하나님과 동등됨을 취할 것으로 여기지 아니하시고"(6절)와 "자기를 비워" 같은 말로 표현한다. 이처럼 죽음에 이르기까지 스스로 순종하신 것에 하나님이 보이신 반응은 그리스도를 높이 드셔서 주의 자리에 앉히신 것이었다. 이를 통해, 하나님은 성경에서 아주 두드러지게 나타나는 구

조인 굴욕을 감내함-높이 들어 올림, 또는 순종-변호라는 틀을 완성하신다.[31]

따라서 바울이 볼 때, 그리스도가 십자가에서 죽으신 사건은 스스로 순종하신 행위요, 하나님의 종으로서 살아간 한 인간의 삶이 정점에 이른 사건이다. 바울은 그리스도가 (하나님과 동등하신 분인데도) 하나님의 종으로서 순종하신 것을 그리스도가 하나님 앞에서 취하신 "삶의 태도"이자 그리스도의 "내러티브 자세"로 본다. 앞장에서 제시했듯이, 종이라는 이미지는 아마도 이사야 52:13-53:12에서 유래했을 것이다. 그러나 바울 (또는 이 그리스도 찬송)은 아담을 언급함으로써 그리스도를 이 아담과 대비되는 존재 내지 반대 모형으로 언급하려 했을 수도 있다. 물론 아담은 하나님의 명령에 순종하지 않았으며, 자신이 하나님의 형상으로 지음 받았다는 점을 자신을 이롭게 하는 데 악용하려 했을 수도 있다.[32] 바울은 여기 빌립보서 2장에서 그 점을 언급하려 했을 수도 있고, 그렇지 않았을 수도 있다. 어쨌든 바울은 그가 그리스도의 순종을 언급한 또 다른 본문인 로마서 5:19에서 아담과 그리스도를 분명하게 대조하고 있다.[33]

로마서 5장

바울은 로마서 5:12-21에서 아담이라는 한 대표자가 저지른 "죄"와 "불순종한" 행위가 인류에게 끼친 효과들과 그리스도라는 한 대표자가 행한 "은혜"와 "의"와 "순종"의 행위가 인류에게 끼친 효과들을 대조한다. 아담이 죄를 지음으로 말미암아 죄의 권세가 들어오고, 죄로 말미암아 사망이 들어왔다(12절). 다른 모든 사람이 아담이 지은 죄를 인정함으로써(12절), 많은 사람("모든

---

31) 12장의 논의를 보라.
32) 창 3:5에 따르면, 아담은 "하나님과 같이 되라"는 유혹을 받는다. 물론 아담은 이 유혹에 굴복하여 하나님께 순종하지 않는다.
33) 바울이 여기 빌립보서 2장에서 아담을 언급하고 있다고 주장하는 사람 중에는 던(가령, Dunn, Theology, 281-87)과 라이트(N. T. Wright, The Climax of the Covenant: Christ and the Law in Pauline Theology [Edinburgh: T & T Clark, 1991; Minneapolis: Fortress, 1993], 90-98)가 있다. 바울의 "아담 기독론은 대조 평행법이 움직이고 있다"(Dunn, Theology, 285, n.90). 라이트는 (가령, 던이 이전에 쓴 저작과 반대로) "아담 기독론"의 존재가 고난당하는 종을 언급하는 내용이나 그리스도의 선재성을 강조하는 내용을 배제하는 것은 아니라고 주장하는데, 옳은 주장이다. 던은 그가 쓴 『바울 신학』에서 이 빌립보서 본문에 그리스도의 선재성이 존재한다고 보는 데 더 열린 태도를 보여주고 있는 것으로 보인다.

사람"을 의미한다, 12절)이 죄인이 "되었고",(19절) 죄가 인간의 규범이 되었다. 본문은 사망의 도래를 사망의 **통치**라고 묘사한다("사망이 왕 노릇 하였나니", 14, 17절). 물론 사망의 통치 아래, 한 사람이 죄를 지음으로 말미암아 "많은 사람이 죽었다"(15절). 이 한 사람이 지은 죄는 심판을 가져왔고 이 심판은 모든 사람을 정죄했다(16,18절).

하지만 로마서의 이 부분이 주장하는 요지는 "이 은사가 그 범죄와 같지 않다"(15절)는 것이다. 이 은사는 "한 사람 예수 그리스도의 은혜"(15절) 안에서 생생하게 증명된 하나님의 은혜다. 이 은혜는 "많은 사람에게 넘쳤고"(15절), 이 은혜를 받아들이는 사람들에게 은혜(17절)와 의롭다 하심(16절)과 의(17절)를 가져다주었다. 이런 사람들은 "생명 안에서 왕 노릇 한다"(17절). 이는 이 사람들이 첫째 아담으로 말미암아 시작된 죄와 사망의 지배로부터 해방되었다는 것을 의미한다.

18-19절은 이 "은혜"가 그리스도의 죽음이라는 것을 분명하게 이야기한다. 이 두 구절에서 바울은 "한 행위"를 이야기한다. "한 의로운 행위로 말미암아 많은 사람이 의롭다 하심을 받아 생명에 이르렀고"(18절), "한 사람이 순종하심으로 많은 사람이 의인이 될 것이다"(19절). 그 죽음은 한 범죄와 그 범죄가 낳은 모든 효과들을 무효로 만들어버린 한 의로운 행위였으며, 한 불순종한 행위와 그 행위가 낳은 결과들을 무효로 만들어버린 한 순종 행위였다.

하나님께 순종한 이 한 행위는 그 범위와 효과 면에서 우주적인 것이요, 심지어 마지막 때의 사건에 해당한다고 바울은 주장한다. 순종의 표현인 이 죽음으로 말미암아, 죽음의 통치가 끝나고 생명이 시작된다. 이 죽음의 효과인 은혜를 받은 사람들에게 죄는 더 이상 규범이 아니다. 한 사람의 의가 많은 사람의 의로 이어진다. 이는 곧 한 사람의 **순종**이 많은 사람의 **순종**을 낳는다는 점을 은연중에 시사하는 것이다. 따라서 순종의 표현인 그리스도의 죽음이라는 선물은 (믿는) 사람들에게 하나님과 올바른 관계를 회복시켜준다("의롭다 하심", 16절). 이리하여 하나님께 응답하는 사람들은 의롭게 될 수 있고 순종할 수 있게 되었다. 그리스도의 죽음은 하나님께 순종한 행위이며, 그 죽음 자체가 인간에게 은혜의 선물이다. 그리스도의 순종 때문에 우리의 순종이 가능하게 되었다.

더욱이 바울은 이 한 순종하는 행위를 믿음의 행위로도 정의한다. (그렇다면 그리스도의 믿음 때문에 우리의 믿음도 가능하게 되었다는 결론을 예상해볼 수 있다.) 바울이 "믿음의 순종"f이라는 말을 쓰고 있다는 점을 생각하면, 바울의 이런 정의는 놀라울 게 없다. 실제로 한 중진 신약신학자는 로마서 5:15-21을 일컬어 바울이 이전에 로마서 3:21-26에서 아주 간결하게 언급하고 서술했던 "예수 그리스도의 믿음"을 설명한 것이라고 말했다.[34] 그럼 이제는 예수의 십자가를 예수의 "믿음"으로 고찰해보도록 하겠다.

그리스도의 믿음을 생생히 보여준 십자가

근래 몇 년 사이에, 바울을 연구하는 사람들은 바울이 예수의 죽음을 비단 순종의 행위뿐만 아니라 믿음 내지 신실함을 보인 행위로도 보았음을 시사하는 대목이 바울의 글속에 존재한다는 사실에 충격을 받았다. 바울 서신에 일곱 번 등장하는 문제의 헬라어 문구는 **헤 피스티스 (예수) 크리스투**(*hē pistis [Iēsou] Christiu*, 말 그대로 "[예수] 그리스도의 믿음" 또는 "[예수] 메시아의 믿음"이라는 뜻) 또는 이 문구의 변형이다. 이 문구는 전통적으로 "(예수) 그리스도를 믿는 믿음"으로 해석해왔다(갈 2:16[두 번], 2:20[하나님의 아들을 믿는 믿음], 3:22, 롬 3:22,26, 빌 3:9을 보라[35]). 사실 해당 문구에서 사용한 헬라어 소유격(*Christou*)은 이 전통적 번역처럼 번역할 수도 있지만, 이런 전통적 번역이 과연 가장 적합한 번역인지, 또는 이런 번역이 바울이 말하고자 하는 의도를 제대로 전달해주는지 여부는 논쟁거리다.

여기에서는 공간이 한정되어 있어서, "그리스도의 믿음"이 옳은지 아니면 "그리스도를 믿는 믿음"이 옳은지를 둘러싼 학자들의 논쟁을 검토할 수가 없다.[36] 더 근자에 나온 해석인 "그리스도의 믿음"을 지지하는 중요한 논거 가

---

34) Luke T. Johnson, "Romans 3:21-26 and the Faith of Jesus," *Catholic Biblical Quarterly* 44 (1982): 87-89, 그리고 그가 쓴 *Reading Romans*, 78, 90-93.
35) 이 책 5장 이하에 나오는 본문들을 보라.
36) 이 논쟁은 때로 이 *Christou*라는 헬라어 소유격을 주어로 볼 것이냐(그리스도의 믿음) 아니면 목적어로 볼 것이냐(그리스도를 믿는 믿음)와 같이 문법 용어를 빌려 서술되기도 하고, 기독

운데 몇 가지만 열거해보면, 다음과 같다.

1. "그리스도의 믿음"이라는 해석이 이 헬라어 문구의 가장 자연스러운 번역이다.[37]
2. 바울의 글에서는 "그리스도의 믿음"이라고 해석하는 것이 (하나님과 그리스도가 아니라) 하나님을 믿음의 일관된 대상으로 만들어준다.[38]
3. "그리스도의 믿음"이라는 말은 로마서 4:12,16의 "아브라함의 믿음"과 그 형식과 내용 면에서 평행을 이룬다.
4. "그리스도의 믿음"을 바울의 체험과 신학의 전체 구조 속에서 죽음으로 표현된 그리스도의 믿음 내지 신실함(헬라어 pistis는 이 두 가지를 다 의미할 수 있다)을 언급하는 것으로 보아, 구원의 가장 근본적인 기초를 인간 중심(우리의 믿음)이 아니라 하나님 중심과 그리스도 중심(그리스도의 믿음)에서 찾게 되면, "그리스도의 믿음"이 일관된 의미를 가질 수 있다.[39]
5. 바울은 십자가 위에서 그리스도가 신실함과 사랑을 보이신 한 행위에 담긴 사랑과 믿음은 서로 분리할 수 없다는 점을 강조하는데, 이런 강조에 근거를 제공하는 것이 바로 "그리스도의 믿음"이라는 해석이다.

론으로 해석할 것이냐(그리스도의 믿음) 아니면 인간론으로 해석할 것이냐(그리스도를 믿는 인간의 믿음)와 같이 신학 용어를 빌려 서술되기도 한다. 충실한 참고 문헌과 함께 "그리스도의 믿음" 해석을 아주 잘 요약해놓은 글을 보려면, Richard B. Hays, "PISTIS CHRISTOU and Pauline Theology: What Is at Stake?" in E. Elizabeth Johnson and David B. Hay, eds., *Pauline Theology, vol. 4: Looking Back, Pressing On* (Atlanta: Scholars Press, 1997), 35-60을 보라. 아울러 Martyn, *Galatians*, 263-75, 특히 269-75을 보라. 전통적 해석을 지지하는 견해를 보려면, James D. G. Dunn, "Once More, PISTIS CHRISTOU," in E. Elizabeth Johnson and David B. Hay, eds., *Pauline Theology, vol. 4: Looking Back, Pressing On* (Atlanta: Scholars Press, 1997), 61-81을 보라.

37) 이를 논박하는 견해도 있지만(가령, Dunn, "Once More," 63-67), 하워드(G. Howard)가 쓴 두 논문은 특히 설득력이 있다: "On the Faith of Christ," *Harvard Theological Review* 60 (1967): 459-65와 "The Faith of Christ," *Expository Times* 85 (1974): 212-15.
38) 바울이 쓴 서신이라는데 다툼이 없는 서신에서 나타나는 유일한 예외는 갈 2:16과 빌 1:29일 것이다(아울러 골 2:5도 보라). 그러나 이 본문들은 "믿음으로써 ~안으로 들어간다(believe into)"라는 표현을 쓰고 있는데, 이 표현은 믿음의 대상보다 충성의 대상과 사회적 위치를 옮겨놓는 효과를 일으키는 믿음과 관련되어 있다.
39) 이 점은 주 36에서 "인간론적 해석"("그리스도를 믿는 믿음") 또는 "기독론적 해석"("그리스도의 믿음")이라고 규정했던 pistis Christou의 두 가지 해석을 구분하는데 가끔씩 사용하는 용어 속에서 반영되어 나타나고 있다.

실제로 본 지은이를 포함하여 "그리스도의 믿음"이라는 번역이 설득력이 있음을 발견한 많은 바울 해석자들은 바울의 그리스도 체험과 믿음 체험, 그리고 이 체험에 관한 그의 진술을 전통적 해석과 아주 다르게 이해하려고 한다. 이 논쟁이 어떻게 귀결되느냐에 따라 아주 많은 것이 뒤바뀔 수 있다. 리처드 헤이스(Richard Hays)는 "그리스도의 믿음/그리스도를 믿는 믿음"이라는 본문을 어떻게 해석하느냐에 따라 한 사람의 바울 이해를 구성하는 중요 측면들이 달라진다고 주장한다.[40] 대체로 보아, 적어도 미국에서는 학계에서 큰 변동이 일어났으며, "그리스도의 믿음"을 받아들이는 사람들이 널리 퍼져 있고 계속하여 늘어가고 있다.[41] 리앤더 케크(Leander Keck)가 로마서에 관하여 한 말을 바울이 쓴 모든 서신에 적용하여 이런 현상이 벌어지고 있는 이유를 설명해본다면, "모든 경우에, *pistis Iēsou*(예수의 믿음/예수를 믿는 믿음)를 예수의 성실하심으로 해석하는 것이 바울의 글에 어울리지 않는 어색함을 없애줄 뿐 아니라, 핵심(구원에서 예수가 행하시는 역할)을 분명하게 밝혀주기" 때문이다.[42]

바울이 썼다는데 다툼이 없는 서신 가운데 "그리스도의 믿음"(또는 이와 유사한 변형)이라는 문구를 담고 있는 일곱 개 본문은 다음과 같다. NRSV 본문과 NRSV 방주(傍註)의 번역을 나란히 제시하였으며, "그리스도의 믿음"인지 "그리스도를 믿는 믿음"인지 문제가 된 문구는 굵은 글씨로 표시하였다.[2]

---

40) Hays, "PISTIS," 55-57. "그리스도의 믿음"이 바울을 이해하는 데 중요하다는 점을 처음으로 통찰하고 지금까지 그 중요성을 예리하게 탐구해온 헤이스의 글을 보려면, 그가 쓴 *Faith of Jesus Christ*, 247-66을 보라.
41) 이런 변화를 지지하는 논증들이 "결정적"이다보니 결국 거의 모든 사람들이 받아들이는 패러다임 변동이 바울 해석에서 일어나게 되었다는 주장(이런 주장을 펼치는 예로 Stanley K. Stowers, *A Rereading of Romans: Justice, Jews and Gentiles* [New Haven: Yale University Press, 1994], 194을 들 수 있다)은 어쩌면 과장일 것이다. 나는 1997년 11월에 제임스 던과 개인적으로 이야기를 나누게 되었다. 그 자리에서 던은 "그리스도의 믿음"이라는 해석을 받아들이는 것은 주로 북미에 국한된 현상이며, 이 현상은 변하고 있다고 지적했다. 개신교 신자인 던과 (미국의) 로마 가톨릭 신자인 조지프 피츠마이어는 둘 다 저명한 바울 신학자이지만, 여전히 "그리스도의 믿음"이라는 해석을 받아들여야 할지 확신하지 못하고 있다. 하지만 내가 보기에 영역 성경인 RSV-NRSV 다음 판, 또는 어쩌면 또 다른 새 역본은 머지않은 장래에 "그리스도의 믿음"이라는 해석을 채택할 공산이 큰 것 같다. 이미 새 전자 역본인 NET 성경, 곧 새 영어 역본(New English Translation)은 문제된 문구들을 "그리스도의 믿음(faith of Christ)"으로 옮겨놓았다. 이렇게 번역한 신약 성경을 찾아보려면, www.bible.org를 보라.
42) Leander Keck, "'Jesus' in Romans," *Journal of Biblical Literature* 108 (1989): 454.

| 그리스도를 믿는 믿음 | 그리스도의 믿음 |
| (NRSV, 개역개정판) | (NRSV 방주) |

갈라디아서 2:15-16,19-21
우리는 본래 유대인이요 이방 죄인이 아니로되 사람이 의롭게 되는 것은 율법의 행위로 말미암음이 아니요 오직 **예수 그리스도를 믿음으로** 말미암는 줄 알므로 우리도 그리스도 예수를 믿나니 이는 우리가 율법의 행위로써가 아니고 **그리스도를 믿음**으로써 의롭다 함을 얻으려 함이라. 율법의 행위로써는 의롭다 함을 얻을 육체가 없느니라.

내가 율법으로 말미암아 율법에 대하여 죽었나니 이는 하나님에 대하여 살려 함이라. 내가 그리스도와 함께 십자가에 못 박혔나니 그런즉 이제는 내가 사는 것이 아니요 오직 내 안에 그리스도께서 사시는 것이라. 이제 내가 육체 가운데 사는 것은 나를 사랑하사 나를 위하여 자기 자신을 버리신 **하나님의 아들을 믿는 믿음** 안에서 사는 것이라. 내가 하나님의 은혜를 폐하지 아니하노니 만일 의롭게 되는 것이 율법으로 말미암으면 그리스도께서 헛되이 죽으셨느니라

갈라디아서 3:21-22
그러면 율법이 하나님의 약속과 반대되는 것이냐. 결코 그럴 수 없느니라. 만일 능히 살게 하는 율법을 주셨더라면 의가 반드시

갈라디아서 2:15-16,19-21
우리는 본래 유대인이요 이방 죄인이 아니로되 사람이 의롭게 되는 것은 율법의 행위로 말미암음이 아니요 오직 **예수 그리스도의 믿음으로** 말미암는 줄 알므로 우리도 그리스도 예수를 믿나니 이는 우리가 율법의 행위로써가 아니고 **그리스도의 믿음**으로써 의롭다 함을 얻으려 함이라. 율법의 행위로써는 의롭다 함을 얻을 육체가 없느니라.

내가 율법으로 말미암아 율법에 대하여 죽었나니 이는 하나님에 대하여 살려 함이라. 내가 그리스도와 함께 십자가에 못 박혔나니 그런즉 이제는 내가 사는 것이 아니요 오직 내 안에 그리스도께서 사시는 것이라. 이제 내가 육체 가운데 사는 것은 나를 사랑하사 나를 위하여 자기 자신을 버리신 **하나님 아들의 믿음** 안에서 사는 것이라. 내가 하나님의 은혜를 폐하지 아니하노니 만일 의롭게 되는 것이 율법으로 말미암으면 그리스도께서 헛되이 죽으셨느니라

갈라디아서 3:21-22
그러면 율법이 하나님의 약속과 반대되는 것이냐. 결코 그럴 수 없느니라. 만일 능히 살게 하는 율법을 주셨더라면 의가 반드시

율법으로 말미암았으리라. 그러나 성경이 모든 것을 죄 아래에 가두었으니 이는 **예수 그리스도를 믿음으로** 말미암는 약속을 믿는 자들에게 주려 함이라

로마서 3:21-22,26
이제는 율법 외에 하나님의 한 의가 나타났으니 율법과 선지자들에게 증거를 받은 것이라. 곧 **예수 그리스도를 믿음으로** 말미암아 모든 믿는 자에게 미치는 하나님의 의니 차별이 없느니라……곧 이 때에 자기의 의로우심을 나타내사 자기도 의로우시며 또한 **예수 믿는** 자를 의롭다 하려 하심이라

빌립보서 3:8-9
또한 모든 것을 해로 여김은 내 주 그리스도 예수를 아는 지식이 가장 고상하기 때문이라. 내가 그를 위하여 모든 것을 잃어버리고 배설물로 여김은 그리스도를 얻고 그 안에서 발견되려 함이니 내가 가진 의는 율법에서 난 것이 아니요 오직 **그리스도를 믿음으로** 말미암은 것이니 곧 믿음으로 하나님께로부터 난 의라

율법으로 말미암았으리라. 그러나 성경이 모든 것을 죄 아래에 가두었으니 이는 **예수 그리스도의 믿음**으로 말미암는 약속을 믿는 자들에게 주려 함이라

로마서 3:21-22,26
이제는 율법 외에 하나님의 한 의가 나타났으니 율법과 선지자들에게 증거를 받은 것이라. 곧 **예수 그리스도의 믿음**으로 말미암아 모든 믿는 자에게 미치는 하나님의 의니 차별이 없느니라……곧 이 때에 자기의 의로우심을 나타내사 자기도 의로우시며 또한 **예수의 믿음을 가진** 자를 의롭다 하려 하심이라

빌립보서 3:8-9
또한 모든 것을 해로 여김은 내 주 그리스도 예수를 아는 지식이 가장 고상하기 때문이라. 내가 그를 위하여 모든 것을 잃어버리고 배설물로 여김은 그리스도를 얻고 그 안에서 발견되려 함이니 내가 가진 의는 율법에서 난 것이 아니요 오직 **그리스도의 믿음**으로 말미암은 것이니 곧 믿음으로 하나님께로부터 난 의라

여기서 특별히 주목할 것은 이들 본문이 의롭다 하심을 받는 근거를 논하는 대목에서 등장한다는 점, 그리고 각 논의 대목이 NRSV가 그리스도"를 믿는 믿음"이라 번역하고 NRSV 방주는 그리스도"의 믿음"이라 번역해놓은 문구와 **따로** 인간이 지닌 믿음의 역할을 강조하고 있다는 점이다. 다시 말해 바

울은 예수의 믿음을 강조하면서도 신자들이 지닌 믿음의 중요성을 결코 축소하지 않는다.[43] 실제로 복음을 설교함으로써, "그리스도의 믿음이 우리의 믿음을 이끌어낸다."[44](우리가 이미 보았고 다음 장에서도 계속 볼 터이지만, 바울은 믿음과 믿음의 역할을 우리 대다수 사람들이 보통 이해하고 있는 믿음의 개념과 달리 **정의한다**.) 그렇다면 "예수 그리스도의 믿음"은 정확히 무엇인가?

갈라디아서

갈라디아서에서 "그리스도의 믿음"이라는 말이 등장하는 두 본문(2:16, 20, 3:22)이 다루고 있는 주제는 의롭다 함을 얻는 방편 내지 의(*dikaiosynē*)에 이르는 방편이다. 전통적 해석들은 바울이 "율법의 행위로" 의롭다 함을 얻음(2:16), 다시 줄여서 말하자면 "율법으로" 의롭다 함을 얻는 것과 예수 그리스도를 믿는 믿음을 대조하고 있다고 주장한다. 하지만 2:16과 2:21 사이에는 분명한 평행 관계가 있으며, 이는 두 구절이 의롭다 함을 얻는 근거가 될 수 있는 상반된 두 방편을 서로 다르게 대비하고 있음을 시사한다.

의롭다 함을 얻는 근거로서 거부된 것 – 율법/율법을 행함	의롭다 함을 얻는 근거로서 긍정된 것 – 그리스도의 믿음/그리스도의 죽음
2:16 사람이 의롭게 되는 것은 **율법의 행위로** 말미암음이 아니요…이는 우리가 **율법의 행위로써가** 아니고…**율법의 행위로써는** 의롭다 함을 얻을 육체가 없느니라	2:16 오직 **예수 그리스도의 믿음으로** 말미암는 줄 알므로…우리도 그리스도 예수를 믿나니(헬라어를 그대로 옮기자면, 그리스도 예수 "안으로" 믿나니)[45] **그리스도의 믿음**으로써 의롭다 함을 얻으려 함이라

---

43) 갈 2:16, 3:22, 롬 3:22,26을 보라. 믿음을 이야기하지 않는 빌립보서 3장조차도 신자가 능동적으로 예수를 알아야한다고 주장한다(3:8,10).
44) Martyn, *Galatians*, 277. 하지만 마틴은 믿음을 이야기하면서 하나님이 인간의 의지를 치워버리신 점을 강조하다보니 인간의 책임을 축소시켜버린 것 같다(276-77).

2:21
내가 하나님의 은혜를 폐하지 아니하노니 만일 의롭게 되는 것이 **율법**으로 말미암으면,

2:21
그리스도께서 헛되이 죽으셨느니라

2:16 자체는 바울이 율법을 행함의 대안으로서 정확히 강조하고 있는 것이 무엇인지 분명한 해석을 내놓지 않는다. 반면 2:21은 그 대안이 그리스도의 죽음이라는 것, 그리고 율법을 행함으로 의롭다 함을 얻을 수 있다 한다면 그리스도의 죽음은 아무 목적도 의미도 없었으리라는 것을 분명하게 이야기한다.

그리스도의 죽음은 그리스도의 믿음과 같은 말이다. 이 점은 2:16과 2:21의 평행 관계뿐만 아니라 그리스도의 믿음을 자기 자신을 내어주신 죽음으로 해석한 2:20에서도 분명하게 나타난다.

> 내가 그리스도와 함께 십자가에 못 박혔나니 그런즉 이제는 내가 사는 것이 아니요 오직 내 안에 그리스도께서 사시는 것이라. 이제 내가 육체 가운데 사는 것은 나를 사랑하사 나를 위하여 자기 자신을 버린(또는 더 낫게 번역해보면, "나를 위해 자기 자신을 버리심으로써 나를 사랑하신") **하나님 아들의 믿음** 안에서 사는 것이라(갈 2:20)[45][46]

2:20 말미에는 "죽음"이나 "죽었다"라는 말이 없다. 하지만 그 아들이 사랑으로 자기 자신을 내어주신 행위는 분명 그의 죽음을 의미한다. 마찬가지로, 2:20 서두("그리스도와 함께 십자가에 못 박혔나니")는 "그 아들의 믿음은 곧 그의 희생 행위"라는 것을 은연중에 시사하고, 2:21("그리스도께서 죽으셨느니라")

---

45) 헬라어 본문의 구조는 우리가 논의하는 구조(즉, "그리스도 예수의 믿음"이냐 아니면 "그리스도 예수를 믿는 믿음"이냐)와 같지 않다. 오히려, 헬라어 본문에는 화자를 그리스도 안으로 "옮겨놓은" 믿음이란 행위를 분명하게 시사하는 동사와 전치사가 존재한다(헬라어 본문은 *hēmeis eis Christon Iēsoun episteusamen*으로 되어있다).

46) 이 구절에서 "하나님 아들의 믿음"으로 해석해야 한다는 논증을 보려면, Hays, *Faith of Jesus Christ*, 167-69를 보라. "자기 자신을 버리심으로써"라는 번역에 관한 설명은 5장을 보라(5장, 주 17).

은 이것을 명백하게 밝히고 있다.[47] 이 죽음은 의롭다 함을 얻게 하는 **객관적** 근거이지만, 이 객관적 근거는 믿음과 만나야 한다(2:16). 이 믿음은 그리스도와 함께 십자가에 못 박히는 것과 연관되어 있고, 어쩌면 이렇게 십자가에 못 박히는 것과 동의어일 수도 있다(2:19). 이런 점에서, 믿음의 응답(또는 함께 십자가에 못 박힘, 또는 어쩌면 "그리스도와 함께 믿음[co-faith]"일 수도 있다)은 의롭다 함을 얻게 하는 **주관적** 근거라고 말할 수 있을 것 같다. 이것은 다음 장에서 살펴보도록 하겠다.

갈라디아서 3:21-22은 의롭다 함을 얻을 수 있는 두 방편을 더 강력히 대조하면서 예수 그리스도의 믿음만이 의롭다 함을 얻게 하는 유일한 길이라고 강조한다.[48]

> 만일 능히 살게 하는 율법을 주셨더라면 의가 반드시 율법으로 말미암았으리라. 그러나 성경이 모든 것을 죄 아래에 가두었으니 이는 **예수 그리스도의 믿음**으로 말미암는 약속을 믿는 자들에게 주려 함이라(갈 3:21-22)

여기에서는 "예수 그리스도의 믿음"을 특별히 설명하지 않겠다. 나는 독자들이 갈라디아서의 핵심 명제인 2:15-21이 제시한 "예수 그리스도의 믿음"이라는 문구를 이해하리라고 기대한다.[49] 더욱이 독자들은 갈라디아서 3장과 4장 문맥에 비추어 봐도 이 그리스도의 믿음이 구원의 길로서 유효하다는 점을 이해할 수 있을 것이다. 그리스도의 믿음은 일부 사람들이 의롭다 함을 얻을 길이라고 여겼던 바로 그 율법의 저주로부터 사람들을 구해주기 때문이다.[50] 하지만 갈라디아서 3:21-22도 2:15-21처럼 인간의 믿음이 그리스도의

---

47) Martyn, *Galatians*, 259.
48) 이 본문을 가장 설득력 있게 고찰한 글은 Hays, *Faith of Jesus Christ*, 157-67이다.
49) 2:15-21이 갈라디아서의 핵심 명제라는 점은 한스 디터 베츠(Hans Dieter Betz, *Galatians*, Hermeneia [Philadelphia: Fortress, 1979])가 설득력 있게 논증한 뒤로, 많은 사람들이 그의 주장을 따르고 있다.
50) 그리스도의 죽음을 언급한 구절들이 더 있다. 3:21-22, 3:1("십자가에 못 박히신"), 3:13-14("그리스도께서 율법의 저주에서 우리를 속량하셨으니"), 그리고 4:5("율법 아래에 있는 자들을 속량하시고")이 그것이다. 예수의 신실한 죽음은 이방인들이 성령의 복을 받는 체험을 하게 된 근거요, 이 체험에 정당성을 부여해주는 것이다. Hays, *Faith of Jesus Christ*, 193-212, 225-35를 보라.

믿음과 결합되어야 한다는 점을 한 번 더 강조한다("믿는 자들에게 주려").

결국 갈라디아서에서 "그리스도의 믿음"은 사랑을 보여주고 자기 자신을 내어주신 그의 죽음이다. 어찌 되었든, 바울은 이 죽음을 의롭다 함을 얻을 수 있는 길이요 믿는 자들에게 생명을 주는 길이라고 본다. 그리스도의 믿음을 근본적으로 이렇게 이해하는 모습은 로마서와 빌립보서에서도 다시 나타난다.

로마서

바울은 다시 로마서 3장에서 "율법"과 "예수 그리스도의 믿음"을 의롭다 함을 얻는 데 상반된 근거로 대조하면서 예수의 믿음을 구속을 가져다 준 그의 죽음이라고 정의한다.

> 이제는 율법 외에 하나님의 한 의가 나타났으니 율법과 선지자들에게 증거를 받은 것이라. 곧 예수 그리스도의 믿음으로 말미암아 모든 믿는 자에게 미치는 하나님의 의니 차별이 없느니라. 모든 사람이 죄를 범하였으매 하나님의 영광에 이르지 못하더니 그리스도 예수 안에 있는 속량으로 말미암아 하나님의 은혜로 값없이 의롭다 하심을 얻은 자 되었느니라. 이 예수를 하나님이 그의 피로써 믿음으로 말미암는 화목제물로 세우셨으니 이는 하나님께서 길이 참으시는 중에 전에 지은 죄를 간과하심으로 자기의 의로우심을 나타내려 하심이니 곧 이 때에 자기의 의로우심을 나타내사 자기도 의로우시며 또한 예수의 믿음을 가진 자를 의롭다 하려 하심이라(롬 3:21-26)

이 본문은 모든 바울 서신에서 가장 복잡한 대목 가운데 하나다. 그러나 이 본문이 근본적으로 강조하는 바는 의외로 명쾌하다.

1. 하나님이 의로움을 얻게 하시는 길은 율법이 아니라 예수 그리스도의 믿음이다.
2. 예수 그리스도의 믿음은 그의 죽음 속에서 생생히 드러난다. 이 죽음은 의롭다 하심과 구속과 속죄라는 효과를 가져왔다.
3. 예수의 믿음을 통하여 오는 의는 결국 하나님으로부터 온다. 실제로 예

수의 신실한 행위는 하나님의 신실하심을 증명해주기도 한다.[51]

4. 예수의 믿음이 증명하는 하나님의 신실하심은 믿음이라는 인간의 응답과 결합되어야 비로소 예수의 죽음이 그 효과를 발휘한다.
5. 의롭다 함을 얻을 길은 율법이 아니라 예수의 믿음이 인간의 믿음과 만나는 것이다. 율법과 선지자들(구약 성경) 역시 이 길이 의롭다 함을 얻는 길이라는 것을 증언한다.
6. 이 본문은 예수의 믿음 속에서 드러난 하나님의 신실하심을 통해 의롭다 함을 얻는다는 원리가 모든 사람에게 적용되며, 그 사람이 "(유대) 율법의 행위"와 무슨 관계에 있는가(그 사람이 정확히 누구인가)는 의롭다 함을 얻음과 아무 상관이 없다는 것을 암시한다.[52]

요컨대 리처드 헤이스가 촌평한 대로, 로마서 3:21-26은 바울이 다음 사실을 말하고 있는 대목이다.

하나님은 인간의 불의와 이스라엘의 신실치 않음이라는 문제를 완벽하게 신실한 한 인간, 곧 예수를 희생 제물로 내어주심으로써 해결하셨다. 다른 사람들은 하나님께 반역하여 하나님께 영광을 돌리길 거부했다. 그러나 예수는 끝까지 신실하셨다. 예수의 죽음은 믿음, 그것도 인간의 믿음(pistis)을 보인 행위다. 이는 이스라엘의 신실치 않음(apistia)을 상쇄하는 균형추다. 예수의 죽음은 많은 사람을 의롭게 할 완벽한 순종 행위다(5:19). 또 예수의 죽음은 하나님의 변치 않는 사랑을 확증한다는 점에서 하나님의 믿음/신실하심(pistis)이다(5:8)……그리스도의 죽음은 (신비하게도) 하나님의 사랑을 보여준 행위요 하나

---

51) 여기서 로마서의 첫 번째 주제, 곧 하나님의 성실하심(하나님이 언약에 신실하심, 하나님의 의로우신 성품)이 나타난다. 바울은 하나님이 예수의 죽음 속에서 사람들을 죄로부터 구속하심으로 신실하심과 의를 드러내셨다고 주장한다. 그러므로 예수의 믿음 내지 신실하심은 인간의 죄를 대속하는 그의 죽음임이 분명하다. 그러나 하나님을 향한 그리스도의 신실하심의 표현인 그의 죽음은 하나님이 이스라엘에, 나아가 이스라엘을 통하여 온 세상에 당신의 신실하심을 보이신 것이기도 하다. 곧이어 인용한 헤이스의 글을 보라.
52) 롬 3:28("그러므로 사람이 의롭다 하심을 얻는 것은 율법의 행위에 있지 않고 믿음으로 되는 줄 우리가 인정하노라")과 비교해보라. 이 본문을 둘러싼 논쟁은 지금도 진행 중이다. 그러나 대다수 해석자들은 이 본문이 말하는 율법의 행위를, 할례와 음식과 절기 관습처럼, 율법이 요구하는 "경계표"를 의미한다고 이해한다.

님이 믿음을 견지하신다는 것을 보여준 행위다(참고, 15:8).[53]

로마서 3:21-26은 로마서에서 단 두 번 "그리스도의 믿음"을 분명하게 언급하는 부분을 담고 있다.[54] 하지만 바울이 로마서의 핵심 명제(롬 1:16-17)에서 언급하는 믿음도 그리스도의 믿음일 가능성이 있으며, 그리스도의 순종을 서술한 대목(롬 5:12-21) 역시 자신의 독자들이 "그리스도의 믿음"을 "주해"한 부분으로 이해해주길 바라고 있을 공산이 크다.[55]

로마서 3:21-26은 그리스도의 믿음(신실하심) 속에서 드러난 하나님의 신실하심을 이야기하고 있으며, 사람에게 의롭다 하심을 얻게 할 믿음을 불러일으키는 것이 이 본문의 의도라고 이해한다면, 예로부터 로마서의 핵심 명제로 올바르게 이해해 온 로마서 1:16-17 본문도 방금 말한 주장들을 간결하게 요약하고 있는 것으로 보인다.

> 내가 복음을 부끄러워하지 아니하노니 이 복음은 모든 믿는 자에게 구원을 주시는 하나님의 능력이 됨이라. 먼저는 유대인에게요 그리고 헬라인에게로다. 복음에는 하나님의 의가 나타나서 믿음으로 믿음에(ek pisteōs eis pistin이며, 헬라어 표현대로 번역하면, "믿음으로부터 믿음으로 [나아가게]"다) 이르게 하나니 기록된바 오직 의인은 믿음으로 말미암아 살리라 함과 같으니라(롬 1:16-17)

특히 3:21-26은 1:17 상반절을 복음이 계시한 하나님의 의를 예수의 신실하신 죽음 안에서 나타난 하나님의 신실하심(하나님이 언약에 충실하심)으로 정의한 본문이자, 유대인과 이방인 양쪽으로부터 언약을 신실히 지키겠다는 반응을 이끌어내려는 목적을 지닌 본문으로 이해해야 한다는 것을 시사한다.[56]

---

53) Hays, "PISTIS," 45; 참고, *Faith of Jesus Christ*, 170-74.
54) 샘 윌리엄스(Sam K. Williams, *Jesus' Death as Saving Event*, HDR 2 [Missoula: Scholars Press, 1975], 47-51)(Hays, "PISTIS," 46은 이 윌리엄스의 글을 반영하고 있다는) 롬 3:25에 예수의 믿음을 세 번째로 언급하는 부분이 들어 있다고 주장한다("[그] 믿음으로 말미암는"). 그러나 이것은 하나님의 신실하심을 언급한 부분일 가능성이 더 크다(Dunn, "Once More," 76, n.66도 마찬가지다). 물론 이 부분은 전통적으로 인간의 믿음이라는 반응을 지칭하는 표현은 아니다.
55) 이 점에 관하여 앞에서 인용했던 Hays and Johnson을 참조하라.
56) Johnson, *Reading Romans*, 59도 비슷한 이야기를 하면서 "인간으로서 예수가 보인 믿음은 하

믿음의 기원(출발 지점)과 목적(도달 지점)을 지시하는 헬라어 전치사들[57]의 의미를 그대로 살린다면, 우리는 로마서 1:17상반절을 이렇게 바꿔볼 수 있다.

> 복음은 하나님의 의가 성실함(그리스도의 성실하심 속에서 나타난 하나님의 성실하심)에서 **유래하여** (우리의) 성실함을 **만들어낸다고** 선포한다.

예수의 믿음은 3:21-26뿐만 아니라 특히 5:12-21도 더 깊이 있게 부연하고 있다. 위에서도 언급했지만, 바울이 이렇게 다른 곳에서도 믿음과 순종을 동일시하고 있다는 것은 그가 그리스도의 순종을 서술한 대목이 역시 그리스도의 믿음을 묘사한 대목이기도 하다는 것을 시사한다.

> 한 사람이 순종하지 아니함으로 많은 사람이 죄인 된 것 같이 한 사람이 순종하심으로 많은 사람이 의인이 되리라(롬 5:19)

이 본문은 문맥상 분명히 아담과 그리스도를 대비되는 두 사람으로 규정하면서, 이 둘이 역사 속에서 행한 행위들을, 한쪽은 죄와 법도를 벗어남과 범과(犯過)와 불순종으로, 다른 한쪽은 값없이 선물을 베풂과 은혜와 의의 행위와 순종으로 정의한다. 여기서 바울은 특별히 "신실치 않음"이나 "믿음"이라는 말을 사용하지 않지만, 로마서 5:12-21이 그리스도가 행하신 한 행위를 하나님의 은혜를 드러내고 의롭다 하심을 얻게 하는 순종의 죽음으로 규정한다는 것만은 분명하다. 3:21-26은 은혜를 얻고 의롭다 하심을 얻게 된 것을 그리스도의 믿음(로마서 5장은 이 믿음의 동의어로 "순종"을 사용한다) 때문이라고 말한다.[58]

나님의 의를 계시하는 방편이다"라고 말한다. 심지어 일부 사람들은 롬 1:17이 성경 구절을 인용할 뿐 아니라 믿음을 처음으로 언급한 것은 의인 예수의 믿음을 직접 가리키는 것이라고 주장했다. 이를테면, Richard B. Hays, "'The Righteous One' as Eschatological Deliverer: A Case Study in Paul's Apocalyptic Hermeneutics," in Joel Marcus and Marion L. Soards, eds., *Apocalyptic and the New Testament: Essays in Honor of J. Louis Martyn*, JSNTSup 2 (Sheffield: Sheffield Academic Press, 1989), 191-216을 보라.
57) 위에서 말한 롬 1:17 헬라어 본문의 전치사 *ek*와 *eis*.
58) "예수의 믿음"을 "예수를 믿는 믿음"으로 이해한다면, 의롭다 함을 얻게 하는 길을 롬 3:21-26(그리스도와 그의 죽음을 믿는 인간의 믿음)과 롬 5:12-21(그리스도의 죽음)이 서로 다르게 이야기하는 셈이 된다는 점을 유념해야 한다.

따라서 로마서도, 갈라디아서와 마찬가지로, 그리스도의 믿음을 의롭다 함을 얻게 하는 길이라고 이야기하면서 이 길이 인간의 믿음과 결합되어야 한다고 말한다. 하지만 로마서가 강조하는 것은 예수의 신실하신 죽음 속에서 분명하게 나타난 하나님의 신실하심이다.[59]

빌립보서

빌립보서도 계속 하여 의의 근거로 예수의 믿음과 율법을 대조한다. 아울러 인간의 믿음이 필요하다는 점도 역시 이야기한다. 하지만 로마서와 달리, 하나님의 신실하심은 강조하지 않는다.

> 또한 (내가) 모든 것을 해로 여김은 내 주 그리스도 예수를 아는 지식이 가장 고상하기 때문이라. 내가 그를 위하여 모든 것을 잃어버리고 배설물로 여김은 그리스도를 얻고 그 안에서 발견되려 함이니 내가 가진 의는 율법에서 난 것이 아니요 오직 **그리스도의 믿음**으로 말미암은(dia pisteōs Christou) 것이니 곧 믿음으로 (epi tē pistei) 하나님께로부터 난 의라(빌 3:8-9)

바로 이 본문의 직접 문맥과 더 큰 문맥에서, 우리는 바울이 또 다시 그리스도의 십자가를 의의 근거로, 나아가 그리스도의 믿음을 이루는 내용으로 이야기하고 있음을 알게 된다. 바울은 3:10에서 그리스도와 함께 부활하기 위하여 그의 죽음을 본받는 것이 자기 삶의 목표라고 말한다. 그런 다음, 그는 빌립보 사람들에게 "그리스도의 십자가의 원수로" 살아가는 사람들을 본받지 말고 바울 자신 그리고 자신처럼 살아가는 사람들을 본받으라고 권면한다(3:17-18).

빌립보서 3장 이외 부분을 살펴보면, 우리는 빌립보서 2:6-11에 기록된 초기 찬송 본문을 바울이 말하고자 하는 "그리스도의 믿음"의 의미를 부연하는 부분으로 볼 수밖에 없다.[60] 실제로 빌립보서 2:6-11은 빌립보서를 염두에

---

59) 갈라디아서에서도 이런 강조점이 완전히 빠져 있는 것은 아니다. 갈라디아서도 인간을 구속하신 그리스도의 죽음을 하나님이 주도하셨다고 말하기 때문이다(갈 1:4, 4:4-5).
60) 프랭크 마테라(Frank J. Matera)도 같은 견해다. 그는 자신이 쓴 책 *New Testament Christology*

두고서 이 "그리스도의 믿음"이라는 말을 해석하고 있다. 이는 마치 로마서 5:12-21이 로마서를 염두에 두고 이 말을 설명하고 있는 것과 마찬가지다. 빌립보서 2:6-11 찬송 본문은 그리스도의 특징을 그의 순종(그가 죽기까지 하나님께 신실하심[2:8])으로 규정한다. (인간이 율법을 지킨 것이나 특정 민족을 다른 민족과 구별해주는 경계표들이 아니라) 하나님을 향한 이 그리스도의 순종이 이제 의롭다 함을 얻게 하고 장차 부활에 이르게 하는 근거다.

결론: 예수 그리스도의 믿음

우리는 "예수 그리스도의 믿음"을 다음 몇 가지로 요약해볼 수 있겠다. 우선, 율법이나 율법을 행함이 아니라 그리스도의 믿음이 의롭다 함을 얻게 하는 근거이자 방편이며 의의 근거이자 방편이다. 이 점은 모든 본문이 강조하고 있다. 둘째, 그리스도의 믿음은 그의 죽음, 곧 자신을 내어주며 하나님께 순종하시고 자신을 내어주시기까지 인류를 사랑하시는 그의 행위에서 극명하게 드러난다. 셋째, 그리스도의 믿음 또는 신실하심은 하나님의 신실하심을 극명하게 보여주는 것이다. 하나님이 이스라엘과 맺은 언약을 완성하시고, 당신이 약속하신대로, 이 언약을 이방인까지 확장하시는 데 주도권을 행사하시기 때문이다. 넷째, 그리스도의 믿음은 의롭다 하심을 얻길 소망하는 사람들이 공유해야 하는 것이다. 루이스 마틴의 말마따나, "그리스도 안에서 나타난 하나님의 신실하신 행위는 하나님을 향한 신자들의 신뢰를 일깨우고 자극했다."[61]

제임스 던은 이 6장에서 제시한 해석에 반대한다. 그가 반대하는 주요 이

(Louisville: Westminster/John Knox, 1999)의 한 장인 "이스라엘 이야기의 정점"인 바울의 기독론에서 빌 2:6-11을 다루다가(125-31) 이렇게 말한다. "이 본문은 바울이 말하는 예수의 믿음이 무엇인지 보여주는 또 한 가지 예로 볼 수 있다"(131).

61) Martyn, *Galatians*, 272, n.173.

유 중 하나는 "그리스도의 믿음"이라는 말이 모호하다는 것이다. 그는 이 모호함을 강력히 주장하지만, 이 말이 모호하다고 의문을 제기하는 사람은 거의 없다.

> "그리스도의 믿음"은 무엇을 의미하는가? 이 말이 지칭하는 것은 무엇인가? 그 답은 명확하지 않다. 예수의 사역 전체를 말하는 것인가? 특히 그리스도의 죽음만을 가리키는 것인가? 높이 들림을 받으신 그리스도가 하늘에서 계속 하고 계신 사역을 가리키는 것인가?[62]

우리는 이 6장에서 제시한 논증들을 간단히 이렇게 요약할 수 있겠다. **그리스도의 "믿음"은 하나님을 향한 신실하심 내지 순종을 보인 그의 "내러티브 자세**(narrative posture)**"요, 올바른 방향을 잡은 그의 "근본적 선택"이다. 이 믿음이 그를 십자가로 이끌었고, 바로 그 십자가에서 이 믿음이 특히 극명하게 표현되었다.** 디터 게오르기(Dieter Georgi)는 그리스도의 "믿음"이 근본적으로 그리스도의 "신뢰 또는 (훨씬 더 나은 표현을 쓴다면) 충성"을 의미한다고 주장하는데[63], 옳은 주장이다. "그리스도의 믿음"이라는 말은, 이 말을 설명하는 정확한 공식들을 망라해보건대, 예수가 하나님 앞과 우리 앞에서 "그의 사명을 수행하실 때 보여주신 **충성**"에 관한 이야기를 "집약한 말"이며[64], 이 말의 초점이자 대요가 바로 십자가다. 예수는 하나님이 이스라엘에게 요구하셨던 그 믿음을 몸소 구현하셨다. 문맥을 살펴보건대, 바울은 이 "그리스도의 믿음"이라는 말을 그리스도의 믿음이 곧 하나님의 믿음임을 강조하거나(로마서), 그리스도의 믿음이 자기를 내어주시고 사랑을 보여주신 십자가형 내러티브 패턴임을 강조하거나(갈라디아서), 아니면 더 자세하게, 이 그리스도의 믿음이 자기를 부인하고 자기를 낮추며 자기를 비운 "성육신"과 십자가 내러티브 패턴임을 강조하는 데(빌립보서) 사용한다.

---

62) Dunn, "Once More," 70.
63) Dieter Georgi, *Theocracy in Paul's Praxis and Theology* (Minneapolis: Fortress, 1991), 36, n.9(지은이 강조). "충성의 계시인 예수로 말미암아 죄와 율법에 갇힌 노예 신세에서 구출되었다"(43).
64) Hays, "PISTIS," 37. 마틴(*Galatians*, 259)은 갈라디아서 2장이 그리스도의 "믿음"을 십자가에서 사랑을 보이신 "희생 행위"로 이야기한다고 주장한다.

결국 우리는 바울이 그리스도의 죽음에서 나타난 하나님 은혜를 완전한 하나님의 활동이자 완전한 인간 활동으로 체험하고 있음을 본다. 그리스도의 죽음 안에서, 하나님은 우리에게 신실하시고, 그리스도는 하나님께 신실하시다. 이런 점에서 그리스도의 신실한 행위는, 아래에서 자세히 살펴보겠지만, 이 신실하신 하나님 앞에서 인간이 마땅히 가져야 할 역동적 내러티브 자세의 원형이 된다.

그렇다면 이것은 신자들에게 무엇을 의미하는가? 다음 장을 미리 귀띔하는 셈이지만, 이 모든 내용은 그리스도가 의로우신데도 인간의 대표로서 죽으심으로 순종과 신실함을 보이셨듯이, 이제는 하나님의 은혜를 입고자 소원하는 사람들이 이런 그리스도의 믿음을 "갖거나" 그 믿음에 "동참해야" 한다는 것을 신자들에게 이야기한다. 바울은 하나님이 이 믿음을 공유하는 사람들을 의롭다 하신다고 말한다(롬 3:26). 따라서 이런 사람들은 그리스도와 "함께 십자가에 못 박혔다"고 말할 수 있다(갈 2:19).[65] 이렇게 의롭다 함을 받은 사람들은 이제 "하나님의 아들의 믿음으로 말미암아" 계속 살아간다. 하나님을 향한 이 하나님 아들의 신실함은 자기 자신을 내어주신 그의 사랑으로 표현되었다(갈 2:20).

바울의 십자가 내러티브가 갖고 있는 이런 측면들을 고려할 때, 우리는 다음 장에서 바울이 말하는 "믿음"이 무슨 의미인지 더 자세하게 살펴봐야 한다. 이 말이 그리스도 안에서 삶을 살아가는 신자들을 규정해주기 때문이다. 이렇게 믿음의 의미를 다시 살펴보면, 그리스도의 순종이 드러난 그의 죽음이 곧 그의 믿음을 표현한 행위이며, 십자가에서 표현된 그리스도의 믿음에 동참하는 것이 곧 신자들의 믿음이라는 명제가 함축하고 있는 의미들을 간파하는 데 도움이 될 것이다. 요컨대 믿음은 처음부터 끝까지 십자가를 본받는 믿음이다.

---

[65] 헤이스("PISTIS," 54)는 롬 1:17, 3:22, 갈 2:16, 3:22이 그리스도의 믿음을 인간의 믿음이 따라가는 바울의 일관된 패턴을 보여주고 있다고 지적한다.

제6장 옮긴이 주

[1] 영어 belief는 '무언가에 자기의 지식으로 동의하면서 그것이 틀림없다고 생각하는 것'을 말함이요, faith는 '자기보다 높이 있는 존재에게 의지하며 그를 따른다고 고백하는 것'을 말한다. 아래에서는 faith와 belief(또는 believe)가 함께 나타나고 지은이가 이런 뉘앙스 차이를 고려하여 두 단어를 구분하여 쓰고 있을 경우에만 faith는 '믿음'으로 belief는 '(지적) 확신'으로 believe는 '(지식으로) 확신하다'로 번역하겠으며, 그렇지 않을 경우에는 belief도 '믿음'으로 번역하도록 하겠다.

[2] NRSV 본문은 개역개정판과 같으므로 개역개정판을 옮겨놓았으며, NRSV 방주는 옮긴이 번역을 실어놓았다. NRSV 본문은 *pistis Christou*를 "그리스도를 믿는 믿음"으로, 그 방주는 "그리스도의 믿음"으로 번역해놓았다.

"너희 안에 이 마음을 품으라 곧 그리스도 예수의 마음이니"

빌립보서 2장 5절

7장

십자가를 본받는 믿음(II)

믿음의 특성과 대가

우리가 앞장 서두에서 언급했듯이, 가장 간결하게 표현한다면, 믿음은 복음을 듣고 보여야 할 올바른 응답이다(롬 10장). 믿음은 "바울 영성의 결정체요 가장 두드러진 특징이다."[1] 바로 앞장에서도 이야기했지만 더 구체적으로 말해본다면, 믿음은 그리스도의 십자가(믿음)를 토대로 시종일관 십자가를 본받는 삶을 살아가는 것이다. 이번 장에서는 그런 믿음의 특성을 더 자세하게 살펴보려고 한다. 다시 말해, 믿음의 본질이 십자가를 본받는 삶의 형태를 띠고 있다 한다면, 그 믿음은 무엇인지, 믿음은 무엇을 행하는 것인지, 그리고 "믿음으로" 의롭다 함을 받는다는 것은 무슨 뜻인지 살펴보려고 한다. 아울러 십자가를 본받는 믿음에 따라올 수 있는 결과(대가)들을 살펴보도록 하겠다.

---

1) W. K. Grossouw, *Spirituality of the New Testament*, trans. Martin W. Schoenberg (St. Louis/London: Herder, 1961), 135.

시작을 의미하는 믿음

확실히, 바울은 믿음을 그리스도 안에서 살아가는 삶 내내 계속되는 것으로서 신자의 실존 전체를 규정하는 것이라고 본다. 그러나 믿음은 무엇보다도 그리스도 안에서 살아가는 삶, 성령 안에서 살아가는 삶을 **시작하는** 방법(길)이다(갈 3:1-5). 믿음의 가장 기본적인 의미는 마음을 돌이켜(회개, conversion) 메시아를 믿는 믿음(messianic faith)과 메시아의 공동체로 나아가는 반응 또는 그런 믿음과 공동체 안으로 처음 발을 들여놓는(시작, initiation) 반응이다. 믿음은 의미를 함축한 용어다. 이 때문에 바울은 자신이 섬기는 교회들에 믿음을 해석해주려고 대체 용어들과 많은 은유들을 채택하여 활용한다.

바울은 회개와 시작(conversion-initiation)을 한 단어로 압축해놓은 이 "믿음"이 세례와 긴밀하게 결합되어 있다고 생각한다. 고린도전서 6:11과 갈라디아서 3:22-29 같은 본문들이 바울의 그런 생각을 잘 보여준다. 먼저 고린도전서를 살펴보자.

> 너희 중에 이와 같은 자들이 있더니 주 예수 그리스도의 이름과 우리 하나님의 성령 안에서 씻음과 거룩함과 의롭다 하심을 받았느니라(고전 6:11)

이 본문에는 "믿음"이나 "세례"(또는 "세례를 베풀다")라는 말이 분명하게 등장하지 않는다. 그러나 "씻음과 거룩함과 의롭다 하심을 받았다"라는 말이 "주 예수 그리스도의 이름과 우리 하나님의 성령 안에서"라는 말과 결합되어 있다는 것은 고린도 사람들이 예수를 주로 고백하고 그의 이름으로 세례를 받은 것("씻음을 받았다")을 믿음이 존재하는 증거로 보았으며, 믿음이 존재하는 이에게는 성령을 받는 일이 함께 일어난다고 보았음을 시사한다.[2]

마찬가지로, 갈라디아서 3:22-29은 그리스도의 죽음이 그 막을 연 새 시대에 믿음(이 여덟 구절에서 믿음이라는 말이 일곱 번 등장한다)이 하는 역할을 서술

---

2) "주 예수 그리스도의 이름과 우리 하나님의 성령 안에서"라는 문구는 분명 "씻음과 거룩함과 의롭다 하심을 받았다"라는 세 동사를 모두 수식한다.

한다. 믿는 자들은(3:22) 믿음으로 의롭다 하심을 받았으며(3:24), 하나님의 자녀(3:26)의 아브라함의 상속자들이 됨으로써(3:29) 성령을 받았다(참고, 3:1-18, 4:1-7). 믿음과 세례는 그리스도 안으로 처음 들어가는 시작의 차원으로서 함께 등장하고 있다.

> 너희가 다 믿음으로 말미암아 그리스도 예수 안에서 하나님의 아들이 되었으니 누구든지 그리스도와 합하기 위하여 세례를 받은 자는 그리스도로 옷 입었느니라(갈 3:26-27)

이 책에서는 공간이 한정되어 있어서 믿음과 세례의 이런 관계를 샅샅이 살펴볼 수 없으므로, 간단히 두 가지만 짚고 넘어가려고 한다. 첫째, 바울은 개인의 사적인 믿음과 공중 앞에서 이 믿음을 고백하는 것(세례도 이 고백에 포함된다)이 함께 붙어 다닌다고 본다.[3] 이 둘 다 구원에 필요하다. 즉, 회개와 시작은 사적인(personal) 일이자 공적인(public) 일이다. 믿음은 사람을 그리스도 안에서 하나님과 나누는 사귐 속으로 인도하는 동시에, 다른 신자들과 나누는 사귐 속으로 인도한다. 처음에는 사사로운 일, 개인적인 일이지만 그 상태를 계속 유지할 수 없는 일을 공적인 일, 공동체 차원의 일로 만들어주는 것이 바로 세례다.[4]

둘째, 세례는 믿음의 비유적 표현이요 상징적 내러티브다.[5] 세례는 믿음의 주된 내용(예수의 죽음과 장사와 부활[로마서 6:1-11 및 고린도전서 15:3-4과 비교해보라])을 표현하는 동시에, 믿음의 본질이 단지 예수에 관한 내러티브를 긍정하는 데 그치지 않고 이 내러티브에 동참하는 것임을 표현한다. 따라서 바울이 세례에 관하여 이야기하는 것은 믿음에 관하여 이야기하는 것이기도 하다. 가령, 갈라디아서 3:27은 사람들이 "세례를 받고 그리스도 안으로 들어갔다

---

3) 위에서 인용한 본문 외에도, 롬 6장과 롬 10:5-13 사이의 유사점들을 살펴보라.
4) 제롬 나이리는 세례 때 사람들이 "한 세계를 떠나, 그 세계 경계를 벗어나서, 또 다른 세계로 들어간다"라고 말한다(Jerome H. Neyrey, *Paul, In Other Words: A Cultural Reading of His Letters* [Louisville: Westminster/John Knox, 1990], 88). 아울러 Wayne A. Meeks, *The First Urban Christians: The Social World of the Apostle Paul* (New Haven: Yale University Press, 1983), 150-57을 보라.
5) Meeks, *The First Urban Christians*, 150-57.

(baptized into Christ)"라고 말하는데, 갈라디아서 2:16은 사람들이 "믿고 그리스도 안으로 들어간다(believe into Christ)"라고 말한다.[6b] 실제로 바울의 주관심사는 그가 예수의 이야기에 참여하는 것으로 이해한 믿음이며, 바울에게 세례는 믿음이 실제로 존재함을 보여주는 증거로서 믿음이나 예수의 이야기와 분리되면 아무런 의미도 가질 수 없다는 말이 맞을지도 모르겠다. 따라서 그가 세례에 관하여 이야기하는 것은, 그것이 무엇이든, 믿음에 관한 이야기일 수도 있다.[7]

세례와 믿음 사이에 존재하는 이 긴밀한 연관 관계는, 우리가 바울의 믿음 체험을 이해하려 할 경우, 회개와 시작에 관한 여러 가지 은유들과 용어들, 특히 세례와 관한 본문들을 살펴보는 것이 타당할 수도 있다는 것을 시사한다. 그렇다면 우리는 이 믿음 체험으로부터 무엇을 배울 수 있을까?

위에서 언급했지만, 믿음은 무엇보다 복음에 올바로 응답하는 것이다(롬 10:17). 믿음은 **인식이라는** 중요한 차원을 갖고 있다. 즉, 믿음에는 복음의 내용이 진실이라고 긍정하는 차원이 들어있다. 이를테면, 바울은 고린도 사람

---

6) 불행히도, 대다수 역본들이 갈 2:16과 3:27의 헬라어 본문에서 발견되는 평행법 표현을 그대로 유지하지 않고 있다. 이 두 본문이 똑같이 사용하는 헬라어 전치사(eis)는 믿음 또는 세례를 통해 그리스도 밖으로부터 그리스도 안으로 옮겨가는 움직임을 나타낸다. 갈 2:16의 이 대목은 보통 "우리도 그리스도 예수를 믿나니"로 번역되어 있다. "(그리스도를) 믿고 그 안으로 들어가다"라는 표현의 번역을 둘러싼 논의는 Sam K. Williams, *Galatians*, Abingdon New Testament Commentaries (Nashville: Abingdon, 1997), 70과 Sam K. Williams, *Jesus' Death as Saving Event*, HDR 2 (Missoula: Scholars Press, 1975), 433에서 찾아볼 수 있다.

7) 믿음의 우선성에 관한 내용을 살펴보려면, 먼저 Hans Dieter Betz, *Galatians*, Hermeneia (Philadelphia: Fortress, 1979), 123을 보고, 이어서 David Seeley, *The Noble Death: Graeco-Roman Martyrology and Paul's Concept of Salvation* (Sheffield: JSOT Press, 1989), 48-49를 보라. 베츠는 그리스도와 함께 십자가에 못 박힘을 언급하는 갈 2:19에 "바울이 로마서 6장에서 세례 의식을 해석할 때 사용한 신학 원리가 들어있을 수 있다"고 역설한다. 아울러 James D. G. Dunn, *The Theology of Paul the Apostle* (Grand Rapids: Eerdmans, 1998), 442-59를 보라. 던은 여기서 바울과 그가 인도한 회심자들에겐 성령을 처음 체험한 일이 세례 의식보다 중요했다고 강조하는데(452-55), 올바른 주장이다. 또 바울이 그리스도의 죽음과 합하여 하나가 되는 것으로 표현한 세례의 이미지는 비단 세례 체험에서만 등장하는 게 아니라, 예수의 죽음을 세례로 묘사한 복음서의 예수 전승에서도 등장하고 있다는 점을 강조하는데(막 10:38-39과 이 본문의 평행본문들; 451-52), 이 역시 옳은 주장이다. 웨더번(*Baptism and Ressurection: Studies in Pauline Theology against Its Graeco-Roman Background* [Tübingen: J. C. B. Mohr(Paul Siebeck)], 49)과 다른 사람들은 바울이 심지어 로마서 6장에서조차도 세례를 "종속적 위치"에 있는 것으로 본다고 역설한 로버트 태니힐(*Dying and Rising with Christ: A Study in Pauline Theology* [Berlin: Alfred Töpelmann, 1966], 13)을 따르고 있는데, 이런 태도 역시 옳은 것이다. 진정 중요한 것은 의식에서만 그리스도와 함께 죽는 것이 아니라, 현실에서 그리스도와 함께 죽는 것이다.

들에게 바울 자신이 받아 고린도 사람들에게 전해준 다양한 믿음의 명제들을 되새겨준다(고전 15:3-7). 이 명제들 가운데 바울과 그가 섬기는 교회들이 가장 기본적인 것이라고 본 것은 "예수가 주님이시다"라는 고백이었다. 이 고백은 이방인들에게 우상을 물리칠 것을 요구했고(가령, 살전 1:9-10), 유대인들에게는 이 유대인들의 성경이 오직 하나님께만 적용했던 것을 십자가에 못 박히셨다가 높이 들림을 받으신 예수에게도 적용할 수 있게끔 이스라엘의 하나님은 한 분이라는 말을 새롭게 이해할 것을 요구했다.

> 내가 나를 두고 맹세하기를 내 입에서 공의로운 말이 나갔은즉 돌아오지 아니하나니 내게 모든 무릎이 꿇겠고 모든 혀가 맹세하리라 하였노라(사 45:23; 참고, 빌 2:9-11)

이어질 장들에서 보게 되겠지만, 예수를 주로 고백하는 것은 유대인에게나 이방인에게나 로마 황제(Caesar)를 주로 인정하지 말도록 요구하는 것이기도 하다. 복음서가 요구하는 이런 인식과 신학의 재정립은 복음을 향한 올바른 응답의 시작일 뿐이다. 둘째, 믿음은 오직 하나님만을 완전히 **신뢰하고 확신**(명예와 수치를 따지는 문화 속에서 살았던 바울은 이 확신을 "자랑"이라고 부른다)할 뿐, 다른 누구 다른 어떤 것도 신뢰하지 않는 것이다. 믿음은 하나님 앞에서 다른 모든 신들과 다른 모든 확신의 근거들, 특히 자기 확신이라는 불확실한 근거를 포기하는 것이다. 바울은 자기 확신을 포기한 자신의 체험을 더 이상 "육체를 신뢰하지 않는다"라고 묘사한다.

> 하나님의 성령으로 봉사하며 그리스도 예수로 자랑하고 육체를 신뢰하지 아니하는 우리가 곧 할례파라. 그러나 나도 육체를 신뢰할 만하며 만일 누구든지 다른 이가 육체를 신뢰할 것이 있는 줄로 생각하면 나는 더욱 그러하리니(빌 3:3-4)

심지어 바울은 더 생생한 표현을 사용하여 신자들이 "육체와 함께 그 정욕과 탐심을 십자가에 못 박았다"(갈 5:24)라고 말한다.

바울은 믿음이 가진 인식의 차원(긍정)과 감정적, 체험적, 영적 차원(신뢰)

을 몇 가지 방법을 써서 함께 섞는다. 가령, 믿음의 초점은 죽은 자들을 일으키시는 하나님이시다. 이런 하나님을 믿는 것은, 아브라함이 바울에게 되새겨주듯이(롬 4장), 자연적 충동에 어긋나는 것이다. 이 하나님을 믿는 것은 하나님이 죽음에서 생명을 이끌어내시는 분임을 확신하는 것이다. 그러나 역설적인 것은 하나님이 죽음에서 생명을 이끌어내실 때 죽음이라는 방법(그리스도의 죽음과 신자들의 죽음)을 사용하신다는 점이다.

믿음의 효과들

바울의 신학과 체험을 살펴보면, 믿음이 하는 첫 행위는 신자들 속에서 이루어지는 하나님의 일이 의도하는 효과들을 촉진하는 하나님의 활동에 응답하는 것이다. 더 구체적으로 말해보면, 믿음은 그리스도의 죽음이 의도하는 모든 결과들을 실현한다. 믿음은 **해방시켜 종으로 만든다**(liberates and enslaves). 믿음은 **하나로 통합하며 시작하게 한다**(incorporates and inaugurates). 믿음은 인간을 노예로 삼고 있는 원수의 권세들로 이루어진 겸임 이사회로부터 이 인간을 해방시켜 하나님의 종으로 만든다. 믿음은 사람들을 그리스도와 하나로 통합한다. 믿음은 사람들이 성령이 가능케 하신 신실한 새 삶을 시작하게 한다. 이 모든 것이 십자가를 본받는 삶을 체험하는 것이다. 바울이 볼 때, 믿음은 죽음, 곧 생명을 만들어내는 죽음을 체험하는 것이다.

해방 그리고 다시 종으로 삼음

믿음은 죽음 체험으로서, 여러 관계들과 실재들에 종지부를 찍는다. 고린도전서 6:11은 씻음과 거룩함과 의롭다 하심을 체험한 사람들, 다시 말해, 복음에 믿음으로 응답한 사람들(이런 믿음은 아마도 공중 앞에서 세례로 표현되었을 것이다)이 해방되고 변화되었다는 점을 시사한다. 이런 사람들은 하나님께 반역한 세상의 특징인 우상숭배와 부도덕과 불의한 습관을 등지고 떠났다(롬 1:18-32). 다시 말해, 이런 사람들은 바울이 "세상이 나를 대하여 십자가에 못 박히고 내가 또한 세상을 대하여 그러하니라"(갈 6:14)라고 쓸 때 했던 체험을 역시 겪은 사람들이다.

이렇게 세상을 대하여 십자가에 못 박힌다는 것은 바울이 믿음을 가진 사람들, 곧 죄에 대하여 죽은 사람들 안에서 일어난 죽음을 표현하는 한 방법이다. "세상"은 죄가 통치하는 영역이다. 이렇게 죄에 대하여 죽는 것은 믿음이 드러나는 첫 행위와 세례에서 명확하게 표현된다. 이는 그리스도가 죄에 대하여 단번에 죽으신 것과 평행을 이룬다.

> 죄에 대하여 죽은 우리가 어찌 그 가운데 더 살리요. 무릇 그리스도 예수와 합하여 세례를 받은 우리는 그의 죽으심과 합하여 세례를 받은 줄을 알지 못하느냐……우리가 알거니와 우리의 옛 사람이 예수와 함께 십자가에 못 박힌 것은 죄의 몸이 죽어 다시는 우리가 죄에게 종노릇 하지 아니하려 함이니 이는 죽은 자가 죄에서 벗어나 의롭다 하심을 얻었느니라……그가 죽으심은 죄에 대하여 단번에 죽으심이요 그가 살아 계심은 하나님께 대하여 살아 계심이니 이와 같이 너희도 너희 자신을 죄에 대하여는 죽은 자요 그리스도 예수 안에서 하나님께 대하여는 살아 있는 자로 여길지어다(롬 6:2하-3,6-7,10-11)

이렇게 죄와 세상에 대하여 죽는 것 또는 십자가에 못 박히는 것은 자아에 대하여 죽는 것도 포함한다("우리의 옛 자아가 십자가에 못 박혔다"). 여기서 자아는 바울이 "육"이라고 부르는 것 또는 적어도 그 "육"과 결합되어 있는 것으로, 죄의 권세 아래 있으면서 하나님을 거역하는 죄의 충동에게 조종당하는 자아를 말한다.[8]

---

8) 6장에서 육을 설명한 주 23을 보라.

> 그리스도 예수의 사람들은 육체와 함께 그 정욕과 탐심을 십자가에 못 박았느니라(갈 5:24)

바울은 자기 자신이 그리스도와 함께 십자가에 못 박혔으며 이제는 더 이상 자신이 살고 있지 않다고 말한다(갈 2:20). 즉, 바울은 더 이상 자신을 위해 살지 않으며 육이 원하는 욕망대로 살지 않는다. 이는 그가 더 이상 죄 또는 세상에 대하여 살지 않는 것과 마찬가지다. 도리어 그는 하나님을 위하여 살고, 그리스도를 위하여 산다.[9]

세례 (그리고 이 세례가 표현하는 믿음)는 그리스도의 죽음과 부활을 "상상 속에서 재연하는 것(imaginative reenactment)", 곧 "그리스도의 진짜 죽음과 부활을 상상 속에서 이루어지는 자기의 죽음 및 부활과 통합하는 것"이다.[10] 물론 신자가 진짜로 죽는 것은 아니다. 그러나 "바울은 세례 의식을 통해 '그리스도와 함께 죽는' 행위가 보통 진짜 죽음에 따르는 것과 똑같은 종류의 분리(disjunction)를 실제로 만들어낸다고 생각하는 것 같다."[11] 그런 점에서, 믿음은 실상 죽음 체험이요, 죽어서 새로운 생명의 영역으로 들어간 사람들을 죽음 이전의 실존과 결합된 권세들의 통치로부터 해방시키는 것이다. 따라서 믿음은 "상상 속의" 죽음보다 훨씬 더 많은 것을 만들어낸다. 믿음은 실제로 죄 그리고 이 죄와 결합된 권세들 및 실체들로부터 해방시켜준다.[12]

그리스도가 죄에 대하여 죽으시고 부활하사 하나님을 향한 새생명을 얻으신 것에 동참함으로써 해방을 얻는 이런 체험을 종종 죄와 죽음과 불의가 다스리는 실존 영역으로부터 의와 생명이 다스리는 영역으로 옮겨가는 영역 **이전**(移轉)으로 부르기도 한다. 이 이전은 악의로 가득한 주인으로부터 자비하신 주인으로 옮겨가는 것이다. 이런 영역 이전은 일어날 수밖에 없다. 바울의 세계관에 따르면, 인간은 늘 한 권세 아니면 다른 한 권세, 하나님 아니면

---

9) 십자가에 못 박히는 행위에는 율법에 대하여 죽는 것도 포함된다(갈 2:19, 롬 7:4,6). 하지만 이렇게 율법에 대하여 죽는다는 것이 무슨 의미인가는 여전히 논쟁중이다.
10) 이 두 표현은 Seeley, *Noble Death*, 102와 101에서 각각 가져온 것이다.
11) Seeley, *Noble Death*, 148.
12) 이것이 실리의 논의가 가진 약점이다. 상상 속에서 재연하는 것은 바울과 그의 서신을 받아보는 사람들이 알고 있던 강력하고 변화를 일으키는 체험보다 덜한 것으로 이해할 수 있기 때문이다.

하나님께 맞서는 권세의 지배와 조종을 받으며 살아가고 있기 때문이다.[13] (우리가 이미 보았지만, 하나님께 맞서는 권세는 실상 여러 권세들이 한데 뭉쳐 있는 것이다.)

따라서 믿음은 모든 악한 권세들로부터 **해방**시킨다. 그러나 동시에 믿음은 신자를 새롭게 하나님과 그리스도와 의의 "종으로 만들어버린다"(필요한 유비를 찾다보니, 이렇게 불완전한 표현을 썼다. 바울도 로마서 6:15-23에서 이렇게 말한다). 복음을 믿는 믿음은 세례로 표현된다. 이 믿음은 한 사람을 죄와 사망과 자아와 육과 율법과 불의의 영역으로부터 진짜 주님이 다스리시는 영역 속으로 옮겨놓는다. 바울은 이런 용어들로 이 영역 이전 체험을 묘사하고 해석할 때, 이스라엘에 관한 전승과 이스라엘이 겪은 출애굽 체험에 관한 전승 속에 견고히 서 있다. 브루그먼이 우리에게 되새겨주듯이, 출애굽은 "전후 맥락이 결여된 해방이 아니었다. 오히려 출애굽은 주인의 변경이었다." 이스라엘은 야훼의 종이 되고(레 25:42을 보라), "야훼는 이스라엘의 새 '주인'이 되셨다."[14]

바울은 초기 그리스도인들이 예수를 하나님의 종 내지 하인, 하나님의 **둘로스**(doulos)로 묘사한 것을 긍정하면서, 바울 자신도 그리스도의 종, 그리스도의 둘로스로 본다. 이런 자기 이해는 바울에겐 근본적인 것이어서, 그는 "그리스도(예수)의 종"이라는 말을 아예 몇몇 서신의 서두에서 자신을 규정하는 말로 사용한다(롬 1:1, 빌 1:1, 갈 1:10).[15] 나아가 바울은 자신의 자리에 의문을 제기하는 대적들 앞에서 자신이 "종" 또는 "일꾼"(고후 11:23; diakonos)의 지위에 있음을 기꺼이 강조한다. 그는 자신의 동역자들에게도 비슷한 용어를 적용한다(가령, 빌 1:1에서는 디모데에게, 고전 3:5과 4:1에서는 아볼로에게). 더욱이 예상 못한 것은 아니지만, 바울은 자신과 동역자들을 역시 하나님의 "종들" 내지 "일꾼들"(고후 6:4, diakonos)로, 특히 새 언약의 "일꾼들"(고후 3:6)과 의의 "일꾼들"(고후 11:15)로 이해한다.

---

13) 영역 이전 체험에 관한 고전적 논의를 살펴보려면, Victor Paul Furnish, *Theology and Ethics in Paul* (Nashville: Abingdon, 1968), 115-18과 E. P. Sanders, *Paul and Palestinian Judaism* (Philadelphia: Fortress, 1977), 463-72를 보라. 더 자세한 내용은 아래 "통합과 시작(Incorporation and Inauguration)" 부분을 보라.
14) Walter Brueggemann, *Theology of the Old Testament: Testimony, Dispute, Advocacy* (Minneapolis: Fortress, 1997), 182.
15) 이와 비슷하게 바울이 자기를 규정하는 말이 diakonos("사역자", 고전 3:5)와 *hypēretēs*("일꾼, 청지기", 고전 4:1)다.

바울은 모든 신자들에게 "종"이란 말을 자주 적용하지는 않는다. 그러나 그는 모든 신자가 종이라는 점을 다른 방식으로 강조한다. 사람들이 자주 간과하고 있지만, 아마도 고린도전서와 후서에 들어있는 본문들이 가장 중요하지 않을까 싶다.

> 너희 몸은 너희가 하나님께로부터 받은바 너희 가운데 계신 성령의 전인 줄을 알지 못하느냐. 너희는 너희 자신의 것이 아니라 값으로 산 것이 되었으니 그런즉 너희 몸으로 하나님께 영광을 돌리라(고전 6:19-20)

> 그가 모든 사람을 대신하여 죽으심은 살아 있는 자들로 하여금 다시는 그들 자신을 위하여 살지 않고 오직 그들을 대신하여 죽었다가 다시 살아나신 이를 위하여 살게 하려 함이라(고후 5:15).

바울은 이 본문들에서 그리스도를 떠난 인간은 자기 자신에게 속해 있고 자기 자신을 위해 살아간다고 전제한다. 즉, 이런 사람들은 그들 자신을 실존의 기준이자 목표로 삼고 살아간다. "그들 자신의 야망이 지시하는 대로 따라가는"[16] 노예 생활을 하는 것이다. 십자가라는 마지막 때의 사건이 가져온 믿음 체험은 사람들을 이전과 다른 방향으로 인도한다. 이 체험은 그리스도 밖에 있던 사람들을 그리스도 "안으로" 데려가(고후 5:17), 이 사람들이 자기 자신을 떠나 그리스도를 향해 나아가면서 그리스도 안에서 살아가도록 만든다. 하나님은 그리스도의 죽음이라는 값을 치르고 이 사람들을 사셨다(고린도전서 6:20에서 쓰고 있는 이 말은 노예 시장에서 쓰던 말이다).[17] 이 사람들은 더 이상 "그들 자신의 운명을 좌우하는 주인"이 아니라, 다른 이의 종이 되었다. 이렇게 자기

---

16) 빅터 폴 퍼니쉬(Victor Paul Furnish)가 *II Corinthians*, Anchor Bible 32A (Garden City, NY: Doubleday, 1984), 311에서 제시한 번역이다. '자기 자신'을 위하여 살다' 또는 '자기 자신'을 바라보며 살다'라는 말은 흔히 이기적인 삶을 가리키는 관용어였다(Michael J. Gorman, "The Self, the Lord, and the Other: The Significance of Reflexive Pronoun Constructions in the Letters of Paul, with a Comparison to the 'Discourses' of Epictetus," Ph. D. diss., Princeton Theological Seminary, 1989, 495-502; BAGD s. v. zaō 3b를 보라). 아울러 고후 5:15의 "다시는"이라는 말에 주목하는 것이 중요하다.

17) Hans Conzelmann, *1 Corinthians*, Hermeneia (Philadelphia: Fortress, 1975), 113.

를 위한 삶이 그리스도를 위한 삶으로 바뀐 것은 신자의 체험에 추가로 덧붙일 수 있는 선택 사항이 아니라, 오히려 그 체험의 **본질**이다. 고린도후서 5:15이 말하는 대로, 그리스도가 바로 이런 이유 때문에(*hina*, 자기를 위하여 살지 않고 그리스도를 위하여 살게 하려고) 죽으셨기 때문이다. 그러기에 바울은 믿음으로 살아가는 실존의 의미를 "주를 섬기는 것"(롬 12:11), 다시 말해 "그리스도를 섬기는 것"(롬 14:18)으로 요약할 수 있는 것이다. 바울은 이런 실존의 의미를 나타내고자 명사 *doulos*와 관련된 동사 *douleuō*를 사용한다.[18]

매일 십자가를 본받는 삶을 다룬 아래 부분에서 보게 되겠지만, 바울은 이 종이라는 이미지를 로마서 6장에서 가장 크게 활용한다. 바울은 이 로마서 6장에서 고린도후서 5:15을 떠올리게 하는 언어로 자기 독자들에게 이런 사실을 되새겨주고 있다.

> 우리가 알거니와 우리의 옛 사람이 예수와 함께 십자가에 못 박힌 것은 죄의 몸이 죽어 다시는 우리가 죄에게 종노릇 하지 아니하려 함이니(롬 6:6)

이처럼 신자들은 "죄에 대하여 죽고 그리스도 예수 안에서 하나님께 대하여 살아 있다"(롬 6:11). 다시 말해, "하나님께 종이 되었다"(롬 6:22). 이방인 신자들은 우상을 버리고 하나님께 돌아와 "살아 계시고 참되신 하나님"을 섬긴다(*douleuō*, 살전 1:9). 그러므로 신자들은 매일 자기 자신을 새 주님이신 하나님께 드려야 한다. 바울은 이를 그들의 "지체"라는 말을 사용하여 표현했다(롬 6:13,16,19). 우리는 갈라디아서 5장과 로마서 8장도 육과 영이라는 언어를 사용하여 주가 바뀐 것을 표현하고 있음을 발견한다. 성령으로 인도함을 받는

---

18) 아울러 주 예수 그리스도를 섬기지 않는 사람들을 이야기한 롬 16:18을 보라. 바울이 롬 12:9-13에서 사랑(9-10절, 그리고 13절이 암시한다)과 소망(12절)을 분명히 언급하면서, 이 본문에 빠져 있는 믿음이라는 요소가 바로 11절("부지런하여 게으르지 말고 열심을 품고 주를 섬기라")의 주제임을 시사하고 있는 점은 중요하다. 만일 이렇게 본문을 읽는 것이 옳다면, 이 본문과 관련하여 많은 출간물이 언급하는 문제, 곧 바울이 (헬라어 *kyrios*를 사용하여) "주를 섬기라"라고 쓴 것인지 아니면 (헬라어 *kairos*를 사용하여) "(남아 있는) 시간에 섬기라"라고 쓴 것인지 결정하는 문제[d]가 해결될 것이다. 자기에게 예속된 상태를 떠나는 것과 자신을 그리스도 및 다른 사람들에게 바치는 것이 본질적으로 연관되어 있다는 점을 살펴보려면, Troels Engberg-Pedersen, *Paul and the Stoics* (Louisville: Westminster/John Knox, 2000)를 보라.

사람들은 육이 안팎에서 던지는 충동들보다 더 강한 능력 아래 있는 것이다(갈 5:16-17). 하나님의 자녀들은 과거의 모든 종살이 및 이와 연관된 두려움에서 해방되었다. 그러나 이 자녀들이 이런 해방을 누리는 것은 오직 그리스도 안에서 성령의 인도하심을 받을 때뿐이다(롬 8:9-17). 이렇게 하나님의 종이 되면, 해방을 얻고 능력을 받는다. 바울의 체험에 비춰볼 때, 진정한 자유는 진짜 주인의 소유가 되는 것이다. 어쩌면 이 역설을 가장 간명하게 표현한 곳은 고린도전서 7장이 아닐까 싶다. 고린도전서 7장은 각 신자가 자유를 얻은 하나님의 사람이자 하나님의 종이라고 이야기한다.

> 주 안에서 부르심을 받은 자는 종이라도 주께 속한 자유인이요 또 그와 같이 자유인으로 있을 때에 부르심을 받은 자는 그리스도의 종이니라. 너희는 값으로 사신 것이니…(고전 7:22-23상)[19]

통합과 시작(Incorporation and Inauguration)

따라서 믿음은 해방이자 동시에 통합이다. 특히 새 주님이신 그리스도, 그리고 그의 몸 안으로 들어가 그리스도 및 그 몸과 하나가 되는 것이다. 그러기에 바울은, 우리가 이미 보았듯이, 이를 두고 믿음으로 그리스도 "안으로" 들어간다고(갈 2:16) 말할 수 있었다. "안으로" 들어간다는 이미지는 그리스도 밖으로부터 그리스도 안으로 옮겨가는 모습을 시사한다(갈 2:17의 "그리스도 안에서"에 주목하라). 바울은 믿음(갈 2:16)과 세례(갈 3:27)를 옮겨가는 (이전) 체험, 다시 말해, 그 실존 내지 "영혼" 그리고 그 사회학적 위치가 한 실존 영역에서 다른 실존 영역으로 옮겨가는 것으로 이해한다. 이미 보았듯이, 이렇게 그리스도 안으로 들어가 그와 하나가 되는 것은 동시에 그 뒤에 남겨두고 떠난 "세

---

19) 이 본문의 맥락을 살펴보면, 바울은 교회가 종말론적 시대에 자리하고 있다는 점을 고려하여 노예제를 포함한 사회 제도와 국가뿐만 아니라 혼인과 독신 같은 것을 절대시하지 않는다. 바울이 노예제라는 사회 제도를 어떻게 이해했느냐를 두고 논쟁이 있다. 그러나 분명한 것은 그가 믿음을, 고전 6:20에서 말하는 것처럼, "값으로 산 것"이 되는 체험으로, 다시 말해 그리스도 안에서 자유를 얻는 동시에 그리스도의 종이 되는 것으로 체험하고 이해했다는 것이다.

상"에 대하여 십자가에 못 박히는 것이다(갈 6:14).[20]

아울러 바울은 "주 예수 그리스도로 옷 입는다"(갈 3:27, 롬 13:14)라고 말하거나, 위에서 보았듯이 세례를 받고 그리스도와 합한다(갈 3:27)라고 말한다. 세례를 받고 그리스도와 하나가 된다는 것은 세례를 받고 그리스도의 죽음과 하나가 된다는 것(로마서 6장)과 비슷한 말이다. 이것은 곧 그리스도 안에 있다는 것은 어떤 식으로든 그의 죽음 안에 있다는 것, 그의 죽음으로부터 계속 영향을 받는 상태에 있다는 것을 의미한다. 이렇게 그리스도 안에 있음으로써 그의 죽음 안에 있게 되면, 위에서 말했듯이, 결국 죄에 대하여 죽게 되고, 또 다른 측면에서 끊임없이 죽는 모습, 다시 말해 끊임없이 십자가에 못 박히는 결과를 낳게 된다. 따라서 믿음은 한 공동체 안으로 들어가 그 공동체와 하나가 되는 일을 **시작**하는 것이요, 끊임없이 죽는 삶, 곧 십자가를 본받는 삶을 **시작**하는 것이다.

믿음으로 말미암아 시작되는 이 다른 차원들 가운데 가장 중요한 것이 십자가를 본받아 다른 사람들을 사랑하는 것이다. 그리스도 안에서 중요한 것은 할례를 받았느냐 아니냐가 아니라 "사랑으로 역사하는 믿음"(갈 5:6)이기 때문이다. 이어질 장들에서 다시 살펴보겠지만, "사랑으로 역사하는 믿음"이라는 이 아주 중요한 문구는 "사랑을 통해 효과적으로 작동하는 믿음", "사랑을 통해 실제로 역사하는 믿음", 또는 더 나아가 "사랑으로 표현되는 믿음"이라는 뜻을 갖고 있다.[21] 바울의 영성에서 정수라 할 수 있는 이 공식("사랑으로 표현되는 믿음")은 믿음과 사랑의 불가분성에 초점을 맞춘다. 여기서 사랑은 십자

---

20) 비록 다른 저자(요한)의 글에 단 주석이지만, 바울이 말한 "세상"의 의미를 이해하는 데 도움이 되는 말이 찰스 탤버트가 한 이 말이다. "하나님의 뜻을 거스르는 데 동원되는 인간" (Charles Talbert, *Reading John: A Literary and Theological Commentary on the Fourth Gospel and the Johannine Epistles* [New York: Crossroad, 1992], 102).

21) 첫 번째 의미는 James D. G. Dunn, *A Commentary on the Epistle to the Galatians*, Black's New Testament Commentaries (London: A&C Black, 1993), 270이 제시하고 있다. 두 번째 의미는 Bruce W. Longenecker, *The Triumph of Abraham's God: The Transformation of Identity in Galatians* (Nashville: Abingdon, 1998), 73, 82, 161이 제시한다. 오늘날 거의 모든 주석가들은 이 구절에서 등장하는 헬라어 동사 *energeō*("역사하다", "작동하다")의 형태를 수동태가 아니라 중간태로 이해한다. 그 결과, 이 구절을 어떻게 번역하든, (a)믿음과 사랑은 불가분이다, (b)믿음은 사랑의 전제이지만, 사랑은 믿음의 전제가 아니다(다시 말해, 사랑은 믿음을 낳지 않는다), (c)사랑은 믿음을 표현하는 수단이다("~을 통하여, ~으로"라는 의미를 가진 헬라어 전치사 *dia*에 주목하라). 우리는 "사랑으로 표현되는 믿음"이라는 번역을 선호한다.

가를 본받는 섬김이라는 특성을 갖고 있다. (다음 세 장에서는 이런 종류의 사랑을 상세히 살펴보도록 하겠다.) 이 본문은 믿음이 사랑의 삶을 시작하게 한다고 말한다. 믿음은 개인과 공동체 위에, 또 개인과 공동체 안에서 작용하는 능력이자 힘이기 때문이다.[22]

에드 샌더스(E. P. Sanders)는 고전이라 할 그의 저서 『바울과 팔레스타인 유대교』에서 바울이 생각하는 믿음의 의미를 "참여(participation)"라는 말을 써서 해방, 다시 종이 됨, 통합, 그리고 시작으로 요약한다. 그는 바울의 체험을 이해할 때 단지 과거에 지은 죄들을 속함 받는다는 점만 강조하는 것에 반대한다. 오히려 샌더스는 다음과 같이 적절한 주장을 펼치고 있다.

> 바울이 볼 때 그리스도의 죽음이 갖는 가장 중요한 의미는 한 사람이 그리스도의 죽음에 **동참함**으로써 죄의 **권세** 내지 옛 시대에 대하여 죽고 그 사람이 하나님의 소유가 된다는 것이다. 이런 **이전**(옮겨감)은 우상숭배와 성적 부도덕이라는 부정함으로부터 정결함과 거룩함으로 옮겨가는 것뿐만 아니라 한 주(主)로부터 다른 주로 옮겨간다는 것을 의미한다. 이런 이전은 그리스도의 죽음에 **참여함**으로써 일어난다.[23]

따라서 바울에게 믿음은 무엇보다도 십자가를 지고 그리스도에게 참여하는 것이다. 이 참여는 참여자들을 인간 실존을 지배하는 모든 원수의 권세들로부터 해방시킨 다음, 그리스도가 인자한 주님으로서 다스리시는 당신의 공동체라는 강력한 영역으로 데려간다. 하지만 바울은 그리스도 안에서 살아가는 삶이 시작되면 믿음이 끝난다고 생각하지 않는다.

---

22) Betz, *Galatians*, 263, n.97과 Dunn, *Galatians*, 271도 마찬가지 생각이다.
23) Sanders, *Paul and Palestinian Judaism*, 467-68. 샌더스는 특히 롬 6:3-11, 7:4, 갈 2:19-20, 5:24, 6:14, 빌 3:10-11을 살펴본 결과를 자신이 내린 결론의 근거로 삼고 있다. 하지만 세례 행위 자체는 물론이요 이 행위에 관한 바울의 해석도 이 부활이 미래에 있을 몸의 부활뿐 아니라 현재 새로운 삶(십자가를 본받는 삶)으로 부활하는 것을 의미한다고 보는데도, 샌더스는 바울에게 부활은 단지 미래일 뿐이라고 역설한다(이를테면, 468).

"믿음의 순종(믿어 순종함)": 매일매일 십자가를 본받는 삶을 의미하는 믿음

"사랑으로 표현되는 믿음"(갈 5:6) 같은 문구는 바울이 믿음을 단지 회개와 시작이라는 첫 행위(initial act) 정도로만 이해했다고 보는 생각이 얼마나 그릇된 것인가를 잘 보여준다. 지슬러(J. A. Ziesler)가 한 말마따나, "믿음이 불가분인 이상, 그리스도 안에서 하나님의 행위에 응답하는 것을 의미하는 믿음(다시 말해, 의롭다 하심을 얻게 하는 믿음)과 그리스도인의 계속되는 삶을 의미하는 믿음 역시 서로 분리할 수 없다."[24] 세례는 그리스도와 하나가 됨을 상징하는 내러티브이자 그리스도 안에서 계속하여 살아가는 삶을 상징하는 내러티브다. 물론 그리스도가 단 한 번 죽으셨듯이, 세례 때도 죄에 대하여 단번에 죽는 일이 일어난다. 그러나 이 죽음은 끊임없이 되풀이되어야 한다. 바울은 자기 자신의 사역을 언급하면서, 자신이 "날마다 죽는다"고 말한다(고전 15:31; 참고, 고후 11:28). 신자들도 마찬가지다. 신자들도 매일 죄와 자아에 대하여 죽음으로써, 끊임없이 자신을 하나님께 그리고 의에게 드리고 또 드려야만 한다.

> 이와 같이 너희도 너희 자신을 죄에 대하여는 죽은 자요 그리스도 예수 안에서 하나님께 대하여는 살아 있는 자로 여길지어다……또한 너희 지체를 불의의 무기로 죄에게 내주지 말고 오직 너희 자신을 죽은 자 가운데서 다시 살아난 자 같이 하나님께 드리며 너희 지체를 의의 무기로 하나님께 드리라……전에 너희가 너희 지체를 부정과 불법에 내주어 불법에 이른 것 같이 이제는 너희 지체를 의에게 종으로 내주어 거룩함에 이르라(롬 6:11,13,19하)

"더 이상 ~하지 말고"(13절)와 "전에…이제는"(19절)이라는 문구는 자기를 드리는 한 습관적 행위가 이제는 죽음에서 생명으로 이미 옮겨간 사람들 속에서 다른 습관적 행위로 바뀌어야 한다는 것을 시사한다. (자라감으로써 거룩함

---

24) J. A. Ziesler, *The Meaning of Righteousness in Paul: A Linguistic and Theological Enquiry*, SNTSMS 20 (Cambridge: Cambridge University Press, 1972), 165.

에 이름, 또는 하나님께 헌신함을 의미하는) 성화(sanctification)가 "크디큰 불법"을 대신한다. 바울은 꾸준히 자신을 하나님께 드리는 것이 이런 성장을 이루는 길이라고 본다. 이렇게 끊임없이 자신을 하나님께 드리는 것이 신자들이 하나님 앞에서 취할 역동적이고 계속적인 내러티브 자세다. 그리스도 역시 이런 자세를 취하셨다.

사실, 하나님 앞에서 취해야 할 이런 역동적인 내러티브 자세는 로마서 6장의 가장 큰 주제이기도 하다. 로마서 6장에서 처음 등장하는 주제가 세례이다 보니, 바울의 글을 읽는 사람들은 이 세례가 로마서 6장의 주요 주제라고 오해하는 경우가 자주 있다. 하지만 바울이 죄에 대하여 죽음을 의미하는, 세례라는 첫 체험으로 6장을 시작하고 있다 할지라도(위에서 이미 언급했지만, 롬 6:1-11은 여기에 강조점을 둔다), 그가 초점을 맞추고 있는 것은 새 삶의 구조와 윤곽이다(이 새 삶의 구조와 윤곽은 롬 6:12-23에 등장하지만 이미 6:1-11이 그 구조와 윤곽을 시사한다).[25] 세례를 받을 때 죄에 대하여 죽고 이제는 그리스도 예수 안에서 하나님께 대하여 사는 사람들은(롬 6:11) 논리상 당연히("그러므로", 롬 6:12) 자기 자신을 그들 자신의 정욕이 아니라 그들이 새로 발견한 주님께 드려 순종하게 된다.

다른 곳에서, 바울은 믿음이 갖고 있는 이 지속적 차원을 십자가를 본받는 자신의 삶을 표현할 때 사용하는 문법 구조를 활용하여 생생히 묘사한다. 그는 더 "단순한" 과거 시제인 헬라어 부정과거(aorist)를 써서 "내가 그리스도와 **함께 십자가에 못 박혔다**(synestaurōsa)"라고 써놓지 않고, 헬라어 완료형을 써서 "내가 그리스도와 **함께 십자가에 못 박혔다**(synestaurōmai)"라고 써놓았다(갈 2:20).[1] 이 헬라어 완료 시제는 종종 현재 시제로 이렇게 번역할 수도 있다. "내가 그리스도와 함께 십자가에 **못 박힌다**." 이 본문은 이렇게 십자가에 못 박히는 것이 종착점이 아니라 출발점이라는 것을, 적어도 종말에 이를 때까지는 그러하다는 것을 의미한다. 그런가하면 바울은 또 "세상이 나를 대하여 십자가에 **못 박히고**(estaurōtai)[e] 내가 또한 세상을 대하여 그러하니라"(갈 6:14)

---

25) 나는 태니힐(Tannehill)도 그가 쓴 *Dying and Rising*(21-39, 77-83)에서 로마서 6장을 이렇게 개관하고 있다고 생각한다. 하지만 태니힐은 로마서 6장 자체가 과거의 사건에 초점을 맞추면서 과거와 현재의 체험을 한데 묶어주고 있다고 주장한다(39).

라고 말한다. 바울과 신자들이 매일매일 살아가는 삶은 (이방인으로서 살았던 생활방식이든 아니면 유대인으로서 선민의식에 사로잡혀 살았던 생활방식이든) 이전에 살았던 방식과 결별하였음을 매일매일 재확인하고 그런 결별을 실제 삶 속에서 행동으로 되풀이하는 것이다. 이런 결별은 복음을 믿는 믿음이 시작케 한 것이요 세례로 표현된 것이다. 신자들이 매일매일 이전의 삶과 결별하였음을 재확인하고 행동으로 결별을 되풀이하는 것은 올바른 방향으로 정립된 그들의 "근본적 선택"을 계속하여 표현하는 것이자, 하나님을 향한 그들의 역동적 믿음을 보여주는 내러티브 자세다.[26]

믿음이 갖고 있는 이런 지속적 내지 포괄적인 차원은 예수의 믿음(신실하심)에 그 뿌리를 두고 있다. 물론 바울은 믿음이 무엇인가를 단번에 대변한 행위인 예수의 자발적 죽음에 초점을 맞춘다. 그러면서도 그는 이 예수의 죽음을, 우리가 이미 빌립보서 2장을 살펴볼 때 언급했듯이, 종처럼 하나님께 순종하는 삶의 정점으로 본다. 그리스도의 믿음에 동참하는 것은 그의 순종에 동참하는 것이다. 실제로 로마서 5장은 그리스도의 죽음이 그리스도의 순종 내지 믿음으로서 구원의 기초임을 말하는 반면 로마서 6장은 이런 가르침에 진심으로 순종하는 것(6:17)은 그리스도의 죽음을 단지 구원의 **기초**일 뿐 아니라 믿음/순종의 **패턴**으로 받아들임을 의미한다고 이야기한다.[27]

> 하나님께 감사하리로다. 너희가 본래 죄의 종이더니 너희에게 전하여 준 바 교훈의 본을 마음으로 순종하였도다(롬 6:17)

바울은 자신이 복음을 전하는 목표를 표현할 목적으로 만들어낸 문구("믿

---

[26] "믿음 안에서 사람은 모든 것을 아우르며 평생 동안 지속되는 하나님과 자신의 관계 속에 자리를 잡는다. 이 관계에는 궁극적이고도 지속적인 그 사람의 결단(그 사람의 구원)이 포함된다" (Jürgen Becker, *Paul: Apostle to the Gentiles*, trans. O. C. Dean, Jr. [Louisville: Westminster/John Knox, 1993], 412). 게다가 베커는 바울이 세례에 관한 전승을 바꿔 "죽음과 삶의 반복이 세례 때만 독특하게 일어나는 행위가 아니라 한 그리스도인의 삶 전체를 가리키는 것으로 만들었다"(419)고 본다.

[27] 더 전통적인 언어에서는 "칭의"와 "성화"를 구분하는 경향이 있다. 그러나 제임스 에드워즈 (James R. Edwards, *Romans*, NIBC [Peabody: Hendrickson, 1992], 157)도 나와 비슷하게 이런 말을 하고 있다. "그리스도의 죽음은 우리 구원의 방편이자 우리 성화의 패턴이다."

음의 순종[믿어 순종함]", 롬 1:5, 16:26)를 써서 믿음과 순종의 상호관계를 요약한다. 바울에게 순종은 선택 사항이 아닐뿐더러, 믿음의 좋은 보충물은 더더욱 아니다. "어쩌면, 사람은 죄에서 자유를 얻지 못하였는데도, 새 주인 아래 들어가 있는지 모른다."[28] 복음은 단순히 **믿어야 하는 것**에 그치지 않고 **순종해야 하는 것**이다. 로마서 10장이 잘 보여주듯이, 순종과 믿음은 본디 같은 말이다.

> 그런즉 그들이 **믿지** 아니하는 이를 어찌 부르리요. 듣지도 못한 이를 어찌 **믿으리요**. 그러나 그들이 다 복음을 **순종하지** 아니하였도다. 이사야가 이르되 주여 우리가 전한 것을 누가 믿었나이까 하였으니(롬 10:14, 16[지은이 강조])[29]

이렇게 복음을 향한 새 순종이 자신의 정욕을 향한 옛 순종을 대신한다.[30] 그러나 "믿음의 순종"은 순종을 받으셔야 할 분, 곧 하나님의 뜻을 알 때에만 이루어질 수 있다. 바울은 본질적으로 순종을 의미하는 예수의 죽음에서 하나님 뜻을 알 수 있다고 본다. 하지만 하나님 뜻은 사람이 자신을 의로우신 하나님께 드리고 이 하나님께 자기 몸을 매일 산 제물로 드릴 경우에만 구체적이고 자세하게 알 수 있다.

> 그러므로 형제들아 내가 하나님의 모든 자비하심으로 너희를 권하노니 너희 몸을 하나님이 기뻐하시는 거룩한 산 제물로 드리라. 이는 너희가 드릴 영적 예배니라. 너희는 이 세대를 본받지 말고 오직 마음을 새롭게 함으로 변화를 받아 하나님의 선하시고 기뻐하시고 온전하신 뜻이 무엇인지 분별하도록 하라(롬 12:1-2)[31]

---

28) Tannehill, *Dying and Rising*, 82. 여기서 태니힐은 덧붙여 말하기를, "어떤 사람이 구원받은 **까닭은**"(태니힐 강조) 새 주인을 가짐으로써 옛 주인으로부터 구출되었기 때문이다. 그러나 이 일은 그가 새 주인 안으로 들어가 그와 하나가 될 때에만 이루어진다.

29) 로마서 10장에서 이 구절들이 등장하는 단락은 21절에서 끝난다. 21절은 이스라엘을 가리켜 "순종하지 아니하고 거슬러 말하는 백성"이라고 말한다.

30) 아울러 갈 2:14, 5:7을 보라. 이 두 구절은 각각 "복음의 진리를 따라 바르게 행함"이라는 문구와 "진리를 순종함"이라는 문구를 사용한다. John M. G. Barclay, *Obeying the Truth: Paul's Ethics in Galatians* (Minneapolis: Fortress, 1991), 92, 236을 보라.

31) 아울러 살전 1:9을 보라. 이 구절은 데살로니가 신자들이 "우상을 버리고 하나님께 돌아와 살아 계시고 참되신 하나님을 섬긴다"고 말한다. 이는 문맥상 이 신자들의 "믿음"을 말하는 게 분

이렇게 자기를 제물로 드리게 되면, 결국 이 세대를 본받지 않는 일, 곧 바울이 다른 곳에서 세상에 대하여 "죽음" 또는 "십자가에 못 박힘"이라고 부르는 일이 일어나게 되고 마음의 변화가 일어나게 되며, 바울이 다른 곳에서 그리스도의 마음을 갖는 것(빌 2:5, 고전 2:16), 다시 말해 십자가에 못 박히신 그리스도를 본받는 것, 또는 "십자가를 본받는 삶"이라고 부르는 일이 일어나게 된다. 이런 마음의 변화는 오직 하나님을 바라보면서 변화를 일으키는 십자가의 신성한 능력을 기꺼이 받아들이는 태도를 취할 때에만 일어나는 결과다.[32]

십자가로 나타난 예수의 믿음과 십자가를 본받는 신자들의 믿음: 갈라디아서

우리는 신자들이 예수의 순종에 동참함으로써 결국 예수의 믿음에 동참하는 자가 되도록 부르심을 받았음을 이미 언급하였다. 우리가 앞서 시사했지만, 이런 믿음은 예수의 믿음(신실하심)에 그 뿌리를 두고 있으며, 예수와 함께 십자가에 못 박힌 체험과 연결되어 있다. 이제 우리는 믿음과 십자가를 본받는 삶의 상호관계를 천명하고 있는 한 본문(갈라디아서 2:15-21)을 상세히 살펴봐야 한다.

거의 모든 사람이 하는 말이지만, 갈라디아서 2:15-21에는 이 갈라디아서의 전제 내지 명제가 들어있다. 바울이 이 서신에서 제기하는 도전은 어떤 선

명하다(1:3,8).
32) 바울이 성화에서 자기 자신의 능력이 아니라 하나님의 은혜와 능력에 의지하고 있다는 점은 그의 글 전체에서 아주 분명하게 나타난다. 흐로사우(Grossouw, *Spirituality of the New Testament*, 105-6)는 바울이 단지 모든 인간은 어느 정도 약한 구석을 갖고 있다고 인정하는 정도에 그치지 않고 이 약함을 도덕적으로 이야기함으로써 인간의 약함을 사실 그대로 생생하게 이해하고 있다고 지혜롭게 지적한다. 왜냐하면 바울의 이해는 "훨씬 더 깊이 들어가고 있기 때문이다. 바울은 인간 자신을 심리학적 차원이 아니라 종교적-실존적 차원에서 이해하여, 인간을 기본적으로 무능력한 존재(또한 그 존재의 근원에서부터 하나님의 자비로운 은혜에 따른 도움을 받아야 하는 존재)로 이해한다. 이런 이해는 커다란 영적 능력의 원천이다……이런 이해는 우리를 마비시키는 모든 신경쇠약에서 해방시켜주며, 사랑으로 나아가는 길을 열어준다."

생들의 주장들을 반박하는 것이다. 이 선생들은 바울이 없는 사이에 갈라디아 교회에 들어와 이방인 신자들은 할례를 받고 (십중팔구는) 유대교의 다른 관습들을 받아들여야 한다고 주장했다. 바울은 갈라디아서 2:15-21에서 자기가 전한 메시지의 요지를 다시 제시하고 분명하게 설명하면서, "의롭다 하심을 얻는" 기초인 믿음(pistis)을 강조하고 정의한다. 이 의롭다 하심을 얻는다는 말이 다섯 번이나 등장하는 갈라디아서 2:15-21을 살펴보기 전에, 우리는 먼저 바울의 사전에 들어 있는 이 말을 더 상세하게 정의하고 넘어갈 필요가 있다.

"믿음으로 의롭다 하심을 얻는다"(이신칭의)라는 주제만큼 바울과 밀접하게 결합되어 있는 주제나 문구는 아마 없을 것이다. 근래 몇 년 사이에, 바울 해석자들은 이 말의 의미 및 이 말이 바울의 체험과 신학에서 차지하는 위치를 재검토하면서 그 의미와 위치를 둘러싸고 열띤 논쟁을 벌여왔다. 여기서 이 주제나 이와 관련된 논쟁들을 모두 살펴본다는 것은 물론 불가능하다. 그러나 우리는 바울이 말하는 이 "의롭다 하심을 얻는다"의 의미가 무엇인지 간략하게나마 분석해봐야 한다. 이 말의 의미를 놓고 많은 혼란이 있기 때문이다.

히브리어와 헬라어를 보면, '의롭다 하심을 얻는다', '공의', 그리고 '의'라는 말이 모두 같은 뿌리로 연결되어 있다. 히브리어에서나 헬라어에서나, 이 어근이 되는 말은 적어도 바울이 살았던 유대교 정황에서 유래한 것으로서 서로 연관성을 지닌 세 언어 덩어리, 즉 하나님과 인간의 덕을 표현하는 언어, 언약을 표현하는 언어, 그리고 마지막 때의 심판을 표현하는 언어 가운데 일부다. 성경 신학에서 보면, 하나님은 의롭고 공의로우신 하나님이시다. 이 하나님은 사람을 창조하셨고, 이 사람에게 당신과 같은 의와 공의를 기대하셨다. 하나님의 의로우신 성품은 인간의 의로운 성품 속에서 구현되어야 하고, 이런 의로운 성품은 과부와 고아를 돌보는 것과 같은 행동으로 나타나야 한다.[33] 진정으로 의로운 사람들은 마지막 심판 날에 무죄 선고를 받고 의롭다 인정을 받을 것이다. 하지만 의로우신 하나님과 의로운 인간들의 언약 관계는 인간의 신실치 않음과 죄로 말미암아 엉망이 되어버렸고, 고침과 회복이 필요한 처지가 되었다. 그런 점에서 의롭다 하심을 얻는다는 것은, 한편으로

---

33) Brueggemann, *Theology of the Old Testament*, 421-24, 460-64를 보라.

보면 현재 올바른 언약 관계를 회복하고 유지함을 표현하는 언어이지만, 다른 한편으로는 마지막 심판 날에 하나님이 무죄를 선고하시고 받아주심을 표현하는 언어다.[34] 두 경우에, 하나님과 맺는 올바른 관계 그리고 하나님이 받아주심 속에는 다른 사람들을 올바르게 대하는 것이 포함된다. 하나님과 올바른 관계에 있는 사람들은 다른 사람들을 의롭게 대함으로써 하나님의 의로우신 성품을 그대로 표현할 것이기 때문이다.

바울은 의롭다 하심을 얻은 체험을 이야기할 때, 이 세 가지 언어 덩어리들(덕, 언약, 의롭다 변호하심)을 모두 염두에 두고 있다. 의롭다 하심을 얻는다는 것은 "의롭게 된다"는 뜻이다. 다시 말해, 하나님과 올바른 언약 관계를 맺는 것이다. 더욱이 하나님과 맺은 이 올바른 관계는 마지막 심판 때에 하나님으로부터 무죄 선고를 받거나 의롭다 변호를 받게 되리라는 것을 확실히 보장한다. 바울 자신도 로마서 5장에서 의롭다 하심을 얻음이 갖고 있는 이 두 가지 측면들을 이야기한다. 바울은 여기 5장에서 현재는 하나님과 화해함을 의미하지만 미래에는 하나님의 진노로부터 구원을 얻도록 보장해주는 칭의(의롭다 하심을 얻음) 체험을 "풀어놓는다."

> 그러므로 우리가 믿음으로 의롭다 하심을 받았으니 우리 주 예수 그리스도로 말미암아 하나님과 화평을 누리자. 또한 그로 말미암아 우리가 믿음으로 서 있는 이 은혜에 들어감을 얻었으며 하나님의 영광을 바라고 즐거워하느니라……그러면 이제 우리가 그의 피로 말미암아 의롭다 하심을 받았으니 더욱 그로 말미암아 진노하심에서 구원을 받을 것이니 곧 우리가 원수 되었을 때에 그의 아들의 죽으심으로 말미암아 하나님과 화목하게 되었은즉 화목하게 된 자로서는 더욱 그의 살아나심으로 말미암아 구원을 받을 것이니라. 그뿐 아니라 이제 우리로 화목하게 하신 우리 주 예수 그리스도로 말미암아 하나님 안에서 또한 즐거워하느니라(롬 5:1-2,9-11)

---

34) "의롭다 하심을 얻는다"라는 말을 명쾌하게 설명한 글을 보려면, N. T. Wright, *What St. Paul Really Said: Was Paul of Tarsus the Real Founder of Christianity?* (Grand Rapids: Eerdmans, 1997), 95-133을 보라. 언약이라는 관점에서 "의"와 나란히 논의한 내용을 보려면, Paul Achtemeier, *Romans*, Interpretation (Atlanta: John Knox, 1985), 61-66을 보라.

그러나 의롭다 하심을 얻는다는 것은 공의로운 행위 내지 의로운 행위를 행한다는 것을, 특히 율법 자체는 사람 속에서 이루어낼 수 없었던 율법의 "의로운 요구"를 행한다는 것을 의미한다. 이제는 이 공의로운 행위 내지 의로운 행위가 가능하게 된 것은 성령이 의롭다 하심을 받은 사람들 속에서 역사하시기 때문이다.

> 율법이 육신으로 말미암아 연약하여 할 수 없는 그것을 하나님은 하시나니 곧 죄로 말미암아 자기 아들을 죄 있는 육신의 모양으로 보내어 육신에 죄를 정하사 육신을 따르지 않고 그 영을 따라 행하는 우리에게 율법의 요구가 이루어지게 하려 하심이니라(롬 8:3-4; 참고, 갈 6:16-26)

따라서 의롭다 하심을 얻었다는 것은 (1) 하나님과 맺은 올바른 관계(언약), (2) 이 관계로 말미암아 타인과 맺게 된 올바른(더 나아가 "경건한") 관계(덕), 그리고 (3) 하나님과 맺은 올바른 관계로 말미암아 마지막 심판 날에 무죄 선고를 받게 되는 것(의롭다는 변호를 받음)이라고 말할 수 있겠다. 다시 말해, 의롭다 하심을 받음, 의, 그리고 이와 연관된 말들은 **언약과 관련하여 하나님과 이웃에게 신실함을 보이고 마지막 때에 하나님으로부터 인정을 받음**을 일컫는 것이다.[35]

바울은 갈라디아서 2:15-21에서 의롭다 하심은 "율법의 행위"(2:16)에 근거하거나(본문의 표현을 빌리자면, "율법의 행위로 말미암거나") "율법으로 말미암아"(2:21) 얻게 되는 것이 아니라고 분명하게 반복하여 말한다. 학자들은 이 "율법의 행위"의 의미를 놓고 의견이 갈려 있다. 율법의 행위란, 쿰란(사해) 사본에 있는 평행 문구들이 말하곤 하는 것처럼, 율법이 요구하는 도덕적 행위들을 가리키는 것인가, 아니면 할례와 음식 규례와 절기에 관한 법처럼 유대인을 다른 민족과 구별해주는 "경계표"인가?[36] 율법의 행위는 둘 중 어느 하나일

---

35) 비슷한 해석을 보려면, 주 34에서 언급한 라이트 외에도, Richard B. Hays, "Justification," in David Noel Freedman, ed., *Anchor Bible Dictionary* (New York: Doubleday, 1992), 3:1129-33, 특히 1130-32를 보라.
36) 많은 논의가 있지만, 그 중에서도 Dunn, *Theology*, 354-66을 보라.

수도 있고 둘을 모두 가리킬 수도 있다. 어느 쪽이든 율법을 지키는 것은 의롭다 하심을 얻는 근거가 아니다. 오히려 의롭다 하심을 얻는 근거는 피스티스(*pistis*), 곧 믿음이다. 하지만 이 본문에 나오는 "믿음"의 의미도 꼼꼼히 분석해볼 필요가 있다.

전통적으로 갈라디아서 2:15-21이 말하는 믿음은 인간의 믿음, 특히 예수 그리스도를 믿는 인간의 믿음으로 이해해왔다. 그러나 우리가 앞장에서 보았듯이, 오늘날 많은 바울 해석자들은 전통적으로 신자들의 반응인 믿음을 서술하고 있다고 생각해왔던 문구들 가운데 일부를 사실은 예수의 믿음을 가리키는 문구로 믿고 있다.

6장에서 언급했듯이, 갈라디아서 2:15-21의 내용은 시작과 끝이 똑같은 어조로, 다시 말해 서로 평행을 이루는 구절들로(16절, 21절) 되어 있다. 이 구절들은 하나님과 올바른 관계를 수립하는 길이 율법(의 행위)이 아니라 예수 그리스도가 행하신 한 신실한 행위라고 말한다. 예수의 믿음 내지 신실하심은 그의 죽음 속에 존재한다. **따라서 예수의 믿음은 의롭다 하심을 얻게 하는 객관적 근거다.**

하지만 예수가 믿음을 보이신 이 행위가 있더라도, 이 행위에 대한 인간의 반응이 없으면, 사람들은 의롭다 하심을 얻지 못한다. 그 인간의 반응은 믿음, 특히 그리스도 예수"를 향한" 또는 그리스도 예수 "안으로 들어가는"(*eis*) 믿음이다(16절). 헬라어 전치사 *eis*는 그리스도를 향해 나아가는 "움직임"을 시사한다. 이 움직임의 존재를 확인해주는 문구가 "우리가 그리스도 안에서 의롭게 되려 함"(17절)이다. 그리스도의 믿음에 신뢰 내지 믿음으로 응답하는 사람들은 그리스도 안으로, 그가 주시는 생명의 영역 안으로 옮겨간다. 그 영역에서, 그리고 오직 그 영역에서만, 의롭다 하심을 얻을 수 있다. 동시에 그리스도 안으로 옮겨가는 사람들은, 말 그대로, 그리스도가 그들 안으로 들어오셨음을 발견한다. 바울은 "내 안에 그리스도가 사신다"라고 말하면서, 이 땅에서 사는 동안 자신을 지탱해주고 자신에게 능력을 부여주는 것은 바로 하나님의 아들을 믿는 믿음이라고 말한다(20절). 바울은 자신의 이런 믿음의 행위 때문에 자신을 내어주시는 사랑으로 표현된 예수의 믿음에 동참할 수 있었다.

(십자가를 본받는) 믿음으로 의롭다 하심을 얻다

바울은 예수의 믿음에 응답하는 이런 믿음 체험을 죽음이라는 은유를 사용하여 아주 생생하게 묘사한다. (예수의 믿음을 언급하는) 16절 상반절 및 21절과 마찬가지로, 바울은 한 번 더 평행법을 사용하여 그가 말하는 믿음의 의미를 분명하게 밝혀준다(아래 세 본문은 지은이가 번역한 것을 옮긴 것이다).

우리가 그리스도 예수 쪽으로 우리 믿음의 방향을 정함은, (목적을 나타내는 접속사 hina가 이끄는 부분)그리스도의 믿음에 근거하여 **의롭다 하심을 얻기 위함이라**…(16절)

내가 율법으로 말미암아 율법에 대하여 죽은 것은, (목적을 나타내는 접속사 hina가 이끄는 부분)하나님께 대하여 **살기 위함이라**(19절)

나는 그리스도와 함께 십자가에 못 박혔다. 그러므로 이제는 더 이상 내가 살지 않고, **그리스도가 내 안에서 사신다**(20절)

이 구절들에서는 (헬라어 접속사 hina가 이끄는) 16절과 19절의 목적절이 두드러진다. 이 목적절들은, "의롭다 하심을 얻는다"와 "하나님께 대하여 산다"가 서로 평행을 이루듯이, "믿음"과 "율법에 대하여 죽음"이 서로 평행을 이룬다는 것을 시사한다. 따라서 믿음은 율법에 대하여 죽는 것이요, 하나님께 대하여 살 수 있게 하는 것이다. 더욱이 "율법에 대하여 죽음"(19절)이라는 말은 "그리스도와 함께 십자가에 못 박혔다"(20절)라는 말과 평행을 이루는데, 이는 "하나님께 대하여 산다"(19절)는 말이 "그리스도가 내 안에서 사신다"(20절)라는 말과 평행을 이루는 것과 마찬가지다.

다시 말해, 로마서 6장처럼 여기 갈라디아서 2장에서도 믿음은 죽음 체험이며, 역설적이게도 이 죽음 체험이 생명(삶), 곧 하나님께 대하여 삶, 그리스도 안에서 삶(17절), 신자 안에서 그리스도가 사심(20절)을 낳는다. 믿음은 율법

("내가 율법에 대하여 죽었다") 및 자아("이제는 더 이상 내가 살지 않고")와 결별하는 것이요, 그리스도의 십자가와 하나가 되는 것("내가 십자가에 못 박혔다")이다. 믿음은 그리스도의 죽음에 참여하는 체험을 함으로써 그리스도의 생명을 체험하는 것이다. 웨더번의 말을 따르자면, 신자의 체험은 "죽음을 통하여 살고(life through death)", "죽음 안에서 사는(life in death)" 문제다.[37] 죽음은 단순히 생명으로 나아가는 길에 그치지 않고, 죽음 자체가 **종착점**이다.[38] 이러므로 믿음은 처음부터 계속하여 예수의 믿음(곧, 신실한 죽음)에 참여하는 것이다. 우리가 앞서 언급했듯이, 이것이 바로 헬라어 완료 시제가 사용된 "내가 그리스도와 함께 십자가에 못 박혔다"의 진짜 의미다. 바울의 체험과 신학에서는 이것이 바로 믿음이라는 반응의 본질이다. **진정으로 하나님의 은혜를 받아들이며**(21절) **의롭다 하심을 얻게 하는 것은 바로 이런 종류의 믿음, 오로지 이런 종류의 믿음뿐이다.** 의롭다 하심은 십자가를 본받는 믿음으로 얻는 것이다.

의롭다 하심을 십자가를 본받는 믿음으로 얻는다는 것은 바울의 체험 속에서 구체적으로 무슨 의미를 갖고 있는가? 믿음은 하나님과 올바른 관계를 갖고자 할 때 율법과 자아를 더 이상 의지하지 않고 예수의 믿음을 인정하며 예수와 함께 죽음으로 **시작한다**. 믿음은 매일 삶의 모든 것에 원동력이 되시는 그리스도께 의지함으로, 당신 자신을 내어주신 사랑의 죽음으로 표현된 하나님 아들의 믿음이 신자의 삶에서 다시 나타나게 함으로 **계속된다**(20절하). 바울 안에 사시는 그리스도, 나아가 모든 신자들 안에 사시는 그리스도는 믿음의 패러다임이요, 사랑으로 표현된 믿음의 패러다임이다.

바울이 갈라디아서 5:6에서 신자들의 체험을 요약한 내용인 "**사랑**으로 표현되는 **믿음**", 또는 "**사랑**으로써 역사하는 **믿음**"이 갈라디아서 2:20 하반절,

---

37) Wedderburn, *Baptism and Resurrection*, 381-92. 웨더번은 세례에 관하여 이야기하고 있으며, 특히 이 체험을 "믿음"이라고 부르지 않는다. 그러나 그가 강조하는 것은 의식 그 자체가 아니라, 완전한 변화를 일으키는 사건인 이 세례의 "**구조와 이 세례가 실존에 미치는 효과들**"(381, 웨더번 강조)이다.

38) Wedderburn, *Baptism and Resurrection*, 392. 아울러 웨더번은 신자가 그리스도와 함께 죽음 ("내가 그리스도와 함께 십자가에 못 박혔나니")을 나타낼 때 완료 시제를 사용한 것은 "바울이 보기에 그리스도와 함께 십자가에 못 박힌 그리스도인은 여전히 그의 십자가에 달려 있음"을 의미한다고 본다. 그는 이어 이렇게 말한다. "이 생생한 언어는 그리스도인들이 부활 상태 때의 형체를 취할 수 있을 때까지 그리스도의 죽음을 본받아야 할 의무를 지고 있다는 것을 보여준다……죽음은 현재까지도 계속되고 있다."

"나를 사랑하사 나를 위하여 자기 자신을 버리신 하나님의 아들을 믿는 **믿음** 안에서 사는 것이라"의 진지한 반향이라는 점은 결코 우연이 아니다. 바울의 삶 속에는 이렇게 패러다임이 되는 사람이 강력하게 자리 잡고 있다. 이 때문에 바울은 하나님 앞에서 믿음의 삶을 살 수 있을 뿐 아니라, 우리가 다음 장에서 보는 것처럼 다른 사람들에게 사랑을 베푸는 삶을 살 수 있는 것이다.

따라서 갈라디아서 2:15-21은 믿음의 삶을 처음 시작할 때의 체험이자 이후에도 계속되는 실체로 정의한다.[39] 역설적이게도 이 믿음의 삶은 죽음이요 십자가에 못 박히는 것이다. 그리해야 십자가에 못 박히신 그리스도가 십자가에 못 박힌 신자 안에 들어와 사실 수 있기 때문이다. 십자가에 못 박히셨으나 지금도 살아계시는 그리스도는 역시 십자가에 못 박혔으나 지금도 살아있는 신자 안에 살고, 이 신자를 통하여 살아계신다. 또 역설적인 것은 이 믿음의 삶, 이 신뢰의 삶이 무엇보다 불신하는 삶이라는 것이다. 믿음의 삶은 의롭다 하심을 얻는 근거로서 자아나 율법을(또한 의롭다 하심을 얻는 근거로서 이외에 어떤 것도) 신뢰하지 않는다. 이렇게 율법과 자아에 대하여 죽는 것은 그리스도와 함께 십자가에 못 박혀 죽는 것의 본질적 측면이다. 무엇보다 중요한 것은 그리스도와 함께 십자가에 못 박히는 것이 믿음의 **보충물**이 아니라, 믿음의 **본질**이라는 점이다.

예수의 믿음과 아브라함의 믿음에 동참하기: 로마서

이렇게 의롭다 하심을 얻게 하는 믿음을 십자가를 본받는 믿음으로 이해하는 모습은 로마서 3:21-26에서도 재차 나타난다. 갈라디아서 2:15-21과 마

---

39) 바클리(Obeying the Truth, 237)는 이렇게 써놓았다. 믿음은 "단지 시작 때만 필요한 게 아니라, 그리스도인의 모든 행위를 근본적으로 결정하는 것이다." 나도 바클리 말에 동의한다. 그러나 바클리는 갈라디아서 본문에 나오는 "그리스도의 믿음"을 말 그대로 "그리스도의 믿음"으로 해석하길 거부한다.

찬가지로, 이 본문 역시 로마서의 요약문을 담고 있다. 이 요약문에서는 일종의 명제를 발견할 수 있다. 6장에서 언급했듯이, 로마서의 이 본문은 "예수 그리스도의 믿음"(22절), 다시 말해 인간의 죄를 대속한 그의 죽음을 언급한다. 따라서 이 죽음은 의롭다 하심을 얻게 하는 객관적 근거이며, 이 **객관적** 근거에는 **주관적** 응답이 필요하다. "하나님의 의"는 "모든 믿는 자"(22절)를 위한 것이다. 이 하나님의 의는 "믿음을 통하여 그 효력을 나타낸다"(25절).

갈라디아서 2:15-21은 이 믿음의 본질을 상세히 이야기하지 않는다. 그러나 NRSV 방주가 옳다면, 이 믿음의 본질 역시 예수의 믿음을 "갖는 것"으로 정의하거나 또는 예수의 믿음에 "동참하는 것"(26절)으로 정의할 수 있을 것이다. 문제가 된 헬라어 본문 "톤 엑크 피스테오스 예수"(ton ek pisteōs Iēsou, "예수의 믿음으로부터 나온 사람")는 하나님이 의롭다 하시는 사람이 누구인지 더 깊이 있게 확인해준다. 이 문구는 번역하기가 힘들다. 그래서 대다수 역본들은 "예수 믿는 자" 정도로 번역하는 데 만족한다. 하지만 이 문구는 로마서 4:16에 등장하는 비슷한 문구[2]와 문법상 평행을 이루고 있다. NRSV는 그 문구를 "아브라함의 믿음을 공유한 자"라고 번역해놓았는데, 그런 사람들이 하나님의 약속을 받은 사람들이다.[40] 우리는 이 문구들을 "예수의 믿음"으로 번역할 때 일관성을 발견했다. 이런 일관성을 고려할 때, 우리는 여기에서도 똑같이 번역해야 한다. 하나님은 예수의 믿음"으로부터 유래한 삶을 사는" 사람, 다시 말해 예수의 믿음에 "동참하는" 사람을 의롭다 하신다. 바울은 "예수 그리스도의 믿음"이 "우리 조상" 아브라함의 믿음과 같다고 주장하면서(롬 4:12,16), 아브라함의 믿음에 우리가 동참할 수 있듯이, 예수의 믿음에도 동참할 수 있다고(사실은 동참해야 한다고) 역설한다.

---

40) 리처드 헤이스("PISTIS CHRISTOU and Pauline Theology: What Is at Stake?" in E. Elizabeth Johnson and David B. Hay, eds., *Pauline Theology, vol. 4: Looking Back, Pressing On* [Atlanta: Scholars Press, 1997], 47)는 롬 3:26과 4:16 사이에 존재하는 평행관계는 바울이 롬 3:26에서 예수의 믿음을 다른 사람들이 동참할 믿음으로 이야기하고 있음을 부인하는 "모든 해석자들에게 지극히 당혹스런 부분"이라고 말한다. 아울러 Luke Timothy Johnson, *Reading Romans: A Literary and Theological Commentary* (New York: Crossroad, 1997), 60-61을 보라. 그러나 브렌든 번(Brendan Byrne, *Romans*, Sacra Pagina [Collegeville, MN: Liturgical, 1996], 134)도 이런 해석을 거부하는 사람 가운데 하나다.

요약: 그리스도의 믿음과 우리의 믿음

바울이 볼 때, 아브라함의 믿음에 동참하는 것은 하나님이 죽음에서 생명을 이끌어내심으로써 약속을 이루실 수 있다는 것을 믿는 것이다(4:16-22).[41] 사실 아브라함의 믿음에 동참한다는 것은 우리로 하여금 의롭다 하심을 얻게 하려고 예수를 죽음에 내어주셨다가 그를 죽은 자들 가운데서 일으키심으로써 모든 약속을 이루신 하나님을 "믿는 것"이다(4:24-25). 그런 점에서 아브라함은 믿음의 필요성과 특성을 보여주는 예이지만, 예수는 훨씬 더 많은 것을 본보기로 보여주신다. 예수의 죽음은 약속의 완성이요 믿음을 완전하게 표현한 것이다. 아브라함의 믿음에 동참하는 사람들은 예수의 믿음에 동참함으로써 아브라함의 믿음에 동참해야 한다. 이런 하나님과 관계를 시작하는 것은 인식과 실존의 차원에서(그 **머리**와 **마음**으로) 예수의 십자가 및 부활과 자신을 완전히 동일시하는 것이다. 바울은 이런 완전한 동일시를 로마서 6장에서 세례를 다룰 때 상세히 논하려고 여기에서는 자세하게 다루지 않는다. 로마서 6장에서는 죽었다가 그리스도와 함께 일으키심을 받았다는 내러티브 언어가 아브라함의 믿음과 예수의 믿음에 동참한다는 바울의 말이 무슨 의미인지 설명해준다.

요컨대 바울은 믿음을 그리스도의 믿음(그리스도의 신실하심 내지 언약에 충실하심을 의미하며, 그의 죽음에서 이 믿음이 표현되었다)에 응답하고 그 믿음에 동참하는 것으로 본다. 브루스 롱거네커(Bruce Longenecker)가 갈라디아서 2장을 언급할 때 주장하듯이, 바울은 믿음을 **늘 현재형**인 참여로 본다.

> 이 구절들(갈 2:16-21)에서 바울이 말하는 "믿음"이란 말은 근본적으로 참여라는 말이다. 그 이유는, 바울이 십자가에 못 박히신 그분과 함께 십자가에 못 박힘을, 항상 살아계시는 그분과 함께 살고자 이전에 죽으셨던 그분과 함께 죽음을, 신자의 "아들이라는 신분"이 예수의 "아들이라는 신분"에 참여함에서 비롯

---

41) 하나님의 약속을 신뢰하는 것이 믿음의 특성이라는 것도 갈라디아서 3장에서 강조하는 것이다.

되었다는 것을 이야기하고 있는 이상, 믿음(pistis)을 통하여 그리스도의 신실하심(pistis Christou)에 참여한다는 점도 이야기할 수 있기 때문이다.[42]

믿음으로 사람들은 의롭다 하심, 곧 하나님과 올바른 관계를 회복한다. 하지만 하나님과 맺게 된 이런 언약 관계가 예수 자신의 "믿음에 근거하며 이 믿음에서 생겨난다"라고 말한다면, 그것은 반쪽짜리 정답일 뿐이다.[43] 그 언약 관계를 시작하고 유지하는 반응, 나아가 그 관계 자체도 그 실질이 예수의 믿음과 **일치한다. 다시 말해 신자의 믿음은 그리스도의 믿음을 본받는다. 특히 그리스도의 믿음(신실하심)이 십자가에서 표현되었다는 점에서 신자의 믿음은 십자가를 본받는 믿음이다.**

바로 이런 확신이 바울이 특히 갈라디아서와 로마서에서 빈번하게 번갈아 사용하는 은유들인 소위 "사법적(juridical)" 영적 체험 모델("믿음으로 의롭다 하심을 얻음")과 "참여자(participationist)" 영적 체험 모델("그리스도와 함께 죽고 함께 부활함")의 근간을 이룬다.[44] 실제로 "믿음으로 의롭다 하심을 얻음"과 "그리스도와 함께 죽고 함께 부활함"은 같은 말이다. **십자가를 본받는 믿음**만이 의롭다 하심을 얻는 길이기 때문이다. **의롭다 하심을 얻는 것은 오직 그리스도의 죽음에 참여할 경우에만, 오직 십자가를 본받는 믿음을 가질 경우에만 체험할 수 있다.**[45] 모나 후커(Morna Hooker)가 쓰고 있듯이, "의롭다 하심을 얻는

---

42) Bruce W. Longenecker, "Contours of Covenant Theology in the Post-Conversion Paul," in Richard W. Longenecker, ed., *The Road from Damascus: The Impact of Paul's Conversion on His Life, Thought, and Ministry* (Grand Rapids: Eerdmans, 1997), 135.
43) Longenecker, "Contours," 135. 나는 분명 그리스도의 믿음과 신자들의 믿음 사이에 존재하는 이런 관계에 관한 롱거네커의 기본적 이해에 동의한다. 다만, 나는 예수의 믿음과 신자들의 믿음 사이에 그 내용상 연속성이 존재한다는 점도 강조해두고 싶다.
44) 바울을 이해할 때 "사법적" 접근방법을 취하는 이들은 바울이 그리스도의 죽음에 따르는 은덕들과 신자들이 결합되어 있음을 서술할 때 의롭다 하심을 얻음과 같은 법적 은유 내지 법정적 은유를 사용하는 점에 초점을 맞추는 반면 "참여자" 접근방법을 취하는 이들은, 그리스도와 함께 죽고 함께 부활하는 것처럼, 어떤 사건에 참여함을 시사하는 은유들에 초점을 맞춘다. 이 두 접근방법을 비교하는 데 도움이 되는 표를 보려면, Bart D. Ehrman, *The New Testament: A Historical Introduction to the Early Christian Writings*, 2nd ed. (New York: Oxford University Press, 2000), 328을 보라.
45) 비슷한 결론들을 살펴보려면, Hays, "PISTIS CHRISTOU," 49-50과 거기에 수록된 참고문헌들을 보라. 또 역시 Hays가 쓴 *The Faith of Jesus Christ: An Investigation of the Narrative Substructure of Galatians 3:1-4:11*, SBLDS 56 (Chico, CA: Scholars Press, 1983), 250-54를 보라.

것은 참여의 문제다. 믿는 것도 역시 마찬가지다……신자의 즉각적 응답(그의 믿음)조차도 그리스도 자신이 순종으로 보여주신 신실한 응답에 동참하는 것이다."[46]

"십자가를 본받는 믿음으로 의롭다 하심을 얻는다"는 주장에 반대하는 견해들

앞에서 말한 논의 가운데 어떤 것도 바울의 체험과 확신에서 중심이 되는 믿음으로(또는 "은혜로 **말미암아** 믿음으로"라는 표현이 더 낫겠다) 의롭다 하심을 얻는다는 것을 부인하지 않는다. 하지만 바울이 볼 때, 의롭다 하심을 얻게 하는 유일한 믿음은 의롭다 하심을 얻게 하는 데 근거가 될 수 있는 다른 모든 것들(그것이 도덕 교훈들이나 유대인을 다른 민족과 구분해주는 경계표들로 이해되는 율법이든, 자아든, 혹은 다른 무엇이든 상관없다)을 포기하는 믿음뿐이다. 바울이 이 포기를 은유할 때 쓰는 말이 죽음이라는 말, 그 중에서도 특히 십자가에 못 박힌다는 말이다. 따라서 의롭다 하심은 십자가를 본받는 믿음으로 얻게 된다. 다시 말해 순종하는 자세로 그리스도처럼 하나님을 신뢰하면서 그분과 맺은 언약에 신실할 때, 그리고 그 이외에 다른 모든 것과 결별할 때, 의롭다 하심을 얻는 것이다. 의롭다 하심을 얻게 하는 믿음이 십자가를 본받는 믿음인 데는 두 가지 큰 이유가 있다. 첫째는 그 믿음이 십자가에서 표현된 그리스도의 믿음을 본받기 때문이요, 둘째는 그 믿음이 자유와 생명을 약속하고도 정작 노예 상태와 죽음만 가져다준 권세들에 대하여 십자가에 못 박히는 체험이기 때문이다. 게다가, 앞으로 이어질 장들에서 살펴보겠지만, 믿음이 십자가를 본받는 믿음인 것은 그 믿음이 십자가를 본받는 사랑으로 표현되기 때문이다. 이는 마치 하나님을 향한 그리스도의 믿음이 인류를 위해 십자가에서 당신 자

---

46) Morna D. Hooker, "PISTIS CHRISTOU," in *From Adam to Christ: Essays on Paul* (New York/Cambridge: Cambridge University Press, 1990), 185.

신을 내어주시는 사랑의 행위로 표현된 것과 마찬가지다.

바울의 체험과 신학에서 볼 수 있는 믿음을 이렇게 십자가를 본받는 믿음으로 해석하는 입장에 반대하는 견해들은 특히 다음 세 가지 비판을 내세우고 있다. (1)이런 해석은 칭의와 성화를 혼동하고 있으며, 칭의를 법적 선언이 아니라 도덕적 변화로 바꿔버리고 있다. (2)이런 해석은 믿음을 "행위(공로)"로 만들어, 이 믿음을 단순하고 진심어린 반응에서 혹독한 노력으로 바꿔버린다. (3)이런 해석은 "그리스도를 믿는 믿음"을 "그리스도의 믿음"으로 재번역한 것에 아주 지나칠 정도로 의존한다. 우선 첫 번째 반대 견해를 조금 길게 살펴보고, 다음 둘은 간략하게 살펴보도록 하겠다.

(1) 일부 신학 전통에서는 칭의와 성화를 분명하게 구분한다. 전자는 재판관이신 성부 하나님의 선고(宣告)로 이해하고, 후자는 성령 하나님이 하시는 일로 이해하는 것이 보통이다. 이렇게 칭의와 성화를 구분하는 것은 과거에 지은 죄들을 용서받고 "백지처럼 깨끗한 상태가 되는 것"이 도덕적 변화를 일으키는 성령을 받는 데 필요한 전제조건임을 시사한다는 점에서 도움이 될 수도 있다. 그러나 이런 구분은 바울의 생각과 너무나 동떨어진 문제를 야기한다. 새로운 도덕적 삶을 이런 신학 전통이 진짜 문제라고 생각하는, 가끔은 심지어 "법적 허구(legal fiction)"로 규정되기도 하는 하나님과 신자 사이의 사사로운 화해(private transaction)의 보충물 내지 종속물로 만들어버리기 때문이다.[47]

이런 신학 전통에서는, "오직 믿음만으로"("인간의 '행위'나 수고가 아니라 믿음으로"라는 의미로 이해되는 말) 의롭다 하심을 얻는다는 주장에서 생기는 난점을 가끔 인식하고 이런 난점을 "오직 믿음으로(by faith alone) 의롭다 하심을 얻는다는 말이지, 홀로 있는 믿음으로(by faith that is alone) 의롭다 하심을 얻는다는 의미가 아니다"라는 말로 천명하기도 한다. 아니면 "행위는 의롭다 하심을 얻게 하는 것이 아니라 의롭다 하심을 얻었음을 보여주는 증거다"라고 말하기도 한다. 바울이 이런 비슷비슷한 주장들을 본다면, 이런 말을 할지도 모르겠다. "칭의는 단순한 선언이 아니라 언약에 신실한 모습을 회복하는 것이다. 또 칭의는 본디 도덕적 모험이다. 헬라어와 히브리어에서는 이 점이 분명하게

---

47) 가령, Edwards, *Romans*, 43의 롬 1:16-17 주석 부분을 보라.

드러나지만, 영어로 표현된 용어에서는 이 점이 모호하다." 확실히 이런 칭의는 선물이다. 이 의롭다 하심은 순전히 하나님이 은혜로 값없이 행하시는 행위다. 그러나 이 선물은 처음부터 끝까지 그리스도의 십자가와 완전히 동일해질 것을 요구하고 이 십자가와 완전히 동일하게 되도록 만든다. 그리스도의 십자가는 하나님과 맺게 되는 올바른 관계의 **기초**(basis)이자 그 관계의 **형상**(shape)이기도 하다.

이처럼 칭의와 성화를 딱 부러지게 구별하는 견해는 종종 사람들이 로마서 5-8장을 잘못 읽은 결과를 그 근거로 삼기도 한다. 사람들은 자주 이 로마서 5-8장을 연속된 한 본문으로 보면서, 그리스도의 체험이 보통 거쳐 가는 과정을 이 본문이 이야기하고 있다고 생각한다. 이런 해석에서는, 로마서 5장은 칭의(하나님의 선고를 의미하는)를 논하고, 6장은 성화를 다루며, 7장은 육과 영 사이에서 그리스도인이 벌이는 내면의 투쟁을 묘사하고, 8장은 신자들의 삶 속에서 현재와 미래에 성령이 거둘 승리를 선언하고 있다고 본다.[48]

하지만 이렇게 로마서 5-8장을 읽는 입장은 로마서 7장을 그리스도인의 체험을 이야기한 내러티브로 받아들이기가 힘들다는 점을 비롯한 몇 가지 요인 때문에 그 타당성을 침식당한 상태에 있다. 오늘날 대다수 해석자들은 로마서 7장을 그리스도인이 된 바울이 그리스도인이 되기 전에 겪었던 곤경, 그중에서도 특히 그가 그리스도인이 되기 전에 유대교 신자로서 율법을 행하려고 노력했으나 여전히 죄의 권세 아래 있을 때 겪었던 고통을 술회한 것이라고 본다.[49]

로마서 5-8장을 더 적절하게 읽는 입장은 이 네 장을 칭의와 칭의에 따른 결과를 연속하여 서술한 본문이 아니라고 본다. 도리어 이 입장은 이 네 장이 우선 칭의를 간략히 요약한 다음(5:1-11), 예수의 신실한 행위와 이 신실한 행위의 결과로 예수의 믿음에 동참한 사람이 의롭다 하심을 얻는다 할 때, 그 의롭다 하심을 얻기 **이전의** 삶과 얻은 **이후의** 삶 사이에 존재하는 차이를 그 근

---

48) Edwards, *Romans*는 기본적으로 이렇게 읽는다. 그러나 현대의 대다수 주석가들은 이렇게 읽는 것을 거부한다.
49) 다른 사람들도 많이 있지만, Paul J. Achtemeier, *Romans*, Interpretation (Atlanta: John Knox, 1985), 119-24을 보라. 이런 입장의 예가 Edwards, *Romans*, 184-96이다.

본은 동일한(fundamentally synonymous) 여러 가지 시각들을 동원하여 잇달아 살펴본 내용을 기록하고 있다고 본다. 로마서 5-8장에 따르면, 의롭다 하심을 얻은 사람들은 **자유를 얻은** 사람들, 특히 죄와 사망과 육과 율법으로부터 **자유를 얻은** 사람들이기도 하다.

로마서 5:12-21은 구원사의 관점에서 아담 안에 있는 삶, 곧 죄와 사망과 율법의 통치 아래 있는 삶을 그리스도 안에 있는 삶, 곧 의의 통치 아래 있는 삶과 대비하여 서술하고 있다. 로마서 6:1-7:6은 서로 밀접하게 관련된 세 쌍의 대조를 담고 있다. 이 본문은 (a) 성례에서 쓰는 세례라는 말, (b) 은유인 종(종살이)이라는 말, 그리고 (c) 은유인 배우자의 죽음이라는 말을 사용하여 그 대조 내용을 서술하는데, 이들은 각기 (a) 그리스도와 함께 죽기 이전의 삶과 이후의 삶, (b) 한 주인(죄) 아래에서 종살이할 때의 삶과 그 뒤 다른 주인(하나님, 의) 아래에서 종으로 사는 삶, 그리고 (c) 죽음이라는 사건으로 말미암아 다른 주인에게 헌신하게 될 때까지 죄와 결코 끊을 수 없는 관계에 있었던 삶이라는 관점을 반영한다. 마지막으로, 로마서 7:7-8:39은 육 안에 있는 삶, 곧 죄의 권세 아래 있는 삶을 성령 안에 있는 삶, 곧 해방되어 하나님의 자녀로 살아가는 삶과 대조한다. 로마서 8장의 마지막 부분은 로마서 5:1-11에서 말한 주제들로 돌아가 그리스도 안에서 나타난 하나님의 사랑 때문에 결국 의롭다 하심을 받은 사람들이 승리한다고 선포함으로써 그때까지 대조해온 모든 내용을 결론짓는다.

로마서 5-8장을 이렇게 읽는 입장은 바울이 제시하는 구조에서 대조를 이루고 있는 여러 쌍들이 긴요한 역할을 하고 있음을 인식한다. 이 입장은 "성화"와 성령 안에 있는 삶을 칭의의 보충물 정도로 여기지 않고, 의롭다 하심을 얻은 체험을 들여다볼 수 있는 시각들로 여기거나 심지어 그런 체험과 같은 말로 여긴다. 의롭다 하심을 "얻게 하는" 믿음은 동시에 죄와 육과 율법, 그리고 (궁극에는) 죽음 자체에 대하여 죽게 하며, 그럼으로써 그것들로부터 자유를 얻게 한다. 바울이 볼 때, 믿음으로 그리스도의 죽음과 합하여 하나가 된다는 것은 그리스도가 "하나님으로부터 나와서 우리에게 지혜와 의로움과 거룩함과 구원함이"(고전 1:30) 되셨다는 뜻이다. 이는 한 가지 선물을 많은 렌즈를 통해 볼 수 있고 동시에 많은 은유로 표현할 수 있음을 의미한다.

(2) 로마서 10장에서 (그리고 어쩌면 다른 곳에서도) 바울은 믿음이 비교적 단순하고, 거추장스러운 것이 아니며, 하나님이 베푸시는 은혜에 진심으로 동의하는 것이라고 말하는 것 같다.

> 네가 만일 네 입으로 예수를 주로 시인하며 또 하나님께서 그를 죽은 자 가운데서 살리신 것을 네 마음에 믿으면 구원을 받으리라. 사람이 마음으로 믿어 의에 이르고 입으로 시인하여 구원에 이르느니라(롬 10:9-10)

이 본문을 읽을 때는 이 본문의 문맥을 기억하는 것이 중요하다. 본문 문맥을 보면, 바울은 하나님이, 히브리/구약 성경에서 약속하신 것처럼, 유대인과 이방인을 불문하고 모든 사람에게 놀랍고 보편적인 은혜를 예수 안에서 베푸신 것을 찬미하고 있다. 바울은 여기서 믿음을 정의하지도 않고, 심지어 구원을 정의하지도 않는다. 그는 누구나 이 믿음을 가질 수 있다는 점을 선언하고 있다. 그렇지만 이 본문은 여전히 믿음에 관하여 지극히 단순한 이해를 표명한다. 확신하고 고백해야 할 것은 십자가에 못 박히신 예수를 하나님이 부활시키신 다음 주의 자리로 높이 들어 올리셨다는 것이다.

그런 고백을 하는 것은 자신을 이 예수라는 주님 아래 놓아두는 것이요, 다른 주인(그 주인이 이방인이 섬기는 우상이든, 로마 황제이든, 다른 무엇이든 가리지 않는다)이 다스리는 영역으로부터 십자가에 못 박히셨던 이 주님이 다스리시는 영역으로 일부러 옮겨가는 것이다. 이 예수는 갈채를 받고 경배해야 할 초점으로 하나님이 인정하신 분이요, 온 우주와 이 땅에 사는 모든 인간의 정당한 주님이시다. "예수가 주님이시다"라고 고백하는 것은 "내가 십자가에 못 박히셨다가 높이 들림을 받으신 이 주님의 종이다"라고 은연중에 고백하는 것이다. "예수가 주님이시다"라고 고백하는 것은 불순종하던 자세를 순종하는 자세로 바꾸는 것이다.[50] 이렇게 고백하는 것은, 히브리 선지자들이 이전에 약속했던 대로, 새롭게 만들어진 마음을 가짐으로써 메시아 예수 안에서 발견되는 하나님의 뜻에 부드럽고 유순한 태도를 갖는 것이다. "예수가 주님이시

---

50) 롬 10:21을 보라. 여기서 바울은 사 65:2에 나오는 주의 말씀("내가 종일 손을 펴서 자기 생각을 따라 옳지 않은 길을 걸어가는 패역한 백성들[이스라엘]을 불렀나니")을 인용한다.

다"라는 고백은, 루크 존슨(Luke Johnson)이 올바로 주장하는 것처럼, "**실천** 선언(performative statement)이다. 즉, 단지 어떤 사실을 선언하는 데 그치지 않고 그렇게 선언한 자가 실제로 어떻게 살아갈 것인가를 선언했다는 데 그 의미가 있는 선언이다."[51] 따라서 이 고백에는 결과들이 따른다. 이 결과들은 믿음을 단지 하나님의 약속이나 선언(가령, 죄를 용서한다는 선언)에 동의하는 것 정도로 이해한다면, 그 믿음에 굳이 포함시킬 필요가 없는 것들이다.

그렇다면 그런 믿음, 그런 고백은 "행위"인가? 바울도 말하곤 했듯이, "행위"가 하나님의 은총을 입을 만한 인간의 행동이나 상징을 의미하는 것이라면, 그런 믿음이나 고백은 행위가 아니다. 의롭다 하심은 선물이다. 그러나 디트리히 본회퍼(Dietrich Bonhoeffer)가 말했듯이, 의롭다 하심은 값진 선물이다.[52] 믿음은 예수가 주님이시며 내가 그분의 종임을 고백하는 것이요, 하나님이 베푸시고 요구하시는 것이 불순종하고 신실치 못한 이스라엘과 경건하지 않은 인간 전체 속에서 언약에 신실한 모습을 회복시켜주시는 한 가지 선물임을 확신하는 것이다.

이 주제에 관하여 한 가지 더 짚고 넘어가야 할 것이 있다. 바울이 아는 믿음의 종류는 언약적 내지 관계적 믿음이다. 따라서 그 믿음은 역동적이고 계속적이다. 그 믿음이 존재하다가 중도에 사라진다면, 즉 믿음의 첫 체험이 유산되어 버린다면, 애초부터 의롭다 하심이 생기지 않은 것이다. 거듭 말하지만 이런 주장은 믿음을 가지라는 바울의 요구가 가진 단순성과 모순되지 않는다. 도리어 이런 주장은 바울이 생각하는 믿음의 본질을 또렷하게 표현한다. 루크 존슨이 신약 성경의 영성에 관하여 널리 결론을 내리고 있듯이, "믿음은 매 순간 순간 우리에게 쇄도하시는 살아계신 주님께 응답하는 것이다. 따라서 우리가 관여했던 모든 과정을 배반하지 않는 이상, 우리는 어느 한 순간도 포기할 수가 없다."[53] 칼뱅(Calvin)도 그의 로마서 5장 주석에서 이렇게 말

---

51) Luke Timothy Johnson, *Living Jesus: Learning the Heart of the Gospel* (New York: HarperSanFrancisco, 1999), 5-6(존슨의 강조).
52) Dietrich Bonhoeffer, *The Cost of Discipleship*, rev. ed., trans. R. H. Fuller(New York: Macmillan, 1959, 『나를 따르라』, 대한기독교서회 역간), 특히 1장 45-60. 이 책 14장에서 본회퍼가 논의하는 내용도 함께 보라.
53) Johnson, *Living Jesus*, 195.

하고 있다.

> 바울은 믿음을 변할 수 있는 설득이요, 어느 한 날에만 해당하는 것이라고 말하지 않는다. 도리어 믿음은 변하지 않는 것이요 우리 마음속 깊이 가라앉아 있는 것이어서, 평생 동안 지속되는 것이다. 따라서 갑작스런 충동에 이끌려 믿는 사람은 믿음을 가진 사람이 아니며, 이런 사람을 믿음을 가진 사람으로 계산해서도 안 된다. 하지만 마치 그리스도에게 늘 달라붙어 있는 사람처럼, 하나님이 그에게 정해주신 자리에 계속하여, 그리고 견고하고 요동치 않는 다리로 버티고 서 있는 사람은 믿음을 가진 사람이다.[54]

(3) 피스티스 크리스투(pistis Christou)라는 헬라어 문구를 "그리스도의 믿음"으로 읽게 되면, 이번 장에서 제시한대로 바울의 믿음을 해석하는 입장이 명료해지고 더 힘을 얻게 되는 것이 사실이다. 그렇지만 바울의 믿음을 이렇게 해석하는 입장이 피스티스 크리스투(pistis Christou)라는 헬라어 문구를 "그리스도의 믿음"으로 읽어야 한다는 주장에만 의존하고 있는 것은 아니다.[55] 우리가 이번 장과 앞장에서 보았듯이, 바울 서신 전체는 예수의 죽음을 그 죽음에 믿음으로 응답하는 사람들을 해방시켜주는 행위로 묘사한다. 바울 서신은 이 해방을 결코 어떤 보충적 체험이나 "회개 이후의" 체험으로 묘사하지 않고, 도리어 그리스도의 죽음이 가진 목적에 긴요한 것이자 믿음이 그 죽음에 제시하는 응답으로 묘사한다. "그리스도의 죽음"이라는 문구를 신자들에게 패러다임을 제시하는 것이자 신자들이 참여하는 대상으로 보게 될 경우, 이 문구는 다른 본문들이 이미 제시하고 있는 것, 곧 십자가에 보여야 할 유일한 옳은 응답은 죽으셨던 그리스도 및 그분의 죽음과 완전히 하나가 되는 것임을 명쾌하게 밝혀준다.

---

54) John Calvin, *Romans*, Edwards, *Romans*, 143에서 인용.
55) 사실, 내 믿음 해석은 태니힐 및 바클리의 해석과 아주 비슷하지만 가령, 이 둘 가운데 어느 누구도 *pistis Christou*라는 헬라어 문구를 "그리스도의 믿음"으로 읽지 않는다.

십자가를 본받는 믿음의 대가

바울이 때때로 믿음을 괴로움 및 위험과 결합하고 있는 점은 전혀 놀랄 게 없다. 결국 그의 핵심 이야기는 죽기까지, 심지어 십자가에서 죽기까지(빌 2:8) 순종한 이야기다. 순종하는 믿음의 삶, 그런 죽음을 죽은 분(그리스도 예수)과 하나가 되는 삶은 값진 삶이다. 예수와 바울, 그리고 전부는 아니라 할지라도 바울의 공동체에 속한 일부 사람들 역시 그 점을 잘 알고 있었다.

바울이 치른 대가

물론 바울은 많은 고난을 겪었다. 바울은 자신의 고난을 그리스도의 고난에 동참하는 것으로 해석했다. "그리스도의 고난(ta pathēmata)이 우리에게 넘친 것 같이"(고후 1:5). 그리스도를 섬기다가 옥에 갇힌 바울은 빌립보 사람들에게 편지를 보내면서, 자신의 소원을 이렇게 강조했다.

> 내가 그리스도와 그 부활의 권능과 그 고난(pathēmatōn)에 참여함을 알고자 하여 그의 죽으심을 본받아(빌 3:10)

"그의 죽으심을 본받는다"라는 말은 바울에게 여러 가지 의미를 갖는 표현으로서, 바울 자신의 실존이 십자가를 본받는 형상을 띠고 있음을 가리키는 말이다. 그러나 바울이 말하는 고난과 죽음은 단순히 내면의 삶 속에서 이루어지는 자기 연단을 가리키는 은유가 아니다. 바울의 안전과 생명은 계속, 그리고 바울 자신의 의지로 말미암아 위태로운 상태에 있다. 그는 그리스도의 십자가의 원수가 아니라 친구이기 때문이다(빌 3:18; 참고, 갈 6:12). 그리스도의 죽으심을 본받는다는 것은 순종의 궁극적 형태이며, 고로 믿음의 궁극적 형태다. 바울이 빌립보 사람들에게 말하는 고난과 죽음은 실제로 진담일 수 있다.

> 만일 너희 믿음의 제물과 섬김 위에 내가 나를 전제로 드릴지라도 나는 기뻐하고 너희 무리와 함께 기뻐하리니(빌 2:17)

복음, 곧 십자가의 도를 전하다보면, 긍정적 반응을 얻을 때도 있었지만, 부정적 반응을 격렬하게 불러일으키는 경우도 자주 있었다. 빌립보와 데살로니가의 경우가 그러했다.

> 너희가 아는 바와 같이 우리가 먼저 빌립보에서 고난과 능욕을 당하였으나 우리 하나님을 힘입어 많은 싸움 중에(en pollǭ agōni) 하나님의 복음을 너희에게 전하였노라(살전 2:2)

십자가에 못 박히신 메시아가 곧 주님임을 전하다보니, 바울은 자연히 메시아의 지위와 십자가형을 결합시키지 못한다는 이유로 유대인을, 황제 또는 신의 지위와 십자가를 결합시키지 못한다는 이유로 이방인을 공격하게 되었다(참고, 고전 1:18-25). 만일 바울이 설교한 믿음이 많은 사람들의 심기를 상하게 하는 것이었다면, 그들의 부정적 반응은 말로, 사회적 괴롭힘으로, 신체적 학대로 다양하게 표현되었을 것이다. 그들의 반대가 어떤 것이었든, 바울 자신이 치른 대가가 어떤 것이었든, 바울은 "복음을 부끄러워하지 않았다". 복음은 유대인과 이방인을 모두 구원하는 하나님의 능력이기 때문이다(롬 1:16).

바울은 믿음에 따르는 값비싼 대가를 예수 그리스도에게 순종하는 "종"(가령, 롬 1:1)이라는 자신의 정체성을 규정하는 알짬으로 보았다. 고대 세계에서는 종들의 몸에 스티그마타(stigmata)라 하여 그들의 주인이 누구인가를 확인해주는 표지를 "찍는" 경우가 자주 있었다. 바울은 이런 관습에 비추어 자신과 자신의 고난을 이해한다.

> 이후로는 누구든지 나를 괴롭게 하지 말라. 내가 내 몸에 예수의 흔적(stigmata)을 지니고 있노라(갈 6:17)

바울은 그의 몸에 십자가를 본받은 믿음의 결과들을 (바울 자신과 다른 모든 사람들에게) 되새겨주는 흔적들을 갖고 있었다. 매질과 채찍질과 구타를 당하고 돌로 맞는 바람에 생긴 상처들이었다(고후 11:23-25). 사도행전에 기록된 많은 내러티브와 더불어 바울 서신에 기록되어 있는 소위 "고난 목록"은 바울이 당한 고난의 다양함과 빈도와 정도를 기록하고 있다. 이런 고난은 순종하는 믿음에 관한 바울의 이해와 밀접하게 연결되어 있다. 그런가 하면, 우리가 이런 고난 목록을 좀 더 상세히 살펴볼 다음 장들에서 보게 되겠지만, 이런 고난은 역시 바울 자신의 사랑, 능력, 소망 체험과 긴밀하게 연결되어 있다. 따라서 고난을 수반하는 믿음의 순종은 그가 그리스도의 "종"으로서 겪은 체험, 곧 그의 십자가 체험이 지닌 다른 차원들과 분리할 수가 없다.

빌립보 사람들과 데살로니가 사람들을 위해 치른 대가

만일 고난이 진정한 믿음의 구성 요소라면, 바울은 자신이 세운 공동체들이 복음 때문에 자신들이 직접 겪는 고난에 놀라기를 원하지 않았을 것이다. 바울은 그가 세운 공동체들에게 핍박은 신자들의 몫임을 되새겨준다. 아울러 그는 자신의 목회 목표 가운데 하나가 "아무도 이 여러 환난(thlipsesin) 중에 흔들리지 않게"(살전 3:3상) 일하는 것임을 되새겨준다. 신자들은 이런 환난을 "받게 되어 있다."

> 우리가 이것을 위하여 세움 받은 줄을 너희가 친히 알리라. 우리가 너희와 함께 있을 때에 장차 받을 환난을 너희에게 미리 말하였는데 과연 그렇게 된 것을 너희가 아느니라(살전 3:3하-4)

실제로 바울은 자신의 믿음 때문에 고난당하는 것조차도 은혜를 체험하는 것이라고 잘라 말한다.

> 나의 매임과 복음을 변명함과 확정함에 너희가 다 나와 함께 은혜에 참여한 자가 됨이라(빌 1:7하)

그리스도를 위하여 너희에게 은혜를 주신 것은 다만 그를 믿을[56] 뿐 아니라 또한 그를 위하여 고난도 받게 하려 하심이라(hyper autou paschein). 너희에게도 그와 같은 싸움(agōna)이 있으니 너희가 내 안에서 본 바요 내 안에서 듣는 바니라 (빌 1:29-30)

빌립보 신자들은 분명히 외부의 세력들로부터 공격을 받고 있었다(게다가 내부 분열까지 있었다). 바울이 빌립보서 3:2에서 "개들"과 "행악하는 자들"이라고 부르는 이 세력이 정확히 누구인지 밝혀내기는 힘들다. 그러나 그들은 할례를 옹호하는 자들이었으며, 때문에 바울은 이들을 "십자가의 원수"(빌 3:18) 가운데 일부로 보았다.[57] 추측컨대, 공격을 유발한 문제는 그 본질이 교리 문제였을 것이다. 때문에 빌립보서 독자들은 빌립보 사람들이 신체적 위협은 받지 않았을 것이라고 추측하는 경우가 자주 있다. 그러나 이런 추측은 굳이 필요하지도 않고 논리에도 맞지 않는다. 빌립보서 전체는, 그리스도 이야기를 할 때나 바울 이야기를 할 때나, 십자가 때문에 겪은 신체적 위험들과 현실에서 치러야하는 대가들에 초점을 맞춘다. 따라서 빌립보 사람들도 그들의 믿음 때문에 당하는 고난에서 예외가 되지 않는다. 하지만 빌립보 사람들은 그리스도와 바울의 본을 따라 고난이 선한 결과, 가령 구원과 복음의 확산(빌 1:12-14)을 낳을 수 있다는 것, 그리고 그 고난을 기쁨으로 견뎌낼 수 있다는 것을 알아야 한다(빌 1:25).

빌립보 신자들과 마찬가지로, 데살로니가 신자들도 혹독한 고난을 겪었다. 데살로니가 신자들이 믿는 순간부터, 그러니까 그들이 "기쁨으로 말씀을 받은"(살전 1:6) 순간부터, 사도행전 17장과 데살로니가전서가 이야기하듯이, 핍박이 그들의 믿음을 시험했다. 바울은 데살로니가 신자들에게 이런 사실을 되새겨준다.

---

56) "그(그리스도)를 믿어 그 안으로 들어감(eis auton pisteuein)"으로 번역하는 편이 더 낫다.
57) 우리가 선택할 수 있는 몇 가지 해석들을 유익하게 개관한 내용을 보려면, Peter O'Brien, *The Epistle to the Philippians* (Grand Rapids: Eerdmans, 1991), 26-35을 보라. 바울의 생각과 체험 속에서 십자가형과 할례가 서로 대립 관계를 이루고 있는 점은 빌립보서 전체의 초점이다.

또 너희는 많은 환난 가운데서(en thlipsei pollē) 성령의 기쁨으로 말씀을 받아 우리와 주를 본받은 자가 되었으니 그러므로 너희가 마게도냐와 아가야에 있는 모든 믿는 자의 본이 되었느니라. 주의 말씀이 너희에게로부터 마게도냐와 아가야에만 들릴 뿐 아니라 하나님을 향하는 너희 믿음의 소문이 각처에 퍼졌으므로 우리는 아무 말도 할 것이 없노라(살전 1:6-8)

이런 고난에도 데살로니가 사람들은 그들의 믿음(이 믿음이 데살로니가전서 1장과 3장의 초점이다[58])을 견지하고, 이 믿음에서 기쁨을 만들어냈다. 심지어 그 믿음은 마게도냐 전역에 들불처럼 번져나갔다. 바울은 환난이 데살로니가 신자들의 믿음을 흔들어 놓을까봐 염려했다. 그러나 바울은 그들이 믿음을 견지하고 "시험하는 자"에 맞서고 있다는 사실에 위로를 받고 크게 기뻐한다(살전 3:5-10). 핍박 가운데에서도 데살로니가 신자들이 믿음을 견지하고 기뻐하는 모습은 빌립보 신자들에게도 큰 용기를 불어넣어주었을 것이다(혹은 거꾸로 빌립보 신자들의 모습을 보고 데살로니가 신자들이 용기를 얻었을 수도 있다).

데살로니가 사람들의 견실한 믿음을 칭송하던 바울은 그들의 체험을 바울 자신 및 예수의 체험과 연결하여 그들이 "우리와 주를 본받은 자가 되었다"라고 말한다. 이는 믿음에 따른 고난은 당연히 예상해야 한다는 것을 시사한다.[59] 계속되는 고난 체험은(살전 3:3-4)[60] 으레 있는 일이다. 본문은 이 핍박의 본질이 정확히 무엇인지 말하지 않는다. 그러나 이 핍박에는 분명히 괴롭힘과 추방이 포함되었을 것이며, 어쩌면 신체 공격은 물론이요 심지어 살인까지도 포함되어 있었을 것이다. 이 데살로니가 신자들은 예수가 다시 오실 때 그들의 죽은 형제자매들이 맞을 운명에 관심을 표명한다(살전 4:13-18). 이때 그들은 노령으로 죽은 사람들보다 순교한 사람들에게 더 큰 관심을 기울였을 가능성이 있다. 바울이 방문한 때부터 바울이 이 서신을 보낼 때까지 흘러간 시

---

58) 믿음(pistis)은 살전 1:3,8, 3:2,5,6,7,10에서 등장한다.
59) 살전 2:14-16도 비슷한 통찰을 제시한다. 물론 일부 학자들은 이 세 구절의 단어와 어조가 데살로니가전서의 나머지 부분 및 바울 서신 전반과 현저히 다르다고 믿는다. 그들은 2:14-16이 후대에 이르러 원래 서신에 추가된 부분(나중에 적어 넣은 부분)이라고 주장한다(그러나 이들의 주장은 그다지 설득력이 없다). 여기에 관련된 문제들과 해결책으로 제시되는 것들을 살펴보려면 주석들을 참조하라.
60) 살후 1:4,6, 고후 8:1-2과 비교해보라.

간이 그리 길지 않았기 때문이다.[61]

고린도 사람들, 갈라디아 사람들, 로마 사람들이 치른 대가

빌립보 신자들과 데살로니가 신자들은 물론이요, 고린도 신자들과 갈라디아 신자들, 심지어 로마 신자들도 그리스도와 그의 사도들이 겪은 고난에 동참했다. 바울은 고린도전서에서 비꼬는 말로 고린도 사람들을(아니면 적어도 고린도의 영적, 사회-경제적 엘리트들을) 꾸짖는다. 바울 자신의 삶과 달리, 그들은 안락하고 고통이 없는 삶, 심지어 상류층이 누리는 호사를 누리며 살고 있었기 때문이었다.

> 너희가 이미 배부르며 이미 풍성하며 우리 없이도 왕이 되었도다. 우리가 너희와 함께 왕 노릇 하기 위하여 참으로 너희가 왕이 되기를 원하노라. 내가 생각하건대 하나님이 사도인 우리를 죽이기로 작정된 자 같이 끄트머리에 두셨으매 우리는 세계 곧 천사와 사람에게 구경거리가 되었노라……바로 이 시각까지 우리가 주리고 목마르며 헐벗고 매 맞으며 정처가 없고(고전 4:8-9,11)

하지만 바울은 고린도후서에서 고린도 사람들을 위로하고 그들을 격려한다. 이제 그들도 어느 정도 고난을 체험한 까닭이었다.

> 우리가 환난 당하는 것도(*thlibometha*) 너희가 위로와 구원을 받게 하려는 것이요 우리가 위로를 받는 것도 너희가 위로를 받게 하려는 것이니 이 위로가 너희 속에 역사하여 우리가 받는 것(*paschomen*) 같은 고난을(*pathēmatōn*) 너희도 견디게 하느니라. 너희를 위한 우리의 소망이 견고함은 너희가 고난에(*pathēmatōn*) 참여하는 자가 된 것 같이 위로에도 그러할 줄을 앎이라(고후 1:6-7)

---

61) 이 문제들을 살펴보려면, John M. G. Barclay, "Conflict in Thessalonica," *Catholic Biblical Quarterly* 55 (1993): 512-30, 특히 512-16을 보라.

문맥을 살펴보면, 고린도 사람들은 적어도 한 가지 측면에서는 바울의 고난에 동참하고 있었던 것으로 보인다. 그건 바로 그들이 기도하며 바울을 염려한 것이었다(고후 1:8-11). 그러나 본문 자체는 고린도 사람들의 고난을 그런 염려로 한정하지 않는다. 오히려 본문은 고린도 사람들도 고난을 당하고 있는 이상, 믿음을 굳건히 지켜야 한다는 점을 시사한다(참고, 1:24).

바울은 갈라디아 사람들에게도 잇달아 질문을 던지며 도전을 던진다. 바울은 이 갈라디아 사람들이 이방인들도 할례를 받아야 한다고 부추기며 십자가의 복음을 포기하고 있다고 본다.

> 어리석도다, 갈라디아 사람들아! 예수 그리스도께서 십자가에 못 박히신 것이 너희 눈앞에 밝히 보이거늘 누가 너희를 꾀더냐? 내가 너희에게서 다만 이것을 알려 하노니 너희가 성령을 받은 것이 율법의 행위로냐 혹은 듣고 믿음으로냐? 너희가 이같이 어리석으냐? 성령으로 시작하였다가 이제는 육체로 마치겠느냐? 너희가 이같이 많은 괴로움을 헛되이 받았느냐?("너희가 괴로움을 받았느냐"는 헬라어로 *epathete*) 과연 헛되냐? 너희에게 성령을 주시고 너희 가운데서 능력을 행하시는 이의 일이 율법의 행위에서냐 혹은 듣고 믿음에서냐?(갈 3:1-5)

여기서 바울은 갈라디아 사람들이 처음에 성령과 믿음을 체험했던 것과 이후에도 계속하여 성령과 믿음을 체험하고 있다는 것을 설명한다(2절의 "믿음"은 과거의 일을, 5절의 "믿음"은 현재의 일을 가리킨다). 갈라디아 사람들이 한 체험 가운데 일부는 사실 고난이다(*epathete*, 4절). 그러나 NRSV와 많은 주석가들은 이 고난(괴로움)이라는 말이 널리 영적 "체험"을 지칭하는 말이며, 이 본문과 직접 닿아 있는 문맥에서 성령을 언급하는 부분들을 가리키는 말이라고 해석한다.[62] 하지만 우리가 이 책 3장에서 보았고 갈라디아서가 분명히 밝히고 있

---

62) 찰스 코스그로브(*The Cross and the Spirit: A Study in the Argument and Theology of Galatians* [Macon, GA: Mercer University Press, 1988], 185-87)는 이 본문(갈 3:1-5)을 고난 중에 성령을 체험한 일을 말하는 본문으로 받아들이는데, 옳은 견해다. 루이스 마틴(*Galatians: A New Translation with Introduction and Commentary*, Anchor Bible 33A [New York: Doubleday, 1997], 285), 프랭크 마테라(*Galatians*, Sacra Pagina [Collegeville, MN: Michael Glazier, 1992], 113), 그리고 벤 위더링턴 3세(Ben Witherington III, *Grace in Galatia: A Commentary on Paul's Letter to the Galatians* [Grand Rapids: Eerdmans, 1998], 214-15)는 이 본문을 널리 성령 체험을 언급하는 본문으로 받아들인다.

듯이, 바울은 고난과 성령 체험을 서로 대립하는 체험으로 보지 않는다. 실제로 고난과 성령 체험은 긴밀하게 연결될 수 있다. 더욱이 갈라디아서의 더 큰 문맥을 살펴보면, 고난과 핍박이 오직 십자가에만 초점을 맞추고 있는 사람들이 겪어야 할 운명임을 시사한다. 이것은 갈라디아 사람들이 할례를 받아들이고 싶어 했던 이유를 적어도 일부나마 설명해준다.

> 형제들아 내가 지금까지 할례를 전한다면 어찌하여 지금까지 박해를 받으리요(*diōkomai*)? 그리하였으면 십자가의 걸림돌이 제거되었으리라(갈 5:11)

> 무릇 육체의 모양을 내려 하는 자들이 억지로 너희에게 할례를 받게 함은 그들이 그리스도의 십자가로 말미암아 박해를 면하려 함이라(갈 6:12)

이방인들에게 할례를 요구함으로써 오직 십자가뿐이요 오직 믿음뿐이라는 메시지를 보충하게 되면, 신자 개인이나 공동체가 핍박을 면할 수도 있다. 그러나 그렇게 되면, 그리스도와 단절된다는 것이 바울의 생각이다(5:2-4).

마지막으로, 바울은 자신이 직접 만난 적이 없는 이들이 대다수인 로마 신자들에게도 믿음은 의롭다 하심을 얻게 할 뿐만 아니라 고난도 받게 한다는 것을, 그러나 그 고난은 기쁨과 소망의 근원이라는 것을 되새겨준다.

> 그러므로 우리가 믿음으로 의롭다 하심을 받았으니 우리 주 예수 그리스도로 말미암아 하나님과 화평을 누리자. 또한 그로 말미암아 우리가 믿음으로 서 있는 이 은혜에 들어감을 얻었으며 하나님의 영광을 바라고 즐거워하느니라. 다만 이 뿐 아니라 우리가 환난(*thlipsesin*) 중에도 즐거워하나니 이는 환난(*thlipsis*)은 인내를, 인내는 연단을, 연단은 소망을 이루는 줄 앎이로다. 소망이 우리를 부끄럽게 하지 아니함은…(롬 5:1-5상)[63]

---

63) 바울은 고난을 놓고 로마서 8장에서 훨씬 더 많은 이야기를 한다. 이 부분은 특히 12장에서 십자가를 본받는 삶의 소망을 다룰 때 꼼꼼히 살펴보도록 하겠다.

요약: 믿음의 대가

따라서 바울과 그가 쓴 서신의 수신자인 공동체들이 볼 때, 십자가를 본받는 믿음은 값비싼 대가(희생)를 요구한다. 그 믿음은 예수에게 예수 자신의 목숨을 요구했다. 그 믿음은 바울 사도에게 끊임없는 고난과 핍박을 안겨준다. 그리고 그 믿음은 신자들의 공동체에 고난을 가져다준다. "우리가 이것을 위하여 세움을 받았다"(살전 3:3). 어쩌면 바울의 제자 중 하나가 썼을 수도 있는 서신이지만, 디모데후서는 바울의 시각과 체험을 이렇게 요약한다.

무릇 그리스도 안에서 경건하게 살고자 하는 자는 박해를 받으리라(딤후 3:12)

믿음 때문에 그런 핍박을 받을 경우, 신자가 보일 수 있는 유일한 옳은 반응은 더 큰 믿음이다. 더 큰 믿음은 끈질기게 견디는 것이다(*hypomonē*; 가령, 롬 5:3-4, 고후 1:6, 살전 1:3, 살후 1:4, 3:5을 보라). 바울은 분명 그런 인내의 근거를 그리스도에 두려 한다. 더 널리 믿음의 근거를 그리스도에게 두는 것과 마찬가지다. 바울이 썼을 수도 있고 그렇지 않을 수도 있지만, 데살로니가후서는 바로 그 점을 분명하게 밝히고 있다.

주께서 너희 마음을 인도하여 하나님의 사랑과 그리스도의 인내(*hypomonēn*)에 들어가게 하시기를 원하노라(살후 3:5)

결론: 십자가를 본받는 믿음

바울 해석사에서는 바울 사상의 다양한 측면들을 바울 신학의 중심으로 제시해 왔다. 이렇게 바울 신학의 중심으로 제시해온 것들 가운데 가장 두드러진 것으로, (1) 종교개혁 이래 전통적 해석의 자리를 차지해온 '이신칭의(믿음으로 의롭다 하심을 얻음)', (2) 20세기 초에 이신칭의의 대안으로서 알베르트 쉬바이처가 주장했고 20세기 후반에는 에드 샌더스(E. P. Sanders)가 두드러지게 주장했던 '그리스도의 죽음과 부활에 참여함',[64] 그리고 (3) 요 근래에는 위 둘의 대안은 아니라 하더라도 위 둘을 보충하는 주장으로서 등장한 '하나님 중심의 종말론적 계시 신앙(theocentric apocalypticism, 이를테면 크리스티안 베커[J. Christiaan Beker][65]가 이를 주장한다)을 들 수 있다. 이 셋은 바울 신학의 중심을 사법적 관점, 참여주의자의 관점, 그리고 종말론적 계시 신앙의 관점에서 이해한 것이라고 볼 수 있다. 사람들은 보통 이 셋이 서로 어느 정도는 긴장 관계에 있다고 생각한다.

우리가 바울의 믿음 체험과 믿음 이해를 살펴본 결과는 이 세 "모델들"이 바울 신학의 중심 실체인 '십자가를 본받는 삶(cruciformity)'을 구성하는 여러 차원들로서 사실은 서로 매우 긴밀하게 연결되어 있다는 것을 보여준다. 특히 이 7장에서 우리는 크게 다음 다섯 가지 측면에서 믿음이 십자가를 본받는 삶이라는 것을 발견했다.

1. 믿음은 의롭다 하심을 얻게 하는 데 근거가 될 수 있는 다른 어떤 것도 부인한다. 즉, 이런 것들에 대하여 죽거나 십자가에 못 박힌다. 하나님이나 십자가를 자랑하는 것 이외에 다른 어떤 자랑도 어리석은 것이다.
2. 믿음은 인간을 노예로 삼은 대적의 권세들로부터 해방되는 것이다. 이 대적의 권세 중에는 인간이 자랑하고픈 유혹을 받을 수 있는 것들도 포함된다.
3. 믿음은 예수의 믿음, 하나님께 신실히 순종하며 그분을 신뢰하는 예수의 내러티브 자세를 본받는 것이다.
4. 믿음은 위에서 말한 각 차원들을 처음 체험한 이후로 계속하여 체험하는 것이다. 십자가를 본받는 믿음은 사람들을 이 시대의 권세로부터 해

---

64) Albert Schweitzer, *The Mysticism of the Apostle Paul* (London: Black, 1931), 그리고 Sanders, *Paul and Palestinian Judaism*.
65) J. Christiaan Beker, *Paul the Apostle: The Triumph of God in Life and Thought* (Philadelphia: Fortress, 1980).

방시킨다. 아울러 믿음은 하나님과 언약 관계를 회복시켜주고 이렇게 회복된 관계를 유지시켜준다.

5. 믿음은, 예수의 신실하심처럼, 값비싼 대가를 요구할 수 있다.

따라서 믿음은 그리스도 안에서 하나님이 행사하신 주도권에 역동적으로 응답하는 것이요, 예수가 순종함으로 보여주신 신실하심 속에서 나타난 하나님의 의라는 종말론적 계시를 인식하는 개인과 공동체가 취해야 할 근본적 내러티브 자세다. 믿음은 "참여주의자"의 특성과 "종말론적 계시"의 효과를 갖는 응답이다. "누구든지 그리스도 안에 있으면 새로운 피조물이라"(고후 5:17).

바울 서신을 보면, 바울이 힘써 이루고자 했던 목표가 믿음의 순종을 구현함으로써 새 피조물, 곧 "하나님의 이스라엘"(갈 6:16)을 만들어내는 공동체들을 창조하는 것이었음을 분명히 알 수 있다. 이 순종하는 믿음의 본질은 하나님께 자기 자신을 드리는 것 또는 자신을 하나님께 완전히 드리는 것이다. 이는 로마서 6장과 12장이 아주 유려한 필치로 천명하고 있다.

> 오직 너희 자신을 죽은 자 가운데서 다시 살아난 자 같이 하나님께 드리며 너희 지체를 의의 무기로 하나님께 드리라(롬 6:13하)

> 그러므로 형제들아 내가 하나님의 모든 자비하심으로 너희를 권하노니 너희 몸을 하나님이 기뻐하시는 거룩한 산 제물로 드리라 이는 너희가 드릴 영적 예배니라(롬 12:1)

믿음은 하나님께 순종함으로 자신을 바치는 내러티브 자세다. 이런 점에서, 믿음은 실로 예수의 믿음에 동참하는 것이다(롬 3:26). 리처드 헤이스가 갈라디아서 3장과 4장에 나오는 믿음에 관하여 말하고 있듯이, "의와 생명은 그리스도인들이 그리스도의 **믿음**(pistis) 때문에 참여하게 된 은혜의 선물들이다. 또…**믿음**은 결국 그리스도 '안에서' 사는 사람들에게 바친 삶이 갖고 있는 독특한 표지다."[66]

올바로 정립된 "근본적 선택"은 자기 자신을 하나님께 드리는 인생 이야기, 믿음을 신실함 내지 언약에 충실함으로 이해하는 인생 이야기다.[67] 그것은 동물을 희생으로 드리는 대신 자기 자신을 먼저 하나님께 드리고 이어서 다른 사람들에게 내어줌으로써 "매일매일 삶으로 드리는 제사"[68]다(고후 8:5을 보라). 하나님 앞에서 십자가를 본받는 믿음으로 나타나는 이 근본 자세는 다른 사람들과 맺은 관계들 속에서 표현된다. 십자가를 본받는 믿음은 십자가를 본받는 사랑이 된다. 이 십자가를 본받는 사랑이 다음에 이어질 장들에서 살펴볼 주제다.

---

66) Hays, *Faith of Jesus Christ*, 235.
67) 믿음에 관한 조지프 피츠마이어의 유익한 논의(*Paul and His Theology: A Brief Sketch*, 2nd ed. [Englewood Cliffs, NJ: Prentice Hall, 1989], 84-85)는 바울이 말하는 믿음 개념이 온전한 헌신, 자아를 의지하는 자세를 거부할 것 등등을 요구한다는 점에서 "구약이 말하는 신실함 개념을 훨씬 더 능가한다"고 주장(85)하는 바람에 그 의미가 퇴색하고 말았다. 피츠마이어가 바울이 말하는 믿음의 철저함을 강조하는 점은 옳다. 그러나 자신의 전부(자신의 마음과 영혼과 몸과 힘 등등)를 다 바쳐 하나님께 충성하고 하나님을 사랑하라는 언약의 요구만큼 인간에게 철저한 것을 요구하는 것이 또 있는지 상상하기가 어렵다.
68) Ernst Käsemann, "Worship in Everyday Life: A Note on Romans 12," in *New Testament Questions of Today* (London: SCM, 1969), 188-95.

제7장 옮긴이 주

[1] 헬라어에서 부정과거는 과거에 일어난 사건이 당시 한 차례로 종결되었다는 점을 표현할 때, 완료형은 과거에 일어난 사건이 지금까지 그 영향을 미치고 있음을 표현할 때 사용한다. 헬라어 본문은 갈 2:19(개역개정판은 2:20)에서 "내가 그리스도와 함께 십자가에 못 박혔나니"를 Christō synestaurōmai라고 기록해놓았는데, synestaurōmai는 '함께 십자가에 못 박히다'라는 뜻의 동사 synstauroō의 완료형이다. 부정과거형이었다면, synestaurōsa로 기록되어 있었을 것이다.

[2] 헬라어 본문에 kai tō ek pisteōs Abraam이라고 되어 있는 부분을 말하는데, 개역개정판은 이 부분을 "아브라함의 믿음에 속한 자에게도"라고 번역해놓았다.

"너희 안에 이 마음을 품으라 곧 그리스도 예수의 마음이니"

빌립보서 2장 5절

8장

십자가로 나타난 사랑(I)

십자가에 못 박히신 메시아가 보여주신 본

바울은 하나님의 사랑에 정복당한 사람 이외에 아무 것도 아니었다. 바울이 쓴 서신을 보면, 그는 이 하나님의 사랑을 그리스도 안에서 그리고 성령의 역사로 말미암아 체험했다.

레이먼드 브라운(Raymond Brown)은 이렇게 말한다.

그의 민족 이스라엘 조상들의 하나님이 보여주신 사랑을 이미 알고 있던 바울은 다메섹으로 올라가는 길에 받은 계시에서 자신이 이전에 품었던 생각을 뛰어넘는 사랑을 발견했다. 바울은 자신이 그리스도 예수에게 "붙잡혔다"(빌 3:12)고 느꼈다. 바울은 경외하는 심정으로 이렇게 외친다. "하나님의 아들이 나를 사랑하사 나를 위하여 자기 자신을 버리셨다"(갈 2:20). 바울은 여러 차례 힘든 일을 겪을 때마다 그가 로마서 8:35-37에서 단언한 이 말을 틀림없이 외쳤을 것이다……"누가 우리를 그리스도의 사랑에서 끊으리요? 환난이나 곤고나 박해나 기근이나 적신이나 위험이나 칼이랴?……그러나 이 모든 일에 우리를 사랑하시는 이로 말미암아 우리가 넉넉히 이기느니라." 바울이 그리스도의 이 사랑이 얼마나 광대한가를 이해하게 되었을 때, 이 사랑은 그의 삶을 움직인 요인이 되었다. "그리스도의 사랑이 우리를 강권(强勸)하시는도다. 우리가 생각하건대 한 사람이 모든 사람을 대신하여 죽었은즉 모든 사람이 죽은 것이라"(고후 5:14).[1]

우리가 이 책 4장에서 보았듯이, 그리스도의 이 사랑을 체험하는 것은 사실 삼위일체 하나님의 사랑을 체험하는 것이다. 하나님 사랑을 체험한 이상, 하나님 사랑을 표현해야만 했다. 우리가 믿음을 다룬 앞 두 장에서 언급했듯이, 바울은 인간의 현 상태를 사람들이 하나님과 사람의 관계, 사람과 다른 사람들의 관계를 엉망으로 만들어놓은 상태로 이해했다. 이런 관계들이 온통 엉망이 되어 있는 상태에 바울이 제시한 해결책은 놀라울 만치 단순하다. "사랑으로 표현되는 믿음(사랑으로 역사하는 믿음)"(갈 5:6)이 바로 그 해결책이었다. "사랑으로 표현되는 믿음(사랑으로 역사하는 믿음)"이라는 이 문구는 바울 영성에 **없어서는 안 될 핵심 요소**가 무엇인가를 일러준다. 이 문구는 성령을 통해 하나님이 그리스도 안에서 보여주신 사랑의 복음에 보여야 할 적절한 응답이 지닌 "수직" 차원과 "수평" 차원(믿음과 사랑)을 하나로 통합시켜준다.

이번 장과 다음 두 장에서 우리는 바울 영성의 중심인 사랑을 이야기한 내러티브와 십자가 형상으로 나타난 그 사랑을 체험한 것을 살펴보도록 하겠다. 우선 이번 장에서는 바울이 생각하는 사랑의 근본 의미를 살펴보고 이어서 그 사랑이 십자가에 못 박히신 그리스도 이야기에 그 기초를 두고 있음을 살펴보겠다. 다음 두 장에서는 바울의 삶(십자가를 본받는 사도의 사랑, 9장)과 그가 섬긴 공동체들의 삶(신실한 공동체의 내러티브 형상, 10장) 속에서 구체적으로 표현된 십자가를 본받는 사랑의 의미를 살펴보겠다.

---

1) Raymond E. Brown, *An Introduction to the New Testament* (New York: Doubleday, 1997, 『신약개론』, CLC 역간), 449.

사랑이 중심이다

바울이 쓴 모든 본문 가운데 어쩌면 가장 유명하고 가장 큰 사랑을 받는 본문은 그가 간결하면서도 예리한 필치로 사랑을 이야기한 고린도전서 13장의 시 또는 묵상일 것이다. 아마도 "찬가(encomium)", 그러니까 어떤 덕을 칭송하는 고대의 글로 이해해야 할 것 같은 이 13장의 구절들에서, 바울은 사랑(agapē)의 필요성(1-3절), 특성(4-7절), 그리고 지속성(8-13절)을 선언하고 있다. 고린도전서 13장과 직접 닿아있는 문맥은 성령이 주시는 은사들의 다양함을 이야기하고(12장), 교회에 회중이 모였을 때 이 은사들을 적절히 행하는 법을 다루고 있다(14장). 이 직접 문맥들은 사랑을 성령이 주시는 모든 은사들을 활용할 때 따라야 할 **행동기준**으로 제시한다. 고린도전서라는 더 큰 문맥을 살펴보면, 분열과 자랑과 이기심 그리고 이와 관련된 악폐들이라는 주제들(이 주제들 가운데 많은 수를 고린도전서 13장의 중심부가 다시 이야기한다)을 다루고 있는데,[2] 이 더 큰 문맥에서는 사랑을 전 생애에서 따라야 할 올바른 실존 양식이자 고린도 사람들의 행실 전반과 대립되는 명제로 제시한다.

따라서 사랑은 그리스도 안에 있는 개인과 공동체들의 체험에 관한 바울의 이해에서 그 핵심을 이룬다. 사랑은 다른 사람들과 관련을 맺고 있는 개인 그리고 공동체 전체를 규정하는 특성이다. 사랑은 "중요하다"(갈 5:6). 한 사람이 하나님을 향하여 갖는 근본 자세인 믿음을 다른 사람들을 향한 행동으로 바꿔주는 것이 바로 이 사랑이기 때문이다. 때문에 바울은 자기가 섬기는 교회들에게 사랑을 "추구하라"고 권면한다(고전 14:1). 바울은 그들의 사랑이 "더욱더 풍성하게 넘치기를"(빌 1:9) 기도한다. 그는 또 그들을 향한 하나님의 사랑이 풍성함과 같이, 하나님이 그들도 "피차간에 그리고 모든 사람에 대하여 더 많은 사랑과 넘치는 사랑을 갖는" 사람들로 만들어주시길 기도한다(살전 3:12). 사랑은 작게 가져야 하는 것이 아니라 크게 가져야 하는 것이다. 사랑은 공동체 구성원들에게 초점을 맞추고 있지만, 사랑의 대상은 그들에 한정되지

---

2) Richard B. Hays, *First Corinthians*, Interpretation (Louisville: Westminster/John Knox, 1997), 226-28에서 논의하는 평행 본문들을 보라.

않는다("모든 사람에 대한 사랑", 살전 3:12).[3] 실제로 바울은 로마서 13:8에서 사랑이 중심이라는 점을 표현할 때 빚이라는 이미지를 빌려 그리스도 안에 있는 사람들에게 지고 있는 단 한 가지 합당한 빚이라고 표현한다.

> 피차 사랑의 빚 외에는 아무에게든지 아무 빚도 지지 말라. 남을 사랑하는 자는 율법을 다 이루었느니라(롬 13:8)

이 본문은 사랑을 바라보는 바울의 기본 이해를 구성하는 또 한 가지 본질적 요소를 지적한다. 그것은 바로 율법의 완성이다. 바울은 갈라디아 사람들에게 "오직 사랑으로 서로 종노릇하라"라고 권면한 다음, 갈라디아서 5:14에서 사랑은 곧 율법의 완성이라는 점을 한 번 더 분명하게 이야기한다.

> 온 율법은 네 이웃 사랑하기를 네 자신 같이 하라 하신 한 말씀에서 이루어졌나니(peplērōtai, 갈 5:14)

따라서 사랑은 절대 중요하다. 사랑은 율법이 표현하는, 그리고 우리가 아래에서 더 자세히 살펴보겠지만, 그리스도가 몸소 체현하신 하나님의 뜻을 다 이루기 때문이다.[4]

하지만 바울은 사랑이 율법의 완성이라는 말을 사랑은 (율법 전체가 아니라) 단지 율법의 "요약"에 순종하려는 인간의 노력이라는 의미로 이해하지 않는다. 바울은 자신이 섬기는 공동체들에게 사랑을 추구하라고 권면한다. 그러면서도 그 역시 사랑은 무엇보다 성부, 성자, 성령 삼위 하나님의 일이라고 믿는다. 그리하여 바울은 데살로니가 사람들이 "서로 사랑하라는 하나님의 가르치심을 받았으며"(살전 4:9), "그리스도의 사랑이 (그들을) 강권한다" 또는 "(그들을) 제어한다"(고후 5:14)고 말한다. 나아가 고린도전서 13장만큼이나 유명한

---

3) 갈 6:10("그러므로 우리는 기회 있는 대로 모든 이에게 착한 일을 하되 더욱 믿음의 가정들에게 할지니라")과 비교해보라.
4) 신자들이 율법을 행하거나 실천한다(poiein)보다 신자들이 율법을 완성한다(plēroun)라고 말하는 것이 무슨 의미인지 명쾌하게 논의한 글을 보려면, Bruce W. Longenecker, *The Triumph of Abraham's God: The Transformation of Identity in Galatians* (Nashville: Abingdon, 1998), 83-88을 보라.

한 본문에서는 "성령의 열매는 사랑이다"(갈 5:22; 참고, 롬 15:30)라고 말한다.

따라서 사랑은 그리스도가 그의 영으로 개인이나 공동체 안에 자리하고 계심을 보여주는 증거다(이는 곧 사랑이 그리스도가 그 안에 계시는가를 판단할 수 있는 기준이라는 것을 시사한다). 사랑이 없으면, 성령이 주시는 은사들(가령, 방언이나 예언을 말하는 것)은 물론이요 심지어 믿음 자체도 아무 가치가 없다. "사랑"은 고금을 통틀어 많은 의미를 함축한 말이다. 바울이 말한 "사랑"은 무슨 의미였을까? 예상할 수 있겠지만, 바울이 말하는 사랑 개념은 특별하다. 그의 사랑 개념은 그가 십자가를 하나님이 그리스도 안에서 당신의 사랑을 표현하신 것으로 이해하는 것과 연결되어 있다. 그러나 바울은 이 점을 늘 뚜렷하게 말하지는 않는다. 따라서 우리는 우선 바울 서신에 들어있는 핵심 본문들이 제시하는 사랑의 기본적 특성을 살펴봐야 한다.

사랑의 기본 특성

바울은 고린도전서 13장에서 사랑의 특성을 놓고 일곱 가지 긍정과 여덟 가지 부정을 담은 본문들을 잇달아 펼쳐놓는다.

> 사랑은 오래 참고 사랑은 온유하며 시기하지 아니하며 사랑은 자랑하지 아니하며 교만하지 아니하며 무례히 행하지 아니하며 자기의 유익을 구하지 아니하며 성내지 아니하며 악한 것을 생각하지 아니하며 불의를 기뻐하지 아니하며 진리와 함께 기뻐하고 모든 것을 참으며 모든 것을 믿으며 모든 것을 바라며 모든 것을 견디느니라(고전 13:4-7)

고린도서의 맥락을 고려해볼 때, 이 각 긍정문과 부정문은 중요한 의미를 지닌 것으로서 고린도 사람들의 문제되는 행위를 가늠하는 척도 역할을 하고 있다. 하지만 이 여덟 개 부정문 중에는 고린도전서에서 바울에게 특별한 중요성을 갖고 있는 것으로 보이는 것이 하나 있다. 그것은 바로 "자기의 유익을 구하지 아니하며"(5절)다.

NRSV는 이 부분을 "그 자신의 길을 고집하지 아니하며(does not insist on its own way)"라고 번역해놓았지만, 본디 헬라어 본문에는 "구하다(to seek)"라는 동사와 "자기 자신의 ~을(one's own X)"이라는 관용어가 축약된 형태로 들어 있다(zētein ta heautou).[5]a 그 때문에 킹 제임스 성경은 이 부분을 "그 자신을 추구하지 않으며(seeketh not her own)"이라고 번역해놓았다. "자기 자신의 ~을"이라는 관용어에서 정확히 빠져 있는 부분은 문맥에 비추어 보충해야 하겠지만, 헬라어 관용구는 보통 이 "~(X)"으로 자기 자신의 (적절한 것이든 부적절한 것이든) 이익 또는 안녕을 언급한다.[6]

바울이 고린도전서 13:5에서 "자기 자신의 ~을 구하다"라고 쓴 말의 의미는 그가 고린도전서에서 이미 사용한 평행 문구들이 밝혀주고 있다.

> 나와 같이 모든 일에 모든 사람을 기쁘게 하여 자신의 유익을 구하지 아니하고 (mē zētōn to emautou symphoron) 많은 사람의 유익을 구하여 그들로 구원을 받게 하라(고전 10:33)

> 모든 것이 가하나 모든 것이 유익한(sympherei) 것은 아니요 모든 것이 가하나 모든 것이 덕을 세우는 것은(oikodomei) 아니니 누구든지 자기의 유익을 구하지(to heautou zēteitō) 말고[7] 남의 유익을 구하라(고전 10:23-24)

고린도전서 10장 말미에 있는 이 두 본문에서, 바울은 분명하게(33절) 그

---

5) 고린도전서 13:5의 실제 본문은 주어가 여성형인 "사랑(hē agapē)"인 탓에 문제가 된 관용어도 여성형으로 되어 있다(zētein ta heautēs).
6) Michael J. Gorman, "The Self, the Lord, and the Other: The Significance of Reflexive Pronoun Constructions in the Letters of Paul, with a Comparison to the 'Discourses' of Epictetus," Ph. D. diss., Princeton Theological Seminary, 1989, 603-4, 613-17; 그리고 BADG, *symphoron*을 보라.
7) 고린도전서 13:5처럼, 헬라어 문구는 "자기 자신의 ~을 구하다"라는 말이 축약된 형태다. 그러나 문맥으로 보아 보충되어야 할 말은 분명 "이로움"이나 "계발" 같은 말이다(때문에 NRSV는 "유익[advantage]"을 보충했다).

리고 은연중에(24절) 그가 말하는 "자기 자신의 ~을 구하다"라는 말이 자기 자신의 유익, 이익, 이로움(symphoron과 관련 단어들은 이 모든 말로 번역할 수 있다), 또는 계발(oikodomia와 관련 단어들은 이 말로 번역할 수 있다)을 추구하다라는 의미임을 시사한다. 따라서 (고린도전서 10장에 비추어) 고린도전서 13:5을 읽어보면, 사랑은 자기 자신의 이익이나 계발을 추구하지 않고, 오히려 (은연중에) 다른 사람들의 이익과 계발을 추구하는 것이다. 사랑을 "그 자신의 길을 고집하지 아니하는 것"이라 말하는 것(NRSV)도, 더 넓은 의미에서 자기 자신의 이로움, 자기 자신의 계발을 추구하지 않는 것을 표현한 말로 이해한다면, 옳은 말이다. 사랑은 말 그대로 "다양한 면에 적용할 수 있는" 원리 내지 격언이다.[8]

고린도전서에서 사랑을 서술하고 있는 또 다른 부분도 "자기 자신의 유익/계발을 추구하지 않는다"라는 말의 긍정이 "다른 사람들의 유익/계발을 추구한다"임을 분명히 밝히고 있다. 위에서 인용한 고린도전서 10장 본문들은 이방신을 섬기는 신전에서나 개인의 가정에서 우상에게 바친 고기를 먹는 것이 타당한가를 더 길고 복잡하게 논한 부분(고전 8:1-11:1)의 결론이다. 바울은 위에서 인용한 결론 구절(고전 10:23-24,33)뿐만 아니라 그 서두 부분에서도 이 문제를 다루면서 특히 그런 고기를 먹는 행위가 다른 사람들에게 미칠 영향을 고려해보라고 촉구한다.

> 우상의 제물에 대하여는 "우리가 다 지식이 있는" 줄을 아나 지식은 교만하게 하며 사랑은 덕을 세우나니(고전 8:1)[9]

여기서 바울은 지식 및 그런 지식과 연계되어 있는 것으로 짐작되는 권리들을 사랑과 대조한다. 여기서 문제 삼는 지식은 고기는 고기일 뿐이요 참되신 한 분 하나님이 지으신 것일 뿐이라는 것, 그리고 그 고기를 바친 이방신들은 아예 존재하지도 않는다는 것을 (바로) 믿고 있는 사람들에겐 그런 고기를 먹는 것이 심각한 결과를 초래하는 문제가 아님을 아는 것이다(고전 8:4-6).

---

8) Hans Conzelmann, *1 Corinthians*, Hermeneia (Philadelphia: Fortress, 1975), 176, 특히 n.10.
9) 인용부호 안에 들어 있는 말은 십중팔구 고린도 신자들의 공동체 안에 있는 어떤 그룹(엘리트?)의 "구호"였을 것이다.

그런 고기를 먹는 것이 더 약한 양심을 가진 사람을 다시 우상을 섬기는 자로 만들 수 있는데도, 기어이 그런 고기를 먹을 권리를 고집하는 것은, 바울이 볼 때 양심이 없고 사랑이 없는 것이다(고전 8:1에 비추어 8:7-13을 본 결과). 지식과 권리를 내세우며 그런 태도를 취하는 것은 교만이요 자기중심적인 행위로서 사랑이 없는 것이다. 고린도전서 13장도 역시 같은 말을 하고 있다. 사랑은 "세워준다"(8:1, oikodomei). 다시 말해, 다른 사람들을 세워주고 다른 사람들을 염려한다.

다시 고린도전서 13장 문맥으로 돌아가 보면, 우리는 똑같은 원리가 작동하고 있음을 본다. 만일 사랑이 "그 자신의 유익/계발을 추구하지 않는 것"(고전 13:5의 의미)이라 한다면, 이것은 구체적으로 사랑이 있는 사람은 공중 앞에서 통역 없이 방언으로 말하지 않는다는 것을 의미한다(고전 14장). "방언을 말하는 자는 자기의 덕을 세우고(heauton oikodomei) 예언하는 자는 교회의 덕을 세우기(oikodomei)"(고전 14:4) 때문이다. 교회 안에서 실천해야 할 사랑은 예언하는 것, 통역자가 있을 경우에만 방언하는 것, 또는 스스로 통역하는 은사를 간구하며 기도하는 것(고전 14:13)이다. 하지만 교회 안에서 통역 없이 방언으로 기도하는 것은 자기중심적 행위에 몰두하는 것이다. 이것은 마치 "우상에게 바친 고기를 먹을 수 있는 자유가 그리스도가 위하여 죽으신 신자 중 연약한 이들을 걸려 넘어지게 할 수 있는 것이 될 수도 있다는 점"(고전 8:9-11) 고려하지 않은 채 그런 고기를 기어코 먹는 이들의 행위와 똑같은 것이다.

결국 바울은 사랑이 아주 중요한 2차원적 특성을 갖고 있다고 본다. 이 특성은 고린도전서 13:5과 고린도전서 8:1에 집약되어 있다. **부정이라는 차원에서 본다면**, 사랑은 그 자신의 유익이나 계발을 추구하지 않는다. 사랑의 이런 특성은 자기 지위와 권리들을 부인하는 것으로 정의할 수 있다. **긍정이라는 차원에서 본다면**, 사랑은 다른 사람들의 행복과 유익과 계발을 추구한다. 사랑의 이런 특성은 다른 사람들을 고려하는 것으로 정의할 수 있다. 바울 사도는 사랑을 자기 자신의 이익을 도모하기보다 다른 사람들의 복리를 도모할 수 있는 길들을 찾아보고자 역동적이고 창조적으로 노력하는 것이라고 본다. 사랑은 자기중심적이 아니라 타인 지향적이다. 아래에서 보게 되겠지만, 이것은 곧 사랑의 특성을 다른 사람들의 행복을 위해 자신을 내어주는 것으로 정의할 수 있다는 것을 의미한다.

우리는 바울의 글에서 사랑의 "정의"를 단 두 가지만 살펴보았다. 이 둘은 모두 고린도전서에서 등장하였다. 그러나 사랑은 곧 "자신이 아니라 다른 사람들의 행복을 추구하는 것"이라는 이런 근본 이해는 바울 서신 전체에 스며들어 있다. 가령, 우리가 앞장들에서 다룬 빌립보서의 저 유명한 그리스도 찬송(빌 2:6-11)으로 들어가는 글에서, 바울은 겸손과 긍휼과 자비와 사랑에 근거하여 하나가 되라고(한 마음을 품으라고) 요구한다(빌 2:1-3). 바울은 하나됨을 만들어내는 이 사랑을 다음과 같이 4절에서 구체적으로 설명한다.

> 너희는 각각 자기 자신의 이익들을(ta heautōn) 구하지 말고 도리어 다른 사람들의 이익들을(ta heterōn) 구하라.(지은이 번역)[b]

고린도전서와 마찬가지로, 여기에서 재차 "자기 자신의 무엇을 구하다"라는 관용어가 사랑과 관련하여 등장하고 있다. 여기서 바울은 아주 분명하게 사랑이 가진 부정의 차원(자기의 이익을 구하지 않음)과 긍정의 차원(다른 사람들의 이익을 구함)을 한 본문에서 하나로 융합하고 있다. 그는 사랑이 자기 자신이 아니라 다른 사람들을 바라본다는 점을 분명하게 이야기한다.[10]

---

10) 이 구절은 번역자들에게 많은 문제들을 안겨주고 있다. "도리어"라는 말 뒤에, 그리고 "다른 사람들의 이익들을"이라는 말 앞에 존재하는 헬라어 단어 kai("그리고", "아울러", "오히려") 때문에, 일부 해석자들은 바울이 자기 독자들에게 그 독자들 자신의 이익**뿐만 아니라** 다른 사람들의 이익도 고려하도록 권면하는 것이라고 주장하여, 이 빌 2:4을 "너희는 각각 자기 자신의 이익들을 구할 **뿐만 아니라** 다른 사람들의 이익들**도**(kai) 구하라"라고 번역한다(가령, RSV가 이런 번역을 따른다). 하지만 문맥을 살펴보거나 다른 곳에서 바울이 한 말들을 살펴볼 때, 이 본문을 "~뿐만 아니라 ~도"라고 읽는 것은 앞뒤가 맞지 않아 보이고 바울이 그렇게 말했을 가능성도 아주 희박해 보인다. 문법을 고려할 때, 여기서 헬라어 단어 kai는 아마 불변화사(particle) 역할을 하여, 그 앞에 나오는 "도리어"(alla)를 수식하기보다 오히려 그 "도리어"의 의미를 더 강하게 만들어주는 말("진실로", "오히려"라는 의미를 가진 말)일 가능성이 더 크다. 빌 2:4 헬라어 본문에 (영어의 not only…but also 구문의) "only"에 해당하는 말(monon; Gorman, "The Self, the Lord, and the Other," 614-20을 보라)이 없다는 점도 이런 해석에 힘을 실어준다. 몇몇 헬라어 사본에는 헬라어 불변화사 kai가 없다. 이는 아마 (이 사본을 기록한) 서기관들(필사자들)과 해석자들이 바울의 의도는 "뿐만 아니라 ~도"가 아니라 "~하지 말고 도리어"이었을 수 있다는 결론을 내렸기 때문일지도 모른다. (사본에 나타난 증거에 비춰볼 때 그럴 가능성이 없긴 하지만 어떤 서기관이 이 본문에 kai를 추가했다는 주장도 이론상으로는 가능하다.) NRSV 번역자들은 "너희 자신의 이익들을 구하지 말고 다른 사람들의 이익들을 구하라(look not to your own interests, but to the interests of others)"라고 번역한 것으로 보아, 위에서 제시한 구문 논리를 따랐거나 아니면 헬라어 불변화

더욱이 우리가 위에서 본 것처럼, 바울은 사랑이 율법의 요약이요 완성임을 말하면서 그 서두에 이와 같은 권면을 써놓고 있다.

> 형제들아 너희가 자유를 위하여 부르심을 입었으나 그러나 그 자유로 육체의 기회를 삼지 말고 오직 사랑으로 종노릇 하라(갈 5:13)

20세기 사람들의 귀에는 "종노릇 하라"는 말이 귀에 거슬릴지도 모르겠다. 때문에 이 부분은 가끔 "서로 섬기는 사람이 되라"로 번역하기도 했다. 하지만 어느 경우든, 이 문구는 바울이 생각하는 사랑의 역설적 성격을 잘 드러내고 있다. 사랑은 자기에게 탐닉하는 것보다 종이 되는 자유, 다른 사람들을 섬기는 자유 속에 존재한다. 이는 사랑의 기독론적 특성을 그대로 드러내는 것이기도 하다. 자기 자신의 행복보다 다른 사람들의 행복을 추구한다는 사랑의 목표뿐 아니라, 자유 및 종노릇을 사랑과 연결하고 있는 것은 바울이 그리스도와 그리스도의 죽음에 관하여 이야기하고 있는 많은 본문들의 목소리를 그대로 되울려준다. 이제 이 본문들을 살펴보도록 하자.

십자가의 도와 그리스도의 사랑

바울은 고린도 사람들에게 "(내가) 자신의 유익을 구하지 아니하고 많은 사람의 유익을 구한다"(고전 10:33)라고 쓰고 있다. 바울은 이 주장을 한 다음, 곧바로 이런 주장과 권면을 한다.

> 내가 그리스도를 본받는 자가 된 것 같이 너희는 나를 본받는 자가 되라(고전 11:1)

사 *kai*를 원래 이 말이 없던 바울의 원문에 서기관들이 첨가해놓은 것이라는 결론을 내린 게 분명하다. 하지만 RSV는 *kai*라는 말이 본디 원문에 있었으며 이 말은 "뿐만 아니라 ~도"를 의미한다고 추정했다. NIV도 RSV와 마찬가지로 그릇된 번역을 따르고 있다.^c

바울은 자기가 말했던 교만하지 말라는 충고를 스스로 저버린 것인가? 이 구절은 정확히 무슨 의미인가?[11]

고린도전서의 맥락을 살펴보면, 바울은 자기 자신의 행위(바울이 고린도전서 9장에서 이야기하는 내용으로, 이 책 다음 장에서 다시 살펴볼 것이다)를 자신보다 다른 사람들을 계발함으로써 바울 자신이 제시한 원리들, 곧 "사랑은 자기 자신의 유익을 구하지 아니한다"(고전 13:5)라는 원리와 사랑은 "덕을 세운다"(고전 8:1)라는 원리를 구현하려 하는 행위로 지칭한다. 이와 관련하여, 바울은 그리스도를 본받는 자가 되라고 주장함으로써 (a) 그리스도가 이와 같이 행동하셨다는 것, (b) 그리스도의 이런 행동 방식이 사랑의 표현이었다는 것, 그리고 (c) 그리스도의 이런 사랑이 바울뿐 아니라 그리스도 안에 있는 모든 사람이 따라야 할 패러다임이라는 것을 시사한다.

우리가 앞장들에서 보았듯이, 바울도 그리스도의 사랑, 그 중에서도 특히 그리스도의 사랑 표현인 십자가에 관하여 더 분명하게 이야기한다. 실제로 바울은 그리스도의 사랑을 이야기할 경우에는 반드시 십자가를 같은 길이만큼 언급하거나 이야기한다. 다음 본문들은 십자가와 그리스도의 사랑 사이에 존재하는 이런 연관 관계를 뚜렷하게 표현한다.

> 내가 그리스도와 함께 십자가에 못 박혔나니[d] 그런즉 이제는 내가 사는 것이 아니요 오직 내 안에 그리스도께서 사시는 것이라. 이제 내가 육체 가운데 사는 것은 나를 사랑하사 나를 위하여 자기 자신을 버리신 하나님의 아들의 믿음(NRSV 방주) 안에서 사는 것이라(갈 2:20)[12]

> 누가 정죄하리요? 죽으실 뿐 아니라 다시 살아나신 이는 그리스도 예수시니 그는 하나님 우편에 계신 자요 우리를 위하여 간구하시는 자시니라. 누가 우리를 그리스도의 사랑에서 끊으리요?……그러나 이 모든 일에 우리를 사랑하시는

---

11) 바울이 말하는 그리스도(그리고 바울)를 "본받음"(십자가에 못 박히신 그리스도를 본받음)이 무슨 의미인가라는 특별한 문제는 이미 2장에서 미리 다루었으며, 다시 아래에서 살펴보기로 하겠다.

12) NRSV 방주의 번역을 선호한다는 점과 "나를 사랑하사 나를 위하여 자기 자신을 버리신"은 "나를 위해 자기 자신을 버리심으로써 나를 사랑하신"으로도 번역할 수 있다는 점은 이 책 6장에서 논의한 내용을 보라.

이로 말미암아 우리가 넉넉히 이기느니라(롬 8:34-35상,37)

그리스도의 사랑이 우리를 강권하시는도다. 우리가 생각하건대 한 사람이 모든 사람을 대신하여 죽은즉 모든 사람이 죽은 것이라. 그가 모든 사람을 대신하여 죽으심은 살아 있는 자들로 하여금 다시는 그들 자신을 위하여 살지 않고 오직 그들을 대신하여 죽었다가 다시 살아나신 이를 위하여 살게 하려 함이라 (고후 5:14-15)

우리가 이미 보았듯이, 바울은 갈라디아서 2:20에서 그리스도가 십자가에 못 박혀 돌아가신 것을 하나님께 믿음(신실하심)을 보이신 행위이자 "나를"(즉, 바울을 인간의 대표로 제시한다) 위하여 자기 자신을 내어주신 사랑의 행위라고 정의한다. 따라서 그리스도의 사랑은 자기 자신을 내어주심 속에 존재한다. 여기서 바울은 자신이 이미 갈라디아서에서 쓴 문구를 되풀이하며 강조한다.

(주 예수) 그리스도께서 하나님 곧 우리 아버지의 뜻을 따라 이 악한 세대에서 우리를 건지시려고 우리 죄를 대속하기 위하여(for our sins)[e] 자기 몸을 주셨으니(갈 1:4)

사람들은 갈라디아서 1:4이 때로 "자기 포기(자기를 넘겨줌) 공식"으로 부르는 초기 기독교의 한 본문(어쩌면 어떤 신경이나 짧은 신앙 고백에 실려 있던 본문이었을 것이다)을 인용한 것이라고 널리 믿고 있다.[13] 갈라디아서 1:4의 "우리 죄들을 대속하기 위하여(for our sins)"라는 문구는 이 본문이 아주 오랜 옛적에 나온 것으로서 어쩌면 바울 이전에 나온 공식일 수 있다는 것을 잘 보여주며, 초기 기독교가 그리스도의 죽음을 죄들을 대속하기 위한 죽음으로 이해했다는 것을 시사한다.[14] 바울은 분명 이 본문이 천명하는 내용과 신학에 동의하고 있지만, 갈라디아서 2:20은 바울 자신의 십자가 체험을 훨씬 더 풍성하게 드러내

---

13) 가령, J. Louis Martyn, *Galatians: A New Translation with Introduction and Commentary*, Anchor Bible 33A (New York: Doubleday, 1997), 88-91, 94-96을 보라.
14) 바울 자신은 죄들(복수)이라고 말하기보다 죄(단수)라고 말하기를 훨씬 더 즐겨한다.

고 있다. 갈라디아서 1:4의 "죄들을 위하여"는 2:20에서 "나를 위하여"로 바뀐다. 십자가는 그리스도가 "나를" 위하여, 우리를 위하여, 모든 사람을 위하여 사랑으로 자신을 내어주신 것이다. 그리스도가 죄들을 대속하기 위하여 죽으신 것은 다름 아닌 사랑의 행위이자, 당신 스스로 자신을 내어주신 행위다.

위에서 인용한 로마서 8장 본문은 이런 시각에 힘을 실어준다. 로마서 8장의 마지막 부분은 핍박과 다른 여러 형태의 고초들을 겪고 있는 우리에게 하나님과 그리스도가 사랑을 보여주신 행위인 그리스도의 죽음의 의미를 묵상한 것이다. 로마서 8:34-37의 바로 앞부분에서, 바울은 로마 신자들에게 하나님이 "우리를 대적하실 수" 없고 도리어 우리를 위하실 뿐이라는 점을 되새겨주었다. 그분은 "자기 아들을 아끼지 아니하시고 우리 모든 사람을 위하여 내주셨기"(롬 8:32) 때문이다. 하나님의 사랑은 그리스도의 사랑이다. 그리스도는 이 사랑을 십자가에서 온몸으로 표현하셨다. 아버지(하나님)의 시각에서 보면, 그리스도가 십자가에서 죽으신 사건은 당신이 사랑하시는 친아들을 희생시켜 자기 자신을 내어주시는 이타적 헌신을 표현하신 것이다. 아들(하나님)의 시각에서 보면, 십자가상의 죽음은 자신을 내어준 이타적 헌신이다. 이것은 "우리 주 그리스도 예수 안에 있는 하나님의 사랑"이다(롬 8:39). 그 무엇도 하나님의 사랑으로부터 바울이나 신자로서 그의 말을 읽고 듣는 사람들을 끊을 수 없다.

그러나 바울이 볼 때, 십자가에서 표현된 그리스도의 사랑은 그저 과거의 일회성 사건에 그치지 않고, 지금도 계속 존재하는 실재다. 그리스도의 사랑은 지금도, 특히 핍박이나 다른 고초들을 겪는 와중에서도 체험할 수 있다. 그 특성은 변함없이 "우리를 위한" 행위로서 똑같다. 그리스도의 사랑이 "우리를 위한다"는 점은 그가 우리를 위하여 간구하신다는 사실(롬 8:34)이 특히 극명하게 보여주고 있다. 그리스도가 지금도 우리를 위하여 기도하신다는 사실은 그가 죽음으로 표현하시고 하나님이 그를 부활시킴으로써 그 정당성을 변호하신 그 사랑이 지금까지 자연스럽게 이어지고 있음을 의미한다. 다시 말해 그리스도는 사랑으로 다른 사람들을 세우려 하셨고, 지금도 계속하여 세우려 하신다.

바울은 이런 그리스도의 사랑이 지금도 계속되는 실재라는 점, 그리고 이 사랑의 특성과 능력을 그리스도의 사랑을 받는 수용자이자 그 사랑을 전달하는 통로로서 체험했다. 고린도후서 5:14이 시사하듯이, 그리스도의 사랑이 지닌 생명력은 바울을 "제어하거나" 또는 "강권한다." 바울은 그리스도의 사랑이 그의 선교 활동과 화해 활동(불신자들을 하나님과 화해시켜 하나님의 자녀로 돌아가게 만드는 일)의 원동력이며 이 활동들을 제어한다고 주장한다. 바울의 사도직은 "그리스도의 죽음에서 시작된 사랑의 종말론적 통치에 대한 응답이다."[15] 로마서 8장에서 말하듯이, 지금도 계속되는 이 사랑은 과거에 십자가에서 표현된 사랑과 그 특성 면에서 연속성을 갖고 있다. 즉, "그가 모든 사람을 위하여 죽으셨다"는 점에서 그렇다. 과거에 십자가에서 표현된 그 사랑은 이제 갈라디아서 2:20이 말하는 자기 포기 공식, 곧 "그가 나를 위하여 자기 자신을 버리셨다"에서 다시금 울려 퍼지고 있다. 그리스도는 이제 다른 사람들을 통하여 사랑을 베푸신다.

사랑 이야기인 바울의 "핵심 이야기"

바울은 빌립보 신자들에게 자신이 "예수 그리스도의 심장으로 (너희) 모든 사람을 사모한다"라고 쓴다(빌 1:8). 여기서 그는 그리스도의 사랑을 그 자신이 사도로서 맺고 있는 여러 관계들을 형성하는 현존 실재로 끊임없이 인식하고 있음을 피력한다. 그러나 문맥을 살펴보면, 이 사랑 내지 "긍휼"(*en splanchnois*) 역시 십자가에서 표현된 그리스도의 사랑과 은연중에 연결되어 있다. "긍휼"이라는 말은 그리스도 찬송(빌 2:6-11)의 서문(빌 2:1-5)에서 사랑(*agapē*) 및 중요한 관용어인 "자기 자신의 ~"(*ta heautōn*)과 함께 다시 등장한다.

그러므로 그리스도 안에 무슨 권면이나 사랑의 무슨 위로나 성령의 무슨 교제

---

15) Raymond Pickett, *The Cross in Corinth: The Social Significance of the Death of Jesus*, JSNTSup 143 (Sheffield: Sheffield Academic Press, 1997), 145.

나 긍휼이나 자비가 있거든 마음을 같이하여 같은 사랑을 가지고 뜻을 합하며 한 마음을 품어 아무 일에든지 다툼이나 허영으로 하지 말고 오직 겸손한 마음으로 각각 자기보다 남을 낮게 여기고 각각 자기 일을 돌볼뿐더러 또한 각각 다른 사람들의 일을 돌보아(각각 자기 자신의 이익들을 구하지 말고 도리어 각각 다른 사람들의 이익들을 구하여)f 나의 기쁨을 충만하게 하라. 너희 안에 이 마음을 품으라. 곧 그리스도 예수의 마음이니(아니면, "너희 공동체, 곧 진정 그리스도 안에 있는 [너희] 공동체 안에 이 마음을 품을지니"라고 번역하는 편이 더 낫다, 빌 2:1-5)

이 본문은 분명 그리스도 찬송 내지 바울의 "핵심 이야기"(이 책 5장을 보라)가 서술하는 그리스도의 행위를 미리 가리키고 있다. 때문에 우리는 바울이 그리스도의 그 행위를 1-5장에서 요구하는 겸손과 사랑의 표현이자 패러다임으로 해석하고 있다고 추론하는 것이 옳을지도 모르겠다. 즉, 바울이 가진 그리스도의 "애정"(빌 1:8, *en splanchnois*)은 바울이 빌립보 사람들에게 "그리스도 안에서"(빌 2:1) 갖도록 촉구하는 애정(*splanchna*)[16] 및 사랑과 같은 것이며, 이 애정은 본디 그리스도의 "성육신"과 죽음 속에서 발견되는 패러다임이다(빌 2:6-11, 그리스도 찬송 자체).

하지만 빌립보서 2:6-11의 그리스도 찬송 자체는 바로 이 찬송 본문(빌 2:6-11)에서 이야기하는 그리스도의 행동들을 분명히 윤리적 관점에서 (심지어 구원론의 관점에서도) 서술하지 않고 있다는 점을 유의해야 한다.[17] 이 찬송 내러티브는, 누군가를 지향하는 것이라면, 말 그대로 하나님을 지향하고 있을 뿐이다("자기를 낮춰", "복종하셨으니"). 이 찬송 본문에는 "우리를 위하여"라는 말도 없고, "**사랑의 행위로서** 자기를 비우셨다"거나 "우리에게 본을 보이시려고 자

---

16) 이 헬라어는 빌 1:8에서 그리스도를 언급한 대목을 그대로 되울려준다. 그런데도 NRSV는 affection(애정)이란 말 대신 "compassion(긍휼)"이란 말을 쓴다.

17) 이 점은 이미 이 책 2장에서 논의했으며 많은 해석자들, 그 중에서도 특히 랄프 마틴(*A Hymn of Christ: Philippians 2:5-11 in Recent Interpretation and in the Setting of Early Christian Worship*, 3rd ed. [Downers Grove, IL: InterVarsity, 1997])이 힘써 강조하는 내용이다. 그러나 바울이 이 본문에서 말하고자 하는 의미(많은 사람들은 이 본문의 의미가 윤리와 상관없는 것으로 짐작한다)를 놓고 그릇된 결론을 내리는 경우가 종종 있다. 이 그리스도 찬송 자체에 윤리 내지 구원론에 관심을 기울이는 부분이 **빠져** 있다하여, 그것이 곧 이 본문을 윤리 및 구원론과 관련된 문제에 활용하는 것까지 부정한다는 말은 아니다. 이제는 대다수 해석자들도 이 점을 강조한다.

기를 낮추셨다" 같은 말이 분명히 존재하지 않는다. 이 그리스도 찬송을 이 찬송이 자리한 문맥에 배치함으로써 이 찬송이 이야기하는 그리스도의 행동들을 겸손과 사랑을 나타내는 행위들로 규정하는 사람은 바로 바울 자신이다. 하지만 바울은 일단 이런 태도를 취하게 되자, 아예 이 찬송 본문이 이야기하는 다양한 행위들을 사랑과 연관 지음으로써, 그가 말하는 그리스도의 "애정" 내지 사랑이 무슨 의미인가를 설명한다. 바울은 "우리 죄를 (대속하기) 위하여 자기 몸을 주셨다"(갈 1:4)라는 말을 "나를 사랑하사 나를 위하여 자기 자신을 버리셨다"(갈 2:20)는 의미로 이해한다. 마찬가지로, 그는 "(그리스도 예수가) 자기를 비우시고 자기를 낮추셨다"(빌 2:7-8)는 말을 그리스도가 "자기 자신의 이익을 구하지 않는"(빌 2:4, 지은이의 번역) 사랑으로 사랑하셨다는 의미로 이해한다. 따라서 바울이 신자들의 공동체가 부르는 이 그리스도 찬송을 어떻게 읽고 어떻게 주해하고 있는가는 그가 이 본문을 배치한 문맥이 분명하게 밝혀주고 있다.[18]

바울은 자기 독자들이 이런 결론, 이 그리스도 찬송이 사실은 그리스도의 사랑을 이야기하는 것이라는 결론을 이끌어내길 원한다. 이 점은, 우리가 이 그리스도 찬송의 전반부(빌 2:6-8) 내용을 살펴보고 이 전반부와 권고를 담고 있는 이 찬송의 서문인 빌립보서 2:1-5 사이에 존재하는 평행부분들을 살펴보면 훨씬 더 명확하게 드러난다.

우리가 십자가를 다룬 이 책 5장에서 보았듯이, 빌립보서 2:6-11은 몇 가지 중요한 내러티브 패턴들을 함유하고 있는데, 그 패턴 중 두 가지는 6-8절에 있다(아래 6-8절은 지은이 번역).

⁶ [A]lthough[19] being in the form of God,

---

18) 이 책 9장과 10장에서 보게 되겠지만, 빌립보서의 문맥을 더 넓게 살펴보면 이런 결론이 힘을 얻는다. 빌립보서가 바울과 디모데와 에바브로디도를 다른 사람들의 이익들을 추구하는 본보기로 제시하기 때문이다.
19) "~이신데도(although)"라는 말은 사실 헬라어 본문에서는 등장하지 않고, 다만 "~이심", "~으로 존재하심"이라는 의미를 지닌 헬라어 분사 *hyparchōn*을 해석한 것일 뿐이다. 사실, 이 분사의 의미는 다음과 같이 크게 세 갈래로 해석해볼 수 있다. (1)양보의 의미로 해석: "~이신데도/그가 ~이셨는데도"(대다수 해석자들이 이렇게 해석한다); (2)시간이나 상황의 의미로 해석: "~하는 동안에(~할 때)/그가 ~이실 때"(가령, Gordon D. Fee, *Paul's Letter to the Philippians*, NICNT [Grand

(그[그리스도 예수]는 그 본체가 하나님이신데도)

[he] did not consider his equality with God as something to be exploited for his own advantage,[20]

(그가 하나님과 동등함을 그 자신을 이롭게 하는 데 쓸 것으로 여기지 아니하시고)

⁷ but emptied himself

(오히려 자기를 비우셨느니라)

Rapids: Eerdmans, 1995], 202, n.40); (3) 원인의 의미로 해석: "그가 ~이셨기 때문에"(가령, Peter O'Brien, *The Epistle to the Philippians* [Grand Rapids: Eerdmans, 1991], 211; N. T. Wright, *The Climax of the Covenant: Christ and the Law in Pauline Theology* [Edinburgh: T&T Clark, 1991; Minneapolis: Fortress, 1993], 83, n.110; C. F. D. Moule, "Further Reflexions on Philippians 2:5-11," in W. W. Gasque and R. P. Martin, eds., *Apostolic History and the Gospel: Biblical and Historical Essays Presented to F. F. Bruce on His 60th Birthday* [Exeter: Paternoster, 1970], 264-76). 이 말의 문법을 논의한 내용을 보려면, 주석들과 다른 문헌들을 참조하라. 사람들은 지금까지 "~이신데도"라는 번역에 거의 이의를 제기하지 않았다. 그러나 세 번째 해석 대안인 "~ 때문에"는 특히 논란을 불러일으키고 있다. 만일 이 세 번째 대안을 따른다면, 본문의 헬라어 분사 *hyparchōn*은 바울이 생각하는 신성의 의미를 아주 무디게 강조하는 말이 될 것이다(이 책 1장과 아래 주를 보라). 이렇게 "~ 때문에"로 해석하는 것도 매력이 있긴 하지만 그런 해석은 옳지 않은 것 같다. 여기 이 찬송과 바울 서신 전체에서 나타나는 평행 부분들을 바울이 해석하는 패턴을 모두 살펴보면, 누군가가 어떤 것을 사용할 권리를 갖고 계신데도 그 권리를 포기하셨다는 해석 패턴을 나르고 있기 때문이다. 하지만 이 헬라어 분사를 원인을 나타내는 말로 읽는 것도 일부 타당한 구석이 있다. 만일 원인을 나타내는 말로 읽게 되면, 이 본문은 우리가 예측하는 신("하나님과 동등함")의 모습과 달리, 그리스도가 종이 되심으로써 우리가 이해하는 신의 모습에 도전을 던지고 계신다는 것을 시사한다. 돌이켜보건대, 하나님 이해에서 일어난 이런 혁명을 깊이 생각하다보면, 이 본문은 사실 독자들에게 그리스도가 사실은 하나님이셨기 때문에 이처럼 당신 자신을 철저히 드려 진정으로 자신의 유익을 포기하셨고 자기를 비우셨다는 것을 고백하도록 이끈다. 그 과정에서, 하나님은 근본적으로 자기를 비우시는("허기[虛己]", kenotic) 분 또는 십자가 형상으로 나타나신 분으로 다시 정의된다. 그렇지만, 이 찬송이 그리스도의 행위가 인간은 도무지 예측할 수 없는 특성을 갖고 있다는 점을 강조하고 있는 이상, 우리는 *hyparchōn*이라는 헬라어 분사를 "~ 때문에"보다 "~이신데도"로 번역해야 할 것이다.

20) 요사이 대다수 해석자들은 이렇게 "자신을 이롭게 하는 데 쓰다"라는 해석이 여기서 사용된 헬라어 *harpagmos*의 의미에 가장 부합할 것이라고 생각한다. 여러 해석자들이 있지만, 그 중에서도 Stephen E. Fowl, *The Story of Christ in the Ethics of Paul: An Analysis of the Function of the Hymnic Material in the Pauline Corpus*, JSNTSup 36 (Sheffield: JSOT Press, 1990), 54-57 및 Stephen E. Fowl, "Christology and Ethics in Philippians 2:5-11," in Ralph P. Martin and Brian J. Dodd, eds., *Where Christology Began: Essays on Philippians 2* (Louisville: Westminster/John Knox, 1998), 142-43을 보라. *harpagmos*에 관한 연구의 결정판으로서 이 해석의 기초가 된 것들이 Roy W. Hoover, "The Harpagmos Enigma: A Philological Solution," *Harvard Theological Review* 56 (1971): 95-119와 N. T. Wright, "harpagmos and the Meaning of Philippians 2:5-11," *Journal of Theological Studies* n.s. 37 (1986): 321-52(이를 업데이트한 것이 N. T. Wright의 *Climax of the Covenant*, 56-98[특히 62-90]에 실려 있는 "Jesus Christ Is Lord: Philippians 2:5-11"이다)이다.

> by taking the form of a slave,
>
> (종의 형체를 취하심으로)
>
> by being born in the likeness of human beings.
>
> (사람의 모양으로 태어나심으로)
>
> And being found in human form,
>
> (또 사람의 형태로 나타나심으로)
>
> ⁸ he humbled himself
>
> (자기를 낮추셨느니라)
>
> by becoming obedient to death
>
> (죽기까지 순종하심으로)
>
> — even death on a cross.
>
> (심지어 십자가에서 죽기까지)

바울이 이 세 구절에서 그리스도에 관하여 강조하고 있는 핵심 사항들을 아래와 같이 정리해보는 게 도움이 되겠다.

1. 그리스도는 하나님의 "형체"를 갖고 계셨다. 이는 곧 그리스도가 하나님과 동등하신 분이셨다는 것을 의미한다.
2. 그리스도는 이 동등함을 자기 자신을 이롭게 하는 데 쓸 수 있는 것으로 여기지 않으셨다.[21]

---

21) 이 두 가지 강조점들이 특히 열띤 논쟁 주제가 되어왔다는 점을 언급해두어야겠다. 내가 제시한 해석은 비단 *harpagmos*라는 말뿐만 아니라, 고언어학과 문법과 문헌들이 제시하는 다른 많은 요인들에 근거하고 있다. 이 다른 요인들은 오직 후버(Roy W. Hoover)가 고언어학의 관점에서 *harpagmos*를 연구한 결과만을 지지하고 있다. 후버는 *harpagmos*라는 말이 늘 "이미 존재하는 것으로서 누군가가 마음대로 처분할 수 있는 것"을 가리킨다고 말하면서, "누군가가 무엇을 갖고 있다는 게 문제가 아니라, 그 무엇을 누군가가 자기를 위해 쓸 것인가 아닌가가 문제다"라고 결론짓는다("Harpagmos Enigma," 118). 이 본문의 논리 및 바울의 성찰 속에서 이 말이 갖고 있는 쓰임새와 관련하여, 허스트(L. D. Hurst)는 이런 적절한 결론을 내리고 있다. "바울이 말하는 윤리의 맥락에 비춰볼 때, 이 그리스도 찬송 속의 그리스도는 하나님과 동등한 대우를 받을 권리를 이미 갖고 계시나, 더 큰 원리를 이루고자(성육신에서 나타난 사랑이라는 하나님의 목적을 이루고자) 당신 스스로 그 권리를 포기하셨다고 말하는 것이 더 옳은 것처럼 보인다. 다시

3. 그리스도는 자신이 하나님과 동등하심을 자기 자신을 이롭게 하는 데 사용하지 않고, 두 가지 유사한 일을 잇달아 행하셨다. 그는 "자기를 비우셨고" 또 "자기를 낮추셨다."
4. 그리스도의 자기 비움은 "종의 형체"를 취하는 것으로 이루어졌다. 다시 말해, 그는 하나님과 동등한 그의 지위("그 본체가 하나님이심")를 유지하지 않고 인간으로 태어나셨다.
5. 자기를 비우신 뒤, 다시 말해 종/인간의 "형체"(하나님과 대조되는 형체)를 취하신 뒤에, 비슷한 모양으로 "자기를 낮추셨다."
6. 그리스도의 자기 낮춤은 죽기까지, 심지어 십자가에서 죽기까지 하나님께 순종함으로 이루어졌다.

5장에서 보았듯이, 우리는 이 구절들에서 (1) 어떤 지위를 악용하기보다 스스로 포기하는 패턴을 발견하는 동시에, 이 패턴 속에서 (2) 자기 낮춤의 패턴을 발견한다. 5장에서 이 패턴들을 논의한 결과를 기초로, 우리는 이 패턴들을 다음과 같이 제시해볼 수 있겠다.

(1) [x]인데도, [y]하지 않고 오히려 [z]함.

즉, [~인 지위]인데도, [이기심]을 부리지 않고 오히려 [자기를 낮춤/종이 됨]

그리고

(2) [z]=[a와 b]

즉, [자기를 낮춤/종이 됨]=[자기 비움과 자기 낮춤]

말해, 이렇게 자신의 의사로 이미 갖고 있는 권리들을 내려놓는 것은 다른 곳에서 바울이 호소하는 윤리의 중심이 되고 있다. 빌립보서 2장의 그리스도 찬송을 이해할 때, 이런 원리를 포기할 이유가 전혀 없다"(L. D. Hurst, "Christ, Adam, and Preexistence Revisited," in Martin and Dodd, *Where Christology Began*, 90[허스트의 강조]). 요새 학자들은 "하나님과 동등함"으로 번역된 헬라어가 보통 황제에게만 적용되는 지위였다고 주장한다.

바울이 은유와 직설 사이를 왔다 갔다 하는 언어를 사용하여 이야기하고 있는 것은 자기 부인과 자기 낮춤이라는 급진적 내용을 담은 2막 드라마다. 이 드라마는 그리스도가 십자가에서 죽으신 사건에서 정점에 이른다. 우리가 5장에서 보았지만, 바울은 여기 그리스도 찬송에서 이 죽음을 그리스도의 순종(복종)이라고 표현한다("죽기까지 복종하셨으니 곧 십자가에 죽으심이라"). 바울의 시각에서 볼 때, 이 순종은, 우리가 이 책 6장에서 본 것처럼, 그리스도의 "믿음"이기도 하다.

다시 반추하게 되겠지만, 바울은 갈라디아서 2:20에서 그리스도의 죽음을 믿음의 행위이자 사랑의 행위라고 분명하게 서술한다. 빌립보서 2:6-8과 2:3-4은 구조와 내용면에서 평행을 이루는데, 이런 평행 관계는 바울이 하나님을 향한 그리스도의 믿음/순종을 다른 사람들을 향한 그리스도의 사랑으로도 이해한다는 점을 생생하게 보여준다. 빌립보서 2:6-8의 구조에서 핵심이 되는 말은 7절 시작 부분에 있는 "오히려"(*alla*)다. 이 말은 구절 전체에서 경첩과 같은 역할을 하고 있다.

> 그[그리스도 예수]는 그 본체가 하나님이신데도([x])
> 그가 하나님과 동등함을 그 자신을 이롭게 하는데 쓸 것으로 여기지 아니하시고([y])
> **오히려**
> 자기를 비우셨고…자기를 낮추셨다([z])

이렇게 만들어진 구조는 그리스도가 당신의 지위 덕분에 하실 수도 있었던 일과 그 일을 하지 않고 그가 실제로 하셨던 일이 첨예한 대조를 이루고 있음을 시사한다. 특히 그리스도는 당신의 지위를 사사로운 이익을 취하는 데 사용하길 거부하시고 오히려 신이라는 당신의 지위를 인간/종으로 낮추셨다. 이렇게 하심으로써, 그리스도는 자기를 비우고 자기를 낮춰 심지어 십자가에 못 박혀 죽기까지 순종하셨다.

이 6-7절과 비슷하게, "오히려 도리어"(*alla*)는 이 그리스도 찬송의 서문을 구성하는 빌립보서 2:3-4에서도 경첩 역할을 한다.

(아래 본문은 지은이가 제시한 NRSV 본문을 옮긴이가 번역한 것이다.)

3절

Do nothing from selfish ambition or conceit,

(어떤 일도 이기적 욕망이나 자만심으로 하지 말고)

but

(오히려)

in humility regard others as better than yourselves.

(겸손함으로 다른 사람들을 너희 자신보다 더 낫게 여기라.)

4절

Let each of you look not to your own interests,

(너희는 각각 너희 자신의 이익들을 구하지 말고)

but

(도리어)

to the interests of others

(다른 사람들의 이익들을 구하라)

바울은 다소 같은 내용을 담고 있는 이 두 권면에서 빌립보 사람들에게 사랑하라고, 다시 말해 겸손한 마음으로 자신보다 다른 사람들을 더 고려하라고 촉구한다. 이 구절들은 분명 그 형태나 내용면에서 그리스도 찬송의 전반부(빌 2:6-8)와 평행을 이루고 있다. 이처럼 바울의 독특한 사랑 이해에 이은 명백한 권면 부분(빌 2:3-4, 이 두 구절은 빌 2:1-2이 말하는 "사랑"을 정의한다)과 그리스도 내러티브(빌 2:6-8)가 분명한 평행 관계를 이루고 있다는 것은 바울이 빌립보서 2:6-8이 이야기하는 그리스도의 행위들을 그리스도의 순종이자 그리스도의 사랑으로 이해하고 있음을 의미한다.

따라서 바울은 그리스도의 사랑이 빌립보서 2:6-11에서 인용한 그리스도 찬송 본문 전반부의 근본 내용을 이룬다고 이해하는 셈이다. **바울의 "핵심 이야기"(빌 2:6-11)는 사랑 이야기다.** 더욱이 바울은 이 그리스도의 사랑을 이기적 이익을 얻으려고 자기 지위를 사용하기를 거부하고, 그런 지위를 스스로 물리치며, (바울보다 후대에 나온 신학 용어를 쓰자면) "성육신"으로 자기를 비우시고 죽음으로 자기를 낮추심으로써 자기 위에 다른 사람들을 두기를 더 좋아하셨던 모습으로 이해한다.[22] 물론 그리스도 찬송 자체는 이런 것들을 분명하게 이야기하지 않는다. 그러나 바울이 이 찬송 본문을 사용하는 모습을 보면, 그가 이 찬송의 내러티브를 그리스도의 사랑 이야기, 그 중에서도 특히 그가 십자가에서 죽으심으로 보여주신 사랑 이야기이자, 그리스도 안에 있는 사람들이 따라야 할 사랑의 패러다임을 제시하는 이야기로 보고 있음을 분명히 알 수 있다. 이 점이 바로 다음 장의 주제가 될 것이다.

사랑이라는 핵심 이야기의 메아리들

빌립보서 2:6-8이 그리스도가 베푸신 사랑의 형상과 의미를 펼쳐 보이고 있다는 것을 이해하게 되면, 우리는 그 사랑을 분명하게 언급하지는 않아도 그 사랑을 암시하고 있는 게 확실한 성경 본문 두 군데를 더 볼 수 있다. 고린도후서 8:9과 로마서 15:1-3이 그 두 본문이다.

고린도후서 8장과 9장은 예루살렘 교회를 돕는 연보에 참여하라는 바울의 호소를 담고 있다. 이 두 장의 주요 주제는 주는 것이 곧 하나님의 "은혜"(charis)를 베푸는 행위라는 점이다. 이 "은혜"라는 말은 고린도후서 8장과 9장에서 일곱 번 등장하고 있는데, 등장할 때마다 그 정도가 늘 흘러넘치는 것으로 묘사되고 있다.[23] 고린도후서 8장에서 바울은 고린도 사람들에게 하나님

---

22) 라이트(N. T. Wright)는 그리스도 찬송이 예수를 "하나님의 사랑으로 행동으로 드러낸 계시"로도 묘사한다고 주장한다. 그는 또 "따라서 이 그리스도 찬송의 진정한 신학적 강조점은 단순히 그리스도를 바라보는 새 견해가 아니다. 그 강조점은 하나님에 관한 새로운 이해다…… 성육신 그리고 심지어 십자가형마저도 하나님의 역동적인 자기 계시에 알맞은 방편들로 봐야 한다"라고 주장한다(Climax of the Covenant, 83-84). 옳은 주장이다. 하지만 문맥을 살펴보면, 바울은 기독론의 차원을 강조하고 있다.
23) 고린도후서 8장과 9장에서는 "풍성하다"와 "넉넉하다"라는 말이 열 번 정도 등장한다.

과 그리스도가 은혜를 베풀어주신 두 가지 사례를 들어 "이 (주는) 은혜에도 풍성하게 하라"(8:7)[24]라고 당부한다. 그 두 가지 사례는 "하나님께서 마게도냐 교회들에게 주신 은혜"(고후 8:1-5), 그리고 "우리 주 예수 그리스도의 은혜"(고후 8:9)다. 바울의 이런 호소는 9장에 들어와 하나님의 은사(은혜를 주심)를 언급하는 대목에서 정점에 이른다. 하나님이 주신 은혜는 물질의 풍성함과 함께 특히 아들 예수를 주시고 그 아들의 죽음으로 구원을 베풀어주신 것을 시사한다. "하나님이 너희에게 주신 지극한 은혜로 말미암아 너희를 사모하느니라. 말할 수 없는 그의 은사로 말미암아 하나님께 감사하노라"(9:14하-15).

바울은 고린도후서 8장과 9장에서 "사랑"이라는 말을 단 한 번만 사용하고 있지만, 그는 분명 하나님의 은사인 풍성함과 구원을 사랑의 선물로 본다. 그는 고린도 사람들에게 "너희 사랑의(agapēs, 8:8) 진실함을" 증명해보이라는 것이 자신의 요구사항이라고 말한다. 이 구절에 이어 곧바로 사랑의 패러다임을 보여주는 행위, 곧 "우리 주 예수 그리스도"의 "은혜" 내지 "은혜로운 행위"(charis)를 이야기하는 간략한 내러티브가 8:9에서 등장한다. 여기서 바울은 빌립보서 2:6-8을 그대로 되울려주는 패턴을 채택하여 활용한다(아래 본문은 지은이가 제시한 NRSV 본문을 옮긴이가 번역한 것이다).

> 너희도 우리 주 예수 그리스도의 은혜로운 행위를 알지만,
> 그는 부요하셨는데도,
> 도리어 너희를 위해 가난하게 되셨으니,
> 이는 곧 그의 가난함으로 말미암아
> 너희를 부요하게 하려 하심이라

빌립보서 2:6-8처럼, 고린도후서는 그리스도의 행위들을 이야기하는 바울의 패턴들을 하나가 아니라 몇 가지나 담고 있다. 고린도후서는 이 패턴들을 생생한 은유로 가득 채워놓고 있다. 첫째, 빌립보서 2:6-8과 마찬가지로, 고

---

[24] NRSV는 "이처럼 너그럽게 책임을 떠맡는 것에도 뛰어나라(excel also in this generous undertaking)"(방주에 "은혜[grace]"가 있음)로 번역해놓았는데, 헬라어 원문의 느낌만큼 생생하지도 않고 헬라어 원문에 가깝지도 않다.

린도후서 8:9 전체는 "[x]인데도 ~[z]하다"라는 구조를 갖고 있다. 즉, 8:9은 지위를 포기한다는 개념을 중심으로 이루어져 있다. 그리스도는 가난하게 되시고자 부요함을 포기하셨다. "그는 부요하셨는데도"라는 문구는 "그는 그 본체가 하나님이신데도"(빌 2:6)와 평행을 이룬다.[25] 그런가하면, "가난하게 되셨다"라는 말은 "자기를 비우셨다"와 "자기를 낮추셨다"(빌 2:7-8)라는 말을 떠올리게 한다. 스스로 가난하게 되셨다는 은유는 그리스도의 "성육신"과 죽음을 한꺼번에 언급할 목적으로 일부러 모호하게 표현한 것일 수도 있지만, 이 은유에 그리스도의 죽음이 들어있는 것만은 확실하다.[26]

고린도후서 8:9이 그리스도의 죽음을 언급하고 있다는 점은 이 본문의 또 다른 내러티브 패턴이 확인해주고 있다. 빌립보서 2장과 달리, 고린도후서 8:9은 이 본문이 말하는 그리스도의 행위를 타인을 지향하는 행위, 다시 말해 "너희를 위하여" 하신 행위로 분명하게 규정한다. 이 문구는 고린도후서 5:14("모든 사람을 대신하여")와 갈라디아서 2:20("나를 위하여")이 그리스도의 사랑이 드러난 죽음을 언급한 문구들을 생각나게 한다.[27]

결국 우리는 그리스도의 죽음을 그가 사랑을 보이신 행위로, 특히 그가 자신의 지위를 포기하고 다른 사람들을 이롭게 할 목적으로 이기적이거나 자기에게 이익이 돌아올 수 있는 일체의 행위를 멀리 한 행위로[28] 제시하는 내러티브 패턴(아니, 내러티브 패턴들의 묶음이라고 말하는 게 낫겠다)을 한 번 더 만나게 된 셈이다. 우리는 이 8장 서두에서 사랑이 근본적으로 두 가지 차원을 띤

---

25) 이 두 본문에서 "~인데도"라는 말은 "~이다" 또는 "~으로 존재하다"라는 의미를 지닌 헬라어 동사의 분사(빌 2:6의 *hyparchōn*과 고후 8:9의 *ōn*)에 해당하는 말이다. 이 분사들은 그 문장의 주된 동사와 대비되는 의미를 표현하여 "양보"의 의미를 나타내는 데 사용되었다.
26) 빌립보서 2장에는 빠져있지만, 여기 고후 8:9에는 들어있는 또 하나의 패턴이 "맞바꿈(교환)"이라는 개념이다. 즉, 고린도 사람들은 그리스도가 포기하신 부요함을 받았다. 후커("Interchange in Christ," in *From Adam to Christ: Essays on Paul* [New York/Cambridge: Cambridge University Press, 1990])는 "그리스도 안에서 일어난 상호교환"이라는 패턴들이 그리스도의 죽음을 가리킨다는 점을 보여주었다.
27) 고후 8:9의 "너희를 위하여"에서 사용한 헬라어 전치사(*dia*)는 다른 구절들이 사용한 전치사와 달라서 희생이나 대신한다는 의미가 덜할 수도 있다. 그러나 다른 이들을 위한 행동임을 표현하고 있다는 점에서, 그 효과는 근본적으로 똑같다.
28) 빌 2:6-8과 달리, 고후 8:9에는 그리스도가 하시지 않은 행위를 분명하게 이야기하는 문구가 들어있지 않다. 그러나 그리스도가 당신의 부요함을 당신 자신을 이롭게 하는 데 사용하시지 않았다는 점만은 분명하게 암시하고 있다.

특성을 갖고 있음(사랑은 그 자신의 이익을 추구하지 않는다, 사랑은 다른 사람들의 이익을 추구한다)을 발견했다. 고린도후서 8:9은 바로 이런 두 가지 차원을 지닌 사랑의 언어로 그리스도 이야기를 펼쳐 보이고 있다. 다음 9장에서 보게 되겠지만, 바울은 자신이 스스로 가난하게 되고 자신을 내어줌을 이야기하는 이 내러티브를 본받고 있다고 주장하면서, 고린도 사람들에게 자신과 똑같은 사람이 되라고 독려한다. 실제로 바울은 은혜로 가득한 이 그리스도 이야기라는 실체를 "그리스도인의 삶에 관한 모든 특정한 명령들의 궁극적 기초가 되는 것으로"[29] 보고 있다.

그러나 비슷한 말로 그리스도의 죽음을 이야기하면서도 이 죽음이 사랑을 드러낸 행위임을 암시하는 본문이 또 하나 있다. 로마서 15:3이 바로 그것이다.

> 그리스도께서도 자기를 기쁘게 하지 아니하셨나니 기록된 바 주를 비방하는 자들의 비방이 내게 미쳤나이다 함과 같으니라(롬 15:3)

이 구절 후반부에서 바울은 시편 69:9의 일부를 인용한다. 사람들은 이 시편 부분이 예수가 죽으실 때 취하신 태도와 하신 기도를 대변한다고 이해한다. 이 시는 복음서의 모든 수난 내러티브들 속에서 작동하고 있으며, 초대교회에서는 이 시를 보통 예수의 죽음을 가리키는 시로 읽은 게 분명하다. 따라서 로마서 15:3의 구조는 빌립보서 2장의 한 부분, 곧 "[x]가 아니라 도리어 [y]"와 평행을 이룬다. 이렇게 되면 그리스도의 죽음은 자기 자신을 기쁘게 하지 않고 도리어 하나님을 생각하여 다른 사람들을 이롭게 할 목적으로 한 행위로 해석된다. 시편 69:9을 인용한 것 역시 고린도후서 5:14과 갈라디아서 1:4 같은 본문들을 되울려주고 있다. 고린도후서 5:14과 갈라디아서 1:4은 그리스도의 죽음을 다른 사람들이 지은 죄들을 대신하여 죽으심으로 그 다른 사람들에게 은덕을 입힌 행위로 제시한다.

로마서 15:3은 자기 자신을 기쁘게 하기보다 자신의 이웃을 계발하는 데

---

29) Victor Paul Furnish, *II Corinthians*, Anchor Bible 32A (Garden City, NY: Doubleday, 1984), 417.

관심을 기울임으로써 한 몸을 이루라고 권면하는 문맥 속에서 그리스도를 패러다임으로 제시한다(아울러 5절의 "그리스도 예수를 본받아"라는 말을 보라). 특히 바울은 로마서 14장이 제시하는 갈등 상황 서술과 분석의 결론인 로마서 15:1-3에서 "(믿음이) 강한" 자들(음식 규례에 구애받지 않는 사람들)이 "(믿음이) 약한" 자들(음식 규례에 구애받는 사람들)을 판단하지 말고 도리어 받아들이며, 공동체의 더 약한 지체들을 이롭게 하는 것이라면 그런 음식 규례를 바꾸는 일까지도 해야 한다고 요구한다.[30] 더욱이 바울은 이방인과 유대인, 강한 자와 약한 자를 묻지 않고 모든 사람에게 이런 요구를 한다.

> 그러므로 그리스도께서 우리를 받아 하나님께 영광을 돌리심과 같이 너희도 서로 받으라. 내가 말하노니 그리스도께서 하나님의 진실하심을 위하여 할례의 추종자(*diakonon*)가 되셨으니…(롬 15:7-8상)

이 두 구절이나 로마서 15:3 자체에는 "사랑"이라는 말이 등장하지 않는다. 하지만 그 문맥과 단어는 의심할 여지없이 바울이 그리스도의 행위와 그에 상응하는 권면들을 사랑의 관점에서 이해하고 있다는 것을 시사한다. 사랑은 로마서에 있는 권고 부분 전체(12-15장), 그 중에서도 특히 로마서 14장을 지배하는 주제다. 바울은 "사랑에는 거짓이 없다"(롬 12:9)라고 쓰고 있다. 그런가하면 그는 "피차 사랑의 빚 외에는 아무에게든지 아무 빚도 지지(*opheilete*) 말라. 남을 사랑하는 자는 율법을 다 이루었느니라"(롬 13:8; 참고, 9-10절)라고 쓴다. 더욱이 "그리스도께서도 자기를 기쁘게 하지 아니하셨다"라고 주장하기 직전인 로마서 15:1-2을 보면, 바울 서신 전체, 그 중에서도 특히 로마서 12-14장에 등장하는 사랑의 언어, 곧 "빚/빚을 짊", "기쁘게 함", "이웃" 그리고 "덕을 세움"과 같은 말이 수도 없이 메아리치고 있다.[31]

---

30) Richard B. Hays, *The Moral Vision of the New Testament: A Contemporary Introduction to New Testament Ethics* (San Francisco: HarperCollins, 1996), 28도 마찬가지다.
31) 사실 로마서 14-15장은 고전 8:1-11:1 전체를 (비록 이 고린도전서 본문에서 빌려온 것은 아니라 하더라도) 떠올리게 한다는 지적이 있어왔다. 더욱이 로마서 14-15장 문맥에서 사용하는 다른 단어들도 바울 서신의 다른 곳에서 등장하는 사랑과 연결되어 있다. 가령, 바울 서신을 보면, "약한 자의 약점들을 담당하다(짊어지다)"(롬 15:1)라는 문구는 갈 6:2의 "서로 짐을 지다"와 같은 헬라어 동사(*bastazein*)를 사용한다. 이렇게 서로 짐을 짊어짐으로써 신자들은 그리스도의 법(이

믿음이 강한 우리는 마땅히 믿음이 약한 자의 약점을 담당하고("마땅히 ~하고"는 헬라어 원문 그대로 해석하면, "~할 의무가 있고"를 의미하는 *opheilomen*이다) 자기를 기쁘게 하지 아니할 것이라. 우리 각 사람이 이웃을 기쁘게 하되 선을 이루고 덕을 세우도록(*oikodomēn*) 할지니라(롬 15:1-2)

그런 다음, 바울은 로마서 15:3에서 그리스도의 죽음을 분명히 사랑의 행위로 해석한다. 그는 여기서 사랑을 한 번 더 자기보다 다른 사람들을 이롭게 하는 쪽을 선택하는 것으로, 다른 사람들의 짐을 "짊어짐"으로써 자신보다 다른 사람들을 "기쁘게 하는 것"으로 이해한다. 물론 그리스도가 짊어지신 "짐들"은 "주를 비방하는 자들의 비방"이다. 다시 말해, 하나님을 비방하거나 하나님께 죄를 저지르는 자들이 퍼붓는 비방들이 그리스도가 지신 짐들이었다.[32] 우리가 이미 보았듯이(가령, 갈 1:4, 고전 15:3), 다른 곳에서는 그리스도가 짊어지셨던 이 짐들을 간단히 그리스도가 그 때문에 죽으신 우리 "죄들"이라고 말한다. 로마서 15장에서, 그리스도의 죽음은 짐을 짊어지고 다른 사람들을 기쁘게 하는 행위의 패러다임을 제시하는 것이다. 바울과 그가 섬기는 공동체들은 이 패러다임이 되는 행위로부터 많은 유사한 행위들을 유추해낼 수 있다. 우리가 이어질 장들에서 보게 되겠지만, 그리스도의 사랑인 십자가를 이야기하는 모든 본문들과 패턴들에도 역시 같은 말을 할 수 있다.

법은 아마도 서로 종이 되는 사랑의 법을 지칭할 것이다)을 완성한다. 또 우리가 빌 2:1-4에서 보았듯이, 바울은 자신보다 다른 사람들을 기쁘게 하는 것을 사랑을 드러내는 행위로 본다. 이런 행위는 공동체를 하나가 되게 하기 때문이다. 아울러 "서로 뜻을 같이 하여" 살라는 롬 15:5의 요구도 빌 2:2과 똑같은 헬라어 관용어를 사용한다(*to auto phronein*). 더 상세한 논의 내용은 이 책 10장을 보라.

32) 모든 주석가들이 같은 의견이다.

십자가에 못 박히신 메시아에 관한 내러티브 패턴("법")

우리는 이번 장에서 지금까지 십자가에 관한 몇 가지 내러티브 패턴들을 꼼꼼히 살펴보았다. 바울은 이런 내러티브 패턴들을 해석하고 사용하면서, 그리스도의 죽음을 (명시적이든 아니면 묵시적이든) 그리스도의 사랑이 나타난 행위로 선포한다. 이런 내러티브 패턴들은 대부분 바울이 만들어낸 것이 아니라 바울보다 앞서 존재했던 제의 본문들에서 가져온 전승들이다. 바울은 이 패턴들을 공동체에게 권고하거나 영적 성찰을 담은 문맥 속에서 사랑, 즉 십자가로 나타난 사랑을 묘사하고자 할 때 널리 인용하고 있다.

이번 8장의 논의에서는 바울이 사랑의 행위로 이해한 십자가에 관하여 간단한 패턴으로부터 복잡한 패턴에 이르기까지 크게 세 가지 패턴들이 나타났다. 이 패턴들은 주로 그 의미가 중첩되며, 때로는 그 형태가 중첩되기도 한다. 그래도 이 패턴들 사이의 차이점들을 주목할 가치가 있는 것은 다음 두 가지 이유 때문이다. 첫째, 이 패턴들은 바울이 한 가지 근본 목적, 곧 십자가에 못 박히신 그리스도의 사랑을 표현하는 것을 이루고자 창조성을 발휘하여 다양한 전승들과 공식들을 채택했다는 점을 보여주기 때문이다. 둘째, 우리가 다음 9장에서 보게 되겠지만, 바울은 사랑을 권고하는 본문에서 이런 때는 이 패턴을, 저런 때는 저 패턴을 채택하거나 반영하고 있기 때문이다.

1. 첫째 패턴은 가장 간단한 패턴으로서, **희생으로 보여준 사랑** 패턴(the pattern of *sacrificial love*)이라고 부를 수 있을 것 같다. 이 패턴은 "죽으신 그리스도 예수"(롬 8:34)나 "그리스도가 모든 사람/우리를 대신하여 죽으셨다"(가령, 고후 5:14) 같은 문구들이 표현하고 있다.[33] 이 패턴은 그리

---

33) 아울러 고전 15:3("그리스도께서 우리 죄를 위하여 죽으셨다")을 보라. 그러나 이 고린도전서 문맥을 살펴보면, 바울은 이 본문을 사랑이라는 관점에서 해석하지 않고 있다. 또 롬 5:8("그리스도께서 우리를 위하여 죽으셨다")을 보라. 그리스도가 우리를 위하여 죽으신 것은 분명 하나님의 사랑이 표현된 것으로 이해되지만, 이 죽으심이 그리스도의 사랑 행위라는 것은 은연중에 암시하는 것으로도 이해된다.

스도의 사랑을 다른 사람들을 이롭게 하는 값진 행위로 묘사한다.[34]

2. 둘째 패턴은 우리가 **자기를 내어주신(버리신) 사랑** 패턴(the pattern of self-giving love)으로 부를 수 있을 것 같다. 이 패턴은 "그가 자기 자신을 버리셨다"(갈 2:20; 참고, 갈 1:4), "그가 자기를 비우셨다"(빌 2:7), 그리고 "그가 자기를 낮추셨다"(빌 2:8) 같은 재귀 문구로 표현되고 있다. 이 패턴은 그리스도의 사랑을 다른 사람들을 이롭게 하는 데 완전히 자기를 바친 행위로 묘사한다.[35]

3. 셋째 패턴은 가장 복잡한 패턴인데, **지위를 포기하신 사랑** 패턴(the pattern of status-renouncing love)으로 부를 수 있을 것 같다. 이 패턴을 가장 완전하게 보여주는 공식은 "[x]인데도, [y]하지 않고 도리어 [z]하다"(빌 2:6-8)이지만, "[x]인데도, [z]하다"(고후 8:9)와 "[y]하지 않고 도리어 [z]하다"와 같은 간략한 형태도 이 패턴을 보여주는 공식이다. 이 패턴은 그리스도의 사랑을 일부러 자기 지위와 자기 이익을 포기하고 다른 사람들을 이롭게 하는 행위를 스스로 선택한 것으로 표현한다. 이 셋째 패턴은 다른 두 패턴들이 가진 요소들을 포함하거나 한데 묶을 수도 있다(가령, 빌 2:6-8).[36]

이런 패턴들이 이야기하는 행위는 주로 그리스도가 십자가에서 죽으신 사건이다. 그러나 십자가로 나타난 이 사랑의 행위에는 그리스도가 인간이 되신 사건(그리스도의 "성육신")이 당연히 따라올 수밖에 없다. 바울은 이 성육신을 분명하게 이야기한 것은 한 번뿐이지만(빌 2:6-7), 다른 곳에서 한 번 더 이 성육신을 시사했다(고후 8:9)고도 볼 수 있다.

위에서 시사했듯이, 바울이 그리스도의 십자가 사건(그리고 "성육신")을 이야기하는 전승 패턴들을 수용하거나 개작했다는 것 자체는 달리 주목할 게 없다. 하지만 지금도 변함없이 주목해야 할 것은 바울이 일관되게 이런 패턴

---

34) 이 패턴은 5장에서 4번 "희생"과 5번 "이타주의/대속"으로 논의했다.
35) 이 패턴은 5장에서 6번 "그리스도가 자기를 내어주심/하나님이 그 아들(그리스도)을 내어주심"으로 논의했다.
36) 이 패턴은 5장에서 7번 "스스로 자기를 낮춤/비하"로 논의했다.

들을 사랑을 묘사하는 것으로 이해한다는 점이다. 바울은 이런 패턴들을 먼저 그리스도의 사랑을 묘사하는 것이요, 둘째는, 우리가 이어질 장들에서 보겠지만, 다양하게 표현된 신자들의 사랑으로 이해한다. 여기서 신자들은 사도일 수도 있고 평범한 선남선녀일 수도 있다. 더욱이 독특하면서도 서로 유사한 이 패턴들의 존재는 근본적으로 바울이 그리스도를 자기 지위를 포기하시고, 자기를 내어주시며, 타인들을 지향하는 사랑을 온몸으로 보여주신 분으로 이해하고 있다는 것을 시사한다.

따라서 우리는 바울 자신이 그가 쓴 서신에서 아주 분명하게 이야기하는 패턴을 인식하고 나아가 그 패턴에 이름까지 붙였으리라는 생각을 할 수밖에 없다. 실제로 바울은 갈라디아서 6:2과 고린도전서 9:21 두 곳에서 그리스도의 "법"(nomos)을 언급한다.

> 너희가 짐을 서로 지라. 그리하여 그리스도의 법을 성취하라(갈 6:2)

> 율법 없는 자에게는 내가 하나님께는 율법 없는 자가 아니요 도리어 그리스도의 율법 아래에 있는 자이나 율법 없는 자와 같이 된 것은 율법 없는 자들을 얻고자 함이라(고전 9:21)

그리스도의 "법(율법)"을 언급한 이 두 구절의 의미를 놓고, 그 중에서도 특히 갈라디아서 6:2의 의미와 관련하여 엄청나게 많은 논쟁이 벌어졌다.[37] 이번 8장에서는 바울이 십자가를 자기 자신을 내어주시고 다른 사람들을 생각하시는 사랑의 행위로 이야기하는 패턴들을 분석해 보았는데, 이런 분석에 비춰보면, "그리스도의 법(율법)"을 특히 어떻게 해석해야할지 자명해진다. 즉, "그리스도의 법"은 십자가로 나타난 사랑이 제시하는 패러다임 패턴(들)을 바울이 한 마디로 압축한 말이다. 이런 패턴들을 표현한 것이 그리스도의 "성

---

37) 기본적으로 네 가지 종류의 해석론이 있는데, 이들을 살펴보려면, John M. G. Barclay, *Obeying the Truth: Paul's Ethics in Galatians* (Minneapolis: Fortress, 1991), 126-34를 보라. 나는 바클리 자신이 그리스도의 법과 그리스도의 십자가 사이의 연관 관계가 갖는 중요성을 충분히 고려하지 않고 있다고 생각한다.

육신", 그리고 특히 우리를 위한 그리스도의 죽음이다. 루크 존슨이 제안했듯이, "그리스도의 법"을 가장 잘 번역한 말은 어쩌면 "메시아의 패턴(메시아가 보여주신 본, the pattern of the Messiah)"일지도 모른다.[38] 더 구체적으로 말해보자면, "그리스도의 법"은 **십자가에 못 박히신 예수**(바울이 알고 있는 유일한 메시아 [고전 2:2]이시다)**가 자기를 내어주시고 다른 사람들을 생각하심으로 보여주신 사랑의 내러티브 패턴**이다.[39] 따라서 이 "법"은 빌립보서 2장이 아주 충실하게 표현하고 있는 핵심 이야기다. 아울러 이 법은 신자들의 공동체에서 "삶의 규칙"이 된다.[40]

(십자가로 나타난) 사랑이 표현하는 (십자가로 나타난) 믿음

자기를 내어주시고 다른 사람들을 생각하시는 그리스도의 사랑이라는 이 내러티브 패턴 내지 법은 바울이 인류를 향한 그리스도의 근본 태도 및 그

---

38) 이를테면, 1997년 가을에 열린 세계성서문헌학회(the Society of Biblical Literature)[h] 연례 총회에서 발표한 한 논문과 그가 쓴 *Living Jesus: Learning the Heart of the Gospel* (New York: HarperSanFrancisco, 1999), 111에서 이런 말을 하고 있다.
39) "그리스도의 법"을 이렇게 해석하는 첫 번째 논거는 이 문구가 나타나는 두 구절들을 그 문맥에 비추어 분석한 결과다. 우리도 다음 장에서 이 본문들을 논의할 때 이런 분석 작업을 해보려고 한다. 하지만 루크 존슨의 제안과 여기서 부연(敷衍)한 것 같은 내용은 Richard B. Hays, "Christology and Ethics in Galatians: The Law of Christ," *Catholic Biblical Quarterly* 49 (1987): 268-90; Hays, *Moral Vision*; Longenecker, *Triumph of Abraham's God*; 그리고 Barclay, *Obeying the Truth*, 131-35에서도 발견할 수 있는 것이다(각자가 말하는 뉘앙스에는 차이가 있다). 헤이스 ("Christology and Ethics," 276)는 그리스도의 법을 "실존을 규율하는 원리 내지 구조"라고 말한다. 롱거네커(*Triumph of Abraham's God*, 83-88)는 특히 신자들이 완성하는 그리스도의 "법"과 모세의 "법(율법)"을 이어주는 연결고리를 그대로 유지하고 싶어 한다. 다른 사람들은(과거보다 그 빈도가 덜하기는 하지만) "그리스도의 법"을 역사적 예수의 모든 가르침 또는 일부 가르침과 연결하고 싶어 한다. 바울은 분명 예수의 가르침에 관한 전승들 가운데 일부를 알고 있었고, 이 전승들을 끌어다 썼다. 그러나 그는 예수의 가르침을 말하는 문맥에서는 "그리스도의 법"이라는 말을 사용하지 않는다.
40) 케어드(G. B. Caird, *Paul's Letters from Prison in the Revised Standard Version*, NCB [Oxford: Clarendon, 1994], 123)는 헤이스가 "그리스도의 법"을 해석한 내용을 떠올리면서도, 빌립보서 2장을 주석하면서 예수가 모범을 보여주신 "자기를 잊어버린 사랑"이 "교회의 공동생활에서 규칙"을 이룬다고 주장한다.

리스도가 인류를 대신하여 하신 행위를 표현하는 방법이다. 다시 말해, 이 내러티브 패턴은 그리스도와 그의 "하나님이요 아버지이신 분"의 관계가 아니라, 그리스도와 사람들의 관계에 초점을 맞춘다. 그렇지만 우리가 6장에서 보았듯이, 십자가는 실상 그리스도와 그의 아버지의 관계를 표현하는 것이었다. 십자가는 하나님을 향한 그리스도의 순종과 믿음을 표현하는 것이었기 때문이다. 즉, **십자가는 그리스도가 믿음을 보이신 행위이자 사랑을 나타내신 행동이었다.** 이 십자가는 언약이 지닌 "수직" 차원과 "수평" 차원을 통일시켜 주었다.

갈라디아서 2:20은 이 점을 아주 분명하고 간결하게 표현하고 있다(아래 본문은 지은이의 번역을 번역한 것이다).

> 나는 하나님의 아들, 곧 나를 위해 자기 자신을 내어주심으로써 나를 사랑하신 그분의 신실하심으로 말미암아 살고 있다(I live by the faithfulness of the Son of God, who loved me by giving himself for me)[41]

바울은 하나님을 향한 그리스도의 믿음이 결국 우리를 향한 사랑을 낳았다고 역설한다. 따라서 십자가에 못 박히신 메시아 예수를 이야기하는 내러티브 패턴은 사랑의 패턴이자 믿음의 패턴이며, 사랑으로 표현된 믿음의 패턴이다. 이 행위가 지닌 각 "덕" 내지 차원(곧, 믿음과 사랑)은 십자가를 지는 삶을 표현한 것이자, 한 "덕"(차원)이 저절로 또 다른 "덕"(차원)을 낳는다는 것을 표현한 것이다. 다시 말해, 이 행위가 지닌 각 "덕" 내지 차원(곧, 믿음과 사랑)은 하나님을 향해 취해야 할 올바른 근본 태도(믿음)와 이 태도에 상응하여 다른 사람들과 맺어야 할 올바른 관계(사랑)를 함께 표현한 것이다. 따라서 우리는 우리가 "그리스도의 법"이라고 묘사한 말을 정교하게 다듬어, 이 "그리스도의

---

41) 이 본문은 아주 분명하게 그리스도의 죽음을 믿음이자 사랑으로 해석한다. 그러나 이런 해석을 제시하는 본문은 이것뿐만이 아니다. 가령, 빌 2:6-11의 그리스도 찬송은 그리스도의 죽음을 그의 궁극적인 순종(믿음)이 드러난 행위로 제시한다. 우리가 방금 본 것처럼, 바울도 이 죽음을 사랑의 패러다임으로 해석한다. 이와 비슷하게, 롬 5:12-21은 그리스도의 죽음을 그의 순종과 믿음이 나타난 행위로 제시하며, 롬 5:1-11과 롬 8장은 그리스도의 죽음을 아버지(하나님)의 사랑 또는 아버지(하나님)와 아들(하나님)의 사랑이 나타난 행위라고 말한다.

법"을 십자가에 못 박히신 예수가 자기를 내어주시고 다른 사람들을 생각하신 사랑으로 표현하신 믿음을 이야기한 내러티브 패턴이라고 정의해야 한다.

즉, 그리스도는 믿음과 사랑이 하나로 통합된 행위로 율법을, 율법의 본질인 계명들(하나님을 사랑하라는 계명인 "믿음"과 이웃을 사랑하라는 계명인 "사랑")을 완성하셨다. 그리스도가 이런 일을 하셨기 때문에 바울은 그를 진정 아담(롬 5:12-21)과 다른 모든 인간(롬 1:18-3:20)의 반대쪽에 있는 존재요, 이들과 "대립하는 형상(anti-type)"으로 본다. 아담을 비롯한 모든 인간은 믿음과 사랑이 없는 상태에 있다. **이스라엘의 성경(구약 성경)은 하나님을 사랑하고 이웃을 사랑하는 것을 하나로 연결하여 신실하고 언약을 이루는 삶의 본질로 본다.**[42] **이 때문에 바울은 예수가 십자가에서 죽으심으로 신실하심과 사랑을 보이신 행위를 유대인이 할 수 있는 행위의 진수요, 나아가 인간 행위의 진수라고 보고 있다.** 예수가 십자가에서 죽으신 것은 한 행위로 언약 준수의 본질이 무엇인가를 보여준 것이요, 그 행위를 통해 율법을 완성한 것이다.

바울은 하나님의 아들이신 예수의 믿음과 사랑을 짝지어놓고 있는데, 이와 주목할 만한 평행 본문이 갈라디아서 5:6에 있다. 이 본문에서 바울은 이렇게 쓰고 있다.

> 그리스도 예수 안에서는 할례나 무할례나 효력이 없으되 사랑으로써 역사하는 믿음뿐이니라(갈 5:6)

바울 사도는 신자의 삶의 본질이 사랑으로써 역사하는 믿음이라고 주장한다. 믿음과 사랑은 십자가를 정의한다. 때문에 믿음과 사랑은 "그리스도와 함께 십자가에 못 박히는 삶"(갈 2:20)을 정의하는 것이기도 하다. 신자의 믿음과 사랑이 공통으로 갖고 있는 것은 십자가에 못 박히신 예수의 믿음과 사랑이라는 내러티브 패턴에 참여하는 것이다. 다시 말해, 신자의 믿음과 사랑이 공통으로 갖고 있는 것은 십자가 형상이다. 믿음은 하나님 앞에서 십자가를

---

42) Walter Brueggemann, *Theology of the Old Testament: Testimony, Dispute, Advocacy* (Minneapolis: Fortress, 1997), 429 등등.

본받는 삶이요, 사랑은 다른 사람들 앞에서 십자가를 본받는 삶이다.[43]

바울이 한 그리스도 체험을 살펴보면, 그는 사랑의 행위이기도 한 믿음의 행위 속에서 하나님의 아들인 예수의 근본적 선택이 가장 완전하게 표현되었다는 점을 깨닫게 된다. 따라서 바울의 영성에서는, 근본적 **선택**(fundamental option)을 적절히 실천하는 것은 근본적 **덕**(fundamental virtue)을 실천하는 것이 될 수밖에 없다. 이는 곧 하나님 앞에서 십자가를 본받는 삶을 산다는 것은 다른 사람들 앞에서 십자가를 본받는 삶을 산다는 것이 될 수밖에 없음을 뜻한다. 실제로 하나님 앞에서 십자가를 본받는 삶을 사는 것과 다른 사람들 앞에서 십자가를 본받는 삶을 사는 것은 분리할 수가 없다. 그리스도의 경우에도 그러했다. 그리스도 안에 있다는 것, 사랑으로 표현된 믿음이라는 그리스도의 내러티브 패턴을 따라 산다는 것은 하나이지만 두 면을 갖고 있는 영성을 기꺼이 받아들이는 것이다. 예나 지금이나 "그리스도 안에서" 유일하게 효력이 있는 것은 "사랑으로써 역사하는 믿음"이다. 제임스 던이 말하듯이, 이 "사랑으로써 역사하는 믿음"이라는 문구는 "사실상 사랑을 통한 믿음(faith-through-love), 믿음이 원동력이 된 사랑(love-energized-faith)이라는 단일 개념이다."[44]

따라서 사랑은, 예수에게 그랬듯이, 신자들에게도 "선택"이 아니다. 바울은 믿음과 사랑, 곧 "윤리"를 서로 독립한 실체들이 아니라 사랑이 믿음을 "보완하는 것"으로 본다. 아니, 십자가를 본받는 삶은 이어붙인 데가 전혀 없는 통옷(a seamless garment)이다. 전통 언어를 빌려 표현한다면, 바울이 볼 때 "성화" 없는 "칭의"는 있을 수 없는 것이다. 믿음은 사랑과 따로 존재하지 않는다. 신자들이 그 안에 들어가 살고 그 역시 신자들 안에 들어와 사시는 그리스도가 하나님을 향한 당신의 믿음을 다른 사람들을 향한 사랑으로 표현하셨기 때문이다. 그것이 바로 "그리스도의 법"의 요체요, 십자가에 못 박히신 메시아 예수가 보여주신 패턴(모범)이다.

---

43) 갈 5:6과 2:20의 연관 관계를 살펴보려면, Hays, "Christology and Ethics"; Martyn, *Galatians*, 474; Frank J. Matera, *Galatians*, Sacra Pagina (Collegeville, MN: Liturgical, 1992), 183, 189를 보라.

44) James D. G. Dunn, *A Commentary on the Epistle to the Galatians*, Black's New Testament Commentaries (London: A&C Black, 1993), 272. 여기서 던은 갈 5:6에서 "바울이 줄곧 그러듯이 야고보에게 가까이 다가가고 있다"는 말을 덧붙이고 있다.

결론: 그리스도의 법

이번 장의 관심사는 사랑을 바라보는 바울의 근본 이해였다. 바울은 십자가에 못 박히신 그리스도의 사랑을 토대로, 사랑을 자기 이익을 부인하는 것이자(부정의 차원), 다른 사람들을 계발하는 데 마음을 기울이는 것(긍정의 차원)으로 이해했다. 바울 서신의 핵심 본문들이 묘사하는 사랑의 "패턴들"은 자기를 희생하고 자기를 내어주며 자기 지위를 포기한다는 점에서, 십자가를 이야기하는 패턴들과 평행을 이룬다는 사실이 밝혀졌다. 더욱이 우리는 십자가가 메시아의 믿음과 사랑이 하나로 통합되어 표현된 것임을 발견했다. 이 믿음과 사랑은 하나로 결합하여 결국 사랑으로 표현된 믿음이라는 상위 패턴, 곧 "법"을 만들어낸다.

바울이 십자가를 이야기할 때 우선 목표로 삼은 것은 그리스도에 관한 그의 확신을 표현하는 것이 아니었다. 물론 그의 십자가 내러티브들은 그런 목표를 사실상 달성하고 있긴 하지만 그래도 바울의 주된 목표는 이런 내러티브 패턴들을 따라 개인들 그리고 특히 공동체들을 형성하는 것이었다. 다시 말해, 바울의 목표는 정보를 전달하는 것이 아니라 개인과 공동체를 형성하는 것이었다. 그의 목표는 영혼과 행위를 염두에 둔 것이지, 신학을 염두에 둔 것(좁게 이해하여, 확신을 전달하는 것)이 아니다. 이 장 전체에서, 우리는 바울이 그리스도의 사랑을 이야기할 때 궁극적으로 관심을 갖고 있었던 것은 바울 자신의 삶을 그리스도의 사랑과 같은 사랑의 표현으로 해석하는 것이요, 자신이 섬기는 공동체들에게도 그런 사랑을 온몸으로 실천하도록 촉구하는 것임을 시사하는 내용들을 이미 살펴보았다. 다음 두 장에서는, 바울이 자신의 삶 속에서 작동하고(9장) 그가 편지를 써 보내는 공동체들의 삶 속에서도 작동하는(10장) "그리스도의 법"(신실하시고 십자가에 못 박히신 메시아 예수가 보여주신 사랑의 내러티브 패턴)을 어떻게 이해하고 있는가를 살펴보도록 하겠다.

"너희 안에 이 마음을 품으라 곧 그리스도 예수의 마음이니"

빌립보서 2장 5절

9장

십자가를 본받는 사랑(II)

사도들이 보여준 십자가를 본받는 삶

앞장에서 우리는 바울의 사랑 이해와 체험이 근본적으로 두 개 차원을 가지고 있음을 발견했다. 자기 이익을 부인하고 도리어 다른 사람들의 행복을 추구하는 것이 바로 그 두 차원이었다. 바울은 십자가를 다양한 패턴으로 이야기하면서, 자기를 내어주시고 다른 사람들을 생각하는 그리스도의 사랑 속에서 하나님의 사랑이 현실로 나타난 것으로 해석하고 제시한다. 이것은 "그리스도의 법"이요 십자가에 못 박히신 메시아 예수의 내러티브 패턴이다. 바울이 볼 때, 십자가는 언제나 그리고 근본적으로 사랑, 특히 사랑으로 표현된 믿음을 구현한 것이다.

성령이 그 마음에 부으신 이런 사랑을 체험한 사람들은 다른 사람들에게 십자가를 본받는 사랑을 표현하지 않고는 견딜 수 없는 심정과 그런 사랑을 표현할 수 있는 능력을 느낀다고 바울은 주장한다. 바울은, 자신이 그리스도를 본받은 자가 되었듯이 자신을 본받으라고 다른 사람들에게 요구한다(고전 11:1). 이 9장에서 우리는 자신이 그리스도를 본받는 자요 십자가에 못 박히신 그리스도를 본받는 사도라는 바울의 자기 이해와 그렇게 그리스도를 본받은 그의 체험을 살펴보도록 하겠다. 바울은 사도로 섬기는 동안 십자가로 나타난 그리스도의 사랑 이야기를 널리 전파했다. 이는 바울에게 무엇을 의미했을까? 이 장에서는 그 문제를 다루도록 하겠다. 다음 장에서는 그가 쓴 서신의 수신자인 공동체들에게 그리스도가 십자가에서 보여주신 사랑과 유사한 사랑을 행동으로 옮기도록 어떻게 권면했는가를 살펴보도록 하겠다.

사랑에 이끌리다

바울 서신과 사도행전이 증언하듯이, 바울은 믿을 수 없는 고초와 역경에도 꺾이지 않는 열정을 보인 인물로 널리 칭송을 받고 있다(혹은 적어도 그 점은 인정을 받고 있다). 우리는 "이끌림을 받은 선교사(driven missionary)"요, 기꺼이 수많은 고난을 감내하고자 했으며 "이 모든 '슬픔'에 순응하고자"[1] 했던 이 바울이라는 사람을 어떻게 설명해야 할까? 우리가 앞장에서 언급했듯이, 레이먼드 브라운은 그리스도의 사랑을 "바울의 삶을 움직인 요인"[2]이라고 부른다. 바울 자신이 말한 대로, "그리스도의 사랑이 우리를 강권한다"(고후 5:14).

바울의 선교 활동은 이런 사랑 체험의 자연스러운 연장선 위에 있었다.

> 그의 선교 활동이 아니었으면 복음을 듣지 못했을 이방인들을 향한 선교는, 바울이 볼 때, 막연한 결론이 아니라 그가 체험했던 넘치는 사랑을 어쩔 수 없이 행동으로 옮긴 결과다……바울에겐 선교할 때 겪은 고초들이 목적을 이루기 위해 견뎌야하는 수단을 뛰어넘는 의미를 지닌 것이 되었다. 만일 하나님의 사랑이 그리스도가 자기를 내어주신 사건에서 나타났다 한다면, 이 방법 이외에 어떤 방법으로 그리스도의 사랑을 다른 사람들에게 보여줄 수 있겠는가?[3]

---

1) Raymond E. Brown, *An Introduction to the New Testament* (New York: Doubleday, 1997), 447-48.
2) Brown, *An Introduction to the New Testament*, 450.
3) Brown, *An Introduction to the New Testament*, 450.

바울이 고난을 겪은 일은 잘 알려져 있다. 그러나 사람들은 바울이 고난을 겪을 때, 적어도 바울 자신의 시각에서 보면, 사랑 때문에 고난을 겪었다는 사실을 늘 인식하지는 못한다. 그러나 브라운은 바울이 그리스도 안에서 하나님의 사랑을 체험한 것과 이 강권하는 사랑이 그 자신을 움직이고 형성했다는 바울의 주장을 올바로 강조하고 있다. 바울은 그리스도에게 사로잡힌 자로서 자신의 감정을 빌립보 사람들에게 표현하면서, "내가 예수 그리스도의 심장으로 너희 무리를 사모한다"(빌 1:8)라고 말한다. 같은 문맥에서, 그는 "투기와 분쟁으로…순수하지 못하게 다툼으로" 그리스도를 전하는 사람들과 "착한 뜻으로…사랑으로" 그리스도를 전하는 사람들을 구별한다(빌 1:15-17). 바울이 어떤 설교자들(아마 바울을 비판하거나 대적하는 자들이었을 것이다)을 전자의 범주에 넣으면서(그러면서도 바울은 "겉치레로 하나 참으로 하나 무슨 방도로 하든지 그리스도가 전파된다"는 것을 기뻐한다. 빌 1:18), 바울 자신과 그의 동역자들(바울은 이 중 몇 사람을 빌립보서에서 칭송한다)은 후자의 범주에 포함시킨다. 실제로 바울은 빌립보 사람들을 "나의 사랑하는 자들"(agapētoi mou, 2:12)이라고 부른다.

바울은 역시 자신이 "사랑하는 자들"(agapētoi, 살전 2:8)이라고 부르는 데살로니가 사람들에게 자신의 사랑을 자녀를 기르는 어머니의 사랑과 자녀를 돌보는 아버지의 사랑으로 묘사한다(살전 2:8-12). 바울은 그가 성실치 못하다고 참소하는 자들에게 답변하면서, 그의 사랑과 그의 동역자들의 사랑이 깊고 친밀하다고 주장한다.

> 우리가 이같이 너희를 사모하여 하나님의 복음뿐 아니라 우리의 목숨까지도 너희에게 주기를 기뻐함은 너희가 우리의 사랑하는 자(agapētoi) 됨이라(살전 2:8)
>
> 또 주께서 우리가 너희를 사랑함과 같이 너희도 피차간과 모든 사람에 대한 사랑이 더욱 많아 넘치게 하시기를 원하노라(살전 3:12)[4]

바울은 사실 모든 신자들을 하나님이 사랑하시는 자들(가령, 롬 1:7)이요,

---

4) 살전 2:17-20, 3:9-10과 비교해보라.

나아가 심지어 자신이 단 한 번도 만난 적이 없는 로마 신자들까지도(롬 12:19) 자신이 사랑하는 자들로 인정한다. 그러나 바울의 사랑 표현은 단순한 의례 정도로 이해하기보다 도리어 그가 사도로서 겪은 체험의 본질적 차원으로 이해해야 한다. 실제로 바울은 다른 마음을 품고 복음을 전한다고 비방을 받게 되자, 재빨리 자신의 진실함과 특히 그의 사랑을 변호한다. 바울과 고린도 신자들의 관계가 이만큼 분명하게 나타나 있는 곳은 아무 데도 없다.

고린도전서에서 바울은 고린도 신자들을 자신이 사랑하는 자들(10:14), 사랑하는 자녀(4:14), 그리고 사랑하는 형제들(15:58)이라고 부른다. 바울은 그들에게 써 보내는 서신을 "나의 사랑이 너희 무리와 함께 할지어다"(16:24)라는 말로 끝맺는다. 바울의 사랑은 그가 고린도전서 전체에서 다루고 있는 고린도 교회의 혼돈보다 더 크다. 바울은 고린도후서에서도 거듭하여 고린도 신자들을 사랑하는 자들(7:1, 12:19)이라고 부른다. 그러나 바울은 자기와 고린도 사람들의 관계가 나빠지자, 고린도후서 10-13장이 시사하는 것처럼, 자신이 마음을 쏟고 있는 것은 사랑이라는 것을 증명해야 할 필요를 강하게 느꼈다.

> 내가 너희 영혼을 위하여 크게 기뻐하므로 재물을 사용하고 또 내 자신까지도 내어 주리니 너희를 더욱 사랑할수록 나는 사랑을 덜 받겠느냐(고후 12:15; 참고, 고후 11:11)

> 사랑하는 자들아 이 모든 것은 너희의 덕을 세우기(*oikodomēs*) 위함이니라(고후 12:19하)

여기서 바울은 고린도전서 8:1, 10:23, 14:1-5에서 고린도 사람들에게 천명한 사랑의 기준, 곧 사랑은 자기 자신을 내어줌으로써 다른 사람들을 계발하는 것(세우는 것)이라는 점을 그 자신에게 분명히 적용하고 있다.

바울은 고린도후서 12:19에서 자신이 한 "모든 일"이 사랑에서 비롯되었다고 주장한다. 그렇다면 이런 사랑 주장은 바울에게 구체적으로 무엇을 의미하는 것이었을까? 무엇보다 이 사랑은 바울의 사역에서 근본적이고, 구체적이며, 서로 연관되어 있는 다섯 가지 차원을 낳았다.

1. 사도의 권리를 사용하길 거부하고, 특히 그가 복음을 전한 사람들로부터 재정지원을 받을 권리를 사용하길 거부하고, 재정 때문에 다른 사람들에게 짐을 지우는 것을 거부하는 대신, 도리어 자기 손으로 일하여 생활을 꾸려감
2. 자기 스스로 다른 이들의 종이 되었다는 것(self-enslavement)[5]을 보여주고자, 다른 사람들이 요구하는 것들에 더 널리 순응함
3. 설교, 가르침, 다른 형태의 봉사들을 통해 "목자로서 무리를 돌봄(pastoral care)"
4. 그가 섬기는 사람들과 공동체들을 위하여 신체적으로나 정신적으로나 고난을 감내함
5. 그가 섬기는 사람들을 위하여 죽음을 초월한 생명을 택함

바울이 볼 때, 이 각각의 행위들은 그리스도 안에서 발견되는 패러다임인 십자가로 나타난 사랑의 내러티브 패턴을 바울 자신이 온몸으로 실천했음을 대변하는 것이었다. 이렇게 "모든 것을 아우르는 그리스도의 사랑"은 "바울이 깨어 있는 시간을 모두 바쳐 이루려고 했던 목표"였다.[6]

바울의 사역이 갖고 있는 이런 측면들은 그가 쓴 서신들의 여러 본문들이 언급하고 있다. 그러나 이런 측면들을 체계 있게 제시하는 본문들은 거의 없다. 어쩌면 바울이 십자가를 본받은 자신의 사역 체험을 가장 일관되고 체계 있게 성찰한 곳은 고린도전서 9장이 아닐까 싶다. 우리는 이 고린도전서 9장을 먼저 살펴보면서, 십자가를 본받은 바울의 삶이 지녔던 차원들로서 위에서 열거한 것 중 첫 두 가지에 초점을 맞춰보도록 하겠다.

---

[5] "자기 스스로 다른 이들의 종이 되었다는 것"은 여기서 자신에게 종이 되었다는 의미가 아니라 자신을 포기함으로써 다른 사람들에게 종이 되었다는 의미로 사용되었다. (비록 종이 된다는 말이 현대인들의 정서에 비춰보면 거슬리는 이미지이긴 하지만) 이 말은 스스로 다른 사람들의 종이 됨 이라는 말로 표현할 수 있겠다.
[6] Brown, *An Introduction to the New Testament*, 450.

바울, 그리고 십자가에 못 박히신 메시아가 보여주신 내러티브 패턴

고린도전서 9장은 고린도전서에서 많은 역할을 하고 있다. 바울과 고린도 사람들의 관계 전반을 살펴볼 수 있고, 바울이 자신의 사도 사역을 근본적으로 어떻게 이해했으며 어떻게 체험했나를 살펴볼 수 있기 때문이다. 이런 이유로 우리는 이 고린도전서 9장을 조금 상세하게 살펴보려고 한다. 바울은 고린도전서 9장에서 자신이 사도로서 가진 권리들을 변호하고 이런 권리들을 **포기할** 권리가 자신에게 있음을 변호한다. 아울러 그는 다른 사람들의 이익을 도모할 목적으로 개인의 권리를 포기한 모범으로서 자신을 고린도 사람들에게 제시한다.[7]

고린도전서 9장은 19절에서 정점에 이른다. 여기서 바울은 "내가 모든 사람에게서 자유로우나 스스로 모든 사람에게 종이 된 것은(emauton edoulōsa) 더 많은 사람을 얻고자 함이라"라고 주장한다. 이 주장은 서로 밀접하게 연관되어 있는 이 구절의 문맥(고전 8:1-11:1)과 역사 정황에 비추어 이해해야 한다.

고린도전서 8:1-11:1은 우상들에게 바친 동물들에서 나온 고기를 먹는 문제에 대한 바울의 대답을 담고 있다. 고린도 사람들은 이 문제를 놓고 교회가 두 쪽으로 갈라지자, 바울에게 이 문제를 묻는 서신을 보낸다.[8] 바울은 거리낌 없이 그런 고기를 먹는 그룹을 두고 "지식 있는 너희", "약한 자들"처럼 행동하지 않는 그룹이라고 말한다(고전 8:9-10). 바울은 지식 있는 사람들을 어느

---

[7] 고린도전서 9장이 갖고 있는 이런 목적을 탁월하게 다룬 글을 보려면, W. L. Willis, "Apostolic Apologia? The Form and Function of 1 Corinthians 9," *Journal for the Study of the New Testament* 24 (1985): 33-48을 보라.

[8] 사람들은 크게 두 무리가 고린도에 있었다고 보는 데 대체로 견해를 같이 한다. (1)첫 번째 무리는 오직 한 분 하나님만이 계시며 우상들은 사실 존재하지 않는 것들(8:4)임을 아는 그들의 지식을 기초로 전혀 거리낌 없이 우상에게 바친 고기를 먹었던 사람들이다. (2)두 번째 무리는 우상에게 바친 고기를 먹는 것은 잘못이라고 느꼈던 사람들이다. 이들이 이렇게 느낀 이유는 이전부터 우상을 숭배하는 데 익숙해 있던 사람들이라 우상에게 바친 고기를 먹는 것을 우상에게 제물을 바치는 것과 똑같은 행위로 보려 했기 때문이다(8:7,10). 하지만 특히 바울이 이런 문제들을 서술하고 있는 고린도전서 8장에서, 그가 고기를 먹는 장소를 언급할 때 염두에 두고 있는 곳이 어디인가를 둘러싸고 다툼이 있다.

정도 두둔한다. 그들은 적어도 부분적이나마 진리를 아는 이들이기 때문이다. 그러나 바울은 이 지식 있는 사람들의 신학이 주장하는 일부 가르침들을 긍정하면서도("우상은 사실 존재하지 않으며 오직 한 분 하나님만이 계신다", 4절), 그들의 윤리, 특히 그들이 자유와 권리 행사를 그리스도인의 실존에서 근본이 되는 도덕 원리이자 패턴으로 보는 것에 이의를 제기한다.[9]

바울은 같은 "신자들"("형제들")의 마음을 상하게 할 수도 있는 행위를 (a) 그리스도가 위하여 죽으신 사람들에게 죄를 짓는 것이요, (b)그리스도께 죄를 짓는 것이라고 말한다(8:11-12). 혼자 있을 때는 허용될 수 있는 행위라도 공동체 안에서 행할 경우에는 치명적인 행위가 될 수 있다. 바울은 이런 행위를 비판함으로써 동료 신자들을 염려해야 하는 새 동기를 제시한다. 그리스도가 그들을 위하여 죽으셨다는 것이 바로 그 동기였다. 뒤이어 이 새 동기는 새로운 삶의 방향 내지 패턴으로 인도한다. 이 방향 내지 패턴에서는 한 사람의 행위가 다른 사람, 나아가 그리스도에게 미치는 영향이 중심이 된다. 이처럼, 바울은 지식의 근거가 된 자유와 권리의 윤리를 다른 사람들을 염려하는 심정(8:9,13)과 다른 사람들에게 덕을 세우는 자세(8:1)로 표현되는 사랑의 윤리로 대체하려 한다. 이런 사랑의 윤리는 그리스도의 죽음에 그 기초를 두고 있다. **그릇된 윤리는 자기 자신에게만 관심을 갖고 다른 사람들의 필요에는 등을 돌리는 윤리다. 그러나 새 윤리는 자신을 등지고 다른 사람들을 지향하는 윤리다.** 다른 사람들을 염려하는 이 윤리는 아주 급진적이어서, 이 윤리를 따르는 사람은 다른 사람들을 위해 자신의 권리를 완전히 접어두려는 마음을 가져야 한다. 바울 자신도 이렇게 행하려 했다(8:13). 바울이 이해했던 사랑은 이런 것이었다.[10]

바울은 자기 권리를 포기하고 다른 사람들을 계발하는(다른 사람들을 세워주는) 사랑의 패턴을 고린도 공동체가 따라야 할 삶의 기본 패턴으로 소개한다. 이어서 그는 9장에서 자신이 8:13에서 주장한 내용을 토대로 바울 자신을

---

9) 바울은 이후에 단 한 번(10:1-22) 이방 신전에서 우상들에게 제물로 바친 고기를 먹는 행위를 (윤리적 관점과 대비되는) 신학적 관점에서 비판한다. 아울러 Richard B. Hays, *First Corinthians*, Interpretation (Louisville: Westminster/John Knox, 1997), 159를 보라.
10) 다음 10장에서 이 본문을 더 깊이 논의한 내용을 읽어보라.

이런 패턴의 모델로 제시한다. 하지만 바울이 자신을 그런 패턴의 모델로 제시할 수 있으려면, 자신이 권리를 갖고 있다는 것, 그리고 이런 권리를 포기한 것이 **나쁜** 일이 아니라 **좋은** 일이라는 것을 동시에 확증해야만 한다. 바울은 자신도 지식 있는 자들처럼 모든 사람으로부터 자유로우며 누구에게도 매이지 않았으나(9:1,19), "더 많은 사람들을 얻고자 스스로 종이 되었다"(9:19)고 말한다.

바울은 그가 스스로 종이 되었다는 것을 이야기할 때, 두 가지 것을 언급하고 있다.[11] 첫째, 바울은 먼저 앞 구절들에서 자신이 어떤 권리들, 특히 재정 지원을 받을 권리를 포기하고, 그 대신 자기 스스로 천막을 만들어 생계를 꾸리면서ª 복음을 "값없이"(9:18) 전하기로 결정했다고 말한다. 둘째, 바울은 이어지는 구절들에서 그의 청중들이 제시하는 독특한 요구사항들에 자신을 맞춰가기로 결정했다고 말한다. 그 청중들이 율법 "아래에" 있는 자들이든 또는 율법 "없는(밖에 있는)" 자들이든(즉, 유대인이든 이방인이든, 9:20-23), 아니면 "약한 자들"(9:22상)이든 상관없었다. 바울은 "여러(모든) 사람에게 여러(모든) 모습이"(9:22하) 되었다. 바울은 자신이 율법 "없는" 자들처럼 되었다 하여 "하나님의 율법에서 자유롭고 그리스도의 율법 아래에 있지 않은 자"가 되었다는 의미는 아니라고 주장한다(9:21). 앞으로 보게 되겠지만, 바울은 자신을 모든 사람들에게 종으로 내어주는 것과 그리스도의 율법 아래에 있는 자가 된다는 것을 같은 말로 보았다. 우리는 먼저 바울이 천막을 만듦으로써 그 스스로 종처럼 된 것을 살펴보고, 이어 다음 부분에서는 많은 사람들의 요구에 더 널리 순응함으로써 자기 스스로 다른 사람들에게 종이 된 사연을 살펴보도록 하겠다.

천막을 만드는 일은 보통 노예들이나 노예 신분에서 해방된 지 얼마 안 된 자유인이 하던 일이었다. 천막을 만드는 장인들은 열심히 일했으나, 보통은 늘 가난했으며, 그들의 사회 지위는 아주 낮았다.[12] 교육 받은 로마 시민이

---

11) 데일 마틴(Dale B. Martin, *Slavery as Salvation: The Metaphor of Slavery in Pauline Christianity* [New Haven and London: Yale University Press, 1990], 86-116)에 따르면, 1세기에는 두 가지 리더십 모델이 있었다고 한다. 더 보수적인 모델은 인자한 가부장제 모델("친절하나 위에서 군림하는 아버지-왕 모델")이고, 다른 모델인 "애민주의자" 모델은 자기 스스로 백성들의 종이 되어 자신을 낮은 계급 사람들과 동일시하는 모델이었다고 한다.

12) Ronald F. Hock, *The Social Context of Paul's Ministry: Tentmaking and Apostleship* (Philadelphia: Fortress, 1980), 특히 34-37을 보라.

요 상당히 높은 사회 계층 출신이었던 바울에게는 천막을 만드는 사람으로서 일하겠다는 결정은 자기 스스로 종이 되는 행위, 곧 스스로 자기 사회경제적 지위를 낮추는 행위요, 자기를 낮추는 겸손이며, 자기 지위를 포기하는 행위였다.[13] 고린도에 살던 일부 사람들, 특히 그 수는 적지만 영향력이 있고, 지혜가 있고, 권세가 있고, 고귀한 사람들은(고전 1:26) 바울을 가장 비천한 일에 종사하는 노예처럼 여겼을 것이며 존경할 만한 가치가 없는 자로 치부했을 것이다.[14] 예를 들어, 키케로(Cicero)[b]는 엘리트들을 대변하여 "수공업자, 소상인, 그리고 도시들의 찌꺼기인 모든 사람들"을 언급하면서, "장인들이 하는 일은 비천하며" "노동자들이 받는 품삯은 그들이 곧 노예임을 보여주는 상징"이라고 주장한다.[15] 바울은 이 노예(종)라는 낙인을 기꺼이 받아들이고, 심지어 이 낙인을 자기 "자랑의 근거"(9:15하)이자 "보상(reward)"[c] 내지 삯(9:18)으로 받아들이려 했다. 이는 그가 천막을 만드는 일이 자신이 곧 사도라는 자기 이해의 "구성 부분"이었음을 생생히 증명해준다.[16] 그 스스로 종이 된 것은 사람들을 "얻어" 복음으로 인도하려는 그의 전략의 일부였다.[17]

바울이 천막을 만든 것은 단순히 권리를 포기하는 문제에 그치지 않고, 자신을 다른 사람들에게 맞추는 일이었다. 유연성 또는 적응을 추구한 전략이었던 것이다. 이 점은 아래에서 더 이야기해보기로 하겠다. 사회는 바울에게 종이라는 지위를 취함으로써 스스로 비천한 자가 되었다고 낙인찍었지만, 이런 낙인은 바울에게 아주 중요했다. 자신을 타인에게 맞추었던 전략도 아마 효과가 있었을 것이다. 그러나 고린도전서 9장을 보면, 스스로 종이 되고

---

13) 내 동료인 고전학자 단테 베레타(Dante Beretta)는 바울이 태어날 때부터 상당히 높은 사회 계층에 속해 있었을 수도 있지만, 그 스스로 노력하여, 특히 배움에 힘써 그런 계층에 이르렀을 수도 있다는 점을 적절히 지적한다.
14) Hock, *Social Context*, 36, 57-58.
15) Cicero, *Pro Flacco*(In Defense of Flaccus) 18 그리고 *De officiis*(On Duty) 1.50. Ramsay Macmullen, *Roman Social Relations: 50 B. C. to A. D. 284* (New Haven: Yale University Press, 1974), 114-15에서 재인용. 맥멀런은 이런 경멸이 나오게 된 근본 이유를 이렇게 설명한다. "인간에게 더 나은 부분은 정신이요 영혼이었으므로, 누구든지 단순히 육체의 힘에 의지하여 생계를 꾸려가는 사람은 훨씬 더 비천한 삶을 살았다"(114).
16) Hock, *Social Context*, 62.
17) "얻다"(kerdainō)라는 헬라어 동사는 연속되는 네 구절(19-22절)에서 각 구절마다 한 번씩 등장한다.

자신을 타인에게 맞춘 것이 바울에게는 효과적인 전략보다 훨씬 더 큰 차원의 문제였음을 분명히 알 수 있다.[18]

첫째, 바울은 자신이 사도라는 지위 때문에 누릴 수 있는(9:1-12상) 권리들(*exousiai*, 9:4-6,12,18; 참고, 8:9)을 **스스로** 포기했다(9:15)는 점을 고린도 사람들에게 강조한다. 바울은 성경도 자신에게 허가한 재정 지원을 받을 권리 또는 사도로서 행사할 수 있는 다른 권리를 전혀 사용하지 않았음을 역설한다(9:12하,15상,18하).[19] 19절은 신중한 언어구사를 통해 이런 포기의 자발성을 역설하면서 바울의 자유와 주도적 포기를 강조한다("내가 자유로우나 나 스스로 종이 된 것은").[20] 바울이 복음을 전하는 자가 된 것은 자의가 아니나, 복음을 전할 때는 **값없이** 자기 자신의 자유로운 의지로 전한다(9:17-18). 결국 바울은 자신의 사역을 자유로운 행위이자 순종하는 행위로 보는 셈이며, 그리스도의 죽음도 마찬가지였다.

둘째, 바울이 스스로 종이 되었다는 것은 다른 사람들을 이롭게 할 목적으로 자신을 희생하며 내어주었다는 뜻이다. 이렇게 다른 사람들을 염려하는 심정은 9:20-23에서 연속으로 등장하는 여섯 개의 목적절(목적을 나타내는 *hina*를 사용한 절)이 표현하고 있다. 이 절들은 바울이 한 행동의 근본 이유들을 표

---

18) 마틴(*Slavery as Salvation*, 76-77 등등)에 따르면, 바울이 스스로 종이 된 것을 상류층은 신분 하락으로 보았겠지만, 하류층은 바울이 그리스도의 종들을 대표하는 자 또는 청지기가 되었으므로 높은 신분을 갖게 되었다고 보아 신분 상승으로 보았을 것이다. 마틴이 한 말은 참일 수도 있다. 그러나 바울이 자기 스스로 종이 되었음을 주장할 때 역점을 둔 것은 더 높은 계층, 더 높은 신분에 있는 고린도 사람들이 권리 행사를 유보함으로써 스스로 낮아지도록 인도하는 것이다(마틴도 77-85에서 이 점을 적절히 주장하고 있다). 마틴의 주장대로, 바울이 주로 리더십의 모범을 보여주는 데 관심을 갖고 있다는 점은 분명하지 않다(125-26). 그래도 바울은 스스로 종이 되는 사랑을 실천하라는 자신의 메시지를 듣는 청중 중에 분명 지도자들도 들어 있기를 바랐을 것이다.

19) 바울은 다양한 자료를 원용하여 재정 지원을 받을 수 있는 권리를 뒷받침하는 증거(9:7-14)를 차곡차곡 제시한다. 이 자료에는 성경과 (아마도 당시에) 보통 그리스도인들의 관습이었을 내용이 포함되어 있다.

20) 마틴(*Slavery as Salvation*, 133-34)은 고전 9:19에 있는 헬라어 분사 구문 *eleutheros gar ōn ek pantōn*을 "내가 자유로우나"로 번역하는 것은 잘못이라고 주장한다. 그는 바울이 자신을 여전히 자유로우나 역설적으로 종(노예)인 사람(종이 된 자유인, 또는 자유로운 종)으로 보지 않고, 자유인이었으나 종의 지위를 갖게 된 사람으로 보았다고 주장한다. 그의 주장을 따른다면, 고전 9:19은 "내가 자유인이었을 때, 나는 (자유인이기를 그만 두고) 종이 되었다"라고 번역할 수 있을 것이다. 바울이 자신의 지위가 낮아졌음을 강조하는 것은 참이다. 그렇다고 바울이 그의 자유를 포기했다고 주장하는 것은 잘못일 것이다. 그는 다만 자기 권리를 포기했을 뿐이다. 대다수 주석가들은 이 분사 구문을 양보 구문으로("내가 비록 ~이나/~인데도") 올바르게 번역하고 있다.

현하는 것이기도 하다. 바울의 목적은 노동에 따른 임금이 아니라 회심자들을 "얻는" 것, 즉 유대인과 이방인을 가리지 않고 다른 사람들을 "구원하는"(9:22) 것이다. 그의 관심사와 그 관심사에 따른 활동은 복음에 그 기초를 두고 있다. 바울은 그 복음을 다른 사람들과 나누는 만큼만 그 자신도 그 복음을 공유한다(23절). 데일 마틴은 이를 이렇게 쓰고 있다.

> 고린도전서 9장이 강조하는 것은 바울이 손으로 하는 노동은 비천하다 생각했기 **때문에**('생각했는데도'가 아니다) 그런 노동을 택했다는 것이다. 바울은 약한 자들을 얻으려고 그런 노동을 택한다……그는 낮은 지위에 있는 이들을 얻으려고 자신을 낮춘다.[21]

셋째, 바울은 다른 사람들을 이롭게 하고자 스스로 종이 된 것을 사랑을 나타낸 행위로 본다. 그는 고린도전서 10:32-11:1에서 고린도 사람들에게 자신을 하나의 본보기로 분명하게 제시한다. 이때 그는 자기가 고린도 사람들에게 주었던 철칙, "자신의 유익을 구하지 아니하고 많은 사람의 유익을 구하라"(10:33; 참고, 10:24)를 원용하여 그의 사역을 요약한다(이방인과 유대인과 하나님의 교회를 해치려 하지 않았다[다시 말해, 이롭게 하려 하였다], 10:32-33). 우리가 보았지만, 고린도전서 13:5은 이렇게 자기 이익을 부인하는 것을 사랑의 근본 특성이라고 말한다. 바울의 사역에서는 사랑의 이런 특성이 유대인과 이방인 양쪽, 즉 모든 사람에게 자신을 맞추려는 자세로 나타났다. 그런 점에서 바울이 다른 사람들을 구원하려고 자기 스스로 종이 된 것은 자기를 다른 사람들에게 맞추며 사람을 차별하지 않는 (보편적) 사랑의 표현이었다.

넷째, 바울은 자신이 스스로 종이 된 것을 "그리스도의 율법 아래에"(ŏn... ennomos Christou; 여기서 en은 "~안에", nomos는 "법, 율법"을 뜻한다) 있는 것으로 본다. 이 문구는 정확한 번역이 힘들다. 제임스 던과 벤 위더링턴은 이 관용어의 형태와 내용을 모두 살려 "그리스도의 율법 안에 있는(in-lawed to Christ)"로 번역하려 한다.[22] 어쩌면, "~안에"라는 전치사 en은 바울이 쓴 "그리스도 안에"라는

---

21) Martin, *Slavery as Salvation*, 124(마틴 강조).
22) James D. G. Dunn, *The Theology of Paul the Apostle* (Grand Rapids: Eerdmans, 1998), 668, 그리

은유나 관용구가 들어있는 문구를 원용하면, 그 의미를 가장 잘 포착할 수 있을 것 같다. 그럴 경우 "그리스도의 율법 아래에 있는"은 그리스도의 법(율법) "안에 있는", 그리스도의 법"으로 싸여 있는", 또는 그리스도의 법"으로 형성된"으로 해석할 수 있을 것이다. 이 "그리스도의 율법 아래에 있는"이라는 문구는 바울이 율법이 없는 자들(이방인)에게 "율법이 없는"(anomos) 자가 되었다는 그의 주장이 불러올 수도 있는 오해를 예방하려 한 대목에서 일종의 삽입구처럼 등장한다. 바울은 그 말이 곧 자신이 율법이나 하나님의 뜻을 거슬러 행했다는 말이 **아니라** 도리어 그리스도의 "율법"을 좇아 일관되게 행했다는 의미라고 역설한다: 말하자면 바울은 철저히 그리스도의 법 "안으로" 들어가 산 사람이었다.

하지만 이 "그리스도의 율법 아래에 있는"이라는 문구가 삽입구처럼 자리하고 있다 하여, 바울이 스스로 다른 사람들을 위하여 종이 되었음을 논하는 대목에서 이 문구가 중심 자리를 차지하고 있다는 점을 간과해서는 안 된다. 그리스도의 활동은 바울의 활동에서 규범 내지 기준이다. 바울도 고린도전서 11:1에서 말하지만 그는 그리스도를 본받는 자(mimētēs)다. 고린도전서 10:24-11:1에 따르면, 바울은 자기 자신의 이익을 추구하지 않고 도리어 사랑으로 다른 사람들의 복리를 추구하였다는 점에서 그리스도를 본받는 자였다. 때문에 바울이 본받은 그리스도의 "율법"은 "자기 자신의 이익을 구하지 말라"는 법 내지 원리일 수밖에 없다. 다시 말해, 그리스도의 율법은 자기 권리를 포기하고 다른 사람들을 지향하는 사랑의 원리다. 바울에게 그리스도의 율법 아래 있다는 것은 자기 지위를 부인하고 다른 사람들을 염려하는 그리스도의 사랑이란 패러다임이 그의 사역을 형성하게 한다는 의미다. 바울은 이 사랑을 내러티브 형태로 알았고 내러티브 형태로 설교한다. 때문에 그리스도의 "율법"은 법이나 어떤 원리라기보다 오히려 하나의 "패턴"이다. 바울

고 Ben Witherington III, *Paul's Narrative Thought World: The Tapestry of Tragedy and Triumph* (Louisville: Westminster/John Knox, 1994), 240. BAGD는 ennomos를 "그리스도의 법에 매여 있는(subject to the law of Christ)"로 해석하거나, 어쩌면 "그리스도의 법에 진실한(true to the law of Christ)" 또는 "그리스도의 판단에 따른(according to the judgment of Christ)"으로 해석할 수 있다고 말한다. 어떤 번역을 따르든지, 이 말은 그리스도가 온몸으로 보여주신 어떤 패턴 또는 내러티브를 본받는다는 것을 시사한다(Hays, *First Corinthians*, 154-55도 같은 견해다). 앞장 말미에서 간략히 논의한 내용도 함께 참조하라.

의 사역은 그가 그리스도의 법 "안으로" 들어가 있음을 의미한다. 이는 곧, 8장에서 제시한 것처럼, 십자가로 나타난 그리스도의 사랑이라는 내러티브 패턴이 바울의 존재를 형성한다는 의미이기도 하다.

이처럼 그리스도의 율법이 십자가로 나타난 사랑의 패턴을 의미한다는 점은, 바울이 스스로 종이 되어 그리스도와 같은 사랑을 드러낸 자신의 행위를 자기를 포기하고 다른 사람들을 생각한 그리스도의 성육신 및 죽음과 평행을 이룬다고 이야기하는 것을 보면, 분명하게 알 수 있다. 고린도전서 9:19의 구조는 빌립보서 2장에 있는 그리스도 찬송의 전반부와 놀라울 정도로 평행을 이루고 있다. 바울은 고린도전서 9:19에서 빌립보서 2:6-8에서 볼 수 있는 "[x]인데도, [y]하지 않고 오히려 [z]함" 패턴을 활용한다.

빌립보서 2:6-8	고린도전서 9:19
[x] 그(그리스도 예수)는 근본 하나님의 **본체시나**,	[x] 내가 모든 사람에게서 **자유로우나**,
[y] 하나님과 동등됨을 취할 것으로 여기지 아니하시고,	[y] (문맥[9:12하,15상,18하]이 암시함) 그 자유에서 비롯된 내 권리들을 행사하지 않고, 도리어
[z] 오히려 자기를 비워 종의 형체를 가지사 사람들과 같이 되셨고 사람의 모양으로 나타나사 자기를 낮추시고 죽기까지 복종하셨으니 곧 십자가에 죽으심이라	[z] 스스로 모든 사람에게 종이 된 것은 더 많은 사람을 얻고자 함이라

이 두 서신에 들어있는 간략한 "내러티브" 사이에는 그 단어와 구문과 흐름면에서 분명하고도 아주 큰 유사성이 있다. 때문에 **이 둘의 평행 관계는 우연한 것이 아니라**는 결론을 내릴 수밖에 없다.[23] 바울은 재정 지원을 받길 거

---

23) 이것은 이 두 본문(빌 2:6-8과 고전 9:19) 사이에 차이점이 존재함을 부인하는 게 아니다. 아마도 가장 중요한 게 있다면, 빌립보서 2장에서 그리스도가 종이 되셨다고 말하는 것은 무엇보다

부한 자신의 결정을 자기 지위를 포기하고 스스로 종이 되신 자기 주님의 죽음을 표현한 것으로 본다. 그런 점에서, 그의 이 간략한 자서전적 내러티브는 그의 그리스도 내러티브를 **다시 옮겨놓은 것**(restatement)이다. 고린도전서 9장 전체를 보면, 이 그리스도 내러티브의 또 다른 메아리들이 나타난다.[24]

빌립보서 2:6-8	고린도전서 9장
[x] 그(그리스도 예수)는 근본 하나님의 본체시나,	[x] 다른 이들도 너희에게 이런 권리를 가졌거든 하물며 우리일까보냐(12절상). 이와 같이 주께서도 복음 전하는 자들이 복음으로 말미암아 살리라 명하셨느니라(14절).
[y] 하나님과 동등됨을 취할 것으로 여기지 아니하시고,	[y] 그러나 우리가 이 권리를 쓰지 **아니하고**…(12절하). 그러나 내가 이것을 하나도 쓰지 **아니하였고** 또 이 말을 쓰는 것은 내게 이같이 하여 달라는 것이 아니라(15절상).
[z] 오히려 자기를 비워 종의 형체를 가지사 사람들과 같이 되셨고 사람의 모양으	[z] 범사에 참는 것은 그리스도의 복음에 아무 장애가 없게 하려 함이로다(12절).

하나님의 종이 됨(하나님께 순종함)을 가리키는 반면 고린도전서 9장에서 바울 자신이 종이 되었다고 말하는 것은 다른 사람들에게 종이 되었음을 가리킨다는 사실일 것이다. 하지만 이 두 본문의 이런 차이를 과장해서는 안 된다. 우리가 앞 장에서 보았지만, 빌립보서 2장 문맥을 살펴보면, 바울은 그리스도가 하나님의 종이 되시는 행위 또는 하나님께 순종하시는 행위를 인간을 향한 사랑의 행위로 해석한다. 나아가, 빌립보서 2장은 바울이 다른 사람들에게 "종이 된 것"도 그가 하나님의 종이 된 데 따른 당연한 결과 내지 이면(裏面)이라는 것을 역시 분명하게 보여준다. 따라서 이 표면상의 차이는 실상 더 심오하고 더 근본적인 유사성을 강조해주는 역할을 한다. 다시 말해, 하나님의 "종이 되는 것"과 다른 사람들의 "종이 되는 것"은 서로 분리할 수 없다는 점을 강조해주는 것이다. 이를 우리가 논중해온 언어로 표현한다면, 십자가를 본받는 믿음은 늘 십자가를 본받는 사랑과 결합될 수밖에 없다고 말할 수 있을 것이다.

24) 앞으로 보게 되겠지만, 이것은 바울 서신에 존재하는 많은 유사한 평행 패턴들 가운데 첫 번째일 뿐이다.

로 나타나사 자기를 낮추시고 죽기까지 복종**하셨으니**(*became* obedient) 곧 십자가에 죽으심이라.

유대인들에게 내가 유대인과 같이 **된 것은**…율법 없는 자에게는…율법없는 자와 같이 **된 것은**…약한 자들에게 내가 약한 자와 같이 **된 것은**…(20-22절).

스스로 종이 되고 다른 사람들을 생각하는 바울의 사랑은 분명 계속되는 과정이지, 일회성 행위가 아니다. 따라서 그 사랑은, 한스 콘첼만(Hans Conzelmann)이 언급하듯이, 바울의 근본적 "자기이해"[25]와 존재 방식을 구성한다. 그런 사랑은 그의 **행동 방식**(*modus operandi*)이다. 이렇게 스스로 종이 되는 것은 그가 재정 지원을 거부한 것에 초점이 맞춰져 있지만, 그런 특정 행위에만 **국한되지는** 않는다. 자기 스스로 종이 되는 것은 바울의 삶과 사역에서 계속되는 패턴이다. 바울은 이 계속되는 행위를 변함이 없으나 역동적인, 그러면서도 오히려 다양한 의미를 가진 존재 방식으로 본다. 바울은 그리스도가 스스로 종이 되었음을 이야기한 짧은 내러티브로 그리스도를 그려낸다. 마찬가지로 그는 자신이 계속하여 모든 사람에게 종이 됨을 이야기한 내러티브로 그 자신을 그려낸다. 바울은 그리스도의 종일뿐만 아니라 다른 사람들의 종이다.

위에서 언급했지만, 바울이 그 스스로 종이 된 것이 그의 자유의 구체적 표현이라는 점은 역설이다. 바울은 자신이 자유인이라고 담대하게 강조한다(9:1,19). 이 말은 특히 그의 영적, 사도적, 사회적 자유를 가리키는 말일 수도 있고, 재정적 자유를 가리키는 말일 수도 있는데, 혹는 일부러 모호하게 표현한 말로서 이 모든 자유를 가리키는 말일 수도 있다. 어쨌든, 바울은 결코 그의 자유를 포기하지 않는다. 그가 포기한 것은 오직 그의 권리뿐이다(참고, 9:12하). 실제이든, 비유이든, 바울은 정확히 종이 되었다. 그러나 그는 여전히 그의 자유를 갖고 있을뿐만 아니라, 그가 그 자유를 발견한 주님을 닮아감으로써 그가 가진 자유를 최대한 행사한다. 그리스도처럼(빌 2:8), 바울은 순종한다. 그러나 그는 (역시 그리스도처럼) 자의로 순종한다. 이렇게 순종했기에, 바울

---

25) Hans Conzelmann, *1 Corinthians*, Hermeneia (Philadelphia: Fortress, 1975), 160.

은 다른 사람들에게 "믿음의 순종"을 거짓 없이 설교할 수 있었다.[26]

바울은 자기 자신의 삶의 패턴을 다른 사람들에게 본받아야 할 패턴으로 제시한다. 그 패턴의 본질적 특성은 자기 지위를 포기하고 자신을 내어주는 사랑이었다. 바울 자신의 삶을 본받으라는 뜻은 고린도전서가 8장과 9장을 나란히 배치하고 있다는 점에서 은연중에 드러나지만, 고린도전서 10:24-11:1은 이 뜻을 분명하게 드러내고 있다. 바울이 제시하는 패턴은 이제 지위 포기 패턴("[x]인데도, [y]하지 않고 오히려 [z]함")을 따라 요약할 수 있겠다. 바울은 이 패턴을 그리스도와 바울 자신의 사역에서 발견한다. 그는 또 이 패턴을 고기를 먹는 고린도 신자들에게 권면한다.

[x] 자기 지위와 자유와 권리(9:1-6; 참고, 8:8-9상)에 관하여 지식을 갖고 있음(9:7-12상,13-14; 참고, 8:1상,2,4-6).

[y] 그 권리를 사용하지 않고 도리어 포기함(9:12하,15-18; 참고, 8:13).

[z] 스스로 다른 사람들의 종이 되고 다른 사람들을 사랑함(9:19-23; 참고, 8:7, 9-12).

하지만 바울은 그가 고린도 사람들에게 본보기가 되는 유일한 이유가 그의 삶이 사랑의 패러다임인 그리스도를 본받고 있기 때문이라는 점을 분명히 한다(11:1).

---

26) 바울이 스스로 종이 된 것은 역설적이게도 그의 권위를 표현한 것이라는 점도 함께 말하지 않을 수 없다. 특히 Martin, *Slavery as Salvation*, 117-35를 보라. 하지만 마틴은 "바울이 고린도전서 9:16-18에서 그리스도의 종이 되었다고 말하는 것은 자기 낮춤을 표현한 게 아니다"라고 주장하나(117), 이는 잘못된 것이다. 사실, 바울이 종이 된 것은 그의 권위와 자기 낮춤, 자유와 종의 처지, 능력과 사랑을 함께 행동으로 옮긴 것이기 때문이다. 마틴 자신도 인정하듯이, 자기 낮춤이 아니라는 주장은 "완화될 필요가 있다"(84). 바울은 그리스도의 종으로서 자기 급료를 받을 권리를 포기하고 있기 때문이다(84-85).

십자가를 본받는 적응성(융통성)

우리가 제시했듯이, 바울이 천막을 만드는 일에 종사한 것은 그의 유연성 내지 적응성의 표현이기도 했다. 우리는 바울이 사역에서 이런 적응성을 십자가를 본받는 삶의 한 모습으로 체험했다는 점을 언급했다. 바울은 모든 사람을 "얻고자", 아니면 최소한 모든 민족과 모든 사회 계층에 속한 사람들, 특히 유대인과 이방인과 "약한 자들"로부터 가능한 한 많은 사람을 얻고자 "스스로 모든 사람에게 종이 되었다"(고전 9:19-23). 그가 사도로서 발휘한 이런 적응성은 특히 어떤 결과를 낳았고 어떤 의미를 지녔던 것일까?[27]

우선 "모든 사람을 얻으려고 스스로 모든 사람에게 종이 되었다"는 말이 **의미하지 않는** 것부터 살펴보자. 바울은 분명 자신의 적응성을 "카멜레온 같은" 삶을 살아간다는 의미로, 그의 행위가 변덕스럽다거나 예측할 수 없다거나 일관성이 없다는 의미로 이해하지 않았다.[28] 하지만 일부 사람들은 분명 그의 행위를 지지할 수 없는 것이라고 보았으며, 바울이 고린도전서 9장에 들어 있는 자기 변호문을 쓸 수밖에 없었던 것도 바로 이런 이유 때문이었다. 더욱이 바울은 분명 자신의 설교와 목회 지침들이 모든 그룹이나 공동체에 미치기를 원했지만, 그렇다고 자신이 전하는 복음에까지 융통성을 발휘하지는 않는다.[29] 바울이 볼 때, 십자가에 못 박히셨다가 부활하셔서 높이 올림을 받으시고 장차 다시 오실 그리스도를 전하는 복음은 타협할 여지가 없는 것이었다. 그리스도가 설교하신 내용뿐만 아니라 그리스도가 누구신가도 타협할 대상이 아니었다. 바울의 유연성은 그 복음을 온몸으로 살아내는 데 국한되

---

[27] 사도행전을 읽는 사람은 유연성의 원리를 예시하는 일화들을 사도행전 안에서 발견할 수 있다(16:1-5, 21:17-26). 하지만 갈라디아서를 읽는 사람은 바울이 할례 문제에 관하여 유연함을 보이지 않고 명백히 율법을 경멸하고 있음을 볼 수 있다. 얼핏 보면, 바울은 자기주장만을 지나치게 내세우고 있는 것 같다. 하지만 실제로 갈라디아서는 바울이 강조하는 점, 곧 유대인의 독특한 제의와 관습이 그리스도 안에서 세례 받은 이방인들에게 전가되는 것을 바울이 허용하지 않는다는 점을 증명해준다.

[28] 많은 논의 가운데, 고전적 논문인 Henry Chadwick, "'All Things to All Men'(1 Cor 9:22," *New Testament Studies* 1 (1954-55): 261-75를 보라.

[29] 사람들을 복음으로 인도하는 데 "필요한 길이라면, 그 길이 무엇이든지, 바울은 자기 행위를 (자기 메시지가 아니다!) 기꺼이 그 길에 맞추려고 한다"(Hays, *First Corinthians*, 153).

어야 했으며, 결코 복음과 모순되는 것은 허용되지 않았다.

고린도전서 9:19-23이 제시하는 사실은 말 그대로 바울이 유대인을 섬길 때는 유대인처럼 행동하고, 이방인을 섬길 때는 이방인처럼, "약한 자들"을 섬길 때는 약한 자처럼 행동했다는 것이다.

> 유대인들에게 내가 유대인과 같이 된 것은 유대인들을 얻고자 함이요 율법 아래에 있는 자들에게는 내가 율법 아래에 있지 아니하나 율법 아래에 있는 자 같이 된 것은 율법 아래에 있는 자들을 얻고자 함이요 율법 없는 자에게는 내가 하나님께는 율법 없는 자가 아니요 도리어 그리스도의 율법 아래에 있는 자이나 율법 없는 자와 같이 된 것은 율법 없는 자들을 얻고자 함이라. 약한 자들에게 내가 약한 자와 같이 된 것은 약한 자들을 얻고자 함이요 내가 여러 사람에게 여러 모습이 된 것은 아무쪼록 몇 사람이라도 구원하고자 함이니 내가 복음을 위하여 모든 것을 행함은 복음에 참여하고자 함이라(고전 9:20-23)

따라서 우리는 바울이 유대인들에게 복음을 전하거나 유대인 신자들로 이루어진 공동체들을 상대로 일하거나 그가 섬기는 교회들 안에 있는 유대인 신자들을 상대로 일할 때는 유대의 절기와 음식 규례를 따랐을 것이라고 추측해볼 수 있다.[30] 바울이 얼마나 자주 이랬는지 우리는 모른다. 그러나 그는 이방인들을 상대로 일한 경우가 더 많았다. 이방인들과 있을 때, 바울은 그들이 그리스도를 믿는 것은 곧 유대인의 관습에 맞춰가는 것이라고 생각하지 않도록 유대인들이 요구하는 규례들을 무시했다. 약한 자들(믿음이 약한 자들[고린도전서 8장]이나 사회경제적 약자[고전 1:26-27]를 가리키거나, 양쪽을 모두 가리키는 말일 수 있다)에게 복음을 전할 때, 바울은 그들이 복음의 메시지를 받아들이는 데 장애가 되겠다 싶으면 양심이나 계층에 따른 특권들을 모두 포기했다. 그가 여기서 자신의 손으로 일한 것을 언급한 것도 십중팔구 이를 통해 다른 노

---

30) 이것은 바울이 토라를 유대인들이 구원을 얻는 수단으로 설교했다는 말이 아니라, 다만 그가 십자가에 못 박히신 메시아를 자기 동족인 유대인들에게 전하면서도 본질적이지 않은 문제들에서는 그들의 마음을 상하게 하지 않으려고 유대인들만이 갖고 있는 특정한 경계표들에 기꺼이 따랐다는 말이다(갈 5:6과 롬 14장을 보라).

동자들에게 다가갔음을 말하는 것일 게다.

만일 바울이 그 시대 교사들이 흔히 따랐던 소피스트 모델을 따라갔다면, 그도 자신에게 주거와 도움을 제공하고 그가 가르치기에 적합한 장소를 제공할 부유한 후원자를 구했을 것이다. 그랬다면 십중팔구 그는 자신의 가르침에 값을 매기고 이런 가르침을 생계 밑천으로 삼아 배움을 받는 자들에게 대가를 요구했을 것이다. 바울 사도가 이런 길을 택했다면, 그는 분명 고린도와 다른 도시들에 사는 부자들 사이에서 더 많은 지인과 영향력과 지위를 얻었을 것이다. 하지만 그 반면에 그는 노동자들과 사회의 가난한 사람들을 만날 수 없었을 것이며, 그들 사이에서 호소력과 존경을 잃어버렸을 것이다.[31] 바울은 그 시대에 흔했던 소피스트 모델과 다른 길을 택했다. 그는 "낮은 쪽으로 내려가는 것"을 택하여 낮은 지위에 있는 자들과 같이 되고 그들과 더불어 일했다.

요컨대 "바울이 그리스도의 종이라는 사실은 그가 다가가 복음을 전하고 싶어 했던 사람들의 문화 구조와 여러 제약들에 다양한 방법으로 자신을 맞춰간 모습에서 잘 드러난다."[32] 그러나 바울이 "무엇"에서 융통성을 발휘했느냐보다 더 중요한 것은 그가 "왜" 이런 융통성을 발휘했느냐다. 고린도전서 9:20-21에 있는 평행 문구들이 분명하게 말하고 고린도전서 9:22에 있는 또 하나의 평행 문구가 암시하는 것은 바울의 융통성이 본디 어떤 그룹에 속하지 않은 사람이 스스로 그 그룹 사람들 속으로 "옮겨갔다"는 것을 의미한다는 점이다. "율법 없는 자에게는 내가 하나님께는 율법 없는 자가 아니요 도리어 그리스도의 율법 아래에 있는 자이나…(내가 약한 자가 아닌데도) 약한 자들에게 내가 약한 자와 같이 된 것은…."[33] 융통성(적응성) 패턴은 결국 "내가 그 그룹에 맞춰가야 하는 것은 아니었으나, 어쨌든 복음을 전하려고 그리한 것이었다"

---

31) Hock, *Social Context*, 50-55; Martin, *Slavery as Salvation*, 124; Graham Tomlin, *The Power of the Cross: Theology and the Death of Christ in Paul, Luther and Pascal* (Carlisle, UK: Paternoster, 1999), 84-85를 보라.

32) Hays, *First Corinthians*, 153.

33) 고린도전서 8장과 로마서 14장을 볼 때, 바울이 자신을 신자이지만 "약한 자"인 사람들(아마 이들은 유대 절기와 음식 규례를 따랐던 사람들일 것이다) 가운데 하나로 여기지 않았다는 것을 분명히 알 수 있다. 또 "약한 자들"이 낮은 계층을 가리키는 말이라 할지라도(가령, 고전 1:26-27), 바울은 분명 낮은 계층 출신이 아니라 "그 시대에 훌륭한 교육을 받은 상위 1-2 퍼센트 집단" 출신이었다(Witherington, *Paul's Narrative Thought World*, 216). 하지만 그가 어떻게 그런 지위를 얻게 되었으며 그의 "출생 신분"이 무엇인가는 풀기 힘든 역사의 수수께끼다.

라는 뜻이다. 이 패턴은 빌립보서 2장과 다른 곳에서 이야기하는 그리스도의 사랑 패턴인, "그는 근본 하나님의 본체시나"(빌 2:6)와 "그가 부요하셨는데도"(고후 8:9)[34]를 다시 한 번 직접적으로 되울려주고 있다. 다시 말해, 바울의 적응성은 그가 그리스도를 본받아 닮아 가는 것을 표현한다. **그의 유연성에서 일관되게 나타나는 요소는**, 그가 유대인이나 이방인이나 약한 자들 가운데 어디서 활동하든지, **그의 활동이 십자가를 본받는 특성을 갖고 있었다는 점이다.**

바울은 자신의 행위들을 상황에 따라 바꿀 수 있었다. 그 행위 중 어느 것도, 가령 유대인의 음식 규례를 지킬 것인가 말 것인가와 같은 것도 그리스도 안에서 하나님과 언약으로 맺어진 삶의 본질을 이루는 것은 아니라고 믿었기 때문이다. 이런 행위들은 당시 스토아주의자들이 **아디아포라**(adiaphora, 본질적이지 않은 문제들)라고 불렀던 것들이다.[35] 그러나 바울 사도는 그런 특정 행위들이 본질적이지 않은 문제이므로 사도 자신이 청중이 누구냐에 따라 그런 행위들에 맞춰가거나 그 행위들을 거부할 수 있지만, 만일 사도 자신도 복음의 복에 동참하기를 원한다면, 어떤 식으로든 자기 지위를 포기하는 패턴만은 따라야 한다는 점을 분명하게 밝히고 있다(고전 9:23). 즉, 십자가를 본받는 적응성을 보여주는 특정 행위들은 유연하다(말하자면, 타협이 가능하다). 그러나 십자가를 본받는 패턴 자체를 통틀어 놓고 보면, 이 패턴은 일관성이 있고 반드시 따라야 하는 것이며, 적어도 지금과 이후에 그리스도의 삶에 동참하길 원하는 사람들이라면 반드시 그래야 한다. 그런 점에서 바울의 융통성은 단순히 "선교 전략"의 일부가 아니다. 복음은 "내면적 역동성"을 갖고 있으며, 이 역동성은 바울에게 "십자가에 못 박히신 그리스도가 걸으셨던 것과 똑같은 자기 낮춤의 길을 걸어가도록" 요구하기 때문이다.[36] 특히 "약한 자들"에게 맞춰야 한다는 바울의 강조점이 생생히 보여주듯이, 십자가를 본받는 삶은, 바울의 말을 이 시대의 관용어로 바꿔 표현하자면, "가난한 자들을 우선 배려하

---

34) 8장에서 언급했듯이, 이 본문들은 모두 "~인데도"로 번역되는 "양보" 의미의 헬라어 분사 구문을 포함하고 있다.

35) 바울은 스토아주의의 이런 원리를 철저히 그리스도 중심적인 언어로 롬 14:1-15:13에서 다시 천명하면서, 로마 신자들에게 그들의 차이점을 인정하고 서로 용납하라고 권면한다.

36) Tomlin, *Power of the Cross*, 95. 톰린은 바울의 자기 낮춤이 그런 이유 때문에 "구원론에서 중요한 의미를 갖는다"는 마틴의 적절한 주석을 바르게 주목하고 있다.

고 낮은 자리로 내려가는 삶을" 요구한다.[37]

따라서 바울 사도가 보여준 융통성은 다른 사람들의 민족적, 종교적, 사회경제적 정서에 스스로, 그리고 반드시(여기서 '반드시'라는 말을 쓴 것은 그리스도의 사랑이라는 패러다임이 이런 융통성을 요구하고 강권함을 의미한다) 맞춰야 한다는 것을 의미한다. 사도가 보여준 융통성은 고정되어 있지 않고 유연하다. 게다가 특히 바울이 섬긴 공동체에서는, 유대인과 이방인 양쪽에 자신을 맞춰간 바울의 특수한 본보기가 다른 사람들에게도 바울 자신과 똑같이 행하되, 모든 사람을 위하여 자신을 내어주신 그분(그리스도)의 패턴을 따르도록 권면할 수 있는 권위를 바울에게 부여해주었다.

십자가를 본받는 사랑인 목회적 돌봄

고린도전서 9장을 살펴보면서, 우리는 바울이 사도로서 실천한 십자가를 본받는 사랑을 자기의 소명에 특유한 것이자 널리 다른 사람들도 본받을 수 있는 것으로 보았음을 알았다. 이렇게 사도가 십자가를 본받는 사랑을 보인 경우가 셋 있는데, 그 중 둘은 이미 앞에서 언급했다. 이 두 경우에서, 바울은 다른 사람들을 이롭게 할 목적으로 자기 자신의 권리 내지 이익을 포기한다. 바울이 그의 특수한 상황들 속에서 한 활동은 그의 사도 사역에 특유한 것이지만, (그의 시각에서 볼 때) 다른 사람들도 본받을만한 가치가 있다.

데살로니가전서

바울이 데살로니가 사람들에게 쓴 첫 번째 서신은 감사로 시작하여 이내

---

37) Hays, *First Corinthians*, 157.

사도의 자기변호를 담은 내용으로 바뀐다. 고린도전서 9장과 비슷한 이 자기변호는 데살로니가 사람들이 복음에 보인 반응과 사도가 동역자들과 함께 한 팀 사역이 성실하고 한 사람 한 사람을 아주 친밀하게 돌보았다는 사실에 근거하고 있다(1:4-2:12, 바울의 감사는 2:13에 집약되어 있다). 2장에서 바울은 "간사함이나 부정한 동기나 속임수를 부리고"(2:3) "아첨하는 말을 하며 탐심의 탈"을 쓴(2:5) 일부 사람들의 공격에 맞서 자신을 변호하고 있는 것으로 보인다. 바울은 데살로니가 사람들을 상대로 한 자신의 팀 사역을 서술하면서, 자기희생이라는 언어와 함께 부모와 자녀의 관계를 표현하는 이미지들을 원용한다. 바울은 이런 모든 이미지들을 사용할 때, 고린도전서 9장에서 종/노예의 이미지를 쓸 때처럼, 데살로니가 사람들을 상대로 한 자신의 사역(곧, 자신과 동역자들이 함께 한 팀 사역)을 증언하는 내러티브를 그리스도를 증언하는 내러티브와 평행을 이루게 하여 재차 이야기한다. 이렇게 평행을 이루는 부분들은 아래와 같이 제시해볼 수 있다.

빌립보서 2:6-8	데살로니가전서 2:5-12
[x] 그(그리스도 예수)는 근본 하나님의 **본체시나,**	[x] 우리는 그리스도의 사도로서 마땅히 권위를 주장**할 수 있으나**(폐를 끼칠 수 있으나)(7절상)
[y] 하나님과 동등됨을 **취할 것으로**(자기 이익을 위해 쓸 수 있는 것으로) 여기지 **아니하시고,**	[y] 우리가 **아무 때에도** 아첨하는 말이나 **탐심의 탈을 쓰지 아니한 것을**… 우리가… 사람에게서는 영광을 구하지 아니하였노라(5절하-6절) (7절상이 암시하는 내용: "우리는 폐를 끼치지 않았다/우리는 사도라고 거드름을 피우지 않았다.") 우리의 수고와 애쓴 것을…너희 아무에게도 폐를 끼치지 **아니하려고** 밤낮으로 일하면서…(9절)

[z] 오히려 **자기를** 비워 종의 형체를 가지사 사람들과 같이 되셨고 사람의 모양으로 나타나사 **자기를** 낮추시고 죽기까지 복종하셨으니 곧 십자가에 죽으심이라

[z] **도리어** 너희 가운데서 유순한 자가 되어 유모가 **자기** 자녀를 기름과 같이 하였으니 (7절하)

우리가…하나님의 복음뿐 아니라 **우리의 목숨까지도** 너희에게 주기를 기뻐함은 … (8절상)

우리의 수고와 애쓴 것을…너희 아무에게도 **폐를 끼치지 아니하려고** 밤낮으로 일하면서…(9절)

우리가 너희 각 사람에게 아버지가 자기 자녀에게 하듯 권면하고 위로하고 경계하노니…(11절-12절상)

첫 번째 이미지(살전 2:7-8)는 자신의 귀중한 자녀를 부드럽게 소중히 여기며 젖을 먹이는 어머니(또는 어쩌면 **자기** 자녀를 돌보는 유모ᵈ일 수도 있다)의 모습이다. 이 이미지는 바울과 그의 동역자들이 사도들로서 가질 수 있었던 모습을 묘사한 내용, "우리는 마땅히 권위를 주장할 수 있으나(폐를 끼칠 수 있으나)"(2:7), 또는 본문에 더 가깝게 옮겨보면, "우리가 거드름을 부릴 수도 있으나"(dynamenoi en barei einai)와 완전히 딴판이다. 즉, 그 시대에 견유학파에 속하여 이리저리 떠돌던 일부 사람들이 그랬다고 알려져 있듯이, 바울과 그의 동역자들 역시 지나친 요구를 하고 무례히 굴며 자신들의 권위를 행사할 수 있었다.[38] 하지만 바울과 그의 동역자들은 모자지간이 가장 친밀한 때, 즉 어머니가 자녀에게 젖을 먹일 때에 그 어머니가 자녀를 대하는 심정으로 데살로니가 사람들을 사랑했다. 이런 이미지를 더 강하게 만들어주는 것이 8절이 언

---

38) Abraham Malherbe, "Gentle as a Nurse," in *Paul and the Popular Philosophers* (Minneapolis: Fortress, 1989), 35-48.

9장 십자가를 본받는 사랑(II)   315

급하는 깊은 보살핌과 사랑이다. 이런 애정을 생생하게 보여준 사례가 바울이 자신을 통째로 내어준 것(2:8하)과 사람들에게 폐를 끼치지 않으려고 스스로 수고하여 생계를 꾸려간 것(2:9)이다.[39] 바울은 이런 문제에서 그리스도와 마찬가지로 자기 지위와 권리를 포기하면서, 이런 지위와 권리를 사용하여 사리(私利)를 취하거나 사람들에게 짐을 지우길 거부했는데, 사도로서 권리를 내세우며 거드름을 피울 수 있는데도 그리한 것이다. 그 대신, 바울은 (당시 문화의 시각에서 볼 때) 약함과 사랑을 택했다. 그것이 그 스스로 그가 전한 복음을 구현하는 것이었기 때문이다.[40]

이미 일부를 위에서 인용했던 다음 구절도 바울과 데살로니가 사람들의 관계를 모자지간이라는 이미지로 표현한 대목 가운데 일부다.

> 우리가 이같이 너희를 사모하여 하나님의 복음뿐 아니라 우리의 목숨까지도 (tas heautōn psychas) 너희에게 주기를(metadounai) 기뻐함은 너희가 우리의 사랑하는 자(agapētoi) 됨이라(살전 2:8)

이 본문과 이 본문이 속한 문맥에서 어머니라는 이미지는 중요한 의미가 있다. 여인이 그 자녀에게 필요한 양식을, 나아가 더 중요한 자기 자신을 모두 주게 되는 것은 어머니로서 갖는 애정 때문이다. 이런 애정은 바울과 그의 동역자들이 데살로니가 사람에게 그들의 "영적 양식"인 하나님의 복음뿐 아니라 그들 자신까지도 내어주게 만들었던 사랑과 비슷하다.

"우리의 목숨까지도"(또는 "우리의 혼/우리 자신까지도")는 이 대목에서 감정을 실은, 친밀한 언어를 이어간다. 하지만 본문 문맥이 분명하게 보여주듯이, 이 "우리의 목숨까지도"라는 문구는 무한한 희생적 섬김과 결합된 감정적 유대감을 의미한다. 이런 섬김과 유대감을 보여준 증거가 바로 데살로니가 사

---

39) 2:9에서 "폐를 끼치다(짐을 지우다)"로 번역된 헬라어 동사(epibarēsai)는 2:7에서 "권위를 주장하다(폐를 끼치다, 무례한 요구를 하다)"로 번역된 헬라어 관용어(dynamenoi en barei einai)를 다시 들려주고 있다. 둘 다 "짐, 무게"(bar라는 어근)라는 말 형태를 갖고 있다.
40) 바울이 데살로니가 사람들을 상대로 한 그의 사역 속에서 그 스스로 복음을 온몸으로 표현한 것이 갖는 중요성을 살펴보려면, Jerry L. Sumney, "Paul's 'Weakness': An Integral Part of his Conception of Apostleship," *Journal for the Study of the New Testament* 52(1993): 71-91, 특히 데살로니가전서 2장을 언급한 87-89을 보라.

람들에게 재정 부담을 지우지 않으려고 "밤낮으로" 일한 것(2:9)이었으며, 심지어 복음을 전한 행위 자체도 그런 섬김과 유대감을 증명해준 증거였다. 이전에 데살로니가에서 겪은 고난과 반대를 무릅쓰고 복음을 전하는 데에는 하나님이 주신 담대함이 필요했기 때문이다(2:2; 참고, 1:5-6, 3:3-4).

"하나님의 복음뿐 아니라 우리의 목숨까지도(tas heautōn psychas) 너희에게 주기를(metadounai)"이라는 표현은 그리스도의 죽음을 자기를 내어주심 또는 자기포기([para]didonai heauton)로 지칭한 그리스도 내러티브 패턴과 평행을 이룬다.[41] 2:8에서 구사하는 말과 이 구절 문맥은 바울이 그리스도의 죽음은 곧 자기를 내어주심이라는 기독론 공식을 데살로니가 사람들을 상대로 한 자신의 사역을 해석하는 목회 상황에 맞게 고쳐 적용했다는 것을 시사해준다.[42] 바울은 자신과 그의 동역자들이 사랑으로 "그들 자신을" 데살로니가 사람들에게 내어주었다고 말한다. 이는 곧 그들의 사역이 그들의 주님을 본받아 십자가를 본받는 사랑의 형상을 가진 것이었다는 것을 말하고 있는 것이다.

어머니와 희생이라는 이미지에 이어 아버지에게 쓰는 말로 묘사한 부분이 등장한다. 여기서 강조하는 것은 가르침을 주고 가르침을 받는 관계다. 바울과 그의 동역자들은, 마치 아버지가 그 자녀에게 도덕을 훈계하곤 하듯이,

---

41) 가령, 갈 1:4, 2:20이 그 예다. 헬라어 동사 didonai 앞에 접두어 meta가 붙어있는 것은 뜻밖이며, 이런 형태는 신약 성경에 들어있는 어떤 "자기포기 공식"에서도 등장하지 않는다. 이 말은 아마도 목회라는 맥락과 감정적 맥락에 맞게 신중히 고쳐 쓴 말일 것이다. 마찬가지로, 바울이 자기포기 공식에서 보통 사용하는 재귀대명사 대신 "우리의 목숨까지도"(tas heautōn psychas)라는 문구를 사용한 것은 이 서신의 목적에 맞게 적절히 고쳐 쓴 것이다. 바울 서신 바깥에서는 자기포기 공식에서 재귀대명사를 쓰지 않고 "목숨/혼" 또는 "자기 자신"을 뜻하는 헬라어 명사 psychē를 쓰는 경우가 있다. 요 10:11, 막 10:45, 요일 3:16이 그 예다.

42) 이 문맥에 들어 있는 두 가지 요인은 바울이 살전 2:8에서 기독론 내러티브 패턴을 언급하고 있다는 것을 더 분명하게 증명해준다. 첫째, 갈 2:20(참고, 롬 15:1-3, 빌 2:1-8)처럼, 바울이 사랑을 자기를 내어줌과 연결하고 있는 모습이 나타난다(참고, agapētoi). 둘째, 데살로니가 사람들이 많은 환난과 고초를 겪으면서도 말씀을 받아들임으로써 바울과 주님을 "본받는 자들"이 되었음을 언급하는 대목이 적어도 한 군데 등장하는데, 어쩌면 한 군데 더 있을지도 모르겠다(살전 1:6, 그리고 바울이 정말 쓴 본문이라면 2:14-15도 그런 대목). 바울은 1:6에서 자신이 사역하며 겪은 고난을 예수의 고난과 비교할만한 것으로 묘사한다. 그는 2:8-10에서 그가 데살로니가 사람들 사이에서 한 사역을 자기를 내어주고 자기를 희생한 사역으로 묘사한다(목회자로서 회중을 돌보고 스스로 일하여 생계를 꾸려간 점에서). 만일 바울이 자신의 사역을 예수의 고난과 비슷한 것으로 언급하고 있음이 분명하다면(1:6), 똑같은 문맥에서 자신의 사역을 자기희생으로 묘사하는 것(2:8)은 그리스도의 자기희생을 언급하는 것일 가능성이 높다. 이런 평행 관계 중 몇 가지를 강조하는 해석을 살펴보려면, F. F. Bruce, *1 & 2 Thessalonians*, Word Biblical Commentary 45 (Waco, TX: Word, 1982), 28-33을 보라.

하나님께 합당하게 살아가는 법을 데살로니가 사람들 한 사람 한 사람에게 훈련시켰다. 바울과 그의 동역자들은 이런 훈련을 시킬 때, 데살로니가 사람들에게 재정 부담을 지우지 않았다(2:9). 그런 일은 아버지에게 합당하지 않은 일이었기 때문이다. 또 그들은 강요하기보다 "권면과 위로"(2:11)로 훈계하였다. 바울은 자신이 데살로니가 사람들 앞에서 거드름을 피우지 않고 그들을 그리스도가 보여주신 것과 같은 사랑으로 대할 것을 결심했었다고 재차 이야기한다.

고린도후서

바울이 후원 받기를 거부한 문제는 고린도전서와 데살로니가전서뿐 아니라 고린도후서에서도 다루고 있다. 그가 후원 받기를 거부한 것은, 바울이 "지극히 크다는 사도들"이라 부르며 비꼬았던 사람들이 바울과 그가 전하는 복음은 그들과 그들이 전하는 복음보다 못하다는 생각을 고린도 사람들에게 심어주려 했을 때, 특히 민감한 문제로 대두되었다. 그들이 바울과 바울이 전하는 복음을 이렇게 폄훼한 것은 그들이 바울보다 더 뛰어난 언변과 더 큰 능력의 표적을 보인 탓도 있었지만, 바울이 돈을 받기를 거부한 것도 한 이유였다(고후 10-13장). 이것은, 그들도 분명히 주장했듯이, 바울이 전하는 메시지가 그들의 것보다 가치가 덜하다는 뜻이었다.

바울은 이런 비난에 즉각 대응하면서 우선 자신과 그리스도를 연계하여 이야기한다.

> 너희를 대면하면 유순하고 떠나 있으면 너희에 대하여 담대한 나 바울은 이제 그리스도의 온유와 관용으로 친히 너희를 권하고…모든 생각을 사로잡아 그리스도에게 복종하게 하니(고후 10:1,5)

그는 실제로 그 자신이 돈을 받기를 거부한 것을 논의하면서(11:7-15) 다시금 자신과 그리스도가 유사함을 역설한다. 바울은 자신의 거부를 자기를 낮추는 행위로 묘사한다("나 자신을 낮추어", 11:7; *emauton tapeinōn*). 이런 표현은 특히 빌립보서가 보존하고 있는 그리스도 내러티브를 다시 한 번 들려준다. 바울은 또 자신이 어느 누구에게도 폐를 끼치고 싶지 않았으며 앞으로도 계속하여 재정상 짐을 지우는 일은 거부할 것이라고 말한다(11:9; 참고, 살전 2:9).

바울이 이 문제에서 보인 완고한 태도를 두고 사랑이 없다느니 심지어 죄를 짓는 것이라느니 떠들어대는 이들이 분명 일부 있었지만(11:7,11), 바울은 단호한 태도를 견지한다. 사실은 이렇게 재정상 짐을 지우길 거부한 것이 고린도 사람들을 향한 바울의 사랑을 표현한 것이며, 그 사랑이 바로 바울이 이해하고 체험했던, 그리스도를 따라 십자가를 본받는 사랑이었다(11:11).

빌레몬서

우리가 위에서 보았듯이, 바울이 자기 권리를 포기한 것은 데살로니가 사람들과 고린도 사람들을 향한 사랑의 표현이었다. 이에 더하여, 바울은 이렇게 사랑을 표현하는 행위(위대한 수사 능력과 효과를 동반한 행위)를 그가 쓴 서신 가운데 가장 짧고 그 자신의 면모가 아주 많이 드러나 있는 빌레몬서에서 그대로 이어가고 있다. 불과 25개 구절로 이루어진 이 짧은 서신에서, 바울은 이 서신의 두 "주인공"에게 그가 사도로서 지닌 깊은 애정을 표현한다. 그는 이 서신에서 "사랑"이라는 명사를 세 번 활용하면서(5,7,9절), 주인인 빌레몬과 종/노예인 오네시모를 "사랑을 받는 자"(1,16절)라고 부른다.

빌레몬서는 근래 몇 년 사이에 학자들의 집중 검토 대상이 되었으며, 그 결과 이전의 해석에 의문이 제기되게 되었다. 이전에는 학자들이 이 빌레몬서를 바울이 빌레몬의 집에서 도망친 종 오네시모를 용납하고 용서하도록 빌레몬을 설득하려 하고 있는 서신으로 보았다. 또 이전 해석은 오네시모를 주인인 빌레몬의 것을 훔친 자였으나 감옥에서 바울을 만나 회심하게 되었고 이제는 잔인한 형벌을 받음이 없이 그의 주인에게 돌아갈 수 있기만을 소원하는 자로 보았다.[43] 이 서신을 더 새로운 관점에서 읽는 일부 사람들은 노예와 그들의 주인 사이에 다툼이 있을 경우, 노예가 제3자에게 도움을 청할 수 있도록 허용했던 로마의 관습에 주목한다. 이때 제3자는 주인과 노예 양자의 친구인 경우가 자주 있었다. 따라서 오네시모가 절도죄를 저지르고 도망쳤다는 것은 우리의 상상이 만들어낸 허위일 수도 있다. 그가 저지른 불의(18절)가 무엇인가는 분명치 않다. 뿐만 아니라 이 바울 서신이 무엇을 목표로 한 것인가도 논란거리다. 이전 해석을 따르는 일부 사람들은 이 서신이 말 그대로 바울이 빌레몬에게 오네시모가 지은 죄 때문에 그를 가혹하게 대하지 말 것을 원하는 서신이라고 주장한다. 그러나 요새 해석을 따르는 일부 사람들은 오네시모를 종살이에서 해방시켜주는 것이 바울의 목표라고 이해한다. 그런가 하면 또 다른 사람들은 오네시모를 해방시켜 자신의 "유익한" 선교 보조자로 만들고 싶어 하는 바울의 소원(거의 이기적인 소원일까?)을 이 서신의 주된 목표라고 강조한다(참고, 12-14절).[44]

하지만 이 빌레몬서 본문을 어떻게 읽든, 두 가지 것은 분명하다. 첫째, 바울은 새 회심자(10절)요 장차 복음을 전하는 데 "유익한" 종이 될 수도 있는 오네시모와 이미 바울에게 "사랑 받는 동역자"(1절[NRSV = "친한 친구요 동역자-dear friend and co-worker"로 번역해놓았다]; 참고, 17절)인 빌레몬(19절) 두 사람에게 모두 "영적 아버지"다. 빌레몬과 오네시모는 이제 같은 신자요 같은 아버지의 영적 아들이기 때문에 둘은 "형제"가 되었다(16절). 오네시모의 회심에서 비롯된 관계들은 놀라울 정도로 복잡하다.[45] 둘째, 바울은 오네시모에게 자기 뜻을 따르도록 명령함이 없이, 오네시모가 순종하기를 바라고 있다(그리고 그가 순종하리라고 확신하고 있다; 21절). 빌레몬서 내러티브의 플롯과 갈등과 수사

---

43) 근래에 나온 많은 주석들 외에, 뛰어난 저작인 Norman R. Petersen, *Rediscovering Paul: Philemon and the Sociology of Paul's Narrative World* (Philadelphia: Fortress, 1985)를 보라.
44) "오네시모(*Onesimus, Onēsimos*)"는 "유익한, 쓸모 있는"이라는 뜻이다. 빌레몬서는 이런 의미를 고려하여 서신 전체에서 이 이름을 사용한 언어 기교를 구사한다(특히, 11,20절). 빌레몬서가 왜 기록되었는지 그 기록 "이유들"과 관련된 문제들은 James D. G. Dunn, *The Epistles to the Colossians and Philemon: A Commentary on the Greek Text* (Grand Rapids: Eerdmans, 1996), 301-7이 특히 명쾌하게 다루고 있다. 던도 오네시모가 바울을 중재자 역할을 할 제3자로 내세웠다고 보아 오네시모를 "도망친 종"으로 보는 이전 해석을 거부하는 사람들 가운데 하나다.
45) Petersen, *Rediscovering Paul*, 22-24를 보라.

를 만들어내는 것이 바로 사도의 권위와 개인의 자유 사이에 존재하는 이런 긴장이다(참고, 특히 8,14절).

사람에 따라서는, 바울이 빌레몬을 칭송하고(1-7절) 죄책감을 느끼게 함으로써(17-19절) 빌레몬이 바울 자신의 의사에 따르도록 조종하려 하고 있다는 주장을 펼칠지도 모르겠다. 어쩌면, 바울은 빌레몬을 자기 의사에 따르게 하려고 같은 교회 신자들마저 압력 수단으로 활용하고(빌레몬과 오네시모의 문제를 교회 전체에 이야기함으로써, 2절), 교묘한 위협까지 가하고 있는지도(21-22절) 모른다. 그러나 적어도 바울은 이 당면 문제를 사랑에 관한 문제, 특히 십자가를 본받아 자기 권리를 포기하고 다른 사람들을 지향하는 사랑에 관한 문제로 보고 있다. 우선 바울은 그 자신이 빌레몬을 대하는 것을 자기 권리를 포기하는 사랑의 한 형태로 묘사한다. 그런 다음, 바울은 빌레몬에게 빌레몬 자신이 과거에 행했던 것과 똑같은 사랑으로 응답할 것을 촉구한다.[46]

바울은 빌레몬 앞에서 그 자신이 행하는 행위를 이제는 우리에게 익숙하고 빌립보서 2장과 평행을 이루는 패턴인 십자가를 본받아 자기 권리를 포기하는 사랑의 패턴으로 이야기한다.

빌립보서 2:6-8	빌레몬서 8-10,14절
[x] 그(그리스도 예수)는 근본 하나님의 **본체**시나,	[x] 이러므로 내가 그리스도 안에서 아주 담대하게 네게 마땅한 일로 명할 **수도 있으나**,
[y] 하나님과 동등됨을 **취할 것으로** (자기 이익을 위해 쓸 수 있는 것으로) 여기지 **아니하시고**,	[y] 도리어 사랑 때문에 내가 네게 간구/호소하노라(parakalō)-또 나 바울은 노인으로서, 지금은 또 그리스도 예수 때문에 옥에 갇힌 자로서(as a prisoner of Christ Jesus)[e] 이렇게 간구/호소하노라.(저자 번역)

---

46) 바울이 빌레몬에게 기대한 사랑의 응답을 논의한 내용은 다음 장을 보라.

[z] 오히려 자기를 비워 종의 형체를 가지사 사람들과 같이 되셨고 사람의 모양으로 나타나사 자기를 낮추시고 죽기까지 복종하셨으니 곧 십자가에 죽으심이라

[z] 갇힌 중에 낳은 아들 오네시모를 위하여 네게 간구하노라(parakalō)······**다만 네 승낙이 없이는 내가 아무 것도 하기를 원하지 아니하노니** 이는 너의 선한 일이 억지 같이 되지 아니하고 자의로 되게 하려 함이라

패턴은 분명하다. 바울은 사도로서[47] 빌레몬을 강제하여 (그 원하는 것이 정확히 무엇이든) 억지로라도 바울 자신이 원하는 것을 따르게 할 권리를 갖고 있다. 그러나 그는 스스로 그런 힘을 사용하길 포기하고 그 대신 빌레몬의 사랑(참고, 5,7절)과 자유(14절)라는 근거에 호소하는 쪽을 택하고 있다.[48] 이 빌레몬서 본문은 언어 자체도 빌립보서 2장과 평행을 이룬다.

위 본문에서, 나는 빌레몬서 9절(y) 전반부를 내 스스로 번역하여 그 번역문을 제시해보았다. NRSV 본문, "나는 오히려 사랑에 근거하여 네게 호소하련다(I would rather appeal to you on the basis of love)"는 바울 자신이 빌레몬에게 호소하기로 **결심한** 근거가 사랑이 아니라 호소하는 근거가 사랑인 것으로 잘못 읽을 소지를 안고 있기 때문이다. 바울은 이미 자신의 결심과 빌레몬의 사랑을 연결함으로써(8절의 "이러므로") 그 점을 강조한 적이 있다(7-8절). 그러나 9절에서 강조하는 점은 바울의 **결심**이 사랑에서 연유한 결심이라는 것이다.[49] NRSV 본문의 "on the basis of love(사랑에 근거하여)"라는 문구는 "because of

---

47) 이것이 바로 바울이 "내가 그리스도 안에서 아주 담대하다"라고 말한 이유였을 것이다.
48) 일부 사람들이 주장하듯이, 바울이 그 권위를 행사하길 거부한 것은 단지 수사 기교일 뿐이라는 주장은 바울의 결심이 갖고 있는 기독론적 뿌리와 의미를 인식하지 못한 것이다. 가령, Chris Frilingos, "'For My Child, Onesimus': Paul and Domestic Power in Philemon," *Journal of Biblical Literature* 119(2000): 91-104, 여기서는 100을 보라. 프릴링고스가 바울이 빌레몬에게 아버지처럼 "온유한 강권"을 하고 있다고 말한 것은 옳다(103-4). 그러나 프릴링고스는 바울의 겸손 그리고 바울과 빌레몬이 형제처럼 동등하다는 점이 갖고 있는 기능(역설적 기능, 긴장 조성 기능)을 과소평가하고 있다.
49) 9절에서 *dia tēn agapēn*("사랑 때문에", 개역개정판은 "사랑으로써")이라는 헬라어 문구는 주동사인 *mallon parakalō*보다 앞서 등장한다. 또 *dia tēn agapēn*이라는 헬라어 문구는 특히 *mallon*과 결합하여 권위를 행사하는 쪽으로부터 권면(*paraklēsis*)에 힘쓰는 쪽으로 옮겨간 이유를 나타낸다. 던(*Colossians and Philemon*, 326)은, 대다수 주석가들과 달리, 9절의 "사랑"이 바울이 이미 말했던 바로 그 사랑(빌레몬의 사랑)을 말한다고 생각한다.

love(사랑 때문에)"로 번역하는 편이 더 낫다. 이 문구는 사실 9절 중간이 아니라 첫머리에 등장하며, 바울이 사도로서 담대함 내지 권위를 사용하는 쪽으로부터 매일 그리스도인으로서 권면(paraklēsis)을 사용하는 쪽으로 옮겨간 이유를 일러준다. 이 권면이라는 말은 그리스도인들이 서로 지고 있는 도덕적, 영적 책임을 표현할 때, 바울이 통상 쓰는 말이다. 실제로 바울은 사도로서 그의 역할을 포기하고 잠시나마 평범한 신자가 되는 쪽을 택하여, 사도라기보다 형제로서 책임을 행하였다. 이것을 단순히 수사 기교나 잠시 가면을 쓰고 사도로서 힘을 행사한 것으로 치부하는 것은 바울이 그 자신과 그리스도를 나란히 놓고 있다는 점을 철저히 간과한 것이다.

그런 짐에서 바울이 사도로서 권리를 행사하지 않기로 결정한 것이 그리스도의 자기 비움과 평행을 이루는 한, 사랑은 이 결정의 동기와 내용을 이룬다. 역설적이지만, 바울은 여기에서도 다시 한 번, 사도로서 자기가 갖고 있는 권위를 행사하지 **않고** 오히려 그리스도가 십자가로 보여주신 사랑을 본받음으로써 그 권위를 행사한다. 이보다 훨씬 더 아이러니한 것은 바울이 그렇게 함으로써 자신의 사도직에 따르는 권위를 실제로 행사한다는 점이다. 위에서 언급했듯이, 바울은 빌레몬이 바울 자신과 오네시모에게 사랑으로 응답해주기를 간절히 원한다. 바울이 볼 때, 빌레몬이 자신과 오네시모에게 하는 응답은 서로 분리할 수 없는 것이요, 사실상 한 응답이다(17,20절).

이 소망에 힘을 싣고자, 바울은 한 걸음 더 나아가 오네시모가 불의를 저질렀다면 그에 따라 물어 줘야할 모든 비용을, 빚을 졌다면 갚아야 할 모든 채무를 바울 자신이 감당하겠다고 제안한다. "그가 만일 네게 불의를 하였거나 네게 빚진 것이 있으면 그것을 내 앞으로 계산하라"(18절). 바울은 재차 그리스도를 본받아 행하면서, 다른 사람이 끼친 손해를 자신이 변상하겠다고 제안한다(참고, 롬 15:1-3). 그러면서 그는 빌레몬도 자신이 보인 본을 따르기를 소망한다. (바울은 19절하에서 빌레몬이 바울 자신에게 큰 빚을 지고 있다는 것을, 다시 말해 빌레몬 자신이 구원을 받아 생명을 얻은 것은 바울 자신 덕분이라는 것을 확실하게 되새겨준다!)

따라서 바울이 볼 때, 우리가 살펴본 다른 경우들에서도 마찬가지지만 이 경우 사도로서 회심자들을 보살피는 그의 사역에 동인을 제공하고 그 사역을 형성해준 것은 십자가로 나타난 그리스도의 사랑이다. 그가 이 상황에 맞춰 수사 전략들을 추가로 구사하였더라도, 그 점은 변함이 없다. 이를 통해 바울은 그가 섬기는 주님의 십자가 내러티브가 자신을 통하여 계속 이어지고 있음을 내보인다. 아울러 그는 다른 사람들에게 그의 사역이 계속 펼쳐 보이고 있는 이야기에 동참하도록 권면한다. 그것이 바로 바울이 생각하는 목회 사역의 본질이다.

고난을 겪는 사랑

사람들은 바울을 자신의 확신 때문에 심한 고난을 겪은 사도로 알고 있다. 올바로 알고 있는 것이다. 바울 자신도 몇 번에 걸쳐 그의 독자들에게 복음과 그가 섬기는 공동체들을 위하여 견뎌낸 육체적, 정신적 고통을 되새겨 주고 그 고통들을 열거하면서, 이런 고통들을 자랑한다. 하지만 바울의 글을 읽는 사람들이 바울에겐 **그런 고난이 사랑의 표현이라는** 것을 늘 깨닫는 것은 아니다.[50] 예수의 죽음 속에서 하나님의 사랑이 나타났음을 고백하는 사람들에게는 그 실존에서 두 가지가 저절로 따라 나타나게 된다. 하나는 다른 사람들을 위한 고난이 필수라는 것이요, 다른 하나는 다른 사람들을 위한 고난이 가치 있는 것이 되려면 사랑이 그 동기가 되어야 한다는 것이다. 바울은 이것을 믿을 뿐 아니라 이 믿음을 붙잡고 살려 하면서, 이 믿음에 근거하여 자기 체험을 (그리고 나아가 자신이 섬기는 공동체들의 삶까지) 해석하려고 한다. 바울이 자기가 한 고난 체험을 자세히 설명하고 해석하는 본문들을 살펴보게 되면, 우리는 바울의 체험과 그 체험이 그에게 갖는 의미에서 네 가지 핵심 요소를

---

50) 제롬 나이리(*Paul, in Other Words: A Cultural Reading of His Letters* [Louisville: Westminster/John Knox, 1990], 167-80)는 바울이 고난을 "사탄과 악의 권세들이 하나님의 거룩한 백성들에게 가하는 공격"으로 이해한다는 주장을 펼치고 있지만, 성경 본문의 지지를 거의 받지 못하는 그릇된 주장이다. 가끔 이런 주장이 들어맞는 경우가 있긴 하다(고후 12:7, 그리고 어쩌면 고후 11:29도 해당될 수 있을 것 같다). 그러나 바울의 고난은 주로 그가 그리스도의 사랑과 능력을 체험한 것과 연관되어 있지 악한 권세들과 연관되어 있는 것은 아니다.

발견한다.

1. 고난 덕분에, 바울은 그리스도 안에서, 곧 그리스도의 죽음에서 나타난 자기희생적이고 보복하지 않는 하나님의 사랑과 자신을 동일시하고 그 사랑을 다른 사람들에게 표현할 수 있다.
2. 바울이 볼 때, 고난은 사도로서 그의 정체성과 영예를 규정하는 주된 원천이다.
3. 바울은 다른 사람들을 위하여 모든 것을, 심지어 자신의 목숨이나 자신의 구원까지도 희생하려 한다.
4. 심지어 고난 속에서도, 아니 특히 이 고난 속에서, 바울은 성령을 통해 그리스도 안에서 나타난 하나님의 사랑을 체험한다.

이제 우리는 바울이 이런 고난을 자세히 설명하고 성찰한 본문들을 살펴보면서, 특히 위에서 언급한 첫 두 가지 요소들에 주목해보기로 한다.

사도의 사랑과 정체성의 표현인 고난

위에서 언급했듯이, 바울은 자신의 독자들, 특히 고린도 사람들에게 자기 자신이 겪은 고난에 관하여 몇 가지 목록을 제공한다. 우리는 고린도전서 4장에서 처음으로 다음과 같이 사도로서 한 사역을 스스로 개괄하여 묘사한 내용을 발견한다. 이 내용은 많은 고린도 사람들이 신자의 실존(그리고 어쩌면 사도가 하는 사역)에 관하여 갖고 있던 이해와 전혀 다른 것이었다.

> 너희가 이미 배부르며 이미 풍성하며 우리 없이도 왕이 되었도다. 우리가 너희와 함께 왕 노릇 하기 위하여 참으로 너희가 왕이 되기를 원하노라. 내가 생각하건대 하나님이 사도인 우리를 죽이기로 작정된 자 같이 끄트머리에 두셨으매 우리는 세계 곧 천사와 사람에게 구경거리가 되었노라. 우리는 그리스도 때문에 어리석으나 너희는 그리스도 안에서 지혜롭고 우리는 약하나 너희는 강

하고 너희는 존귀하나 우리는 비천하여 바로 이 시각까지 우리가 주리고 목마르며 헐벗고 매 맞으며 정처가 없고 또 수고하여 친히 손으로 일을 하며 모욕을 당한즉 축복하고 박해를 받은즉 참고 비방을 받은즉 권면하니 우리가 지금까지 세상의 더러운 것과 만물의 찌꺼기 같이 되었도다(고전 4:8-13)

이 본문에서 바울은 자신과 자신의 동역자들이 왕왕 겪은 비참한 체험을 몇몇 고린도 사람들, 특히 지도자들이었을 가능성이 있는 사람들이 주장하는 고상한 체험과 대조하고 있다. 우선 바울은 자신과 동역자들이 겪은 고난을 적나라하게 개관한다. 이 개관 속에서는 "십자가형의 메아리들이 풍성하게 울려 퍼지고 있다."[51] "끄트머리", "죽이기로 작정된 자", "세계에게 구경거리가 되었노라",[52] "세상의 더러운 것", 그리고 "만물의 찌꺼기"와 같은 말이 그 예다. 이어서 바울은 겪은 고난들을 구체적으로 열거한다. 공중 앞에서 모욕을 당하고 마음에 고통을 겪은 일("어리석으나", "비천하여", "모욕을 당한즉", "비방을 받은즉"), 육체적 박탈과 빈곤("약하나", "주리고 목마르며", "헐벗고 정처가 없고"), 육체의 수고에 따르는 피로("수고하여 친히 손으로 일을 하며"[53]), 그리고 육체의 고통("매 맞으며", "박해를 받은즉")이 그 예다. 이와 똑같은 사례들이 다른 고난 목록들에서도 등장한다.[54]

물이 흐르듯 하면서도 힘이 넘치는 수사를 구사한 이 본문에서 특히 놀라운 것은 마태복음의 "산상설교"와 누가복음의 "평지설교"에 들어있는 팔복과 원수를 사랑하라는 예수의 가르침들이 이 본문에서도 그대로 울려 퍼지고 있다는 점이다.[55]

---

51) Tomlin, *Power of the Cross*, 94.
52) "죽이기로 작정된 자"와 "세계에게 구경거리가 되었노라"라는 두 문구는 아마 "경기장에서 죽이기로 작정된 자들 같이"로 번역해야 할 것이다. 이 말은 로마의 원형극장에서 야수나 검투사와 벌여야 할 싸움을 은유하여 가리키는 말일 것이다(John S. Pobee, *Persecution and Martyrdom in the Theology of Paul*, JSNTSup 6 [Sheffield: JSOT Press, 1985], 1-2).
53) 살전 2:9, 고전 9:6-7,13-14,18, 고후 11:7-11, 살후 3:8과 비교해보라.
54) 이 책 11장에 있는 바울의 고난 목록과 비교해보라.
55) 존재했으리라 추정하는 "Q" 자료에서 나온 내용이다.

심령이 가난한 자는 복이 있나니 천국이 그들의 것임이요. 애통하는 자는 복이 있나니 그들이 위로를 받을 것임이요. 온유한 자는 복이 있나니 그들이 땅을 기업으로 받을 것임이요. 의에 주리고 목마른 자는 복이 있나니 그들이 배부를 것임이요. 긍휼히 여기는 자는 복이 있나니 그들이 긍휼히 여김을 받을 것임이요……의를 위하여 박해를 받은 자는 복이 있나니 천국이 그들의 것임이라. 나로 말미암아 너희를 욕하고 박해하고 거짓으로 너희를 거슬러 악한 말을 할 때에는 너희에게 복이 있나니 기뻐하고 즐거워하라. 하늘에서 너희의 상이 큼이라. 너희 전에 있던 선지자들도 이같이 박해하였느니라(마 5:3-7,10-12)

또 네 이웃을 사랑하고 네 원수를 미워하라 하였다는 것을 너희가 들었으나 나는 너희에게 이르노니 너희 원수를 사랑하며 너희를 박해하는 자를 위하여 기도하라(마 5:43-44)

너희를 저주하는 자를 위하여 축복하며 너희를 모욕하는 자를 위하여 기도하라……너희가 만일 너희를 사랑하는 자만을 사랑하면 칭찬 받을 것이 무엇이냐. 죄인들도 사랑하는 자는 사랑하느니라……너희 아버지의 자비로우심 같이 너희도 자비로운 자가 되라(눅 6:28,32,36)

바울은 이 본문들을 로마서 12:9-21에서 보복하지 않는 사랑을 권면하면서 다시 들려주고 있다.

사랑에는 거짓이 없나니 악을 미워하고 선에 속하라. 형제를 사랑하여 서로 우애하고…너희를 박해하는 자를 축복하라. 축복하고 저주하지 말라. 내 사랑하는 자들아 너희가 친히 원수를 갚지 말고…(롬 12:9-10상,14,19상)

바울이 예수의 이런 가르침을 인용하고 있다는 것은 그가 원수에게 보복하지 않고 복음을 위하여 고난당하는 것을 원수를 향한 사랑의 표현으로 이해하고 있음을 보여주는 예다. 고린도전서 4장은 은연중에, 그리고 로마서 12장은 분명하게 바울의 이런 이해를 보여주고 있다. 바울이 언급하는 원수는

9장 십자가를 본받는 사랑(II)   327

널리 복음을 대적하는 원수들을 말할 수도 있고 특히 바울 자신의 사역을 반대하는 자들을 가리킬 수도 있다. 바울은 십자가에서 원수들을 사랑하셨던 하나님(롬 5:6-8), 그리고 이 땅에서 일하실 동안 원수 사랑을 가르쳐주셨던 주님(마 5장, 눅 6장)의 거룩한 "신비"를 "맡은 자"(고전 4:1)가 되려면 다름 아닌 사랑이 필요하다는 것을 안다. 더욱이 바울은 자신이 복음 때문에 겪는 그런 고난으로 "사랑하는 자녀"(고전 4:14)를 향한 자신의 사랑을 표현하고 있다고 확신한다. 이 자녀들에게 바울은 영적인 아버지였다. 바울은 그들을 너무나 사랑한 나머지 십자가 복음의 진리로 그들을 훈련시키지 않으면 안 된다는 의무감을 느낀다.

고린도서신에서 고난 목록과 묘사가 추가로 등장하는 곳은 고린도후서 1:3-11, 4:7-11, 6:3-10, 11:23-29, 12:10이다. 고린도후서에는 바울의 사역에 관하여 가장 포괄적인 설명과 변호가 들어있다. 또 고린도후서에서는 분명 고난이 두드러지게 묘사되고 있다. 이 본문 중 일부에서, 바울은 무엇보다 능력과 소망의 근원인 고난에 초점을 맞춘다. 그런 다음, 그 본문에 이어지는 장들에서 이런 고난들을 꼼꼼히 살펴본다. 그러나 바울의 마음에서 결코 떠나지 않는 것은 고난이 곧 십자가를 본받는 사랑이라는 생각이다.

고린도후서는 도전적이고 복잡한 글로서, 독특하면서도 서로 연관되어 있는 주제들을 다룬다. 학자들은 종종 이 서신을 둘 내지 그보다 많은 수의 서신들로 나눈다. 이들은 그 어조와 내용을 따라 1-7장(많은 사람들이 후대에 써넣은 부분이라 믿고 있는 6:14-7:1은 제외하는 경우가 자주 있다), 8-9장(이 부분을 가끔 두 서신으로 보기도 한다), 그리고 10-13장으로 구분한다.[56] 우리는 1-7장 및 10-13장 본문에 초점을 맞추는 것을 목표로 삼고 있기 때문에 하나님 및 고린도 사람들과 화해하는 것을 가장 두드러진 주제로 삼고 있는 1-7장에서는 바울의 어조가 대체로 다독이고 설명하는 투이지만, 10-13장에서는 비판적이고 자신을 변호하는 어조가 나타난다는 점만 간단히 언급해도 무방할 듯싶다. 바울은 고린도후서 10-13장에서 그가 "지극히 크다는"(11:5) 또는 "거짓"(11:13) 사도로 여기는 자들로서 어둠에 속하였으나 광명의 천사로 가장한 사탄의 일꾼

---

[56] 이런 문제들을 살펴보려면, Victor Paul Furnish, *II Corinthians*, Anchor Bible 32A (Garden City, NY: Doubleday, 1984)와 같은 고린도후서 주석의 서문을 참조하라. 어떤 주석이든 좋다.

들(11:14)을 정면으로 공박하고 있다. 바울은 "동원할 수 있는 모든" 수사법을 동원하여 유일한 복음인 십자가 복음을 받아들이고 그 복음대로 살아가길 거부하는 그의 반대자들을 비판한다. 바울은 고린도후서 1-7장과 10-13장에서 사랑이 자신을 이끌고 움직인다고 역설한다.

바울은 더 부드러운 권면을 담고 있는 고린도후서 1-7장에서 고린도 사람들을 향한 자신의 애정을 분명하게 표현하면서, 그의 고난을 고린도 사람들에게 유익이 되는 그의 사랑의 한 형태로 묘사한다. 바울은 고린도후서 서두에서 자신이 사도로서 겪은 고초에는 하나님의 위로가 따랐으며, 이 고초와 위로가 결국은 고린도 사람들에게 유익을 끼치는 것이라고 주장한다.

> 찬송하리로다. 그는 우리 주 예수 그리스도의 하나님이시오 자비의 아버지시요 모든 위로의 하나님이시며 우리의 모든 환난 중에서 우리를 위로하사 우리로 하여금 하나님께 받는 위로로써 모든 환난 중에 있는 자들을 능히 위로하게 하시는 이시로다. 그리스도의 고난이 우리에게 넘친 것 같이 우리가 받는 위로도 그리스도로 말미암아 넘치는도다. 우리가 환난 당하는 것도 **너희가 위로와 구원을 받게 하려는**(hyper) 것이요 우리가 위로를 받는 것도 **너희가 위로를 받게 하려는**(hyper) 것이니 이 위로가 너희 속에 역사하여 우리가 받는 것 같은 고난을 너희도 견디게 하느니라. 너희를 위한 우리의 소망이 견고함은 너희가 고난에 참여하는 자가 된 것 같이 위로에도 그러할 줄 앎이라(고후 1:3-7)

바울의 이런 주장은 바울이 사역 과정에서 한 모든 일이, 특히 그가 당한 고난이 다 고린도 사람들을 위한 것이었음을 고린도 사람들에게 확실히 인식시키려고 함으로써 고린도후서 전체(또는 적어도 1-7장)의 분위기를 결정한다. 바울은 그가 행한 모든 일과 그가 당한 모든 고난이 고린도 사람들을 위한 것이었음을 4장에서도 거듭 강조한다.

> 우리가 이 보배를 질그릇에 가졌으니 이는 심히 큰 능력은 하나님께 있고 우리에게 있지 아니함을 알게 하려 함이라. 우리가 사방으로 우겨쌈을 당하여도 싸이지 아니하며 답답한 일을 당하여도 낙심하지 아니하며 박해를 받아도 버린

바 되지 아니하며 거꾸러뜨림을 당하여도 망하지 아니하고 우리가 항상 예수의 죽음을 몸에 짊어짐은 예수의 생명이 또한 우리 몸에 나타나게 하려 함이라. 우리 살아 있는 자가 항상 예수를 위하여 죽음에 넘겨짐은 예수의 생명이 또한 우리 죽을 육체에 나타나게 하려 함이라. 그런즉 사망은 우리 안에서 역사하고 생명은 너희 안에서 역사하느니라. 기록된바 내가 믿었으므로 말하였다 한 것 같이 우리가 같은 믿음의 마음을 가졌으니 우리도 믿었으므로 또한 말하노라. 주 예수를 다시 살리신 이가 예수와 함께 우리도 다시 살리사 너희와 함께 그 앞에 서게 하실 줄을 아노라. **이는 모든 것이 너희를 위함이니** 많은 사람의 감사로 말미암아 은혜가 더하여 넘쳐서 하나님께 영광을 돌리게 하려 함이라(고후 4:7-15, 지은이 강조).

다시 말해, 바울이 고난을 당한 것은 그 자신이 아니라 다른 사람들, 여기에서는 특히 고린도 사람들을 이롭게 하려는 것이었다. 바울과 그의 동역자들은 그렇게 함으로써 생명을 주는 예수의 죽음을 "몸에 짊어졌다." 예수의 죽음 자체도 다른 사람들을 위한, "모든 사람들을 위한(hyper)" 죽음으로서, 사랑에서 비롯된 것이요 모든 사람을 이롭게 하는 데 그 목적이 있었다. 십자가의 복음을 위하여 고난당하는 것은 예수가 십자가에서 생명과 사랑을 베푸시고 죽으신 사건을 아직 그 죽음이 그들을 위한 것임을 모르는 사람들에게 널리 알리는 것이다.

바울이 몇몇 전선(戰線)에서 고린도 사람들과 화해하려고 시도하는 대목이 바로 이 문맥이다. 바울이 고린도 방문을 연기한 것(고후 1:15-2:4)은 망설임이나 신실치 못함 때문이 아니라, 고린도 사람들에게 "또 한 차례 고통스러운 방문"(1:23, 2:1)이 될 수도 있는 방문을 "피하려는" 사랑 때문이었다. 바울은 고린도를 방문하는 대신, 서신을 써 보낸다. "마음에 큰 눌림과 걱정이 있어 많은 눈물로 쓴" 이 서신은 "너희(고린도 사람들)로 근심하게 하려 한 것이 아니요 오직 내가 너희를 향하여 넘치는 사랑이 있음을 너희로 알게 하려고" 쓴 것이었다(2:4). 우리가 이 본문에서 그밖에 또 무엇을 인식하든, 우리가 놓칠 수 없는 것은 바울이 사랑해야 한다는 의무감을 느끼고 고린도 사람들을 사랑하려

했을 때 겪었을 마음의 고통이다.[57]

바울은 고린도후서 1-7장에서 자신을 "전파"(4:5)하거나 자신을 "추천"하는 것(3:1-6, 5:12, 6:4)조차도 거듭거듭 거부한다. 그는 심지어 자신을 진실하고 십자가를 본받는 사도로 추천할 때(1:12, 4:2)조차도 그리 한다. 이 애정이 담긴 말들은 바울 자신이 5:11-6:13에서 제시한 궁극적인 화해 요구를 독자들이 받아들일 수 있도록 준비시키는 데 그 목적이 있다.[58] 예수의 사랑이 드러난 죽음 속에서 하나님이 화해를 이루셨다는 바울의 메시지(5:14하-6:2)는 바울의 사역이 지금도 계속되는 하나님의 화해 작업의 일부임을 역시 강력하게 되새겨 주는 두 본문(5:11-14상 그리고 6:3-13)이 봉투처럼 감싸고 있다.[g] 비록 사람들은 바울과 그의 동역자들을 "미쳤다"고 말하지만(5:13), 이들의 사역이 고난으로 표현된 사랑의 표지를 지니고 있는 한, 이들은 "그리스도를 대신하는 사신들"(5:20)이다. 이런 이유로, 이 사도의 사역과 화해하는 것은 하나님과 완전한 화해를 이루는 데 필수적이다. 바울은 그가 십자가를 본받아 고린도 사람들을 사랑한 사연을 담은 내러티브를 고린도 사람들에게 이야기하면서, 그 서신 위에 그의 감정을 쏟아놓는다.

> 우리가 이 직분이 비방을 받지 않게 하려고 무엇에든지 아무에게도 거리끼지 않게 하고 오직 모든 일에 하나님의 일꾼으로 자천하여 많이 견디는 것과 환난과 궁핍과 고난과 매 맞음과 갇힘과 난동과 수고로움과 자지 못함과 먹지 못함 가운데서도 깨끗함과 지식과 오래 참음과 자비함과 성령의 감화와 **거짓이 없는**(anypokritō)[59] **사랑**과 진리의 말씀과 하나님의 능력으로 의의 무기를 좌우에 가지고 영광과 욕됨으로 그러했으며 악한 이름과 아름다운 이름으로 그러했느니라. 우리는 속이는 자 같으나 참되고 무명한 자 같으나 유명한 자요 죽은 자 같으나 보라 우리가 살아 있고 징계를 받는 자 같으나 죽임을 당하지 아니하

---

57) 우리가 다음 장인 10장에서 보겠지만, 사랑이라는 주제는 고후 2:1-5에서도 계속된다. 이 본문에서 바울은 회중과 이 회중들을 근심하게 한 자를 화해시키려고 시도한다.
58) 탁월한 수사의 흐름 속에서, "마음"이라는 말은 바울로 하여금 사랑을 표현하고 칭송을 받게 해준다. "너희는 우리의 편지라. 우리 마음에 썼고 뭇 사람이 알고 읽는 바라. 너희는 우리로 말미암아 나타난 그리스도의 편지니 이는 먹으로 쓴 것이 아니요 오직 살아 계신 하나님의 영으로 쓴 것이며 또 돌판에 쓴 것이 아니요 오직 육의 마음판에 쓴 것이라"(고후 3:2-3).
59) 롬 12:9에서도 등장하는 말이다.

고 근심하는 자 같으나 항상 기뻐하고 가난한 자 같으나 많은 사람을 부요하게 하고 아무 것도 없는 자 같으나 모든 것을 가진 자로다. 고린도인들이여 **너희를 향하여** 우리의 입이 열리고 **우리의 마음이 넓어졌으니** 너희가 우리 안에서 좁아진 것이 아니라 오직 너희 심정에서 좁아진 것이니라. 내가 자녀에게 말하듯 하노니 보답하는 것으로 너희도 마음을 넓히라(고후 6:3-13, 지은이 강조).

이와 비슷하게, 바울은 자신을 더 변호하는 내용을 담은 고린도후서 10-13장에서 고린도 사람들에게 그의 고난을 하나님의 능력을 나타내는 표지이자 사랑의 표현으로 받아들일 것을 촉구한다. 그는 이 네 장을 시작하는 서두에서 자신이 "그리스도의 온유와 관용으로"(10:1) 행하고 있다고 주장한다. 그러나 이 온유와 관용이 "너희의 복종이 온전하게 될 때에 모든 복종하지 않는 것을 벌하는 것"(10:6)을 의미한다는 점은 아이러니다. 바울은 "너희를 무너뜨리려는 게 아니라 너희를 세우려고(eis oikodomēn)"(10:8) 그리스도가 자신에게 이 "너그러운 권위"를 주셨다는 것을 상세히 설명한다. "너희를 세운다"는 말은 바울의 사랑 이해에서 아주 중요한 말이다. 마찬가지로 바울은 이 네 장을 맺으려 할 즈음에 그의 독자들에게 그 독자들이 그의 "사랑을 받는 자들"이며, 그가 한 모든 것은 "너희의 덕을 세우기 위함(oikodomēs)"(12:19; 참고, 13:10) 이었다고 되새겨준다. 다시 말해, 사도가 하는 모든 행위는, 그것이 사도로서 사람들을 바로 잡는 것이든 아니면 사도로서 펼치는 다른 사역이든, 다른 사람들을 계발하고(다른 사람들에게 덕을 세우고) 다른 사람들을 이롭게 하는 일이어야 한다는 것이 바울의 생각이다. 모든 사역은 십자가에 못 박히신 메시아가 "덕을 세우시고" 사랑을 베푸신 현실에서 비롯되었기 때문이다.

이렇게 바울은 자기 자신의 사역을 변호하는 것이 덕을 세우고 사랑을 베풂으로써(이는 본질적으로 십자가를 본받는 삶이다) 사도의 직무를 올바로 행하는 것이라고 주장한다. 뿐만 아니라, 더 중요한 것은, 그가 사도로서 보통 행하는 사역에 근본적 원동력을 제공하는 것이 십자가를 본받는 사랑이라는 점을 주장한다는 것이다. 이 십자가를 본받는 사랑은 그가 재정 지원을 받길 거부한 것(바울의 이런 태도를 아주 편협한 시각으로 보는 사람들도 일부 있었다)에 적용되며, 더 나아가 그가 당한 다른 형태의 고난들에도 적용된다.

내가 너희를 높이려고 나를 낮추어 하나님의 복음을 너희에게 값없이 너희에게 전함으로 죄를 지었느냐. 내가 너희를 섬기기 위하여 다른 여러 교회에서 비용을 받은 것은 탈취한 것이라. 또 내가 너희와 함께 있을 때 비용이 부족하였으되 아무에게도 누를 끼치지 아니하였음은 마게도냐에서 온 형제들이 나의 부족한 것을 보충하였음이라. 내가 모든 일에 너희에게 폐를 끼치지 않기 위하여 스스로 조심하였고 또 조심하리라. 그리스도의 진리가 내 속에 있으니 아가야 지방에서 나의 이 자랑이 막히지 아니하리라. 어떠한 까닭이냐. **내가 너희를 사랑하지 아니함이냐. 하나님이 아시느니라**(고후 11:7-11, 지은이 강조)

보라 내가 이제 세 번째 너희에게 가기를 준비하였으나 너희에게 폐를 끼치지 아니하리라. 내가 구하는 것은 너희의 재물이 아니요 오직 너희니라. 어린 아이가 부모를 위하여 재물을 저축하는 것이 아니요 부모가 어린 아이를 위하여 하느니라. 내가 너희 영혼을 위하여 크게 기뻐하므로 재물을 사용하고 또 내 자신까지도 내어 주리니 **너희를 더욱 사랑할수록 나는 사랑을 덜 받겠느냐**(고후 12:14-15, 지은이 강조)

"너희 영혼을 위하여 재물을 사용하고 또 내 자신까지도 내어 주리니"는 바울이 사도로서 존재하는 근거가 되는 좌우명 역할을 한다. 하지만 이 본문은 단순히 재물을 쓰는 것뿐 아니라, 고린도 사람들을 위하여 손으로 수고하고 몸과 마음으로 고난을 받으며 자신을 내어 주는 것까지 가리키는 말이다. "내가 그리스도를 위하여(hyper Christou) 약한 것들과 능욕과 궁핍과 박해와 곤고를 기뻐하노니"(고후 12:10). 바울이 볼 때, 다른 사람들을 위하여 고난당하는 것(고후 12:15)은 결국 (다른 사람들을 위하여 고난당하신) 그리스도를 위하여 고난당하는 것(고후 12:10)이다.

바울은 비슷한 체험들을 로마서에서도 상세히 이야기한다. 그는 로마서에서 시편 43:23(개역개정판은 44:22)의 70인경 본문을 인용한다.

기록된바 우리가 종일 주를 위하여 죽임을 당하게 되며 도살당할 양 같이 여김을 받았나이다 함과 같으니라(롬 8:36)

이 본문의 언어는 두드러지게 십자가형의 형상을 드러낸다는 점에서 독특하다. 이 본문에서는 사랑을 드러낸 예수의 죽음에 관한 전승("주를 위하여")과 고난당하는 종 찬송("마치 도수장으로 끌려가는 어린 양 같이"; 참고, 사 53:4,7)이 메아리치고 있다. 이처럼 바울과 그의 동역자들은 고난을 당신 백성들을 위하여 고난당하시고 죽임 당하신 종 그리스도의 고난에 참여하는 것으로 체험한다.[60]

바로 이런 이유 때문에 바울의 사역은 예수가 하신 사역의 확장이다. 바울과 다른 동역자들이 다른 사람들을 위하여, 그리스도의 복음을 위하여 고난당하는 한, 그들은 "그리스도의 사신들"이다(고후 11:23).[61] 바울은 이것을 자랑하려 한다. 즉, 바울은 자신이 온갖 고난 속에서 그리스도가 고난으로 표현하신 하나님의 사랑, 곧 하나님의 능력을 받아들이고 온몸으로 증언하고 있음을 자랑하려고 한다. 그러기에 바울이 겪은 고난을 가장 완전하게 보여주는 목록은 이 순수한 그리스도의 사역에 자신도 참여하고 있다는 자랑의 형태로 등장한다.

> 나는 약한 것 같이 욕되게 말하노라. 그러나 누가 무슨 일에 담대하면 어리석은 말이나마 나도 담대하리라. 그들이 히브리인이냐 나도 그러하며 그들이 이스라엘인이냐 나도 그러하며 그들이 아브라함의 후손이냐 나도 그러하며 그들이 그리스도의 일꾼이냐 정신없는 말을 하거니와 나는 더욱 그러하도다. 내가 수고를 넘치도록 하고 옥에 갇히기도 더 많이 하고 매도 수없이 맞고 여러 번 죽을 뻔하였으니 유대인들에게 사십에서 하나 감한 매를 다섯 번 맞았으며 세 번 태장으로 맞고 한 번 돌로 맞고 세 번 파선하고 일주야를 깊은 바다에서 지냈으며 여러 번 여행하면서 강의 위험과 강도의 위험과 동족의 위험과 이방인의 위험과 시내의 위험과 광야의 위험과 바다의 위험과 거짓 형제 중의 위험을 당하고 또 수고하며 애쓰고 여러 번 자지 못하고 주리며 목마르고 여러 번 굶고

---

60) Luke Timothy Johnson, *Reading Romans: A Literary and Theological Commentary* (New York: Crossroad, 1997), 136-37을 보라.
61) 디터 게오르기는 이 고후 11:23 본문에서 "예수 바로 그분의 얼굴을 살짝 보게 된다"고 말한다 (Dieter Georgi, *Theocracy in Paul's Praxis and Theology* [Minneapolis: Fortress, 1991], 64).

춥고 헐벗었노라. 이외의 일은 고사하고 아직도 날마다 내 속에 눌리는 일이 있으니 곧 모든 교회를 위하여 염려하는 것이라. 누가 약하면 내가 약하지 아니하며 누가 실족하게 되면 내가 애타지 아니하더냐. 내가 부득불 자랑할진대 내가 약한 것을 자랑하리라(고후 11:21-30)

약함을 진정한 사도의 모습과 분명하게 연결하고 있는 이 본문은 능력을 다루는 11장에서 더 자세하게 살펴보려고 한다. 고린도후서 12:9-10은 이 능력을 약함과 연결 짓고 있다. 요컨대 바울에겐 고난으로 사랑을 표현하며 십자가를 본받는 삶이 사도로서 그가 가진 자랑과 영예의 초점이라는 것을 다시 한 번 언급해두고자 한다.

기꺼이 마지막 희생이 되려 하다: 삶을 초월하여 죽음을 택하다

우리는 이미 바울이 다른 사람들을 사랑함으로 말미암아 치르고 있다고 말한 정신적 대가(고후 11:28)를 언급했다. 신자들의 공동체가 아니라 믿지 않는 이스라엘을 향한 바울의 사랑을 전하는 한 본문은 바울의 이 느낌과 헌신의 깊이를 아주 강력하게 표현하고 있다.

> 내가 그리스도 안에서 참말을 하고 거짓말을 아니하노라. 나에게 큰 근심이 있는 것과 마음에 그치지 않는 고통이 있는 것을 내 양심이 성령 안에서 나와 더불어 증언하노니 나의 형제 곧 골육의 친척을 위하여 내 자신이 저주를 받아 그리스도에게서 끊어질지라도 원하는 바로라(롬 9:1-3)

여기서 바울은 이스라엘의 신실치 않음과 하나님의 신실하심을 다룬 자신의 유명한 논문을 시작하면서, 자신의 동족인, 그러나 믿지 않는 유대인들을 위하여 자신을 기꺼이 희생하겠다는 의지를 피력한다.[62] 바울은, 자기 동

---

62) 롬 9:3에서 "원하는 바로라"로 번역된 문구의 문법과 의미를 둘러싸고 몇 가지 논쟁이 있어 왔다. 바울은 그의 소원이 이루어질 수 있다고 생각했는지 여부는 확실치 않으나, 어쨌든 이

족을 구할 수만 있다면 하나로 이어져 있는 자신과 그리스도의 관계마저 포기함으로써 자신이 받은 선물인 구원과 영생까지 포기할 준비가 되어 있다. 이것은 바울이 그리스도 안에서 체험했던 자기를 희생하는 사랑 패턴을 되울려주고 있는 것이다.[63] 이 말이 진지한 고뇌 끝에 나온 말인지 아니면 동족을 아끼는 본능에서 나온 말인지 우리는 판단할 수 없다. 그러나 그의 심정이 진지하고 고통스러웠다는 점만은 분명하다.

고난으로 표현된 사랑 그리고 그리스도 안에 있는 하나님의 사랑을 체험함

우리가 거듭 보았듯이, 바울은 고난에 "매료"되었다. 이렇게 그가 고난에 매료당한 것은 하나님의 사랑이 다른 사람들을 위해 자신을 내어 주신 고난을 표현한 한 행위 속에서 실현되고 인간에게 이루어졌다는 확신에 그 뿌리를 두고 있다. 바울은 십자가가 그리스도의 사랑과 하나님의 사랑을 표현한 궁극적 상징이라고 마음을 다해 믿는다. 따라서 고난을 겪었던 다른 사람들과 달리, 바울은 고난을 하나님이 버리시거나 계시지 않음을 상징하는 것으로 생각하지 않는다. 바울을 지탱해주는 것은, 그리스도의 죽음 속에 하나님이 계셨던 것처럼, 그가 다른 사람들을 위하여 고난당할 때에 그리스도 안에 계신 하나님이 그와 함께 계시고 그를 위하신다는 확신이다. 바울은 이런 확

문맥은 바울의 소원이 과거의 것이 아니라 현재의 것으로서(Joseph A. Fitzmyer, *Romans: A New Translation with Introduction and Commentary*, Anchor Bible 33 [New York: Doubleday, 1993], 544도 같은 생각이다) 진정하고 진심어린 소원(James D. G. Dunn, *Romans*, Word Biblical Commentary 38A, 38B, 2vols. [Waco, TX: Word, 1988, 『로마서』, 솔로몬 역간], 2:524도 같은 생각이다)임을 시사한다.

63) 리처드 헤이스가 지적하듯이, 바울이 이 구절들에서 피력하는 자기희생 의지는 자신이 사랑하는 아들까지 아끼지 않은 아브라함(그리고 하나님)의 아케다(*Akedah*) 전승과 관련되어 있다(Richard Hays, *Echoes of Scripture in the Letters of Paul* [New Haven: Yale University Press, 1989], 62). 사실, 바울이 롬 9:3에서 구사하는 언어는 롬 8:32를 떠올리게 한다. 즉, 9:3의 "나의 형제 곧 골육의 친척을 위하여(*hyper*)"라는 문구는 8:32에 나오는 "(하나님이) 자기 아들을 아끼지 아니하시고 우리 모든 사람을 위하여(*hyper*) 내주셨다"라는 문구를 떠올리게 만든다. 하지만 두 구절의 차이(9:3은 자기를 희생하려는 의지를 표명한 반면 8:32는 사랑하는 아들을 희생하려는 의지를 표명한다)는 바울이 하나님보다 그리스도를 닮는 데 더 많은 관심을 두고 있다는 것을 의미한다. 따라서 롬 9:3 본문은 우리에게 고후 5:14-15의 그리스도가 "모든 사람을 대신하여(위하여) 죽으셨다"는 내용도 함께 되새겨준다.

신을 로마서 8장을 맺으면서 아주 간결하면서도 강력하게 천명한다.

로마서 8:31-39은 "신약 성경에서 가장 뛰어난 수사 기술을 구사한 부분 중 하나"[64]다. 이 본문에서 바울은 자신이 겪은 고난의 깊이에 관하여 자기 마음을 토로하면서도, 현재 겪는 고통의 와중에도 하나님은 살아계시며 장차 마지막 승리는 결국 하나님 것이 될 것이라는 절대 확신을 쏟아낸다.

> 그런즉 이 일에 대하여 우리가 무슨 말 하리요. 만일 하나님이 우리를 위하시면 누가 우리를 대적하리요. **자기 아들을 아끼지 아니하시고** 우리 모든 사람을 위하여 내주신 이가 어찌 그 아들과 함께 모든 것을 우리에게 주시지 아니하겠느냐. 누가 능히 하나님께서 택하신 자들을 고발하리요. 의롭다 하신 이는 하나님이시니 누가 정죄하리요. 죽으실 뿐 아니라 다시 살아나신 이는 그리스도 예수시니 그는 하나님 우편에 계신 자요 우리를 위하여 간구하시는 자시니라. **누가 우리를 그리스도의 사랑에서 끊으리요**. 환난이나 곤고나 박해나 기근이나 적신이나 위험이나 칼이랴. 기록된바 우리가 종일 주를 위하여 죽임을 당하게 되며 도살당할 양 같이 여김을 받았나이다 함과 같으니라. 그러나 이 모든 일에 우리를 사랑하시는 이로 말미암아 넉넉히 이기느니라. 내가 확신하노니 사망이나 생명이나 천사들이나 권세자들이나 현재 일이나 장래 일이나 능력이나 높음이나 깊음이나 다른 어떤 피조물이라도 우리를 **우리 주 그리스도 예수 안에 있는 사랑에서 끊을 수 없으리라**(롬 8:31-39, 지은이 강조).

분명 바울은 십자가에서 표현된 하나님의 신실하심, 하나님의 사랑을 여전히 신뢰할 수 있다고 확신한다. 과거는 현재와 미래에 관하여 하나님이 하신 약속이다. 그 어떤 것도 바울 사도를 "우리 주 그리스도 예수 안에 있는 사랑"에서 끊을 수 없다 한다면, 그 어떤 것도 바울이 그 사랑을 다른 사람들과 나누는 것을 제지할 수 없다. 바울은 격심한 고난 속에서 하나님이 자신을 사랑하시지 않는다고 느끼는 게 아니라, 도리어 자기 아들까지 아끼지 않고 내어주신 그분과 우리를 위하여 죽으신 그분의 사랑을 느낀다. 그런 사랑을 받

---

[64] Johnson, *Reading Romans*, 133. 나중에 이 책 12장에서 십자가를 본받는 삶의 소망을 논의할 때, 이 말에 관하여 이야기해보도록 하겠다.

은 아들이요 하나님의 종인 바울은 다른 사람들을 위해 고난당하는 것이 하나님의 부재와 싫어하심이 아니라 하나님의 현존과 사랑을 체험하는 것일 수 있음을 다른 사람들에게 힘써 알리고 있다.

죽음이 아니라 삶을 택함

바울은 그가 섬긴 공동체들을 사랑했다. 그러나 그는 이 고난의 시기가 지나고 나면, 마지막 승리가 그와 모든 신자들을 기다리고 있다는 것 역시 알고 있었다. 바울 서신을 읽는 사람들 중에는 특히 바울이 복음을 전한다는 이유로 핍박을 받던 시련기를 전후하여 죽음에 끌리곤 했었던 사실을 간과하는 사람이 거의 없다. 가령 고린도후서를 보면, 바울은 자신이 그리스도와 교회들을 위하여 겪은 많은 고난들을 거듭 회상하는 대목에서 그가 겪은 고난을 열거하고 그 고난의 목적을 성찰한(고후 4:7-15) 뒤에 이런 말을 하고 있다.

> 그러므로 우리가 낙심하지 아니하노니 우리의 겉 사람은 낡아지나 우리의 속사람은 날로 새로워지도다……만일 땅에 있는 우리의 장막 집이 무너지면 하나님께서 지으신 집 곧 손으로 지은 것이 아니요 하늘에 있는 영원한 집이 우리에게 있는 줄 아느니라. 참으로 우리가 여기 있어 탄식하며 하늘로부터 오는 우리 처소로 덧입기를 간절히 사모하노라……그러므로 우리가 항상 담대하여 몸으로 있을 때에는 주와 따로 있는 줄을 아노니……**우리가 담대하여 원하는 바는 차라리 몸을 떠나 주와 함께 있는 그것이라**(고후 4:16, 5:1-2,6,8, 지은이 강조)

"그리스도를 위하여" 갇혀 있는 동안에 쓴 빌립보서에서도(1:13), 바울은 자신의 미래 운명을 깊이 생각하다가 죽음의 우월함을 표현한다.

나의 간절한 기대와 소망을 따라 아무 일에든지 부끄러워하지 아니하고 지금도 전과 같이 온전히 담대하여 살든지 죽든지 내 몸에서 그리스도가 존귀하게 되게 하려 하나니. 이는 내게 사는 것이 그리스도니 죽는 것도 유익함이라. 그러나 만일 육신으로 사는 이것이 내 일의 열매일진대 무엇을 택해야(NRSV는 "선호해야") 할는지 나는 알지 못하노라. 내가 그 둘 사이에 끼었으니 차라리 세상을 떠나서 그리스도와 함께 있는 것이 훨씬 더 좋은 일이라 그렇게 하고 싶으나

(빌 1:20-23)

바울이 삶을 택할지 아니면 죽음을 택할지 그가 "선호하는 것"을 놓고 번민하고 있는 것만은 분명하다. 그렇지만 이 세상을 떠나 주님이 계신 곳에서 그의 안식처를 얻는 것을 바울 자신에게 더 나은 운명으로 생각하고 있다는 것 역시 분명하다.

하지만 바울은 십중팔구 이 대목(빌 1:18하-26)에서 단순히 그가 통제할 수 없는 것(이를테면, 목전에 임박한 재판 결과)을 놓고 어느 쪽을 선호하는지 고심하는 데 그치지 않고 그를 번민케 하는 선택을 놓고서 고심하고 있는 게 틀림없다.[65] 우리가 이를 깨닫게 되면, 이 대목에서 표현하는 바울의 고뇌가 더 강하게 다가온다. 실제로 NRSV가 "무엇을 선호해야 할는지 나는 알지 못하노라 (I do not know which I *prefer*)"로 번역하면서 "선호하다(prefer)"로 옮겨놓은 22절 말미의 헬라어는 실상 "선택하다"[66]라는 말이다. 따라서 바울이 깊이 고심하는 것은 선택이요 결정이다. 바울이 결정해야 할 것은 그 자신의 목숨을 끝낼 길을 찾아야 할 것인가 아니면 바울이 스스로 목숨을 끊으려 할 때 다른 누군

---

65) 빌립보서의 이 구절들은 리처드 헤이스가 강조한 진리, 곧 바울은 "글을 쓰면서 신학을 한다" (*The Moral Vision of the New Testament Ethics* [San Francisco: HarperCollins, 1996], 19)는 진리를 다른 어느 구절들보다 더 예리하게 보여주는 예일 수 있다. 실제로 우리는 여기서 바울이 글을 쓰면서 개인적이고 신학적인 결정을 내리는 데 열중하고 있음을 본다. 자신의 의사 결정 과정을 사람들 앞에 공개한 것은 바울의 정직함과 더불어 그가 사람들의 공격을 받을 수도 있음을 잘 보여준다. 또 그가 십자가를 본받는 쪽으로 의사 결정을 하고 있는 점은 그가 진실한 사도임을 보여주는 증거다.

66) RSV와 NIV는 그 헬라어 동사를 "선택할지(shall choose)"로 번역해놓았다. 22절 말미에 있는 헬라어는 "선택하다"라는 동사의 미래형(*hairēsomai*)이지, "원하다", "바라다"(이를테면, *boulomai*, *thelō* 같은 동사)의 현재형이 아니다. 따라서 (미래형인 *hairēsomai*를 역시 미래형인 shall choose가 아니라 현재형인) "prefer"로 번역해놓은 NRSV는 잘못이다.

가(이를테면, 로마 관원)가 이를 막으려고 시도하지 못하도록 막아야 할 것인가 라는 문제다.

사도 바울이 "자살", 곧 스스로 죽는 것을 고려했다고 말하면, 믿지 못할 사람들이 많을 것이다. 그러나 자신의 심정을 아주 솔직하게 드러낸 이 대목을 보면, 우리가 파악한 것이 정확히 맞는 것 같다.[67] "죽는 것이 유익이다"라는 말은 자살을 다룬 고대 담화에서 흔히 볼 수 있다. 이런 담화에서는 자살을 "고귀한 죽음"으로 보는 경우가 자주 있다. 바울과 거의 같은 시대를 살았던 스토아 철학자 세네카(Seneca)[h]가 표현한 사상에 비춰보면, 바울의 고뇌를 완전하게 이해할 수 있다.

> 따라서 우리 힘으로 어쩔 수 없는 힘이 우리를 죽음으로 위협할 때, 우리가 알아서 죽음을 앞당겨야 할 것인가 아니면 죽음을 기다려야 할 것인가라는 문제에 관하여 우리는 딱 부러진 일반론을 내놓을 수 없다. 우리가 알아서 죽음을 앞당겨야 한다는 주장도 많고, 기다려야 한다는 주장도 많기 때문이다. 한쪽에는 고문에 따른 죽음이 있고 다른 한쪽에는 쉽고 편안한 죽음이 있다면, 서둘러 후자를 붙잡지 않겠는가? 나는 항해에 나서려 하면 배를 고를 것이며, 주거를 정하려 하면 내 집을 고를 것이다. 마찬가지로 내 삶을 떠날 때가 되면, 내 죽음을 고를 것이다. 더욱이 길게 끄는 삶이 늘 더 좋은 것만은 아니듯이, 길게 끄는 죽음이 반드시 더 나쁘지만은 않다. 죽음의 순간만큼 영혼이 즐거움을 얻는 경우는 없다. 영혼을 떠나보내야 한다는 마음이 들거든, 영혼을 떠나보내라. 영

---

67) 이 대목을 나와 비슷하게 읽으면서 바울의 진짜 선택을 강조한 글들을 보려면, C. S. Wansink, *Chained in Christ*, JSNTSup 130 (Sheffield: Sheffield Academic Press, 1996), 97-125 및 Arthur Droge and J. D. Tabor, *A Noble Death: Suicide and Martyrdom among Christians and Jews in Antiquity* (San Francisco: Harper & Row, 1992), 119-26을 보라. 물론 바울은, 사형 선고를 받더라도 상소하지 않는 것처럼, "더 수동적인 형태의 자발적 죽음"을 고려하고 있다고 볼 수 있다(Wansink, *Chained in Christ*, 119-24; Stephen E. Fowl, "Christology and Ethics in Philippians 2:5-11," in Ralph P. Martin and Brian J. Dodd, eds. *Where Christology Began: Essays on Philippians* 2 [Louisville: Westminster/John Knox, 1998], 147). 그러나 이런 경우에도 바울이 삶보다 죽음을 택하고 있다는 점은 여전히 변함이 없다. 이 본문 자체 그리고 바울이 다른 사람들에게 신실함과 이타적인 사랑을 권면할 때 이 본문이 차지하는 역할에 관하여 중요한 분석을 제시한 글을 보려면, Stephen E. Fowl, "Believing Forms Seeing: Formation for Martyrdom in Philippians"를 보라. 이 글은 조만간 성경에 등장하는 인물의 윤리와 성경 해석에 관한 논문들을 묶어 Eerdmans에서 출간될 논문집(William Brown 편집)에 들어 있다.

혼이 칼을 찾든, 아니면 목을 맬 밧줄을 찾든, 아니면 정맥을 공격할 약물(독약)을 찾든, 그대로 계속 진행하여 영혼을 속박하는 줄을 끊어버려라. 모든 사람은 자신의 삶을 자기 자신뿐만 아니라 다른 사람들도 받아들일 수 있는 것으로 만들어야 한다. 그러나 그의 죽음은 오로지 그 자신에게 속한 것이다. 가장 좋은 형태의 죽음은 우리가 좋아하는 죽음이다. 이성 역시, 우리가 그리할 수만 있다면, 우리의 기호를 따라 죽으라고 충고한다. 만약 그럴 수 없다면, 이성은 우리더러 우리의 능력을 따라 죽으라고, 또 우리 자신에게 폭력을 가하는 데 쓸 수 있는 수단이라면 어떤 수단이라도 붙잡으라고 충고한다. "남의 것을 강탈하여 살아가는 것"은 범죄다. 그러나 "죽음을 강탈하는 것"(자살)은 지극히 고귀하다.(Richard M. Gummere가 번역하고 Loeb에서 출간한 세네카의 *Epistle* 70.11-12, 28).

바울 같은 죄수가 자살할 수단을 가지려 했다고 생각하는 것은 결코 억지가 아니다. 실제로 세네카는 위에서 인용한 이론적 성찰에 이어 실천할 수 있는 방법을 충고한다. 그는 검투사들(따라서 죄수들)이 꼭 무기를 쓰지 않더라도 자살할 수 있는 독창적 방법을 어떻게 찾아냈는가를 예로 들어 설명한다(*Epistle* 70.19-27). 바울도 자살하려는 욕구를 가졌다면, 자살 수단을 찾아낼 수 있었을 것이다.

바울이 빌립보 사람들에게 써 보낸 글에는 세네카의 서신에서 발견할 수 있는 주제들이 많이 들어 있다. 세네카처럼, 바울도 그 자신에게 가장 좋고 가장 매력 있어 보이는 일을 행하라는 유혹을 받고 있다. 이런 유혹은 능동적 자살이었을 수도 있지만, 어쩌면 더 가능성이 높은 것은 소위 "수동적" 자살(로마 당국의 구금으로부터 그를 석방시켜 결국 그가 순교자로 죽지 못하도록 만들 수 있는 어떤 조치에도 단호히 반대하는 것[68])이었을 수도 있다. 그러나 동시에 바울은 이 대목(빌 1:18하-26)의 서두와 말미에서 그가 결코 죽지 않을 것이라는 절대 확신을 피력한다.

---

68) 완싱크(*Chained in Christ*, 119-24)는 바울이 그를 고소한 로마 사람들 앞에서 침묵을 지킴으로써 그리스도를 본받으려 한다고 주장한다.

이것이 너희의 간구와 예수 그리스도의 성령의 도우심으로 나를 구원에 이르게 할 줄 아는 고로…내가 살 것과 너희 믿음의 진보와 기쁨을 위하여 너희 무리와 함께 거할 이것을 확실히 아노니 내가 다시 너희와 같이 있음으로 그리스도 예수 안에서 너희 자랑이 나로 말미암아 풍성하게 하려 함이라(빌 1:19,25-26)

바울의 이런 단호한 태도는 단순히 로마의 사법 정의를 믿는 마음이나 하나님이 구해주실 것이라는 믿음을 피력한 것에 그치지 않는다. 물론 이런 태도는 하나님이 구해주실 것을 믿는 믿음을 드러낸 것이기도 하다. 그러나 더 중요한 것은, 이런 확신이 사도로서 십자가를 본받는 사랑에 바울이 헌신하고 있다는 것을, 그가 "너희를 위하여 더 유익한(필요한)"(빌 1:24) 것을 선택하는 데 마음을 쏟고 있다는 것을 드러내고 있다는 점이다.

"필요성"을 고려하는 것은 자살에 관한 스토아학파의 담론을 구성하는 요소이기도 했다. 그러나 바울은 자기중심적 관점에서 죽음에 접근하는 세네카의 주장, 곧 "모든 사람은 자신의 삶을 자기 자신뿐만 아니라 다른 사람들도 받아들일 수 있는 것으로 만들어야 한다. 그러나 그의 죽음은 오로지 그 자신에게 속한 것이다. 가장 좋은 형태의 죽음은 우리가 좋아하는 죽음이다"라는 주장을 따르지 않는다. 바울은 살든지 죽든지 "지금도 전과 같이 내 몸에서 그리스도가 존귀하게 되는 것"(빌 1:20)을 원한다고 말한다. 이런 일은 오로지 그가 십자가를 본받는 사랑 쪽을 택할 때, 바울 자신의 욕망보다 다른 사람들(이 경우에는 빌립보 사람들)의 필요를 우선시하는 쪽을 택할 때만 이루어질 수 있다. 이 본문도 특히 23-26절에서 십자가를 본받는 사랑 패턴을 분명하게 표현하고 있다.

[x] 차라리 세상을 떠나서 그리스도와 함께 있는 것이 훨씬 더 좋으나(23절; 참고, 21절),

[y] 나는 죽음을 택하지 않고(25절상),

[z] 도리어 삶을 택하리라. 이는 내가 사는 쪽이 너희에게 더 유익하고, 너희 믿음의 진보와 기쁨을 위하여 더 유익하기 때문이다(24,25상-26절)

때문에 정말 진정한 의미에서는 "바울에겐 계속 살아 있는 것이 진짜 희생이었다."[69] 바울은 자신이 통제하는 죽음(자살)이 (그 유익에도 불구하고, 아니 정확히 말하면 그 자살에서 비롯되는 유익 **때문에**) 이기적 행위임을 발견한다. 바울은 이런 결정을 이야기하면서(또는 어쩌면 이런 이야기를 하는 동안에 결정을 내렸을 수도 있다), 자신을 그리스도의 자기 비움을 "본받은 자"요, 그런 점에서 빌립보 사람들이 본받을 만한 패러다임으로 제시한다. 아울러 바울은 빌립보서 1:27 서두에서 십자가를 본받는 사랑을 온몸으로 실천하라고 빌립보 사람들에게 당부한다.[70]

결론: 바울의 사랑 이야기

바울을 이끈 것은 사랑이었다. 그는 자신이 섬긴 교회들에게 그가 겪은 고난은 물론이요 때로 자기가 보인 기괴한 행위도 다른 것이 아니라 사랑 때문이었다는 것을 알리고 싶어 했다. 바울은 자신의 삶과 사역을 그리스도 안

---

69) Droge and Tabor, *Noble Death*, 122. 하지만 드로지와 테이버의 그릇된 논리를 따르지 않는 것이 중요하다. 이들은 바울과 (아우구스티누스 이전의) 다른 초기 그리스도인들이 예수의 모범을 따라 스스로 죽는 것(자살)을 반대하지 않았으며, 그런 점에서 이들은 오늘날 자살의 도덕성을 다시 생각해볼 근거가 된다고 주장하려 한다("Conclusion," 185-89). 초기 그리스도인들과 대다수 현대 그리스도인들 사이에는 자살의 본질과 동기를 바라보는 시각에 큰 차이가 있다. 그러나 이를 떠나서 바울이 우리에게 주는 가장 중요한 교훈은, 설령 고귀한 이유에서 비롯된 자살이라 할지라도, 자살은 대개 이기적 결정이라는 점이다. 바울로 하여금 스스로 죽는 쪽을 택하지 **말도록** 강제한 것은 다른 사람들을 위해 자신을 내어주시고 희생한 사랑의 본보기였던 그리스도의 죽음이다. 바울은 예수를 본받지 **않음으로써** 예수를 정확히 본받은 셈이다. 드로지와 테이버는 "추측건대, 바울이 개인이 자살할 수 있으며 그렇게 자살함으로써 '몸으로 하나님께 영광을 돌릴 수 있다'고 생각하는 것 같다"는 결론을 내린다(124). 그러나 이런 결론은 바울이 쓴 본문에 있는 어떤 이미지들에 관한 의심스러운 해석에 근거하고 있을 뿐만 아니라, 자살하지 않겠다는 바울의 결정, 그리고 그런 결정을 내리게 된 이유들을 패러다임으로서 받아들이지 못한 데 근거한 것이다.
70) 완싱크는 키케로도, 그가 쓴 *Epistulae ad Quintum fratrem*(내 형제 퀸투스에게 보내는 서신들) 1.3에서 제시한대로, 감옥에 있는 동안 비슷한 이유로 비슷한 결정을 했다고 믿는다. 그렇지만 키케로가 그리스도를 본받으려고 한 것이 아니었음은 물론이다.

에서 발견되는 신실한 사랑이라는 규범적 내러티브 패턴(그리스도의 율법)을 온몸으로 살아낸 것으로 보았다. 십자가를 본받은 사랑은 그가 사도의 권리, 특히 그가 섬기는 사람들로부터 재정 지원을 받을 권리를 포기한 것, 그가 목자로서 회중을 돌본 방법, 그가 끊임없이 당한 고난, 그리고 사도로서 그가 한 일이 갖고 있는 다른 차원들에서 생생하게 드러났다. 바울은 자신을 주님의 십자가 내러티브의 연장선으로 제시하면서, 다른 사람들에게 바울 자신을 통하여 하나님 사랑, 십자가로 나타난 사랑의 궁극적 패러다임인 그리스도를 들여다보라고 권면했다. 바울은 그리스도의 삶이 그린 궤적과 "자기 삶의 궤적이 유사하다고" 보았다. 또 그는 다른 사람들도 "그리스도 이야기로 옷 입는다면" 그들 역시 "그리스도를 입을 수" 있다고 믿었다.[71]

우리가 살펴본 본문들은 자신을 본받으라는 바울의 요구를 강조한다. 이런 본문들은 자연스럽게 바울이 그런 요구를 한 동기에 의문을 갖게 한다. 그는 다른 사람들을 통제하려고 하는 것인가? 그가 자신을 묘사할 때 열거한 사랑의 행위들은 정말 능력에서 비롯된 행위들인가? 우리는 이런 의문들을 십자가를 본받는 삶의 능력을 다룬 장에서 다룰 것이다. 그러나 지금 우리는 의심이라는 유익을 바울에게 주려고 한다. 우리는 자신이 그리스도를 본받듯이 자신을 본받으라는 바울의 요구를 그리스도가 사랑하신 것처럼 사랑하고 싶어 하는 바울 자신의 욕구, 그리고 그가 섬기는 공동체들 역시 그리스도와 같은 사랑을 구현하길 바라는 바울 자신의 욕구를 진지하게 표현한 것으로 읽고자 한다. 다음 장은 그런 공동체의 삶이 갖는 특징들에 초점을 맞추려 한다.

---

71) Witherington, *Paul's Narrative Thought World*, 234, 238.

"너희 안에 이 마음을 품으라 곧 그리스도 예수의 마음이니"

빌립보서 2장 5절

10장

십자가를 본받는 사랑(Ⅲ)

믿음의 공동체가 보여주는 내러티브 형태

우리는 8장과 9장에서 바울이 전개하는 십자가로 나타난(십자가를 본받는) 사랑 내러티브를 꼼꼼히 살펴보았다. 바울은 이 사랑을 우선 그리스도 이야기에서 그리고 바울 자신의 사역 속에서 발견했다. 이제 우리는 바울이 그의 독자들에게 그들의 삶과 공동체 속에서 바울 자신이 말한 것과 같은, 십자가를 본받는 사랑을 드러내도록 당부했던 내용들을 살펴보겠다. 종교개혁자인 마르틴 루터는 우리가 바울의 "핵심 이야기"라고 불렀던 빌립보서 본문을 주석하면서, 십자가를 본받는 사랑을 권면하는 이 설교를 다음과 같이 유려한 필치로 표현했다.

> 여기서(빌 2:4) 우리는 사도(바울)가 이 규칙, 곧 우리는 다른 사람들을 이롭게 하는데 우리의 모든 수고를 바쳐야 한다는 규칙을 그리스도인의 삶에 적용될 규칙으로 규정한 것을 분명히 본다……사도는 그런 삶의 본보기로 그리스도를 든다(빌 2:5-8 이하)……바울이 말하고자 하는 것은 이것이다. 즉, 그리스도는 하나님의 형체가 충만하신 분이시며 모든 선한 것이 풍성하신 분이셨다. 따라

서 그분은 의를 얻고 구원을 얻기 위해 어떤 일도 하실 필요가 없었고, 어떤 고난도 당하실 필요가 없었다(그리스도는 의와 구원을 영원히 갖고 계신 분이시기 때문이다). 그러나 그리스도는 그것들을 내세워 거드름을 피우시지도 않았고, 우리보다 자신을 높이시지 않았으며, 우리를 지배할 권세를 취하시지도 않았다. 그리하셔도 마땅한데, 그리하시지 않은 것이다……따라서 그리스도인은 어떤 일(공로)도 할(쌓을) 의무가 없다. 그러나 그리스도인은 이런 자유 속에서도 자신을 비워야 하고, 스스로 종의 형체를 취해야 하며, 섬겨야 한다……그리스도인은 이런 생각을 가져야 한다……"나는 아무 쓸모없고 저주받은 사람이다. 그런데도 내 하나님은 내게 아무 공로가 없는데도 그리스도 안에서 내게 의와 구원의 온갖 풍성함을 안겨주셨다……**그러므로 나는, 그리스도가 당신 자신을 내게 주셨듯이, 나 자신을 마치 그리스도처럼 내 이웃에게 줄 것이다.**"…이렇게 믿음으로부터 주님 안에 있는 사랑과 기쁨이 흘러나오는 것을 주목하라.[1]

그리스도가 그 자신을 신자들을 위하여 주신 것처럼 신자들이 자신을 "마치 그리스도처럼" 자기 이웃들에게 주려면, 바울은 신자들이 무엇을 해야 한다고 생각했을까? 우리는 이번 장을 시작하면서, 우선 앞 두 장에서 논의한 십자가로 나타난(십자가를 본받는) 사랑의 핵심 요점들을 아주 간략하게 살펴보도록 하겠다. 그런 다음, 바울 서신을 하나씩 하나씩 살펴보면서, 바울이 그가 서신을 써 보낸 각 공동체에서 십자가를 본받는 사랑의 패턴들이 어떤 형상으로 나타나고 있다고 보는지 밝혀보도록 하겠다.[2] 이런 접근법은 유익한 정도를 넘어 필요한 방법이다. 사랑은 바울의 영성에서 아주 중요하며 그가

---

1) Martin Luther, *The Freedom of a Christian*, in John Dillenberger, ed., *Martin Luther: Selections from His Writings* (Garden City, NY: Doubleday, 1961), 74-75(지은이 강조). 위대한 루터 학자인 롤랜드 베인턴은 이 본문을 인용하면서, 이 본문을 "루터 윤리의 대요(大要)"라고 부른다. 그는 굵은 글씨로 되어 있는 부분을 "나는, 그리스도가 당신 자신을 내게 주셨듯이, 나 자신을 일종의 그리스도처럼 내 이웃에게 줄 것이다"로 번역한다(Roland H. Bainton, *Here I Stand: A Life of Martin Luther* [New York: New American Library, 1950, 『마르틴 루터의 생애』, 생명의 말씀사 역간], 178-79.
2) 이 책의 다른 장들과 다른 구성 형태를 취한 이런 접근법이 타당한 몇 가지 이유가 있다. 십자가로 나타난(십자가를 본받는) 사랑 체험은 바울 영성의 핵심이며, 따라서 그가 목회자로서 가르친 내용들 가운데 중심을 이루는 것이기도 하다. 이렇게 사랑이 차지하는 중심적 위치 때문에, 또 바울은 특정 공동체의 정황에 적응하는 것을 십자가를 본받는 그의 영성에서 아주 중요하다고 본다는 점에서, 우리는 각 서신/공동체를 하나씩 살펴보려 한다.

쓴 거의 모든 서신에서 아주 중요한 차원이기 때문이다. 이어서 우리는 바울이 자신의 독자들에게 온몸으로 겪어볼 것을 촉구하는 사랑 체험의 전체 윤곽을 이해해보고자, 우리가 살펴본 본문들을 종합한 명제로 결론을 내려 보도록 하겠다.

십자가로 나타난 그리스도의 사랑과 십자가를 본받는 바울의 사랑

8장과 9장에서 우리는 바울이 "그리스도의 사랑"으로 서술한 것과 그런 사랑 패턴을 그가 삶으로 구현하려 했다는 것을 살펴보았다. 사랑은 분명 바울의 영성뿐 아니라 그의 그리스도 이해와 자기 이해에서도 중심을 차지한다. 성령의 역사로 율법을 완성하는 사랑은 그 본질상 2차원적 특성을 갖고 있다. 한편으로 보면, 사랑은 자기 자신의 이익을 추구하지 않고 도리어 자기 지위와 권리를 포기하는 특징을 가진다. 다른 한편으로 보면, 사랑은 다른 사람들의 유익을 추구하고 다른 사람들을 염려하는 특징을 가진다.

바울이 이런 사랑 이해를 갖게 된 근거는 그리스도의 사랑이 표현된 십자가다. 바울 사도는 그의 핵심 이야기인 빌립보서 2:6-11의 그리스도 찬송을 사랑 이야기로 해석한다. 이 사랑 이야기의 메아리들(자기 지위를 포기하고, 자기 자신의 이익을 구하지 않으며, 다른 사람들의 행복[구원]을 위해 행동하는 것)은 바울 서신 전체에서 울려 퍼지고 있다. 바울은 십자가를 본받는 자신의 사랑을 다양한 방법으로 표현한다. 이 다양한 표현들은 모두 자기를 내어주심과 고난으로 표현된 그리스도의 사랑을 전한 바울의 핵심 이야기를 닮았다. 따라서 그리스도가 십자가에서 보여주신 사랑은 사랑의 패러다임이 되는 행위로서, 그리스도 안에 있는 사람은 바울이든 그가 섬기는 공동체든 누구나 본받을 수 있는 행위다.

하나님을 향한 그리스도의 순종과 신실하심이 십자가에서 인간을 향한 사랑으로 체현되었듯이, 신자들도 그들의 믿음을 사랑으로 표현해야 한다. 그리스도(그리고 그의 사도인 바울)의 내러티브를 본받으라는 권면은 바울이 서신을 보내는 공동체별로 그 형태와 강조점을 달리 한다. 하지만 바울이 데살로니가서, 갈라디아서, 고린도서(전서와 후서를 따로 살펴보겠다), 로마서, 빌립보서, 그리고 빌레몬서에서 제시하는 가르침들을 살펴볼 때 보게 되겠지만, 이 서신 전체를 아우르는 공통 주제들(우리가 예상할 수 있는 주제들이다)이 존재한다.[3]

데살로니가전서: 십자가를 본받는 사랑의 본질

대체로 사람들은 바울이 데살로니가 사람들에게 보낸 첫 서신을 현재 남아 있는 그의 서신 가운데 가장 오래된 서신으로 여긴다. 이 서신에서는 "사랑"이라는 말이 일곱 번 등장하지만[4] 이 "사랑"이라는 주제를 폭넓게 다루지는 않는다. 그렇지만 바울의 사랑 이해에서 본질을 이루는 요소들은 존재하고 있다. 바울은 이런 요소들을 다른 서신들에서 펼쳐보인다. 이런 요소들에는 다음과 같은 것들이 포함된다.

---

3) 이번 10장에서 나는 이 서신들에 관한 내 해석을 뒷받침하는 2차 문헌들을 각주에서 많이 인용하거나 참조하여 독자들에게 부담을 주는 일을 피했다. 바울이 쓴 서신임에 다툼이 없는 서신들을 어느 정도라도 모두 살펴보려면, 공간을 경제적으로 활용해야했기 때문이다. 특정한 문제들이나 주장들에 관심이 있는 독자들은 적절한 주석들을 참조하기 바란다. 도움이 되는 시사점들을 발견할 수 있는 책으로, Raymond E. Brown, *An Introduction to the New Testament* (New York: Doubleday, 1997); Luke Timothy Johnson, with Todd C. Penner, *The New Testament Writings: An Interpretation*, rev. ed. (Minneapolis: Fortress, 1999); 그리고 James D. G. Dunn, *The Theology of Paul the Apostle* (Grand Rapids: Eerdmans, 1998)이 있다. 바울 서신이 말하는 "윤리" 전반, 그 중에서도 특히 사랑에 관한 해석과 관련하여 특별히 도움이 되는 책으로, Richard B. Hays, *The Moral Vision of the New Testament: A Contemporary Introduction to New Testament Ethics* (San Francisco: HarperCollins, 1996); Victor Paul Furnish, *Theology and Ethics in Paul* (Nashville: Abingdon, 1968); Victor Paul Furnish, *The Love Command in the New Testament* (Nashville: Abingdon, 1972); 그리고 Pheme Perkins, *Love Commands in the New Testament* (New York: Paulist, 1982)이 있다.

4) 1:3, 3:6,12, 그리고 5:8,13에 나오는 *agapē*(명사); 1:4과 4:9에 나오는 *agapaō*(동사); 그리고 4:9에 나오는 관련 명사 *philadelphia*.

1. **사랑은 믿음과 분리할 수 없다.** 바울이 데살로니가 사람들의 "믿음의 역사와 사랑의 수고와 우리 주 예수 그리스도에 대한 소망의 인내"(1:2)를 기억하는 서두의 감사 부분으로부터 그들의 "믿음과 사랑"(3:6)에 관한 디모데의 보고에 바울이 보인 긍정적 반응에 이르기까지, 그리고 바울이 데살로니가 사람들에게 "믿음과 사랑의 호심경을 붙이라"고 권면하는 부분에 이르기까지, 바울 사도는 사랑과 믿음을 함께 이야기해야 하며 함께 체험해야 한다는 점을 분명히 한다.
2. **사랑은 또 소망과 분리할 수 없으며, 소망을 보증하는 것이기도 하다.** 바울은 위에서 언급한 "세 가지 신학적 미덕"(믿음, 소망, 사랑)에서(1:2), 그리고 신자가 입을 갑주를 묘사할 때 "구원의 소망"을 믿음과 사랑이라는 호심경과 함께 써야 할 "투구"로 묘사하는 구절(5:8)에서, 사랑을 믿음뿐 아니라 소망에서도 분리할 수 없다고 주장한다. 더 나아가, 바울은 사랑 안에서 자라가는 것은 거룩함에서 자라가는 것을 의미한다고 말하면서, 예수가 다시 오실 때 하나님 앞에서 "흠이 없는" 모습으로 나타나려면 이렇게 거룩함에서 자라가야 한다고 말한다(3:13, 5:23-24). 이처럼 사랑은 미래에 관한 소망과 확신을 세운다.

또 주께서 우리가 너희를 사랑함과 같이 너희도 피차간과 모든 사람에 대한 사랑이 더욱 많아 넘치게 하사, **그 결과로**(또는, 그럼으로써) **하나님이**(with the result[or "so that"] God) 너희 마음을 굳건하게 하시고 우리 주 예수께서 그의 모든 성도와 함께 강림하실 때에 하나님 우리 아버지 앞에서 거룩함에 흠이 없게 하시기를 원하노라(살전 3:12-13, 굵은 글씨는 지은이의 NRSV 본문 인용)[5][1]a

따라서 사랑이 없으면, 어떤 소망도 존재할 수 없다.
3. **사랑은 다른 사람들을 격려하고 계발하는 것**(세우는 것)**이다.** 바울은 데

---

5) 나는 NRSV에서 인용한 13절 본문을 바꿨다. 불행히도 NRSV는 (RSV와 달리) 3:12-13을 문법상 서로 아무 상관이 없는 두 문장으로 나누고 있다. 그러나 여기서 지적한대로, 헬라어 본문은 13절이 (문법과 내용 면에서) 12절에 의존하고 있다는 것을 분명히 시사하고 있다. 두 구절의 연관 관계는 결과(12절에 따른 결과가 13절) 또는 (괄호 안에 있는 또 하나의 번역이 보여주듯이) 원인(13절의 원인이 12절) 관계로 말할 수 있다.

살로니가 공동체에게 미래에 일어날 일을 가르친다(4:13-5:11). 그가 이리 한 것은 그 공동체 구성원 중 몇몇이 세상을 떠난 일(4:13-18)을 생각하여 그 공동체 지체들을 위로하고, 그들 가운데 일부가 거룩한 사람으로 성장해 가는데 나태한 모습을 보임에 따라 그들에게 각성을 촉구(5:1-11)하려는 목적 때문이었다. 세상을 떠난 이들은 아마 순교자들이었을 것이다. 더 특이한 것은, 그가 그 공동체 사람들이 바울 자신이 준 가르침으로 피차 격려하기를 바라고 있는 점이다.[6] 바울은 이 과정을 "서로 덕을 세워가는 것"(5:11)으로 표현하기도 하는데,[7] 이 "덕을 세운다"라는 말은 다른 몇몇 바울 서신에서 두드러지게 등장할 것이다.[8] 이렇게 피차 덕을 세우는 것이 사랑의 구체적 표현 중 하나라는 점은 미래에 일어날 일들을 가르치는 앞부분에서 특별히 사랑을 권면한 부분(4:9-10)과 미래에 일어날 일을 가르치는 부분에 뒤이어 등장하는 말씀(5:12-15)에서 분명하게 드러난다. 데살로니가전서 4:9-10은 널리 사랑에 관하여 말하는 반면 데살로니가전서 5:12-15은 데살로니가 공동체의 특정 구성원들과 그 공동체 전체에게 사랑을 드러내는 행위들을 권고한다.

형제들아 우리가 너희에게 구하노니 너희 가운데서 수고하고 주 안에서 너희를 다스리며 권하는 자들을 너희가 알고 그들의 역사로 말미암아 사랑 안에서 가장 귀히 여기며 너희끼리 화목하라. 또 형제들아 너희를 권면하노니 게으른 자들을 권계하며 마음이 약한 자들을 격려하고 힘이 없는 자들을 붙들어주며 모든 사람에게 오래 참으라(살전 5:12-14)

4. 사랑은 모든 것을 감싸주며 늘 다른 사람들에게 보복하거나 해를 끼치려고 하기보다 그들에게 선을 행하는 것을 의미한다. 공동체 생활을 이

---

6) 바울은 각 가르침의 결론(4:18과 5:11)에서 모두 똑같은 헬라어 동사("권면하다" 또는 "호소하다"라는 의미를 가진 *parakaleō*)를 사용한다. 그러나 문맥을 살펴보면, 이 동사가 첫 번째 경우에서는 "위로하다", 두 번째 경우에서는 "자극하다"라는 의미임을 분명히 알 수 있다.
7) *oikodomeō*.
8) 이 동사와 그 명사형인 *oikodomē*는 고전 10:23, 14:3-5,12,17,26, 고후 12:19, 13:10, 롬 14:19, 15:2에서 나타난다.

야기한 마지막 권면 중에는 다음 본문이 들어 있다.

삼가 누가 누구에게든지 악으로 악을 갚지 말게 하고 서로 대하든지 모든 사람을 대하든지 항상 선을 따르라(살전 5:15)

이 본문은 사랑이 신자들의 공동체보다 우선하며(3:12도 같은 취지, "모든 사람에 대한 사랑"), 사랑은 결코 보복을 추구하는 것일 수 없다는 것을 의미한다. 사랑은 다른 사람들의 행복을 추구한다. 그 "다른 사람"이 누구인가는 상관없다.[9]

5. **사랑은 하나님의 주도하심과 인간의 책임을 통해 이루어진다.** 이 점은 다음 본문이 천명하고 있다.

형제 사랑에 관하여는 너희에게 쓸 것이 없음은 너희들 자신이 하나님의 가르치심을 받아 서로 사랑함이라. 너희가 온 마게도냐 모든 형제에 대하여 과연 이것을 행하도다. 형제들아 권하노니 더욱 그렇게 행하고(살전 4:9-10)

바울은 사랑을 가르쳐주시는 하나님의 은혜와 사랑을 실천하는 신자의 역할 사이에 협력 관계가 있다고 본다.

6. **바울 사도와 그의 동역자들은 자기를 잊고 자신을 내어줌으로써 사랑의 모범을 보여주었다.** 바울은 데살로니가 사람들에게 "피차간과 모든 사람에 대한 사랑이 더욱 많아 넘치게 할 것"을 권면하면서, 그 앞에 "우리가 너희를 사랑함과 같이"라는 말을 덧붙인다(3:12). 바울이 언급하는 사랑은 이 책 앞장에서 이미 서술했다. 바울이 볼 때, 사랑은 무언가를 요구할 권리를 포기하는 것이요, 밤낮으로 수고하는 것이요, 자기 자신을 완전히 나눠주는 것이요, 데살로니가 사람들을 마치 자기 자녀에게

---

[9] 4:3-8은 이런 종류의 사랑의 특수한 한 형태를 암시하는 본문일 수 있다. 이 본문에서 바울은 신자들에게 부적절한 성행위를 통하여 다른 사람들을 "학대하지" 말라고 명령한다. 하지만 이 본문의 해석을 놓고 많은 논쟁이 있다. 때문에 우리는 바울이 정확히 무엇을 말하고자 하는지 확실하게 알 수는 없다.

젖을 먹이는 어머니처럼 부드럽게 보살피는 것이다(2:1-12). 앞장에서 언급했지만, 이렇게 자기를 잊고 자신을 내어주는 사랑은 그리스도의 십자가에 그 뿌리를 두고 있다.

데살로니가전서는 사랑을 줄기차게 논하지 않는다. 그러나 이 서신은 사랑이라는 바울의 영성에 관하여 두드러진 대요(大要)를 포함하고 있다. 이 대요는 다른 바울 서신들에서 확장된 형태로 나타날 것이다. 데살로니가전서에서는 사랑하라는 권면과 십자가 사이에 직접적인 연관 관계가 등장하지 않는다. 그렇지만 바울이 데살로니가 사람들에게 요구하는 사랑, 바울이 그들에게 보여주었던 사랑은 분명 십자가를 본받는 사랑이다. 다시 말해 자기를 잊고, 다른 사람들을 중심으로 삼아 그들을 세워주며, 보복을 추구하지 않는 사랑이다.

갈라디아서: 믿음이 원동력이 된 사랑은 성령의 열매요 율법의 완성이다

"사랑"이라는 말은, 동사든 명사든(agapaō와 agapē), 갈라디아서에서 다섯 번 등장한다. 이 가운데 한 번(2:20)을 제외하면, 모두 5:6-22에서 등장하고 있다. 물론 갈라디아서에서는 다른 말들("믿음"과 "아브라함"과 "의롭다 하심을 얻음" 같은 말)이 더 빈번히 등장하며, 전통적으로 이런 말들을 갈라디아서의 주제 및 주요 관심사들과 하나로 묶어왔다. 그러나 사실은 사랑이 이 서신의 중심 초점이다.

우리가 이미 보았듯이, 갈라디아서에서 문제 삼고 있는 것은 "그리스도와 합하기 위하여 세례를 받고(세례를 받아 그리스도 안으로 들어가고)"(3:27) "성령을 받은"(3:2) 사람들이, 일부 선생들이 권고하는 것처럼, 유대 율법을 지켜야 하는가, 지켜야 한다면 어떻게 지켜야 하는가라는 문제였다. 바울은 자기 독자들에게 이방인 신자들은 두 가지 이유에서 할례를 받을 필요가 없다는 것을 납득시키려고 한다. 첫째, 할례는 율법을 완전히 "행하는 것"(poieō)을 요구하지만 율법을 행하는 것은 의롭다 하심을 얻을 수 있는 길이 아니기 때문이다. 둘째, 세례 받은 신자들은, 성령이 그들 속에서 그리스도를 닮은 사랑을 만들어내시는 한, 이웃 사랑이 그 본질인 율법을 실제로 "완성하기"(plēroō) 때문이다. 따라서 바울이 생각하는 갈라디아서의 본질적 이슈와 그의 주장의 핵심은 믿음 자체가 있느냐 없느냐, 믿음의 의미가 무엇이냐(믿음의 존재와 의미)가 아니라, 율법에 매이지 않은 그의 복음(his Law-free Gospel)을 믿을 수 있다는 것(바울이 전한 복음의 신빙성)이요, 신실하신 메시아의 영만으로도 하루하루 삶 속에서 하나님의 뜻을 온몸으로 실천할 수 있다는 것(메시아의 영이 가진 충족성[충분성])이다. 즉, 갈라디아서는 믿음(바울이 설교했던 그 믿음)과 사랑의 **연관 관계**를 다룬 서신이다. 결국 이것은 갈라디아서가 십자가와 성령의 연관 관계를 다루고 있다는 것을 의미한다.[10]

물론 믿음과 사랑의 연관 관계는 바울의 기독론에 그 뿌리를 두고 있다. 이 연관 관계는 갈라디아서의 명제를 제시하는 2:15-21, 그 중에서도 특히 2:20이 제시하고 있다. 우리가 이 책 앞장들에서 보았듯이, 바울은 갈라디아서 2:20에서 그리스도가 십자가에서 당하신 죽음을 하나님을 향한 믿음의 행위를 통해 다른 사람들을 향한 사랑을 드러낸 행위로 정의한다.

> 그런즉 이제는 내가 사는 것이 아니요 오직 내 안에 그리스도께서 사시는 것이라. 이제 내가 육체 가운데 사는 것은 나를 위해 자신을 내어주심으로 나를 사랑하신 하나님 아들의 믿음(신실하심)으로 사는 것이라(갈 2:20, 지은이 번역)

하나님 아들의 "믿음(신실하심)"(2:16에서도 언급했다)은 자기를 내어주신 사랑의 행위다. 바울이 볼 때, 이것은 믿음과 사랑 사이에 결코 분리할 수 없는

---

10) 앞서 갈라디아서에 관하여 논의한 내용들 외에, Richard B. Hays, "Christology and Ethics in Galatians: The Law of Christ," *Catholic Biblical Quarterly* 49 (1987): 268-90: John M. G. Barclay, *Obeying the Truth: Paul's Ethics in Galatians* (Minneapolis: Fortress, 1991); 그리고 Charles H. Cosgrove, *The Cross and the Spirit: A Study in the Argument and Theology of Galatians* (Macon, GA: Mercer University Press, 1988)를 보라.

상호 연관 관계를 만들어낸다. 이는 다시 신자들의 실존을 규정하는 패러다임이 되며, 그럼으로써 바울이 갈라디아 사람들에게 제시하는 주장의 중심 요지가 된다.[11]

바울은 또 갈라디아서에서 긴요한 이 대목에서 바로 그 그리스도가 바울 안에 들어와 사시고 바울이 살아가는 삶을 살 수 있는 능력을 그에게 주신다고 역설한다. 바울은 갈라디아서 3장과 4장에서 자기 안에 들어와 사시는 이 그리스도가 성령과 동일한 분이라는 점을 분명히 밝힌다. 표적들과 이적들이 증명해주듯이, 갈라디아 사람들은 분명 성령을 받은 사람들이다(3:1-5). 이 성령은 하나님의 선물로서, 아버지 하나님이 당신 아들을 보내실 때와 마찬가지 방식으로 세상에 보내셨다(4:4-7).

> 때가 차매 하나님이 그 아들을 보내사 여자에게서 나게 하시고 율법 아래에 나게 하신 것은 율법 아래에 있는 자들을 속량하시고 우리로 아들의 명분을 얻게 하려 하심이라. 너희가 아들이므로 하나님이 그 아들의 영을 우리 마음 가운데 보내사 아빠 아버지라 부르게 하셨느니라. 그러므로 네가 이후로는 종이 아니요 아들이니 아들이면 하나님으로 말미암아 유업을 받을 자니라(갈 4:4-7)

갈라디아서에서 바울이 제시하는 주장 전반에 비춰볼 때 이 본문에서 긴요한 것은 성령이 **아들의**(하나님의 아들 예수 그리스도의) 영이라는 점이다. 바울은 나중에 신자들이 성령으로 살고 성령을 따라 행한다(걷는다)고 말한다(5:16, 25).[12] 이는 곧 이 신자들이 **아들의** 영을 따라 산다고 말하는 것이다. 다시 말해, 그들은 그들 안에 들어와 사시는 하나님의 아들로 말미암아 살고, 바울의 표현을 빌리자면, "하나님의 아들의 믿음으로"(갈 2:20) 산다. 이 문구는 바울 자신과 모든 신자들이 그리스도**와 함께** 십자가에 못 박혔으며 세례를 받아 그리스도 **안으로** 들어갔다(baptized into Christ)는 바울의 주장과 따로 떼어 볼

---

11) 헤이스("Christology and Ethics," 281)는 갈 2:20을 어려우면서도 아주 중요한 갈라디아서의 다른 몇몇 본문들을 해석할 수 있는 "해석학적 열쇠"라고 부르는데, 올바른 판단이다. 나는 그의 주장을 더 확대하여 갈 2:20을 갈라디아서 전체를 푸는 열쇠라 말하고 싶다.
12) 성령으로 또는 성령을 따라 "행한다(걷는다)"(peripateō)라는 말은 생생한 은유인데, NRSV는 불행히도 이를 "산다"라고 번역해놓았다.

수 없는 것이다. 신자들이 그 안에 들어가 살고 신자들 안에 몸소 들어와 사시는 그리스도는 사실 성령과 같은 분이지만, 이 살아계신 그리스도는 십자가에 못 박히신 그리스도와 같은 분이기도 하다. 따라서 성령은 아들, 곧 (다른 사람들을 향한) **사랑**으로 자신을 내어주심으로써 (아버지를 향한) **믿음**을 증명해보이신 아들의 영이다.

2:20에 이어 "사랑"이라는 말이 등장하는 곳은 5:6이다. 이곳에서 바울은 "할례나 무할례는 문제가 아니요 다만 사랑으로 표현되는 믿음이 문제다"(지은이의 번역)라고 말한다. 여기서 연관 관계를 놓치는 것은 불가능하다. 신자들, 곧 하나님이 입양하신 자녀들(4:7)에게 중요한 것은 아들(예수 그리스도)에게도 중요했던 것이다. 즉, 사랑을 낳는 믿음, 또는 "사랑을 통하여 실제로 역사하는 믿음"이다.[13] 따라서 바울이 볼 때, 사랑으로 표현되는 믿음은 하나님이 양자로 받아들이신 자녀들로 이루어진 신자들의 공동체를 규정한다. 왜냐하면 사랑으로 표현되는 믿음이 아들(the Son)을 규정하기 때문이요, 하나님의 자녀들은 그 아들의 영을 소유하고 있기 때문이다.

믿음과 사랑의 이런 연관 관계는 율법과 어떤 관계에 있을까? 그 답은 그리스도가 십자가에서 신실하심과 자기를 내어주심과 사랑을 드러낸 죽음을 하나님이 저주가 아니라 복으로 인정하셨다는 바울의 믿음 속에 들어 있다. 율법은 십자가에 못 박히신 그리스도를 저주 아래 있는 자라 선포하지만(3:10-13), 하나님은 그를 복의 근원이라 선포하셨다(3:13-14). 이렇게 바울은 십자가가 하나님의 뜻을 거스르는 것이 아니라 도리어 그 뜻을 완성한다고 시사한다. 이로써 십자가는 하나님의 뜻과 율법을 완전하고 충분하게 표현하는 것이 된다. 예나 지금이나 율법을 완성하는 것은 바로 **이** 사랑(십자가에서 예수가 보여주신 사랑)이다.

그러므로 갈라디아서에서 사랑을 언급하는 다음 대목들은 그리스도의 사랑이 드러난 죽음이 하나님의 뜻을 계시한 것이라는 바울의 주장을 확장한 것으로 볼 경우에 그 의미를 완전히 파악할 수 있다. 분명 다소 평범했던 "사랑이 율법을 완성한다"라는 선언은 이제 독특한 방식으로 해석되게 되어, "믿

---

13) 이 책 7장에서 이미 언급했지만, Bruce W. Longenecker, *The Triumph of Abraham's God: The Transformation of Identity in Galatians* (Nashville: Abingdon, 1998), 여러 곳을 참조하라.

음이 원동력이 된 사랑이 율법을 완성한다"라는 말로 바뀌게 되었다. 이 믿음이 우리 안에 들어와 사시는 "하나님 아들의 믿음"(2:20)인 한, 사랑은 "성령의 열매"(5:22)요, 그 아들의 영이 하는 행위다. 그의 사랑이 드러난 십자가에 못 박히신 메시아의 죽음은 사랑의 법을 다시 정의했다. 바울이 6:2에서 말하듯이, 이제 이 사랑의 법은 "메시아(그리스도)의 법"이다. 이 법은 예수의 신실하심과 자기를 내어주심과 사랑이 드러난 죽음이 형성한 법이다. 이 법은 십자가를 본받는 사랑 속에서 살아 움직이는 십자가를 본받는 믿음의 법 내지 패턴이다.

사랑을 만들어내는 믿음이라는 이 새 법은 더 명확하게 다음 두 가지 방법으로 정의할 수 있다. 첫째, 은유라는 방법을 써서 이 법을 다른 사람들의 종이 되는 것으로 정의할 수 있다. 둘째, 구체적 이미지를 활용하여 이 법을 "짐을 지는 것"으로 정의할 수 있다.

> 형제들아 너희가 자유를 위하여 부르심을 입었으나 그러나 그 자유로 육체의 기회를 삼지 말고 오직 사랑으로 서로 종노릇 하라. 온 율법은 네 이웃 사랑하기를 네 자신 같이 하라 하신 한 말씀에서 이루어졌나니(갈 5:13-14)

> 너희가 짐을 서로 지라. 그리하여 그리스도의 법을 성취하라(갈 6:2)

그리스도의 죽음과 바울의 그리스도 이해 및 체험 속에 등장하는 섬김 내지 종이라는 모티프 사이에 존재하는 연관 관계(가령, 빌 2:6-8)를 고려하면, 종이라는 은유는 놀랍지가 않다. 더욱이 우리가 이미 보았지만, 바울은 그를 그리스도의 종이요 그와 그의 동역자들이 섬기던 사람들의 종으로 보았다(가령, 고후 4:5, "또 예수를 위하여 우리가 너희의 종 된 것"). 따라서 종이 된다는 것은 그리스도와 그리스도의 사도인 바울이 걸어간 자취를 따라가는 것이다. 종이 된다는 것은 자기를 섬기는 것을 포기하고 다른 사람들을 섬기는 것이다. 종이 된다는 것은 성령의 열매인 자비와 양선을 나타내게 하여 공동체 안과 공동체 밖에 있는 모든 사람들에게 착한 일을 하게 한다(갈 6:10). 성령의 열매를 나타내는 첫 행위는 사랑이지만(갈 5:22), 이 행위가 성령의 열매로 나타나는 행위 가운데 주된 행위인가는 논쟁의 여지가 있다.

이런 종이 되면, 성령의 능력이 죄와 육의 권세를 대신하게 된다. 바울은 종이 되는 것을 사랑의 지배를 받는 것으로 본다.[14]

이런 사랑이 눈으로 볼 수 있게 드러난 것 중 하나가 서로 짐을 지는 것이다(갈 6:2). 바울은 이 짐들의 본질을 밝히지 않는다. 그러나 그는 짐을 지는 것이 선택이 아니라 필수임을 분명히 한다. 바울은 짐을 지는 것을 자기를 내어주는 한 형태로 본다. 짐을 지는 것은 그리스도가 우리와 우리 죄를 위하여 자신을 내어주신 것과 그 궤를 같이 한다. 짐을 지는 목적은 다른 사람들을 이롭게 하는 것이다. 자기를 희생하고 그에 따른 대가를 치르지 않으면, 매일매일 삶 속에서 짐을 지는 일은 이루어지지 않는다. 짐을 지는 것은 한편으로 보면 고립과 무관심의 반대말이지만, 다른 한편으로 보면 "서로 물고 먹는 것"(갈 5:15)의 반대말이기도 하다.

따라서 짐을 지는 것에는 나와 같은 신자들이 갖고 있을 어떤 필요(부족)를 담당하는 것이 포함될 수 있다. 오늘날로 치자면, 재정이나 마음이나 육신이나 영혼의 곤고함으로 분류할 수 있는 것이 그런 짐에 해당할 것이다.[15] 중요한 것은 공동체나 개인이 믿음이 낳은 사랑으로 응답하는 것이요, 그 응답의 동기와 모범이 십자가에 못 박히신 메시아의 자기를 내어주신 사랑이 되어야 한다는 것이다. 아들의 영이 공동체 안에서 살아 움직이는 한, 공동체 지체들은 서로 짐을 지게 될 것이다.[16]

---

14) 이런 종류의 사랑이 갖는 역설을 살펴보려면, Barclay, *Obeying the Truth*, 109를 보라.
15) 이런 짐들이 일반적인 성질을 띠고 있다는 것은 대다수 주석가들도 긍정한다. Barclay, *Obeying the Truth*, 131-32, 158-59을 보라.
16) 그렇다 해도 이 원리가 각 사람이 "자기 짐을 지지"(갈 6:5) 않음으로써 자기 형제자매들을 이용하는 행위까지 허용하는 것은 아니다.

고린도전서: 사랑은 교만하지 않고 다른 사람들을 계발한다(세워준다)

"고린도전서"와 "사랑"이 긴밀하게 결합되어 있다고 생각하는 사람들이 많다. 유명하고 사람들이 많이 읽는 본문인 고린도전서 13장 때문일 것이다. 우리가 이 책 8장에서 언급했듯이, 고린도전서 13장은 바울의 사랑 이해와 체험의 근본을 표현한 본문이다. 하지만 고린도전서 13장을 벗어나면, "사랑"이라는 말은 불과 몇 번만 등장할 뿐이다.[17] 그러나 13장 밖에 있으면서 "사랑"이라는 말을 담고 있는 본문 가운데 하나는 "사랑"이 이 서신의 근본 관심사임을 분명하게 밝히고 있다. "너희 모든 일을 사랑으로 행하라"(16:14)라는 본문이 그것인데, 이 본문은 바울이 이 서신을 맺으면서 마지막으로 모든 권면을 집약하여 제시한 권면 가운데 일부다. 사실 바울이 고린도 사람들에게 보낸 첫 번째(남아 있는 서신 가운데 첫 번째다)[18] 서신은 "사람들을 심사숙고하게 만드는" 수사기술(사람들이 자신의 행위를 성찰하고 바꾸도록 설득하는 기술)의 모범을 보여주는 교과서다.[19] 이 서신은 "값으로 사서"(그리스도의 죽음, 6:20) 이제는 십자가에 못 박히셨던 그리스도를 그들의 주님으로 고백하는 사람들(1:18-2:5, 12:1-3)이 하는 행위에 사랑이 없다고 본 바울이 그 공동체의 삶을 그런 행위로부터 돌이켜 올바른 방향으로 다시 인도하려고 애쓰는 모습을 보여준다. 바울이 이렇게 사랑이 없는 행위 대신 제시하는 것은 십자가를 본받는 사랑이다. 이 사랑이 참된 공동체를 만들어내고 지탱해준다.

---

17) "사랑"은 고전 2:9과 8:3에서 동사 형태로 등장하나, 둘 다 하나님을 향한 인간의 사랑을 말한다. 이 말은 4:21과 16:24에서는 명사로 등장하며, 고린도 사람들을 향한 바울의 사랑을 가리킨다. 또 16:14에서는 고린도 사람들이 서로 사랑하는 것을 가리킨다. 바울은 4:14과 4:17에서 처음에는 고린도 사람들을, 그 다음에는 디모데를 그가 "사랑하는 사람"으로 지칭한다.

18) 고전 5:9로 보아, 바울은 고린도 사람들에게 이미 적어도 한 번은 다른 편지를 보낸 게 분명하다.

19) 가령, Ben Witherington III, *Conflict and Community in Corinth: A Socio-Rhetorical Commentary on 1 and 2 Corinthians* (Grand Rapids: Eerdmans, 1995), 46-48이 그러하다.

고린도전서가 말하는 사랑의 근본 특성

바울이 고린도전서에서 제시하는 사랑의 본질을 명확하게 서술하고 있는 곳이 다음 두 핵심 본문이다.

지식은 교만하게 하며 **사랑은 덕을 세우나니**(8:1하, 지은이 강조)

사랑은 오래 참고 사랑은 온유하며 시기하지 아니하며 사랑은 자랑하지 아니하며 교만하지 아니하며 무례히 행하지 아니하며 **자기의 유익을 구하지 아니하며**(NRSV는 "그 자신의 방법[길]을 구하지 아니하며") 성내지 아니하며 악한 것을 생각하지 아니하며 불의를 기뻐하지 아니하며 진리와 함께 기뻐하고 모든 것을 참으며 모든 것을 믿으며 모든 것을 바라며 모든 것을 견디느니라. 사랑은 언제까지나 떨어지지 아니하되(고전 13:4-8상, 지은이 강조)

우리가 이 책 8장에서 처음 보았고 위에서 요약했듯이, 고린도전서 13장에서 가장 중요한 문구는 5절에서 등장한다. 사랑은 "그 자신의 방법(길)을 구하지 아니하며" 또는 "자기의 유익을 구하지 아니하며"라는 문구가 바로 그것이다. 이 문구는 고린도전서 8:1하반절과 한 동전의 양쪽을 이룬다. 바울 서신 전체, 특히 고린도전서에서도 그렇게 말하지만 사랑은 그 본질상 두 개 차원으로 된 특성을 갖고 있다. **부정이라는 차원에서 보면**, 사랑은 그 자신의 이익을 구하거나 그 자신을 세우려 하지 않는다. **긍정이라는 차원에서 보면**, 사랑은 다른 사람들의 행복과 이익을 추구하고, 다른 사람들을 계발하려 한다(세우려 한다). 사랑이 갖고 있는 이 두 본질적 측면이 우리가 고린도전서에서 발견하는 많은 권면의 근간을 이룬다.

바울이 사랑이 가진 이 두 차원을 자기가 인식한 고린도 공동체의 부족한 점들과 어떻게 연관 짓고 있는가를 보려면, 사랑을 정의하는 이 두 중심 본문들을 꼼꼼히 살펴봐야 한다. 먼저 고린도전서 13장부터 살펴보도록 하겠다. 이 13장이 바울이 사랑을 이야기한 본문 가운데 가장 유명하고 완전한 본문인 까닭도 있지만, 이 13장을 꼼꼼히 분석해보면, 그가 고린도 사람들의 문제를 진단하고 그 문제에 처방을 내릴 때 사용한 방법을 잘 알 수 있기 때문이다.

우리가 이 책 8장에서 보았듯이, 고린도전서 13장의 핵심인 4절-8절상반절은 고린도 사람들의 행위와 반대되는 사랑의 특성들을 열거함으로써 고린도 사람들의 모습과 "반대되는 모습을 묘사"한다.[20] 우리는 이제 사랑의 특성들과 고린도 사람들의 행적들을 나란히 놓고 살펴볼 수 있을 것이다. 이때, 우리는, 영역 성경과 이 영역 성경의 단어 용례와 달리, 바울이 사랑을 묘사하면서 단 한 개의 형용사도 사용하지 않고 있다는 점에 즉시 주목해야 한다. 바울은 "사랑의 특성들"을 모두 동사로 표현한다. 그것은 곧 바울이 사랑을 행동(action)이자 이야기(story)이며 내러티브로 보고 있다는 것을 의미한다.

사랑	고린도전서
오래 참는다(makrothymei)	"그런즉 너희가 함께 모여서 주의 만찬을 먹을 수 없으니 이는 먹을 때에 각각 자기의 만찬을 먼저 갖다 먹으므로(prolambanei) 어떤 사람은 시장하고 어떤 사람은 취함이라. 너희가 먹고 마실 집이 없느냐. 너희가 하나님의 교회를 업신여기고 빈궁한 자들을 부끄럽게 하느냐(kataischynete). 내가 너희에게 무슨 말을 하랴. 너희를 칭찬하랴. 이것으로 칭찬하지 않노라……그런즉 내 형제들아 먹으러 모일 때에 서로 기다리라(ekdechesthe)"(11:20-22,33)
온유하다(chrēsteuetai)	(직접 평행을 이루는 본문은 없으나, 바울이 그리스도를 가리키는 헬라어 christos로 언어유희를 구사하려 했을 수 있다.)

---

[20] 이 책 8장에서 언급한 내용 외에도, Carl A. Holladay, "1 Corinthians 13: Paul as Apostolic Paradigm," in D. L. Balch, E. Furguson, and W. A. Meeks, eds., *Greeks, Romans, and Christians* (Minneapolis: Fortress, 1990), 80-98을 보라.

시기하지 않는다(ou zēloi)	"너희는 아직도 육신에 속한 자로다. 너희 가운데 시기(zēlos)와 분쟁(eris)이 있으니 어찌 육신에 속하여 사람을 따라 행함이 아니리요."(3:3)
자랑하지 않는다(ou perpereuetai)	("자랑하다[perpereuomai]"의 동의어인 kauchamai의 3인칭 단수형 kauchasai가 사용된 본문; 아울러 아래의 "교만하지 않다" 참고하라) "네게 있는 것 중에 받지 않은 것이 무엇이냐. 네가 받았은즉 어찌하여 받지 아니한 것 같이 자랑하느냐[kauchasai]"(4:7; 아울러 1:29-31, 3:21, 5:6을 보라)
교만하지 않다(ou physioutai)	"형제들아 내가 너희를 위하여 이 일에 나와 아볼로를 들어서 본을 보였으니 이는 너희로 하여금 기록된 말씀 밖으로 넘어가지 말라 한 것을 우리에게서 배워 서로 대적하여 교만한 마음을 가지지(physiousthe) 말게 하려 함이라"(4:6)
	"어떤 이들은 내가 너희에게 나아가지 아니할 것 같이 스스로 교만하여졌으나(ephysiōsthēsan) 주께서 허락하시면 내가 너희에게 속히 나아가서 교만한 자들(pephysiōmenōn)의 말이 아니라 오직 그 능력을 알아보겠으니"(4:18-19)
	"너희 중에 심지어 음행이 있다 함을 들으니 그런 음행은 이방인 중에서도 없는 것이라. 누가 그 아버지의 아내를 취하였다

	하는도다. 그리하고도 너희가 오히려 교만하여져서(pephysiōmenoi) 어찌하여 통한히 여기지 아니하고 그 일 행한 자를 너희 중에서 쫓아내지 아니하였느냐"(5:1-2)
	"지식은 교만하게 하며(physioi) 사랑은 덕을 세우나니"(8:1하)
무례히 행하지 않는다(ouk aschēmonei)	"그러므로 만일 누가 자기의 약혼녀에 대한 행동이 합당하지 못한(aschēmonein) 줄로 생각할 때에 그 약혼녀의 혼기도 지나고 그같이 할 필요가 있거든 원하는 대로 하라. 그것은 죄짓는 것이 아니니 그들로 결혼하게 하라"(7:36; 아울러 추가로 "부끄러운" 행위를 이야기하는 5:1-2, 6:12-20, 11:2-16,20-22을 보라).
자기의 유익을 구하지 않는다(ou zētei ta heautēs)	"누구든지 자기의 유익을(to heautou) 구하지 말고 남의 유익을 구하라"(10:24)
	"자신의 유익을(to emautou symphoron) 구하지 아니하고 많은 사람의 유익을 구하여"(10:33)
성내지 않는다(ou paroxynetai)	(뚜렷한 평행 본문이 없으나, 아마도 분열과 반복을 가리키는 말일 것이다.)

악한 것을 생각하지 않는다(ou logizetai ta kakon)	(뚜렷한 평행 본문이 없으나, 아마도 법정 송사를 가리키는 말일 것이다.)
불의를 기뻐하지 않는다(ou chairei epi tȩ̄adikiq)	"너희 중에 누가 다른 이와 더불어 다툼이 있는데 구태여 불의한 자들(adikōn) 앞에서 고발하고 성도 앞에서 하지 아니하느냐. 너희가 피차 고발함으로 너희 가운데 이미 뚜렷한 허물이 있나니 차라리 불의를 당하는 것이(adikeisthe) 낫지 아니하며 차라리 속는 것이 낫지 아니하냐. 너희는 불의를 행하고 속이는구나. 그는 너희 형제로다. 불의한 자(adikoi)가 하나님의 나라를 유업으로 받지 못할 줄을 알지 못하느냐. 미혹을 받지 말라"(6:1,7-9)
진리와 함께 기뻐한다(synchairei de tȩ̄alētheiq)	"이러므로 우리가 명절을 지키되 묵은 누룩으로도 말고 악하고 악의에 찬 누룩으로도 말고 누룩이 없이 오직 순전함과 진실함의(alētheias) 떡으로 하자"(5:8)
모든 것을 참는다(panta stegei)	"우리(바울과 그의 동역자들)가 범사에 참는(stegomen) 것은"(9:12)
모든 것을 믿으며(panta pisteuei), 모든 것을 바라며(panta elpizei), 모든 것을 견딘다(panta hypomenei)	(아마도 모든 이의 소망이요 인내의 근거인 육체의 부활을 고린도 사람들이 믿지 않음을 가리키는 말일 것이다.)

이 표에서 몇 가지를 분명히 알 수 있다. 첫째, 바울은 고린도 사람들의 모든 행위(그릇된 행위)와 사랑에서 비롯된 진실한 행위들을 하나씩 하나씩 연관 짓지 **않는다**. 그렇게 하나씩 하나씩 연관 지으면, 너무 경직되고 억지스러운 것이 될 것이다. 둘째, 하지만 고린도전서의 13장과 다른 장들에는 서로 비슷한 문구들뿐 아니라 정확히 평행을 이루는 말들이 충분히 존재하고 있다. 이것은 고린도 사람들이 고린도전서 13장 본문에 스스로 자신을 비춰보도록, 아니 오히려 그들의 행실과 정반대되는 내용을 고린도전서 13장에서 발견하도록 하는 것이 바울의 의도임을 분명하게 보여주는 것이다. 사랑은 고린도 사람들이 하지 않는 것을 행하는 것(고린도전서 13:4-8상이 강조하는 것이 그것이다)이다. 고린도 사람들의 행실을 바로잡는 도구인 이 본문은 고린도 사람들에게 그들의 공동체 내러티브를 다시 형성함으로써 사랑 이야기(the story of love)에 더 적절히 부합하는 내러티브로 만들어가도록 촉구한다. 물론 바울이 생각하는 사랑 이야기는 십자가 이야기(the story of the cross)다. 셋째, 바울은 "자기의 유익을 구하지 않는다"라는 문구로 사랑을 완전하게 묘사할 수 없다는 것을 인정한다. 그러면서도 그는 분명히 이 문구를 힘써 강조한다. 그는 이 문구를 고린도 사람들에게 일반적 격언 역할을 하는 본문들에서 두 번 사용하고 있으며(10:24, 33), 고린도전서 13장에 등장하는 다른 문구와 달리 이 문구를 그리스도 내러티브 패턴에 직접 연결한다(11:1). 더욱이 분명한 것은 사랑에 관한 다른 내러티브가 제시한 사랑의 특성들 가운데 많은 수가 사실은 "자기의 유익을 구하지 않는 것"을 표현한 것들이라는 점이다. 가령, 시기하지 않는 것, 자랑하지 않는 것, 교만하지 않는 것, 성내지 않는 것이나 악한 것을 생각하지 않는 것, 그리고 불의를 기뻐하지 않는 것이 그 예다.

고린도전서 13:5에 나오는 "자기의 유익을 구하지 않는다"라는 말의 정반대 표현, "도리어 다른 사람들의 유익을 구한다"(지은이 번역)는 고린도전서 13장이 사랑의 특질로 명시하지 않는다. 확실히, 그렇게 다른 사람들을 중심에 두는 것(others-centeredness)은 오래 참는 것, 온유한 것 또는 모든 것을 참는 것 같은 행위들의 특징 중 일부다. 하지만 이런 점을 분명하게 말할 수 있으려면, 우리는 고린도전서 8:1과 이 본문에 따른 결론을 담은 본문인 10:23-11:1을 살펴봐야 한다.

우상의 제물에 대하여는 우리가 다 지식이 있는 줄을 아니 지식은 교만하게 하며 사랑은 덕을 세우나니(고전 8:1)

모든 것이 가하나 모든 것이 유익한 것은 아니요 모든 것이 가하나 모든 것이 덕을 세우는 것은 아니니 누구든지 자기의 유익을 구하지 말고 남의 유익을 구하라……유대인에게나 헬라인에게나 하나님의 교회에나 거치는 자가 되지 말고 나와 같이 모든 일에 모든 사람을 기쁘게 하여 자신의 유익을 구하지 아니하고 많은 사람의 유익을 구하여 그들로 구원을 받게 하라. 내가 그리스도를 본받은 자가 된 것 같이 너희는 나를 본받는 자가 되라(고전 10:23-24, 10:32-11:1)

이 두 본문은 고린도전서 8:1-11:1에서 등장하는 우상에게 바친 고기에 관한 논의 전체(이에 관하여 더 많은 내용은 아래를 참조하라)를 감싸는 틀을 형성한다. 각 본문에서 바울 사도는 고린도 사람들의 주장 내지 "구호"(8:1의 "우리는 다 지식이 있다"와 10:23의 "모든 것이 가하다")를 인용한 뒤, 이를 논박한다. 바울은 이 주장들이 각각 자기 자신의 유익을 추구하는 자기중심 시각을 반영하고 있음을 시사하면서, 다른 사람들의 이익을 고려하라는 요구로 고린도 사람들의 주장 내지 구호에 반격을 가한다. 바울은 8:1에서 다른 사람들을 계발해주라고 말했으나("사랑은 덕을 세운다"), 10:23-11:1에서는 8:1에서 말한 언어를 되풀이한 뒤, 이 말에 13장에서 등장하는 "구한다"(13:5)라는 말과 10장에서 등장하는 다른 사람들을 "이롭게 한다"(sympherei, 10:23)와 "기쁘게 한다"(areskō, 10:33)라는 말을 덧붙인다. 10:23-11:1에는 "사랑"이라는 말이 등장하지 않는다. 그렇지만 바울은 고린도 사람들에게 사랑은 자기보다 다른 사람들의 행복을 추구하는 것이라는 점에서 다른 사람들을 계발하고 이롭게 하고 기쁘게 하는 것이라는 점을 말하려 하고 있음이 분명하다. 우리가 고린도전서 13장 본문에 "사랑은 다른 사람들을 계발한다(세워준다)"라는 말을 덧붙인다 해도, (그 말을 시처럼 표현하기만 한다면) 바울은 반대하지 않을 것이다.

이제 우리는 바울이 고린도전서에서 다루고 있는 다양한 문제들을 하나씩 살펴보면서, 그가 고린도 공동체에게 그 공동체의 이야기를 십자가를 본받는 사랑 이야기로, 다른 사람들을 세워주고 자기 자신의 유익을 구하지 않는 사랑 이야기로, 다른 사람들의 행복을 위하여 십자가에 못 박히신 메시아의 패턴을 본받아 자기 권리를 포기하기에 이르는 사랑 이야기로 다시금 만들어갈 것을 어떻게 권면하는지 살펴보려고 한다.

고린도전서 1-7장이 말하는 사랑

바울은 고린도전서 1-4장에서 그가 큰 위기라고 본 문제를 다룬다. 고린도 공동체의 분열이 그것이다. 학자들은 이 분열의 정확한 원인과 본질을 놓고 오랫동안 논쟁을 벌여왔는데, 이제는 많은 부분이 분명하게 밝혀져 있다. 바울은 이런 분열을 고린도 공동체에 해가 되는 것으로, 나아가 이 공동체를 파괴할 수도 있는 문제로 본다. 고린도 교회의 분열은 아주 심각하여, 바울은 분란을 일으키는 자들에게 그들이 행위를 바꾸지 않는 한 심판을 면하지 못할 것이라고 경고해야 할 필요를 느낀다.

> 너희는 너희가 하나님의 성전인 것과 하나님의 성령이 너희 안에 계시는 것을 알지 못하느냐. 누구든지 하나님의 성전을 더럽히면 하나님이 그 사람을 멸하시리라. 하나님의 성전은 거룩하니 너희도 그러하니라(고전 3:16-17)

> 어떤 이들은 내가 너희에게 나아가지 아니할 것 같이 스스로 교만하여졌으나 주께서 허락하시면 내가 너희에게 속히 나아가서 … 너희가 무엇을 원하느냐. 내가 매를 가지고 너희에게 나아가랴. 사랑과 온유한 마음으로 나아가랴(고전 4:18-19상, 21)

여기에서도 바울은 이 분열을 사랑이 없는 결과로 본다. 1-4장 자체에는 사랑을 권면하는 말이 없다. 그러나 위에서 언급했던 고린도전서 13장 말씀은 사랑을 드러내는 행위를 시기심에 사로 잡혀 분열을 만들어 내거나 그런 분열을 조장하는 행위를 하지 않는 것으로 본다. 하지만 고린도 사람들의 행위는 그런 다툼과 분열을 부채질한다. 고린도 사람들은 자신들을 아주 "신령한" 사람들로 보았다. 그런데 정작 그들의 행위는 그들이 여전히 "육신에 속한" 사람들이라는 것을 증명해주었다. 바울의 시각에서는 이런 그들의 행태가 아이러니였다.

> 형제들아 내가 신령한 자들을 대함과 같이 너희에게 말할 수 없어서 육신에 속한 자 곧 그리스도 안에서 어린 아이들을 대함과 같이 하노라……너희는 아직도 육신에 속한 자로다. 너희 가운데 시기와 분쟁이 있으니 어찌 육신에 속하여 사람을 따라 행함이 아니리요(3:1,3)

이미 갈라디아 사람들에게 쓴 것처럼, 바울은 육에 속한 것으로 "원수 맺는 것, 분쟁, 시기, 분을 냄, 당을 짓는 것, 분열, 이단, 투기" 같은 행위를 들고(갈 5:20-21), 영에 속한 것으로 "사랑, 희락, 화평, 오래 참음, 자비, 양선, 충성, 온유, 절제" 같은 "열매"를 든다(갈 5:22-23). 이 성령이 인도하는 사람들을 나타내는 표지가 사랑이다. 이 사람들은 "헛된 영광을 구하여 서로 노엽게 하거나 서로 투기하지 않는다"(갈 5:26).

바울은 갈라디아 사람들에게 그들 사이의 분열을 끝내도록 촉구하면서, 은연중에 사랑을 권면한다. 사랑은 그 공동체 안에 성령이 계시고 그 안에서 성령이 활동하심을 드러내는 증거다. 이 사랑은 공동체를 파괴하지 않고 오히려 세워준다(고전 8:1).[21] 불행히도 고린도전서 1-4장은 고린도 교회의 이 문제를 몇 가지 방법으로 표현하다 보니, 이 문제 자체를 다루는데 부족했다. 때문에 바울은 고린도전서 6장에서 다시 이 문제로 돌아가며, 특히 고린도 공동체의 전례와 관련된 삶을 다룰 때 이 문제를 언급한다(고전 11, 12-14장).

바울은 고린도전서 1-4장 직후에 이어지는 논의들에서 사랑을 분명하게 이야기하지 않고 다만 은근하게 이야기한다. 그는 5:1-13에서 한 남자가 그 "아버지의 아내"(계모)를 취하여 함께 살아도 이에 관용을 베푼 고린도 사람들

---

21) 고린도전서 1-4장에 관하여 레이먼드 피케트가 제시하는 아주 유익한 논의(*The Cross in Corinth: The Social Significance of the Death of Jesus*, JSNTSup 143 [Sheffield: Sheffield Academic Press, 1997], 37-84)는 이런 분열을 해결할 방안으로서 십자가를 닮은 자신의 **약함**을 본받도록 권면하는 바울의 요구에 초점을 맞춘다. 그러나 피케트조차도 이런 약함의 동기가 사랑이라는 것을 시사한다(가령, 84).

의 교만을 질타한다. 고린도전서 13장은 교만을 사랑의 역사가 아니라고 본다. "이방인 중에도 없는 음행"(고전 5:1)에 관용을 베푸는 것은 "불의를 기뻐하는 것"(고전 13:6)으로서 역시 사랑의 역사가 아니다. 그런 관용이 사랑이 아닌 것은 그런 관용이 공동체를 파괴하는 결과를 가져오기 때문이다. 고린도 공동체에는 (그들이 보고 있는 그대로) 성관계와 같은 육신의 행위들은 도덕 내지 영혼에 중요하지 않다고 여기는 "지식"을 가진 이들이 많았던 것 같다. 바울은 소위 그런 지식이란 것을 파괴적인 것이요 따라서 사랑이 없는 것으로 본다. 바울의 이런 견해는 고린도 공동체의 건강을 염려하는, 심지어 그릇된 행위를 저지른 사람의 구원까지 염려하는 그의 모습뿐 아니라, 심판을 받을 것이라는 그의 위협에서도 명백하게 발견할 수 있다.

> 내가 실로 몸으로는 떠나 있으나 영으로는 함께 있어서 거기 있는 것 같이 이런 일 행한 자를 이미 판단하였노라. 주 예수의 이름으로 너희가 내 영과 함께 모여서 우리 주 예수의 능력으로 이런 자를 사탄에게 내주었으니 이는 육신은 멸하고 영은 주 예수의 날에 구원을 받게 하려 함이라. 너희가 자랑하는 것이 옳지 아니하도다. 적은 누룩이 온 덩어리에 퍼지는 것을 알지 못하느냐(고전 5:3-6)

고린도 사람들이 행해야 할 사랑은 그들의 교만한 행위에서 돌이켜, (역설적이지만) 그 공동체와 그 음행을 저지른 사람을 위해 그 사람을 그 공동체에서 "쫓아내어" 덕을 세우는 행위다.

바울은 6:1-11에서 또 다른 분열을 다룬다. 로마 소송 제도 안에서 신자들끼리 송사를 벌이는 현상이 바로 그것이었다. 바울이 이런 행태를 보고 먼저 비판하는 것은 법정에 의지하지 않고도 다툼들을 해결할 만한 지혜가 고린도 공동체에 없는가 하는 것이지만,[22] 그가 정말 염려하는 초점은 법정 송사 자체가 존재한다는 점이다.

---

22) 6:1-6; 참고, 고린도전서 1-4장에서는 지혜에 강조점을 둔다.

너희가 피차 고발함으로 너희 가운데 이미 뚜렷한 허물이 있나니 차라리 불의를 당하는 것이 낫지 아니하며 차라리 속는 것이 낫지 아니하냐. 너희는 불의를 행하고 속이는구나. 그는 너희 형제로다(고전 6:7-8)

송사를 좋아하는 고린도 사람들은 이제 불의를 **즐길** 뿐만 아니라(5:1-13), 아예 불의를 **행한다**. 그것도 분명 사랑과 거리가 먼 방식으로 행한다. 하나님, 주 예수, 그리고 하나님의 성령과 결합되어 있는 사람들은(6:10-11) 옳지 않은 일을 당했을 때 보여야 할 사랑의 반응, 곧 **십자가를 본받는** 반응이 그 그릇된 행위에 보복하는 것이 아니라 그 행위를 받아들이는 것임을 알아야 한다. 로마서 12:9-21 같은 본문도 소위 산상 설교/평지 설교(마 5:39-40, 눅 6:28-30)에서 예수가 보복하지 말라고 가르치신 내용을 그대로 되울려주고 있다. 바울은 이 로마서 본문에서 십자가를 지칭하지 않는다. 그러나 여기서 그의 생각 속에 십자가가 존재하지 않는다고 믿기는 힘들다. 바울이 볼 때, 십자가는 그리스도가 자기희생과 이웃 사랑을 드러내신 행위로서 그가 온갖 비방을 받아들이신 행위이기 때문이다(롬 15:1-3). 이런 주님의 이름으로 의롭다 하심을 받은 사람들(고전 6:11)은 그 주님이 가르치셨고 죽음으로 보여주셨던 사랑의 법을 따라 살아야 한다. 바울이 촉구하는 행위는 자기 권리를 포기하고 다른 사람들을 염려하는 사랑 패턴을 그대로 반영한다. 이 패턴은 바울의 핵심 십자가 내러티브 가운데 하나로 이미 우리가 본 것이며, "[x]인데도 [y]하지 않고 도리어 [z]하다(=물론 [x]하다. 그렇지만 [y]하지 말라. 그 대신 [도리어] [z]하라)"라는 공식으로 표현된다. 우리는 그의 2단계 권면을 다음과 같이 요약할 수 있다.

[x] 물론 로마법에 따르면, 너희는 너희 형제인 신자들을 로마 법정에 고발할 권리를 갖고 있다.
[y] 그렇지만 그렇게 하는 것은 너희 공동체에게 지혜가 없음을 증명하는 것이므로, 너희는 로마 법정을 피해야 한다.
[z] 로마 법정에 송사하는 대신, 공동체 안에서 재판관을 찾아 문제를 해결해야 한다.

이런 주장이 바울의 궁극적 강조점일 수는 없으며, 당연히 그런 강조점이 아니다. 이 주장은 바울의 십자가 내러티브에 충분히 부합하지 않기 때문이다. 그리하여 바울은 실제로 이런 주장을 계속 펼쳐간다.

[x] 물론 너희는 (로마 법정에서 문제를 해결할 수 있는 권리 외에) 너희 공동체의 법정과 공동체의 현명한 지도자들 앞에서 너희 불만을 호소할 수 있는 권리를 더 갖고 있다.
[y] 그렇지만 이렇게 불만을 호소하려는 시도를 모두 포기하라. **이렇게 불만을 호소하는 것은 상대방에게 잘못을 범하는 것으로서 십자가와 모순되기 때문이다.**
[z] 도리어 그 대신 그릇된 행위와 속임수를 그대로 당하고 말라.

이렇게 그릇된 행위와 속임수를 그냥 당하고 마는 것은 개인과 공동체의 삶 속에서 십자가를 철저히 시사하는 것이다.[23]

바울은 고린도전서 6:12-20과 7:1-40에서 성관계와 혼인을 다루면서 사랑에 초점을 맞추지 않는다. 일부 사람들에겐 많이 실망스러울 것이다. 하지만 사랑이라는 주제가 완전히 빠져 있는 것은 아니다. 바울은 "부부의 권리들"(아니 오히려 부부의 의무들이라고 해야 맞겠다)를 강조한다(7:3). 이 권리 중 적어도 일부는 모든 관계들이 자기 자신보다 다른 사람의 필요를 채워주는데 관심을 가져야 한다는 바울의 관심에서 연유한다. 만일 바울이 그의 그런 관심 때문에 부부간의 의무를 강조한 것이라면, 혼인(부부관계)에 관한 바울의 견해를 따를 경우, 서로 상대방의 육체적 요구에 관심을 가져야 한다는 것은 혼인한 두 사람이 자기에게 탐닉하지 않고 서로 상대방의 요구를 채워주어야 한다는 것을 의미하게 된다. 어쩌면 고린도전서 6:1-11보다 더 희미할지 모르겠지만, 이 본문(고전 6:12-20과 7:1-40)에서도 그리스도 패턴이 다시금 메아리치고 있다.

[x] 너희는, 가령 종교적 이유에서라도, 너희 배우자와 성관계를 갖는 것

---

23) 아울러 Pickett, *The Cross in Corinth*, 112-14를 보라.

을 유보할 권리를 갖고 있다.

[y] 그렇지만 배우자와 성관계를 갖는 것을 유보하지 말라. 설령, 유보한다 해도 타당한 범위에서 짧게, 서로 동의한 기간만큼만 유보하고, 평상시에는 그리하지 말라.

[z] 도리어 너희 배우자가 "남편의/아내의 권리"를 행사하게 하라.

바울은 또 남편들과 아내들이 서로 그들의 배우자를 "기쁘게 해주는데" 마음을 쏟고 있다는, 그리고 마음을 쏟아야 한다 것을 인정한다는 점(고전 7:33-34)에서 현실을 꿰뚫어보고 있다. 물론 그런 사랑을 하게 되면, 주 예수의 일에 온전히 헌신할 수가 없다(7:32-35). 바울은 신자가 성에 관한 문제에서 순결을 지키고 싶어 하면서도 사랑을 하고픈 욕구를 갖고 있음을 이해한다. 때문에 그는 약혼녀에게 부적절한 행동을 했을 수도 있는 사람들에게 그 약혼녀와 혼인하라고 권고한다(7:36). 바울의 이런 권고는 우리 현대인들이 생각하는 사랑의 낭만적 정의에는 맞지 않을지 몰라도, 바울의 생각에는 들어맞는 것이다. 사랑은 "무례히 행하지 않는 것"(고전 13:5, "부끄럽게 행동하지 않는 것"이라고 번역하는 것이 더 낫다)이기 때문이다.

고린도전서 8-16장이 말하는 사랑

권리를 포기함

이 책 앞장인 9장에서 언급했듯이, 고린도전서 8-10장(사실은 8:1-11:1)은 우상에게 제물로 바친 고기를 먹는 것이 적절한가를 놓고 고린도 공동체 안에서 일어난 또 다른 분열을 다룬다. 이 특수한 상황은 다소 복잡하고 (특히 10:23-11:1이 그 내용을 일부 묘사하고 있긴 하지만) 그 내용을 확실히 파악하기가 힘들다. 스스로 지식이 있다 여겨 우상에게, 어쩌면 심지어 이방 신전에서도 제물로 바친 고기를 먹을 권리를 주장하는 이들(고전 8:10)과 그런 음식을 먹는 것은 거리끼는 것이요 우상 숭배이며 시험에 빠뜨릴 수도 있는 것이라 여긴 이들 사이에 반목이 있었을 가능성이 아주 높다. 전자에 속한 사람들은 어느 정도 건전한 신학적 이유를 내세워 그들의 주장이 옳다고 말했겠지만, 적어도 바울이 보기에 그런 주장은 그런 고기를 먹는 것이 그들의 이웃들("그리스도께서 위하여 죽으시고" 이제는 지식이 있다 하는 이들의 행위로 말미암아 "멸망할" 위험에 빠진 형제 신자들[8:11])에게 미칠 영향을 전혀 고려하지 않은 행동이었다. 바울은 고린도 공동체를 파괴할 수도 있는 이 또 하나의 위협에 교차대구 패턴(A-B-A')을 사용한 주장으로 응답한다. 바울은 이 교차대구 패턴을 따라 우상에게 바친 고기를 먹어도 되는가라는 문제를 8장과 10장에서 다루면서 그 가운데 장인 9장에서 자신을 패러다임으로 묘사한다.

멸망이라는 말(고전 8:11)은 고린도전서 1-4장에서 한 논의를 생각나게 한다. 반면 "너희 가족 구성원들에게(against members of your family, 헬라어 본문을 그대로 번역하면 '형제들에게')"[2] 죄를 짓는 것과 "그리스도에게" 죄를 짓는 것 사이에 존재하는 연관 관계(고전 8:12)는 그리스도의 몸이 하나임을 역설한 고린도전서 12장의 유명한 논의를 미리 시사하고 있다. 바울이 볼 때, 우상에게 바친 고기를 먹겠다고(그들의 정당한 "자유" 내지 "권리"[24]를 행사하겠다고) 고집을 피우는 사람은 사랑이 아니라 지식과 권리가 인도하는 삶을 선호하는 그릇된 모습을 보이는 것이다. 물론 이것은 "지식이 있다 하는 사람들"의 **신학**이 잘못이라는 말은 아니다(적어도 고린도전서 8장은 그렇게 말하지 않는다).[25] 사실, 바울은 하나님이 한 분이시고 우상들은 존재하지 않으며 하나님이 창조하신 모든 것은 선함을 긍정한다는 점에서 지식 있다 하는 이들과 견해를 같이 한다(고전 8:4-6). 이보다 훨씬 더 중요한 것은, **바울이 심지어 우상에게 바친 그 고기를 먹을 권리가 있음을 부인하지 않는다는 것이다**. 바울이 부인하는 것은 그 행위가 다른 사람들에게 미칠 영향을 고려하지 않은 행위, 특히 다른 사람들의 행복, 나아가 심지어 구원에도 심각한 위험을 미칠 수 있다는 점을 고려하지 않은 행위의 타당성이다. 사랑은 덕을 세우나 지식은 교만하게 한다. 때문에

---

24) *exousia*이며, "힘", "권리", "권위", 또는 "자유"라는 의미다.
25) 바울이 이 상황에 보인 반응은 일종의 "연타(one-two punch)"다. 바울은 우선 고린도 사람들의 둔감한 행위가 갖고 있는 윤리적 차원을 다룬 다음(8:1-13), 이방 신전에서 식사에 참여하는 데 따라오는 우상숭배의 신학적, 영적 문제를 재차 다룬다. 이방 신전에서 마귀들(실제 존재하지 않는 "우상들"의 배후에 있는 것)과 교제하는 것은 고린도 공동체가 오로지 주 예수와 교제를 나누어야 한다는 것과 모순되는 것이다(10:1-22).

바울은 **지식이 있다는** 신자들에게 **사랑하는** 신자가 되라고 당부한다. 이 신자들은 바울 사도가 보인 모범을 따라야 한다.

> 그러므로 만일 음식이 내 형제를 실족하게 한다면 나는 영원히 고기를 먹지 아니하여 내 형제를 실족하지 않게 하리라(고전 8:13)

우리가 이 책 8장과 9장에서 보았지만, 이어지는 설명(고전 9:1-11:1)은, 바울 자신 나아가 궁극에는 주 예수의 구체적 사례에서 볼 수 있듯이, 정당한 권리 행사조차도 다른 사람들을 위하여 포기하는 것을 사랑으로 보는 바울의 사랑 이해에 근거하고 있다. 사랑은 권리들을 "쓰지" 않고(9:15) 도리어 다른 사람들의 행복, 특히 구원을 위해 그 권리 사용을 기꺼이 포기하는 것이다(9:20-23, 10:33). 이 권면 속에는 자기 지위를 포기하고 다른 사람들을 염려하는 십자가 내러티브가 분명히 들어 있다.

[x] 물론 너희는 참되신 한 분 하나님이 지으신 모든 것을 먹을 권리를 갖고 있다.
[y] 그렇지만 만일 이 권리가 약한 자들의 양심에 상처를 입히고 심지어 그들을 멸망케 할 수도 있다면, 이 권리를 행사하지 말라.
[z] 도리어 누구라도 실족하는 것을 예방하려면, 우상에게 바친 고기를 다시는 먹지 않으련다.

이것은 "자기를 종으로 내어주는 것" 가운데 하나(9:19,27)이지만, 이것 역시 자기 지위를 포기하시고 자기를 종으로 내어주셨던 예수의 사랑에 근거하지 않는다면 아무 의미가 없다는 것이 바울의 생각이다. 우리가 거듭 보았듯이, 바울은 이 예수를 본받는 자가 되었다(고전 11:1). 그러므로 위에서 언급했듯이, 사랑은 자기 자신이 아니라 다른 사람들, 곧 개인과 공동체 전체를 모두 이롭게 하고 계발하며(세워주며, 10:23) 이들의 유익을 구하는 일을 하는 것을 의미한다(10:24,33). 지극히 평범한 삶의 행위들, 곧 먹는 것과 마시는 것은 물론이요 인생이 갖고 있는 수많은 차원을 통틀어 따져도 하나님을 영화롭게 하는 것은 바로 이런 종류의 사랑이다(10:31). 따라서 사랑하라는 바울의 일반적 권면은 다음과 같이 표현해볼 수 있겠다.

[x] 물론 사도들이 주님(주님 자신도 당신의 지위로 말미암아 어떤 권리들을 갖고 계셨다)께 속한 자유인으로서 어떤 권리들을 갖고 있듯이, 신자인 너희도 그리스도 안에서 너희가 누리는 자유에서 유래한 권리들 내지 권세들을 갖고 있다.

[y] 그렇지만 이런 권리들을 분별없이 사용함으로써 너희 자신의 이익을 구하거나 너희 자신을 기쁘게 하려고 하지 말라. 사도인 나는 물론이요 우리 주님이신 예수도 우리 지위에 따른 특권들을 이기적으로 행사하시지 않았기 때문이다.

[z] 도리어 다른 사람들을 이롭게 하고 다른 사람들을 세워주며 다른 사람들의 이익과 행복을 추구하는 일을 늘 하도록 하라. 주 예수가 그리하셨고 우리 주님을 본받은 나도 그리하였다.

성찬에서도 본받아야 할 십자가

그런가 하면, 고린도전서 8-10장은 익숙한 주제인 분열을 고린도전서 11:17-34에서 한 번 더 다룰 수 있는 길을 예비한다. 바울은 고린도 공동체의 다른 영역에도 당파들이 존재한다는 것을 서슴없이 믿는다. 뿐만 아니라, 그는 신랄하면서도 완곡한 말, "너희 중에 분쟁이 있다 함을 듣고 어느 정도 믿거니와"(11:18하)라는 말로 그런 사실을 고린도 사람들에게 알린다.

고린도전서 10:14-22은 공동체가 성찬에서 나누는 떡과 잔을 주 예수와 교제하는 식사로 강조한다. 또 11:17-34에서는 이 성찬이 신자들을 하나가 되게 하는 교제 체험으로서 다시 등장한다. 하지만 고린도에서는 성찬이 이렇지 않았다. 실제로 고린도에서는 "주의 만찬이 되지 못한 채"(11:20), 각기 따로 식사하는 것만이 이어지고 있었다. 이제 가진 자들과 가지지 못한 자들 사이의 분열, 그들의 주인 집(또는 그들과 사회적 지위가 같은[?] 사람의 집)에 빨리 올 수 있을 정도로 충분한 자유와 사회적 지위를 가진 사람들과 사회적 책임 및 지위 때문에 늦게 올 수밖에 없었던 사람들 사이의 분열이 분명히 드러나게 된다. 로마 제국에서는 저녁 식사에 부유한 자들과 가난한 자들이 모두 초대받았을 경우, 이유 여하를 불문하고, 가난한 사람들에게 낮은 자리를 제공하거나 불충분한 음식을 제공하거나 싸구려 포도주를 제공하거나 무례한 하인들로 하여금 "시중을 들게" 함으로써 가난한 사람들을 모욕하고 폄훼할 기회가 부자들에게 주어졌다.[26] 그런 것은 십자가에 못 박히신 주님의 만찬이 될 수 없었다.

고린도의 문제에 대한 반응 속에서, 바울이 주님과 나누는 교제를 신자들이 다른 사람들과 나누는 사랑의 교제와 연결한 것은 심오하면서도 창조적이다. 주님의 만찬은 주님의 죽음을 선포하는 것이다(11:23-26). 그러기에, 주님의 만찬은 십자가에서 드러난 주님의 사랑을 그대로 반영해야 한다. 그렇지 않은 만찬은 그분의 죽음을 모독하는 것이다. 고린도전서의 다른 곳에서 보았지만, 공동체의 모든 지체에게 이런 사랑을 온몸으로 실천하지 않는 사람들은 하나님의 심판을 자초하는 것이다(11:27-32). 이 경우에는 특히 "주의 몸, 즉 주님의 만찬을 위하여 모인 다양한 신자들 속에 한 몸으로 현존하는 그리스도의 몸을 분별하지" 못하였다는(11:29) 이유로 하나님의 심판을 당할 것이다.[27] 구체적 관심과 배려인, 모든 사람이 도착하길 기다렸다가 함께 식사하는 것만이 유일하게 사랑을 실천하는 것이다. 물론 이것은 자기 뱃속만 챙기고 있는 지금 고린도 사람들의 행위와 정반대 모습이다. 우리에게 익숙한 십자가 패턴인 자기 지위를 포기하고 다른 사람들을 염려하는 십자가 패턴은 여기에서도 다시 등장한다.

[x] 물론 사회적 지위와 관습은 너희에게 식사에 참여할 특권을 주었으며, 너희는 이 영예를 주님의 만찬과 결합된 식사에서도 사용했다.

[y] 그렇지만 너희는, 모든 사람이 도착하기 전에 (다른 형제 것까지 다) 먹고

---

26) 가령, Ramsey MacMullen, *Roman Social Relations: 50 B. C. to A. D. 284* (New Haven: Yale University Press, 1974), 111을 보라.

27) 이것이 대다수 주석가들의 해석이다(가령, Gordon D. Fee, *The First Epistle to the Corinthians*, NICNT [Grand Rapids: Eerdmans, 1987], 562-64; Witherington, *Conflict and Community in Corinth*, 251-52; 특히 Richard B. Hays, *First Corinthians*, Interpretation [Louisville: Westminster/John Knox, 1997], 200). 근래 로마 가톨릭 쪽의 한 주석가는 그 "몸"이 성찬의 몸과 공동체를 모두 의미한다고 주장한다 (Raymond F. Collins, *First Corinthians*, Sacra Pagina [Collegeville, MN: Liturgical, 1999], 439).

(다른 형제 것까지 다) 마셔버리는 것처럼, 너희 지위와 결합된 (소위) 권리들을 이기적으로 사용하는 행위를 하지 말라. (그런 행위는 하나님의 교회를 경멸하고, 가난한 자들에게 굴욕을 안겨주며, 그리스도의 몸을 분별하고 표현하지 못하는 행위다).

[z] 도리어 너희는 한 몸임에 합당하게 서로 기다렸다가 모든 사람이 모이면 함께 주님의 만찬을 먹으라.

바울은 재차 그리스도의 십자가 내러티브가 고린도 공동체의 공동생활을 규정하는 내러티브가 되어야 한다고 역설한다.[28]

십자가를 본받아 은사를 행함

십자가를 본받아 다른 사람과 공동체 전체를 염려하는 마음은 고린도전서 12-14장이 제시하는 주장의 원동력이 되었다. 이 세 장 가운데 사랑을 다룬 13장은 12-14장으로 이루어진 교차대구 구조에서 분명히 중심부를 차지하고 있다. 이 교차대구 구조는 8-10장으로 이루어진 교차대구 구조를 떠올리게 한다. 하지만 여기서 다루고 있는 문제는 사랑 자체가 아니라, 정당한 "성령의 은사들"(이 은사에는 특히 방언을 말하는 것과 같이 기이한 은사들도 포함된다)을 공동체 안에서 적절히 행사하는 문제다. 12장은 그런 은사들이 중요하고 정당함을 주장한다. 반면 14장에서는 12장에서 분명하게 밝힌 원리들과 특히 13장에서 제시한 사랑이라는 패러다임에 비추어 볼 때 "논쟁 소지가 있는" 은사들을 적절히 사용하는 방법과 관련하여 바울 사도가 구체적인 지침을 표명하고 있다.

12장은 그리스도의 몸의 통일성과 다양성에 초점을 맞추고 있다. 이런 통일성과 다양성은 그 공동체의 공통된 상위 목표인, 한 분 하나님과 한 분 주 예수와 공동체 전체의 유익을 섬김을 달성하는 데 이바지하는 다양한 성령의 은사들이 만들어낸다.

---

28) 아울러 Pickett, *The Cross in Corinth*, 118-25를 보라.

> 은사는 여러 가지나 성령은 같고 직분은 여러 가지나 주는 같으며 또 사역은 여러 가지나 모든 것을 모든 사람 가운데서 이루시는 하나님은 같으니 각 사람에게 성령을 나타내심은 유익하게 하려(pros to sympheron) 하심이라(고전 12:4-7)

성령의 은사들을 바라보는 이런 시각은 자신과 다른 사람들이 소유한 은사들을 대할 때 가져야 할 올바른 태도를 시사한다. 우선, 성령이 어떤 사람에게 주신 은사는 그 사람을 크게 높이 만들거나 그 사람을 세우려는 것이 아니라, 도리어 다른 사람들의 유익을 도모하는데 그 목적이 있다. 그런가하면, 다른 사람들이 받은 성령의 은사들은 인정하고, 받아들이고, 긍정해야 한다(12:14-26). 특히 그리스도의 몸인 공동체에서 "더 약한" 또는 덜 두드러진 지체들과 그들이 받은 은사들에는 오히려 지나치다 싶을 정도로 특별한 배려를 베풀어야 한다(12:22-26). 그리스도의 몸을 이루는 "더 약한"(asthenestera) 지체들과 "덜 귀한"(atimotera) 지체들에게 이처럼 특별한 관심을 기울이는 것은 고린도전서 8장이 서술했던 "약한" 양심을 가진 자들과 고린도전서 1장 및 11장이 말했던 아무 것도 아닌 자들 또는 아무 것도 가지지 못한 자들을 어렴풋이나마 되새겨주는 데 그 목적이 있는 것으로 보인다. 이런 사람들에게 이처럼 특별한 관심을 갖는다면, 그리스도의 몸 안에서 "아무 분쟁도" 없고 서로 돌봄만이 있을 것이다(12:25).

바울은 다시 한 번 십자가를 본받는 공동체로서 자기 지위를 포기하고 다른 사람들을 염려하는 사랑을 보이라고 촉구한다. 이 본문을 조심스럽게 읽어보면, 바울이 말하고자 하는 것이 분명하게 드러난다.

[x] 물론 너희는 성령의 은사들을 받았으며, 그 은사들 가운데 일부는 다른 은사들보다 더 긴요하고 더 유익한 은사처럼 보인다.

[y] 그렇지만 너희는 이런 은사들을 내세워 거들먹거리지도 말고(그 은사들이 어디에서 왔으며 왜 주어졌는가를 기억하라), 다른 이들, 특히 더 약한 지체들의 은사들을 얕보지 말라.

[z] 도리어 모든 은사들(너희의 은사와 다른 이들의 은사들)을 받아들이고 사용하여 공동체의 유익을 이루라.

하지만 바울은 이 문제를 여기서 끝내지 않으려 한다. 그리스도의 몸인 고린도 공동체에 속한 더 약한 지체들처럼, 그도 이 문제에 더 큰 관심을 기울여야 할 필요를 분명하게 발견하고 있기 때문이다. 이런 이유 때문에 "사랑" 장인 고린도전서 13장이 등장하게 된 것이다. 13장을 여는 구절들(1-3절)은 사랑을 방금 다룬 문제와 직접 연결한다. 13장의 목적은 성령의 은사들을 대치할 어떤 대안을 제시하는 게 아니라, 모든 은사들을 "더 훌륭한 방법으로", 또는 적어도 더 자세하게 서술한 방법을 따라 행할 수 있게 그 방법을 제시하는 것이다(12:31). 다시 말해, 13장은 성령의 은사들을 사용할 때 따라야 할 **행동 방식**을 제시한다. 사랑이 없으면, 설령 위험하지 않은 은사라도 아무 의미가 없다(1-3절). 성령의 은사들 자체와 달리, (믿음과 소망처럼) 사랑은 하나님만이 아시는 미래의 종말 때까지 계속 있을 것이다(8-13절). 실제로 사랑은 믿음, 소망, 사랑 가운데 가장 위대한 것으로서, 하나님이 생각하시는 미래를 **정의하는 것**이라고 말할 수 있다.[29] 십자가가 세상을 향한 하나님의 사랑을 분명하게 보여주었듯이, 하나님이 구원하신 세상도 사랑을 영원히 체험하고 표현한다.

13장의 중심부(4-7절)가 더 완전하게 묘사하고 있는 이 사랑은 물론 이미 우리가 다양하게 언급한 대로 십자가를 본받는 특성을 갖고 있다. 무엇보다 사랑은 그 자신의 길(방법)이나 관심사나 이익을 고집하지 않으며, 권리를 주장하지도 않고 권리를 되찾으려 하지도 않는다. 도리어 사랑은 인내하고 자비를 베푸는 가운데 모든 것을 견디고, 진리를 기뻐하며, (고린도전서 8:1과 그 문맥 전체에 비춰보건대) 다른 사람을 세워준다.

바울은 이 시의 정상을 따라가다가 고린도 사람들의 실제 생활이라는 골짜기로 다시 되돌아와야 했다. 그는 여기서 혼돈에 빠진 예배 모습과 부닥친다. 예배 때 고린도 신자들이 성령의 은사들을 아무 통제도 받지 않고 사용하면서, 형편없는 예배와 복음 증거가 이루어지고 있었다(14장). 바울이 특히 중요하게 여긴 것은 고린도 신자들의 예배에서 성령의 은사를 받은 표지로 사용되던 방언, 그 중에서도 특히 "통역되지 않은" 방언들을 예언으로 대치하는

---

29) 바울은 "사랑의 영속성과 대비하여 성령이 주시는 모든 은사들의 일시성을" 묘사한다. 그러나 그는 "방언과 성령이 주시는 다른 은사들의 정체를 폭로하려고 사랑에 관하여 쓰고 있는 게 아니다"(Hays, *First Corinthians*, 221, 222).

것이었다.

바울은 "방언"이 하나님이 주신 은사로서 정당한 것이라는데 이의를 제기하지 않는다. 오히려 그는 그 자신도 방언을 말하는 은사를 풍성하게 체험했음을 역설함으로써 그가 동원할 수 있는 가장 강력한 언어로 그 은사를 긍정한다(14:18). 방언의 문제는 그것이 공동체에 유익을 끼치는 역할을 하려면 통역이 필요하다는데 있었다. 통역되지 않은 방언은 단순히 하나님과 대화하는 것으로서(14:2), 교회 전체에는 덕을 세우지 못하고 방언을 말하는 사람만을 세워주는 것에 불과하다(14:4). 사람들이 모인 자리에서 통역되지 않은 방언을 말하는 것은 공중 앞에서 성령의 은사들을 행할 때 따라야 할 근본 기준인 "교회의 덕을 세울 수 있게 해야 한다"(14:5)는 기준을 충족시키지 못하는 것이다. 예언하는 사람들(교회에서 헬라어, 곧 당시 사람들이 보통 쓰는 말로 말하는 사람들)은 실상 교회에 덕을 세우는 사람들이며, 따라서 방언을 말하는 사람들보다 더 큰 사람들이다.

> 방언을 말하는 자는 자기의 덕을 세우고 예언하는 자는 교회의 덕을 세우나니 나는 너희가 다 방언 말하기를 원하나 특별히 예언하기를 원하노라. 만일 방언을 말하는 자가 통역하여 교회의 덕을 세우지 아니하면 예언하는 자만 못하니라(고전 14:4-5)

따라서 고린도 공동체와 그 공동체의 각 지체들은 교회에 덕을 세우는 은사들을 얻으려고 노력해야 하며 그런 은사들을 사용하려고 힘써야 한다(14:12). 이런 은사 중에는 방언을 말하는 자들을 위해 통역하는 은사도 포함된다. 통역하는 이가 있어야 방언이라는 정당한 은사가 그 은사를 받은 자뿐 아니라 교회 전체에도 유익이 되고 덕을 세워주기 때문이다(14:17,19). 성경은 분명히 "모든 것을 덕을 세우기 위하여 하라"(14:26하)라고 말씀한다.

흥미롭게도, 고린도전서 14장에서는 "사랑"이라는 말이 한 번도 나오지 않는다. 그러나 사랑은 이 14장의 주제요, 이 14장에서 바울이 권면하는 내용의 주제다. 통역 없이 사람들 앞에서 방언을 말하는 것은, 바울의 관점에서 보면, 다른 사람들보다 자기 자신의 이익을 추구하는 행위다. 따라서 그것은 사랑이 아니다. 물론 방언을 말하는 은사를 갖는 것은 그릇되지도 않고 사랑과 거리가 먼 것도 아니다. 그 은사도 하나님이 은혜로 주신 것이기 때문이다. 하지만 방언을 말하는 것이 다른 사람들을 계발할 수 있고 계발해주는 것이 아니라면, 그 은사를 쓰지 않는 것이 사랑을 행하는 것이다. 따라서 통역이 없을 때는 방언을 말하는 자가 침묵하는 것이 사랑을 행하는 것이다(14:28).[30] 바울은, 고기를 먹는 것이 누군가에게 걸림이 된다면, 고기를 먹지 않으려 했다. 바울은 이와 같은 이유로 (통역되지 않은) 방언을 일만 마디 하느니 다른 사람들이 이해할 수 있고 그들에게 덕을 세우는 말을 다섯 마디 하는 쪽을 택하려 했다(14:19). 바울은 고린도 사람들도 자기와 똑같이 행하기를 기대한다. 그의 십자가를 본받는 삶 패턴은 여기에서도 생생하게 나타나고 있다.

[x] 물론 너희는 하나님을 예배하고 너희 자신을 계발하는 데 써야 할 은사를 하나님으로부터 받았다.
[y] 그렇지만 그 은사가 오직 너희 자신만을 계발하는(세우는) 것이라면, 사람들이 모인 자리에서는 그 은사를 사용하지 말라. 그렇게 은사를 쓰는 것은 이기적이다.
[z] 도리어 통역하는 은사를 달라고 기도하거나, 다른 사람에게 통역을 요청하거나, 통역이 없는 경우에는 침묵을 지켜 다른 사람들에게 덕을 세움으로써, 회중이 모인 가운데 이루어지는 모든 일이 그리스도의 몸을 세울 수 있게 하라.

십자가를 본받는 사랑과 부활

고린도전서 12-14장과 달리, 15장은 사랑을 특별히 언급하지도, 심지어 암시하지도 않는다. 그러나 15장도 십자가를 본받는 사랑을 주제로 한 고린도전서의 많은 권면과 무관하지 않다. 고린도전서 전체를 살펴보면, 바울의

---

30) 제롬 나이리는 "계발(덕을 세운다)이라는 말은 통제된 몸(공동체)라는 우주론을 표상하는 바울의 암호다"라고 주장한다(Jerome H. Neyrey, *Paul, In Other Words: A Cultural Reading of His Letters* [Louisville: Westminster/John Knox, 1990], 129). 이 주장은 일부 옳은 구석이 있긴 하지만 고린도 사람들을 통제하고 싶어 하는 바울의 마음을 그가 십자가를 본받는 삶에 더 근본적으로 헌신하고 있다는 점과 연결하지 못하고 있다.

논증에서는 그리스도의 죽음이 두드러지게 나타났다. 십자가에 못 박히신 메시아를 전하는 복음이 분열과 법정 송사와 자유라는 문제와 성행위와 성찬 문제를 다루고 있다. 15장은 주로 부활을 다루면서도, 이 서신을 받은 사람들에게 이들이 십자가에 못 박히셨다가 부활하신 메시아를 전한 이 복음을 받았고 이 복음을 계속하여 인정하고 있다는 점을 되새겨준다(15:3-11). **신경**(信經)**으로 그리스도의 죽음을 긍정하는 사람들은 행동으로 그의 죽음을 긍정해야 한다.** 부활은 고린도 공동체가 행하는 모든 "수고"가 헛되지 않다는 것을 보증한다(15:58). 이를 안다면, 그 공동체는 어떤 "수고"든지 십자가를 본받는 사랑으로 행해야 한다. 모든 일을 "사랑으로" 행하라는 마지막 권면이 16:14에서 등장하는 이유도 이 때문이다.

따라서 고린도전서는 고린도에 십자가를 본받는 사랑을 호소한 서신이다. 바울은 이 사랑이 한 몸인 그리스도의 몸이 체험해야 할 화목을 그 공동체 안에서 만들어 내리라고 믿는다.

고린도후서: 고난으로 나타낸 사랑

정경에 들어있는 서신으로서 바울이 두 번째로 고린도 사람들에게 쓴 서신은 그가 네 번째로 써 보낸 서신(아니면, 그가 네 번째, 다섯 번째, 여섯 번째로 쓴 서신을 모아놓은 것일 수도 있다)일 가능성이 더 높다. 우리가 이미 언급했듯이, 대다수 학자들은 바울이 고린도전서와 후서 사이에 적어도 한 개 서신을 더 썼다고 믿는다. 또 많은 학자들은 고린도후서 자체도 둘 또는 그보다 많은 서신들의 결합체로서, 이 서신들 가운데 하나는 심지어 끼워 넣은 서신일 수도 있다고 믿는다. 물론 지금 우리가 보고 있는 고린도후서가 고난으로 나타낸 사랑(suffering love)이라는 통일된 주제를 갖고 있다는 것을 잘 논증할 수도 있다. 그러나 이 고난으로 나타낸 사랑이라는 주제는 바울이 철두철미하게 이야기하는 것으로서, 마음만 먹으면 바울 서신 전체에서 얼마든지 찾아낼 수가 있으며, 실제로 그렇다. 따라서 어떤 통일된 주제가 있다는 것 자체만으로는 고린도후서의 불가분성을 설득력 있게 논증하지 못한다.

사실, 고린도후서가 본디 한 서신이든 아니면 더 많은 서신이든, 우리가 보는 이 서신은 이미 앞에서 언급한 대로 크게 세 부분으로 깔끔하게 나눌 수 있다. 사도의 사역을 설명하는 부분(1-7장), 곤궁한 처지에 있는 예루살렘 교회를 돕고자 바울이 걷는 연보에 재정 지원을 해달라는 두 개의 호소(8-9장), 바울이 자신을 대적하는 이들을 통렬히 비판하면서 사도로서 자신이 하고 있는 고유한 사역을 힘차게 변호하는 내용(10-13장)이 그 세 부분이다. 앞장에서 언급했지만, 1-7장과 10-13장의 어조에는 차이가 있다. 이런 차이는 특히 이 두 부분이 서로 다른 서신이 아니라면, 바울이 서로 다른 상황을 다루고 있었다는 것을 시사한다. 그렇지만 이 두 부분을 하나로 묶어주는 것이 이 두 부분을 하나의 정신으로 통일시켜준다. 그건 바로 사도의 십자가를 본받는 사랑이라는 주제다. 사도가 다른 사람들을 위해 고난당함으로 표현한 이 사랑은 결국 그리스도의 사랑에 그 근거를 두고 있다(고후 5:14). 우리는 이 주제를 앞장인 9장에서 살펴보았다. 그때, 우리는 고린도후서 1-7장과 10-13장에서는 "사랑"이라는 말이 비교적 드물게 나타난다고(동사로서 세 번, 명사로서 네 번 등장한다) 말하면서도, 이 사랑이 중심이라는 점을 강조했다. 바울이 자기 사역을 변호하는 것도 그가 십자가에서 나타난 그리스도의 사랑을 온몸으로 실천했다는 점에 근거하고 있다(2:4, 11:11). 고린도후서 1-7장과 10-13장에서 바울의 첫째 목표는 고린도 사람들을 바울 자신, 그 자신이 전한 복음, 그리고 그의 사역과 화해시키는 것이다. 이는 사실 하나님과 화해시키는 것을 의미한다(고후 5:20).

따라서 명시적이든 묵시적이든, 고린도후서가 고린도 사람들이 바울을 사도로서 어떻게 대해야 하며 그들과 같은 신자들을 어떻게 대해야 하는지 권면할 때 십자가를 본받는 사랑을, 그것도 특히 화해와 관용을 당부하고 있는 것은 전혀 놀라운 일이 아니다.

십자가를 본받는 사랑으로서 화해(화목)를 이야기하는 고린도후서 1-7장과 10-13장

우리가 이 책 8장과 9장에서 보았듯이, 화해(화목)는 고린도후서 1-7장의 핵심 신학 용어다. 이 말은 고린도후서를 해석하는 해석학적 열쇠임이 분명한 5:11-21에서 몇 차례 등장하고 있다. 이 대목에서 바울은 그의 사역의 기초로 다른 사람들을 이롭게 하고자 희생한 행위인 "그리스도의 사랑"을 든다(5:14). 여기서 바울이 목적하는 것은 순전히 신학적인 것만은 아니다. 5:12에서(그리고 3:1에서도) 다른 주장을 하고 있긴 하지만 바울은 분명 자신을 추천한다(2:17과 4:2에서도 그리 한다). 그러나 바울은 그리스도가 십자가에서 고난을 당하심으로 보여주신 사랑을 바울 자신이 온몸으로 실천한 경우에만 자신을 추천한다. 그리스도의 그런 사랑은 하나님이 세상을 당신과 화해시킨 행위였다(5:18-21).

> 우리가 다시 너희에게 자천하는 것이 아니요 오직 우리로 말미암아 자랑할 기회를 너희에게 주어 마음으로 하지 않고 외모로 자랑하는 자들에게 대답하게 하려 하는 것이라. 우리가 만일 미쳤어도 하나님을 위한 것이요 정신이 온전하여도 너희를 위한 것이니 그리스도의 사랑이 우리를 강권하시는도다. 우리가 생각하건대 한 사람이 모든 사람을 대신하여 죽었은즉 모든 사람이 죽은 것이라(고후 5:12-14).

이런 자천은 5:11-21에 뒤이어 곧바로 분명하게 나타난다.

> 우리가 이 직분이 비방을 받지 않게 하려고 무엇에든지 아무에게도 거리끼지 않게 하고 오직 모든 일에 하나님의 일꾼으로 자천하여 많이 견디는 것과 환난과 궁핍과 고난과…(고후 6:3-4).

하나님은 바울의 복음 전파를 통하여 당신의 화해 행위를 알리시고 그 행위가 능력을 발휘하게 하신다. 때문에 바울과 화해하는 것은 결코 가벼운 문

제가 아니다. 바울, 다시 말해 그가 전하는 복음과 화해하지 않는 것은 구원을 잃을 위험을 자초하는 것이요, "하나님의 은혜를 헛되이 받는 것"(6:1)이다. 이런 이유로 바울은 고린도 사람들에게, 자신이 그들을 사랑하였듯이, 아니 사실은 하나님이 바울을 통하여 그들을 사랑하셨듯이, 바울 자신을 사랑하라고 촉구한다.

> 고린도인들이여 너희를 향하여 우리의 입이 열리고 우리의 마음이 넓어졌으니 너희가 우리 안에서 좁아진 것이 아니라 오직 너희 심정에서 좁아진 것이니라. 내가 자녀에게 말하듯 하노니 보답하는 것으로 너희도 마음을 넓히라……마음으로 우리를 영접하라. 우리는 아무에게도 불의를 행하지 않고 아무에게도 해롭게 하지 않고 아무에게도 속여 빼앗은 일이 없노라(고후 6:11-13, 7:2)

바울은 고린도 사람들이 자기 권면을 따라 행할 것이라고 확신한다(7:16). 이런 확신은, 바울이 고린도후서 7:5-15에서 말하고 있는 대로, 이전에 그들이 한 번 그리한 적이 있다는 사실에 그 근거를 두고 있다.

따라서 바울에겐 고린도 사람들이 그와 화해하고, 다시 한 번 그를 사랑하게 되는 것이 중요하다. 이것은 단순히 사도로서 교만을 부리고 권세를 부리는 것일까? 일부 사람들이 그랬듯이, 바울의 동기를 그렇게 의심하는 사람들도 있을 수 있다. 하지만 바울의 관심사는 하나님과 그리스도가 십자가에서 보여주신 사랑의 복음에 고린도 공동체가 올바로 응답하는 것이다. 심지어 그는 이런 응답이 순종의 응답이 되리라는 것을 시사하지만(7:12), 이 경우에도 바울의 다른 모든 사역과 마찬가지로 그의 권면이 십자가에서 드러난 하나님의 사랑을 한 번 더 구현하고 있는 경우에만 고린도 사람들의 올바른 응답이 순종이 된다. 십자가에서 드러난 하나님의 사랑에 보여야 할 적절한 반응은 "들음(청종)"(6:2) 내지 순종이라는 응답이다. 그리스도가 십자가에서 순종을 보여주신 사랑은 화해 행위다. 그 사랑은 그 사랑을 받아들이는 자도 화해 행위를 하도록 요구한다. 이 경우에도 그리하고 이번에도 그리했듯이(7:9), 그런 화해에는 회개가 필요할 수 있다. 올바른 회개는 구원으로 이끈다(7:10). 이와 다른 행위를 하는 것은 하나님이 행하신 화해 행위의 은덕을 잃어버릴 위험을 자초하는 것이다. 어쨌든 고린도 사람들은 바울에게 상처를 입혔으므로, 이제는 바울과 화해해야 한다. 이렇게 화해하는 것만이 순전한 사랑, 진정으로 십자가를 본받는 사랑을 드러내는 행위가 될 것이다.

그러나 화해라는 이 십자가를 본받는 사랑은 비단 회개만을 의미하지 않는다. 그것은 동시에 용서를 의미하기도 한다. 고린도후서의 두 번째 부분은 이런 차원을 강조한다. 바울이 고린도후서 2:5-11에서 언급하는 상황이 정확히 어떤 것인지 분명하지는 않다. 누군가가 고린도 사람들의 공동체에 "근심을 안겨주었으며" 그 사람은 이로 말미암아 "많은 사람으로부터 어떤 벌을" 받았다(2:5-6). 일부 해석자들은 이 대목을 어떤 남자가 자기 계모와 동침한 사건을 이야기한 고린도전서 5장의 기사와 연계하지만 이 둘 사이에는 연관 가능성이 없다. 도리어 그 익명의 사람과 그가 저지른 잘못은 여전히 알려져 있지 않지만, 그 잘못에는 바울에 대한 모독도 포함되어 있다고 보는 것이 타당할 수 있다.[31] 우리가 아는 것은 바울이 그 잘못한 자가 공동체에 안겨준 고통 때문에 받은 벌을 충분하다고 여긴다는 것, 그리고 이제는 화해할 시간, 용서하는 사랑을 베풀 시간이 되었다는 것이다.

> 이러한 사람은 많은 사람에게서 벌 받는 것이 마땅하도다. 그런즉 너희는 차라리 그를 용서하고 위로할 것이니 그가 너무 많은 근심에 잠길까 두려워하노라. 그러므로 너희를 권하노니 사랑을 그들에게 나타내라. 너희가 범사에 순종하는지 그 증거를 알고자 하여 내가 이것을 너희에게 썼노라(고후 2:6-9)

우리가 다른 곳에서 보았던 십자가를 본받는 사랑 패턴은 여기에서도 등장한다.

[x] 물론 이 사람은 너희에게 고통을 안겨주었고 너희에게 잘못을 저질렀다.

---

31) 완벽한 논의를 읽어보려면, Ralph P. Martin, *2 Corinthians*, Word Biblical Commentary 40 (Waco, TX: Word, 1986), 31-40, 그리고 특히 Victor Paul Furnish, *II Corinthians*, Anchor Bible 32A (Garden City, NY: Doubleday, 1984), 163-68을 보라. 이 두 사람은 모두 여기서 문제가 되는 잘못을 바울에 대한 모독 내지 그와 관련된 행위라고 주장한다.

[y] 그렇지만 그를 더 벌하지 말라.
[z] 도리어 순종에서 우러나온 사랑으로 그의 유익을 위해 그를 용서하고 위로하라.

고린도후서 7장과 마찬가지로, 바울은 여기에서도 사랑과 순종을 결합한다. 하지만 우리는 이런 연관 관계에 놀라서는 안 된다. 바울은 하나님의 사랑이 담긴 복음을 전한다. 이 복음은 우리가 선택할 수 있는 게 아니라, 하나님의 부르심이다. 또 이 복음이 요구하는 사랑은 소비하여 없애버릴 수 있는 보충재가 아니라, 하나님의 부르심에 대한 응답의 필수 요소다. 용서하지 않는 것은 사랑하지 않는 것이다. 사랑하지 않는 것은 결국 "사탄에게 속아 넘어가는" 것이다(2:11).

십자가를 본받는 사랑으로서 후히 베풂의 은혜를 이야기하는 고린도후서 8-9장

고린도후서 2장과 7장은 순종을 표현하는 사랑의 방법에 관하여 이야기하지만 8장과 9장도 이런 사랑을 표현하는 방법을 더 이야기한다. 여기 8장과 9장에서 바울은 너무나 가난한 예루살렘 교회를 도우려고 자신이 걷는 연보에 참여할 것을 고린도 사람들에게 호소한다.[32] 이 호소, 그 중에서도 특히 8장은 수사의 백미다. 여기서 바울은 다른 신자들과 바울 자신과 그리스도와 하나님을 예로 들며 고린도 사람들에게 "너희 사랑의 진실함"을 증명해보이라고 촉구한다(고후 8:8; 참고, 8:24).[33] 우리는 여기서 8장에 초점을 맞추면서, 경우에 따라 9장도 언급하도록 하겠다.

---

32) 한스 디터 베츠(Hans Dieter Betz, *2 Corinthians 8 and 9*, Hermeneia [Philadelphia: Fortress, 1985])를 비롯하여 일부 학자들은 8장과 9장을 서로 다른 때에 보낸 별개 서신이라고 믿는다.
33) 이렇게 사랑의 진실함을 증명해보임으로써 고린도 사람들도 "그리스도의 복음을 진실히 믿고 복종하는 것과 그들과 모든 사람을 섬기는 너희(고린도 사람들)의 후한 연보로 말미암아 하나님께 영광을 돌리게" 될 것이다(고후 9:13). 순종(=믿음)과 믿음이 연관되어 있음을 여기서 다시 언급할 수밖에 없다.

8장이 발휘하는 수사의 힘은 "은혜"를 뜻하는 헬라어 **카리스**(charis)를 사용한 언어유희에 힘입은 바가 크다. 헬라어 본문에서는 이 말이 눈에 띄지만, 영역 본문에서는 이 말을 거의 볼 수가 없다. 헬라어 본문에서는 이 **카리스**(charis)라는 말이 일곱 번(9장에서도 세 번 더 등장한다) 등장하는데, 다음 구절들에서 굵은 글씨로 표시한 부분이 등장 부분이다.[3]

> 형제들아 하나님께서 마게도냐 교회들에게 주신 **은혜**를 우리가 너희에게 알리노니 환난의 많은 시련 가운데서 그들의 넘치는 기쁨과 극심한 가난이 그들의 풍성한 연보를 넘치도록 하게 하였느니라. 내가 증언하노니 그들이 힘대로 할 뿐 아니라 힘에 지나도록 자원하여 이 **은혜**와 성도 섬기는 일에 참여함에 대하여 우리에게 간절히 구하니 우리가 바라던 것뿐 아니라 그들이 먼저 자신을 주께 드리고 또 하나님의 뜻을 따라 우리에게 주었도다. 그러므로 우리가 디도를 권하여 그가 이미 너희 가운데서 시작하였은즉 이 **은혜**를 그대로 성취하게 하라 하였노라. 오직 너희는 믿음과 말과 지식과 모든 간절함과 우리를 사랑하는 이 모든 일에 풍성한 것 같이 이 **은혜**에도 풍성하게 할지니라. 내가 명령으로 하는 말이 아니요 오직 다른 이들의 간절함을 가지고 너희의 사랑의 진실함을 증명하고자 함이로라. 우리 주 예수 그리스도의 **은혜**를 너희가 알거니와 부요하신 이로서 너희를 위하여 가난하게 되심은 그의 가난함으로 말미암아 너희를 부요하게 하려 하심이라……너희를 위하여 같은 간절함을 디도의 마음에도 주시는 하나님께 **감사하노니** 그가 권함을 받고 더욱 간절함으로 자원하여 너희에게 나아갔고 또 그와 함께 그 형제를 보내었으니 이 사람은 복음으로써 모든 교회에서 칭찬을 받는 자요 이뿐 아니라 그는 동일한 주의 영광과 우리의 원을 나타내기 위하여 여러 교회의 택함을 받아 우리가 맡은 **은혜**의 일로 우리와 동행하는 자라……그러므로 너희는 여러 교회 앞에서 너희의 사랑과 너희에 대한 우리 자랑의 증거를 그들에게 보이라(고후 8:1-9,16-19,24)

8절과 24절이 분명하게 말하듯이, 바울이 고린도 사람들에게 근본적으로 권면하는 것은 그들의 형제인 예루살렘의 더 가난한 신자들을 "사랑하라"는 것이다. 이 사랑은 고린도 사람들이 "은혜", 특히 "우리 주 예수 그리스도의 은혜", 즉 예수의 사랑(8:9), 하나님의 "말할 수 없는 은사"(9:15)를 체험한 것과 직접 연결되어 있다.

우리가 보았듯이, 바울이 9절에서 예수의 은혜를 묘사할 때 활용한 언어는 자기 지위를 포기하고 다른 사람들을 염려하는 사랑의 내러티브 언어로서 빌립보서 2:6-8과 평행을 이룬다.

[x] 그는 부요하신데도,
[y] (그 부요한 지위에 머물러 계시지 않고),
[z] 도리어 너희를 위하여 가난하게 되셨으니, 이는 그의 가난함으로 말미암아 너희를 부요하게 하려 하심이라

바울도 그의 사역을 통해 그리스도의 내러티브를 이어감으로써 다른 사람들을 부요하게 한다.

(우리는) 가난한 자 같으나 많은 사람을 부요하게 한다(고후 6:10)

물론 여기서 바울이 언급하는 부요함은 그리스도 안에 있는 "영혼의" 부요함이다. 하지만 이 부요함에는 물질 후원과 관심도 포함된다. 실제로 바울은 마게도냐 신자들이 예루살렘 교회를 도울 재정 후원에 동참함으로써 바울 자신의 은혜 사역에 참여할 기회를 달라고 그에게 간청했다 말한다(8:4).

놀라운 것은, 마게도냐 사람들 역시 후히 베풂 내지 은혜를 베풂을 통해 그리스도 내러티브를 이어가고 있었지만, 정작 이 후히 베풂은 가난에서 유래한 것이었다. 실제로 마게도냐 사람들의 내러티브는 다음과 같이 읽을 수 있겠다.

[x] 마게도냐 사람들은 극심한 가난에 시달리며, 심한 고초를 겪고 있다.
[y] (그렇지만 그들은 이기적으로 행동하지 않고 연보에 참여하기를 마다하지 않았다.)
[z] 도리어 그들은 자기들의 능력을 따라, 아니 오히려 자기들의 능력을 초과하여, 후히 베푸는 부요함을 넘치게 보여주었다.

진실로 이런 은혜/사랑을 체험한 사람들은 이제 온몸으로 그 내러티브를 실천하고 이어간다. 바울이 하고자 하는 말은 분명하다. "[x] 물론 너희 고린도 사람들은 남보다 부유하고 온갖 성령의 은사에서도 남보다 뛰어나다. [y] 그렇지만 너희는 하나님이 베푸신 은혜/복을 너희 자신에게만 쓰지 말고, [z] 도리어 그 은혜/복을 너그럽고 기쁘게 예루살렘 성도들과 함께 나누라."[34]

따라서 바울은, 일단 은혜를 체험했으면 곤고한 처지에 있는 다른 사람들을 구체적으로 섬김으로써 그 은혜를 나눠야(koinōnia와 diakonia, 8:4, 9:12,13) 한다고 본다. 다른 사람들과 함께 나누는 은혜는 체험한 은혜와 같은 형태를 가져야만 한다. 다시 말해, 풍성하고, 희생적이며, 다른 사람들의 이익을 염려하는 형태, 곧 십자가를 본받는 형태를 가져야 한다는 말이다. 스스로 십자가를 본받는 은혜의 도구가 된 사람들에겐 짐이 되지 않고 모든 면에서 넉넉함을 누리게 되리라는 약속이 주어져 있다(8:14-15, 9:6-12).

로마서가 말하는 진실한 사랑:
십자가를 본받아 원수에게 보복하지 않고 형제들을 환대함

바울이 로마 사람들에게 쓴 서신은 현존하는 그의 서신 가운데 가장 체계적이고 포괄적이다. 이 서신이 이런 특징을 갖게 된 이유들은 열띤 논쟁 대상이 되어왔다. 그러나 적어도 로마서가 이런 특징을 갖게 된 데에는 바울이 로마에서 전도를 한 적이 없거나 심지어 아예 로마에 가본 적이 없었다는 사실이 일부 원인이 되었으리라는 점만은 확신할 수 있다. 로마서는 폭넓은 내용을 다룬 서신이지만, 한 가지 뚜렷한 주제를 갖고 있다. 하나님이 유대인과 이방인에게 공평히 당신의 의를 나타내신다는 게 바로 그것이다.[35] 이 주제가

---

34) 고후 8:6-7을 보라.
35) Jouette Bassler, *Divine Impartiality: Paul and a Theological Axiom*, SBLDS 59 (Chico, CA: Scholars Press, 1982)를 보라.

로마 교회의 특수한 상황을 염두에 둔 것인지, 그리고 그런 상황들이 정확히 무슨 상황이었는지 여부도 역시 논쟁중이다.[36] 그러나 그 상황이 어떤 것이었든, 바울은 하나님의 공평한 의라는 복음이 "원수들"을 향한 하나님의 사랑을 드러내는 복음이라고 보면서, 이런 복음에 믿음으로 응답함으로써 이 하나님과 화해하게 된 사람들은 모든 사람에게 사랑을 표현해야 한다고 본다. 로마서에 따르면, 이 "거짓이 없는" 사랑(12:9)은 크게 두 가지 형태로 표현되고 있다. 하나는 원수에게 보복하지 않는 것이요, 다른 하나는 형제 신자들을 판단하지 않고 환대하는 것이다.

그리스도 안에서 나타난 하나님의 사랑이라는 복음

로마서는 크게 두 부분으로 나뉜다. 첫째 부분(1-11장)은 바울이 그가 전하는 복음을 자세히 제시하는 부분이며, 둘째 부분(12-15장)은 하나님의 "자비하심"(12:1)이라는 이 복음이 인간 실존에 시사하는 주요 사항들을 제시하고 있다. 바울은 로마서의 주제를 다음과 같이 선포한다.

> 내가 복음을 부끄러워하지 아니하노니 이 복음은 모든 믿는 자에게 구원을 주시는 하나님의 능력이 됨이라. 먼저는 유대인에게요 그리고 헬라인에게로다. 복음에는 하나님의 의가 나타나서 믿음으로 믿음에 이르게 하나니 기록된바 오직 의인은 믿음으로 말미암아 살리라 함과 같으니라(롬 1:16-17)

바울은 이 복음이 모든 사람에게 필요하다고 설명한다. 모든 사람(이방인과 유대인)이 하나님을 떠나 이제는 "죄 아래에 있으며"(3:9) 하나님의 영광에 이르지 못하는 처지가 되었다(3:23).

인간이 하나님으로부터 돌아서 하나님의 언약을 지키지 않은 결과, 인간과 하나님은 적대 상태에 놓이게 되었으며, 이 때문에 화해가 필요하게 되었

---

36) 모든 주석 또는 A. J. M. Wedderburn, *The Reasons for Romans* (Minneapolis: Fortress, 1988)의 서론을 보라.

다. 이 때문에 언약에 신실하신 하나님은, 인간이 우상을 숭배하고 사악하며 신실치 아니한데도, 하나님과 인간의 올바른 관계를 당신 주도 아래 회복하심으로써 신실함과 공평함을 증명해보이셨다. 하나님은 (영원한 분노와 형벌로) 인간을 원수처럼 따돌리지 않으셨다. 그 대신 하나님은 사랑과 신실하심으로 당신 아들을 내어주시고 죽게 하심으로써 화해를 이루셨다.

> **우리가 아직 죄인 되었을 때에 그리스도께서 우리를 위하여 죽으심으로 하나님께서 우리에 대한 자기의 사랑을 확증하셨느니라.** 그러면 이제 우리가 그의 피로 말미암아 의롭다 하심을 받았으니 더욱 그로 말미암아 진노하심에서 구원을 받을 것이니 곧 **우리가 원수 되었을 때에** 그의 아들의 죽으심으로 말미암아 하나님과 화목하게 되었은즉 화목하게 된 자로서는 더욱 그의 살아나심으로 말미암아 구원을 받을 것이니라. 그뿐 아니라 이제 우리로 화목하게 하신 우리 주 예수 그리스도로 말미암아 하나님 안에서 또한 즐거워하느니라(롬 5:8-11, 지은이 강조; 참고, 롬 3:21-26)

우리가 이 책 앞장들에서 언급했듯이, 바울은 십자가에서 표현된 하나님의 사랑이 동시에 그리스도의 사랑이라고 이해한다. 실제로 십자가는 현재 어떤 것도, 어떤 권세나 어떤 고통도 신자들을 그리스도의 사랑이기도 한 하나님의 사랑에서 떼어놓을 수 없다고 보장한다(8:31-39). 죄를 지은 인류를 정식으로 기소하고 심판할 검사와 재판관이 적의와 저주가 아니라 사랑을 품고 활동하셨다.

따라서 복음을 통해 인간에게 다가온 하나님의 구원의 기초와 동기는 이방인과 유대인을 가리지 않고 모든 인간이 하나님의 원수였을 때에 이 모든 인간에게 하나님이 베푸신 사랑이다. 리처드 헤이스가 말하듯이, 바울 서신은 "**그리스도의 죽음을 하나님이 주도하신 평화 조치**(God's peace initiative)**로 해석한다.**"[37] 이렇게 하나님은 모든 인간을 차별 없이, 또는 공평하게, 맞아주시며(15:1-7), 어느 누구에게도 폭력과 보복을 행하시지 않는다. 바울은 이 점을

---

37) Hays, *Moral Vision*, 330(지은이 고딕 강조).

로마서 마지막 부분에서 자기 독자들에게 되새겨주고 있다. 그러므로 인간의 진정한 사랑도 그와 같은 모습을 띤다. 헤이스는 거듭 바울의 생각을 이렇게 요약한다.

> 하나님은 원수들을 어떻게 다루시는가? 바울은 하나님이 원수들을 죽이지 않으시고 도리어 당신을 내어주셔서 원수들을 위해 죽게 하셨다고 선언한다. 이 것은 예수의 죽음을 통해 하나님과 화해한 사람들이 뒤이어 해야 할 행동에 의미심장한 시사점들을 던진다. "그의 살아나심으로 말미암아 구원을 받았다"(롬 5:10)는 것은 자신을 내어주신 그리스도의 패턴을 그대로 따르는 삶을 시작했다는 의미다. 그리스도 안에서 새 삶의 형태를 갖게 된 사람들은 하나님이 그리스도 안에서 원수들을 대하신 것과 똑같은 방식으로 원수들을 대해야 한다.[38]

로마서 12-15장은 이런 식의 사랑을 서술하고 있다.

로마서 12-15장이 말하는 진정한 사랑: 보복하지 않고 환대함

고린도전서 13장이 바울의 "사랑" 장이라는 것은 널리 알려져 있다. 또 꼼꼼히 살펴보면, 이 13장의 주제가 고린도 서신 전체에서 메아리치고 있음을 분명하게 알 수 있다. 이와 비슷하면서도 사람들에게 덜 알려져 있는 것이 로마서 12:9-13:10과 관련된 상황이다. 어떤 한 "장(章)"을 지목할 수는 없지만, (어렵기로 악명이 높은 13:1-7의 "국가"에 관한 논의는 별도로 치더라도) 이 구절들은 사랑을 상당히 광범위하게 묘사하고 있다. 이 구절들에서는 앞장들에서 말한 내용들을 다시 이야기할 뿐 아니라, 14:1-15:13에서는 구체적 문제에 확대 적용하고 있다. 사실, 로마서 12-15장이 고린도전서(특히 고린도전서 8:1-11:1)에 의존하고 있다는 주장이 그럴듯하게 제시되어왔다. 로마서의 이 장들에서, 바울은 보복하지 않고 환대하는 사랑, 그리스도 안에서 십자가로 나타난 하나

---

38) Hays, *Moral Vision*, 330.

님의 사랑이 그리스도인의 공동체가 공동체 밖이나 안에서 행하는 모든 일에 패러다임이 된다고 설명한다.[39]

12-15장을 아우르는 전체 주제는 12장 서두에서 등장한다. 바울은 여기서 로마 신자들에게 하나님의 자비하심에 응답하여 그들 자신을 "하나님이 기뻐하시는 거룩한 산 제물로 드릴 것"을 권면하면서, 이것이 그들이 드릴 "영적 예배"라고 말한다(12:1). 이러므로 로마 신자들은 "이 세대를 본받지 말고 오직 마음을 새롭게 함으로 하나님의 선하시고 기뻐하시고 온전하신 뜻이 무엇인지 분별하도록"(12:2) 해야 한다. 이것이 믿음이다. 이렇게 마음을 새롭게 하는 데 근본이 되는 것은(물론 바울은 딱 부러지게 이 방식을 말하지 않는다) 그리스도의 마음, 그분이 십자가에서 보여주신 사랑의 마음을 받아들이는 것이다. 다른 곳에서 말한 것처럼, 바울은 여기서도 믿음이 사랑을 낳는다고 말한다.

우리가 이미 언급했듯이, 이런 사랑은 "거짓이 없는"(12:9, *anypokritos*) 것이어야 한다. 이 말의 정확한 의미는, 이 말 자체만 놓고 보면, 분명하지 않다. 그러나 문맥에 비춰보면 그 말뜻이 분명해진다. 그 공동체의 사랑은 하나님이 그리스도 안에서 보여주신 사랑, 곧 보복하지 않고 모든 이를 환대하는 사랑과 일치해야 한다. 바울은 공동체 내부의 사랑부터 이야기하면서 이 사랑을 강조한다. 그렇지만 그는 불신자들(nonbelievers)이라는 주제를 피하지 않고 있는데, 우리는 이 주제부터 시작하도록 하겠다.

물론 "손 대접하기를 힘쓰라"(12:13)라는 권면과 "네 이웃을 네 자신과 같이 사랑하라"(13:8-10)라는 권면에서 말하는 손님과 이웃에는 불신자들이 포함되어 있을 수 있다. 하지만 이들은 그 공동체를 방문한 신자들, 특히 바울처럼 그 공동체를 방문한 선교사들과 널리 신자 전체를 가리킬 가능성이 더 높다.

---

[39] 바울 사도는 로마서 1-11장에서 "그리스도의 신실하심을 통해 증명된 하나님의 의에 초점을 맞추면서, 그리스도의 신실하심을 다른 사람들의 필요에 맞춘 그리스도의 생산적 적응으로 이해한다……또 사도는 (12-15장에서) 신실하심에 근거한 공동체 윤리를 다른 사람들에 맞출 수 있는 적응성(adaptability)으로 묘사한다"(Stanley K. Stowers, *A Reading of Romans: Justice, Jews and Gentiles* [New Haven: Yale University Press, 1994], 318; 참고, 326). 나는 스토우어스가 제시한 명제 전체에 동의하지도 않고, "적응성"이라는 말에 특별한 매력을 느끼지도 않는다. 그렇지만, 나는 그가 그리스도와 사도 바울과 바울이 섬기는 공동체들 사이에 존재하는 연속성의 필수 요소가 다른 사람들의 요구에 맞춰 적응해가는 것(융통성을 발휘하는 것)으로 표현하는 사랑이라는 것을 포착했다고 믿는다.

바울이 불신자들을 대하는 태도로서 로마 사람들에게 권면하는 주요 내용은 분명 보복하지 않는 것과 관련되어 있다. 바울은 로마의 신자들이 하나님의 "원수"였을 때 하나님이 그들을 대하셨던 것과 똑같이 그들의 "원수들"을 대하라고 로마 신자들에게 권면한다. 바울은 다음과 같이 쓰고 있는데, 이는 (고전 4:9-13처럼) 전승이 전해준 예수의 가르침을 그대로 되울려주고 있다.

> 너희를 박해하는 자를 축복하라. 축복하고 저주하지 말라…아무에게도 악을 악으로 갚지 말고 모든 사람 앞에서 선한 일을 도모하라. 할 수 있거든 너희로서는 모든 사람과 더불어 화목하라. 내 사랑하는 자들아 너희가 친히 원수를 갚지 말고 하나님의 진노하심에 맡기라. 기록되었으되 원수 갚는 것이 내게 있으니 내가 갚으리라고 주께서 말씀하시니라. 네 원수가 주리거든 먹이고 목마르거든 마시게 하라. 그리함으로 네가 숯불을 그 머리에 쌓아 놓으리라. 악에게 지지 말고 선으로 악을 이기라(롬 12:14,17-21)

로마에 있던 모든 불신자가 신자들을 "핍박하고" 있었다고 추정해서는 안 된다. 그렇지만 적어도 가끔은 불신자들이 신자들을 적대시하는 상황이 있었으리라고 분명 추정할 수 있다. 로마 교회는 몇 년 전에(49년에) 있었던 클라우디우스(Claudius, 글라우디오) 황제의 유대인 추방ᵇ으로 말미암아 영향을 받았을 수 있다. 로마의 신자들은 그 이후로 계속하여 정치적 압력을 받았을 수도 있지만, 오히려 사회적 압력을 받고 있었을 가능성이 더 크다.

바울이 모든 사람과 평화롭게 살 것을(eirēneuontes, 18절) 권면하는 것은 그와 로마의 신자들이 "우리 주 예수 그리스도로 말미암아 화평을(eirēnēn) 누리고 있다"(5:1)는 확신을 반영한다. 이렇게 널리 화평을 누리는 자세를 보여주는 특별한 예 가운데 하나가 보복하지 않는 것이다. 즉, 그들의 원수들을 분노와 복수가 아니라 먹을 것과 마실 것으로 대접하는 것이다(롬 12:20). 이런 반응이 "원수들의 머리에 숯불을 쌓아놓을 것"이라는 말은 문맥상 교묘한 보복으로 이해할 게 아니라, 원수들 내지 행악자들을 복음으로 인도하는 "경종(警鐘)"으로 이해해야 한다. 이는 결국 단순히 악을 악으로 갚기보다 도리어 선으로 악을 이겨야한다는 말로 이해해야 한다(롬 12:21).[40] 따라서 보복하지 않는 것이 사랑을 베푸는 행위요 복음을 증언하는 행위다.[41] 리처드 헤이스가 로마서 12장을 주석하며 말하듯이, "**바울 서신에는 폭력을 동원하는 그리스도인들을 뒷받침하는 말로 인용할 수 있는 문구가 하나도 없다.**"[42] 실제로 루크 존슨은 비폭력을 가리켜 "(바울이 제시하는) 이 기독교 도덕이 메시아이신 예수의 사역과 인격과 죽음에 근거하고 있음을 보여주는 모범 사례"라고 주장한다. 유대인과 비유대인의 도덕법은 모두 원수에 대한 폭력과 보복을 인정하고 있었기 때문이다.[43] 비폭력과 비보복은 바울이 체험하고 가르쳤던 십자가를 본받는 사랑의 본질적 표지들이다.

바울이 정치권력과 과세에 관하여 남긴 유명한 본문인 로마서 13:1-7도 원수들에게 보복하지 말 것을 당부한 이 문맥 속에서 해석해야 한다. 오랜 논쟁의 대상이 되어온 이 난해한 본문이 갖고 있는 모든 차원들을 살펴보지 않으면, 우리는 이 본문이 다루는 주제가 납세(13:6-7)라고 말해버릴 수 있다. (유대의 보호자이자 유대의 원수였던) 로마에 대한 유대인의 반감은 때로 봉기로 표출되었다(AD 66-70, 135)[44]. 이런 봉기의 시초는 다른 행동보다도 우선 납세 거부 형태를 띠었을 것이다. 바울이 로마에 세금을 내지 말라고 로마에 있는 신자들에게 권고했다면, 이는 원수를 증오하거나 원수에게 보복하는 행위였을 것이다. 이런 행위는 이스라엘의 주권자 하나님이 온 나라와 민족을 다스리신다는 신자들의 믿음을 부인하는 것이요, 십자가를 본받아 원수조차도 사랑하라는 요구와 모순되는 것이다.[44]

---

40) "숯불을 쌓아놓을 것"이라는 본문에 관한 주요 해석들은 Joseph A. Fitzmyer, *Romans: A New Translation with Introduction and Commentary*, Anchor Bible 33 (New York: Doubleday, 1993), 657-58에 열거되어 있다. 대다수 해석자들과 마찬가지로, 피츠마이어는 이 "숯불을 쌓아놓는다"라는 본문이 그 문맥과 모순될 수 없으며, 따라서 이 말도 어쨌든 다른 사람들을 이롭게 할 목적으로 사랑을 베푸는 행동임이 틀림없다고 주장한다.
41) 바울이 하나님의 분노와 복수를 인정하고 있다 하여 이것이 그가 전하는 사랑의 복음과 모순되는 것은 아니다. 그는 하나님의 진노가 이 세상에서 실제로 활동하고 있으며(1:18) 이 하나님의 사랑이라는 복음(진노의 대안을 받아들이지 않는 사람들이 장차 맞이할 운명이라는 것, 5:9)을 강조하기 때문이다.
42) Hays, *Moral Vision*, 331(지은이 고딕 강조).
43) Luke Timothy Johnson, *Reading Romans: A Literary and Theological Commentary* (New York: Crossroad, 1997), 184.
44) 더 깊은 논의는 이 책 13장을 보라.

로마서 12장과 13장은 같은 신자인 형제들과 관련하여 다음과 같이 행하라고 로마 신자들에게 권면한다. 그것이 사랑의 의미였다.

> 형제를 사랑하여 서로 우애하고 존경하기를 서로 먼저 하며,…성도들의 쓸 것을 공급하며 손 대접하기를 힘쓰라……즐거워하는 자들과 함께 즐거워하고 우는 자들과 함께 울라. 서로 마음을 같이하며 높은 데 마음을 두지 말고 도리어 낮은 데 처하며 스스로 지혜 있는 체 하지 말라(롬 12:10,13,15-16)

루크 존슨은 로마서 12:16이 "낮은"(또는 "겸손한")에 해당하는 헬라어(tapeinois)와 "마음"(phronountes)에 해당하는 헬라어를 결합하여("스스로 지혜 있는 체 하는 것"이라는 관용 문구에서) 빌립보서 2:5과 똑같은 언어를 그대로 되울려주고 있다고 적절히 지적한다.[45] 실제로 로마서 12:16 본문 전체는 그 구조(mēde/mēden...alla)와 단어가 빌립보서 2:1-11과 흡사하다. 이 점은 심지어 헬라어를 모르는 독자들을 생각하여 제시한 음역 본문을 봐도 분명하게 알 수 있다.

로마서 12:16	빌립보서 2:1-11(발췌)
to auto eis allēlous phronountes	to auto phronēte (2절)
	to hen phronountes (2절)
	touto phroneite (5절)
mē ta hypsēla phronountes	mēden kat' eritheian (3절)
	mēde kata kenodoxian (3절)
alla	alla...alla (3,4,7절)
tois tapeinois synapagomenoi	tē tapeinophrosynē (3절)

---

45) Johnson, *Reading Romans*, 183-84.

	sympsychoi (2절)
	etapeinōsen heauton (8절)
mē ginesthe phronimoi par' heautois	*allēlous hēgoumenoi hyperechontas*
	heautōn (3절)
	genomenos (7,8절)

그런 다음, 바울은 한 번 더 그리스도 패턴을 인용하여 그가 로마 공동체에 기대하는 사랑을 묘사한다. 그는 계속하여 이렇게 말한다.

> 피차 사랑의 빚 외에는 아무에게든지 아무 빚도 지지 말라. 남을 사랑하는 자는 율법을 다 이루었느니라. 간음하지 말라, 살인하지 말라, 도둑질하지 말라, 탐내지 말라 한 것과 그 외에 다른 계명이 있을지라도 네 이웃을 네 자신과 같이 사랑하라 하신 그 말씀 가운데 다 들었느니라. 사랑은 이웃에게 악을 행하지 아니하나니 그러므로 사랑은 율법의 완성이니라(롬 13:8-10)

이 두 본문(롬 12:16과 롬 13:8-10)은 환대(대접함), 겸손,[46] 그리고 다른 사람("이웃")을 염려함이라는 기본 덕목을 강조하면서, (비록 현실적인 사례이긴 하지만) 몇 가지 일반적 사례들을 제시하고 있다. 그 중에는 재정 지원과 심정적 후원도 들어있다.

바울은 로마서 14:1-15:13에서 이런 사랑 이해를 더 구체적으로 표현하면서, 이를 그리스도 안에서 나타난 하나님의 내러티브와 더 분명하게 연결하고 있다. 로마서의 이 부분은 로마 신자들의 공동체를 구성하는 두 주요 그룹 간의 갈등(이 갈등은 현실로 표출되었을 가능성이 더 크지만, 어쩌면 그냥 잠재되어 있었을 수도 있다)을 반영하고 있다. 이 갈등의 정확한 본질을 놓고 광범위한 논쟁이 전개되어 왔다. 그러나 가장 설득력 있는 시나리오는 대체로 이방인이냐 유

---

[46] 고대에는 겸손을 노예(종)와 연결 지어 보았을 뿐 미덕으로 여기지 않았다. 이 겸손을 그리스도인들이 종이 되신 주 그리스도의 마음과 연관 지은 뒤에야, 비로소 겸손을 미덕으로 여기게 되었다.

대인이냐를 기준으로 두 그룹이 나누어져 있었다는 주장이다. 여기서 "대체로"라는 말이 중요하다. 각 그룹에는 그 그룹에 공감하는 "반대편" 민족 그룹의 사람들도 포함되어 있었을 가능성이 있기 때문이다. 결국 로마 신자들의 공동체는 특정 음식을 먹는 사람들과 먹지 않는 사람들, 특정한 날을 지키는 사람들과 지키지 않는 사람들로 나누어져 있었던 셈이다.[47]

그러나 이 두 그룹이 똑같이 갖고 있는 것이 있었다. 그건 바로 자기 그룹과 반대편 그룹이 중대한 오류에 빠져 있다는 확신이었다. 바울은 이런 태도를 적절치 못한 "비판(심판) 행위"라고 꾸짖는다.

> 네가 어찌하여 네 형제를 비판하느냐. 어찌하여 네 형제를 업신여기느냐. 우리가 다 하나님의 심판대 앞에 서리라. 기록되었으되 주께서 이르시되 내가 살았노니 모든 무릎이 내게 꿇을 것이요 모든 혀가 하나님께 자백하리라 하였느니라. 이러므로 우리 각 사람이 자기 일을 하나님께 직고하리라(롬 14:10-12)

"하나님이 그들(유대인과 이방인, 채소만을 먹는 자와 고기도 먹는 자, 유대 율법을 지키는 자와 지키지 않는 자들)을 받으셨음"(롬 14:3)과 같이, 그들도 서로 상대방을 용납해야 한다. 이 단락 말미는 이 점을 재차 강조한다.

> 그러므로 그리스도께서 우리를 받아 하나님께 영광을 돌리심과 같이 너희도 서로 받으라. 내가 말하노니 그리스도께서 하나님의 진실하심을 위하여 할례의 추종자가 되셨으니 이는 조상들에게 주신 약속들을 견고하게 하시고 이방인들도 그 긍휼하심으로 말미암아 하나님께 영광을 돌리게 하려 하심이라(롬 15:7-9상)

이방인들과 유대인들이 하나가 되어(참고, 갈 3:28) 서로 상대를 환대하는 공동체는 바울의 설교가 지향하는 목표요, 적어도 여기에서는 하나님의 구원 사역이 지향하는 목표다. 따라서 중요하지도 않은 일을 놓고 상대방을 비판

---

[47] "진정한 의미에서, 바울은 오늘날 다문화주의라 일컫는 문제를 여기서 다루고 있다"(Johnson, *Reading Romans*, 198).

하는 일에서 나타나듯이, 서로 상대를 냉대하며 배척하는 것은 복음과 대립하는 일이요 사랑에도 맞서는 일이다.

하지만 바울이 권면하는 것은 단순히 "비판(판단)하지 말라!"가 아니다. 고린도전서 8:1-11:1과 마찬가지로, 바울은 자유와 책임으로 이해되는 사랑의 영성을 꼼꼼하게 설명한다. 음식 규례와 절기 준수 자체는 그리 중요한 게 아니다(스토아학파의 말을 빌리자면, 본질이 아닌 것들, *adiaphora*). 하지만 이런 문제들이 믿음을 좌지우지하는 문제는 아닐지라도, 신자들이 우선 하나님께 맞춰 적응하고 다음에는 사랑 안에서 서로 맞춰 적응해가는 것은 아주 중요한 것이다.

> 우리 중에 누구든지 자기를 위하여 사는 자가 없고 자기를 위하여 죽는 자도 없도다. 우리가 살아도 주를 위하여 살고 죽어도 주를 위하여 죽나니 그러므로 사나 죽으나 우리는 주의 것이로다. 이를 위하여 **그리스도께서 죽었다가 다시 살아나셨으니** 곧 죽은 자와 산 자의 주가 되려 하심이라……내가 주 예수 안에서 알고 확신하노니 무엇이든지 스스로 속된 것이 없으되 다만 속되게 여기는 그 사람에게는 속되니라. 만일 음식으로 말미암아 네 형제가 근심하게 되면 **이는 네가 사랑으로 행하지 아니함이라. 그리스도께서 대신하여 죽으신 형제를** 네 음식으로 망하게 하지 말라. 그러므로 너희의 선한 것이 비방을 받지 않게 하라. 하나님의 나라는 먹는 것과 마시는 것이 아니요 오직 성령 안에 있는 의와 평강과 희락이라. 이로써 그리스도를 섬기는 자는 하나님을 기쁘시게 하며 사람에게도 칭찬을 받느니라. 그러므로 우리가 화평의 일과 서로 덕을 세우는 일을 힘쓰나니 음식으로 말미암아 하나님의 사업을 무너지게 하지 말라. 만물이 다 깨끗하되 거리낌으로 먹는 사람에게는 악한 것이라. 고기도 먹지 아니하고 포도주도 마시지 아니하고 무엇이든지 네 형제로 거리끼게 하는 일을 아니함이 아름다우니라(롬 14:7-9,14-21, 지은이 강조).

"사랑의 빚"(롬 13:8)은 이제 십자가를 본받는 사랑에 비추어 설명되고 이 사랑에서 그 근거를 찾는다. 십자가에서 표현된 그리스도의 사랑을 체험한 사람들은 그들의 자유를 분별없이 행사하지 않고, 이 자유를 그리스도의 몸인 공동체의 화평과 통합과 계발을 위해(롬 14:19) 사랑으로 행사하며, **그리스도께서 대신하여 죽으신 모든 사람들을**(롬 14:15) 보살피는 데 사용한다. 리처드 헤이스는 음식과 관련하여 마음에 거리낌이 없는 사람들에게 그런 거리낌을 느끼는 사람들을 대하는 태도와 관련하여 바울이 가르치는 메시지를 이와 같이 간명하게 요약한다.

> 예수께서는 이런 사람들(음식 때문에 거리낌을 느끼는 사람들)을 위하여 기꺼이 죽으려고 하셨다. 그렇다면 너희도 너희가 따르는 규례 정도는 기꺼이 바꾸려고 해야 하지 않느냐? 바울은 그렇게 말한다.[48]

따라서 그리스도를 섬기는 것(롬 14:18)은 십자가를 본받는 사랑으로 표현된다. 결국 믿음도 사랑으로 자신을 표현한다(참고, 갈 5:6).

이처럼 십자가에서 나타난 그리스도의 사랑이 기초가 된다는 점은 바울의 권면을 집약해놓은 로마서 15장 서두가 더 깊이 강조하고 있다.

> 믿음이 강한 우리는 마땅히 믿음이 약한 자의 약점을 담당하고 자기를 기쁘게 하지 아니할 것이라. 우리 각 사람이 이웃을 기쁘게 하되 선을 이루고 덕을 세우도록 할지니라. 그리스도께서도 자기를 기쁘게 하지 아니하셨나니 기록된 바 주를 비방하는 자들의 비방이 내게 미쳤나이다 함과 같으니라. 무엇이든지 전에 기록된 바는 우리의 교훈을 위하여 기록된 것이니 우리로 하여금 인내로 또는 성경의 위로로 소망을 가지게 함이니라. 이제 인내와 위로의 하나님이 너희로 그리스도 예수를 본받아 서로 뜻이 같게 하여 주사 한 마음과 한 입으로 하나님 곧 우리 주 예수 그리스도의 아버지께 영광을 돌리게 하려 하노라. 그러므로 그리스도께서 우리를 받아 하나님께 영광을 돌리심과 같이 너희도 서로 받으라(롬 15:1-7).

---

48) Hays, *Moral Vision*, 28.

고린도전서 10:33처럼, 바울은 여기에서도 "기쁘게 한다"라는 말을 쓴다(1-2절). 바울은 고린도전서에서 자기를 기쁘게 하지 않는 그리스도의 사랑(Christ's non-self-pleasing love)을 본받은 모델로 바울 자신을 제시한다. 우리가 바울의 글에서 이미 자주 보았던 자기 지위를 포기하는 내러티브 패턴이 여기에서도 다시 등장한다.

[x] 물론 너희는 믿음으로 말미암아[49] 고기를 먹고/먹거나 절기를 지키지 않을 권리를 갖고 있다(고기를 먹느냐 마느냐, 절기를 지키느냐 마느냐는 별로 중요하지 않은 문제들이다).

[y] 그렇지만 만일 고기를 먹고 절기를 지키지 않는 것이 다른 사람들을 실족케 하는 것이라면, 이런 식으로 너희 믿음을 행하여 너희 자신을 기쁘게 하지 말고,

[z] 도리어 너희 이웃, 너희 형제 신자들을 기쁘게 하라. 그것이 사랑이요 덕을 세우는 것이다.[50]

십자가를 본받는 사랑, 상대방을 기쁘게 하는 사랑을 행하라는 이 요구는 복음의 진실성과 공동체의 삶에 본질적인 요구다. 때문에 바울은 로마서의 이 대목(그리고 로마서 전체에서 자신이 펼친 주장)을 서로 긴밀하게 연관되어 있는 두 견해로 끝맺는다. 첫째, 십자가를 본받는 사랑을 행하는 다문화 공동체가 존재할 때, 아니 오직 그런 공동체가 존재할 때에만, 인간이 하나님께 합당

---

49) 이 문맥에서 "믿음"은 복음을 믿는 믿음에서 유래한 것으로서 어떤 행위를 해도 된다는 확신을 의미하는 것으로 보인다(롬 14:1,22-23을 보라).

50) 브렌든 번(Brendan Byrne)이 쓴 대로, "그리스도인이 실천하는 **사랑**(*agapē*)은 우리가 '약했을' 때 우리 모든 사람을 대신하여 죽기까지 자신을 내어주신 그리스도의 근본적 **사랑**(*agapē*)의 연장선 위에 있다"(롬 5:6,8,10). 바울은 '강한' 자들에게 그들 자신이 '약했을' 때(5:6) 그리스도로부터 받은 것과 똑같이 자기를 희생하는 사랑을 '믿음이 연약한' 형제 신자들(14:1)에게 보이라고 호소한다(Brendan Byrne, *Romans*, Sacra Pagina [Collegeville, MN: Liturgical, 1996], 416-17). 스토우어스도 비슷한 견해를 피력한다. "하나님은 약한 자들과 강한 자들을 똑같이 받아주셨다. 그런즉, 그들이 서로 상대를 받아들이는 것은 당연하지 않은가! 그리스도가 경건하지 않은 자들을 받아주셨다는 것은 당신 자신을 그들의 수준에 맞춰 그들의 필요를 채워주셨다는 것을 의미했다(가령, 롬 5:6-8, 8:3-4). 이와 똑같이 약한 자들과 강한 자들은 자신을 상대에게 맞춰야 한다"(Stowers, *Rereading of Romans*, 323). 하지만 바울은 분명 이를 "약한" 자들보다 "강한" 자들에게 더 많이 기대하고 있다.

한 영광을 돌릴 수 있다(롬 15:7). 둘째, 위에서 언급했듯이, 이런 사랑을 나누는 공동체가 존재할 때, 하나님이 선지자들을 통하여 인류에게 선포하신 계획이 이루어진다(롬 15:7-13). 바울이 설교했던 믿음과 소망은 오직 이런 사랑의 공동체 속에 존재할 뿐이며, 하나님의 복도 이런 공동체에만 머물 수 있다.

> 소망의 하나님이 모든 기쁨과 평강을 믿음 안에서 너희에게 충만하게 하사 성령의 능력으로 소망이 넘치게 하시기를 원하노라(롬 15:13)

그런 점에서, 루크 존슨이 한 이 주장은 옳은 말이다. "(로마서 15:1-13은) 바울의 신학 논증에서 정점을 차지한다. 그는 공동체를 계발함/공동체에 덕을 세움이라는 패턴, 메시아 예수라는 패턴, 그리고 하나님이 세상에서 유대인과 이방인을 위해 일하심이라는 패턴을 한 곳에 모음으로써, 이 패턴들을 다른 사람을 이롭게 할 목적으로 자기를 내어주고 자기를 비움이라는 단일 패턴으로 제시한다."[51]

사랑을 다른 사람들과 공동체를 겸손히 염려하는 것으로 보는 빌립보서

어떤 서신도 빌립보서만큼 분명하고 일관되게 십자가를 본받는 삶에 초점을 맞추지 않는다. 우리는 이 책 9장에서 빌립보서 1장이 십자가를 본받는 사도의 삶이 갖는 중요성을 이야기하고 있음을 언급했다. 우리는 이미 바울의 핵심 이야기인 빌립보서 2:6-11의 그리스도 찬송이 갖는 의미를 몇 가지 점에서 살펴보았다. 동시에, 이 책 8장에서는 바울이 빌립보서에서 그리스도와 신자들 사이에 일부러 평행 관계를 설정해놓고 있다는 것 역시 간략하게 언

---

51) Johnson, *Reading Romans*, 203(지은이 고딕 강조).

급했다(이 평행 관계는 잠시 시간을 내어 자세하게 살펴보도록 하겠다). 실제로 빌립보서 2:6-11의 찬송 내러티브는 빌립보서의 중심부이며, 빌립보서 전체는 이 중심부에 관한 일종의 주석이요 어쩌면 영적 주해일 수도 있다. 리처드 헤이스는 이렇게 써놓고 있다.

> 바울은 (빌립보서에서) 그리스도의 자기 비움과 죽음을 은유로 읽어낸다(offers a metaphorical reading). 바울이 쓴 은유의 힘은 바로 이 은유의 대담한 비개연성(daring improbability)ᶜ이 하는 역할이다. 이 은유는 독자들에게 그들의 삶과 소명이 그들이 예배 때 찬미하는 주님의 은혜로운 행위에 부합하는지 살펴보도록 권면한다.⁵²⁾

무엇보다, "대담한 비개연성"의 내용은 십자가에서 보여주신 사랑이다. 이 책 앞장에서 언급했듯이, 빌립보서는 사랑이라는 주제를 다루기 시작하면서, 우선 1장에서 바울 사도 자신의 삶과 소망을 이야기한다. 바울은 1:8에서 빌립보 사람들을 생각하는 자신의 마음을 그리스도 예수의 심장으로 그들을 사모한다는 말로 표현한다. 이 말은 뒤에 나올 그리스도 찬송을 앞서 시사하고 있다. 바울은 자신이 자기를 위해 이기적 이득을 추구하지 않고 그리스도처럼 이타적인 애정을 빌립보 사람들에게 보이기로 결심했다고 이야기한다(1:20-26). 더욱이 바울은 빌립보 사람들에게 사랑이 넘치는 한 그들이 그리스도의 날에 하나님께 영광을(*doxan*) 돌리게 될 것이라고 말한다(1:10-11). 바

---

52) Hays, *Moral Vision*, 30. (스티븐 파울은 나와 나눈 사담에서 위에서 인용한 헤이스의 글 첫 문장에 있는 "은유로[metaphorical]"를 "유비로[analogical]"로 바꾸는 편이 더 적절하다고 주장했다.) 헤이스가 빌립보서를 빌 2:6-11에 비추어 읽어내는 내용은 여기서 제시한 것과 비슷하다. 그 내용을 보려면, *Moral Vision*, 28-31을 보라. 헤이스와 비슷하면서도 더 긴 글을 읽어보려면, Gerald F. Hawthorne, "The Imitation of Christ: Discipleship in Philippians," in Richard N. Longenecker, ed., *Patterns of Discipleship in the New Testament* (Grand Rapids: Eerdmans, 1996), 163-79; William S. Kurz, "Kenotic Imitation of Paul and of Christ in Philippians 2 and 3," in Fernando F. Segovia, ed., *Discipleship in the New Testament* (Philadelphia: Fortress, 1985), 103-26; Larry W. Hurtado, "Jesus as Lordly Example in Philippians 2.5-11," in Peter Richardson and John C. Hurd, eds., *From Jesus to Paul*, Francis W. Beare Festschrift (Waterloo: Wilfred Laurier University Press, 1984); 그리고 Stephen E. Fowl, *The Story of Christ in the Ethics of Paul: An Analysis of the Function of the Hymnic Material in the Pauline Corpus*, JSNTSup 36 (Sheffield: JSOT Press, 1990), 77-101을 보라.

울은 "사랑"과 "영광"을 결합함으로써 그리스도의 사랑 이야기에 관한 자신의 해석이 하나님께 영광을 돌리는 행동으로 나타나기를 재차 기대한다(참고, 2:1,11). 때문에 바울은 빌립보서 서두에서 바울 자신을 묘사하면서, 자기를 포기하는 종이라는 패러다임의 언어를 사용하여 자신이 호소하고자 하는 골자를 제시한다. 이때 그는 이 자기를 포기하는 종이라는 패러다임이 애정과 사랑의 패러다임이라는 것을 힘주어 강조한다.

바울 사도는 1:27에서 진지한 말로 자신의 권면을 시작한다. 그는 1:27-30에서 자기 독자들에게 하나가 되고(27절) 자신처럼 복음을 위하여 고난을 받으라고 요구한다(29-30절). 그리스도가 그들에게 은혜를 주신(echaristhē) 것은 당신을 믿게 할(헬라어 전치사 eis의 의미를 살려 다시 옮긴다면, "당신을 믿어 당신 안으로 들어오게 할") 뿐만 아니라 당신을 위하여 고난을 당하도록 하는 데 그 목적이 있었기 때문이다. 이런 요구는 빌립보 공동체 밖에 있던 반대자들에 대한 반응으로 나온 것이다. 이어 바울은 그리스도 찬송(빌 2:6-11)과 바로 잇닿아 있는 2:1-4에서 빌립보 사람들에게 사랑으로 하나가 되라고 당부한다. 이는 아마도 그 공동체 내부의 분쟁을 염두에 둔 당부였던 것 같다. (아래 본문은 지은이가 제시한 NRSV 본문을 옮긴 것으로, 굵은 글씨는 개역개정판과 다른 부분을 옮긴이가 표시해놓은 것이다.)

> 그러므로 그리스도 안에 무슨 권면이나 사랑의 무슨 위로나 성령의 무슨 교제나 긍휼이나 자비가 있거든 마음을 같이 하여 같은 사랑을 가지고 뜻을 합하며 한 마음을 품어 아무 일에든지 다툼이나 허영으로 하지 말고 오직 겸손한 마음으로 각각 자기보다 남을 낮게 여기고 각각 **자기 자신의 이익을 추구하지 말고 도리어 다른 사람들의 이익을 추구하여** 나의 기쁨을 충만하게 하라(빌 2:1-4)

위 본문은 그리스도 안에 있는 삶의 네 가지 전제들(1절),[53] 태도와 마음을

---

53) 1절의 "있거든"이라는 말은, 이 구절에서 잇달아 등장하는 "무슨"이라는 말과 한데 어울려, 1절에서 열거하는 조건들(무슨 권면, 무슨 위로, 무슨 교제 등등)이 존재할 수도 있다는 가능성을 표현한 게 아니라, 그것들이 실제 존재함을 암시하는 수사로 읽어야 한다(가령, "무슨 권면이나…자비가 있거든"은 "권면이나…자비가 있으므로"와 같이 읽어야 한다).

같이 함으로(2절상) 하나가 됨으로써 바울의 기쁨을 충만케 할 것을 빌립보 사람들에게 당부하는 말, 그리고 바울이 2절 서두에서 요구하는 하나됨("같은 마음"; to auto phronēte)의 의미를 다시 천명하고 강조하는 일련의 문구들로 구성되어 있다(2절 자체가 1:27의 메아리다). 바울은 이 구절들에서 많은 표현들을 동원하여 한 가지 주제를 강조한다. "사랑으로 하나가 되라"가 바로 그것이다.[54]

바울은 1절에서 빌립보 사람들이 따라야 할 권면의 신학적, 목회적, 교회론적 정황을 제시한다. 바울은 빌립보 사람들에게 자신과 그들이 "그리스도 안에" 있다는 것, 그리고 교회가 성령의 영역이라는 것을 되새겨준다. 그리스도 안에서 규범이 되는 것은 "권면"과 "사랑"(paraklēsis와 agapē)이다. 교회 안에서 활동하시는 성령은 애정과 긍휼로 표현되는 교제(koinōnia)를 만들어낸다. 이렇게 바울은 그의 권면을 그리스도 안에서 함께 살아가는 삶의 규범이 되는 사랑과 공동체와 애정의 방식을 되새겨주는 말로 시작한다. 이처럼 바울은 성령이 통상 교회 안에서("그리스도 안에서") 활동하시는 방식을 긍정문과 지시하는 말을 사용하여 묘사하는데, 이는 2-4절에서 제시한 특별한 권면의 내용이 되고 있다.

2-4절은 먼저 사랑으로 하나가 될 것을 당부하는 세 긍정문을 제시하는데(2절), 이들은 2:1에서 그리스도 안에 있는 삶을 묘사한 내용에 상응하는 것이다. 이어서, 우리가 8장에서 보았듯이, 서로 완전히 대립하는 두 쌍의 문구들이 이어지는데, 각 문구들은 "도리어"(alla)라는 말을 중심으로 그 앞말과 뒷말이 단절되어 있다.

---

54) 참고, David Alan Black, "Paul and Christian Unity: A Formal Analysis of Philippians 2:1-4," *Journal of the Evangelical Theological Society* 28 (1985): 299-304. 존슨(Johnson, *Writings*, 372-73)은 바울이 자기가 말하고자 하는 것을 강조하고자 헬라 사람들이 전형적으로 "우정을 표현할 때 쓰는 수사법"을 사용한다고 말한다. 가령, 바울은 1:27에서 "한 마음으로"와 "한 뜻으로"라는 헬라어 문구를 사용한다(더 자세한 것은 Stanley K. Stowers, "Friends and Enemies in the Politics of Heaven," in Jouette M. Bassler, ed., *Pauline Theology, vol. 1: Thessalonians, Philippians, Galatians, Philemon* [Minneapolis: Fortress, 1991], 105-21을 보라). 하지만 설령 여기서 사용된 말이 우정을 표현하는 말이라 하더라도, 바울은 신자들이 서로 져야 할 책임의 근거를 신학적 실재에 두고 있으며, 우정을 나타내는 언어도 서술조가 아니라 지시하는 말투로 사용하고 있다. 바울은 이렇게 함으로써 우정의 의미를 아주 우연히 생겨난 관계(어쩌면 공동의 이해관계 때문에 생겨났을 수도 있는 관계)로부터 선재하는 공동의 이익 내지 관계("그리스도 안에서") 때문에 명령할 수 있는 관계이자 공통된 모범으로 바꾸고 있는 게 아닐까?

2:3	2:4
아무 일에든지 다툼이나 허영으로 하지 말고, (도리어)[5] 오직 겸손한 마음으로 각각 자기보다 남을 낮게 여기라	각각 자기 자신의 이익을 추구하지 말고, 도리어 다른 사람들의 이익을 추구하라

    3절에서는 이기심과 야망과 허영을(kenodoxian) 품고 행동하는 것과 다른 사람들을 염려함으로써(hēgoumenoi) 그들을 자신보다 더 낮게 여기는 태도가 서로 대립하고 있다. 4절에서는 "자기 자신의 이익"을 추구하는 것(ta heautōn... skopountes)과 "다른 사람들의 이익"[55]을 추구하는 것이 대립하고 있다. 따라서 빌립보서 2:3-4은 두 번에 걸쳐 이기적 행위를 다른 사람들을 지향하고 다른 사람들을 위하는 행위와 대조한다. 빌립보 사람들이 **하지 말아야 할** 것은 그들이 **해야 할** 것과 정반대다.

    우리가 8장에서 언급했듯이, 2:3-4의 구조와 2:6-8의 구조는 분명히 평행을 이루고 있다. 2:3-4에 있는 한 쌍의 "[y]하지 말고 도리어 [z]하라" 명령문과 2:6-8에 있는 일련의 "[y]하지 않고 도리어 [z]하다" 서술문은 놀라울 정도로 유사하다. 2:6-8도 2:3-4과 똑같은 패턴을 사용하여 그리스도의 자기 비움과 자기 낮춤을 묘사하고 있기 때문이다. 이 두 본문의 구조가 평행을 이루고 있음은 다음 표에서 분명하게 알 수 있다.

---

55) 헬라어 본문에서는 "이익"이라는 말(symphora)이 빠져 있지만 암시되어 있다. 역시 헬라어로 "이익"이라는 말이 빠져 있는 고전 10:24 및 13:5과 이 말이 등장하는 고전 10:33을 이 빌 2:4과 비교해보라. 바울이 말하는 "이익"은 종류 여하를 불문하지만 주로 그리스도 안에서 누군가를 계발함/세워줌을 의미한다(참고, 고전 13장을 고전 14장에 적용해보라). 이 빌 2:4처럼, 고전 10:24,33에서도 역접 접속사인 alla("도리어")는 자기 이익을 추구하는 태도와 다른 사람들을 염려하는 태도를 철저히 떼어놓고 있다. 고린도전서와 빌립보서는 문맥(하나됨과 사랑)과 구조("자기 자신이 아니라 다른 사람들을")가 유사하다. 이런 유사성은 더 나아가 독자로 하여금 자기 자신과 다른 사람들 뒤에서 이익을 제공하게 하는 것이 바울의 의도라는 것을 확인해준다.

빌립보서 2:3,4(본문을 재배치)	빌립보서 2:6-8
	그는 근본 하나님의 본체시나
아무 일에든지 다툼이나 허영으로(kenodoxian) 하지 말고 각각 자기 자신의 이익을(ta heautōn) 추구하지 말라.	하나님과 동등됨을 취할 것으로 여기지(hēgēsato) 아니하시고
도리어(alla)	오히려(alla)
겸손한 마음으로(tapeinophrosynē) 자기보다 남을 낮게(hyperechontas heautōn) 여기고(hēgoumenoi)	자기를 비워(heauton ekenosēn) 종의 형체를 가지사 사람들과 같이 되셨고 사람의 모양으로 나타나사 자기를 낮추시고(etapeinōsen heauton) 죽기까지 복종하셨으니 곧 십자가에 죽으심이라
다른 사람들의 이익을 추구하라	

위 두 본문에서는 "도리어/오히려"라는 말이 완전히 대립하는 행위들을 갈라놓는다. 이 행위들 가운데 첫 번째 행위는 부정문으로, 다른 행위(들)는 긍정문으로 표현되어 있다. 더욱이 위 그리스도 찬송 본문(2:6-8)과 권면 본문(2:3,4)에서는 부정과 긍정으로 갈라져있는 문구들이 재귀 구조를 사용하고 있는데, 이는 그리스도가 행하신 행위들과 빌립보 사람들이 행해야 할 행위들이 철저히 대립하고 있는 양쪽(본문이 긍정하는 행위들과 부정하는 행위들) 중 어느 한쪽을 선택하는 데 그 자신이 깊이 개입한 결과물이라는 것을 보여준다.[56]

위 두 본문의 대비표가 보여주듯이, 권면 부분에 속한 3-4절과 찬송 본문에 속한 6-8절은 비단 구조만 유사한 게 아니라 단어까지도 유사하다. 이렇게 단어들이 평행 관계에 있다는 것은 이 권면과 찬송 사이에 몇 가지 유사한 근

---

56) 바울은 고전 10:24-11:1에서도 자신이 제시한 "[y]하지 말고 도리어 [z]하라 권면"(10:24)의 근거를 우선 자신에게 두지만(10:33), 궁극에는 그리스도에서 그 근거를 찾고 있다(11:1). 이전에 빌립보서(1:19-26)에서 보았고 이 책 9장 말미에서 보았듯이, 바울은 빌립보서 문맥 속에서도 은연중에 똑같은 일을 하고 있다.

본 개념이 있음을 보여주는 것이다. 그리스도는 "자기를 비우셨다가" 나중에 당신이 구하시지도 않았고 당신 자신을 이롭게 하는 데 사용하시지도 않았던 높은 지위로 올림을 받으셨다. 따라서 빌립보 사람들은 어떤 일이든 "허영"으로(헛된 영광을 구할 목적으로) 해서는 안 된다. 그리스도는 "자기를 낮추셨다." 마찬가지로, 바울은 빌립보 사람들에게 "겸손한 마음"으로 그들 자신보다 다른 사람들을 더 낫게 "여기라고" 가르친다. 그리스도는 당신의 지위를 자신을 이롭게 하는 데 쓸 것으로 "여기시지" 않았다. 마찬가지로, 빌립보 사람들 역시 어떤 일이나 이기적 야망으로 해서는 안 된다.[57] 빌립보 사람들은 이기심을 "거부"하고 사랑으로 행동함으로써, 바울이 공동체의 삶에 본질적인 것이라고 보았던 하나됨을 만들어내야 한다.

우리가 언급한 평행 관계들은 그리스도 이야기가 공동체의 이야기가 되어야 한다는 것이 바울의 생각임을 보여주는 증거다. 그리스도 안에 있는 사람들이 보여야 할 삶의 패턴은 비단 도덕적 미덕의 관점("'허영'으로 하지 말고 겸손한 마음으로")뿐 아니라, 더 근본적으로 자기중심적 사고와 행위라는 관점("자기의 유익을 구하지 않고 다른 사람들의 유익을 구한다")에서 요약해볼 수 있다. 더욱이 바울은 분명 자기 자신의 유익을 추구하는 것과 다른 사람들을 염려하는 것이 철저히 대립되는 것으로 본다. 그리스도의 자기 비움과 하나님과 동등됨을 자기를 섬기는 데 사용하는 것이 함께 할 수 없듯이, 자기의 유익을 추구하는 것과 다른 사람들을 염려하는 것도 함께 할 수가 없다.[58]

---

57) 3-4절과 6-8절 사이에 존재하는 이런 평행 관계들 이외에도, 헬라어 문구인 *hyperechontas heautōn*(3절)과 *auton hyperypsōsen*("그를 지극히 높여", 9절), 그리고 *kenodoxian*(3절)과 *doxan*("영광", 11절) 사이에도 뚜렷한 유사성이 있다. 다른 사람들보다 자기 자신을 높이는 것은 하나님이 높여주시는 것과 대립한다. 마찬가지로, 자기에게 영광을 돌리는 것과 하나님의 영광은 서로 용납하지 않는다. 빌 2:9-11을 볼 때, 바울은 "(자기를) 높임" 패턴을 추구해야 하거나 스스로 져야 할 의무로 여기지 않기 때문에, 그의 권면에서는 이런 패턴이 들어설 자리가 없다. "(자기를) 높임" 패턴을 거부하는 바울의 태도가 현재의 실존에서도 유효함을 확인해주는 것은 신자들에게 고난을 당할 의무가 주어진 것(*echaristhē*, 1:29)과 그리스도에게 이름과 영예가 주어졌다는 것(*echarisato*)이 대조를 이루고 있다는 점이다.

58) 빌 2:4에는 "~뿐(만)"(*monon*)이라는 말이 들어 있지 않다는 점을 다시 언급해두어야겠다. 물론 "각각 자기 일을 돌볼뿐더러(뿐만 아니라)"라고 번역해놓은 역본도 일부 있다. 그러나 *alla kai*라는 헬라어 구문은 그런 말을 덧붙이는 것을 시사하지 않는다. "뿐(만)"이라는 말을 덧붙이는 것은 고린도전서 본문과 모순되며, 더 중요한 것은 여기 2:6-11이 구사하는 예리한 대조와 모순되기 때문이다. *alla* 뒤에 오는 *kai*는 *alla*의 힘을 줄이기보다 키워준다. 그 결과, *alla kai* 구문은 "~뿐(만) 아니라 ~도"가 아니라 "~이 아니라 도리어 ~"로 해석해야 한다. 이 책 8장 지은이 주

따라서 사랑으로 하나가 될 것을 당부하는 빌립보서 2:3-4의 권면이 제시한 구조와 단어 그리고 본질적 메시지는 빌립보서 2:6-11(그리스도 찬송)에 담긴 수욕과 영광이라는 더 큰 내러티브 속에 함유된 그리스도의 자기 낮춤이라는 내러티브와 긴밀한 평행을 이룬다. 바울은 독자들이 빌립보 사람들에게 주는 권면과 그리스도의 자기 비움 및 자기 낮춤이라는 내러티브를 자기 지위를 포기하고 다른 사람들을 염려하는 종이라는 한 패턴의 두 가지 표현 형태로 이해하면서, 그리스도를 패러다임으로 그리고 빌립보 사람들을 "성육신의 재현(reincarnation)"으로 이해해주길 원한다. 결국 빌립보 사람들은 그리스도로부터 사랑의 의미를 배운다. 빌립보 사람들은 살아계시고 사랑을 베푸시는 그들의 주님인 그리스도 안에 거함으로써, 자연스럽게 그리스도의 사랑과 닮았지만, 그 사랑과 또 다른 새로운 사랑을 행동으로 보여주게 될 것이다.[59]

바울은 2:1-11에 이어 2:19-30에서는 그가 곧 디모데(2:19-24)와 에바브로디도(2:25-30)를 빌립보 사람들에게 보낼 계획임을 천명한다. 이때 바울은 자기 앞에 닥칠 운명을 기다리고 있었다(2:23-24). 이 본문의 형태와 겉으로 나타난 주제는 그 앞에 나온 권면과 아주 달라 보이지만, 실상은 같은 주제가 계속되고 있다. 즉, 자기 자신을 지향하는 삶이 아니라 도리어 다른 사람들을 지향

10도 아울러 참조하라. 그리고 Markus Bockmuehl, *The Epistle to the Philippians*, Black's New Testament Commentaries (London: A&C Black, 1997), 113-14를 보라.

59) Gerald F. Hawthorne, *Philippians*, Word Biblical Commentary 43 (Waco, TX: Word, 1983), 89도 비슷한 생각이다. 바울이 빌립보 사람들이 해야 할 일과 그리스도가 하신 일을 묘사할 때 정확히 똑같은 언어를 사용하지 않았다는 점을 언급해두어야겠다. 바울은 그리스도가 행하신 일과 이 일에 대한 하나님의 응답이 지닌 독특함을 축소하려 하지 않는다. 랄프 마틴 같은 사람들은 그리스도의 독특함을 비롯한 이유들을 내세워 그리스도를 "모범으로 보는" 해석을 거부했다. 덕분에, 이들은 바울이 분명 빌립보 사람들의 삶의 방식이 그리스도의 방식에 터 잡기를 원한다는 것, 그리고 바울의 첫 번째 관심사는 그리스도의 삶의 방식과 빌립보 사람들의 삶의 방식 사이에 존재하는 차이점들이 아니라 유사점들이라는 것을 파악하지 못한다. 실제로, 스티븐 파울은 바울이 그리스도와 신자들의 공동체가 지닌 유사점을 비교하면서 그리스도를 모범으로 제시하는 것은 "차이 속의 유사점들(similarities-in-difference)"에 널리 의존하는 유사점들 및 모범들과 같다고 예리하게 주장한다(*Story*, 92-95). "빌 2:6-11이 이야기하는 그리스도 이야기와 빌립보 교회의 특수한 상황 사이에 존재하는 차이 속의 유사성들을 언급하고 둘 사이의 유사점들을 적절히 끌어내는 것은 바울이 해야 할 일이다"(94-95). 파울도 철학자 존 밀뱅크(John Milbank)가 만들어낸 말을 인용하여 이런 식으로 유사점을 본 따 모방하는 것(analogical imitation)을 "동일하지 않은 모습으로 되풀이하는 것(non-identical repetition)"이라고 부른다(Stephen Fowl, "Christology and Ethics in Philippians 2:5-11," in Ralph P. Martin and Brian J. Dodd, eds., *Where Christology Began: Essays on Philippians 2* [Louisville: Westminster/John Knox, 1998], 148).

하는 삶을 살라는 게 2:19-30의 주제다. 바울은 사랑과 자기를 포기하고 다른 사람들의 종이 되어 다른 사람들의 이익을 추구하는 이런 패러다임의 본보기로 세 사람, 곧 바울 자신, 디모데, 에바브로디도를 제시하면서, 그 반대쪽의 본보기도 하나 제시한다. 바울 주변에 있는 사람 중 디모데를 제외한 다른 사람들이 그 본보기였다.

바울은 빌립보 사람들의 "소식"을(*ta peri hymōn*, 2:19) 아는 것이 자신의 행복이라고 말한다. 바울은 단순히 빌립보 사정을 알고 싶어 소식을 바라고 있는 게 아니다. 그는 빌립보 사람들을 깊이 염려하고 있다. 디모데가 바울과 마찬가지로 본보기가 되는 것은 그가 빌립보 사람들의 "안녕"을(*ta peri hymōn*) "진실히 생각하기" 때문이다(2:20). 바울은 디모데를 "자기 일을 구하는(자기 자신의 이익을 추구하는) 자들"(2:21, *ta heautōn*으로서 2:4에 나오는 말과 같은 말이다)과 대비하여 높이 칭송한다. 더욱이 디모데는, 진정 종의 모습을 보여주셨던 그리스도처럼(2:22, *edouleusen*; 참고, 2:7의 *doulou*), 복음을 위하여 종이 된 바울과 함께 자신이 종임을 보여주었다는 점에서 모범이 되는 인물이다. 이제는 "자기 자신의 이익을 추구하는 것"이 비단 다른 사람들을 염려하는 것뿐 아니라, 예수 그리스도의 이익 내지 관심사를 추구하는 것과 대립하고 있다. 다른 사람들이 빌립보 신자들을 염려하지 않는 것은 곧 그리스도의 일에 관심을 갖고 있지 않음을 보여주는 것이다. 바울은 사랑하는 마음으로 자기 자신보다 다른 사람들을 더 염려하는 것이 곧 그리스도의 이익을 추구하는 증거라고 본다.

에바브로디도 역시 십자가를 본받아 다른 사람들을 사랑하는 패러다임의 본보기다. 그는 바울을 섬기는 자(바울이 쓸 것을 돕는 자; *leitourgon*, 25절)로서 바울에 대한 빌립보 사람들의 부족한 섬김을(*leitourgias*, 30절; 참고, *leitourgia*, 17절) 보충해주었다. 그는 빌립보 사람들을 간절히 생각한다(*epipothōn*, 26절). 그리고 그는 병들어 죽어가고 있었다(*thanatǭ*, 27절; *mechri thanatou ēngisen*["죽기에 이르렀다"], 30절; 참고, 그리스도에 관하여 이야기하는 8절의 *mechri thanatou*["죽기까지 복종하셨으니"]). 빌립보서 4:2에서 유오디아와 순두게에게 호소하는 내용 역시 2:1-11을 되울려준다. 바울은 그가 말하는 권면의 근거를 다시 밝히면서("주 안에서"; 참고, 2:5,11), 사랑으로 하나가 되라(*to auto phronein*; 참고, 2:2)는 규범을 간략한 형태로 다시 제시한다. 여기서 하나됨은 자기를 포기하고 다른 사람들을 염려하는 패러다임을 온몸으로 실천함으로써 이루어지는 하나됨을 의미한다. 바울은 이 사람들 안에서 그리스도가 세우신 패러다임, 곧 "자기 자신의 이익을 추구하지 않는" 패러다임의 본보기들을 발견한다. 빌립보서 2:1-4에서 제시한 권면의 경우와 마찬가지로, 여기 본문(빌 4:2)에서 사용한 단어 역시 때로는 2:6-8의 단어와 같기도 하고 때로는 다르기도 하지만 그 패러다임만은 동일하다.[60]

마지막으로, 바울은 빌립보서 4:14-20에서 바울 자신의 고난에 동참해 준 빌립보 사람들을 칭송한다(14절). 그는 특히 그들이 하나님을 기쁘시게 하는 제물이 된 재정 지원을 그에게 제공해준 것을 칭송한다. 이런 칭찬을 통해, 바울은 바울 자신이 빌립보 사람들에게 촉구하고 있던 패러다임, 바울 자신 안에서 발견하였고 궁극에는 그리스도 안에서 발견했던 패러다임을 빌립보 교회가 본받았다는 점을 시사한다. 빌립보 사람들은, 그리스도처럼 십자가를 본받는 사랑 안에서 순종하는 행동을 바울에게 보여주었다. 이제 그들은 서로 다른 지체에게 똑같이 행해야만 한다.

힘을 포기하고 형제를 받아들이는 것을 사랑으로 보는 빌레몬서

빌레몬서는 바울 서신 가운데 가장 짧으면서도 어쩌면 그의 탁월한 수사 실력이 가장 잘 드러난 서신일 수 있다. 오네시모가 떠나게 된 정확한 경위가 무엇이든, 과거에는 불신자였다가 이제는 신자가 된 이 종/노예는 믿음을 가진 자기 주인 빌레몬에게 잘못을 저지른 뒤로 뭔가 빚을 지고 있는 것으로 보인다(18절). 이 서신에서 바울이 하고자 하는 일은 빌레몬을 설득하여 빌레몬이 그의 가정에서 모이는 교회 앞에서(1-2절) 오네시모를 바울처럼 대하도록,

---

60) 비슷한 해석들을 보려면, Hawthorne, *Philippians*, 108 등등; R. A. Culpepper, "Coworkers in Suffering: Philippians 2:19-30," *Review and Expositor* 77 (1980): 349-58; Johnson, *Writings*, 375-77을 보라.

그리스도 안에서 한 형제로 대하도록 만드는 것이다.

바울이 이 일을 완수하려면, 빌레몬과 그의 종 오네시모가 한 형제라는 것을 빌레몬에게 설득시켜야 한다. 바울은 빌레몬에게 오네시모가 이제 바울의 아들이 되었다고 알린다(10절). 이는 오네시모가 바울과 함께 옥에 있는 동안에 회심한 것을 가리키는 게 분명하다. 이어 바울은 빌레몬에게 빌레몬 역시 믿음 안에서 바울의 아들이라는 점을 되새겨준다. "네 자신이 내게 빚을 졌다"(19절)라는 말은 필시 이를 두고 한 말일 것이다. 바울이 빌레몬과 오네시모 두 사람의 영적 아버지라 한다면, 빌레몬과 오네시모는 형제, 곧 바울의 "아들들"이요 그리스도 안에서 한 형제임이 확실하다. 바울이 신자들을 지칭할 때 흔히 쓰는 말로 표현한다면, 빌레몬과 오네시모는 둘 다 똑같이 "거룩한 자들", 곧 "성도"인 셈이다.

바울은 빌레몬서 서두에서 감사를 전하면서, 자신이 들은 빌레몬의 평판을 전한다.

> 내가 항상 내 하나님께 감사하고 기도할 때에 너를 말함은 주 예수와 **모든 성도에 대한 네 사랑**과 믿음이 있음을 들음이니(4-5절, 지은이 고딕 강조)

바울 자신은 "네(빌레몬의) 사랑"의 간접 수혜자였다. 왜냐하면, "내 형제인 너(빌레몬)로 말미암아 성도들의 마음이 평안함을 얻었기"(7절) 때문이다. 이제 바울은 그의 동역자(1절하, 17절)요 형제(7절뿐 아니라 20절에서도 등장한다)인 빌레몬에게 오네시모를 "바울을 영접하듯" 영접함으로써(17절) 한 번 더 바울에게 은혜를 끼치는 행동을 하라고 당부한다(20절). 실제로 오네시모는 바울의 "심복"이다(12절). 그는 이제 바울의 아들이자 형제다(16절).

바울은 이처럼 논리와 감정을 섞어 빌레몬에게 호소한다. 이제 빌레몬이 선택할 수 있는 것은 오네시모에게 사랑을 보임으로써 한 번 더 성도를 향한 사랑을 실천하는 것밖에 없지 않은가? 그러나 빌레몬이 그렇게 사랑을 실천한다면, 그것이 빌레몬과 오네시모에게 구체적으로 무슨 의미가 있을까? 바울은 툭 터놓고 대답한다.

아마 그가 잠시 떠나게 된 것은 너로 하여금 그를 영원히 두게 함이리니 이 후로는 종과 같이 대하지 아니하고 종 이상으로 곧 사랑 받는 형제로 둘 자라. 내게 특별히 그러하거든 하물며 육신과 주 안에서 상관된 네게랴(15-16절)

오네시모는 더 이상 빌레몬의 종이 아니다. 그는 종을 뛰어넘어 형제다. 오네시모의 지위에는 극적 변화가 생겼으며, 이 때문에 오네시모와 빌레몬의 관계에도 극적 변화가 생겼다. 이 변화는 교회 안과("주 안에서") 더 일반적 차원에서("육신에서") 그 둘 사이에 존재하는 관계에도 영향을 미친다. 이전에 빌레몬이 오네시모에게 행사했던 모든 힘이나 권리(비단 그것에 국한되지는 않겠지만, 오네시모가 빌레몬에게 잘못을 저질렀을 경우 빌레몬이 오네시모를 처벌할 수 있는 권리도 포함된다)는 이제 폐지되었다. 둘 사이에 존재했던 주인과 종의 관계가 끝났기 때문이다. 바울이 그리스도가 행하신 방식을 따라 바울 자신을 희생하여 오네시모가 빌레몬에게 진 빚을 청산하려고 하는 이상(18절과 이 책 9장에서 논의한 내용을 보라), 빌레몬도 오네시모에게 자비로운 반응을 보일 수 있고 또 그런 반응을 보여야만 한다.

바울은 빌레몬이 이런 행위를 통해 순종을 보여주길 기대한다(21절). 바울의 이런 기대는 바울 사도가 한 번 더 믿음 내지 순종을 사랑과 연계하고 있다는 것을 시사한다. 만일 빌레몬이 진실로 믿음을 갖고 있다 한다면, 그는 늘 그랬듯이(5절) 그 믿음을 한 성도(오네시모)를 향한 사랑으로 표현할 것이다. 결국 이 서신에서 문제가 되는 것은 명령 같지 않으나 실상은 명령인 바울의 명령이 아니라 결코 타협 대상이 될 수 없는 그리스도의 법(율법)이다. 빌레몬이 볼 때, 여기서 바울의 말에 순종하지 않는 것은 사랑을 보이지 않는 것이요 따라서 믿음을 보이지 않는 것이 될 것이다. 그렇게 된다면, 이런 미덕들 때문에 칭송을 얻고 있는 그의 평판(5절)을 스스로 부인하는 것이요, 빌레몬 자신의 정체성을 부인하는 더 중요한 문제를 야기하게 될 것이다. 그렇게 된다면, 그것은 빌레몬 자신이 세례를 받을 때 그리스도의 이야기로 그의 옷을 삼고 주님이신 그리스도가 자신의 모든 관계를 다스리시도록 하겠노라고 확고하게 다짐했던 결단을 물거품으로 만드는 결단이 될 것이다.[61] 이런 이유로, 바울은 서신으로 "일부러 자기 동역자에게, 동시에 그 공동체 전체에 위기를 안겨 주고 있다."[62]

따라서 빌레몬이 보여야 할 순종은 곧 오네시모가 끼친 모든 손해 내지 그가 저지른 모든 잘못을 용서하고, 처벌을 면제하며, 그를 종의 신분에서 해방시켜 이제는 종이 아니라 형제로 교회 안에 다시 받아들이는 것을 의미한다는 결론을 피하기가 어렵다. 물론 로마법에 따르면, 빌레몬은 십중팔구 그의 종인 오네시모에게 어떤 권리를 갖고 있을 가능성이 있다. 그러나 바울은 빌레몬에게 빌레몬이 바울 자신에게 한 행위를 따라 빌레몬 자신의 힘과 권리를 행사하지 말고 사랑을 보이라고 요구한다. "[x]인데도 [y]하지 않고 [z]함"이라는 친숙한 패턴이 여기에서도 다시 한 번 등장하고 있다.

---

61) 비슷한 해석을 보려면, Norman R. Petersen, *Rediscovering Paul: Philemon and the Sociology of Paul's Narrative World* (Philadelphia: Fortress, 1985), 특히 269-70을 보라. "만일 빌레몬이 바울의 '호소'를 거부하고 오네시모의 면전에서 그(빌레몬)의 집 문을 닫아버린다면, 그는 자기도 모르는 사이에 자신이 숨어들어갔던 그 가정교회(자기 집에 있던 교회)로부터 자신을 내쫓는 꼴이 될 것이다"(270).

62) Petersen, *Rediscovering Paul*, 269; 참고, 99, 288.

부기(EXCURSUS)

특히 에베소서 5장과 관련하여, 에베소서가 말하는 십자가에서 나타난(십자가를 본받는) 사랑

이 책은 바울이 쓴 서신이라는 데 이론이 없는 서신들에 초점을 맞추고 있으며, 에베소서의 경우에는 그 저자를 놓고 다툼이 있다. 그렇지만 십자가에서 나타난/십자가를 본받는 사랑이라는 주제는 에베소서에서도 등장한다. 더욱이 이 주제는 논쟁 소지가 있는 본문인 혼인을 다룬 본문(5:21-33)과 연계하여 등장하고 있다. 이런 이유 때문에 에베소서 본문도 살펴볼 만한 가치가 있다. 이 혼인을 다룬 본문은 에베소서라는 더 큰 문맥 그리고 이 에베소서가 신자들이 서로 져야 할 근본책임인 자기를 희생하여 서로 상대에게 복종하는 사랑에 관하여 말하는 내용에 비추어봐야만 비로소 이해할 수 있다.

에베소 사람들에게 보낸 이 서신(이 서신이 진정 에베소에 보낸 것이라면)[63]은 대략 크게 두 부분으로 나눌 수 있다. 1-3장이 첫째 부분이고 4-6장이 둘째 부분인데, 첫째 부분은 주로 구원이 무엇인지 서술한 부분("신학")이고 둘째 부분은 첫째 부분을 근거로 삼아 주로 구원을 이뤄가라고 명령하는 부분("윤리"; 4:1의 "그러므로"를 주목하라)이다. 둘째 부분은 "너희가 부르심을 받은 일에 합당하게 행하라"(4:1)라는 일반적 요구로 시작한다. 이 요구는 바울 서신이 말하는 표준 미덕들인 겸손, 온유, 오래 참음, 사랑, 서로 용납함으로 하나가 됨을 열거한다. 이어서 바울은 그리스도의 몸 안에 있는 삶을 묘사한다. 그는 지도자들이 "성도를 온전하게 하여 봉사의 일을 하게 할 것"(4:12)을 기대한다. 또 에베소 공동체 안의 모든 사람들에게 "사랑 안에서" 참된 것을 말할 것(4:15)을 촉구하면서, 일단 봉사의 일을 할 준비가 되면 "그리스도의 몸이 사랑 안에서 스스로 성장해가도록"(4:16) 도우라고 촉구한다.

공동체의 삶에 대해 개괄하여 묘사한 이 부분은 서로 대비될 수밖에 없는 독자들의 옛 삶의 방식과 새 삶의 방식, 곧 그리스도의 방식의 특성을 더 길게

---

[63] 일부 사본에서는 수신인을 나타내는 부분(1:1)에 "에베소에"라는 말이 빠져 있다. 이 때문에 이 서신의 수신자를 정확히 특정할 수가 없다.

서술한 부분(4:17-6:20)의 서문 역할을 한다. 이런 삶의 방식에서 중심이 되는 것은 하나님의 용서를 체험하는 것이다. 자기를 희생하신 그리스도의 사랑에서 발견되는 이 용서는 당연히 이 용서를 본받아 용서와 자기희생의 사랑을 실천하는 삶을 살 것을 요구한다(아래 본문은 지은이가 인용한 NRSV 본문을 옮긴이가 번역한 것이다).

> 너희는 모든 악독과 노함과 분냄과 떠드는 것과 비방하는 것을 모든 악의와 함께 버리고 서로 친절하게 하며 불쌍히 여기며 서로 용서하기를 하나님이 그리스도 안에서 너희를 용서하심과 같이 하라. 그러므로 사랑을 받는 자녀 같이 너희는 하나님을 본받는 자가 되라. 그리고 그리스도께서 우리를 사랑하사 우리를 위해 자신을 드려(ēgapēsen hēmas kai paredōken heauton hyper hēmōn)[64] 하나님께 향기로운 제물과 희생 제물이 되신 것처럼, 너희도 사랑 가운데서 살라/행하라 (엡 4:31-5:2)

옛 삶과 다르고 이 옛 삶을 초월하는 새 삶에 관하여 더 논의하고 권면한(5:3-16) 다음, 이 대목은 공동체 전체에게 주는 일반적 권면으로 끝을 맺는다. 여기에서는 주님의 뜻을 이해하고 술이 아니라 성령으로 충만할 것을 마지막으로 당부한다. 공동체가 져야 할 책임으로서 잇달아 제시되는 몇 가지 사항들은 성령 충만의 의미가 무엇인가를 정의해준다.

> 술 취하지 말라. 이는 방탕한 것이니 오직 성령으로 충만함을 받으라. 시와 찬송과 신령한 노래들로 서로 화답하며 너희의 마음으로 주께 노래하며 찬송하며 범사에 우리 주 예수 그리스도의 이름으로 항상 아버지 하나님께 감사하며 그리스도를 경외함으로 피차 복종하라(엡 5:18-21)

---

64) 이 본문은 갈 2:20의 문구와 평행을 이룬다. 우리는 갈 2:20을 "나를 위해 자신을 버리심으로 나를 사랑하신(또는 나를 사랑하사 나를 위해 자신을 버리신)"(tou agapēsantos me kai paradontos heauton hyper emou)이라고 번역했다. 따라서 이 에베소서 본문도 그와 비슷하게 "그리스도께서 우리를 사랑하사 우리를 위해 자신을 드려"으로 번역해야 한다.

18하-21절을 보면, "성령으로 충만함을 받으라"라는 명령에 뒤이어 등장하는 헬라어 동사들이 모두 분사다. 이 점을 고려하여 18하-21절을 헬라어 본문에 더 가깝게 번역해보면, 다음과 같이 될 것이다.

성령으로 충만함을 받되,
시와 찬송과 신령한 노래들로 너희끼리 **노래함**으로써,
너희 마음으로 주께 **노래하고 찬송함**으로써,
우리 주 예수 그리스도의 이름으로 범사에 늘 **아버지 하나님께 감사함**으로써,
그리스도를 경외함으로 **피차 복종함**으로써, (성령 충만을 받으라)

다시 말해, 성령 "충만"을 받으면, 에베소 공동체의 지체들은 아버지 하나님 및 예수 그리스도와, 그리고 같은 지체들끼리 특별한 관계를 갖게 된다. 하나님 및 그리스도와 관련하여 보면, 이 관계는 근본적으로 기쁨의 관계, 찬송하는 관계다. 같은 신자들과 관련하여 보게 되면, 이 관계는 서로 복종하는 관계다.

물론 "서로 복종함"이 다른 의미를 가질 수도 있지만(21절), 여기에서는 이 "서로 복종함"을 믿음의 공동체 전체가 변화되었음을 보여주는 인증서로 제시한다. "서로 복종함"은 함께 하는 삶의 중심 원리이며, 모든 관계를 규율하는 절대 규범이다. 따라서 "서로 복종함"이라는 이 말은 "우리를 위해 자신을 내어주심으로 우리를 사랑하신 그리스도처럼, 사랑으로 살아가는 것"(5:2, 지은이 번역)을 달리 표현한 말이다. (이처럼 "사랑"과 "복종함"이 같은 말이라는 것은 5:21-33에서 볼 수 있는 이 말들의 용례가 확인해준다. 이 용례는 앞으로 살펴보게 될 것이다.) 이런 이유 때문에 에베소서의 지은이는 그 규범(서로 복종함으로 사랑을 보이라)을 그저 일반적 차원에서 제시하는 데 그치지 않고, 복잡하기 이를 데 없는 믿음의 공동체 내부의 몇몇 관계들, 곧 남편과 아내의 관계, 아버지와 자녀의 관계, 심지어 주인과 종의 관계에까지(5:22-6:9) 적용하려고 시도한다. 어쨌든 십자가를 본받는 이 사랑은 이 모든 관계 속으로 침투해 들어가야 한다.

본문은 먼저 남편과 아내의 관계를 다룬다(5:21-33). 이 본문은 크게 네 가지 방법으로 해석되어 왔다. 이 해석 방법들에는 가부장적 해석, 급진적 해석,

수정된 급진적 해석, 그리고 평등주의 해석이라는 이름을 붙일 수 있겠다. 가부장적 해석은 아내가 남편에게 종속된 위치를 갖는다고 보아 그 위치에 맞는 역할을 인정한다. 급진적 해석은 에베소서 본문이 아내를 남편보다 아래에 두고 있음에는 동의하면서도 이 본문이 가부장적이고 억압적이라 하여 거부한다. 수정된 급진적 해석은 본문에서 수정된 가부장주의를 발견한다. 평등주의 해석은 남편과 아내가 평등한 위치를 부여받았음을 발견하고, 양자의 평등을 강조한다.

가부장적 해석, 급진적 해석, 수정된 급진적 해석은 여성이 남성보다 아래에 있음을 인정한다. 이 해석들은 본문이 오직 여성에게는 "복종하라" 말하고(22,24절) "범사에" 복종하라 말하는(24절) 반면 남편을 두고 말할 때는 "그리스도가 교회의 머리이심과 같이 남편도 아내의 머리"라 분명하게 말하고(23절) 아내는 남편의 몸이라 말한다(적어도 그렇게 시사한다, 28-29절). 이를 통해, 본문은 오로지 남편만이 그리스도와 같이 머리 역할을 하고 구원자 역할을 한다고 시사한다.[65]

이 해석은 얼핏 보면 분명 수긍이 가는 점들이 일부 있긴 하지만 다음 네

---

65) 이 본문을 급진적으로 읽는 견해를 살펴보려면, E. Elizabeth Johnson, "Ephesians," in Carol A. Newsom and Sharon H. Ringe, eds. *The Women's Bible Commentary*, expanded ed. (Louisville: Westminster/John Knox, 1998), 428-32를 보라. 존슨은 이 본문을 "전통적인 가부장 도덕을 재강조한 것"으로서 바울의 생각과 "모순된다"고 보면서, 5:21의 호소("피차 복종하라"는 호소)도 이 본문의 "가부장적 독소"를 제거할 수 없다고 말한다(421). 하지만 사실 이 시대의 대다수 해석자들은 이 본문에서 수정된 가부장제의 몇 가지 형태를 발견한다. 엘리자베스 쉬슬러 피오렌자(Elizabeth Schüssler Fiorenza, *In Memory of Her: A Feminist Theological Reconstruction of Christian Origins* [New York: Crossroad, 1983], 266-70)는 종종 과격한 가부장제를 비판하면서, 5:22은 "분명 가부장적 혼인 패턴에 힘을 실어주고" 있다고 주장하면서도, 그리스도가 보여주신 "사랑의 패러다임"을 언급한 부분들은 이런 패턴에 "철저한 의문을 품게 한다"는 점을 인정한다(269-70). 폴 샘플리(J. Paul Sampley, 'And the Two Shall Become One Flesh': A Study of Traditions in Ephesians 5:21-33 [Cambridge: Cambridge University Press, 1971])는 5:21이 에베소서 지은이가 물려받은 가정 규례(household code)를 수정하려고 하는 점은 인정하면서도, "5:22-23은 어디에서도 남편에게 복종이나 복종과 유사한 어떤 것을 권면하지 않는다"고 말한다(116-17). 앤드루 링컨(Andrew Lincoln, *Ephesians*, Word Biblical Commentary 42 [Waco, TX: Word, 1990], 366-74)은 좀 더 나아간다. 그는 5:21-33을 논의하는 자리에서 5:1-2를 언급하지만 5:21-33은 여전히 여성과 남성을 동등하지 않게 다루고 있음을 암시한다(374). 그렇지만, 링컨은 이 본문이 현실 속의 가부장제 실태에 도전을 던지고 있다고 주장하면서, 그 근거로 이 본문이 *agapaō*라는 헬라어 동사를 사용하고 있다는 점(통상 가정 규례에서는 나타나지 않는 말이다), 남편에게 다스리라는 권면을 일체 하지 않는다는 점, 그리고 "머리로서 남편이 갖는 권리를 자기주장이 아니라 자기희생을 통해 행사할 것"을 시사하고 있는 점을 든다(374).

가지 큰 이유 때문에 근본적 의문을 제기할 수밖에 없다. 첫째, 혼인에 따른 책임을 묘사하는데 사용한 주요 동사들인 "복종하다"(22,24절), "존경하다"(33절), 그리고 "사랑하다(그리스도께서 교회를 위해 자신을 내어주심으로써 교회를 사랑하심 같이 사랑하다)"(25,28,33절)는 5:2과 5:21에서 모든 신자들에게 천명한 일반적, 근본적 명령들에서 직접 가져온 것들이다. 이 점은 다음 평행 본문들이 보여주고 있다(아래 본문은 모두 지은이가 헬라어 본문을 번역한 본문들이다).

아내들

5:21   모든 사람은 그리스도를 경외하는 가운데 서로 복종해야 한다.[66]
             hypotassomenoi allēlois en phobō Christou

5:22,24   아내들이여, 주님께 하듯이 너희 남편에게 (복종하라).····교회가 그리스도에게 복종하듯이, 아내들도 범사에 그들의 남편들에게 (복종해야 한다).
             hai gynaikes tois idiois andrasin hōs tō kyriō...hōs hē ekklēsia
             hypotassetai tō Christō houtōs kai hai gynaikes tois andrasin en panti

5:33   아내도 자기 남편을 존경해야 한다
             hē de gynē hina phobētai ton andra

남편들

5:2   그리스도가 우리를 위해 자신을 내어주심으로 우리를 사랑하신 것 같이, 모든 사람은 사랑으로 행해야 한다.
             peripateite en agapē, kathōs kai ho Christos ēgapēsen hēmas kai
             paredōken heauton hyper hēmōn

5:25   남편들이여, 그리스도가 교회를 위해 자신을 내어주심으로 교회를 사랑

---

[66] 33절에서 "존경하다"(*phobeomai*)라는 동사를 쓰고 있다는 것은 21절에서 언급한 "존경하다"가 비단 "그리스도를 존경하는 것"(NRSV) 뿐 아니라 공동체 내에서 지체끼리 서로 존경하는 것도 가리킨다는 것을 시사한다.

하신 것 같이, 너희 아내를 사랑하라

hoi andres, agapate tas gynaikas kathōs kai ho Christos ēgapēsen tēn ekklēsian kai heauton paredōken hyper autēs

(그것이 아내의 책임이든 남편의 책임이든) 각 경우에 부부 각자가 지는 책임은 모든 신자가 지고 있는 책임과 다르지 않다. 본문은 남편과 아내의 책임을 따로 떼어 다르게 규정한 근거를 그리스도와 신자의 관계가 내포한 다른 측면들에 두고 있다. 이 그리스도와 신자의 관계는 이 본문 내에서 다소 긴장을 야기한다. 그렇지만 본문은 아내들과 남편들에게 혼인 관계가 지속되는 동안 똑같이 자기를 희생하고 상대를 존경하며 상대에게 복종하는 사랑을 실천해야 한다는 요구를 하고 있다고 보는 것이 옳다. 이런 사랑은 그들이 신자들의 공동체 속에 존재하는 모든 관계에서도 똑같이 실천해야 할 사랑이다.

둘째, 본문의 단어가 시사하는 부부 관계를 이렇게 이해하는 데 힘을 실어주는 것이 22절의 구조(구문)다. 물론 NRSV를 포함한 대다수 역본들은 5:22에서 새 문장을 시작한다.ᵈ 그러나 헬라어 본문에서는 5:22을 5:21의 연속으로 봐야 한다. 이것은 절대 확실하다. 5:22**에는 동사가 없기 때문이다.** 5:22은 동사 개념을 암시하거나 분사 구문인 5:21, 서로 복종해야 한다(*hypotassomenoiᵉ allēlois*)로부터 빌려온다. 다시 말해, 5:22은 5:21에 완전히 의존하고 있다. 이 연관 관계가 지니는 의미는 다음 번역에서 볼 수 있을 것 같다.

성령으로 충만함을 받으라,…그리스도를 경외함으로 **피차 복종함**으로써 (성령 충만을 받으라) -아내들이여 너희 남편들에게…(엡 5:18,21,22)

이 번역을 보면, 본문은 아내들이 그들의 남편들에게 다해야 할 책임을 믿음의 공동체 안에서 서로 복종한다는 것이 무슨 의미인지 보여주는 첫 번째 사례로서 제시하고 있는 것 같다. 그러다보니 사람들은 더 많은 사례가 뒤따르리라는 기대를 갖게 된다. 아내가 남편에게 지는 책임은 서로 복종할 의무가 특별하게 표현된 것일 수도 있다. 그러나 아내가 남편에게 지는 복종의 의무는 그 아내가 공동체의 모든 지체에게 지고 있는 것과 본질상 똑같은 의

무다.

셋째, 남편의 책임과 십자가에서 나타난 그리스도의 내러티브 패러다임 사이에는 연관 관계가 있다. 이런 연관 관계 때문에 우리는 이 본문을 자기 아내 위에 군림할 어떤 권세를 남편에게 주려 하는 본문으로 해석할 수가 없다. 그런 해석은 자기를 내어주신 그리스도의 이타적 사랑과 모순된다. 신자들은 그리스도 안에서 하나님의 사랑을 체험한 이상, 당연히 자비와 온유한 마음을 가져야 한다. 이렇게 자비와 온유한 마음을 가져야 하는 것은 믿음의 공동체 내부에 있는 모든 남성에게 적용되는 의무이며, 당연히 남편들에게도 적용되는 의무다. 사실 혼인이 남편에게 요구하는 사랑은 죽음 체험이다. 이 체험을 통해, 자아는 자기 자신의 의지를 부인하고 다른 사람을 이롭게 할 목적으로 그 자신을 다른 사람에게 내어준다. 따라서 이런 남편의 책임은, 그의 아내가 남편인 그에게 복종하듯이, 그도 그의 아내에게 복종하는 형태를 띤다.(비록 본문이 남편과 아내의 의무를 규정할 때 서로 다른 동사들을 사용한 게 사실이지만, 서로 상대에게 지는 의무의 본질은 같다.)

넷째, 결국 부부가 서로 지는 의무들이 평행 관계를 이루고 있다는 것은 5:22-33에서 "머리"와 "몸"이라는 말을 사용한 주된 목적이 부부가 상하수직 관계에 있음을 강조하는 게 **아니라** 부부의 역할의 차이가 있음을 강조하는 데 있음을 시사한다. 오히려 이 말을 쓴 이유는 부부가 서로 보살펴야 함을 말하려는데 있다. 혼인은 두 사람을 한 몸으로 만들어주기 때문이다(참고, 특히 31절). 따라서 "피차 복종함"이라는 말과 "자기 자신의 몸을 보살핌"이라는 말은 가부장 제도나 후견 제도의 가치들을 **표방한 게 아니라**, 그런 가치들에 **도전을 던지는 것**이다.

아버지와 자녀의 관계, 종/노예와 주인의 관계 같은 논제들이 남아 있지만, 이 논제들을 길게 다루는 것은 이 부기의 범주를 벗어난다. 하지만 이 부기에서 논의한 원리들은 아버지와 자녀의 관계, 종/노예와 주인의 관계 등에도 적용된다. 물론 각 관계의 특유한 내용은 삶의 정황에 따라 달라질 수도 있다. 그러나 이제 본문은 주인들과 아버지들에게 예수가 그들의 주인이시고 하나님이 그들의 아버지이심에 합당하게 행할 것을 요구한다. 예수가 주인이시고 하나님이 아버지이심에 합당한 삶은 사랑의 관계, 자기를 내어주는 관계, 심지어 서로 복종하는 관계를 요구한다는 것을 본문 문맥의 모든 내용이 시사하고 있다.

결론: 사랑 이야기

바울이 볼 때, 십자가를 본받는 사랑은 다양한 의미를 가진 모티프다. 리처드 헤이스가 말하듯이, 바울은 "미리 결정된 행위 규칙 내지 행위 규칙들을" 제시하는 게 아니다. "도리어 바울은 그 공동체의 필요에 비추어 기독론 패러다임을 토대로 올바른 행동을 **판별해야** 한다"[67]라고 말한다. 신자들은 십자가에 못 박히신 메시아의 사랑이라는 법 내지 패턴 안에서 살아간다. 바울이 스스로 만들어내어 고린도전서 9:21에서 자신에게 적용한 말, "그리스도의 율법 아래에 있는"은 모든 신자들에게 적용된다. 제임스 던이 말한 대로, 모든 신자들은 "그리스도의 율법 안에 있다(in-lawed to Christ)."[68] 우리는 더 특별하게 신자들이 그들에게 생명을 준 이야기 안으로 들어가 그 안에서 살아가고 있다고 말할 수 있을 것 같다.[69]

우리는 바울 사도가 고린도전서 13장에서 사랑에 바친 찬사를 개작하여 이 10장을 다음과 같은 말로 맺을 수 있겠다.

> 십자가를 본받는 사랑은 행동하는 믿음이다. 이 사랑은 자기 자신의 유익을 구하지 아니하고 다른 사람들의 유익을 구한다. 실제로 이 사랑은 다른 사람들의 유익을 위해 권리들을 사용하는 것을 포기한다. 십자가를 본받는 사랑은 다른 사람들을 세워주고, 다른 사람들, 심지어 원수에게도 해를 끼치지 않는다. 이 사랑은 복수하거나 폭력을 행사하지 않는다. 십자가를 본받는 사랑은 다양성을 환영한다. 이 사랑은 판단하지 않지만, 십자가에 맞서는 가치들에게는 관용

---

67) Hays, *Moral Vision*, 43(헤이스의 강조).
68) Dunn, *Theology*, 668, 그리고 Ben Witherington III, *Paul's Narrative Thought World: The Tapestry of Tragedy and Triumph* (Louisville: Westminster/John Knox, 1994), 240.
69) 바울의 체험과 서신과 신학에서 일관되게 나타나는 구조로서 "사랑으로 표현된 믿음"이라는 패턴을 아울러 강조하면서 바울에 접근하는 또 다른 방법을 살펴보려면, Troels Engberg-Pedersen, *Paul and the Stoics* (Louisville: Westminster/John Knox, 2000)를 보라. 나는 이 구조가 스토아학파로부터 연유했다는 주장에는 동의하지 않는다. 그러나 엥버그-페더슨은 그리스도와 같아짐으로 자기중심적 행태로부터 타인 중심적 행태로 옮겨가는 것이 바울에게 중심이 되는 것이라고 주장하는데, 이것은 옳은 주장이다.

을 보이지 않는다. 가끔 이 사랑은 강인할 때도 있다.

십자가를 본받는 사랑은 공손하고 너그럽다. 가난한 사람들과 약한 사람들, 곧 다른 사람들에게 따돌림 받는 사람들이나 배척당하는 사람들에게 특히 그러하다. 이 사랑을 가진 사람은 세상에서 지위를 가질지라도 다른 사람들을 높이고 자 자신은 낮은 자리로 내려간다. 이 사랑을 가진 사람은 자기 자신과 자기 소유를 내놓는다. 한 마디로, 십자가를 본받는 사랑은 새 시대 새 장소에서도 십자가 이야기를 이어간다. 십자가를 본받는 사랑은 얼마든지 상상해볼 수 있다.

제10장 옮긴이 주

[1] 사실, 개역개정판은 지은이가 그 번역에 문제가 있다고 지적한 NRSV 본문과 달리, 헬라어 본문의 문법과 내용을 잘 반영하여 번역했다.

[2] "against members of your family"는 NRSV 본문이다. 개역개정판은 *eis tous adelphous*라 표현한 헬라어 본문을 좇아 "형제에게"라고 번역해놓았다.

[3] 헬라어 본문에는 *charis*라는 말이 일곱 번 등장하는데, 개역개정판은 이 중 여섯 번은 "은혜"로, 나머지 한 번은 "감사하노니"라는 말로 번역했다(고후 8:16). 헬라어 본문을 보면, 고후 8:16은 *charis de tọ theọ*로 시작하는데, 개역개정판은 이를 "하나님께 감사하노니"로 옮겼다. 반면, 지은이가 인용한 NRSV 본문은 단 한 번만 grace로 번역하고(고후 8:1), 나머지 여섯 구절은 privilege(4절), generous undertaking(6,7,19절), generous act(9절), thanks(16절)로 번역해놓았다.

[4] AD 66-70년의 봉기는 로마의 장군 티투스가 예루살렘을 함락하고 유대를 로마 군단이 상주하는 식민지로 만들어버렸던 유대 전쟁을, AD132-135년의 봉기는 로마가 예루살렘 성소에 주피터 신전을 지은 것에 항의하여 랍비 아키바의 인도 아래 유대인들이 일으킨 항쟁(바르 코흐바[별의 아들] 전쟁)이다. 둘 다 로마의 무력 진압으로 끝이 났다.

[5] 헬라어 본문과 지은이가 인용한 NRSV 본문은 역접(逆接) 접속사인 *alla*와 but을 각각 가지고 있다. 그러나 개역개정판은 이 접속사를 따로 번역하여 싣지 않았다.

"너희 안에 이 마음을 품으라 곧 그리스도 예수의 마음이니"

빌립보서 2장 5절

II장

십자가를 본받는 삶의 능력

약함의 역설

우리가 8장에서 보았듯이, 바울은 예수 그리스도의 사도로서 고난을 당한 인물로 유명하다. 그가 자신의 고난을 사랑 체험, 곧 다른 사람들을 향한 자신의 사랑이자 자기를 향해 하나님이 지금 보여주시는 사랑으로 해석했다는 것이 8장의 주제였다. 이번 11장에서는 8장의 주제와 연관되어 있으면서도 미처 다루지 못한 또 한 가지 주제, 곧 바울 사도의 체험이 갖는 역설적 측면을 살펴보도록 하겠다. 그 역설적 측면은 바로 약함 속에서 나타난 능력이다. 바울은 자신의 약함과 고난 속에서 하나님의 능력을 발견했다.[1] 우리는 이 역설을 바울이 십자가를 본받는 삶의 능력을 체험한 것으로 부를 수 있겠다. 이 체험은 바울이 하나님의 능력이라 여기는 십자가에 못 박히신 그리스도의 형상에 동참함으로써 결국 그 능력에 참여하는 것이기 때문이다.

11장에서 우리는 먼저 고대 세계에서 능력(권세, 권력, 힘; power)이 갖는 의

---

1) 토머스 토빈은 능력을 바울의 삶에 "뿌리가 되는 은유(root metaphor)"라고 부른다. Thomas H. Tobin, *The Spirituality of Paul*, Message of Biblical Spirituality 4 (Collegeville, MN: Liturgical, 1991), 64-68.

미와 바울이 그리스도와 상관없는 인물이었을 때 체험했던 능력의 의미를 간략히 살펴보겠다. 그런 다음, 바울의 삶 속에서 그리스도가 하나님의 능력으로 자리 잡은 것을 살펴보고, 바울이 그의 사역 속에서 이 능력을 체험한 일을 살펴보도록 하겠다. 계속해서 우리는 십자가를 본받는 삶의 능력과 십자가를 본받는 사랑 사이의 관계를 간략히 살펴보고, 십자가를 본받는 삶의 능력이 바울의 독자들에게 갖는 의미를 탐구해보도록 하겠다.

고대 세계가 생각하던, 그리고 바울이 그리스도의 능력을 몰랐을 때 체험했던 능력

능력(권세, 권력, 힘)은 정의하기 힘든 말이다. 오늘날 이 말은 사람이 "소유한" 어떤 것이라기보다 어떤 관계로 이해하는 경우가 잦다. 우리는 능력이 관계라는 특성을 갖고 있음을 부인하지 않는다. 그러나 이 장에서 우리가 주로 관심을 기울이는 능력은, 선한 목적에서든 악한 목적에서든 가리지 않고, 사람들과/또는 역사에 의미 있는 통제력 내지 영향력을 행사할 수 있는 힘으로 이해되는 능력이다. 그런 점에서 능력은 어떤 형태를 만들어 내거나 기존 형태를 바꿀 수 있는 힘(the ability to form or to transform)이라고 말할 수 있겠다.[2]

그리스-로마 시대에서 힘의 몇몇 형태들

고대 세계에서 힘은 우선 신들과 다른 초인적 실체들 및 세력들의 손안에

---

2) 비슷하면서도 다른 정의를 보려면, Graham Tomlin, *The Power of the Cross: Theology and the Death of Christ in Paul, Luther, and Pascal* (Carlisle, UK: Paternoster, 1999), 313을 보라. 여기에서는 능력을 "사람들이나 상황들에 영향을 미침으로써 그 사람들이나 상황들을 바꿀 수 있는 힘"이라고 정의한다.

있었다. 이어서 힘은 이런 초인적 권세들에 어떤 식으로든 참여한(어떤 식으로든 그런 초인적 권세를 떼어 받은) 인간들이 소유하고 있었다. 인간들 속에서는 정치적 권세를 쥔 자가 신들과 긴밀한 연관을 갖고 있었다. "고대 세계에서는 종교적 권위가 모든 사회 통제와 정치적 권위 및 정치적 힘의 근원이요 상징이었다."[3] 바울 시대에 인간으로서 가장 큰 권력을 쥔 자는 황제였다. 황제가 주도하는 **로마의 평화**(pax Romana)는 오로지 그와 그의 신하들이 휘두르는 권력이 있었기에 이루어질 수 있었다.

황제를 지지하는 자들은 황제가 살아있는 동안에도 황제를 거의 또는 사실상 신과 같은 존재로 생각했으며, 특히 황제 사후에는 더했다. 이런 생각으로부터 "황제 숭배"라는 이름으로 황제를 떠받드는 복잡한 체계가 발전되었다. 종교적, 정치적 상징들과 건물들과 관습들이 서로 연결되어 복잡한 네트워크를 형성했다. 황제를 영화롭게 할 목적으로 형상들과 조상(彫像)들과 신전들과 선서들과 찬송들이 만들어지고, 경기들과 수사 경연 대회와 시 경연 대회와 여타 공공 행사들이 펼쳐졌다.[4] 이렇게 황제를 떠받드는 태도와 그에 상응하는 황제 숭배는 로마 제국에 신의 권위와 복을 부여해준 복잡한 이데올로기의 일부였다. 실제로 많은 사람들은 황제의 통치를 신이 다스리는 "황금시대"로 보았다. 지상 낙원이 이루어지고 세속과 종교 세계를 망라한 소망들이 실현된 시대로 보았던 것이다. 황제는 이렇게 신이 다스리는 질서를 주재하는 신이자 인간일 뿐 아니라, 제국이라는 큰 집을 경영하는 아버지와 같은 존재였다. 때문에 많은 사람들은 황제의 권력을 로마의 선한 가부장이 행사하는 힘과 같이 보아 은혜로운 것이라고 생각했다.

그러나 모든 사람이 황제의 권력을 그렇게 생각한 것은 아니었다. 또 다

---

3) Dieter Georgi, *Theocracy in Paul's Praxis and Theology* (Minneapolis, MN: Fortress, 1991), 54.
4) 이 주제를 다룬 문헌은 많다. 이 주제를 간략히 개관한 글을 보려면, Klaus Wengst, *Pax Romana and the Peace of Jesus Christ*, trans. John Bowden (Philadelphia: Fortress, 1987), 46-51을 보라. 더 깊이 있는 내용을 보려면, S. R. F. Price, "Rituals and Power," in Richard A. Horsley, ed., *Paul and Empire: Religion and Power in Roman Imperial Society* (Harrisburg, PA: Trinity, 1997), 47-71; Paul Zanker, "The Power of Images," in Richard A. Horsley, ed., *Paul and Empire: Religion and Power in Roman Imperial Society* (Harrisburg, PA: Trinity, 1997), 72-86; 그리고 Alistair Kee, "The Imperial Cult: The Unmasking of an Ideology," *Scottish Journal of Religious Studies* 6(1985): 112-28을 함께 보라.

른 많은 사람들이 볼 때, 황제가 주재하는 평화는 억압이요, 무시무시한 권력과 다를 바가 없었다. 황제의 권력은 반대자들을 짓밟는 힘, 영토를 넓혀 새 땅을 식민지로 만들고 거기 살던 사람들을 노예로 만들며 사람들을 십자가에 매달아 죽이는 힘을 의미했다. 따라서 황제의 권력에 반대하는 사람들이 봉기를 계획하고 때로는 대담하게 봉기를 일으킨 것은 전혀 놀라운 일이 아니었다. 66-70년에 있었던 유대 전쟁과 135년의 봉기가 그 예다.[5]

황제는 로마 권력의 사다리에서 정점에 있었고, 그의 최측근 신하들이 바로 그 아래 있었다. 가장 힘 있는 자 밑으로 권력의 위계질서, "엘리트주의에 입각한 경쟁 문화"가 자리하고 있었다. "이런 문화 속에서는 찬양과 존경과 인정이 아주 중요한 동기부여 요인이었다."[6] 사다리 위쪽에 있는 사람일수록, 더 큰 영예를 누림이 마땅하다 여겼고, 신의 세계에 더 가까이 있는 사람이라 믿었다. 실제로 "그 사회에서는 인간과 신을 가르는 경계를 대수롭지 않게 여겼으며, 사실 초인을 문화 표준으로 여겼다."

이런 문화 정황에서는 "권력(힘)"과 "영광" 또는 "영예"는 높은 문화 및 지위와 결합되어 있었다. 권력과 영예를 소유하고 과시하는 수단 중에는 부와 풍요, 정치와 사회와 군사 면에서 거둔 업적과 행사하는 영향력, 가산과 그 집안의 지위, 친구들, 인상 깊은 외모, 학식, 그리고 유려한 언변이 있었다.[7] 이렇게 그 사람의 지위를 나타내는 표지들을 소유하지 못하거나 잃어버리는 것은 결국 수치를 낳았다. 이렇게 수치를 당하는 사람은 힘을 잃어버리고 약해졌다. 때문에 로마의 위대한 웅변가인 [8]키케로는 "지위는 지켜야 한다"[9]라고 역설한다. 로마는 부 자체를 숭배했다(페쿠니아[Pecunia], 곧 라틴어로 돈이라는 뜻

---

5) Ramsay MacMullen, *Enemies of the Roman Order* (Cambridge, MA: Harvard University Press, 1966)를 보라.
6) Georgi, *Theocracy*, 63.
7) Georgi, *Theocracy*, 63.
8) 가령, 고전적 저작인 Ramsay MacMullen, *Roman Social Relations: 50 B. C. to A. D. 284* (New Haven: Yale University Press, 1974), 57-127(특히 105-20)과 다른 많은 문헌 가운데 Raymond Pickett, *The Cross in Corinth: The Social Significance of the Death of Jesus*, JSNTSup 143 (Sheffield: Sheffield Academic Press, 1997), 45-46, 184를 보라. 영예는 다른 사람들(특히 동료들)이 그런 가치가 정당하다고 인정하는 가치를 주장하는 것이다. Bruce J. Malina, *The New Testament World: Insights from Cultural Anthropology*, rev. ed. (Louisville: Westminster/John Knox, 1993), 25-35를 보라.
9) Cicero, *Pro Plancio*(*In Defense of Plancius*) 15, MacMullen, *Roman Social Relations*, 105에서 재인용.

을 가진 신이 있을 정도였다). 그렇지만 로마사학자인 맥멀런은 돈 숭배를 "**지위**(Philotimia) 숭배에 종속되는 것"으로 보았다. "**필로티미아**[1]라는 말의 깊이를 이해하게 되면, 그리스-로마에서 말하는 성취(업적)를 이 말보다 더 폭넓게 설명해줄 수 있는 말이 없음을 알게 된다."[10] 지위는 영향력/힘을 의미했다.

그리스와 로마에서는 신들과 사람들 이외에 별들과 다른 천체들 그리고 우주에 있는 세력들에게도 능력(힘)이 있다고 생각하는 경우가 자주 있었다. 운명은 여러 사악한 세력들(daimones)과 결탁하여 각 사람들과 역사에 중대한 통제권을 행사한다고 믿을 때가 잦았다. 사회 지위를 나타내는 사다리의 최저점부터 최고점에 이르기까지, 그리스-로마 세계에 살던 많은 사람들은 그런 우주의 세력들이 근심과 두려움을 만들어낸다고 보았다. 종교 행위와 주술 행위의 목적 중에는, 적어도 일부나마, 이런 세력들의 기분을 즐겁게 하고 이들로부터 도움을 확보하려는 목적도 들어있었다.[11]

유대교에서 생각한 능력(권능)

이스라엘 사람들과 종교 지도자들은 아주 옛적부터 당연히 그들 이웃의 믿음과 관습을 알고 있었다. 알 뿐만 아니라, 때로는 그들 이방 족속의 방식들을 빌려 쓰고 거기에 빠지기까지 했다. 그들은 열방의 다른 신들과 세상의 다른 세력들도 실제 능력을 갖고 있다고 보았다. 그들은 참되시고 지극히 높으신 한 분 하나님 야훼가 과거에 그런 세력들을 누르고 승리하셨으며 미래에도 다시 승리를 거두실 것이라는 게 그들의 생각이었다. 주 하나님의 권능은 전쟁과 (출애굽 같은) 구원뿐 아니라,[12] 창조(창조 자체가 혼돈을 구성하는 여러 세력들에 강력한 승리를 거둔 사건이었다)와 창조 이후에 계속하여 그 창조를 유지

---

10) MacMullen, *Roman Social Relations*, 118, 125.
11) 이에 관하여 완전한 논의를 살펴보려면, Walter Wink가 쓴 고전 *Naming the Powers: The Language of Power in the New Testament* (Philadelphia: Fortress, 1984)를 보라.
12) 가령, 신 4:37, "여호와께서 네 조상들을 사랑하신 고로 그 후손인 너를 택하시고 큰 권능으로 친히 인도하여 애굽에서 나오게 하시며"와 시 66:3, "하나님께 아뢰기를 주의 일이 어찌 그리 엄위하신지요. 주의 큰 권능으로 말미암아 주의 원수가 주께 복종할 것이며".

해 가시는 모습으로 표현되었다. 피조물이 말씀으로 존재하게 되었기 때문에 ("하나님이 이르시되 ~이 있으라"),[13] 이스라엘은 하나님이 말씀하신 말씀의 능력을 힘써 강조했다.

> 이는 비와 눈이 하늘로부터 내려서 그리로 되돌아가지 아니하고 땅을 적셔서 소출이 나게 하며 싹이 나게 하여 파종하는 자에게는 종자를 주며 먹는 자에게는 양식을 줌과 같이 내 입에서 나가는 말도 이와 같이 헛되이 내게로 되돌아오지 아니하고 나의 기뻐하는 뜻을 이루며 내가 보낸 일에 형통함이니라(사 55:10-11)

> 여호와의 말씀이 내게 임하니라. 이르시되 내가 너를 모태에 짓기 전에 너를 알았고 네가 배에서 나오기 전에 너를 성별하였고 너를 여러 나라의 선지자로 세웠노라 하시기로…여호와께서 그의 손을 내밀어 내 입에 대시며 여호와께서 내게 이르시되 보라 내가 내 말을 네 입에 두었노라. 보라 내가 오늘 너를 여러 나라와 여러 왕국 위에 세워 네가 그것들을 뽑고 파괴하며 파멸하고 넘어뜨리며 건설하고 심게 하였느니라 하시기로…여호와께서 내게 이르시되 네가 잘 보았도다. 이는 내가 내 말을 지켜 그대로 이루려 함이라 하시니라(렘 1:4-5,9-10,12)

이스라엘이 출애굽 사건을 통해 처음 알게 되었던 하나님의 권능은 결국 구원을 베푸시는 하나님의 능력, 하나님의 구원을 의미했다. "하나님은 우리에게 은혜를 베푸사 복을 주시고 그의 얼굴빛을 우리에게 비추사 주의 도를 땅 위에, 주의 구원을 모든 나라에게 알리소서"(시 67:1-2). 하나님의 구원이 갖는 특별한 의미는 시대에 따라 달리 이해되었지만, 그래도 그 구원은 늘 하나님의 백성을 압제에서 구해내는 것을 의미했다. 이는 이스라엘과 유대인들이 "출애굽을 회억(回憶)함으로써" 그들의 이야기를 거듭거듭 이야기한 사실이 잘 보여준다.[14]

---

13) 창세기 1장; 참고, 시 33:6,9.
14) Walter Brueggemann, *Theology of the Old Testament: Testimony, Dispute, Advocacy* (Minneapolis, MN: Fortress, 1997), 177. 야훼를 구원을 베푸시는 한 분 하나님으로 이해하는 그의 논의는, 예수 및 바울의 이해와 연속성을 갖는다는 점에서, 아주 예리한 통찰을 보여준다(174-81).

바울이 활동하기 직전 몇 세기 동안에 등장했던 묵시주의 유대교는 권능을 가지신 한 분 하나님을 예배하는 히브리 전통을 유지했지만, 하나님보다 그 능력이 덜한 다른 권세들도 이 우주 안에 존재한다는 것을 발견했다. 그런 권세들 가운데 천사들은 하나님을 보필했지만, 다양한 귀신들로부터 도움을 받았던 사탄은 하나님을 대적했다.[15]

바울과 능력(들)

바울은 히브리 전승과 1세기 묵시주의 유대교, 그리고 당대의 다양한 이교 철학들과 종교 전통들이 만들어낸 우주 속에서 살았다. 우리가 이 책 앞장들에서 언급했듯이, 바울의 "우주는 인격체로 묘사된 사악한 형상들로 가득했다."[16] 때문에 바울은 인간 위에 있는 사악한 권세들의 존재와 활동을 강조하면서, "이 세상의 신"이라는 말로 서두를 뗀다. 이 신은 "믿지 아니하는 자들의 마음을 혼미하게 하는"(고후 4:4) 자로서, 분명 사탄과 동일한 자다. 바울에게 "육체의 가시를 주어 그를 "치게(괴롭히게)" 한 것도 이 사탄이요(고후 12:7), 신자들을 유혹하고 속이며 훼방하려 하는 것도 이 사탄이다.[17] 사탄은 지금 권세를 갖고 있다. 그러나 하나님은 이 사탄을 "속히" 밟아 으스러뜨리실 것이다(롬 16:20).[a]

바울은 또 예로부터 이 우주 안에 적대 세력들이 더 실재하고 있다는 것

---

15) 고전적 저작인 Kurt Koch, *The Rediscovery of Apocalyptic* (London: SCM, 1972)을 보라.
16) Jerome H. Neyrey, *Paul, In Other Words: A Cultural Reading of His Letters* (Louisville: Westminster/John Knox, 1990), 162. 나이리는 그런 형상들로 죽음(고전 15:26, 롬 5:14,17), 죄(롬 5:21, 6:12, 7:11-23), 사탄(롬 16:20, 고전 5:5, 7:5, 고후 2:11, 11:14, 12:7, 살전 2:18), 권세(자)(*archē*, 고전 15:24, 롬 8:38), 통치자들(*archontes*, 고전 2:6,8), 권세와 능력(*exousia*와 *dynamis*, 고전 15:24), 시험하는 자(살전 3:5), 초등학문(*stoicheia*, 갈 4:3,9), 세상의 영(고전 2:12), 귀신(고전 10:20-21), 천사(고전 6:3, 고후 11:14, 12:7, 갈 1:8, 롬 8:38), 그리고 이 세상의 신(고후 4:4)을 든다. 간략하나 도움이 되는 논의를 살펴보려면, James D. G. Dunn, *The Theology of Paul the Apostle* (Grand Rapids: Eerdmans, 1998), 104-10을 보라.
17) 고전 7:5, 고후 2:11, 11:14-15, 살전 2:18.

을 인정한다. 다른 이들은 많은 신들과 많은 주들을 믿으나(고전 8:5), 바울은 그들의 매력과 영향력의 진원지를 "귀신들"로 본다(고전 10:19-22).[18] 아울러 바울은 세상의 "초등학문"(stoicheia)을 언급하면서(갈 4:3,8-9), 우주 속에 존재하는 어떤 힘들과 그릇된 종교적 믿음 및 관습이 서로 연결되어 있음을 시사한다.[19] 바울은 신자들을 그리스도 안에 있는 하나님의 사랑에서 끊을 수 없는 (물론 신자들도 하나님의 사랑에서 떨어져나가지 않으려면 모든 노력을 경주해야 한다) 능력들을 열거해놓은 이 유명한 목록에서 사람들을 혼란케 하여 그리스도로부터 떨어뜨려 놓을 수 있는 적대 세력들이 많다는 것을 인정한다.

> 내가 확신하노니 사망이나 생명이나 천사들이나 권세자들이나 현재 일이나 장래 일이나 능력이나 높음이나 깊음이나 다른 어떤 피조물이라도 우리를 우리 주 그리스도 예수 안에 있는 하나님의 사랑에서 끊을 수 없으리라(롬 8:38-39)[20]

로마서 8장에 있는 목록은 바울이 알고 있는 적대 세력들을 적어도 두 집단으로 묶어 제시한다. 정치 세력들이 한 집단이요, 인류학적(더 적절한 말이 없어서 부득이 이 말을 쓴다) 집단이 다른 한 집단이다. 정치 세력들을 살펴보면, "권세자들"(archontes)은 "천사들" 및/또는 "능력들"과 연관되어 있을 수 있다. 정치 세력들은 그 배후에 있는 우주의 권세들과 연결되어 있기 때문이다. 고린도전서 2:6-8에서 말하는 통치자들은 십중팔구 정치 세력들임이 분명하다. "영광의 주를 십자가에 못 박은 자들이기" 때문이다. 이 세력들은 사탄처럼 이

---

18) "그 신들은 실체가 없는 것들이 아니지만, 그들이 갖는 긍정적 의미(중요성)는 하찮다. 그들은 능력이 없는 능력들로 분류된다……그들은 마치 신처럼 경배받긴 하지만 그들에게 경배한다는 것이 적절치 못한 마귀 같은 것들이다"(Jürgen Becker, Paul: Apostle to the Gentiles, trans. O. C. Dean, Jr. [Louisville: Westminster/John Knox, 1993], 43).
19) 스토이케이아(stoicheia, 초등학문)라는 헬라어는 아리스토텔레스가 우주를 구성하는 네 가지 물질이라 불렀던 것들(흙, 물, 공기, 불)을 가리키는 것일 수 있다. 이들에게는 보통 신에 버금가는 능력을 부여했다. 그러나 바울은 이 말을 확장하여 참되신 하나님을 예배하는 것에 반대하는 우주 안의 모든 적대 세력들을 가리키는 말로 사용하고 있는 것으로 보인다(비슷한 견해로 Wink, Naming the Powers, 67-77; Dunn, Theology, 108-9이 있다).
20) 하지만 바울은 정작 그가 썼다는 데 다툼이 없는 서신들에서는 이런 능력들에 초점을 맞추지 않는다(Dunn, Theology, 109도 같은 견해다). 도리어 이런 능력들에 초점을 맞추는 모습은 골로새서와 에베소서에서 더 두드러지게 나타난다.

(악한) 세대에 속하였으며, 역시 사탄처럼 "멸망당할 운명을 가진" 것들이다. 바울은 이런 정치 세력의 배후에 우주 차원의 권세가 있을 가능성이 크다고 본다.[21]

하지만 바울이 가장 큰 관심을 보이는 것들은 "인류학적" 능력들이다. 그가 로마서 8:38에서 언급하는 사망, 그리고 죄가 바로 그 능력들이다. 바울의 글은 이 사망과 죄를 아주 완벽하게 인격체로 묘사하고 있어서 영어에서는 다음과 같이 이들을 고유명사로 간주하고 첫 글자를 대문자로 시작할 정도다. 죄와 죽음(Sin and Death).[22] 이 사망과 죄는 단지 인간 안에 머무는 데 그치지 않고, 다른 능력들처럼 그 존재 범위가 우주에 걸쳐 있다. 이 둘은 모두 인류에 초점을 맞춰 인류를 철저히 지배하는 공통점을 갖고 있다(이런 이유 때문에 이 둘을 "인류학적" 능력들이라 부른 것이다). 제임스 던은 죄를 가리켜 "인류를 사망(죽음)이라는 거미줄에 빠뜨려 옭아매는 데 성공한 거미"라 쓰고 있다.[23] 죄와 사망은 힘을 합쳐 함께 인류를 "통치"함으로써(롬 5:14,17,21, 6:12,14), 절망적인 한계상황, 노예 상태를 만들어낸다. 인류는 용서를 받는 것은 물론이요, 이런 상황에서 해방되어 승리를 얻어야 한다.[24] 한 마디로, 인류에게는 하나님이 마지막 때 행사하실 **능력**(apocalyptic power)이 필요하다.

유대인이나 헬라인이나 다 죄 아래에 있다고 이미 선언하였느니라(롬 3:9; 참고, 갈 3:22)

---

21) 월터 윙크(Walter Wink)는 그가 쓴 책 Naming the Powers에서 신약 성경이 "능력들"이라는 말을, "이 능력들이 가진 두 가지 측면, 곧 신체적, 제도적 응결체라는 측면과 본질 내지 영성이라는 측면에 비추어, 능력의 모든 표현 형태를 아우르는 종(種) 개념으로" 사용하고 있다는 주장을 설득력 있게 제시한다(Naming the Powers, 107).
22) Dunn, Theology, 111-26에 있는 탁월한 논의를 보라. 일부 사람들이 역시 "능력" 중 하나로 보는 "육(flesh)"에 관한 것은 이 책 6장 지은이 주 23을 보라.
23) Dunn, Theology, 129. 던은 은유들을 바꿔 쓰면서(그리고 섞어 쓰면서) 바울이 결국 여기서 관심을 갖는 것은 "개인과 사회생활 속으로 뚫고 들어가, 인정머리라곤 조금도 없는 노예 주인처럼 개인과 공동체를 옭아매고 몰아치면서, 그 촉수로 사람들과 상황들을 더욱더 단단히 조여 결국 죽음 속에 빠뜨리는, 이 악이라는 차원이 실제로 존재한다는 것"이라고 말한다. 그 악의 이름이 무엇이냐는 문제되지 않는다(114).
24) 많은 논의가 있지만, 그 가운데에서도 탁월한 논문인 Martinus C. de Boer, "Paul and Jewish Apocalyptic Eschatology," in Joel Marcus and Marion L. Soards, eds., *Apocalyptic and the New Testament: Essays in Honor of J. Louis Martyn*, JSNTSup 24 (Sheffield: Sheffield Academic Press, 1989), 169-90을 보라.

그러므로 한 사람으로 말미암아 죄가 세상에 들어오고 죄로 말미암아 사망이 들어왔나니 이와 같이 모든 사람이 죄를 지었으므로 사망이 모든 사람에게 이르렀느니라……그러나 아담으로부터 모세까지 아담의 범죄와 같은 죄를 짓지 아니한 자들까지도 사망이 왕 노릇 하였나니 아담은 오실 자의 모형이라……율법이 들어온 것은 범죄를 더하게 하려 함이라……죄가 사망 안에서 왕 노릇 한 것 같이…(롬 5:12,14,20상,21상)

너희가 죄의 종이 되었을 때에는 의에 대하여 자유로웠느니라. 너희가 그 때에 무슨 열매를 얻었느냐. 이제는 너희가 그 일을 부끄러워하나니 이는 그 마지막이 사망임이라. 그러나 이제는 너희가 죄로부터 해방되고 하나님께 종이 되어 거룩함에 이르는 열매를 맺었으니 그 마지막은 영생이라. 죄의 삯은 사망이요 하나님의 은사는 그리스도 예수 우리 주 안에 있는 영생이니라(롬 6:20-23)

그런즉 선한 것이 내게 사망이 되었느냐. 그럴 수 없느니라. 오직 죄가 죄로 드러나기 위하여 선한 그것으로 말미암아 나를 죽게 만들었으니 이는 계명으로 말미암아 죄로 심히 죄 되게 하려 함이라. 우리가 율법은 신령한 줄 알거니와 나는 육신에 속하여 죄 아래에 팔렸도다. 내가 행하는 것을 내가 알지 못하노니 곧 내가 원하는 것은 행하지 아니하고 도리어 미워하는 것을 행함이라. 만일 내가 원하지 아니하는 그것을 행하면 내가 이로써 율법이 선한 것을 시인하노니 이제는 그것을 행하는 자가 내가 아니요 내 속에 거하는 죄니라. 내 속 곧 내 육신에 선한 것이 거하지 아니하는 줄을 아노니 원함은 내게 있으나 선을 행하는 것은 없노라. 내가 원하는 바 선은 행하지 아니하고 도리어 원하지 아니하는 바 악을 행하는도다. 만일 내가 원하지 아니하는 그것을 하면 이를 행하는 자는 내가 아니요 내 속에 거하는 죄니라……오호라 나는 곤고한 사람이로다. 이 사망의 몸에서 누가 나를 건져내랴(롬 7:13-20,24)

이처럼 바울은 자신과 온 인류가 이 세대에 속한 적대 세력들(사탄, 귀신들, "초등학문", 통치자들과 능력들, 죄, 그리고 사망)로부터 공격을 받고 있음을 발견한다. 바울은 (앞에서 추려 제시한 본문들의 결론이 제시하듯이) 하나님이 메시아이신 예수를 통하여 인류를 해방시키는 데 필요한 능력을 제공해주셨다고 말한다. 그렇다면 바울은 해방을 안겨준 이 능력을 무엇이라 이해하고 무엇이라 체험하는가?

십자가에 못 박히신 그리스도가 곧 하나님의 능력이시다

바울은 로마서의 주제를 천명한 대목에서 이렇게 쓰고 있다.

> 내가 복음을 부끄러워하지 아니하노니 이 복음은 모든 믿는 자에게 구원을 주시는 하나님의 능력이 됨이라. 먼저는 유대인에게요 그리고 헬라인에게로다. 복음에는 하나님의 의가 나타나서 믿음으로(더 나은 번역은 "믿음으로부터", ek pisteōs) 믿음에(eis pistin) 이르게 하나니 기록된바 오직 의인은 믿음으로 말미암아 살리라 함과 같으니라(롬 1:16-17)

여기서 바울은 좋은 소식인 복음이 단순한 소식이 아니라 그것을 뛰어넘는 것이라고 선언한다. 복음은 하나님의 말씀으로서 그것이 하겠다고 말한 것은 모두 이뤄낸다. 즉, 복음은 "말한 대로 이뤄지는 발언(a performative utterance, 수행적 발화)"[25]이며, 능력, 곧 하나님의 능력이다. 히브리/구약 성경에서도 말하듯이, 하나님의 말씀인 복음은 구원을 주시는 하나님의 능력에 **관한** 것이 아니라, 복음이 **곧** 구원을 주시는 하나님의 능력**이다**. 바울이 분명하게 말하고자 하는 것은 그와 다른 사람들이 전하는 이 좋은 소식으로 말미암아 많은 이방인들이 "우상을 버리고 하나님께로 돌아와서 살아 계시고 참되신 하나님을 섬기게 되었으며"(살전 1:9), 많은 유대인들이 그리스도 안에서 "하나님이 약속하신 모든 사람이 예가 된다는 것"(고후 1:20상)을 깨닫게 되었

---

25) 이 말은 Luke Timothy Johnson, *Reading Romans: A Literary and Theological Commentary* (New York: Crossroad, 1997), 25에 있는 말이다.

다는 점이다. (하나님의) 말씀은 구원을 "이루었다."

그러나 더 많은 것이 있다. 바울이 이야기하는 능력, 곧 사람들을 변화시키고 구원을 주시는 능력은 신기하기 이를 데 없다. 바울이 전하는 복음의 내용, 그리고 나아가 바울 자신이 그 능력을 체험한 사건은 십자가에 못 박히신 메시아에, 그리스도의 십자가에 초점을 맞추고 있기 때문이다. 복음의 메시지가 갖는 힘은 결국 그 메시지가 증언하는 행위가 지닌 신비한 능력에 의존한다. 분명 이 행위는 죗값을 치른 희생으로서, 하나님이 죄인을 사면하시고 화해를 이루셨음을 전하는 것이다. 그러나 십자가의 능력이 갖는 의미는 이것이 전부가 아니다. 불트만(Rudolf Bultmann)은 여러 해 전에 이런 말을 썼다.

> **그리스도의 죽음**은 죄에 따른 책임(죄를 지음으로 말미암아 받아야 할 벌)을 면제해 준 희생일 뿐 아니라, **이 시대의 능력들인 율법과 죄와 사망으로부터 해방을 얻게 해준 수단**이다.[26]

신자들은 "죄와 사망의 법으로부터 해방되었다"(롬 8:2). 이 때문에 바울은 시대의 개벽을 계시하는 것이 그리스도의 죽음이 갖는 목적과 효과라고 선언한다. 이 죽음은 새 시대의 시작을 의미하는 시대의 변화를 불러왔고, 복음에 응답하는 이들을 옛 시대의 권세로부터 해방시켜 주었기 때문이다.

> 그런즉 한 범죄로 많은 사람이 정죄에 이른 것 같이 한 의로운 행위로 말미암아 많은 사람이 의롭다 하심을 받아 생명에 이르렀느니라……이는 죄가 사망 안에서 왕 노릇 한 것 같이 은혜도 또한 의로 말미암아 왕 노릇 하여 우리 주 예수 그리스도로 말미암아 영생에 이르게 하려 함이라(롬 5:18,21)

> 그리스도께서 하나님 곧 우리 아버지의 뜻을 따라 **이 악한 세대에서 우리를 건지시려고** 우리 죄를 대속하기 위하여 자기 몸을 주셨으니 영광이 그에게 세세토록 있을지어다(갈 1:4-5, 지은이 고딕 강조)

---

26) Rudolf Bultmann, *Theology of the New Testament*, trans. Kendrick Grobel (New York: Charles Scribner's Sons, 1951), 1:297-98(불트만의 강조).

바울은 여기서 그리스도가 자기를 내어주신, 즉 사랑을 나타내신(참고, 갈 2:20) 죽음의 이유가 사람들을 이 악한 세대의 적대적이고 단말마 같은 능력들(사람들을 사로잡아 노예로 만드는 죄, 사망, "초등학문", 그리고 다른 능력들)로부터 구해내는 데 있다고 주장한다.[27] 신자들은 이제 은혜의 능력 아래 있다(롬 5:12-21, 6:15). 이 은혜는 십자가에서 나타났으며, 이 은혜로 말미암아 "그리스도의 사랑이 능력과 원리로서 역사하는"[28] 새 피조 세계가 시작되었다(고후 5:14,17). 갈라디아서 1:4 본문은 바울이 갈라디아서에서 제시하는 명제의 서언을 이루고 있다. 바울은 이 명제를 2:15-21에서 전개하고 있는데, 이 대목에서 그는 신자 안에 들어와 사시는 그리스도의 능력을 십자가에서 증명된 그리스도의 사랑과 분명하게 연결하고 있다.

우리가 이 책에서 믿음을 처음 다룬 6장에서 보았듯이, 바울은 하나님의 능력이 갖고 있는 이 구원이라는 측면을 로마서의 명제를 천명한 로마서 1:17, "복음에는 하나님의 의가 나타나서 믿음으로 믿음에 이르게 하나니 기록된바 오직 의인은 믿음으로 말미암아 살리라 함과 같으니라"에서도 언급하고 있는 것 같다. 우리가 그 6장에서 논증했지만, "믿음으로부터 믿음에"라고 번역하는 것이 더 적절한 이 문구는 예수의 신실하신 죽음 및 이 신실하심의 결과로 결국 복음의 부르심에 순종하는 사람들이 갖게 된 믿음을 언급하는 말일 수 있다. 다시 말해, "그리스도의 신실하심 속에서 나타난 하나님의 신실하심이 우리의 신실하심을 만들어냈다"는 말이다. 이처럼 갈라디아서의 기본 명제뿐 아니라 로마서가 천명하는 명제도 은연중에 구원을 베푸시는 하나님의 능력과 예수의 죽음을 아주 긴밀하게 연결하고 있다.

갈라디아서와 로마서가 제시하는 하나님의 능력과 예수의 죽음 사이의

---

27) 바울은 갈라디아서에서 특히 죄(3:22), 초등학문(4:3,8-9), 그리고 육과 사망(6:8)을 인류를 억압하는 능력들로 지목한다. 빅터 퍼니쉬는 바울이 갈 1:4에서 그리스도의 자기희생을 우리 죄를 대속한 것으로 보는 전승을 인용하고 있지만, 그래도 바울은 이 전승이 "죄의 능력에서 풀려남"을 의미하는 것이자 "죄의 통치 아래 온 세계를 옭아맸던 포악한 세력들"로부터 해방됨을 의미하는 것으로 해석한다는 것을 강조하는데, 올바른 주장이다(Victor Furnish, "He Gave Himself[Was Given] Up ⋯': Paul's Use of a Christological Assertion," in Abraham J. Malherbe and Wayne A. Meeks, eds., *The Future of Christology: Essays in Honor of Leander E. Keck* [Minneapolis: Fortress, 1993], 113).

28) Pickett, *The Cross in Corinth*, 153.

이런 연결 관계는 고린도전서의 명제를 천명한 대목에서 다시금 더 상세하게 밝히고 있다. 고린도전서의 이 대목에서는 "능력"이라는 말이 세 번[2] 등장하는데, "강함"이라는 말과 함께 등장한다(참고, 굵은 글씨 부분).

> 그리스도께서 나를 보내심은 세례를 베풀게 하려 하심이 아니요 오직 복음을 전하게 하려 하심이로되 말의 지혜로 하지 아니함은 그리스도의 십자가가 헛되지 않게 하려 함이라. 십자가의 도가 멸망하는 자들에게는 미련한 것이요 구원을 받는 우리에게는 하나님의 **능력**이라……하나님의 지혜에 있어서는 이 세상이 자기 지혜로 하나님을 알지 못하므로 하나님께서 전도의 미련한 것으로 믿는 자들을 구원하시기를 기뻐하셨도다. 유대인은 표적을 구하고 헬라인은 지혜를 찾으나 우리는 십자가에 못 박힌 그리스도를 전하니 유대인에게는 거리끼는 것이요 이방인에게는 미련한 것이로되 오직 부르심을 받은 자들에게는 유대인이나 헬라인이나 그리스도는 하나님의 **능력**이요 하나님의 지혜니라. 하나님의 어리석음이 사람보다 지혜롭고 하나님의 약하심이 사람보다 **강하니라**(고전 1:17-18,21-25)

로마서와 마찬가지로, 여기에서도 선포와 구원이 재차 연결되어 있다(21절). 다만 여기에서는 선포하는 내용이 "십자가의 도"라고 명확하게 이야기한다(18절). 바울은 18절에서 이 십자가의 도를 하나님의 능력과 동일한 것으로 본다. 그는 같은 문맥 속에서 십자가 자체가 능력을 갖고 있으며(17절), 그리스도 자신이 바로 하나님의 능력이라고 말한다(24절). 이렇게 의미들이 중첩된다 하여 바울의 논지가 모호하다 생각해서는 안 된다. 도리어 바울이 말하고자 하는 것은 십자가에 못 박히신 메시아인 그리스도가, 나아가 **오직** 십자가에 못 박히신 이 메시아만이 하나님의 능력이며, 이 능력은 메시아를 선포함에서 흘러나온다는 것이며, 이 능력은 오직 십자가에 못 박히신 메시아를 선포할 때에만 흘러나온다.

여기서 아주 중요한 사실은 바울이 **십자가에 못 박히신** 메시아의 약함을 결코 부인하지 않는다는 점이다. 하나님이 예수 안에서 행하신 행위는 모든 형태의 능력과 권위를 다 뒤엎어버린다.29) 실제로 그리스도는 약함 속에서 하나님의 능력이시고, 이 약함 때문에 하나님의 능력이시다. 여기서 약함은 사람들이 보통 약함이라고 이해하는 그것을 의미한다. 이처럼 그리스도가 하나님의 능력이 거하는 자리(locus)요 그 능력을 보여주는 계시가 되시는 이유는 오직 그가 약하고 십자가에 못 박힌 존재이시기 때문이다. **바울이 볼 때, 그리스도는 약함 속에 존재하는 하나님의 능력이다.** 바울은 예수를 "영광의 주"로 체험했다(고전 2:8). 이 체험 때문에 바울은 예수가 십자가에 못 박히신 사건을 "하나님이 당신의 영광과 통치권(하나님의 능력)을 결정적으로 증명해보이신 사건"이라고 역설한다.30) 하나님의 능력을 이렇게 이해하고 체험한 것은 약함 속에서 능력을 경험한 바울 자신의 체험을 해석하는 열쇠가 될 뿐 아니라, 그 능력을 자신이 섬기는 공동체들 속에서 활용하고자 하는 바울의 소망을 해석하는 열쇠가 된다. 따라서 고린도전서의 첫 두 장은 다음과 같은 것을 보여준다.

> 하나님은 일을 이루실 때 예로부터 사람이 흔히 써온 능력을 쓰거나, 세력을 과시하거나, 인상적인 표적이나 정교한 지혜를 동원하시지 않는다. 하나님은 인간이 보기에 아무 능력이 없어 보이는 일을 십자가에서 행하심으로 구원을 이루신다. 하나님은 고린도 안에 거하실 때도 고린도 사회가 보기에 "아무 것도 아닌" 그룹 속에 들어가 사는 쪽을 택하신다. 하나님은 볼품없는 천막 기술자의 설교를 통해 이런 새 공동체들을 만들어내신다.31)

바울은 그리스-로마 세계가 약한 것으로, 따라서 어리석은 것으로 보았던 것을 하나님의 능력이요 지혜라고 본다.32)

하나님의 능력은 바울의 십자가 이해와 체험에서 중심을 차지한다. 하나님의 능력이 갖는 이런 중심성은 우리가 바울의 "핵심 내러티브"인 빌립보서 2:6-11을 잠깐만 다시 살펴봐도 확실하게 알 수 있다. 물론 이 빌립보서 본문

---

29) Georgi, *Theocracy*, 54.
30) Georgi, *Theocracy*, 56을 보라.
31) Tomlin, *The Power of the Cross*, 99-100.
32) 약함과 어리석음의 논리적 연관성을 살펴보려면, Pickett, *The Cross in Corinth*, 68-72를 보라.

에는 ("사랑"이라는 말처럼) "능력"이라는 말이 등장하지 않는다. 그러나 근래 해석자들은 빌립보서에 존재하는 정치적 단어의 수량과 의미를 강조해오고 있다.[33] 물론 능력(권력, power)은 정치적 개념이다. 황제의 권력이 지배하는 감옥에 갇혀 빌립보서를 쓰고 있던 바울의 마음에는 이 권력이라는 말이 뼈저리게 다가왔을 것이다. 데이비드 실리(David Seeley)는 빌립보서 2:6-11에 있는 그리스도 찬송 본문이 "황제와 이스라엘의 지극히 높으신 통치자 주 하나님에게 적용되는 가장 중요한 주장 중 몇 가지를 예수에게 전용하고 있다"[34]는 것을 설득력 있게 논증한다. 실리는 빌립보서 본문이 권력을 추구하는 칼리굴라 황제(재위 37-41년)ᵇ와 정반대 모습으로 그리스도를 묘사하고 있다고 주장한다. 그리스도 찬송이 칼리굴라를 특히 염두에 두고 있다고 단언할 수는 없지만, 정치적으로 민감한 언어를 구사한 빌립보서 문맥으로 볼 때, 이 서신의 저자나 독자들이 그들이 체험한 황제의 권력을 마음에서 잊고 있었을 리가 없다.[35]

빌립보서 2:6-11이 이사야서에 네 번째로 등장하는 고난 받는 종 찬송을 재해석한 것으로서 은연중에, 또는 어쩌면 바울은 이 그리스도 찬송을 사용하면서 아예 드러내놓고 능력에 관한 두 상반된 이해를 대조하고 있을 수 있다는 점은 빌립보서 저자와 독자의 마음속에 로마 황제와 그리스도가 상반된 존재로 자리하고 있었으리라는 생각을 뒷받침한다. 그리스도 찬송은 그리

---

33) 근래에 나온 모든 주석과 더불어 David Seeley, "The Background of the Philippians Hymn," *Journal of Higher Criticism* 1 (1994): 49-72 같은 곳을 보라.
34) Seeley, "Background," 52.
35) 대다수 주석가들은 그리스도 찬송의 "배경"을 이사야서의 고난 받는 종 찬송이나 아담 이야기에서 찾는지, 아니면 이 둘 전부에서 찾는다. 하지만 실리("Background")는 특이하게도 이 둘 중 어느 쪽에서도 영향을 받지 않는다. 실리는 이 찬송의 배경이 여럿일 수 있음을 인정하면서, 고난당하는 의인들에 관한 유대교 전승, 그리스-로마 시대의 통치자 숭배, 그리고 고레스 왕에게 야훼만이 유일하신 하나님임을 천명한 이사야 45장을 강조한다. 실리는 그리스-로마 시대의 이상적 통치자는 자기를 위대한 인물로 내세우는 자가 아니라, 사실은 종과 같은 자세로 자기 백성들에게 가장 좋은 이익을 강구하려고 애쓰는 자였을 것이라고 주장한다(61-68). 하지만 칼리굴라는 이런 이상과 정반대인 인물로 알려져 있고 그렇게 묘사되고 있다. 실리는 빌립보서의 그리스도 찬송이 비루한 칼리굴라와 완전히 다른 이상적 통치자를 묘사함으로써, 예수가 바로 유일하신 이상적 주님이시며 모든 사람이 생각하는 선한 황제와 유사한 분이요 칼리굴라와 전혀 다른 분임을 천명하고 있다고 주장한다. 물론 우리가 가진 문헌 자료들이 "이상적" 통치자를 은혜롭고 자기를 내어주는 인물로 묘사하고 있음은 사실이다. 그러나 그리스도 찬송의 시각은 대체로 그런 시각과 반대된다는 점을 유념하는 게 중요하다. 그리스도 찬송 내러티브는 (그 행사자가 황제든 아담이든 아니면 다른 어떤 사람이든 상관없이) 권력과 신성을 어떻게 행사해야 하는가라는 문제와 관련하여 보통 사람들이 예측하는 바를 여지없이 무너뜨려버린다.

스도를 자신에게 영예를 돌리기보다 자신을 낮춰 온몸으로 "영예라는 가치를 완전히 뒤집어버리신 분"[36]으로서 모범이 되는 분으로 이야기한다. 사람들은 그리스도가 영예와 능력을 추구하길 기대했지만, 그는 치욕과 무능력을 추구했다. 그리스-로마 시대 기준으로 보면 전혀 영예로울 수 없는 사람, 존귀한 이름을 갖지 못한 사람, 분명 "주"도 아니요 황제도 아닌 사람이 이런 식으로(자기를 다른 사람들의 종으로 내어줌으로써) 능력을 다시 정의하려 한 것이다. 그러나 바울이 인용하는 그리스도 찬송 속의 그리스도는 능력이 넘치고 생명을 주시는 분으로서 빌립보 공동체에 힘이 되시는 분이요, 인간이 보기에 능력이 없는 모습 속에서 능력을 구현하시는 분이다. 예수는, 이사야서가 말하는 종이나 유대 백성들이 말한 다른 고난 받는 의인들처럼, 하나님께 순종하여 죽기까지 하나님을 섬겼다. 그렇게 그분은 로마의 포학한 권력에 맞서기보다 그 권력을 받아들임으로써 주님이 되셨다.[37]

아울러 빌립보서의 그리스도 찬송은 그리스도가 자기를 크게 만들기보다 자기를 비움으로써 그 신성과 하나님의 능력을 표현하신 선재자라고 이야기한다. 그리스도는 자신을 영화롭게 하거나 자신에게 영예를 돌리시지 않았다. 도리어 그리스도는 이 **비움**(kenosis)이라는 행위로 말미암아 당신 아버지로부터 영예를 받으셨다. 그리스-로마 세계에 살던 사람들은 이 자기 비움을 완전한 성취이자 로마의 신 및 황제 권력과 반대되는 모습으로 보곤 했다. 그리스-로마 시대 사람들은 선한 통치자라면 단순히 자기를 더 크게 만들려고 하기보다 은혜를 베풀 줄 알고 심지어 자신까지 내어주어야 한다고 믿었다. 그러면서도 신들과 황제들(신들의 능력에 참여한 사람들)은 전능하기에 영예와 영광 같은 혜택을 누리는 게 마땅하다는 것이 그 시대 사람들이 가진 또 하나의 믿음이었다. 황제의 권력을 직접 체험한 사람들은 그 권력이 악할 수 있다는 생생한 증거를 갖게 되었다. 바울의 그리스도 내러티브는 신과 신의 능력을 자기를 크게 만들거나 흉폭하다고 보았던 모든 이해를 그 기초부터 무너뜨려 버린다. 그리스도의 십자가는 하나님의 능력이 약함과 고난과 사랑으로 이루

---

36) S. Scott Bartchy, "Undermining Ancient Patriarchy: The Apostle Paul's Vision of a Society of Siblings," *Biblical Theology Bulletin* 29 (1999): 71.
37) Seeley, "Background," 56-61을 보라.

어져 있음을 보여준다.

이런 점에서, 바울이 재해석한 하나님의 능력은 충격적이며, 그가 내놓은 재해석을 과소평가해서는 안 된다.[38] 하지만 바울은 그의 재해석 속에서 더 전통적인 입장에서 하나님의 능력을 이해한 견해들을 완전히 부인하지 않는다. 하나님의 능력은 창조에서 분명히 드러난다(롬 1:20). 하나님의 능력은 예수 부활의 원천이며 장차 있을 신자들의 부활에도 원천이 될 것이다(고전 6:14; 참고, 롬 1:4). 하나님의 능력은 성령이 바울의 사역(살전 1:5, 고전 2:4, 고후 12:12, 롬 15:19)과 그가 섬긴 공동체들의 삶 속에서(갈 3:5, 고전 12:10,28-29) 비범하게 자신을 드러내신 모습들이 잘 보여주고 있다. 그러나 우리가 바울의 성령 체험을 다룬 3장에서 발견했고 앞으로 다시 보게 되겠지만, 바울은 하나님의 능력에 관한 이런 체험들을 하나님 능력의 중심에 있는 십자가 체험과 결코 분리하지 않는다. 바울은 생명을 주는 하나님의 능력을 그리스도의 십자가 속에서, 그리고 그 십자가의 능력으로 십자가에 동참하는 삶 속에서 가장 완전하게 체험한다.

따라서 바울이 이렇게 십자가를 하나님의 능력으로 강조한다 해도, 그것이 곧 그가 하나님의 능력인 부활을 훼손하거나 평가절하하고 있다는 말은 아니다. 실제로 바울은 하나님을 "죽은 자를 살리시며 없는 것을 있는 것으로 부르시는 이"(롬 4:17)로 체험한다(그는 아브라함도 이 체험을 했다고 주장한다).

> 하나님이 주를 다시 살리셨고 또한 그의 권능으로 우리를 다시 살리시리라
> (고전 6:14)

> 그리스도께서 약하심으로 십자가에 못 박히셨으나 하나님의 능력으로 살아
> 계시니(고후 13:4상)

사실 바울의 큰 소망은 그리스도의 부활의 능력을 아는 것이다(빌 3:10). 바울이 문제 삼는 것은 생명을 창조하시고 부활시키시는 하나님의 능력이 실

---

38) 아울러 이 책 1장을 보라.

제로 존재하느냐, 이 능력을 지금 체험할 수 있느냐가 아니다. 도리어 그에게는 그 능력을 지금 **어떻게** 만나느냐가 문제다. 바울은 그 능력을 만나는 **방법**을 십자가를 본받는 삶이라고 본다. 더욱이 "부활에서 생생히 드러난 그 능력은 그냥 막연한 능력이 아니다. 십자가는 그 능력에 '**사랑의 능력**'이라는 특성을 부여한다."[39] 결국 십자가에서 발견되는 하나님의 능력은 생명을 주고 해방을 안겨주는 능력이요 하나님의 사랑이 나타난 능력이다. 이 사랑은 약하여 상처입기 쉬운 사랑이다. 이 능력은 약함 속에 존재하는 능력이다.[40] 바울은 이런 능력을 체험했다. 아울러 그는 모든 신자들이 이런 능력을 체험하길 원한다. 이제, 우리는 능력에 관한 이 두 가지 체험들, 곧 바울의 체험과 모든 신자들의 체험을 살펴보도록 하겠다.

약함 속에서 하나님의 능력을 체험한 바울

사도 바울은 고린도후서 12:10에 "내가 약한 그 때에 강함이라"라고 써놓았다. 바울이 제시하는 이 광범위한 일반 명제, 이 역설적인 주장은 정확히 무슨 의미인가? 적어도 세 가지 특별한 질문이 제기된다. (1) 바울은 어떤 면에서 자신을 약하다 여겼는가? (2) 바울은 왜 약함이 사도로서 자신이 행하는 사역에 아주 긴요하다고 생각했는가? (3) 바울은 어떤 면을 보고 자신의 약함 속에 있는 능력을 발견했는가? 바울은 몇 가지 측면에서 자신을 약하다고 이해했는데, 우리는 이런 측면들을 하나씩 살펴보도록 하겠다. 이런 측면들을 하나씩 살펴본 다음, 바울의 체험을 종합해보고 나머지 두 문제를 다뤄보도록 하겠다. 이런 논의를 전개해가는 동안, 특히 고린도후서, 그 중에서도 특별히

---

39) Charles B. Cousar, *A Theology of the Cross* (Minneapolis: Fortress, 1990), 104.
40) 바울이 강조하는 것은 "권력을 실증해보이고 강요하는 것을 기초로 한 '보통의' 현실 구조들은 현실과 대립하고 사실 파괴적이다……오직 약한 것만이 강하다는 소리를 들을 만한 가치가 있다. 오직 무능력만이 능력이다"라는 것이다(바울은 이를 고린도후서에서 가장 힘써 강조한다; Georgi, *Theocracy*, 63).

10-13장을 주목하여 살펴보겠다. 바울은 고린도후서 10-13장에서 약함과 능력이라는 문제를 가장 충실하면서도 가장 체계 있게 다루고 있다. 때문에 이 네 장은 그가 그의 서신에서 자신의 사도 사역에 관해 펼쳐놓는 내러티브들을 해석하는 열쇠가 된다.

바울 서신을 살펴보게 되면, 우리는 사도 자신의 시각으로부터 약함(astheneia)이 그의 사역을 규정하는 근본 특성이었음을 발견하게 된다. 실제로 약함은 그의 **행동 방식**이었다. 분명 바울의 사역은 자신이 청중으로부터 인정과 환영을 받고 있다는 느낌에 연연하지 않았다. 그의 성공은 때로 많은 핍박 속에서 이루어졌기 때문이다(가령, 살전 2:2). 그의 사역은 그의 신체적 강인함이나 능력은 물론이요, 심지어 정신적 힘이나 능력에도 의존하지 않았다. 그가 갈라디아 사람들을 섬길 때는 그의 몸이 아프고 약할 때였으며(갈 4:13),[41] 그가 고린도 사람들을 섬길 때는, 그 자신도 인정하듯이, 그의 마음이 피폐한 상태에 있을 때였다(고전 2:3).[42]

우리는 바울이 자신의 사도 사역을 약함이라고 이해한 연유를 다섯 가지 측면에서 찾아볼 수 있다. 그의 외모와 수사 기술, 그의 끊임없는 고난, 불가사의한 그의 "육체에 있는 가시"(고후 12:7), 그가 재정 지원을 받길 거부하고 손으로 직접 노동하여 생계를 꾸려간 점, 그리고 그의 겸손하고 유순한 태도가 바로 그것이다. 이 주제 중 두 가지(고난과 자비량)는 9장에서 이미 살펴보았다. 그러나 이번 장에서는 이 주제들을 사랑이 아니라 능력과 연관 지어 살펴보도록 하겠다.

---

41) NRSV는 "because of a physical infirmity(신체의 약함 때문에)"라고 번역했으나, "육의 약함 때문에(because of [a] weakness of the flesh)"라고 번역하는 것이 헬라어 본문(astheneian tēs sarkos)에 더 가깝다(참고, 개역개정판은 "육체의 약함으로 말미암아"라고 번역했다). "~ 때문에"라는 문구는 바울이 그가 아픈 동안에 갈라디아에서 복음을 전할 기회를 포기하기보다 오히려 그의 약함을 강함으로 받아들였다는 취지를 전달할 목적으로 채택한 것일 수 있다.

42) NRSV는 "in weakness and in fear and in much trembling(약함과 두려움과 많은 떨림 속에)"라고 번역해놓았다. 헬라어 본문은 en astheneia kai en phobō kai en tromō pollō라고 되어 있다(참고, 개역개정판은 "약하고 두려워하고 심히 떨었노라"로 번역했다).

외모와 수사 기술의 약함

바울은 상당히 허약하고 카리스마와 동떨어진 외모를 갖고 있었으며, 공중 연설과 일대일 대화의 장에서도 세련된 수사를 구사하지 못한 인물이었다. 이것이 그의 평생 동안 그를 따라 다닌 인물평이었던 같다.[43] 언변 좋은 연설가를 대단히 떠받들었던 고린도 사람들은 이런 사도의 모습을 특히 마땅치 않게 여겼을 것이다.

> 이는 내가 편지들로 너희를 놀라게 하려는 것 같이 생각하지 않게 함이라. 그들의 말이 그의 편지는 무게가 있고 힘이 있으나 그가 몸으로 대할 때는 약하고 그 말도 시원하지 않다 하니(고후 10:9-10)

바울은 재빨리 그의 사도직을 변호하면서, 동시에 그가 고린도 사람들과 함께 있을 때나 그들을 떠나 서신으로 연락할 때나 그가 말하고자 하는 의도와 전하려는 메시지는 늘 동일하다는 점을 변호한다(가령, 고후 10:11). 그러면서도 그는 본질적으로 그의 약함을 공격하는 비판자들의 비판을 결코 부인하지 않는다.

> 너희를 대면하면 유순하고 떠나 있으면 너희에 대하여 담대한 나 바울은 이제 그리스도의 온유와 관용으로 친히 너희를 권하고 또한 우리를 육신에 따라 행하는 자로 여기는 자들에 대하여 내가 담대히 대하는 것 같이 너희와 함께 있을 때에 나로 하여금 이 담대한 태도로 대하지 않게 하기를 구하노라(고후 10:1-2) 나는 지극히 크다는 사도들보다 부족한 것이 조금도 없는 줄로 생각하노라. 내가 비록 말에는 부족하나 지식에는 그렇지 아니하니 이것을 우리가 모든 사람 가운데서 모든 일로 너희에게 나타내었노라(고후 11:5-6)

---

43) 비록 외경이 전하는 이야기가 시사하는 바이지만, 이런 인물평은 그의 사후(死後)에도 마찬가지였다. 가령, 2세기에 나온 바울과 테클라 행전(Acts of Paul and Thecla) 3장은 바울을 "작은 체구, 벗겨진 머리, 구부정한 다리, 강인한 몸, 잇닿아있는 눈썹, 약간은 매부리코를 가진 사람"으로 묘사한다(Wilhelm Schneemelcher, ed., New Testament Apocrypha, trans. R. McL. Wilson [Philadelphia: Westminster, 1965], 2:353-54).

사실 바울은 일찍이 고린도 사람들에게 보낸 서신에서 자신이 그들 가운데서 정확히 약함과 눌변의 사역을 했고 또 **일부러** 그런 사역을 했노라고 쓴 적이 있었다.

> 형제들아 내가 너희에게 나아가 하나님의 증거를 전할 때에 말과 지혜의 아름다운 것으로 아니하였나니 내가 너희 중에서 예수 그리스도와 그가 십자가에 못 박히신 것 외에는 아무 것도 알지 아니하기로 작정하였음이라. 내가 너희 가운데 거할 때에 약하고 두려워하고 심히 떨었노라. 내 말과 내 전도함이 설득력 있는 지혜의 말로 아니하고 다만 성령의 나타나심과 능력으로 하여 너희 믿음이 사람의 지혜에 있지 아니하고 다만 하나님의 능력에 있게 하려 하였노라(고전 2:1-5)

> 그리스도께서 나를 보내심은 세례를 베풀게 하려 하심이 아니요 오직 복음을 전하게 하려 하심이로되 말의 지혜로 하지 아니함은 그리스도의 십자가가 헛되지 않게 하려 함이라(고전 1:17)

다시 말해, 바울은 대중 연설가로서 "카리스마가" 없는 인물이다. 그는 자신의 설교 사역을 수사 기술을 과시할 기회나 일부러 지어낸 수사 기교를 자랑할 기회로 여기지 않는데, 당시 고린도에서 흔히 발견할 수 있었던 수사 경연자들 같으면, 그런 기회로 삼았을 것이다. 바울은 자신에게 세련된 수사 기교가 없는 것은 자신의 설교에 대한 고린도 사람들의 응답이 인간의 지식이나 교묘한 감정 조종이나 수사 기교가 아니라, 하나님의 능력, 십자가의 능력에서 비롯된 결과임을 확실히 보여주기 위함이라고 단호하게 주장한다. 하지만 이 주장에 못지않게 중요한 것은 바울이 자신의 사역 스타일 때문에 십자가의 능력이 역사할 수 있을 뿐 아니라 바로 이 스타일이 십자가에 부합하는 사역 방식임을 은근히 주장하고 있다는 점이다.

바울은 하나님의 지혜와 능력을 십자가에 못 박히신 그리스도의 관점에서 정의했었다(고전 1:17-25). 이제 그는 이 이상한 재정의의 증거로서 두 가지 사실을 제시한다. 하나는 고린도 공동체의 사회경제 구조이며(고전 1:26-31),

다른 하나는 바울 자신의 사역 방식이다(고전 2:1-5). 다시 말해, 약함 속에 있는 하나님의 능력은 십자가에서 계시되었으며, 이제는 고린도 사람들의 전반적인 약함(고전 1:26-28) 내지 낮은 지위, 그리고 바울의 약함(고전 2:3)이 확인해주고 있다.

바울이 여기서 자신의 인간적 결점들이나 자신이 어떤 기술들을 갖추지 못한 것을 변명하고자 신학적 근거를 들이대고 있다고 비판하는 사람들이 있을지도 모르겠다. 그런 비판도 일부 맞는 말일지 모른다. 그러나 바울에게 중요한 것은 그의 약함 때문에 **하나님의** 능력이 드러나게 되었다는 점이다. 십자가가 곧 능력이라는 것은 어느 누구도 바울의 설교와 가르침이 거둔 성과를 성공적인 마케팅 기술(그것이 고대의 기술이든 현대 기술이든 상관없다) 덕으로 돌리지 못한다는 말이요, 오로지 하나님의 계시인 십자가의 고유한 능력에게만 그 공을 돌릴 수 있다는 것을 의미한다.

고난이라는 약함

우리가 이미 보았듯이, 바울은 그의 특별한 사역 방식이 갖는 약함 속에서 하나님의 능력이 역사하고 있음을 발견한다. 아울러 하나님의 능력은 바울이 복음과 그가 세운 공동체들을 위하여 겪은 많은 고통과 고난 속에서도 역사한다. 이런 체험들도 약함이다. 이런 체험들은 승리보다 패배, 개선이 아니라 비극의 분위기를 풍기기 때문이다. 그러나 바울은 이런 고초들 속에서도 하나님의 사랑과 능력이 나타났다고 본다.

우리가 사도로서 십자가를 본받는 사랑을 다룬 장에서 보았듯이, 바울은 이렇게 자신이 당한 고난들을 몇 차례에 걸쳐 열거한다. 고린도전서 4:8-13, 고린도후서 1:3-11, 4:7-12, 6:3-10, 11:23-33, 12:10, 그리고 로마서 8:35이 바로 그런 고난 목록들이다. 우리가 보았듯이, 그가 열거하는 고통과 고난 중에는 공중 앞에서 당한 모욕과 마음의 고통, 육체적 빈곤과 고통, 육체노동에 따른 피로, 그리고 정치적 형벌과 고문이 들어있다. 우리는 아래에서 제시한 표를 사용하여 이런 고난 체험들을 요약해볼 수 있을 것이다.

바울이 당한 고난 목록	겪은 고통과 고난을 총괄한 표현	공중 앞에서 당한 모욕과 마음의 고통	육체적 빈곤과 고통	육체노동에 따른 피로	정치적 핍박과 고문
고린도전서 4:8-13	끄트머리, 죽이기로 작정된 자, 약하다, 세상의 더러운 찌꺼기	세계에게 구경거리, 그리스도 때문에 어리석음, 비천함, 모욕을 당함, 비판을 받음	주리고 목마름, 헐벗음, 정처가 없음	수고하여 친히 손으로 일을 함	매 맞음, 박해 받음
고린도후서 1:3-11	환난, 그리스도의 고난이 넘침, 우리 자신이 사형 선고를 받은 줄 알았으니	함께 겹도록 심한 고난을 당함, 살 소망까지 끊어짐	큰 사망 (큰 사망 같은 위험)[d]		
고린도후서 4:7-12	사방으로 우겨쌈을 당함(환난을 당함), 항상 예수의 죽음을 몸에 짊어짐, 항상 예수를 위하여 죽음에 넘겨짐	답답한 일을 당함			박해를 받음, 거꾸러뜨림을 당함
고린도후서 6:3-10	환난, 궁핍, 고난, 죽은 자 같음	반동, 욕됨, 악한 이름 (명함), 속이는 자로 대우받음, 무명한 자 같음, 근심하는 자 같음	옥에 갇힘, 자지 못함, 먹지 못함, 가난함, 아무 것도 없음	수고	매 맞음, 갇힘

고린도후서 11:23-33	약하다, 약한 것	모든 교회를 위하여 염려하느라 날마다 속에 눌림이 있음, 애를 태움	사십에서 하나 빼기를 다섯 번 맞음, 한 번 돌로 맞음, 세 번 파선함, 한 주야를 깊은 바다에서 지냄(표류함), 여러 번 여행하는 중에 강과 강도와 동족(市內)과 이방인과 시내와 거짓 형제로 말미암아 위험을 당함, 여러 번 자지 못함, 주리고 목마름, 여러 번 굶음, 주위를 당함, 헐벗음	("지극히 크다는 사도들" 보다) 넘치도록 수고하며 애씀	("지극히 크다는 사도들" 보다) 더 많이 옥에 갇힘, 수없이 매를 맞음, 여러 번 죽을 뻔했음, 유대인들에게 사십에 하나 감한 매(笞)으로 다섯 번 맞음, 세 번 태장으로 맞음, 다메섹에서 잡힐 뻔했음
고린도후서 12:10	약한 것들, 능욕	능욕	궁핍		박해
로마서 8:35	환난, 곤고, 위험		기근, 적신(헐벗음)		박해, (검)*

* 검(35절)은 칼로 참수하던 로마의 관습을 가리키는 것 같다(John S. Pobee, *Persecution and Martyrdom in the Theology of Paul*, JSNTSup 6 [Sheffield: JSOT Press, 1985], 5). 바울은 로마의 참수 관습을 의하 알고 있었겠지만, 본명 그때까지는 이를 경험한 적이 없었다. (롬 8:35이 제시하는 목록은 신자들에게 다가온 위험을 나열한 목록이다. 그 위험 중 매나주는 신자들이 경험한 것들이겠으나 일부는 단지 겪을 수도 있는 것들일 수 있다. 그런 점에서, 롬 8:35 목록은 여기 표에서 제시한 다른 본문들의 고난 목록들과 약간 다르다.)

바울의 고난 목록에서 볼 수 있는 고난의 다양함과 강도는 놀랍기만 하다. 이 목록에 들어 있는 많은 고난 항목들이 강렬한 사회적 특징, 나아가 정치적 특징까지 갖고 있다는 점을 간과해서는 안 된다.[44] 그러나 이 다양한 고난 목록도 바울이 고난(또는 고난의 영성)을 바라보는 태도를 기준으로 크게 둘로 나누어볼 수 있다. 첫째, 바울은 자신을 "약하다"고 규정하면서(고전 4:10), 자신이 겪은 각 고난을 "약함"으로 간주한다. 역설적이면서도 신비롭게, 이 약함으로 말미암아 그리스도의 능력이 현실로 나타난다.

> 이것("내 육체의 가시")이 내게서 떠나가게 하기 위하여 내가 세 번 주께 간구하였더니 나에게 이르시기를 내 은혜가 네게 족하도다 이는 내 능력이 **약한** 데서 온전하여짐이라 하신지라. 그러므로 도리어 크게 기뻐함으로 나의 여러 **약한 것들**에 대하여 자랑하리니 이는 그리스도의 능력이 내게 머물게 하려 함이라. 그러므로 내가 그리스도를 위하여 **약한 것들**과 능욕과 궁핍과 박해와 곤고를 기뻐하노니 이는 내가 약한 그 때에 강함이라(고후 12:8-10, 지은이 고딕 강조)[15]

둘째, 더 구체적으로 들어가면, 바울은 자신을 사형 선고를 받은 자요 그의 몸에 예수의 죽음을 짊어진 자로 여긴다.

> 내가 생각하건대 하나님이 사도인 우리를 죽이기로 작정된 자 같이 끄트머리에 두셨으매 우리는 세계 곧 천사와 사람에게 구경거리가 되었노라(고전 4:9)

> 우리가 이 보배를 질그릇에 가졌으니 이는 심히 큰 능력은 하나님께 있고 우리에게 있지 아니함을 알게 하려 함이라. 우리가 사방으로 우겨쌈을 당하여도 싸이지 아니하며 답답한 일을 당하여도 낙심하지 아니하며 박해를 받아도 버린

---

44) 이런 목록들이 열거하는 고초들 외에도, 우리는 바울이 당한 고난에 살전 2:2에서 인용한 "큰 반대"(개역개정판은 "많은 싸움"), 갈 4:13에서 그것이 무엇인지 특정하지 않은 채 언급한 "육체의 약함", 고후 1:8-10에서 묘사하는 혹독한 "고초", 그리고 어쩌면 고전 15:32에서 언급하는 "맹수와 싸움"까지 추가할 수 있겠다. 클라우스 벵스트(Pax Romana, 73-75)는 우리가 보고 있는 본문들이 바울이 로마에서 많은 문제를 겪었다는 것을 시사한다고 주장한다.
45) 아울러 롬 5:3("우리가 환난 중에도 즐거워하나니")을 보라.

바 되지 아니하며 거꾸러뜨림을 당하여도 망하지 아니하고 우리가 항상 예수의 죽음을 몸에 짊어짐은 예수의 생명이 또한 우리 몸에 나타나게 하려 함이라. 우리 살아 있는 자가 항상 예수를 위하여 죽음에 넘겨짐은 예수의 생명이 또한 우리 죽을 육체에 나타나게 하려 함이라. 그런즉 사망은 우리 안에서 역사하고 생명은 너희 안에서 역사하느니라(고후 4:7-12)

바울의 글에서 "사형 선고"가 특히 육신의 생명을 빼앗길 위기를 지칭하는 경우는 한 번 뿐이다(고후 1:8-9). 그러나 "죽이기로 작정되었다"와 "예수의 죽음을 몸에 짊어진다"라는 바울의 은유는 실제 죽음을 언급하는 말보다 훨씬 더 광범위하고 다양한 의미를 내포하고 있다. 오히려 계속하여 죽어가는 과정 속에 있다는 은유는 사도로서 바울이 갖고 있는 근본적 자기 이해를 뚜렷하게 보여준다. 그는 "나는 날마다 죽노라"(고전 15:31)라고 주장한다. "'예수의 죽음을 몸에 짊어진다'라는 바울의 말만큼 예수의 죽음이 인간 실존에서 갖는 중요성을 극명하게 제시한 곳은 아무 데도 없다."[46] 이 은유의 언어, 특히 고린도후서 4:11에서 등장하는 언어는 갈라디아서 2:20 같은 본문에서 나오는 십자가에 못 박히신 내러티브 패턴을 되울려준다.

우리 살아 있는 자가 항상 예수를 위하여 죽음에 넘겨짐은(paradidometha)…(고후 4:11)

나를 사랑하사 나를 위하여 자기 자신을 버리신(paradontos heauton) 하나님의 아들을 믿는 믿음(또는 하나님의 아들의 믿음) 안에서 사는 것이라(갈 2:20)

따라서 이 계속되는 약함과 고난은 그리스도가 당하신 고난에 동참하여 그

---

46) Pickett, *The Cross in Corinth*, 126. 이 본문을 다룬 피케트의 논의 전체는 귀중한 가치가 있다(129-42). 이 책 5장에서 언급했듯이, 예수의 "죽음(death)" 내지 "죽어감(dying)"으로 번역된 말(nekrōsis)의 의미는 논란의 대상이 되어 왔다. 하지만 그 말이 과정으로서 "죽어감"을 의미하든, 사건으로서 "죽음"을 의미하든, 아니면 죽음에 따른 상태로서 "죽어있음(deadness)"을 의미하든, 그 말은 모두 인간 실존이 예수가 당하신 십자가형에 영원히 참여함을 의미한다는 점에서 바울에게는 똑같은 의미를 갖는다.

분과 "함께 고난을 당하는 것"이다. 바울은 로마서에서 이를 이렇게 묘사한다.

> 자녀이면 또한 상속자 곧 하나님의 상속자요 그리스도와 함께 한 상속자니 우리가 그와 함께 영광을 받기 위하여 고난도 함께 받아야(sympaschomen) 할 것이니라(롬 8:17)

똑같은 생각이 다른 본문에서도 등장한다. 그런 본문에서도 그리스도의 고난에 동참한다는 말(고린도후서와 빌립보서), 또는 그리스도의 죽음까지 "본받는다"는 말(빌립보서)을 사용한다.

> 그리스도의 고난(ta pathēmata tou Christou)이 우리에게 넘친 것 같이 우리가 받는 위로도 그리스도로 말미암아 넘치는도다(고후 1:5)

> 내가 그리스도와 그 부활의 권능과 그 고난에 참여함을(koinōnian pathēmatōn autou) 알고자 하여 그의 죽으심을 본받아(symmorphizomenos tọ thanatọ autou) 어떻게 해서든지 죽은 자 가운데서 부활에 이르려 하노니(빌 3:10-11)

이 본문들은 중요한 의미가 있다. 바울에게 십자가를 본받는 삶(물론 이 삶 속에서 겪는 일들은 육체의 고난에 국한되지 않을 것이다)은 분명히 온갖 종류의 육체적 고초들을 포함한다는 것을, 적어도 사도들에게는 그러하다는 것을 증명해주고 있기 때문이다. 그리스도와 함께 죽는다는 은유는 단지 자기를 내어주는 사랑을 가리키거나 이기적 욕망의 종식만을 가리키는 게 아니다. 이 은유 속에는 (특히 고난을 당하다/고난이라는 말이 등장할 경우에는) 십자가에 못 박히신 그리스도의 복음 때문에 겪는 다양하고 구체적인 육체의 고통들이 다 들어 있다. 바울은 이 은유의 근거, 그리고 계속하여 이 은유를 표현하는 이유가 실제 고통에 있음을 확실히 해두려 한다. 고린도 사람들은 "영광과 능력의 복음은 죽을 수밖에 없는 실존의 연약함을 그대로 보여준 사도의 사역과 어울리지 않는다는 말에 넘어갔다."⁴⁷⁾ 그러나 바울은 자신의 고통 속에서 하나님의 능력이 나타났다는 것을 체험을 통해 알고 있었다. 루이스 마틴(J. Louis Martyn)은 갈라디아서 6:17이 언급하는 바울의 몸에 있는 흔적을 주석하면서 이렇게 쓰고 있다.

> 따라서 바울의 육신은 사람들이 이 세상에서 구원자가 지금 활동하고 계심을 보여주는 표지를 발견하는 장소다……예수가 죽으심으로 구원을 베푸셨다는 기쁜 소식을 그 죽음에 기어코 참여할 수밖에 없는 한 사람(바울)이 전하고 있다. 그가 사도로서 겪는 고난은 역설적이게도 하나님이 선물로 주신 생명이 머무는 자리요, **예수가 몸소 보여주신 죽음-생명 패턴이 현존 형태다.**⁴⁸⁾

바울이 가진 "육체의 가시"라는 약함

바울의 약함을 보여주는 세 번째 형태는 그가 체험한 고통들과 밀접한 관련을 가진 것일 수 있다. 고린도후서 12장에 나오는 "육체의 가시"가 그것인데, 이 문구는 난해하기로 악명이 높다.

> 무익하나마 내가 부득불 자랑하노니 주의 환상과 계시를 말하리라……내가 만일 자랑하고자 하여도 어리석은 자가 되지 아니할 것은 내가 참말을 함이라. 그러나 누가 나를 보는 바와 내게 듣는 바에 지나치게 생각할까 두려워하여 그만 두노라. 여러 계시를 받은 것이 지극히 크므로 **너무 자만하지 않게 하시려고** 내 육체에 가시 곧 사탄의 사자를 주셨으니 이는 나를 쳐서 **너무 자만하지 않게 하려 하심이라.** 이것이 내게서 떠나가게 하기 위하여 내가 세 번 주께 간구하였더니 나에게 이르시기를 내 은혜가 네게 족하도다 이는 내 능력이 약한 데서 온전하여짐이라 하신지라. 그러므로 도리어 크게 기뻐함으로 나의 여러 약한 것

---

47) Pickett, *The Cross in Corinth*, 130.
48) J. Louis Martyn, *Galatians: A New Translation with Introduction and Commentary*, Anchor Bible 33A (New York: Doubleday, 1997), 569(고딕은 강조).

들에 대하여 자랑하리니 이는 그리스도의 능력이 내게 머물려 하려 함이라. 그러므로 내가 그리스도를 위하여 약한 것들과 능욕과 궁핍과 박해와 곤고를 기뻐하노니 **이는 내가 약한 그 때에 강함이라**(고후 12:1,6-10, 지은이 고딕 강조)

이 본문은 이미 몇 차례 언급했지만, 그 독특함 때문에 적어도 잠깐이나마 직접 살펴보고 넘어갈 필요가 있다.

바울이 말하는 "가시"의 의미를 놓고 수 세기 동안 여러 추측이 있어왔다.[49] 사람들은 대개 이 "가시"를 어떤 질병, 신체 기형, 또는 다른 가벼운 신체 질환과 연계해왔다. 이런 해석은 본문 문맥과 잘 들어맞는다. 본문에서는 "약한 것들"이라는 일반 범주 속에 "그리스도를 위하여 겪은 능욕과 궁핍과 박해와 곤고"(고후 12:10)를 포함시키고 있기 때문이다. 하지만 일부 해석자들은 종종 바울의 반대자들 속에서 이 수수께끼의 해답을 찾곤 했다. **이 바울의 반대자들이** 바울의 육체에 있는 가시를 이룬다는 게 이 해석자들의 주장이다.[50] 바울이 그 가시를 "사탄의 사자"(12:7)라 부르는 것을 보면, 이런 해석자들의 주장도 일리가 있는 것 같다. 그러나 더 근래에는 이 가시를 **메르카바** 신비 전승 속에서 자주 등장하는 천사 모양의 반대자로 보는 견해가 제시되었다. 이 반대자는 승천에 참여할 자격이 없는 자들을 공격하거나 파멸시키는 일을 한다.[51] 이 정확히 알기 힘든 말의 해답이 무엇이든, 바울이 중시하는 것은 그 가시의 정체가 아니라 그 가시가 갖는 풍성한 의미다.

우선 바울은 그 가시를 그가 자만하지 못하게 견제하는 것으로 체험한다(7절). 이 가시는 그가 아닌 하나님이 그가 한 영적 체험의 근원이라는 것을, 그리고 이 체험들은 십자가를 대치하는 것도 아니요 그 체험들 자체가 어떤 궁극적 의미를 갖는 것도 아니라는 것을 바울에게 일깨워준다. 그런가하면, 이 가시는 교육 기능을 한다. 바울에게 하나님의 은혜가 족하다는 것, 그리고 하

---

49) 이에 관한 견해들을 모두 살펴보려면, Ralph P. Martin, *Second Corinthians*, Word Biblical Commentary 40 (Waco, TX: Word, 1986), 410-23을 보라.
50) 가령, Michael L. Barré, "Qumran and the Weakness of Paul," *Catholic Biblical Quarterly* 42 (1980): 216-27.
51) 가령, C. R. A. Morray-Jones, "Paradise Revisited(2 Cor 12:1-12): The Jewish Mystical Background of Paul's Apostolate, Part 2: Paul's Heavenly Ascent and Its Significance," *Harvard Theological Review* 86 (1993): 280-83. 바울은 그런 승천을 고후 12:2-5에서도 이야기한다.

나님의 능력이 인간의 약함 속에서 나타난다는 것을 가르쳐주기 때문이다. 실제로 약함 속에 능력이 있다는 것은 바울의 체험에서 가장 중요한 부분이다. 바울의 약함으로 말미암아 하나님의 능력이 역사하고, 바울의 약함 속에서 하나님의 능력이 가장 풍성하게 존재한다. 바울이 이를 아는 이유는 그가 다만 십자가가 약함 속에 존재하는 하나님의 능력이라는 것을 알고 있기 때문이다.

후원을 거부하고 손으로 노동함으로써 드러낸 약함

1세기에 철학과 종교 영역에서 제공하는 봉사에는 보통 대가가 따랐다. 그 시대 많은 사람들의 귀에는 "값을 치른 만큼 얻는다"라는 말이 당연한 진리로 들렸을 것이다. 대가를 요구하지 않는 교사는 가르쳐줄 게 별로 없는 사람으로 보였을 것이다. 더욱이 우리가 이미 9장에서 보았지만, 적어도 상류층 사람들은 손으로 하는 노동을 하층 계급 사람들과 노예들이 하는 비천한 일로 생각했다.[52] 진정한 철학자나 종교 지도자는 자기 손으로 노동하여 생계를 꾸려가는 자리로 내려가는 굴욕을 감내하려 하지 않고 자신이 제공한 봉사에 대가를 청구하려는 사람이었다. 물론 바울도 자신이 섬기는 교회들이 그가 다른 공동체들에서 하는 일을 도와주길 기대했지만, 그래도 대가를 청구하지는 않았다. 그는 자기 손으로 일했다. 그는 일부러 이렇게 했다. 자신의 사회적 지위가 크게 추락해도 개의치 않았고, 심지어 자신의 태도를 자랑하기까지 했다. 그리스-로마 시대의 가치관에 비춰보면, 바울의 결정은 영예롭기는커녕 수치스러운 것이었다. 그는 자신의 이런 결정에 따른 대가를 치렀지만, 비판과 조롱 앞에서도 자신의 주장을 굳게 유지했다(가령, 살전 2:5-9, 고전 9:15-18, 고후 11:7-12).

---

[52] Ronald F. Hock, *The Social Context of Paul's Ministry: Tentmaking and Apostleship* (Philadelphia: Fortress, 1980); Dale B. Martin, *Slavery as Salvation: The Metaphor of Slavery in Pauline Christianity* (New Haven and London: Yale University Press, 1990), 69-70, 123-24 등등은 하류 계층과 상류 계층이 서로 다른 태도를 갖고 있었음을 강조한다.

사도로서 십자가를 본받는 사랑을 다룬 이 책 9장에서 보았듯이, 바울은 재정 지원을 거부하고 더 낮은 사회적 지위로 내려간 자기 자신의 내러티브 속에서 예수의 이야기를 온몸으로 실천하는 모습을 발견한다. 바울의 내러티브는 자신을 내어준 사랑의 이야기(살전 2:8, 고후 11:11)이며, 다른 사람들에게 폐를 끼치지 않고자 자기 권리를 포기하고 심지어 자신을 다른 사람들의 종으로 내어준 이야기다(살전 2:9, 고전 9:12,15,18-19, 고후 11:7-11, 12:13). 동시에 바울의 내러티브는 약함 속에 능력이 있음을 증언하는 이야기다.

바울이 이 문제를 진지하게 받아들이고 있는 모습은 특히 고린도후서 11장에서 확연하게 드러난다. 고린도에 있는 바울의 경쟁자들, 곧 "지극히 크다는 사도들"(고후 11:5)과 "거짓 사도들"(고후 11:13)은 (바울보다 우월하지는 않더라도) 자신들이 바울과 동등하다고 분명하게 주장한다. 그들이 바울과 달리 설교에 따른 보수를 요구한다는 점도 동등함을 주장하는 이유 중 하나였다. 이렇게 보수를 주고받음으로써 이 설교자들과 고린도 사람들 사이에는 후견과 힘을 바탕으로 한 관계가 수립되었는데, 이런 관계는 바울이 도저히 받아들일 수 없는 것이었다.

> 누가 너희를 종으로 삼거나 잡아먹거나 빼앗거나 스스로 높이거나 뺨을 칠지라도 너희가 용납하는도다. 나는 우리가 약한 것 같이 욕되게 말하노라. 그러나 누가 무슨 일에 담대하면 어리석은 말이나마 나도 담대하리라(고후 11:20-21)

이 본문을 보면, 물이 뚝뚝 떨어지는 것 같은 바울의 조롱("욕되게")이 아이러니하게도 "약하다"라는 이름표(이 이름표는 바울의 대적이나 고린도 사람들이 붙여준 것일 수도 있고, 아니면 바울 자신이 붙인 것일 수도 있다)를 받아들이는 그의 태도와 한데 어우러져 있다. 고린도후서 11장은 바울이 자랑하는 다른 약한 것들(위에서 언급한 고난들)을 열거한다. 그러나 바울은 그 가운데 어느 것도 그가 재정 지원을 거부하는 사연을 다루는 부분만큼 폭넓게 다루지는 않는다. 바울이 재정 지원을 거부한 것은 분명 바울과 고린도 사람들의 관계에서 아주 예민한 부분이다. 그러나 바울은 자기 태도를 바꾸려하지 않는다. 바울이 이렇게 완고함을 보이는 이유는 단 하나다. 그가 약함 속에서 그리스도의 능력,

십자가에서 나타난 사랑의 능력이 나타난 이야기를 본받아 살아가는 데 철저히 헌신했기 때문이다. 바울이 자신의 약한 것들을 열거하는 형식을 빌려 자화자찬하는 자기 대적들을 비꼰 것은 진정한 사도의 기준을 정의하려는 바울의 "진지한 시도"다.[53]

태도에서 나타난 약함: 겸손과 온유

바울이 말하는 약함이 단지 그에게 카리스마가 없다는 점과 그의 신체가 지닌 다양한 약점들을 언급하는 것이라고 생각하면 큰 실수다. 바울은 그리스도를 본받아 하나님과 다른 사람들을 늘 겸손과 온유로 대하는 태도를 함양했다. 이런 태도는 약함 속에 존재하는 그의 능력이 가진 또 다른 차원이다.

겸손(tapeinophrosynē)은 성경과 유대인에겐 분명 미덕이었지만, 헬라인이나 로마인에게는 미덕이 아니었다.[54] 바울은 모든 사람을 규정하는 특성인 자랑이 자기 자신이 아니라 주님에게, 또는 주님 "안에" 올바로 초점을 맞춰야 한다는 확신을 그리스도 안에서 품게 되었다("자랑하는 자는 주 안에서 자랑하라", 고전 1:31, 고후 10:17). 의롭다 하심을 얻은 것은 선물이다. 때문에 의롭다 하심을 얻었다고 자기를 자랑하는 것은 경우에 맞지 않는다(롬 3:27). 바울은 "하나님의 영광에 동참할 소망"을 진심으로 자랑한다. 그러기에 그는 그가 당하는 환난들도 자랑한다(롬 5:2-3). 물론 바울은 이 환난들을 자신의 공적(功績)으로 이해하지 않고, 도리어 겸손과 자랑, 약함과 능력을 함께 겪는 역설적 체험으로 이해한다.

바울은 사실 그의 전도 성과들과 그가 세운 모범적 교회들은 물론이요,[55] 심지어 그로 말미암아 회심자가 될 수 있는 사람들에게 폐를 끼치려 하지 아니한 것까지도 자랑할 수 있다(고전 9:15, 고후 11:10). 그러나 결국 그가 자랑하는 것은 그 자신이 아니라 그를 통하여 역사하는 하나님의 능력이다(가령, 고전

---

53) Pickett, *The Cross in Corinth*, 179.
54) 다음 장에서 제시하는 주석들을 읽어보라.
55) 롬 15:17, 고전 15:31, 고후 1:14, 7:4, 8:24, 10:12-18, 빌 2:16, 4:1, 살전 2:19-20.

3:5-9, "그런즉 심는 이나 물 주는 이는 아무 것도 아니로되 오직 자라게 하시는 이는 하나님 뿐이니라"[7절]). 심지어 그가 받은 "주님의 환상과 계시"조차도 그의 속에서 겸손한 태도, 나아가 실제로 우리가 본 것처럼, 약함의 태도가 자라게 하려고 주어진 것이었다(고후 12장). 그런 점에서, 하나님을 향한 바울의 태도는 겸손하게 하나님을 의지하고 자신의 약함을 자랑하는 태도다.

바울은 자신이 다른 사람들에게도 "그리스도의 온유와 관용"(고후 10:1)으로 다가간다고 주장한다. 그렇다고 이것을 바울이 사도로서 그가 가진 권위를 행사하길 무조건 거부했다는 의미로 받아들이면 안 된다. 그도 필요한 경우에는 사도로서 권위를 행사하려 한다(고후 10:2-11이 이를 시사한다). 그러나 그 경우에도 바울은 제멋대로 구는 자신의 양떼들을 자신이 선호하는 방법으로 다루려 한다. "너희가 무엇을 원하느냐. 내가 매를 가지고 너희에게 나아가랴. 사랑과 온유한 마음으로 나아가랴"(고전 4:21). 사실 바울이 겸손을 포기하려 할 경우, 그 이유는 단 하나다. 그가 자신의 독자들에게 살아가는 방식을 바꿔야 한다는 확신을 심어주지 못했다 하여 하나님께 부끄러운 일을 당하지 않으려는 것이 바로 그 이유다(고후 12:21). 우리가 십자가를 본받는 사도의 사랑을 다룬 장에서 보았지만, 바울은 이처럼 사도로서 자신이 지닌 무게를 과시하기보다 온유의 영인 성령 속에서 (때로는 그 온유함이 아주 완고한 모습으로 나타나기도 하지만) 활동함으로써 복음에 합당한 삶을 살아가라고 데살로니가 사람들과 빌레몬에게 촉구한다(갈 5:23).

온유와 겸손을 추구하는 것은, 아무리 그 수사가 강력하다 해도, 그리스-로마 문화의 시각에서는 약함을 추구하는 태도와 습관을 함양하는 것이다.[56] 그러나 바울은 이런 약함을 기꺼이 실천하려 하고, (역설 같지만) 이렇게 약함을 실천하는 것을 자랑한다. 이런 약함이 십자가의 겸손과 약함에 부합하기 때문이다.

---

56) 앙드레 레스너는 바울이 자신의 약한 것들을 변호하는 것을 가리켜 아이러니이면서도 필요한 "역진(逆進) 에토스(reverse éthos)" 또는 인간 특성에 맞서 제기하는 항변이라고 말한다. 적절한 말이다. 바울이 자신의 약한 것들을 변호한 것은 당대 로마의 사회와 수사에서 보통 기대할 수 있는 모습 및 관습과 정반대였기 때문이다(André Resner, Jr., *Preacher and Cross: Person and Message in Theology and Rhetoric* [Grand Rapids: Eerdmans, 1999], 83-131).

종합: 약함 속에 존재하는 사도의 능력

바울이 체험하는 약한 것들은, 바울이 볼 때, 그리스도의 능력을 실증하는 것들이다. 이런 약한 것들은 신체, 사회 또는 문화(지위와 관련된 것), 그리고 태도와 관련되어 있다.[57] 바울이 스스로 택한 것들도 있지만, 그렇지 않은 것들도 있다. 하지만 이미 위에서 언급한 본문에서 쓰고 있듯이, 바울은 자신이 체험한 모든 약한 것들을 이렇게 적절히 요약하고 있다.

> (주께서) 나에게 이르시기를 나에게 이르시기를 내 은혜가 네게 족하도다 이는 내 능력이 약한 데서 온전하여짐이라 하신지라. 그러므로 도리어 크게 기뻐함으로 나의 여러 약한 것들에 대하여 자랑하리니 이는 그리스도의 능력이 내게 머물게 하려 함이라. 그러므로 내가 그리스도를 위하여 약한 것들과 능욕과 궁핍과 박해와 곤고를 기뻐하노니 이는 내가 약한 그 때에 강함이라(고후 12:9-10)

"내가 약한 **그 때에** 강함이라." 이것은 바울의 삶에서 중심이 되는 역설적 주장이다. 바울은, 오직 자신이 약할 때에만 그리스도의 부활과 생명을 창조하시는 그리스도의 능력이 자신 안에서 그리고 자신을 통하여 역사한다고 철석같이 믿고 있다(참고, 빌 4:13). 실제로 하나님이 그리스도 안에서 해방을 안겨주시고 생명을 창조하신, 마지막 때의 계시 같은(apocalyptic) 행위는 약함 속에서 드러난 능력이다. 때문에 약함 속에 있는 사도의 능력 역시 마지막 때의 계시 같은 이 행위가 계속 이어지게 하고 그렇게 이어질 수 있도록 보장한다.

> 우리 살아 있는 자가 항상 예수를 위하여 죽음에 넘겨짐은 예수의 생명이 또한 우리 죽을 육체에 나타나게 하려 함이라. 그런즉 사망은 우리 안에서 역사하고 생명은 너희 안에서 역사하느니라(고후 4:11-12)

---

57) 피케트는 바울이 자신의 의지로 선택한 사회적 약함 내지 사회적 지위와 관련된 약함이 갖는 사회적 의미와 패러다임의 성격을 강조하려고 상당히 노력한다. 그는 (*The Cross in Corinth*에서) 바울이 몸에 지닌 약한 것들과 몸으로 체험한 것들이 바울에게 갖는 중요성을 과소평가한다.

이처럼 바울은 자신을 설명하거나 변호할 때마다 자신의 약함을 하나님의 능력이 되는 십자가에 못 박히신 그리스도의 복음에 반드시 따라올 수밖에 없는 결론이라 설명하고 변호한다. 이 필연적 역설이 바울 자신의 실존을 규정하는 본질이다. 사도로서 살아간다는 것은 매일 그 몸에 "예수의 죽음을 짊어지고" 그 자신을 "죽음에 내어주는" 삶을 살아감으로써 역설적으로 예수의 생명이 그 죽음 속에서 나타날 수 있게 하는 것이다. 십자가에서 일어난 일이 바로 그것이기 때문이다. 온 세상을 위한 예수의 죽음은 예수의 생명을 극명하게 드러내고 있었다. 이 사건을 통해, 인간의 약함이 능력으로 충만한 하나님의 약함과 만났고, 죽음의 그림자가 생명을 주는 죽음과 만났다. 그러므로 이제 바울은 십자가에 참여함으로써 하나님이 보여주신 부활의 능력을 약함과 죽음의 사역 속에서 계속 전달해간다. 이를 통해, 인생들은 변화되고, 사람들의 갈급함은 채워지며, 십자가를 본받는 공동체들이 만들어진다. 바울은 하나님의 능력이 자신의 사역 속에서 그렇게 나타난다고 증언한다. 바울은 약함 속에 있는 그의 능력 역시 그리스도의 십자가와 마찬가지로 사랑의 표현이라고 본다. "모든 것이 너희를 위함이니"(고후 4:15).

능력(권력)과 사랑: 사도는 그의 주님을 배반하고 있는가?

바울을 놓고 세상에서 말하는 "권력 과시"에 빠진 사람, "누가 뭐래도 나는 내 길을 간다"는 태도를 고집하는 사람이라고 주장하는 견해들이 가끔씩 있었다. 이를테면, 일부 해석자들은 바울이 사랑을 논한 고린도전서 13장을 순종하는 자세로 바울 자신의 방식을 본받으라는 교묘한 요구와 다를 바 없는 것으로 받아들인다.[58] 엘리자베스 카스텔리는 자기 책 전체를 할애하여 바

---

58) Elizabeth Stuart, "Love Is … Paul," *The Expository Times* 102 (1991): 264-66을 보라. 스튜어트는 "바울이 사랑을 찬송한다는 미명 아래 자기 권위를 고린도 사람들에게 강요하려 한다"고 강조하면서(264), 바울이 고린도전서 13장에서 "엄숙이라는 가면 아래 지극히 교활한 자신의

울이 권력을 추구하는 사람이라고 주장한다.[59] 이런 해석이 옳을까?

카스텔리의 저작은 바울이 말하는 "본받음이라는 개념이 바울 서신 속에서는 권력을 얻고 유지하는 전략 구실을 하고 있으며", 이 전략의 목표와 효과는 수직 위계 구조에서 권력이 갖고 있는 억압 형식을 강요하여 공동체들 속에서 "획일성(sameness)"을 만들어내는 것이라고 주장한다. 우선 바울이 획일성을 추구하고 있다는 비판부터 살펴보자. 우리가 갈라디아서 그리고 특히 고린도전서와 로마서를 살펴볼 때 보았지만, "획일성"이라는 말은 바울이 추구하는 것을 공정하게 묘사하는 말이 아니다. 적절한 다양성을 희생하고 획일성을 얻는다는 것은 사실 바울 및 그가 전한 메시지와 상반되는 것이다. 또 본받음을 권력과 연계하는 비판에도 역시 같은 반론을 제기할 수 있다. 십자가를 본받는 사도의 사랑을 다룬 9장에서 우리가 이미 논증했듯이, 자신을 본받으라는 바울의 요구는 그리스도를 따라 자기 지위를 포기하는 사랑의 패턴을 온몸으로 실천하라는 요구였다. 그렇다면 본받음이라는 말은 사랑을 표현하는 말일까 아니면 능력을 표현하는 말일까? 어쩌면 이 말은 둘을 모두 표현하는 말일 수 있지 않을까?

카스텔리의 논지를 여기서 샅샅이 다루는 것은 이번 장의 범위를 넘어가는 일이다. 하지만 우리가 바울이 사랑과 능력을 다룬 본문들을 분석해 본 결과, 사도의 생각과 체험 속에서는 그의 능력 행사가 곧 그리스도의 사랑을 표현하는 것이요, 그의 사랑 실천이 곧 그리스도의 능력을 표현하는 것이다. 다시 말해, 바울은 공동체의 삶을 자신이 제시한 기준들에 따라 규율해가려는 자신의 소망을 하나님의 뜻을 표현한 것이자, 특히 십자가를 본받고 그리스도 이야기에 신실한 공동체를 형성하고 싶어 하시는 하나님의 바람을 표현한 것이라고 본다.[60] 이런 공동체들은 서로 비슷하지만 똑같지는 않다. 각 사람들도, 비록 바울이나 그리스도를 본받긴 하지만 그래도 바울이나 그리스도와

모습을 감추고 있다"고 강조한다(265).
59) Elizabeth Castelli, *Imitating Paul: A Discourse of Power, Literary Currents in Biblical Interpretation* (Louisville: Westminster/John Knox, 1991).
60) 고린도 교회의 문제들에 바울이 보인 반응을 "능력의 또 다른 이해"인 사랑으로 다루는 글을 읽어보려면, Tomlin, *The Power of the Cross*, 11-107을 보라. 여기서 톰린은 그가 제시한 요약(98-101) 속에 카스텔리의 입장에 대한 그의 반응을 간략히 실어놓았다. 아울러 Pickett, *The Cross in Corinth*, 192-208을 보라.

똑같지 않다. 바울의 영성을 규정하는 특징은 하나님의 능력이 약함 속에서 다양하게 표현된다는 것을 긍정할 수 있는 힘이다.

그럼에도 불구하고, 바울이 일부러 능력(power)을 행사하려고 한다는 것을 다음 본문에서 분명하게 알 수 있다.

> 내가 너희를 부끄럽게 하려고 이것을 쓰는 것이 아니라 오직 너희를 내 사랑하는 자녀 같이 권하려 하는 것이라. 그리스도 안에서 일만 스승이 있으되 아버지는 많지 아니하니 그리스도 예수 안에서 내가 너희를 낳았음이라. 그러므로 내가 너희에게 권하노니 너희는 나를 본받는 자가 되라. 이로 말미암아 내가 주 안에서 내 사랑하고 신실한 아들 디모데를 너희에게 보내었으니 그가 너희로 하여금 그리스도 예수 안에서 나의 행사 곧 내가 각처 각 교회에서 가르치는 것을 생각나게 하리라. 어떤 이들은 내가 너희에게 나아가지 아니할 것 같이 스스로 교만하여졌으나 주께서 허락하시면 내가 너희에게 속히 나아가서 교만한 자들의 말이 아니라 오직 그 능력을 알아보겠으니 하나님의 나라는 말에 있지 않고 오직 능력에 있음이라. 너희가 무엇을 원하느냐. 내가 매를 가지고 나아가랴. 사랑과 온유한 마음으로 나아가랴(고전 4:14-21)

물론 바울은 여기서 능력이라는 말을 쓴다. 그러나 이 말은 하나님의 능력을 십자가에서 나타난 능력, 실제로 십자가에 못 박히신 그리스도 안에서 나타난 능력(고전 1:18-2:5, 특히 1:24)으로 규정하는 그의 정의에 비추어 이해해야만 한다. 바울이 다투는 것은 교만하고 인간의 것을 내세우는 능력이다. 이런 능력은 그리스도의 십자가를 자랑하기보다 특별하고 이 십자가와 무관한 인간의 업적들을 자랑한다. 이런 능력은 그리스도가 죽음으로 만들어내신 공동체들을 파괴한다. 사도로서 바울은 "재림"을 준비하는 일에 헌신함으로써 고린도 공동체와 그 지도자들이 진짜 심판 날에 살아남을 수 있도록 인도할 사명을 받았다(고전 3:12-17). 결국 그가 할 일은 사랑의 행위다.

이와 비슷하게, 바울은 자기 아버지의 아내와 동침한 남자의 일을 이야기하는 대목에서 사랑하는 마음을 담아 고린도 공동체의 진실성을 염려하고 그 범죄자가 마지막 때에 살아남을 수 있을지 염려한다.

> 내가 실로 몸으로는 떠나 있으나 영으로는 함께 있어서 거기 있는 것 같이 이런 일 행한 자를 이미 판단하였노라. 주 예수의 이름으로 너희가 내 영과 함께 모여서 우리 주 예수의 능력으로 이런 자를 사탄에게 내주었으니 이는 육신은 멸하고 영은 주 예수의 날에 구원을 받게 하려 함이라. 너희가 자랑하는 것이 옳지 아니하도다. 적은 누룩이 온 덩어리에 퍼지는 것을 알지 못하느냐. 너희는 누룩 없는 자인데 새 덩어리가 되기 위하여 묵은 누룩을 내버리라. 우리의 유월절 양 곧 그리스도께서 희생되셨느니라. 이러므로 우리가 명절을 지키되 묵은 누룩으로도 말고 악하고 악의에 찬 누룩으로도 말고 누룩이 없이 오직 순전함과 진실함의 떡으로 하자(고전 5:3-8)

이 본문에서, 바울은 개인과 그룹을 향한 염려를 모두 표명할 뿐 아니라,[61] 이 염려를 그가 전한 복음의 두 초점, 곧 십자가라는 과거의 사건과 재림이라는 미래의 사건으로부터 끄집어낸다.

마지막으로, 비슷한 주제들이 고린도후서 13장에서도 등장한다.

> 내가 이제 세 번째 너희에게 가리니 두세 증인의 입으로 말마다 확정하리라. 내가 이미 말하였거니와 지금 떠나 있으나 두 번째 대면하였을 때와 같이 전에 죄 지은 자들과 그 남은 모든 사람에게 미리 말하노니 내가 다시 가면 용서하지 아니하리라. 이는 그리스도께서 내 안에서 말씀하시는 증거를 너희가 구함이니 그는 너희에게 대하여 약하지 않고 도리어 너희 안에서 강하시니라. 그리스도께서 약하심으로 십자가에 못 박히셨으나 하나님의 능력으로 살아 계시니 우리도 그 안에서 약하나 너희에게 대하여 하나님의 능력으로 그와 함께 살리라. **너희는 믿음 안에서 살아가고 있는가**[62] 너희 자신을 시험하고 너희 자신을 확증하라……우리는 진리를 거슬러 아무 것도 할 수 없고 오직 진리를 위할 뿐이

---

61) 그 죄를 저지른 개인을 동정하여 관용을 베풀어야 한다고 생각하는 서구인들은 죄는 곧 부패요 병으로서 그 공동체의 생명을 위협하는 것이기에 관용을 베풀지 **말아야 한다고** 생각하는 바울의 입장에 동의하기가 힘들지도 모르겠다. Neyrey, *Paul, In Other Words*, 151-56을 보라.
62) 헬라어 본문에서는 "살아가고"라는 말이 등장하지 않는다. 이 구절은 "너희는 믿음 안에 있는가 너희 스스로 점검하라"로 번역해야 한다. 다시 말해, 그들이 믿음의 공동체인지 스스로 시험하라는 말이다(물론 그들은 믿음의 공동체다). 그리스도가 그 공동체 안에 사시기 때문이다(5절하). 그러나 십자가의 힘이라는 시험을 통과하지 못하면, 그들은 믿음의 공동체가 아니다.

니 우리가 약할 때에 너희가 강한 것을 기뻐하고 또 이것을 위하여 구하니 곧 너희가 온전하게 되는 것이라(고후 13:1-5상,8-9; 강조는 NRSV 번역)ᵉ

이 본문에서 바울은 자신과 그리스도와 하나님의 능력을 십자가의 능력이라 말하는 바울 자신의 개념과 모순되는 말을 하고 있는 것 같다. 그는 고린도에 가서 고린도 사람들의 문제를 처리할 때 능력으로 할 작정인가(4절) 아니면 약함으로 할 작정인가(9절)?

그 답은 둘 다 맞다. 바울은 말 그대로 "채찍을 휘둘러 그들을 자신이 원하는 모습으로" 만들어낼 수 없다. 바울이 할 수 있는 것은 고린도에 가서 그가 사도로서 지닌 능력, 곧 십자가에서 나타난 약함의 능력을 통해 그리스도 안에 있는 하나님의 능력을 말과 행동으로 재차 표현하는 것이다(4,9절).⁽⁶³⁾ 이보다 덜하거나 이와 다른 것은 어떤 것이든 "진리를 거스르는 것"이 될 것이다(8절). 바울이 소망하고 기도하는 것은 고린도 사람들이 십자가를 본받는 삶을 살아감으로써 하나님이 보여주신 부활의 능력이 얼마나 강한지 체험하는 것이다. 십자가를 본받는 삶을 사는 것은 고린도후서 10-12장이 묘사하는 거짓 사도들, 지극히 크다는 사도들과 다른 삶을 사는 것이요, 바울 및 그의 동역자들과 같은 삶을 사는 것이다.

바울의 관점에서 볼 때, 이 본문에서 문제 삼는 것은 바로 그리스도가 위하여 죽으시고 바울이 위하여 수고한 그 공동체의 진실함이요 구원이다. 바울 사도는 고린도 공동체를 자신이 전한 복음, 곧 하나님이 주신 십자가의 복음에 합당한 삶으로 되돌리는 데 필요한 일을 하지 않는 것을 자신이 사도로서 받은 사명을 저버리는 것이요 사랑을 행하지 않는 것으로 본다. 아울러 그런 일은 십자가에 못 박히신 그리스도의 복음이 인류를 노예로 삼는 모든 권세에 맞서 하나님이 마지막 때에 꺼내신 결정적 무기임을 깨닫지 못하는 것이 될 것이다(갈 1:4). 따라서 바울은 자신을 하나님과 함께 하는 군사로 본다. 그러나 그의 갑주는 믿음과 소망과 사랑이며(살전 5:8), 그의 전쟁 무기는 "육신에 속한 것이 아니다"(고후 10:4).

---

63) 게오르기는 바울이 고린도후서에서 "힘을 증명해보이겠다고 위협하는 말들은 변증법적 아이러니를 갖고 있다"고 적절히 언급한다(Georgi, *Theocracy*, 62).

우리가 육신으로 행하나 육신에 따라 싸우지 아니하노니 우리의 싸우는 무기는 육신에 속한 것이 아니요 오직 어떤 견고한 진도 무너뜨리는 하나님의 능력이라. 모든 이론을 무너뜨리며 하나님 아는 것을 대적하여 높아진 것을 다 무너뜨리고 모든 생각을 사로잡아 그리스도에게 복종하게 하니 너희의 복종이 온전하게 될 때에 모든 복종하지 않는 것을 벌하려고 준비하는 중에 있노라(고후 10:3-6)

바울이 볼 때, 공동체의 삶을 "통제하고 싶어 하는" 그의 바람은 더도 말고 덜도 말고 자신이 전한 복음이 그의 복음이 아니라 하나님의 복음이라는 것을, 그와 여러 공동체 안에서 역사하시는 분은 하나님이시라는 것을, 그리고 그가 전한 복음이 진실로 마지막 때에 승리를 안겨주는 무기요 "생명의 말씀"일 경우에는, 그리고 오직 그럴 경우에만 그가 견딘 고난도 견딜만한 가치가 있다는 것을 인정하는 것일 뿐이다.

그러므로 나의 사랑하는 자들아 너희가 나 있을 때뿐 아니라 더욱 지금 나 없을 때에도 항상 복종하여 두렵고 떨림으로 너희 구원을 이루라. 너희 안에서 행하시는 이는 하나님이시니 자기의 기쁘신 뜻을 위하여 너희에게 소원을 두고 행하게 하시나니 모든 일을 원망과 시비가 없이 하라. 이는 너희가 흠이 없고 순전하여 어그러지고 거스르는 세대 가운데서 하나님의 흠 없는 자녀로 세상에서 그들 가운데 빛들로 나타내며 생명의 말씀을 밝혀 나의 달음질이 헛되지 아니하고 수고도 헛되지 아니함으로 그리스도의 날에 내가 자랑할 것이 있게 하려 함이라. 만일 너희 믿음의 제물과 섬김 위에 내가 나를 전제로 드릴지라도 나는 기뻐하고 너희 무리와 함께 기뻐하리니 이와 같이 너희도 기뻐하고 나와 함께 기뻐하라(빌 2:12-18)

십자가에 못 박히셨다가 높이 올림을 받으신 그리스도의 복음이 진정 하나님의 복음이라면, 바울은 그 복음과 그 복음의 공동체를 위하여 기꺼이 자신을 "극한까지" 희생하려 한다. 그러나 바울이 철저히 하려 하지 않는 것, 또는 그가 책임지고 있는 공동체들에게 허락하지 않는 것이 있다. 그것은 바로 그가 확신하지 않는 것들이나 중요하지 않은 것들을 "통제하는" 것이다. 가령, 그는 자신이 혼인이라는 문제에 관하여 하나님의 영을 갖고 있다고 **생각하지만**(고전 7:40), 정작 그가 그 주제에 관하여 제시하는 충고는 선하고 사려 깊은 목회자의 권고와 다를 바 없다(고린도전서 7장을 보라). 그는 또 음식과 절기에 관하여 견해를 달리 하는 문화들이 그 차이를 표현하지 못하도록 통제함으로써 억지로 분열된 공동체를 통일시키는 일을 단호하게 거부하면서, 심오한 신학적 이유를 그 근거로 제시한다(로마서 14-15장을 보라). 실제로 그런 상황에서는 공동체를 통제하길 거부하는 것 자체가 바로 사랑을 행하는 것이요 능력을 행하는 것이다. 그것이 사랑을 행하는 것인 이유는 그 거부가 하나님의 사랑을 표현하기 때문이요, 그것이 능력을 행하는 것이 되는 이유는 그 거부가 로마 공동체에 전파된 복음 속에서 나타난 하나님의 뜻을 표현해주기 때문이다. 바울은 자신의 거부가 그렇게 하나님의 뜻을 표현해주길 소망한다.[64]

그렇다면 바울은 그의 공동체들을 통제하며 "획일적인 공동체로 만들려고" 시도하는가? 그는 자기 삶의 패턴을 그 공동체들에게 강요하고 있는가? 그렇다. 그는 그렇게 하고 있다. 그러나 그는 다만 그 공동체들을 십자가에 못 박히셨다가 높이 들림을 받으신 메시아 예수를 닮는 공동체로 만들려는 목표, 그 공동체들을 다양함 속에서도 통일을 이뤄내는 공동체, 사랑과 겸손과 약함의 공동체, 그리고 이런 공동체가 됨으로써 하나님의 능력을 드러내는 공동체로 만들려는 목표를 품고 그리할 뿐이다. 바울은 이것이 그가 능력 있는 사랑이요 사랑의 능력이라고 불렀던 사역의 모습이라고 생각한다.[65]

요컨대 바울의 주된 의도는 "그의 무게를 과시하거나" 심지어 그의 사도직을 변호하고 그를 찬미하는 사람들을 얻는 게 아니다. 오히려 레이먼드 피케트의 말을 빌려 표현해본다면, "사람들이 그가 사도임을 인정하느냐 마느냐는 약함과 능력이 통합된 그리스도의 패턴을 그들이 행동으로 따르느냐 마느냐보다 부차적 중요성을 갖는 관심사였다."[66] 바울은 능력을 보임으로써 자

---

64) 바울의 글에서 사랑과 능력과 계발(덕을 세움) 사이에 존재하는 연관 관계를 살펴보려면, Pickett, *The Cross in Corinth*, 192-208을 보라.
65) 아울러 Martin, *Slavery*, 141을 보라.
66) Pickett, *The Cross in Corinth*, 203을 보라.

신의 "무게(권위)"를 사용하겠다고, 사도라는 자신의 지위를 사용하겠다고 일관되게 주장했다. 그러나 그 능력의 동력원은 오직 사랑이었으며, 그 능력을 만들어낸 것도 약함 속에 있는 그리스도의 능력이었다.[67]

보통 신자들과 하나님의 능력

바울은 그리스도의 십자가를 사랑 안에서 낮은 곳으로 내려가신 그리스도의 능력이라고 본다. 그렇다면 그가 고린도 사람들과 다른 사람들에게 "전하려고" 하는 것은 실상 능력의 한 형태이긴 하지만 다시 새롭게 정의된 능력이다. 바울이 이 능력에 관하여 분명하게 말하는 부분은 얼마 되지 않는다. 그러나 우리는 그가 그의 공동체들이 체험하길 원했던 능력에 관하여 많은 것을 추론해낼 수 있다. 이렇게 추론이 가능한 이유 중에는, 그가 능력에 관하여 이야기할 때, 특히 고린도후서에서 "우리"라는 대명사를 모호하게 사용하고 있는 점(일부러 모호하게 사용한 걸까?)도 포함된다.

여기서 우리가 우리 논지들을 고려하여 능력을 "그것이 선한 것이든 악한 것이든, 사람들과/또는 역사에 의미 있는 통제력이나 영향력을 행사할 수 있는 힘"으로 정의한 사실을 되새겨주길 바란다. 루크 존슨은 신약 성경 본문들이 능력을 체험한 경우들을 이야기하고 있다고 주장했다. 초기 그리스도인들은 그들 자신을 자신들이 통제하는 게 아니라 도리어 그들을 통제하는 능력, 십자가에 못 박히셨다가 부활하신 메시아 예수로부터 연유한 능력이 사로잡은 사람들, 그 능력이 정의한 사람들로 여겼다.[68] 그렇다면 바울은 이 십자가의 능력, 십자가에 못 박히셨다가 높이 들림을 받으신 메시아 예수의 능력이 매일매일 신자들의 삶 속에서 어떻게 영향력을 행사하고 있다고 보는

---

67) 아울러 Pickett, *The Cross in Corinth*, 204-8을 보라.
68) Luke Timothy Johnson, *Religious Experience in Earliest Christianity: A Missing Dimension of New Testament Studies* (Minneapolis: Fortress, 1998), 184.

가? 이 능력은 다음 몇 가지 방식으로 신자들의 삶에 영향을 미친다.

능력은 도덕적 변화를 일으킨다(거룩함을 갖게 한다)

우리가 이미 보았듯이, 바울은 신자들이 처음 겪는 체험을 십자가를 본받는 믿음으로 본다. 이 믿음은 십자가에서 나타난 하나님 능력의 복음에 보여야 할 적절한 응답이다. 이 믿음은 신자를 하나님의 통치권 내지 하나님의 능력이 미치는 영역으로 옮겨놓는다. 이렇게 신자가 하나님의 영역으로 옮겨가면서, 십자가가 그 막을 연 새 시대의 능력이 신자들에게 역사하게 된다. 더 이상 죄는 신자를 지배하지도 않고 신자 안에 살지도 않는다. 도리어 새 능력(그리스도 자신, 또는 성령)이 신자를 다스리고 인도한다(특히 로마서 6-8장을 보라).

이렇게 영역이 바뀌고 영향을 미치는 능력이 바뀜에 따라 변화라는 결과가 나타난다. 능력이 변화를 일으킨다. 성령의 능력은 죄의 권세에 따른 결과들을 무효로 만들어버린다. 때문에 바울은 고린도 사람들에게 이렇게 쓰고 있다.

> 불의한 자가 하나님의 나라를 유업으로 받지 못할 줄을 알지 못하느냐. 미혹을 받지 말라. 음행하는 자나 우상 숭배하는 자나 간음하는 자나 탐색하는 자나 남색하는 자나 도적이나 탐욕을 부리는 자나 술 취하는 자나 모욕하는 자나 속여 빼앗는 자들은 하나님의 나라를 유업으로 받지 못하리라. 너희 중에 이와 같은 자들이 있더니 주 예수 그리스도의 이름과 우리 하나님의 성령 안에서 씻음과 거룩함과 의롭다 하심을 받았느니라(고전 6:9-11)

바울 사도는 그리스도 안에서 하나님을 받아들이는 사람들에겐 철저한 도덕적 변화가 당연한 규범이라는 점을 분명하게 이야기함과 동시에 그는 이를 절제된 어조로 표현한다("너희 중에 이와 같은 자들이 있더니"). 아니 오히려 위 본문 11절 하반절에 있는 세 개의 수동태 동사가 강조하듯이, 하나님이 받아들여 구별하신 사람들에겐 철저한 도덕적 변화가 규범이 된다고 말하는 것이

더 정확하겠다.ᶠ

자기 밖에서 유래하는 이 능력 때문에 신자들은 처음 극적 변화를 체험할 때뿐 아니라 이후 매일매일 삶 속에서도 자신을 통제할 수 있게 된다.

> 하나님의 뜻은 이것이니 너희의 거룩함이라. 곧 음란을 버리고 각각 거룩함과 존귀함으로 자기의 아내 대할 줄을 알고 하나님을 모르는 이방인과 같이 색욕을 따르지 말고…하나님이 우리를 부르심은 부정하게 하심이 아니요 거룩하게 하심이니 그러므로 저버리는 자는 사람을 저버림이 아니요 너희에게 그의 성령을 주신 하나님을 저버림이니라(살전 4:3-5,7-8)

갈라디아서 5:23을 보면, 성령의 "열매"가 드러내는 여러 차원 가운데 하나가 자기 통제(절제)다. 고대인들은 인간의 자아와 인간 공동체에 영원히 영향력을 미칠 수 있는 능력을 추구했다. 바울은 이런 추구가 하나님 아들의 능력 안에서 실현된다고 본다.

능력은 지위를 초월하고 뒤집어버린다

우리가 거듭 보았지만, 바울이 체험한 하나님 아들의 영은 십자가의 영이요, 십자가를 본받게 하는 영이다. 이것은 결국 성화의 절제의 능력을 측정하는 잣대가 십자가를 본받는 삶이라는 것을 의미한다. (비단 고대뿐만 아니라 많은 시대가 그랬지만) 고대에는 사회 지위가 통제력과 힘을 측정하는 잣대였다. 하지만 바울의 공동체들 안에 있는 신자들의 경우에는 보통 세상에서 능력(힘)을 규정하는 기준들이 거꾸로 뒤집어졌다. 인생을 변화시키는 하나님의 능력을 체험한 이들은 사회에서 높은 자들이 아니라 사회에서 낮은 자들이었다. 바울은 고린도 사람들에게 이렇게 쓰고 있다.

> 형제들아 너희를 부르심을 보라. 육체를 따라 지혜로운 자가 많지 아니하며 능한 자가 많지 아니하며 문벌 좋은 자가 많지 아니하도다. 그러나 하나님께서 세

상의 미련한 것들을 택하사 지혜 있는 자들을 부끄럽게 하려 하시고 세상의 약한 것들을 택하사 강한 것들을 부끄럽게 하려 하시며 하나님께서 세상의 천한 것들과 멸시 받는 것들과 없는 것들을 택하사 있는 것들을 폐하려 하시나니 이는 아무 육체도 하나님 앞에서 자랑하지 못하게 하려 하심이라. 너희는 하나님으로부터 나서 그리스도 예수 안에 있고…(고전 1:26-30상)

여기서 바울은 지혜로운 자와 용사, 그리고/또는 부자에게 그의 지혜와 용맹, 그리고/또는 부유함을 자랑하지 말고 여호와를 아는 지식을 자랑하라고 권면하는 예레미야 9:23-24을 그대로 되울려주면서도, 이 권면을 철저히 바꿔버린다. 바울은 하나님이 능력이 없는 자들을 택하신다고 본다. 이는 택함을 받은 자들에게 "(그들이 가진) 생명의 근원"(그들의 실존을 뒷받침하는 능력과 그들이 특별한 지위를 갖게 된 이유)이 인간의 관점에서 측정한 그들의 "능력"과 결코 상관이 없다는 것을 알려주시려는 목적 때문이다. 실제로 하나님의 능력은 "무명한 자"를 "유명한 자"로 만드신다. 하나님이 그리스도 안에서 은혜를 베푸시면, 열등함도 능력이 된다.

따라서 이 능력과 다른 것을 능력이라 말하는 모든 주장이나 이 능력 이외에 다른 능력들을 추구하는 모든 시도들은 허사가 될 뿐이다. 어쩌면 다른 모든 사회도 마찬가지겠지만, 헬레니즘 시대의 사회는 성공에 그 기초를 두고 있었다. 그러나 바울은 달랐다.

> 바울은 예수 이후로 인류가 그 본질상 경쟁과 성공, 우월함과 열등함, 군림과 복종의 통제를 받지 않게 되었다고 주장한다. 오히려 함께 죽음에서 생겨난 생명을 서로 연대하여 누리게 된 것이 인류를 통제하게 되었다는 것이 바울의 주장이다.[69]

바울의 공동체들이 성과 계급과 민족의 장벽을 초월하는 것은 바로 이런 이유 때문이다(갈 3:28). 그리스도 안에 있는 삶은 무명한 자를 유명한 자로 만

---

69) Georgi, *Theocracy*, 71.

들고 소위 유명하다는 이들을 그들보다 "열등한 자들"보다 더 중요하지도 덜 중요하지도 않은 자들로 만드는 능력에 그 근거를 두고 있다. 바울이 섬기는 공동체들에서는 그 사회가 **능력**이라 말하는 것이 아니라 약함이라 말하는 것 속에서, 약하고 무시당하는 사람들 속에서 능력을 찾아야 한다. 이 능력은 약하고 저주 받은 "무명한 자로"서 하나님의 능력을 십자가에 나타내신 그분에게 그 기초를 두고 있기 때문이다. 십자가는 "과거에 하나님이 구원을 이루신 방식이었지만, 이제 십자가는 하나님이 역사하시는 방식을 보여준다……**이제** 하나님은 **그때** 십자가에서 보여주신 패턴을 따라 일하신다. 고린도 사람들(그리고 모든 신자들)이 이제 대해야 하는 분은 십자가의 하나님이시다."[70]

더욱이 바울의 공동체들 안에서는 이렇게 하나님이 나누어주신 능력이 성령의 은사들, 곧 하나님이 은혜로 주신 선물들(charismata)을 소유하고 행사하는 모습으로 나타난다. 물론 이런 은사들에도 공동체에 기여할 수 있는 능력에 따라 위아래가 있다(고전 12:28; 참고, 14장). 그러나 모든 사람이 한 가지 은사를 소유하고 있으며, 각 은사는, 따라서 그 공동체의 각 지체는 모두 중요하고 가치가 있다. 실제로 사회에서 낮은 자가 공동체에서는 위에 있다. 이제 바울의 공동체는 지위를 초월할 뿐 아니라 지위를 뒤집어버린다.

> 각 사람에게 성령을 나타내심은 유익하게 하려 하심이라……그뿐 아니라 더 약하게 보이는 몸의 지체가 도리어 요긴하고 우리가 몸의 덜 귀히 여기는 그것들을 더욱 귀한 것들로 입혀 주며 우리의 아름답지 못한 지체는 더욱 아름다운 것을 얻느니라. 그런즉 우리의 아름다운 지체는 그럴 필요가 없느니라. 오직 하나님이 몸을 고르게 하여 부족한 지체에게 귀중함을 더하사 몸 가운데서 분쟁이 없고 오직 여러 지체가 서로 같이 돌보게 하셨느니라(고전 12:7,22-25)

바울의 공동체들 안에도 사회적 구별들은 여전히 존재한다(노예는, 적어도 불신자들의 노예는 여전히 노예다). 그러나 이 공동체들이 체험하는 가장 강력한 힘은 사회에서 낮은 자들을 사회에서 높은 자들과 갈라놓는 힘들이 아니다.

---

70) Tomlin, *The Power of the Cross*, 100.

오히려 이 공동체들은 사회 지위를 초월하고 뒤집어버리는 능력, 오직 십자가에서만 알려지고 십자가가 만들어낸 공동체들 속에서만 알려진 능력을 체험한다.

고난을 자랑하고 고난 속에 승리한다

바울은 학대받는 것을 즐기는 사람이 아니다. 그러나 그는 모든 신자들이 자기처럼 고난을 견뎌내길 기대한다. 고난을 견뎌내는 것은 사도들과 사도들의 동역자들에게만 해당하는 이야기가 아니다. "우리가 환난 중에도 즐거워하나니"(롬 5:3)의 "우리"는 분명 모든 사람을 아우르는 말이다. 로마서 8:17은 모든 사람에게 고난을 당하도록 요구하고(고난을 당하는 자들만이 진정 그리스도와 함께 한 상속자들이다), 빌립보서 1:29은 "우리"가 모든 사람을 가리킨다는 것을 실증한다(빌립보 사람들에게 은혜를 주신 것은 다만 그를 믿을 뿐 아니라 고난도 받게 하려 하심이다).[71] 어쨌든 고난은 신자들의 실존에 주어진 은혜의 일부다.

우리는 이 고난이라는 주제를 (소망을 다룬) 다음 장에서 더 깊이 있게 다시 다루어보도록 하겠다. 다만 여기서 우리가 강조하고자 하는 것은 바울이 신자들에게 고난을 당할 것을 기대하고 있듯이, 사도들과 마찬가지로 "모든 일에 넉넉히 이기는 자가 되기를"(롬 8:37) 아울러 바라고 있다는 점이다. 고난을 체험하는 것은 패배를 체험하는 게 아니라, 오히려 승리를 체험하는 것이요 능력을 체험하는 것이다. 이것이 진리일 수 있는 것은 오로지 그리스도의 십자가 속에서 하나님의 사랑이 나타나고 그 속에서 그 사랑을 체험했기 때문이요, 그리스도의 부활이 사망과 다른 모든 권세들을 정복했기 때문이다. 월터 윙크(Walter Wink)는 바울이 로마서 8:35에서 열거하는 다양한 고초들을 두고 이렇게 써놓았다.

요컨대 국가나 종교나 경제체제나 법원이나 경찰이나 군이나 여론이나 군중

---

71) 아울러 고후 1:6을 보라.

의 난동이나 동료들의 압력이 하나님을 크게 저버리는 배신행위에 우리를 강제로 연루시키려고 동원할 수 있는 모든 제재들이 그 힘을 빼앗겨버렸다. 시편 44:22이 말하는 대로, 그것들은 우리를 종일 죽일 수 있다. 그러나 그것들은 우리를 그리스도로부터 떼어놓을 수 없다. 따라서 그것들은 더 이상 우리더러 자신들을 따르라고 강요할 수 없다(36절).[72]

다시 말해, 하나님의 사랑은 하루하루 삶 속에서, 심지어 고난의 삶 속에서도 역사하는 하나님의 능력이다. 로마서 8장의 결론은 이제 신자들이 처한 상황을 이렇게 요약한다.

> 내가 확신하노니 사망이나 생명이나 천사들이나 권세자들이나 현재 일이나 장래 일이나 능력이나 높음이나 깊음이나 다른 어떤 피조물이라도 우리를 우리 주 그리스도 예수 안에 있는 하나님의 사랑에서 끊을 수 없으리라(롬 8:38-39)

다시 한 번 말하지만 "우리"라는 말은 모든 이를 아우르는 말이며, 위 39절에서는 "우리를"이 모든 이를 가리키는 말이다(참고, 빌 4:13).

능력은 십자가를 본받아 다른 사람들, 특히 가난한 자들과 "약한 자들"을 돌본다

마지막으로, 십자가를 본받는 삶의 능력으로서 바울이 자신이 섬기는 공동체들에게 전달하고 싶어 하는 능력은 십자가를 본받아 다른 사람들을 보살피는 능력, 고난을 당함으로 사랑을 베푸는 능력이다. 어쩌면 이것이 가장 중요할지도 모르겠다. 사랑은 이미 이 책 앞장들에서 길게 이야기했기 때문에 되풀이하지 않겠다. 여기에서는 다만 십자가를 본받는 사랑이 능력이 있다는 점만 강조해둘 필요가 있겠다. 그 사랑만이 효력이 있기 때문이며, 그 사랑만

---

72) Wink, *Naming the Powers*, 48.

이 인생을 선한 쪽으로 바꿔놓기 때문이다.

이를테면, 우리는 바울이 고린도 사람들에게 그들이 가진 물질을 다른 신자들과 나누도록 요구하는 것을 보았다(가령, 고린도후서 8-9장을 보라). 바울은 이렇게 물질을 나누는 것을 하나님의 은혜를 나타내는 증거요 행위라고 본다. 이런 나눔은 (영혼이) 가난한 자들을 (영혼이) 부유한 자들로 바꿔놓는다. 마찬가지로, 고린도 사람들이 하나님의 강력한 은혜가 자신들의 공동체를 지배하게 한다면, 그들이 "지금 가진 부요함"은 그들보다 가난한 예루살렘 신자들의 상황을 바꿔놓을 것이며, 십자가에서 나타난 은혜와 능력의 상호성으로 말미암아, 고린도 사람들 자신의 상황 역시 드라마처럼 더 나은 쪽으로 바뀌게 될 것이다(고후 8:13-15).

이와 유사하게, 바울은 자신이 쓴 서신들에서 희생으로 표현하는 사랑을 긍정적이고 능력이 충만한 행위, 특히 하나됨과 조화를 만들어내는 능력과 연결 짓는다. 하나됨을 만들어내는 것은 일부 바울 서신(가령, 고린도전서)의 첫째 목표요, 모든 바울 서신이 가진 목표들 가운데 하나다. 때문에 바울 서신은 십자가를 본받는 사랑을 각 공동체가 내보여야 할 능력으로 권장한다. 이 능력은 사람들이 보통 이해하는 영향력(자기 이익을 생각하는 통제력)이 아니라, **비움**(kenosis)의 능력, 자기를 낮추고 자기를 내어주는 능력이다. 그리스도의 십자가가 보여준 행위들이 바로 이런 행위들이었다. 이런 행위들이 하나님의 능력을 표현한다. 실제로 사회적 특권과 능력(힘)이 그 공동체를 규정하고 통제하게 할 경우, 그 공동체는 나뉘고 만다. 고린도 공동체가 그랬다. 고린도 공동체에는 지체들이 함께 모여 "주의 만찬"을 나누는 일이 존재하지 않았다. 오히려 그 공동체에서는 주로 사회 계급을 따라 형성된 여러 분파들이 자기들끼리 서로 다른 식탁에서 서로 다른 손님과 서로 다른 음식을 먹는 식사들이 계속되고 있었다(고전 11:17-34). 고린도 공동체에서는 이렇게 공동체의 더 가난한 지체들이나 더 약한 자들이 무시당하는 상황이 벌어지고 있었다. 이런 상황에서, 바울이 하나됨을 만들어내는 전략으로 구사한 것은 편을 드는 것, 곧 바울 자신에게 동의하거나 그와 비슷한 자들의 편을 드는 게 아니라, 더 강한 지체들이 버린 자들의 편을 드는 것이다. 바울이 이렇게 한 것은 그의 십자가 체험이 그에게 하나님이 가난하고 약한 자들 편을 드셨으며, 지금도

그러하시다는 것을 일러주고 있기 때문이다.[73]

바울이 볼 때, 그리스도와 사귐을 갖는 그리스도의 몸이라 주장하는 공동체의 지체들이 사랑으로, 특히 약한 자들을 향한 사랑으로 그들의 능력을 표현하지 않는다면, 자신들의 공동체가 그리스도의 몸이라는 주장도 말짱 헛소리일 뿐이다. 그레이엄 톰린은 바울의 글이 말하는 십자가의 능력을 연구한 책에서 이런 말로 결론을 맺고 있다.

> 십자가는 교회에서 통용되는 능력에 맞서는 반대 이데올로기(counter-ideology) 역할을 하고 있다. 그러면서, 지식보다 사랑, 부유한 자들보다 가난한 자들… 영적 과시보다 서로 세워줌을 더 생각하는 자세를 북돋아준다. 바울은 십자가에서 시작하는 신학을 은근히 권력을 추구하는 문화를 모방하는 모든 종교의 독소를 완전히 제거할 해독제로 보고 있다.[74]

결론: 약함 속에 있는 하나님의 능력

바울은 그리스도 이야기 안에서 지극히 철저한 비움 내지 무능력으로 정의되고 표현된 능력을 본다. 바울 자신의 체험은 그리스도가 보여주신 이 내러티브를 그 자신이 다시금 온몸으로 구현하고 이어서 이 내러티브를 그가 서신을 쓰고 있는 공동체들에게 전달함으로써 이 내러티브를 계속 이어가려고 시도하는 것이다. 바울은 이 내러티브를 전달받은 공동체들이 다시 능력의 공동체들이 되기를 소망한다. 여기서 능력은 그 공동체들이 속한 문화가 능력이라 이해하던 영예와 존경과 통제력이 아니라, 십자가라는 표지와 고난으로 표현하는 사랑의 능력과 약함 속에 존재하는 하나님의 능력을 가리키는

---

73) 아울러 Tomlin, *The Power of the Cross*, 96을 보라. 이 시대의 신학적 윤리학에서는 이렇게 "한 쪽 편을 드는 것"이 때로는 "가난한 사람들을 우대하는 선택"으로 알려져 있기도 하다.
74) Tomlin, *The Power of the Cross*, 101. 아울러 Pickett, *The Cross in Corinth*를 보라.

것이다. 이 역설적 능력이 이 공동체들에게 생명과 소망을 준다. 그런 점에서, 이제는 십자가를 본받는 삶의 미래를 살펴보기로 하자.

제11장 옮긴이 주

[1] *philotimia*는 '영예를 사랑하는 마음, 남들이 자신을 더 고결한 자로 생각해주도록 촉구함'이라는 의미를 가진 헬라어다. 이와 관련된 헬라어 동사로 신약 성경에서 찾아볼 수 있는 것이 *philotimeomai*다. 이 말은 '~을 자기 영예로 삼다'라는 뜻인데, 신약 성경에서는 이 말이 세 번에 걸쳐 모두 부정사로 등장하고 있다(롬 15:20, 고후 5:9, 살전 4:11). 개역개정판은 이 세 번 중 두 번(롬 15:20과 살전 4:11)은 '~하기에 힘쓰다'라는 의미로, 한 번(고후 5:9)은 '~의 마음에 들다'라는 의미로 번역해놓았다. EWNT III, 1024쪽 참조.

[2] 지은이가 인용한 NRSV 본문에서는 17절 말미에 power라는 말이 한 번 더 등장하지만, 개역개정판에서는 두 번 등장한다. 본디 헬라어 본문을 보면, 고전 1:17 말미는 "그리스도의 십자가가 헛되이 되지 않도록(hina mē kenōthē ho stauros tou Christou)"이라고 되어 있을 뿐, '능력'이라는 헬라어 *dynamis*는 등장하지 않는다. 지은이 고민이 제시한 고전 1:17-18,21-25에는 *dynamis*라는 말이 (개역개정판과 마찬가지로 18절과 24절에서) 두 번 등장할 뿐이다.

"너희 안에 이 마음을 품으라 곧 그리스도 예수의 마음이니"

빌립보서 2장 5절

12장

십자가를 본받는 삶의 소망

십자가를 본받는 삶의 미래

지금까지 우리는 바울이 믿음과 사랑과 능력을 체험한 이야기를 살펴보았다. 소망도 바울 영성의 근간을 이루는 한 차원이며, 사도가 보기에 "성령이 주신 주요 복 가운데 하나다."[1] 바울 서신을 보면, 이 "소망"이라는 말은 앞뒤 본문을 연결해주는 핵심 부분들에서 등장한다. 또 이 말은 바울이 천명하는 소위 세 "신학적 미덕들" 가운데 하나다(물론 다른 두 미덕은 믿음과 사랑이다). 실제로 바울이 쓴 서신 가운데 가장 광범위한 내용을 다루고 체계가 서 있는 서신인 로마서의 주제를 소망으로 보는 주장[2]도 제기된 적이 있는데, 다만 이 주장에는 다소 과장이 섞여 있다. 이 소망의 내용은 다양하게 표현되고 있는데, 영생, 의, 구원, 장래의 노하심을 피함, 부활, 우리 몸의 속량, 주님과 함께 있음, 하나님의 상속자요 그리스도와 함께 한 상속자가 되는 것, 그리고 영광

---

1) James D. G. Dunn, *The Theology of Paul the Apostle* (Grand Rapids: Eerdmans, 1998), 438.
2) John Paul Heil, *Romans—Paul's Letter of Hope*, Analecta Biblica 112 (Rome: Biblica Institute Press, 1987).

이 그런 내용들 가운데 포함된다.³⁾

하지만 바울 서신에서 가장 중요한, 그러면서도 동시에 혼란을 야기하는 본문 가운데 하나는 바울이 소망으로 가득한 신자들의 성령 체험을 논한 대목에서 등장한다. 로마서 8:17이 바로 그 본문이다.

> 우리가 아빠 아버지라 부르짖느니라. 성령이 친히 우리의 영과 더불어 우리가 하나님의 자녀인 것을 증언하시나니 자녀이면 또한 상속자 곧 하나님의 상속자요 그리스도와 함께 한 상속자니 **우리가 그와 함께 영광을 받기 위하여 고난도 함께 받아야 할 것이니라**(롬 8:15하-17, 지은이 고민 강조)

바울은 이 본문에서 그리스도 안에 살고 장차 그의 영광에 동참하길 소망하는 사람들에게는 고난이 절대 필요함을 시사한다. 이런 본문을 볼 때, 바울을 사디스트(sadist)나 마조히스트(masochist)로 봐야하는가? 슬픈 일이지만, 이런 결론을 내린 사람들이 일부 있었으며, 여전히 이런 결론을 내리는 사람들이 일부 있을지도 모르겠다.

하지만 바울은 고난과 소망을 긴밀하게 연결 짓는다. 사실 소망은 위에서 인용한 본문에서 시작하는 로마서 8장 후반부의 주제다. 고난은 절망을 낳는 게 아니라 미래에 있을 구원과 영광을 확실히 보장하는 것이다. 이것은 바울이 핍박과 다른 역경들로 점철된 그의 삶을 위무할 목적으로 만들어낸 희망 섞인 생각이나 정교한 철학 논리가 아니다. 오히려 바울은 고난의 불가피성과 미래에 얻을 영광의 확실성을 **신학과 영혼의 필수 요소로** 본다. 바울이 말하는 소망은 근본적으로 굴욕을 당하시고 십자가에 못 박히셨던 메시아가 결국 맞이하셨던 운명이 바울 자신, 그리고 그리스도와 함께 십자가에 못 박힌 다른 모든 이들이 결국 맞이할 운명이 되리라는 확신이다. 다시 말해, 소망은 십자가를 본받는 삶의 미래가 부활과 높이 들림이라는 확신, 한 마디로 바꿔 표현한다면 영광(이 영광이 메시아의 내러티브 패턴을 닮아가는 과정의 종착점이다)이

---

3) 예를 들면, 롬 6:23(영생), 갈 5:5(의), 살전 5:8(구원), 살전 1:10(장래의 노하심을 피함), 빌 3:11,14(부활), 롬 8:23(우리 몸의 속량), 빌 1:23(주님과 함께 있음), 롬 8:17(하나님의 상속자요 그리스도와 함께 한 상속자, 그리고 영광[고후 4:17에도 등장한다]).

되리라는 확신이다.

이번 장에서 우리는 먼저 바울이 언급한 십자가를 본받는 삶의 소망(cruciform hope)의 뿌리들을 그가 원용한 성경과 유대 전승 속에서, 그가 전한 복음 속에서, 그리고 그가 십자가에 못 박히셨다가 높이 들림을 받으신 메시아 예수를 체험한 이야기 속에서 살펴보도록 하겠다. 이 과정에서, 죽음과 생명, 굴욕을 당함과 높이 들림을 받음에 관하여 다양한 의미를 함축한 몇 가지 패턴들이 등장하게 될 것이다. 우리는 이런 패턴들을 뒤집음 패턴들(patterns of reversal)로 부를 수 있을 것이다. 물론, 우리는 (역설 같지만) 바울이 이런 뒤집음을 계속 이어지는 과정의 정점으로도 보고 있다는 것을 발견하게 될 것이다. 아울러 우리는 바울 서신이 표현하는 이 십자가를 본받는 삶의 소망이 가진 네 차원들, 곧 개인적 차원, 공동체적 차원, 보편적 차원, 우주적 차원과 십자가를 본받는 삶의 소망이 매일 삶 속에서 하는 역할을 바울의 이해와 체험을 따라 살펴보도록 하겠다.

성경과 유대 전승에 나타난 뒤집음 패턴들

바울이 가진 유대교 배경은 그에게 서로 구별되면서도 유사한 전승들을 적어도 네 가지나 제공해주었다. 이 전승들을 보면, 고난과 소망이 뒤집음(reversal)이라는 하나의 내러티브 패턴 속에서 서로 연결되어 있다. 하나님이 겸손한 자들을 높이신다는 전승, 하나님이 핍박을 받는 자들과 고난당하는 의인들을 옹호하신다는 전승, 하나님이 새 시대가 되면 메시아가 겪으신 "산고"를 결국 해결하시리라는 전승, 그리고 하나님이 죽은 자들을 다시 살리시리라는 전승이 그 네 전승들이다.

하나님은 겸손한 자들을 높이신다

먼저, 지혜서와 예언서의 전승들이 유대교의 근본적 통찰을 제공했다. 하나님은 교만한 자들과 자신을 중히 여기는 강자들을 낮추시고, 자신들이 아니라 하나님을 의지하는 겸손하고 가난한 이들을 영화롭게 하시고 높여주신다.

> 진실로 그는 거만한 자를 비웃으시며 겸손한 자에게 은혜를 베푸시나니(잠 3:34).[4]

> 주님을 두려워하는 사람들은 그분의 말씀에 순종하고 주님을 사랑하는 사람들은 그분의 계명을 지킨다……너는 들어라. 매사를 유순하게 처리하여라. 그러면 하나님께서 인정하시는 사람들에게 사랑을 받으리라. 훌륭하게 되면 될수록 더욱더 겸손하여라. 주님의 은총을 받으리라. (세상에는 높고 귀한 사람이 많다. 그러나 하나님은 당신의 오묘함을 겸손한 사람에게만 드러내신다.) 주님의 능력은 위대하시니 비천한 사람들에 의하여 그 영광은 빛난다(집회서 2:17, 3:17-20)[5][1]

> 오만은 주님을 저버리는 데서 시작되고 사람의 마음이 창조주에게서 멀어질 때 생긴다. 오만은 죄의 시작이므로 오만에 사로잡힌 자는 악취를 낸다. 그러므로 주님께서는 이런 자들에게 엄청난 벌을 내리시며 그를 멸망시키신다. 주님께서는 군주들을 그 권좌에서 몰아내시고 그 자리에 온유한 사람들을 앉히신다. 주님께서는 오만한 민족을 뿌리째 뽑아내시고 그 자리에 겸손한 사람들을 심으신다(집회서 10:12-15)

> 주께서 곤고한 백성은 구원하시고 교만한 눈은 낮추시리이다……온유한 자를

---

4) 벧전 5:5은 이 본문에 변경을 가하여 이렇게 인용한다. "하나님은 교만한 자를 대적하시되 겸손한 자들에게는 은혜를 주시느니라." 아울러 마 23:12도 참고하라. "누구든지 자기를 높이는 자는 낮아지고 누구든지 자기를 낮추는 자는 높아지리라."

5) 시락(Sirach)의 아들 예수의 지혜로도 알려져 있는 시락서 또는 집회서는 주전 200년경 또는 그보다 조금 뒤에 예루살렘에서 기록되었다. 19절을 괄호로 묶어놓은 이유는 이 구절이 모든 사본에서 빠져 있기 때문이다.

정의로 지도하심이여. 온유한 자에게 그의 도를 가르치시리로다(시 18:27, 25:9)

여호와께서는 자기 백성을 기뻐하시며 겸손한 자를 구원으로 아름답게 하심이로다. 성도들은 영광 중에 즐거워하며 그들의 침상에서 기쁨으로 노래할지어다(시 149:4-5)

하나님은 핍박받는 의인들을 옹호하신다

둘째도 첫째와 비슷한 것이지만, 시편의 시 중에는 하나님을 섬기다가 핍박을 받는 사람들을 구해달라는 호소, 그리고 (늘) 그들을 인정해달라는 호소를 담은 시가 많다. 그 예는 많지만, 그 중 몇 개만 인용해도 충분할 것이다.

여호와 나의 하나님이여 주의 공의대로 나를 판단하사 그들이 나로 말미암아 기뻐하지 못하게 하소서. 그들이 마음속으로 이르기를 아하 소원을 성취하였다 하지 못하게 하시며 우리가 그를 삼켰다 말하지 못하게 하소서. 나의 재난을 기뻐하는 자들이 함께 부끄러워 낭패를 당하게 하시며 나를 향하여 스스로 뽐내는 자들이 수치와 욕을 당하게 하소서. 나의 의를 즐거워하는 자들이 기꺼이 노래 부르고 즐거워하게 하시며 그의 종의 평안함을 기뻐하시는 여호와는 위대하시다 하는 말을 그들이 항상 말하게 하소서. 나의 혀가 주의 의를 말하며 종일토록 주를 찬송하리로다(시 35:24-28)

하나님이여 나를 판단하시되 경건하지 아니한 나라에 대하여 내 송사를 변호하시며 간사하고 불의한 자에게서 나를 건지소서(시 43:1)

위 시들보다 다소 덜 낙관적이고 더 큰 분노를 담고 있으면서도 소망을 잃지 않는 시가 시편 44편이다. 바울은 이 시를 인용하게 된다(롬 8:36).

우리가 종일 하나님을 자랑하였나이다. 우리는 하나님의 이름에 영원히 감사하리로다. 그러나 이제는 주께서 우리를 버려 욕을 당하게 하시고 우리 군대와 함께 나아가지 아니하시나이다. 주께서 우리를 대적들에게서 돌아서게 하시니 우리를 미워하는 자가 자기를 위하여 탈취하였나이다. 주께서 우리를 잡아먹힐 양처럼 그들에게 넘겨주시고 여러 민족 중에 우리를 흩으셨나이다……이 모든 일이 우리에게 임하였으나 우리가 주를 잊지 아니하며 주의 언약을 어기지 아니하였나이다. 우리의 마음은 위축되지 아니하고 우리 걸음도 주의 길을 떠나지 아니하였으나…우리가 종일 주를 위하여 죽임을 당하게 되며 도살할 양 같이 여김을 받았나이다. 주여 깨소서. 어찌하여 주무시나이까. 일어나시고 우리를 영원히 버리지 마소서……일어나 우리를 도우소서. 주의 인자하심으로 말미암아 우리를 구원하소서(시 44:8-11,17-18,22-23,26)[6]

마카베오하(下) 7장은 고난을 당할 때도 믿음을 지키는 신실한 자들이 품고 있는 이 소망이라는 주제를 의미심장하게 전개해가면서, 그들의 신앙을 지키고 타협을 거부하다 안티오쿠스 4세 에피파네스(재위 175-164 BC)[2] 시대에 죽은 사람들을 하나님이 옹호하시고 부활시켜주시리라는 유대인의 소망을 피력한다. 일곱 형제와 그들의 모친은 순교했다. 그들은 고문을 당한 끝에 죽음을 앞두고 안티오쿠스에게 이렇게 말한다.

> 마지막 숨을 거두며 그(일곱 아들 가운데 둘째 아들)는 이렇게 말하였다. "이 못된 악마, 너는 우리를 죽여서 이 세상에 살지 못하게 하지만 이 우주의 왕께서는 당신의 율법을 위해 죽은 우리를 다시 살리셔서 영원한 생명을 누리게 할 것이다." … 그(넷째 아들)는 죽는 마지막 순간에 왕에게 다음과 같이 말하였다. "나는 지금 사람의 손에 죽어서 하나님께 가서 다시 살아날 희망을 품고 있으니 기꺼이 죽는다. 그러나 너는 부활하여 다시 살 희망은 전혀 없다." … 그 어머니의 행동은 놀라운 것이었고, 모든 사람이 길이 기억할 만한 훌륭한 것이었다. 어머니는 단 하루 동안에 일곱 아들이 모두 죽는 것을 지켜보고서도 주님께 희망을 걸고 있었기 때문에 그 아픔을 용감하게 견디어냈다……이렇게 하여 젊은

---

6) 솔로몬의 지혜서 2:12-20은 불의한 자들이 이 소망을 비웃는다고 말한다. 이 본문은 분명 사 52:13-53:12에 근거하고 있다.

이(막내 아들)는 더럽혀지지 않고 오로지 주님만을 믿으면서 죽어갔다(마카베오 하 7:9,14,20,40)[7]

히브리/구약 성경에서 이사야 52:13-53:12만큼, 서로 긴밀하게 연결되어 있는 하나님의 변호하심(vindication)과 하나님의 높이심(exaltation)이라는 두 주제가 함께 등장하면서도 이 주제들을 생생하게 표현하고 있는 곳이 없다. 우리는 이 이사야 본문이 바울의 그리스도 찬송(빌 2:6-11)에 끼친 영향을 살펴보았지만, 아래에서 이 주제를 다시 다뤄보도록 하겠다. 우리는 잠시 동안 이 네 번째 종의 찬송 전체를 간략하게 살펴보면서, 이 본문과 구조가 구현하고 있는 주된 이미지를 살펴보겠다. 그 이미지는 그 종이 죄가 없으나 하나님의 뜻에 따라 죄인들을 대신하여 고난을 당한 뒤 이후에 하나님이 그를 높이신다는 것을 표현한다. 이 이사야 본문을 다음과 같은 방법으로 표시하여 이 본문이 이런 이미지를 표현할 때 구사한 문학 기법을 강조해보도록 하겠다.

- 본문에서 고난을 당하고 굴욕을 당하는 것과 관련된 핵심 문구들은 <u>밑줄</u>을 그었다.
- 본문에서 높이심과 관련된 핵심 문구들은 **굵은 글씨**로 표시했다.
- 본문에서 그 종이 무죄임을 시사하는 핵심 문구들은 *이탤릭체*로 표시했다.
- 본문에서 다른 사람들에게 미치는 구원의 효과를 담은 핵심 문구들은 ***굵은 이탤릭체***로 표시했다.
- 본문에서 굴욕을 당함과 높이심 사이의 연관 관계를 보여주는 핵심 단어들은 ***굵은 이탤릭체***로 표시하며 <u>밑줄</u>을 그었다.

---

[7] 유대교 안에서 의로운 순교자들이 품고 있는 종말론적 소망이 어떻게 전개되고 있는지 살펴보려면, John S. Pobee, *Persecution and Martyrdom in the Theology of Paul*, JSNTSup 6 (Sheffield: JSOT Press, 1985), 41-45를 보라.

52:13 보라 내 종이 형통하리니
받들어 높이 들려서
지극히 존귀하게 되리라.
14 전에는 그의 모양이 타인보다 상하였고
그의 모습이 사람들보다 상하였으므로
많은 사람이 그에 대하여 놀랐거니와,
15 그가 나라들을 놀라게 할 것이며
왕들은 그로 말미암아 그들의 입을 봉하리니
이는 그들이 아직 그들에게 전파되지 아니한 것을 볼 것이요
아직 듣지 못한 것을 깨달을 것임이라.
53:1 우리가 전한 것을 누가 믿었느냐.
여호와의 팔이 누구에게 나타났느냐.
2 그는 주 앞에서 자라나기를 연한 순 같고
마른 땅에서 나온 뿌리 같아서,
고운 모양도 없고 풍채도 없은즉
우리가 보기에 흠모할 만한 아름다운 것이 없도다.
3 그는 멸시를 받아 사람들에게 버림 받았으며
간고를 많이 겪었으며 질고를 아는 자라.
마치 사람들이 그에게서 얼굴을 가리는 것 같이
멸시를 당하였고 우리도 그를 귀히 여기지 아니하였도다.
4 그는 실로 *우리의 질고를 지고*
우리의 슬픔을 당하였거늘,
우리는 생각하기를 그는 징벌을 받아
하나님께 맞으며 고난을 당한다 하였노라.
5 그가 찔림은 *우리의 허물 때문이요*
그가 상함은 *우리의 죄악 때문이라*.
그가 징계를 받으므로 *우리는 평화를 누리고*
그가 채찍에 맞으므로 *우리는 나음을 받았도다*.
6 우리는 다 양 같아서 그릇 행하여
각기 제 길로 갔거늘

여호와께서는 우리 모두의 죄악을
그에게 담당시키셨도다.
⁷ 그가 곤욕을 당하여 괴로울 때에도
그의 입을 열지 아니하였음이여.
마치 도수장으로 끌려가는 어린 양과
털 깎는 자 앞에서 잠잠한 양 같이
그의 입을 열지 아니하였도다.
⁸ 그는 곤욕과 심문을 당하고 끌려갔으나,
그 세대 중에 누가 생각하기를
그가 살아있는 자들의 땅에서 끊어짐은
마땅히 형벌 받을 내 백성들의 허물 때문이라 하였으리요.
⁹ 그는 강포를 행하지 아니하였고
그의 입에 거짓이 없었으나,
그의 무덤이 악인들과 함께 있었으며
그가 죽은 후에 부자와 함께 있었도다.
¹⁰ 여호와께서 그에게 상함을 받게 하시기를 원하사
질고를 당하게 하셨은즉
그의 영혼을 속건제물로 드리기에 이르면
그가 씨를 보게 되며 그의 날은 길 것이요
또 그의 손으로 여호와께서 기뻐하시는 뜻을 성취하리로다.
¹¹ 그가 자기 영혼의 수고한 것을 보고
만족하게 여길 것이라.
나의 의로운 종이 자기 지식으로 *많은 사람을 의롭게 하며*
또 그들의 죄악을 친히 담당하리로다.
¹² 그러므로 내가 그에게 존귀한 자와 함께 몫을 받게 하며
강한 자와 함께 탈취한 것을 나누게 하리니,
이는 그가 자기 영혼을 버려 사망에 이르게 하며
범죄자 중 하나로 헤아림을 받았음이니라.
그러나 그가 *많은 사람의 죄를 담당하며*
범죄자를 위하여 기도하였느니라

이 본문에서 중심이 되는 것은 글의 구조다. 이 글의 구조는 본문이 제시하는 이미지 및 이 이미지가 증언하려고 하는 신학적 실체와 일치한다. 이 본문을 시작하는 구절들(52:13-15)은 하나님이 높이신다는 주된 주제를 천명하는 역할을 한다. 이 본문은 비록 많은 부분이 굴욕을 당하고 고난을 당하는 모습을 묘사하고 있지만, 시작하는 부분이 천명하듯이, 결국 승리의 찬송이다. 이어 등장하는 본문의 주된 부분(53:1-12)은 그 종이 무죄임을 묘사하는 부분, 종이 고난을 겪음으로 구원을 베푸는 부분(53:1-9), 그리고 하나님이 그 종을 높이셔서 그 종을 인정하는 반응을 보이시는 부분(53:10-12)으로 나뉜다. 본문은 하나님이 주시는 보상을 죄 없이 죄인들을 대신하여 겪은 고난의 결과로 거듭거듭 분명하게 묘사하고 있다.[8] 이를 통해 알 수 있듯이, 하나님이 그 종을 높이신다고 선언하신 경우에도 그가 당한 굴욕은 결코 잊지 않으신다. 여기서 하나님은 겸손하고 핍박 받는 그(그의 진짜 정체가 무엇이든 상관없다[그는 이스라엘일 수도 있고 선지자나 다른 개인 등등일 수 있다])를 진실로 옹호하신다. 그가 하나님의 뜻을 행하였기 때문이다.

여기서 어떤 유대인도 십중팔구 이 인물(고난당하는 종)을 메시아로 여기지 않았으리라는 점을 언급해두어야겠다. 오히려 유대인들은 그를 하나님의 대의와 하나님의 백성을 위하여 어떤 식으로든 죽음을 당한 순교자나 다른 영웅으로 여겼을 가능성이 더 높다. 위에서 언급했듯이, 의로운 순교자라는 이미지는 유대교 내에서(그리고 이후에는 초기 기독교 안에서도) 중요한 자리를 차지하게 되었다. 하지만 오로지 예수의 초기 제자들과 초기 해석자들만이 예수의 자기 이해에 상응하여 고난당하시는 메시아라는 이미지를 전개하게 된다. 이때 이들은 거듭하여 이사야 52:13-53:12을 언급하게 된다.

하나님이 메시아의 비애에 마침표를 찍으신다

사실, 바울은 예수의 사명을 이사야서가 제시한 네 번째 종의 찬송에 비

---

8) 탁월한 논의를 담고 있는 Richard Bauckham, *God Crucified: Monotheism and Christology in the New Testament* (Grand Rapids: Eerdmans, 1998), 47-51, 59-61을 보라.

추어 읽고 있지만, 동시에 그는 이 사명을 유대교가 고난과 소망에 관하여 제시하는 세 번째 모티프에 비추어, 다시 말해 "메시아의 비애(고뇌, messianic woes)"라는 맥락에서도 읽어내고 있다. 마지막 때의 계시와 관련된 사상(묵시사상, apocalyptic thought; 이 사상의 중심 교의는 하나님이 이 악한 시대를 끝내시고 평화와 의의 새 시대를 건설하시고자 이 세상으로 뚫고 들어오실 때가 임박했다는 것)의 발전은 이 메시아의 비애라는 주제에 유대인들이 생각하는 고난 개념을 더해주었다. 여기에서 영광스러운 미래의 하나님 나라가 도래(그날이 오면 죽은 의인들이 부활하여 생명을 얻고 악을 행한 자들이 벌을 받게 될 것이다)하기 전에 하나님의 백성들이 혹독한 고난과 고통을 겪는 시기가 임하리라는 확신이 생겨났다.

> 그때에 네 민족을 호위하는 큰 군주 미가엘이 일어날 것이요 또 환난이 있으리니 이는 개국 이래로 그때까지 없던 환난일 것이며 그때에 네 백성 중 책에 기록된 모든 자가 구원을 받을 것이라. 땅의 티끌 가운데에서 자는 자 중에서 많은 사람이 깨어나 영생을 받는 자도 있겠고 수치를 당하여서 영원히 부끄러움을 당할 자도 있을 것이며 지혜 있는 자는 궁창의 빛과 같이 빛날 것이요 많은 사람을 옳은 데로 돌아오게 한 자는 별과 같이 영원토록 빛나리라. 다니엘아 마지막 때까지 이 말을 간수하고 이 글을 봉함하라. 많은 사람이 빨리 왕래하며 지식이 더하리라(단 12:1-4)

하나님이 죽은 자들을 일으키신다

앞의 두 부분에는 각각 부활을 이야기하는 본문들이 들어있었다. 방금 위에서 언급한 다니엘 12:2-3과 마카베오하의 일부가 그런 본문들이다.

> 그(넷째 아들)는 죽는 마지막 순간에 왕에게 다음과 같이 말하였다. "나는 지금 사람의 손에 죽어서 하나님께 가서 다시 살아날 희망을 품고 있으니 기꺼이 죽는다. 그러나 너는 부활하여 다시 살 희망은 전혀 없다"(마카베오하 7:14; 참고, 7:23)

이 본문들은 그 연대가 주전 2세기로 거슬러 올라가며, 대다수 선지서들보다 나중에 전개된 일들을 대변하고 있는 것으로 보인다. 학자들은 구약 성경 안에 부활이라는 주제가 존재하는가를 놓고 논쟁을 벌이고 있다. 그러나 설령 그 주제가 구약 성경 안에 존재한다 하더라도, 이스라엘 민족의 삶 속에서는 부활이 두드러진 테마가 아니었던 것으로 보인다.

부활을 이야기하는 본문에는 다니엘 12:2-3 외에 이사야 26:19(이 본문의 연대 역시 논쟁 대상이다)도 있다.

> 주의 죽은 자들은 살아나고 그들의 시체들은 살아나리이다. 티끌에 누운 자들아 너희는 깨어 노래하라. 주의 이슬은 빛난 이슬이니 땅이 죽은 자들을 내놓으리로다(사 26:19)

고대 이스라엘이 믿었던 것들이 정확히 무엇이든, 부활을 믿는 신앙의 원료는 하나님이 신실한 자들을 무덤으로부터, 특히 스올(Sheol)로부터 지켜주시리라는 소망 속에(가령, 시 6:4-5, 16:10), 하나님이 이스라엘의 포로로 끌려간 처지에서 구해주심으로써 그 민족을 죽은 자들로부터 부활시켜주시리라는 소망 속에(겔 37장, 특히 12절을 보라) 존재하고 있었다.

바울 시대에는 이런 소망들이 더 구체적인 것이 되었지만, 분명 고정된 단일체로 형성되어 있지는 않았다. 초기 유대교에는 사람의 불멸을(몸의 부활뿐 아니라 영혼의 불멸까지) 바라는 소망들이 다양하게 존재했다. 솔로몬의 지혜서[b], 바룩2서[c], 에녹1서[d]와 같은 기록들이 이런 사실을 증언한다. 예수와 바울이 살던 세기에 바리새인들이 그들 자신을 사두개인과 구별하던 기준 중의 하나도 그들은 죽음으로부터 부활을 인정한다는 것이었다. 이는 신약 성경과 요세푸스(Josephus, 37?~100?)[e]가 모두 증언하고 있다.[9] 복음서들도 1세기에 죽은 자들의 부활 문제가 "미확정인 채 논쟁 중"이었다는 사실을 증언하고 있다.

바울도 바리새인으로서 부활에 관한 이런 확신을 물려받은 사람이었다. 동시에, 그는 우리가 간략히 살펴본 모티프들로서 고난을 소망과 연결시키는

---

9) 가령, 행 23:6-8(참고, 막 12:18과 그 평행 본문들); Josephus, *Jewish War* 2. 163-66; *Antiquities* 18. 12-17(『요세푸스』, 전4권, 생명의 말씀사 역간).

모티프들을 물려받은 사람이기도 했다. 바울의 천재적 창조성은 이런 전승들을 종합한 뒤에 이것들을 바울 자신이 십자가에 못 박히셨다가 부활하셔서 높이 들림을 받으신 메시아 예수를 체험한 이야기에 비추어 다시 배열하고 만들어내는 그의 능력에서도 일부 나타나고 있다.[10]

메시아의 뒤집음 패턴

믿음, 사랑, 그리고 심지어 능력과 달리, 바울은 소망을 그리스도의 속성을 이루는 특질로 분명하게 이야기하지 않는다. 가령 바울의 글을 살펴보면, "그는 그 앞에 있는 기쁨을 위하여 십자가를 참으사 부끄러움을 개의치 아니하시더니"라고 말하는 히브리서 12:2처럼 분명하게 이야기하는 본문이 없다. 하지만 바울 서신 전체, 그리고 히브리서를 포함한 신약 성경의 나머지 부분을 살펴보면, 뒤집음 패턴이라는 일관된 기독론 내러티브 패턴(죽음에 이어 부활이 뒤따르고, 굴욕을 당함에 이어 높이 들림이 뒤따르는 패턴)이 존재하고 있다.[11] 이는 곧, 바울이 소망이라는 "미덕" 자체를 그리스도 내러티브 안에서 발견하고 있지 않더라도, 그가 소망의 실질(substance)을 그리스도의 굴욕을 당함-높이 들림 패턴 속에서 찾아내고 있음을 의미하는 것이다.

이 뒤집음 패턴이라는 내러티브 패턴을 두 패턴이 서로 긴밀하게 연결되어 있는 것으로 보는 것이 더 정확하고 도움이 된다. 두 패턴 중 하나는 죽음 뒤에 부활이 따르는 패턴이며, 다른 하나는 굴욕을 당함 뒤에 높이 들림이 뒤

---

10) 데일 마틴(*Slavery as Salvation: The Metaphor of Slavery in Pauline Christianity* [New Haven and London: Yale University Press, 1990], 130)은 굴욕을 당함-높이 들림 패턴이 고대 노예제를 묘사한 일부 글에서도 나타난다고 지적한다. 이 글들을 보면, 노예들이 위에 있는 사회 계층으로 이동하거나 자유를 얻는다. 이런 글들은 바울의 체험 및 사상과 평행을 이루는 내용들을 제공하긴 하지만 위에서 논의한 전승들과 달리, 바울의 자기 이해에서 중심을 이루고 있는 것 같지는 않다.
11) 사실, 히 12:2은 위에서 인용한 본문을 "하나님 보좌 우편에 앉으셨느니라"라는 말로 끝맺는다. 이 패턴은 초기 기독교의 설교와 체험을 구성하는 패턴이었던 것으로 보인다. 살전 1:6의 "기쁨"은 예수를 가리키는 말이었을 수도 있다.

따르는 패턴이다. 두 패턴은 분명 바울보다 앞서 존재했던 것이요, 바울 이후에도 살아남은 패턴이다. 그러나 초기 그리스도인들 가운데 바울만큼 이 패턴들을 완벽하게 활용한 이는 거의 없었다.

죽음-부활

바울이 자주 인용하는 바울 이전의 초기 전승들은 이미 예수의 죽음과 부활을 아주 자연스럽게 신경 형태를 띤 글로 모아놓았다. 가령, 바울은 로마서 4:24-25에서 대다수 학자들이 바울 이전에 나온 것이라고 생각하는 간단한 죽음-부활 내러티브를 인용하고 해석한다.

> 의로 여기심을 받을 우리도 위함이니 곧 예수 우리 주를 죽은 자 가운데서 살리신 이를 믿는 자니라. 예수는 우리가 범죄한 것 때문에 내줌이 되고(paredothē) 또한 우리를 의롭다 하시기 위하여 살아나셨느니라(롬 4:24-25)

이 본문에서 특히 중요한 점은 예수가 절대적으로 수동적인 입장에서 그 역할을 수행하고 계신다는 점이다. 예수는 "내줌이 되고" 또 "살아나셨다." 예수를 살리신 분은 분명히 하나님이시다.[12] 그러나 예수를 "내준" 주체는 분명하지 않다. 적어도 위에서 인용한 로마서 본문 자체에서는 바울이 해석의 범위를 더 넓혀 그 주체까지 언급하고 있지는 않기 때문이다. 그 주체는 가룟 유다, 또는 널리 사람들 전체, 또는 하나님이었을 수 있다. 로마서의 나머지 부분(특히 롬 3:21-26, 5:6-8, 8:3-4,32)에 비춰보면, 바울은 자기 청중들이 이 예수를 죽음에 내준 이도 하나님으로 추정하기를 원하고 있는 게 거의 확실하다.[13]

---

12) 바울은 보통 하나님이 예수를 부활시키셨다고 말한다. 그러나 그는 롬 14:9("그리스도께서 다시 살아나셨으니")과 살전 4:14("예수께서 다시 살아나심을")에서는 예수를 부활을 가리키는 능동 동사의 주어로 제시한다.

13) 바울은 이 각 본문에서 하나님이 그리스도의 죽음을 주도하셨다고 강조한다. 바울이 롬 8:32에서 구사하는 언어는 특히 그 점을 잘 이야기하고 있다. 이 롬 8:32에서 수동태로 등장하는 동사(paradidōmi)가 롬 4:25, "자기 아들을 아끼지 아니하시고 우리 모든 사람을 위하여 내주신 (hyper hēmōn pantōn paredōken auton) 이가 어찌 그 아들과 함께 모든 것을 우리에게 주시지 아니

따라서 그리스도의 죽음과 부활은 모두 하나님의 뜻과 능력에 따른 결과다. 이 두 사건에서는 하나님의 뜻이 표현되고 있으며, 이 뜻은 이 두 사건과 결코 분리될 수 없다. 또 인간의 구원도 이 두 사건과 연결되어 있으며, 역시 이 두 사건과 결코 분리할 수 없다.[14]

이와 비슷하게, 바울은 고린도 사람들에게 몸의 부활의 필요성과 그 의미에 관하여 논증하고 있는데(고린도전서 15장을 보라), 이 논증은 바울 자신과 고린도 사람들이 공유하고 있는 그리스도의 죽음과 부활에 관한 확신을 그 전제로 삼고 있다.

> 내가 받은 것을 먼저 너희에게 전하였노니 이는 성경대로 그리스도께서 우리 죄를 위하여 **죽으시고 장사 지낸 바 되셨다가** 성경대로 사흘 만에 **다시 살아나사** 게바에게 **보이시고** 후에 열두 제자에게와 그 후에 오백여 형제에게 일시에 보이셨나니 그 중에 지금까지 대다수는 살아 있고 어떤 사람은 잠들었으며(고전 15:3-6, 지은이 고딕 강조)

아주 오랜 기독교 신경에서 발췌한 내용을 담은 이 본문에는 신경의 핵심 "조항", 곧 신경이 확실하게 천명하는 명제들이 네 개 들어 있는데, 이 넷은 위 본문의 주된 동사인 "죽으셨다", "장사 지낸 바 되셨다", "다시 살아나셨다", 그리고 "보이셨다"와 일치한다.[15] 이 네 동사들은 예수의 죽음과 관련된 두 동사

하겠느냐"에서는 능동태로 등장한다. 아울러 롬 3:24-25("이 그리스도 예수를 하나님이 그의 피로써 믿음으로 말미암은 화목제물로 세우셨으니"), 롬 5:8("우리가 아직 죄인 되었을 때에 그리스도께서 우리를 위하여 죽으심으로 하나님께서 우리에 대한 자기의 사랑을 확증하셨느니라"), 그리고 롬 8:3("자기 아들을 죄 있는 육신의 모양으로 보내어 육신에 죄를 정하사")을 보라. 앞서 종종 언급했지만, 이 본문들은 자기 독자 이삭을 기꺼이 희생 제물로 바치려 한 아브라함 이야기(창 22:1-19)를 그대로 되울려주고 있다.

14) 겉으로 보면, 롬 10:9은 죽음과 부활이 갖는 이런 통일성과 모순된다. 롬 10:9은 "네가 만일 네 입으로 예수를 주로 시인하며 또 하나님께서 그를 죽은 자 가운데서 살리신 것을 네 마음에 믿으면 구원을 받으리라"라고 말하면서, 예수의 죽음을 전혀 언급하지 않기 때문이다. 그러나 이런 간극은 사실 겉으로 나타난 모습일 뿐이다. 바울은 로마서 10장에서 그가 전한 복음 전체에 응답해야 한다는 점을 함께 언급하고 있기 때문이다(10:8, "우리가 전파하는 믿음의 말씀"). 이와 비슷하게, 롬 4:25에서는 그리스도의 죽음과 부활을 구원이 갖고 있는 명백히 다른 측면들로 이야기하고 있는데, 이는 신학적 궤변이라기보다 시적 효과 내지 수사적 효과를 염두에 둔 말이다.

15) 6-8절은 "보이셨다"라는 동사를 반복하고 증인들의 명단을 확장함으로써, 넷째 "조항"인 "보이

("죽으셨다", "장사 지낸 바 되셨다")와 예수의 부활과 관련된 두 동사("다시 살아나셨다", "보이셨다")로 나누어진다. 이렇게 나뉜 동사들은 확장된 상태에서도 여전히 좌우 균형을 이루고 있는 죽음-부활 내러티브 패턴을 만들어낸다. 물론 여기 고린도전서 본문에 있는 전승은 예수를 죽게 하신 주체를 언급함이 없이 곧장 "그리스도께서 죽으셨다"고 말하지만 로마서 4:25이 말하듯이, 하나님은 예수를 다시 살리신다(위 고린도전서 본문이 죽음의 목적으로 "우리 죄를 위하여"라고 말하고 있는 점은 로마서 4:25과 똑같다). 부활이 예수의 내러티브뿐만 아니라 고린도 사람들의 구원에도, 따라서 그들의 소망에도 절대 긴요하다는 점은 고린도전서 15:12-19이 분명하게 밝히고 있다. 다음 구절들이 그 점을 보여주는 예다.

> 그리스도께서 다시 살아나신 일이 없으면 너희의 믿음도 헛되고 너희가 여전히 죄 가운데 있을 것이요…만일 그리스도 안에서 우리가 바라는 것이 다만 이 세상의 삶뿐이면 모든 사람 가운데 우리가 더욱 불쌍한 자이리라(고전 15:17,19)

따라서 바울은 부활이 없는 그리스도의 죽음은 아무 의미가 없다고 본다. 그리스도를 다시 살리신 것은 하나님이 그의 죽음을 의로운 죽음으로 옹호하신 것이요, 위에서 언급했듯이, "잠자는 자들의 첫 열매가 되심"(고전 15:20)으로써 신자들의 부활을 예고하는 효시다.[16]

그리스도의 죽음과 그의 부활은 초기 그리스도인들이 공유했던 세례 체험 속에서도 긴밀한 연관을 맺고 있다. 바울은 이 점을 로마서 6장에서 자기 독자들에게 되새겨주고 있다(이 내용은 앞으로 더 이야기해보도록 하겠다). 우리가 이미 보았지만, 바울은 로마서 6장을 여는 구절들에서 세례 체험을 그리스도와 함께 죽고 함께 장사되었다가 함께 부활하는 체험으로 묘사한다(롬 6:3-10). 특히 그리스도에 관하여 확실하게 천명하는 말들은 고린도전서 15장에 나오는 말들과 다르지 않다.

셨다"를 확장하고 있다.
16) 죽음-부활 모티프는 롬 1:4에 들어 있는 바울 이전의 공식("죽은 자들 가운데서 부활하사")에서도 등장하고 있다.

> 그의 죽으심과 합하여…그의 죽으심과 합하여…그와 함께 장사되었나니…아버지의 영광으로 말미암아 그리스도를 죽은 자 가운데서 살리심과 같이 우리로 또한 새 생명 가운데서 행하게 하려 함이라…그의 죽으심과 같은 모양으로 연합한 자가 되었으면 그의 부활과 같은 모양으로 연합한 자도 되리라…예수와 함께 십자가에 못 박힌 것은…우리가 그리스도와 함께 죽었으면 또한 그와 함께 살 줄을…이는 그리스도께서 죽은 자 가운데서 살아나셨으매 다시 죽지 아니하시고 사망이 다시 그를 주장하지 못할 줄을 앎이라. 그가 죽으심은 죄에 대하여 단번에 죽으심이요 그가 살아 계심은 하나님께 대하여 살아 계심이니 (롬 6:3-10)

이 본문, 특히 10절이 분명하게 강조하는 것은 그리스도의 죽음이 죄를 격파하고("죄에 대하여") 죽음 자체에 승리를 거두신 사건으로서 최종적 확정성(finality)을 지니고 있다는 점이다. 그러기에, 그리스도는 지금도 그리고 앞으로도 영원히 살아계신다. 우리가 이미 언급했고 아래에서 재차 살펴보겠지만, 그리스도의 죽음이 갖는 최종적 확정성이 내포한 이 두 측면들은 그에 상응하여 신자들이 따라야 할 두 패턴을 바울에게 제시해준다. 죄의 종식이라는 은유적 죽음(죄에 대하여 죽음)과 부활의 전주곡인 육체의 죽음이 바로 그 두 패턴이다.

이와 비슷하게, 바울은 빌립보서 3장(이 본문 역시 아래에서 더 살펴보기로 하겠다)에서 자신의 소원을 이렇게 피력한다.

> 내가 그리스도와 그 부활의 권능과 그 고난에 참여함을 알고자 하여 그의 죽으심을 본받아 어떻게 해서든지 죽은 자 가운데서 부활에 이르려 하노니(빌 3:10-11)

하지만 이 본문이 색다르고 놀라운 점은 바울이 그리스도의 고난(pathēmatōn)이라는 말을 언급한 단 두 본문 가운데 하나라는 점이다. 다른 한 본문은 고린도후서 1:5이다("그리스도의 고난이 우리에게 넘친 것 같이"). 이 두 경우에 그리스도의 고난은 모두 사도들과 다른 신자들이 겪는 고난과 연결되어 있다.[17] 그래도 빌립보서 본문은 여전히 그 초점을 그리스도의 (고난과) 죽음에 뒤이은 결과인 부활에 맞추고 있다.

굴욕을 당함-높이 들림(하나님이 예수를 높이심)

바울의 예수 체험이 역설적이었다는 점은 이미 이 책 몇몇 장에서 이야기했다. 십자가에 못 박히셨던 그분이 이제는 주님이시다. 이는 곧 하나님이 예수를 주로 높이셨다는 것을 의미하는 동시에, 그분이 여전히 십자가에 못 박히신 분이요 십자가가 상징하는 그분의 삶이 공동체 안에서 계속되고 있다는 의미다. 그러나 바울은 기독론과 관련된 내러티브들에 비추어 이 내러티브들이 이야기하는 사건들의 연속성을 강조한다. 이 연속성 때문에 이 사건들은 뒤집음이라는 하나의 패턴을 형성한다. 바울은 죽음에 이어 부활이 뒤따르는 기본 패턴 외에도 굴욕을 당함에 이어 하나님이 예수를 높이심이 뒤따르는 기독론 패턴을 갖고 있다. 실제로 이것이 바울의 "핵심 이야기"인 빌립보서 2:6-11의 패턴이다.

우리는 이 책 앞장들에서 이 그리스도 찬송의 전반부(6-8절)가 제시하는 내러티브 패턴들을 강조했다. 이 패턴들은 예수의 죽음을 예수가 다른 사람들을 위해 자기 지위를 포기하는 신실한 사랑을 온몸으로 구현하신 사건으로 보는 바울의 확신을 표현한다. 하지만 그리스도 찬송의 내러티브 패턴은 그 전체가 뒤집음이라는 한 패턴을 이룬다. 예수가 자기를 비우시고 죽기까지 순종하신 것(6-8절)에 하나님이 사태를 뒤집어 예수를 높이심으로 응답하고 계시기(9-11절) 때문이다.

---

17) 고후 1:6은 고린도 사람들이 "우리가 받는 것 같은 고난을 견디고 있다"라고 말한다. 그런가 하면, 빌립보서에서는 이미 그리스도를 위한 고난이 "특권"임을 언급했다(빌 1:29).

빌립보서 2:6-8	빌립보서 2:9-11
⁶ 그(그리스도 예수)는 근본 하나님의 본체시나 하나님과 동등됨을 취할 것으로 여기지 아니하시고,	⁹ 이러므로 하나님이 그를 지극히 높여 모든 이름 위에 뛰어난 이름을 주사, 하늘에 있는 자들과 땅에 있는 자들과 땅 아래 있는 자들로
⁷ 오히려 자기를 비워, 종의 형체를 가지사, 사람들과 같이 되셨고, 사람의 모양으로 나타나사,	¹⁰ 모든 무릎을 예수의 이름에 꿇게 하시고,
⁸ 자기를 낮추시고, 죽기까지 복종하셨으니 곧 십자가에 죽으심이라	¹¹ 모든 입으로 예수 그리스도를 주라 시인하여, 하나님 아버지께 영광을 돌리게 하셨느니라

이 찬송 속에 존재할 수 있는 대구들과 절(또는 "연")을 놓고 많은 논의들이 있었다. 그러나 분명한 것은, 이 찬송의 문법상 주어가 6-8절에서는 "그리스도 예수"였다가 9절에서는 하나님으로 바뀌면서, 이 찬송이 크게 두 쪽으로 나뉜다는 점(이 찬송 안에 존재하는 **유일한** 큰 구분이다)이다. 주어들이 바뀌면서, 찬송 전반부에서는 굴욕을 당하고 낮아짐을 표현하는 동사들이 연이어 등장하더니, 후반부에 들어오면서 주된 동사 하나, "지극히 높여"(*hyperypsōsen*)에게 길을 내준다. 이 빌립보서 본문의 내러티브 패턴은 위에서 논의했던 이사야서의 네 번째 종의 찬송(사 52:13-53:12)이 제시하는 내러티브 패턴과 두드러진 평행 관계를 이루고 있다. 이사야서의 네 번째 종의 찬송에서도 그 종이 굴욕을 당한 뒤에 하나님이 그를 높이시기 때문이다.[18] 하지만 이사야서에 나오는

---

18) 가령, Stephen E. Fowl, *The Story of Christ in the Ethics of Paul: An Analysis of the Function of the Hymnic Material in the Pauline Corpus*, JSNTSup 36 (Sheffield: JSOT Press, 1990), 73-75도 그러하다. 어쩌면 파울은 동사끼리 서로 명백한 평행 관계가 있을 경우 문학적 의존성이 있다고 보는 사람들에게 아주 비판적인 사람일지도 모르겠다. 그러나 그가 이사야에 나온 종의 찬송이 표현한 굴욕을 당함-높이 들림이라는 "일반 패턴"을 빌립보서 2장의 "개념적 근거"로 강조하고 있는 것은 옳은 태도다. 데이비드 실리(*The Noble Death: Graeco-Roman Martyrology and Paul's Concept of Salvation* [Sheffield: JSOT Press, 1989], 50-57, 특히 55)는 그리스도의 죽음에 관한 바울의 이해가 이사야서에 나오는 종의 찬송 본문들과 아무 상관이 없다는 것을 증명하려 노력하

종이 맞이할 운명은 그 종의 찬송 서두가 내러티브 전체를 제시하기 전에 미리 이야기한다.

> 보라 내 종이 형통하리니 받들어 높이 들려서 지극히 존귀하게 되리라(사 52:13)[19]

이 네 번째 종의 찬송 자체의 내러티브에서는 이렇게 높이심이 이사야 53:10-12에서 등장한다. 그 구절들에서 사용한 언어는 그 높이심이 부활과 같은 것임을 시사하지만 그 정확한 의미가 무엇이든, 그 높이심은 분명히 굴욕을 당하고 죽음을 당한 것에 **따른 결과요 보상이다**.[20]

> **그러므로** 내가 그에게 존귀한 자와 함께 몫을 받게 하며 강한 자와 함께 탈취한 것을 나누게 하리니 **이는** 그가 자기 영혼을 버려 사망에 이르게 하며 범죄자 중 하나로 헤아림을 받았음**이니라**. 그러나 그가 많은 사람의 죄를 담당하며 범죄자를 위하여 기도하였느니라(사 53:12, 지은이 고딕 강조)

종의 찬송 서두(사 52:13)에서 높이심을 표현한 말은, 이 종의 찬송 내러티브의 결론(53:12)과 결합한 뒤, 바울(또는 그 이전의 그리스도 찬송 작사자)에 이르러 빌립보서 2:9이 표현하는 결론인 '예수가 죽기까지 순종하셨으므로 하나님이

면서, 이사야서의 네 번째 종의 찬송과 빌 2:6-11의 전체 구조 및 그 구조에 상응하는 신학을 살피기보다 "그러므로"로 번역된 헬라어와 히브리어를 지나치게 꼼꼼히 분석하고 있다. 실리가 쓴 책 전체를 살펴볼 때, 그가 죄인들을 대신한 그리스도의 죽음을 본받거나 재현하는 것이 그 죽음의 고유한 의미를 살리는 것임을 인정한다는 점에서는 옳은 태도를 취하고 있다고 볼 수 있다. 하지만 그가 바울의 글 속에서는 그리스도의 죽음과 성전 제사, 고난당하는 종 또는 아브라함이 독자 이삭을 희생으로 바치려 한 이야기 사이에 아무런 연관 관계가 존재하지 않는다고 말하는 것은 잘못된 견해다.

19) 구약 성경을 헬라어로 번역한 70인경은 이 본문에서 *hypsoō*("높이다")라는 동사와 *doxazō*("영화롭게 하다")라는 동사를 사용하고 있다. 이 두 동사는 빌립보서 2장에서 다시 울려 퍼지고 있다(2:9의 *hyperysōsen*[전치사 *hyper*와 동사 *hypsoō*가 결합한 것]과 2:11의 *doxan*). 그러나 빌 2:11이 특히 언급하는 영광은 하나님 아버지께 주어진 것이지, 종이신 그리스도에게 주어진 것이 아니다.

20) 포비(*Persecution*, 81)는 빌립보서 2장과 사 52:13-53:12 사이에 어떤 연관도 없다고 주장하면서, "빌 2장과 달리, 사 52:13은 높이 들림이 굴욕을 당함의 결과임을 말하지 않는다"라고 역설하는데, 이는 잘못된 주장이다.

그를 높이셨다'가 되었다. 빌립보서 2:9은 신약 성경의 다른 어느 곳에서도 사용하지 않은 동사를 사용하여 하나님이 예수를 지극히 높이셨다고 표현한다. 하나님이 지극히 높이시는 이 행동은 분명히 그(예수 그리스도)가 굴욕을 당한 **결과로서**("이러므로", 빌 2:9) 그에게(마찬가지로 이사야서가 말하는 종에게도) 행하신 것이다.

빌립보서 2:10-11은 우주 차원에서 예수를 주로 경배하고 예수를 주라 선포한다. 이런 경배와 선포는 하나님이 예수에게 인정하신 지위에 덧붙여진 것이 아니라, 다만 그 지위를 인정하는 것일 뿐이다. 이 구절들은 이사야서에 나오는 네 번째 종의 찬송과 직접 평행을 이루지는 않는다. 그러나 이 구절들 역시 이사야서 40-55장에서 가져온 것이다. 이사야서 45장에는 하나님이 한 분이심과 이 참되신 한 분 하나님께 참된 예배를 드리는 것이 적절함을 열심히 설명하는 내용이 들어있다. 그런 맥락에서, 이사야서 본문은 다음과 같이 말하고 있다.

> 땅의 모든 끝이여 내게로 돌이켜 구원을 받으라. 나는 하나님이라. 다른 이가 없느니라. 내가 나를 두고 맹세하기를 내 입에서 공의로운 말이 나갔은즉 돌아오지 아니하나니 내게 모든 무릎이 꿇겠고 모든 혀가 맹세하리라 하였노라(사 45:22-23)

빌립보서 2:6-11의 결론은, "신성모독처럼 들리는 말로",[21] 이사야 45장, 아울러 모든 유대인이 오직 하나님에게만 인정하려 하는 것을 주님이신 그리스도에게도 적용하고 있는데, 이는 곧 예수 그리스도를 주권자이신 주님으로 인정하는 것이다. 제임스 던이 말했듯이, "(예수에게 주라는 칭호를 적용하는 것은) 그 이유가 무엇이든 어느 유대인이 보더라도 깜짝 놀랄 전용(轉用)"[22]이다. 그

---

21) Dieter Georgi, *Theocracy in Paul's Praxis and Theology* (Minneapolis: Fortress, 1991), 23. 게오르기는 이런 말을 덧붙인다. "바울과 그의 동역자들은 자신들의 기독론적 체험이 하나님에 관하여 그들이 품었던 생각을 뒤집어엎도록 요구한다고 이해한다. 이때 성경과 유대교가 남긴 경험적 유산에 관한 그들의 해석도 그들이 하나님 개념을 뒤집어 생각할 수밖에 없도록 만든다……따라서 이 하나님 개념은 바울이 전개하고 있는 하나의 이론으로 볼 게 아니라, 바울과 그의 선배들의 성찰이 담긴 습관(reflected praxis)로 봐야 한다."
22) Dunn, *Theology*, 251. 아울러 N. T. Wright, "Jesus Christ Is Lord: Philippians 2:5-11," in *The*

렇지만 바울의 그리스도 찬송은 여전히 궁극적 영광을 하나님 아버지께 돌리고 있다. 이 하나님 아버지가 예수를 높이시려 하고, 그렇게 예수를 높이시며 예수를 주라 선포하심으로써 실제로 영광을 받으시기 때문이다(빌 2:11).[23]

이런 내러티브의 연속 때문에 우리는 "주"라는 말이 바울에게 갖는 중요성을 다시금 되새기지 않을 수 없다. 그 이유는 특히 이 말이 십자가에 못 박히신 예수와 결합되어 있기 때문이다. "주 예수"라는 말이 등장하는 곳(바울이 썼다는 데 다툼이 없는 서신만 놓고 봐도 200번 가까이 등장한다)마다 하나님이 십자가에 못 박히신 예수를 다시 살리시고 높이셨다는 바울의 확신을 은연중에 시사하고 있는 셈이다. 따라서 이 주님을 시인하고 체험하는 것은 죽음에 뒤따른 부활, 굴욕을 당함에 뒤따른 높이 들림이라는 유사한 내러티브에 참여하는 특권을 누리는 것이다.[24]

바울의 체험과 뒤집음 내러티브 패턴들

바울은 그리스도의 죽음과 부활, 굴욕을 당함과 높이 들림을 이야기하는 내러티브 패턴들이 그 자신의 삶과 그가 섬기는 공동체들의 삶에 패러다임이 된다는 것을 발견한다. 바울의 기본 확신은 이렇게 요약해볼 수 있다. "(바울 자

Climax of the Covenant: Christ and the Law in Pauline Theology (Edinburgh: T. & T. Clark, 1991; Minneapolis: Fortress, 1993), 56-98, 특히 94; 그리고 Richard J. Bauckham, "The Worship of Jesus in Philippians 2:9-11," in Ralph P. Martin and Brian J. Dodd, eds., *Where Christology Began: Essays on Philippians 2* (Louisville: Westminster/John Knox, 1993), 128-39를 보라.

23) 이 그리스도 찬송의 "윤리적" 의미보다 "종말론적" 의미에 초점을 맞춘 연구를 살펴보려면, Larry Kreitzer, "When He at Last Is First: Philippians 2:5-11 and the Exaltation of the Lord," in Ralph P. Martin and Brian J. Dodd, eds., *Where Christology Began: Essays on Philippians 2* (Louisville: Westminster/John Knox, 1993), 111-27을 보라.

24) 빌 2:6-11은 "(빌립보 사람들의) 공동체를 세우신 그리스도가 굴욕을 당하시고 의롭다 인정을 받으신 것에 관한 규범적 설명"(Fowl, *Story*, 91)을 제공한다. 아울러 이 본문은 "빌립보 사람들이 본받아야 할 그리스도 자신의 행동을 설명하고…하나님이 하나님의 의로운 종이 당하는 고난에 어떻게 응답하시는가를 보여주며 그리스도 안에 있는 사람들인 빌립보 사람들이 자신들의 상황에 유추 적용할 수 있는 선례를 제공한다"(90-91).

신을 포함하여) 사람들은 예수의 죽음에 동참하는 한도에서, 예수의 생명에도 동참하게 될 것이다." 예수의 죽음에 동참할 때, 굴욕을 당함과 죽음으로부터 부활과 높이 들림으로 뒤집음을 이야기하는 그리스도의 내러티브 패턴 역시 그들의 것이 된다. 그리스도의 죽음 그리고 그에 이어 하나님으로부터 높이 들림을 받으신 것은 신자들의 생각 속에 자리한 우주 안에서 "새로운 시간 지도"를 만들어냈다. 그 지도는 "모든 제자들의 인생 지도가 복사해야 할"[25] 지도다. 따라서 소망은 굴욕 및 고난과 떼려야 뗄 수 없을 정도로 단단히 결합되어 있다.

우리는 이 확신("[바울 자신을 포함하여] 사람들은 예수의 죽음에 동참하는 한도에서, 예수의 생명에도 동참하게 될 것이다")과 이 확신을 밑받침하는 체험이 등장하는 본문들을 살펴보기 전에, 먼저 이런 질문을 다루어봐야 한다. 왜 바울은 소망, 곧 장래의 부활이 필요하다고 보는가? 왜 예수의 죽음과 부활은 **지금**, 곧 현재에 구원을 완전히 체험함을 의미하지 않는가? 다시 말해, 바울의 종말론, 곧 장래에 우리 인간이 하나님과 함께 하리라는 바울의 믿음은 왜 (현재) 완전히 "실현된" 종말론이 아닌가?

위에서 언급했듯이, 마지막 때를 향한 소망들을 품었던 유대인들은 하나님이 곧 오셔서 역사의 운명을 뒤집어엎으시고 지금 굴욕을 당하고 핍박을 받는 유대인들을 높여주시리라고 기대했다. 그들은 역사를 "이 (악한) 시대"와 "장차 임할 (의로운) 시대"로 나누었다. 바울은 십자가에 못 박히셨다가 높이 들림을 받으신 메시아를 체험했다. 이 체험 때문에 그는 이(그가 품은 기본) 확신을 재해석하고 이 확신에 따른 역사의 시간표를 재조정하게 되었다. 바울이 볼 때, 하나님이 십자가에 못 박히셨다가 부활하신 메시아에게 개입하셨다는 것은 장차 임할 시대가 일부만, 단지 일부만 임하였다는 것을 의미한다. 바울이 보기에, 장차 임할 시대의 완전한 도래는 **그리스도의 재림**(parousia)을 기다려야 한다. 중간기, 곧 "이 시대와 장래 시대가 중첩되는 시기"(고전 10:11, 지은이 번역)는 미래가 현존하면서도 죄와 죽음의 권세를 포함한 과거의 유산

---

25) 제롬 나이리(Paul, In Other Words: A Cultural Reading of His Letters [Louisville: Westminster/John Knox, 1990], 49)는 오직 그리스도의 죽음만을 복사해야 할 새 지도라 말하지만 바울은 분명히 우리가 부활과 높이 들림도 복사할 것에 포함시키기를 원할 것이다.

이 함께 존재하는 시기라는 특징을 갖고 있다. 이런 권세들은 공격을 받아 격파되었지만, 아직 완전하게 파괴당하지는 않았다. 이렇게 두 시대가 중첩되어 있다는 믿음은 예수의 죽음과 부활에 관한 바울의 체험 및 해석에서 유래한다.[26]

바울은 그리스도의 죽음이 메시아의 비애가 존재하는 시대, 곧 많은 유대인들이 메시아가 오시기 전에 당하리라고 예상했던 혹독한 고난의 시대를 열어놓았다고 믿는 것 같다. 하지만 그리스도의 부활은 부활의 시대도 열어놓았다. 그의 부활은 부활의 큰 추수가 도래했음을 알리는 "첫 열매"이기 때문이다(고린도전서 15장을 보라). 그리스도에게 죽음과 부활이라는 두 사건은 "잇달아 일어난" 사건들이었다. 부활은 "사흘째 되는 날"에 일어났기 때문이다(고전 15:4). 하지만 신자들 입장에서 보면, 예수의 죽음과 하나님이 그를 부활시키심으로 그의 의로움을 옹호하신다는 사실이 병존하는 현실은 경험상 긴장을 야기한다. 신자들은 예수의 죽음과 연합함으로써 그가 당하신 굴욕을 체험한다. 신자들은 그의 부활과 연합함으로써 높이 들림을 받는 기쁨을 체험한다. 그러나 이런 체험은 단지 일부만 체험하는 것이요, 단지 과정일 뿐이며, 오로지 계속되고 있는 죽음과 이어진 역설적 연관 속에서만 존재할 뿐이다.

따라서 우리가 로마서 6장에서 보았듯이, 신자들의 (몸의) 부활은 미래 일이다(롬 6:5). 비록 지금 그들의 실존이 부활하여 새생명으로 거듭났다 할지라도(롬 6:4), 몸의 부활은 미래 일이다. 그러나 역설적이게도, 그들이 부활하여 얻은 새생명은 (매일) 죽는 생명, (그리스도와) 함께 십자가에 못 박히는 생명, 십자가를 본받는 삶의 생명이다. 바울은 이것을 로마 사람들에게도 말하지만 아마도 그가 이를 가장 매섭게 이야기한 상대는 빌립보 사람들이 아닐까 싶다.

> 내가 그를 위하여 모든 것을 잃어버리고 배설물로 여김은 그리스도를 얻(으려 함이니)⋯내가 그리스도와 그 부활의 권능과 그 고난에 참여함을 알고자 하여 그의 죽으심을 본받아(빌 3:8하,10)

---

26) 두 시대(바울의 경우에는 이 두 시대가 중첩되는 시기까지 포함하여)가 존재한다고 믿는 바울 이외 유대인들의 믿음과 바울의 믿음을 제시해주는 유익한 "시각표들"을 보려면, Dunn, *Theology*, 464-65를 보라.

"두 시대가 중첩되는 시기"에 살고 있다는 것은 메시아의 비애가 현존하는 시대 속에 살아가면서 동시에 (완전하지는 않지만 부분적이나마 미리 앞서) 부활과 영광의 시대 속에서 살아간다는 말이다. 바울은 미래를 무너뜨리고 현재 속에 갇혀버리는 것(바울은 고린도 교회의 일부 지도자들이 이런 일을 저지르고 있다고 믿었을 수 있다)을 근본적 오류로 여기곤 했다.

> 너희가 이미 배부르며 이미 풍성하며 우리 없이도 왕이 되었도다. 우리가 너희와 함께 왕 노릇 하기 위하여 참으로 너희가 왕이 되기를 원하노라. 내가 생각하건대 하나님이 사도인 우리를 죽이기로 작정된 자 같이 끄트머리에 두셨으매 우리는 세계 곧 천사와 사람에게 구경거리가 되었노라(고전 4:8-9)[27]

그런가하면, 현재에 영광을 미리 맛볼 수 있음을 부인하는 것 역시 그에 못지않은 오류일 것이다. 성령은 미래에 실제로 존재할 구원의 "보증" 내지 "계약금"(*arrabōn*, 고후 5:5)이기 때문이다. 바울은 이후에 다시 같은 공동체에 편지를 보내면서, 고린도 사람들에게 이렇게 되새겨준다.

> 우리가 다 수건을 벗은 얼굴로 거울을 보는 것 같이 주의 영광을 보매 그와 같은 형상으로 변화하여 영광에서 영광에 이르니 곧 주의 영으로 말미암음이니

---

27) 근래 학계의 흐름은 이 본문에서 견유학파 또는 스토아학파의 사상이 대다수 엘리트 고린도 사람들에게 영향을 미쳐 그들의 마음속에 사회 지위를 토대로 한 그릇된 자랑을 만들어낸 자취를 찾는 것이다(가령, Richard B. Hays, *First Corinthians*, Interpretation [Louisville: Westminster/John Knox, 1997], 70-71을 보라). 하지만 이전의 견해는 고린도 교회의 엘리트들이 그들의 체험을 "지상 천국"에서 할 법한 체험이라 느껴 미래의 부활이 필요 없다고 느꼈다는 주장을 펼쳤다. 그러나 이런 견해라 하여 반드시 견유학파가 고린도의 엘리트들에게 영향을 끼쳤다는 주장과 모순되는 것은 아니며, 실제로 이런 견해가 견유학파가 영향을 끼쳤다는 주장을 뒷받침할 수도 있다. 벤 위더링턴 3세는 여전히 이렇게 생각하고 있는 것 같다(*Conflict and Community in Corinth: A Socio-Rhetorical Commentary on 1 and 2 Corinthians* [Grand Rapids: Eerdmans, 1995], 141-43, 그러나 같은 책 301 n.43을 보라). 헤이스(*First Corinthians*, 259)와 다른 사람들은 고린도 교회의 엘리트들이 그처럼 "무너진"(또는 "실현된") 종말론을 갖고 있었던 게 아니라 아주 단순하게 부활을 부인했다고 주장한다. 나는 그렇게 확신하지 않는다. 근래에 실현된 종말론 해석을 지지하고 있는 견해를 보려면, Christopher M. Tuckett, "The Corinthians Who Say There Is No Resurrection of the Dead(1 Cor 15, 12)," in R. Bieringer, ed., *The Corinthian Correspondence*, Bibliotheca Ephemeridum Theologicarum Lovaniensium 125 (Leuven: University Press, 1996), 247-75을 보라.

라(고후 3:18)[28]

따라서 바울이 볼 때, 현세의 삶은 소망을 가진 삶이다. 현세에 십자가를 본받는 삶을 살아감으로써 그 열매로 "하나님의 영광에 동참하게 되리라는 소망"(롬 5:2)[29]을 가진 삶인 것이다. 그 소망은 현재의 변화된 형태가 죽을 때에 끝나는 게 아니라 죽을 때에 완성되리라는 기대이기도 하다.

이제 우리는 이런 소망을 더 풍성하게 드러낸 본문들로 가서, 죽음과 부활, 장래의 소망을 갖게 하는 현재의 조건들, 그리고 본받음(닮아감, conformity)이라는 주제를 살펴보도록 하겠다. 바울은 이 본받음이 현재와 미래의 체험을 하나로 만들어준다고 본다. 우리는 이런 본문들을 살펴보면서 현재 사도가 체험하고 있는 것과 그가 기대하는 미래의 체험 속에 불연속성과 뒤집음뿐 아니라 중요한 의미를 지닌 연속성이 공존하고 있음을 발견하게 될 것이다.[30]

죽음과 부활

바울은 로마서 6장에서 장래의 부활을 고대하는 소망을 두 차례 피력한다. 그러나 로마서 6장의 주된 관심사는 (현재) "새생명"으로 부활함(다시 태어남, 롬 6:4)이다.[31] 우리가 믿음을 다룬 이 책 7장에서 보았듯이, 로마서 6장의

---

28) 이런 본문들(이 본문들은 "그리스-헬레니즘 시대에 상당히 유행했던 성찰과 관조"에 근거하고 있다)은 "승리주의"를 담고 있을 수도 있지만, 이런 승리주의도 "십자가 신학이라는 후대의 맥락을 통하여 그 적절한 자리를" 찾게 된다(Jürgen Becker, *Paul: Apostle to the Gentiles*, trans. O. C. Dean, Jr. [Louisville: Westminster/John Knox, 1993], 419).
29) 원문에 더 가깝게 옮겨보면, "하나님의 영광의(또는 영광을 향한) 소망"이다. 비슷한 문구는 골 1:27("영광의 소망")과 딛 2:13("복스러운 소망과 우리의 크신 하나님 구주 예수 그리스도의 영광")에서도 등장한다.
30) 영광을 고대하는 바울의 소망을 증언한 본문들은, 기독론과 관련된 내러티브들과 달리, 부활에 관한 본문들과 높이 들림에 관한 본문들로 깔끔하게 나누어지지 않는다.
31) 롬 6장에서 나타난 바울의 주된 관심사가 미래의 삶이 아니라 현재의 삶이라는 점은 죄에 관한 질문들과 권면들이 이 롬 6장을 지배하고 있다는 사실(1-2,11-22절)이 잘 보여주고 있다. 따라서 일부 바울 해석자들이 바울의 신학과 영성에서 현재의 부활이 들어선 자리를 찾지 않고 있는 것은 사실 기괴한 일이다. 이 책 2장이 이 본문에 관하여 붙여놓은 주 34를 보도록 하라. 그리고 특히 A. J. M. Wedderburn, *Baptism and Resurrection: Studies in Pauline Theology against Its Graeco-Roman Background* (Tübingen: J. C. B. Mohr[Paul Siebeck], 1987)를 보라.

주제는 죽음과 부활의 체험 속에서 그리스도와 신자가 하나가 되는 것이다.

> 무릇 그리스도 예수와 합하여 세례를 받은 우리는 그의 죽으심과 합하여 세례를 받은 줄을 알지 못하느냐. 그러므로 우리가 그의 죽으심과 합하여 세례를 받음으로 그와 함께 장사되었나니 이는 아버지의 영광으로 말미암아 그리스도를 죽은 자 가운데서 살리심과 같이 우리로 또한 **새생명 가운데서 행하게 하려 함이라**. 만일 우리가 그의 죽으심과 같은 모양으로 연합한 자가 되었으면 또한 **그의 부활과 같은 모양으로 연합한 자도 되리라**. 우리가 알거니와 우리의 옛 사람이 예수와 함께 십자가에 못 박힌 것은 죄의 몸이 죽어 다시는 우리가 죄에게 종노릇 하지 아니하려 함이니 이는 죽은 자가 죄에서 벗어나 의롭다 하심을 얻었음이라. 만일 우리가 그리스도와 함께 죽었으면 또한 **그와 함께 살 줄을 믿노니**(롬 6:3-8, 지은이 고딕 강조)

위에서 강조한 세 문구를 보면, 첫째 문구(4절)는 분명히 현재를 가리키지만, 미래 시제를 채택하고 있는 둘째와 셋째 문구(5,8절)는 미래에 존재할 실재를 가리키고 있을 가능성이 아주 높다.[32] 따라서 바울은 그리스도와 함께 죽음 뒤에는 두 단계로 이루어진 부활이 뒤따른다고 본다. 첫째는 그리스도 안에서 새생명으로 부활하는 것이요, 둘째 단계는 그리스도 안에서 영원한 생명으로 부활하는 것이다. 로마서 6장의 결론은 독자들에게 이것을 되새겨준다.

> 그러나 이제는 너희가 죄로부터 해방되고 하나님께 종이 되어 거룩함에 이르는 열매를 맺었으니 그 마지막은 영생이라. 죄의 삯은 사망이요 하나님의 은사는 그리스도 예수 우리 주 안에 있는 영생이니라(롬 6:22-23)

그러므로 바울의 소망은 지금 새생명으로 부활한 체험이 장차 영원한 생명으로 부활하는 체험에서 그 논리적 귀결점을 찾는 것이다. 이것은 바울의 소망 속에 존재하는 어떤 역설을 보여준다. 바울은 죽음으로부터 생명으로

---

32) 기술적으로 이 구문들이 미래 시제 동사를 "연대상" 미래를 나타내는 말보다 "논리상" 미래를 나타내는 말로 썼을 수도 있지만, 바울이 미래의 부활을 묘사하고 있다고 보는 것이 더 타당하다.

뒤집어짐을 고대하지만 이런 뒤집어짐 역시 현재의 실존과 연속성을 갖고 있다는 것이 그 역설의 실체다. 우리가 아래에서 보게 되겠지만, 바울의 이런 소망은 현재 십자가를 본받는 삶이 변화해가는 과정이며 이 변화해가는 과정은 이미 영광을 받으신 그리스도의 형상을 그대로 이뤄내는 최종 목적지에서 정점에 이른다는 바울의 확신과 일치하는 것이기도 하다.

　죽음과 부활 속에 존재하는 뒤집음 패턴은 바울이 고린도전서 15장에서 부활을 다루고 있는 논문이 길게 표현하고 있다. 바울은 고린도전서 전체의 정점이자 근간인 이 15장에서 신자들의 죽음과 부활을 그리스도의 죽음 및 부활과 연계하려고 노력한다. 이를 통해 그는 그가 간파한 고린도 사람들의 오해들을 바로 잡으려고 시도한다. 늘 그렇듯이 여기서도 바울은 체험과 신학이 서로 긴밀하게 연결되어 있다고 확신한다.

　위에서 언급했듯이, 바울은 고린도전서 15장을 시작하면서 그가 고린도 사람들에게 전한 복음과 일치하는 초기 기독교 신경을 하나 인용한다(15:3-7). 이 신경은 복음을 이루는 네 가지 사실들, 곧 그리스도가 죽으시고, 장사 지낸 바 되셨다가, 다시 살아나셔서, 사람들에게 보이셨다는 사실을 강조한다. 그런 다음, 바울은 부활(여기서 부활은 특히 신자들이 장래에 몸으로 부활하리라는 것을 가리키는 것으로 보인다)을 부인하는 고린도 사람들을 비판한다. 바울은 그들에게 그처럼 부활을 부인하는 것은 그리스도의 부활을 부인하는 것이 될 것이라고 말한다. 이어서 그는 그리스도가 부활하시지 않았을 경우에 일어날 결과들(15:13-19)과 그의 부활이 사실일 경우에 벌어질 결과들(15:20-23)을 열거한다. 바울은 그리스도가 신자들이 함께 부활할 사건의 시초("첫 열매")이시며 신자들에게 뒤집음 패턴을 확증해보이셨다고 역설한다.

> 그러나 이제 그리스도께서 죽은 자 가운데서 다시 살아나사 잠자는 자들의 첫 열매가 되셨도다. 사망이 한 사람으로 말미암았으나 죽은 자의 부활도 한 사람으로 말미암는도다. 아담 안에서 모든 사람이 죽은 것 같이 그리스도 안에서 모든 사람이 삶을 얻으리라. 그러나 각기 차례대로 되니니 먼저는 첫 열매인 그리스도요 다음에는 그가 강림하실 때에 그리스도에게 속한 자요(고전 15:20-23)

부활은 죽음을 뒤집어버린다. 죽은 자들은 부활로 말미암아, "삶으로 말미암아"(15:22) 해방을 얻는다. 그리스도가 하신 체험은 예외가 아니다. 그리스도의 체험은 다른 사람들에게 패러다임이자 패턴이다. 그리스도에게 일어난, 하나님이 그를 다시 살리신 일은 그리스도에게 "속한 자들" 또는 그리스도 "안에" 있는 모든 사람들에게도 그대로 일어날 것이다.

그러나 그리스도는 물론이요 신자들도 자신의 힘으로 부활하는 게 아니다. 바울은 하나님을 죽은 자들을 다시 살리시는 분으로 규정한다. 이때 그는 하나님을 주어로 하는 문장을 제시하기도 하지만 수동태를 사용하는 경우가 더 많다. 그리스도가 다시 살리심(일으키심)을 받았다(15:4,12-17,20), 그리고 다른 사람들이 다시 살리심을 받을 것이다 또는 다시 살게 될 것이다(15:22,35,42-44,52) 등. 고린도전서 15장 전체는 물론이요 바울 서신에 존재하는 거의 모든 경우에 행위 주체는 하나님이지, 그리스도나 신자들이 아니다.[33]

바울의 설명은 의문들을 불러일으킨다. 어떻게 부활한다는 말인가? 신자들이 어떤 종류의 몸으로 부활한다는 말인가? 바울은 이런 관심사들도 함께 다루면서, 그 뒤집음 내지 불연속성뿐 아니라, 신자들이 몸으로 하는 체험들의 연속성을 강조한다.

> 썩을 것으로 심고 썩지 아니할 것으로 다시 살아나며 욕된 것으로 심고 영광스러운 것으로 다시 살아나며 약한 것으로 심고 강한 것으로 다시 살아나며 육의 몸으로 심고 신령한 몸으로 다시 살아나나니(고전 15:42하-44상)

죽음이 생명으로 뒤집어지게 되면, 필연적으로 변화가 따라 일어나게 된다.

> 형제들아 내가 이것을 말하노니 혈과 육은 하나님 나라를 이어받을 수 없고 또한 썩는 것은 썩지 아니하는 것을 유업으로 받지 못하느니라. 보라 내가 너희에

---

33) 위에서 언급했지만, 그 예외들이 롬 14:9("그리스도께서 죽었다가 다시 살아나셨으니")와 살전 4:14,16("예수께서 죽으셨다가 다시 살아나심을…그리스도 안에서 죽은 자들이 먼저 일어나고")이다. 대다수 주석가들은 바울이 살전 4:14에서 그보다 이전의 전승을 인용하고 있다고 믿는다(이를테면, F. F. Bruce, *1 & 2 Thessalonians*, Word Biblical Commentary 45 [Waco, TX: Word, 1982], 97).

게 비밀을 말하노니 **우리가** 다 잠 잘 것이 아니요 마지막 나팔에 순식간에 홀연히 **다 변화되리니** 나팔 소리가 나매 죽은 자들이 썩지 아니할 것으로 다시 살아나고 **우리도 변화되리라.** 이 썩을 것이 반드시 썩지 아니할 것을 입겠고 이 죽을 것이 죽지 아니함을 입으리로다(고전 15:50-53, 지은이 고딕 강조)

그 결과, 부활하신 그리스도와 같은 형상으로 변화하게 될 것이다.

첫 사람은 땅에서 났으니 흙에 속한 자이거니와 둘째 사람은 하늘에서 나셨느니라. 무릇 흙에 속한 자들은 저 흙에 속한 자와 같고 무릇 하늘에 속한 자들은 저 하늘에 속한 이와 같으니 우리가 흙에 속한 자의 형상을 입은 것 같이 **또한 하늘에 속한 이의 형상**(eikona)**을 입으리라**(고전 15:47-49, 지은이 고딕 강조)

신학이 일상생활과 상관없는 확신들을 의미한다고 볼 경우, 바울이 여기서 사상이나 "신학"에 관하여 쓰고 있다 생각한다면, 엄청난 실수가 될 것이다. 바울의 글에서 드러나는 열정은, 심지어 안도감까지도 오히려 정반대 모습을 보여주고 있다. 바울에게 이것들은 말 그대로 생사가 걸린 문제다. 그가 품은 부활의 소망은 사망이라는 원수가 장차 인간을 좌지우지할 힘을 잃어버리게 된다는 것을 의미하며, 그러기에 지금 신자들의 공동체가 그 공동체의 주님을 섬기려고 애쓰는 일들이 헛일이 되지 않으리라는 것을 의미한다.

이 썩을 것이 썩지 아니함을 입고 이 죽을 것이 죽지 아니함을 입을 때에는 사망을 삼키고 이기리라고 기록된 말씀이 이루어지리라. 사망아 너의 승리가 어디 있느냐 사망아 네가 쏘는 것이 어디 있느냐 사망이 쏘는 것은 죄요 죄의 권능은 율법이라. 우리 주 예수 그리스도로 말미암아 우리에게 승리를 주시는 하나님께 감사하노니 그러므로 내 사랑하는 형제들아 견실하며 흔들리지 말고 항상 주의 일에 더욱 힘쓰는 자들이 되라. 이는 너희 수고가 주 안에서 헛되지 않은 줄 앎이라(고전 15:54-58)

다음 부분에서 로마서 8장을 살펴볼 때, "승리"라는 말을 다시 살펴보겠다.

조건부 소망

로마서 8장에는 신자들의 실존, 십자가를 본받는 삶의 실존이 갖는 본질에 관하여 바울이 제시하는 가장 폭넓은 설명이 들어있다. 바울은 이 실존을 성령을 따라 그리스도 안에서 살아가는 하나님의 자녀들로 규정한다. 바울이 제시하는 설명은 로마서 8장 이전 부분들과 다른 서신들, 특히 갈라디아서에서 가져온 테마들을 한데 융합해놓은 것이다. 로마서 8장에 등장하는 모티프들 가운데 가장 두드러진 것은 소망이다. 이 소망은 분명 그 특성 면에서 십자가를 본받는 삶의 소망이며, 조건부 소망이다.

리처드 헤이스가 언급하듯이, 로마서 8장의 전반부(1-17절상)는 "영광스러운 완성"을 묘사한다. 이때가 되면, "그리스도 안에 있는 공동체는 육의 권세로부터 벗어나 자유를 체험하게 되고, 성령의 임재를 통하여 약속받은 유업에 그리스도와 더불어 이미 참여한다." 헤이스는 계속 말을 이어간다. 바울은 "만일, 정말로, 우리가 그와 함께 영광을 받기 위하여 고난도 함께 받는다면"(8:17하)이라는 조건절을 "그리스도와 함께 한 상속자니라"라는 주장에 덧붙임으로써, "그리스도 안에 있는 삶을 설명하다가 그 설명 방향을 별안간 확 틀어버린다." 이 조건절은 "그리스도 재림의 이쪽 편에 있는 그리스도인의 실존에 관한 바울의 이해를 끊임없이 규정하는 '종말론적 유보(eschatological reservation)'의 도입 부분이다."[34]

우리가 바울과 성령을 다룬 이 책 3장에서 보았듯이, 로마서 8장은 그리스도 안에 있는 삶, 성령 안에 있는 삶의 절정이요 정점으로서 (어떤 조건들이 딸려 있긴 하지만) 미래에 하나님의 영광을 체험하게 될 것을 약속한다. 미래에 관한 이 조건부 약속은 로마서 8장 후반부(18-39절)에서 특히 분명하고 두드러지게 나타나는데, 이 로마서 8장은 지레의 받침 같은 역할을 하는 본문인 8:17에서 크게 두 부분으로 나누어진다.

---

34) Richard B. Hays, *The Moral Vision of the New Testament: A Contemporary Introduction to New Testament Ethics* (San Francisco: HarperCollins, 1996), 25. 참고, 크리스티안 베커는 롬 8장 전반부로부터 후반부로 넘어갈 때 일어나는 변화를 "현재의 승리로부터 미래의 소망으로" 그 초점이 바뀐 것으로 규정한다(J. Christiaan Beker, *Paul the Apostle: The Triumph of God in Life and Thought* [Philadelphia: Fortress, 1980], 364).

성령이 친히 우리의 영과 더불어 우리가 하나님의 자녀인 것을 증언하시나니 자녀이면 또한 상속자 곧 하나님의 상속자요 그리스도와 함께 한 상속자니라 **만일, 정말로,** 우리가 그와 함께 영광을 받기 위하여 고난도 함께 받는다면(롬 8:16-17, 지은이 고딕 강조, NRSV 번역)[f]

하나님의 자녀로서 그리스도와 함께 장래 "유업을 상속하리라"는, "영광을 얻게 되리라"는 약속은 한 가지 조건, 곧 "만일, 정말로, 우리가 그와 함께 영광을 받기 위하여 고난도 함께 받는다면"이라는 조건에 약속의 성취 여부가 달려 있다. "만일, 정말로,(if, in fact; NRSV)"라는 말은 "~라는 조건이 충족된다면(provided that)"으로 번역하는 편이 더 낫다.[35][g] 이 문장의 문법은 고난이 영광을 얻는데 필요조건이라는 바울의 확신을 분명하게 전달하고 있다.[36]

그러나 이 소망이 조건부 소망이라는 특성을 갖고 있음은 이미 로마서 8장 전반부에서도 언급한다.

그러므로 형제들아 우리가 빚진 자로되 육신에게 져서 육신대로 살 것이 아니니라. 너희가 육신대로 살면 반드시 죽을 것이로되 (만일)[h] 영으로써 몸의 행실을 죽이면 살리니(롬 8:12-13, 지은이 고딕 강조, NRSV 번역)

"너희가 살리니"라는 약속에는 "영으로써 몸의 행실을 죽이면"이라는 조건이 붙어있다. 따라서 바울은 로마서 8장에서 부활(또는 생명 또는 영화)의 조건으로 두 가지를 제시하고 있는 셈이다. 육에 대하여 죽는 것과 그리스도와 함께 고난당하는 것이 바로 그것이다.[37]

---

35) 가령, Beker, *Paul the Apostle*, 293, 364; Brendan Byrne, *Romans*, Sacra Pagina (Collegeville, MN: Liturgical, 1996), 253-54; James D. G. Dunn, *Romans*, Word Biblical Commentary 38A, 38B, 2 vols. (Waco, TX: Word, 1988), 1:456도 같은 태도다.

36) 던에 따르면(*Romans*, 1:456), "~라는 조건이 충족된다면"이라는 뜻을 가진 헬라어 eiper는 "아직 조건이 충족되어 있지 않으나 그 조건의 충족 여부에 따라 결과가 좌우되는 상태"를 가리킨다. 나아가, 그는 "~하기 위하여"라는 뜻을 가진 헬라어 hina를 "약화시키면 안 된다"고 말한다. 그는 그 이유로 "그리스도와 함께 고난당하는 것이 추가 선택 사항이거나 하나님의 구원 목적의 퇴보 내지 쇠락이 아니라 그 구원 목적에 필요불가결한 부분임을 이 말이 분명하게 시사해주기" 때문이라고 말한다.

37) 여기서 로마서 6장과 흥미로운 평행 관계가 존재한다. 우리가 앞 장들에서 보았듯이, 로마서

우리가 이 책 3장에서 살펴보았듯이, 바울의 체험 속에서 성령은 신자들을 십자가와 연결한다. 더 자세히 말해보면, 성령이 낳는 소망은 십자가를 본받는 삶을 살게 한다. 그 소망은 고난과 죽음에 뒤이어 부활이 따를 것을 약속하기 때문이다. 이 십자가를 본받는 삶은 우리가 이미 살펴본 두 조건을 포함한다. 하나는 끊임없이 육에 대하여 죽는 것이요(롬 8:1-17), 다른 하나는 고난이다(롬 8:18-39). 로마서 8장이 십자가를 본받는 삶의 두 차원으로 말하는 것과 이 두 차원 및 소망의 연관 관계를 살펴보기 전에, 우선 우리는 "왜?"라는 질문을 던져봐야 한다. 왜 부활에는 십자가를 본받는 삶이 필요한가?

이 질문에 바울은 그의 가장 기본적인 대답을 그가 신자들의 체험이 갖는 내러티브 형상과 목표를 묘사한 대목에서 제시하고 있다.

> 우리가 알거니와 하나님을 사랑하는 자 곧 그의 뜻대로 부르심을 입은 자들에게는 모든 것이 합력하여 선을 이루느니라. 하나님이 미리 아신 자들을 또한 **그 아들의 형상을 본받게** 하기 위하여 미리 정하셨으니 이는 그로 많은 형제 중에서 맏아들이 되게 하려 하심이니라. 또 미리 정하신 그들을 또한 부르시고 부르신 그들을 또한 의롭다 하시고 의롭다 하신 그들을 또한 영화롭게 하셨느니라
>
> (롬 8:28-30, 지은이 고딕 강조)

바울은 사람들을 불러 모아 "그 아들의 형상을 본받은"(29절) 사람들로 이루어진 한 가족을 만들어내는 것이 하나님의 목표라고 써놓았다. 바울이 볼 때, 그런 본받음은 내러티브의 성격을 갖는다. 이 내러티브는 고난/죽음에 이어 부활/높이 들림이 뒤따르는 2부작 드라마다. 따라서 그리스도 안에 있는 공동체의 내러티브는 그 주님의 내러티브와 일치할 수밖에 없다. 우리가 위에서 언급했던 "조건부 약속"은 그 내러티브를 구성하는 두 부분, 죽음과 부활

6장은 십자가를 본받는 삶에 관하여 두 가지 종류를 이야기한다. 옛 자아에 대하여 죽고 계속하여 하나님의 "종으로 살아가는 것"과 하나님께 자신을 바침으로 죄에 대하여 죽는 것이 그 두 종류다. 이와 비슷하게, 로마서 8장은 십자가를 본받아 육에 대하여 죽고 계속하여 고난당하는 것을 이야기한다. 두 장의 세부 내용은 다르지만, 그 패턴은 아주 비슷하다(그런 점에서, 십자가를 본받는 삶의 "시작"과 "계속"["initial" and "ongoing" cruciformity]이라는 우리의 언어[이 책 7장]와 웨더번이 말하는 "죽음을 통한 생명"과 "죽음 안의 생명"["life through death" and "life in death"] [Wedderburn, *Baptism and Resurrection*, 381-92]도 비슷한 패턴이다).

이 불가분이라는 것을 의미한다. 부활에서도 그리스도를 본받는 것, 곧 "그(하나님) 아들의 형상을 본받는 것"은 논리상 자아에 대하여 죽는 삶과 복음을 위하여 고난당하는 삶에 당연히 이어지는 속편이다. 이 속편은 그리스도의 죽음과 부활로 구성된 내러티브(다음 부분에 더 깊이 논의한 내용을 살펴보라)와 일치한다.

따라서 로마서 8장의 전반부는 십자가를 본받는 삶의 소망이 지닌 첫 번째 차원, 곧 "몸의 행실을 죽이는 것"(13절)을 이야기한다. 바울은 이 "몸의 행실을 죽이는 것"을 다른 곳에서는 "육체를 십자가에 못 박음"(갈 5:24), "죄에 대하여 죽음"(롬 6:2), 그리고 "옛 사람을 그리스도와 함께 십자가에 못 박음"(롬 6:6)이라고 부른다. 바울은 분명 몸 자체나 몸의 행위들을 비판하지 않는다. 이는 로마서 6:13("너희 자신을 죽은 자 가운데서 다시 살아난 자 같이 하나님께 드리며 너희 지체를 의의 무기로 하나님께 드리라"), 로마서 12:1-2("너희 몸을 산 제물로 드리라"), 그리고 고린도전서 6:19-20("너희 몸은 성령의 전이라…너희 몸으로 하나님께 영광을 돌리라")과 같은 본문들을 보면, 분명하게 알 수 있다.

바울이 진짜 문제 삼는 것은 몸이 아니라 "육"(하나님과 단절되어 있고 하나님과 대립하는 것으로 여겨지는 인간의 인격)과 죄를 낳는 마음이다. 마음이 성령보다 죄의 권세 아래 있고 육에 종노릇하게 되면, 몸은 하나님을 거역하는 행위들이 표현되는 장소가 되어버린다. 바울이 로마서 8장과 12장에서 마음의 역할을 강조하고 있는 것도 이런 이유 때문이다. 이런 상황에서는, 몸은 "사망의 몸"(롬 7:24)이다. 그런 몸의 종말은 영생이 아니라 사망이다(롬 6:21-23).

로마서 8장 후반부(18-39절)는 십자가를 본받는 삶의 소망이 가진 두 번째 차원, 곧 소망을 이야기한다. 그의 배경과 체험에 비춰볼 때, 고난을 해석한 주요 견해 가운데 바울이 선택할 수 있는 것만 해도 최소한 네 가지가 있었다. 그가 선택할 수 있었던 견해 중, 첫 번째는 그 시대를 마지막 때로 보는 입장에서 고난을 해석한 견해다(묵시주의의 해석론). 이 견해는 고난을 하나님 나라가 도래하기 직전의 시기, 곧 "메시아의 비애"가 존재하는 시기 동안에 **견뎌내야 할** 어떤 것으로 이해했다. 두 번째는 바울 자신의 체험을 의로운 자가 겪는 불의한 고난(이번 장 앞부분에서 논의한 내용을 보라)으로 이해하는 것이었다. 세 번째는 고난을 인격 교육이나 하나님이 주시는 연단으로 받아들이는 것이었다.³⁸⁾ 네 번째는 스토아학파의 접근법을 따라 고난을 이해하는 것이었다. 이 학파에서는 고난을 참된 내면의 자아에 영향을 미치지 못하는 것이라 여기고 무시함으로써, 이 고난을 "극복해버렸다"(nikaō).³⁹⁾

바울이 겪은 고난들을 이런 해석론들에 비추어 해석한 결과 중 어떤 것도 바울을 완전히 만족시켜주지 못했다. 고난은 단순히 마지막 때의 일이라 여겨, 또는 신실하게, 또는 가르침을 주는 것이라 여겨 견뎌내야 할 것이 아니었으며, 특히 스토아학파의 방법을 좇아 "극복할" 대상도 아니었다. 오히려 고난은 **압도하며 극복해야**(overwhelmingly conquered) 할 것이었다. 신자들은 "넉넉히 이기는 자들"(롬 8:37; hypernikōmen인데, 이 말은 "~보다 월등히 위에 있는"이라는 뜻을 가진 전치사 휘페르[hyper]와 "극복하다"라는 뜻을 가진 니카오[nikaō]가 결합된 말이다)이다.

우선 바울은 그리스도와 함께 하는 고난, 그리스도를 위하여 겪는 고난을 메시아의 비애를 체험하는 것으로, 하나님을 섬기다 불의한 고난을 당하는 것으로, 그리고 인격 교육으로 이해했다. 그러면서도 그는 고난 자체에 고유한 의미가 있다는 것을 알았다. 그리스도의 고난은 결국 하나님이 당신 사랑을, 당신이 **우리를 위하신다는 것**(pro nobis)을 보여주신 증거다.

> 그런즉 이 일에 대하여 우리가 무슨 말 하리요. 만일 하나님이 우리를 위하시면 누가 우리를 대적하리요. 자기 아들을 아끼지 아니하시고 우리 모든 사람을 위하여 내주신 이가 어찌 그 아들과 함께 모든 것을 우리에게 주시지 아니하겠느냐. 누가 능히 하나님께서 택하신 자들을 고발하리요. 의롭다 하신 이는 하나님이시니 누가 정죄하리요. 죽으실 뿐 아니라 다시 살아나신 이는 그리스도 예수시니 그는 하나님 우편에 계신 자요 우리를 위하여 간구하시는 자시니라. 누가 우리를 그리스도의 사랑에서 끊으리요. 환난이나 곤고나 박해나 기근이나

---

38) Charles H. Talbert, *Learning through Suffering: The Educational Value of Suffering in the New Testament and Its Milieu* (Collegeville, MN: Liturgical, 1991)를 보라.
39) 가령, Epictetus, *Discourses*, 1.18.22를 보라. "결코 굴복하지 않는" 사람은 외부 체험에 영향을 받지 않는 사람이다. 그 체험이 긍정적 체험이든 부정적 체험(대다수 사람들이 판단하고 비판하는 것 같은 경우)이든 가리지 않는다. 그는 평판이나 독설이나 칭송이나 죽음에 영향을 받지 않는다. 스토아주의자는 그 모든 것들을 이기거나 정복할 수 있다(dynatai tauta panta nikēsai).

적신이나 위험이나 칼이랴. 기록된바 우리가 종일 주를 위하여 죽임을 당하게 되며 도살당할 양 같이 여김을 받았나이다 함과 같으니라. 그러나 이 모든 일에 우리를 사랑하시는 이로 말미암아 우리가 넉넉히 이기느니라. 내가 확신하노니 사망이나 생명이나 천사들이나 권세자들이나 현재 일이나 장래 일이나 능력이나 높음이나 깊음이나 다른 어떤 피조물이라도 우리를 우리 주 그리스도 예수 안에 있는 하나님의 사랑에서 끊을 수 없으리라(롬 8:31-39)

바울은 시편 44편을 인용하면서(롬 8:36), 그가 "성경에서 교회의 전조(前兆)를 밝혀냈다는 것"을,[40] 그리고 특히 그가 사도로서 신실하게 십자가를 본받아 수행해야 할 사명을 밝혀냈다는 것을 드러낸다. 마찬가지로 그는 "우리가" 지금 그리스도를 위해 고난을 당하고 있다면, 그리스도가 먼저 우리를 위해 고난을 당하신 것이라고 확신한다. 따라서 고난은 속죄의 가치가 있다. 신자들은 기도하며 미래의 영광을 고대할 때(롬 8:26-27), 그리고 그리스도와 함께 고난을 당함으로(롬 8:17) 하나님 사랑의 내러티브를 계속 이어갈 때 하나님의 영이 임재하심을 체험하기 때문이다. 그런 점에서, 바울의 고난 체험은 유대 묵시주의자들의 고난 체험보다 **현세에 더 긍정적이다**.[41]

그런가하면, 바울의 고난 체험은 스토아주의자들의 고난 체험보다 미래에 관하여 더 큰 소망을 갖고 있었다. 바울이 "넉넉히 이기다"(hypernikaō, 37절)라는 동사를 사용하거나 만들어냈다는 것은 그가 고난에 관한 자신의 체험과 이해를 스토아주의자들의 그것과 진지하게 대조하고 있음을 시사한다. 신자들은 고난을 무시하지 않는다. 고난은 참된 자아에 영향을 미치지 못하기 때문이다. 오히려 신자들은 그리스도의 고난 속에서 하나님과 그리스도가 당신 자신을 이 세상 속에 완전히 참여시키고 이 세상을 위해 완전히 헌신하고 계심을 본다. 요컨대 하나님은 "자기 아들을 보내셨고"(롬 8:3, 지은이 고먼 강조), 그 아들을 아끼지 아니하셨다(롬 8:32).

동시에 신자들은 고난 중에, 하나님의 은사로 말미암아, 하나님의 보증을

---

40) Richard B. Hays, *Echoes of Scripture in the Letters of Paul* (New Haven: Yale University Press, 1989), 58. 그가 이 본문에 관하여 논의한 내용은 모두 대단한 통찰력을 보여주고 있다.
41) 비슷한 해석을 보려면, Beker, *Paul the Apostle*, 302를 보라.

발견한다. 하나님은 고난이 끝이 아니라는 것을, 죽음 뒤에 부활이 있고 고난 뒤에 영광이 있다는 것을, 그리고 "모든 것", 곧 하나님이 결국에는 만물을 구속하신다는 것이 확실하다는 것을 보증하신다. **이것은** 바울에게 승리를 의미한다. 그것도 단순히 스토아주의자들이 체험하는 고난의 "극복" 정도가 아니라, **넘치는** 승리다. 월터 윙크는 로마서 8장을 주석하며 이렇게 말한다. "인간의 권세(31-37절)나 우주의 권세(38-39절)도, 시간과 공간 자체도 신자들이 그리스도 안에서 공유하는 그 승리를 침훼하지 못한다."[42] 미래에 영광을 얻으리라는 확실한 소망도 고난을 제거하지는 않는다. 그러나 그런 소망은 고난을 상대적인 것으로 만들어버린다. 실제로 그 고난은 뒤집어질 것이기 때문이다.

> 생각하건대 현재의 고난은 장차 우리에게 나타날 영광과 비교할 수 없도다(롬 8:18)

바울은 고린도후서에서 운명의 반전을 고대하는 동일한 근본적 소망을 훨씬 더 강력한 대조를 구사한 언어로 표현한다.

> 그러므로 우리가 낙심하지 아니하노니 우리의 겉사람은 낡아지나 우리의 속사람은 날로 새로워지도다. 우리가 **잠시 받는 환난의 경한 것이 지극히 크고 영원한 영광의 중한 것을** 우리에게 이루게 함이니 우리가 주목하는 것은 보이는 것이 아니요 보이지 않는 것이니 보이는 것은 잠깐이요 보이지 않는 것은 영원함이라(고후 4:16-18, 지은이 고딕 강조)

이렇게 바울은 고난 중에 소망을 체험한다. 그러나 그는 그의 고난을 그저 견디거나 극복해야 할 것으로 이해하지 않는다. 그 고난 때문에 그는 그리스도의 고난에 동참할 수 있게 되었고, 그 고난의 종국은 영광이기 때문이다. 고난과 영광에서 하나님 아들의 형상을 본받고 현재와 미래에 하나님 아들의 형상을 본받는 것(롬 8:29), 이것이 바로 십자가를 본받는 삶의 소망이다.

---

42) Walter Wink, *Naming the Powers: The Language of Power in the New Testament* (Philadelphia: Fortress, 1984), 50.

현재와 미래에 본받음

굴욕을 당함과 높이 들림이라는 그리스도의 내러티브 패턴을 닮아가는 체험을 표현한 언어는 빌립보서 3장에서도, 그리고 훨씬 더 뚜렷한 모습으로 등장한다. 바울은 이 빌립보서 3장에서 자기 자신의 이야기가 빌립보서 2:6-11의 그리스도 찬송이 전개하는 그리스도 이야기를 본받은 것이라고 말한다. 바울은 이 그리스도 찬송에서 구원을 그리스도가 바울 자신과 모든 신자들을 위하여 종이 되신 것으로 은유한다. "(빌립보 사람들은) 그리스도를 따라 낮아짐으로써, 결국 또 그분을 따라 높아질 것이다."[43]

빌립보서 3장은 자서전의 특성을 갖고 있다. 바울이 자기 삶을 이야기한 내러티브들 속에 있는 다른 본문들은 주로 십자가를 본받는 그의 사랑을 언급하지만 빌립보서 3장은 그의 십자가를 본받는 삶이 지닌 심오한 소망을 그리고 있다. 이 3장은 바울 스스로 종이 되었음을 강조하기보다 높이 들림의 전주곡인 그의 고난을 강조한다. 분명히, 자기 지위를 포기하고 종이 되는 패러다임은 3장에서 다시 나타나고 있다. 그러나 그 형태는 약간 다르며, 오로지 굴욕을 당함-높이 들림이라는 더 큰 테마와 연관을 맺고 있을 뿐이다.

바울은 3:4-11에서 그 자신의 삶을 이렇게 서로 연관되어 있는 패턴들의 본보기로 제시한다. 우리에게 익숙한 "[x]인데도 [y]하지 않고 도리어 [z]하다"라는 지위 포기 패턴은 누구나 예측할 수 있는 요소들을 갖고 있다. 지위, 결단, 그리고 죽기까지 자기를 낮춤이 바로 그 요소들이다. 바울은 의로운 바리새인이라는 지위를 갖고 있다(4-6절). 그는 그 지위를 해로운 것이자 배설물로 여기기로 결단한다(7-8절; 참고, 2:6).[44] 그리고 그는 그리스도를 얻고 그의 고난에 참여하며 그의 죽으심을 본받고자, 모든 것(그의 지위, 8절)을 잃어버린다.

이제 그리스도 안에 있는 바울은 그의 큰 소망을 이렇게 표현한다.

내가 그리스도와(또는 그리스도를 알고자 하여, "곧")[45] 그 부활의 권능과 그 고난에

---

43) Martin, *Slavery*, 131.
44) 헬라어 *hēgēmai, hēgoumai*(두 번); 참고, 2:6에서 그리스도에 관해 이야기할 때 쓴 *hēgēsato*.
45) 그리스도를 안다는 것이 의미하는 바는 "다음에 이어지는 절들이 이야기하고 있다"(G. B. Caird,

참여함을 알고자 하여 그의 죽으심을 본받아 어떻게 해서든지 죽은 자 가운데서 부활에 이르려 하노니(빌 3:10-11)

이 구절들의 본문은, 그리스도의 죽음을 본받는다(symmorphizomenos tō thanatō autou)라는 언어를 사용하고 있다는 점에서, 분명 빌립보서 2:6-8이 담고 있는 바울의 핵심 이야기/그리스도 찬송의 전반부(헬라어 morphē, morphēn["형체"], 그리고 thanatou["죽음"])를 되울려주고 있다. 바울은 여기서 "그리스도를 아는 것"이 그에게 의미하는 바를 정의한다. 그 문장의 문법과 구조를 꼼꼼히 살펴봐야만, 그 정확한 의미가 드러난다. 바울은 자신이 알고 싶어 하는 것으로 세 가지를 열거하지 않는다. 도리어 그는 "그리스도를 아는 것"이 이중 의미를 갖고 있다고 설명한다. "그의 부활의 권능을 아는 것"과 "그의 고난에 참여함을 아는 것"이 바로 그 두 가지 의미다.[46]

이 앎이 어떻게 이루어지는가를 그 다음 말인 "그의 죽으심을 본받아"와 "어떻게 해서든지(ei pōs) 죽은 자 가운데서 부활에 이르려 하노니"가 설명한다. "부활의 권능"은 적어도 이 본문에서는 1차적으로 현재의 체험이 아니라 미래의 소망, 그리스도의 고난에 참여함(koinōnia)으로써 십자가를 본받는 삶이 얻게 될 결과로서 소망하는 것을 가리킨다. 바울은 고난 속에서 그리스도와 사귐을 갖는 이 체험의 의미를 빌립보서 전체에서 펼쳐 보이고 있지만,[47] 이

Paul's Letters from Prison in the Revised Standard Version, NCB [Oxford: Oxford University Press, 1976], 139). 고든 피(God's Empowering Presence: The Holy Spirit in the Letters of Paul [Peabody, MA: Hendrickson, 1994], 825; Paul's Letter to the Philippians, NICNT [Grand Rapids: Eerdmans, 1995], 328)와 다른 많은 주석가들도 같은 입장이다. 여기서 kai라는 헬라어는 "그리고"라는 의미를 가진 대등 접속사가 아니라, "곧"이라는 의미를 가진 말로서 앞말을 뒷말이 설명하거나 보충함을 나타낸다.

46) (빌 3:10의 헬라어 본문에서) "그(그리스도)를 아는 것"(tou gnōnai auton)이라는 말에 이어 처음으로 나오는 말이 헬라어 kai다. 이 말은 "그리고"로 번역할 게 아니라, "곧(that is)"으로 번역해야 한다. 이렇게 번역하면, 서로 구별되는 두 요소들이 존재하게 되는데, 이 요소들로 말미암아 형성된 a-b-b'-a' 구조가 각 요소들을 두 번씩 언급하게 된다.
    a 그 부활의 권능
      b 그 고난에 참여함
      b' 그의 죽으심을 본받음
    a' 죽은 자 가운데서 부활에 이르려 함
이 교차대구 구조(chiastic structure)는 고든 피도 언급한다(Philippians, 312-13, 329). 그는 권능과 고난 사이에 문법과 수사 면에서 긴밀한 연관성이 있음을 강조하는데(311, 329-37), 올바른 견해다.

47) 웨인 믹스는 빌립보서의 "가장 포괄적인 목적은 그리스도인의 프로네시스(phronēsis), 곧 그리

본문에서는 그리스도의 고난에 참여한다는 것이 부활의 소망과 직접 연관되어 있다. 그리스도의 고난에 참여하는 것은 죽은 자들 가운데서 부활할 미래의 권능에 참여하고자 하는 바울의 소망이다. 그리스도가 죽기까지 순종하신 뒤에 하나님은 그를 의롭다고 옹호하셨다. 마찬가지로 빌립보 사람들 역시 그 고난을 통해 하나님으로부터 의롭다 인정을 받을 것이다.[48]

그렇다면 "그리스도(다시 말해, 그의 부활의 권능)를 알기" 원하는 바울의 소망은 무엇을 말하는 것인가? 그리스도를 지금 어떻게 아는가? 부활은 지금 어떤 식으로든 체험하는 것인가? 만일 그렇다면 그리스도를 아는 것은 그리스도의 고난에 참여하고 그의 죽음을 본받는 것과 다른 것인가?

이런 물음들에 대한 바울의 대답은 빌립보서에서 위 본문과 직접 잇닿아 있는 문맥과 그가 쓴 서신들이 함유한 더 큰 문맥이 제공해주고 있다. 바울이 볼 때, 부활(로마서 6:4의 "새생명")을 체험하는 길은 능력이나 능력 있는 체험들을 추구하는 게 아니라, 십자가를 받아들이는 것, 십자가의 원수(빌 3:18을 보라)가 아니라 "벗"으로 살아가는 것이다. 이렇게 살아가는 것이 "푯대를 향하여 그리스도 예수 안에서 하나님이 위에서 부르신 부름의 상을 위하여 달려가는 것"(빌 3:14)이다. **부활의 권능은 현재 그리스도의 죽음을 본받는 권능으로서 작용하고 있으며, 이 권능은 다시 미래의 부활에 참여할 자리를 보장한다.**

굴욕을 당함-높이 들림이라는 뒤집음 패턴은 빌립보서 3장에서 한 번이 아니라 두 번 등장한다. 십자가의 벗으로 행하며 십자가를 본받음으로써 바울을 본받는 모든 사람들(3:17)에게는 장차 주 예수께서 다시 오실 때 부활하리라는 소망이 주어진다.

스도의 부활이 주는 소망 안에서 '(그리스도의) 죽음을 본받는' 실천적 도덕적 논거를 형성하는 것"이라고 말했는데("The Man from Heaven in Paul's Letter to the Philippians," in Birger Pearson, ed., *The Future of Early Christianity: Essays in Honor of Helmut Koester* [Minneapolis: Fortress, 1991], 333), 적절한 말이다. 하지만 우리는 "실천적 도덕적 논거"라는 말을 "영성"이라는 말로 대치하는 편이 좋을 것 같다.

48) 그레고리 블룸퀴스트는 여기서 더 나가(어쩌면 너무 나갔는지도 모르겠다) "빌 2:6-11의 핵심은 고난 뒤에 하나님이 변호하심이 뒤따른다는 사실을 강조하는 것"이라고 결론짓는다(F. Gregory Bloomquist, *The Function of Suffering in Philippians*, JSNTSup 78 [Sheffield: JSOT Press, 1993], 195). 하지만 소망의 창조, 이것이야말로 분명히 그 본문에서 아주 중요한 차원이다.

그는 만물을 자기에게 복종하게 하실 수 있는 자의 역사로 우리의 낮은 (tapeinōseōs) 몸을 자기 영광의(doxēs) 몸의 형체와 같이(symmorphon) 변하게 하시리라(metaschēmatisei)(빌 3:21)

이 본문의 언어는 2부로 구성된 빌립보서 2장의 찬송 패턴, 곧 겸손한 자기 비하 뒤에 하나님의 권능으로 말미암아 영광이 주어진다는 패턴을 다시금 되울려주고 있다. 그리스도의 고난에, 다른 사람들을 위하여 자기 자신을 내어주는 죽음에 참여하는 모든 신자들의 소망은 부활하여 높이 들림을 받으신 그의 영광의 몸을 본받는 것, 즉 "우리 몸의 속량"(롬 8:23)이다. 다음 부분에서 보겠지만, 변화라는 이 미래의 소망은 비단 인간에게만 국한되는 것도 아니요, 오로지 미래에만 국한되는 것도 아니다.

영광의 초점과 범위

우리가 보았듯이, 바울에게 소망은 십자가를 본받는 삶의 미래는 곧 영광이라는 확신이다. 이 확신은 그리스도의 과거를 이야기하는 내러티브와 신자들의 체험을 이야기하는 현재의 내러티브에 그 근거를 두고 있다.[49] 이 십자가를 본받는 삶의 소망이라는 패턴을 표현하는 기본 본문들을 살펴보면서, 우리는 특히 바울이 고대하는 장래 신자들의 변화를 언급했다. 현재의 고난과 죽음이 미래에 영광으로 바뀌는 것이 그 변화의 내용이었다. 그러나 바울이 기대하는 것은 미래에 일어날 신자들의 변화만이 아니다. 그는 동시에 영광으로 변화하는 것이 지금 시작되었다고 본다. 미래의 영광을 내다보는 그

---

49) 참고, 존 폴 하일은 소망을 더 넓게 정의하면서, 이 정의를 바울에게 적용하여 바울의 소망을 "하나님의 구원 행위를 확신을 품고 기대하는 행위 또는 태도로서 하나님이 우리에게 약속하신 것과/또는 우리를 위해 이미 이루신 것을 믿는 믿음에서 유래하는 것"이라고 정의한다(John Paul Heil, *Romans—Paul' Letter of Hope*, Analecta Biblica 112 [Rome: Biblical Institute Press, 1987], 6).

의 비전은 좁다기보다 넓다. 이 부분에서는 바울의 소망이 초점을 맞추고 있는 시기(언제, when)와 그의 소망이 폭넓게 아우르고 있는 (영광을 누릴) 대상(무엇, what)을 살펴보겠다.

언제: 바울이 품은 소망의 초점

십자가에 못 박히신 메시아가 결국 맞이하신 운명은 부활과 높이 들림이었다. 바울에게 이것은 그가 품은 소망의 근거이자 내용이다. 하지만 상당수 묵시주의자들이 그랬던 것처럼, 바울의 소망은 그저 영생을 막연히 확신하는 것이 아니다. 바울의 소망은 세계의 미래와 마지막 때에 일어날 특정 사건들의 전개에 초점을 맞추고 있기 때문이다. 물론 바울은 이런 사건들이 일어날 시간표의 세부 내용에 지나친 관심을 갖고 있는 것 같지는 않다. 그러나 그는 뭔가 극적인 일이 일어나리라고 확신한다.[50]

사람들은 종종 바울이 그리스도 안에 있는 삶을 "두 시기 사이에 있는" 실존으로,[51] 다시 말해, 옛 시대와 장차 임할 시대 사이에, 예수의 초림과 재림 사이에 있는 실존으로 체험하고 있다고 말해왔다. 더 정확히 말하자면, 우리가 이미 본 것처럼, 바울은 신자들이 살고 있는 현재 시간을 "두 시대가 중첩되는 시기(말세)"(고전 10:11)로, 예수의 죽음 및 부활과 함께 시작되어 그의 재림과 함께 막을 내릴 시대로 인식한다. 따라서 미래 있을 주님의 강림은 바울이 품은 소망의 초점이다. 주님이 오시게 되면, 죽은 자들이 부활하고, 이 악한 시대가 막을 내리며, 때가 차서 임하게 될 새 시대가 시작된다. 예수의 재림은 바울이 품고 있는 모든 소망을 이루어준다.

바울이 예수의 "재림"을 언급할 때 사용하는 언어는 의미심장하다. 한편

---

50) 분명, 바울이 쓴 본문 중에는 묵시주의자들이 제시하는 종말의 시간표와 유사한 것들이 일부 있다(가령, 살전 4:15-17, 고전 15:51-52). 그러나 이런 본문들은 바울의 소망 체험에서 중심 자리를 차지하지 않는다. 더욱이 다른 유대 묵시 문헌들처럼, 바울의 글 속에 들어 있는 시간표들도 그 세부 내용과 구조면에서 다양한 면모를 띠고 있다. L. Joseph Kreitzer, *Jesus and God in Paul's Eschatology*, JSNTSup 19 (Sheffield: Sheffield Academic Press, 1987)를 보라.

51) 예를 들면, J. Paul Sampley, *Walking Between the Times: Paul's Moral Reasoning* (Minneapolis: Fortress, 1991).

으로, 바울은 히브리 선지자들의 언어를 자주 빌려 쓴다. 이 선지자들은 하나님이 악한 자들을 심판하시고 의로운 자들에게 구원을 베풀어 주실 것이라는 이스라엘의 소망(및 경고)을 "여호와(야훼)의 날"이라는 말로 표현한다(암 5:18-20, 사 2:12-22, 요엘서, 겔 30:1-4, 습 1:14-2:3, 3:8-13, 슥 12-14장).[52] 그 야훼의 날이 예수의 날이 되었다는 것은 바울이 "(예수) 그리스도의 날"과 "주 예수의 날" 그리고 "주의 날" 같은 그리스도 중심의 문구를 뚜렷하게 사용하고 있는 점만 봐도 분명하게 알 수 있다.[53] 이처럼 유대인으로서 야훼의 날이 임하기를 고대했던 바울의 소망들은 예수가 곧 주님이라는 그의 체험으로 옮겨가거나 그 체험으로 말미암아 바뀌었다. 그렇지만 바울은 동시에 주님의 자리에 오르신 그리스도가 마지막으로 하시는 행위가 그 나라를 아버지께 넘겨드리는 것이라고 믿는다(고전 15:24-28).

그런가하면, 바울은 예수의 재림을 언급하는 말로 로마 군인의 도착과 황제의 방문을 표현하는 말도 함께 빌려 쓴다. 그가 쓰는 말은 **파루시아**(*parousia*)인데, 이 말은 "임재, 현존" 또는 "도착"을 의미한다. 이 말은 황제나 중요한 장군의 도착을 가리키거나, 그런 인물의 도착에 따른 "구원의" 혜택 내지 그런 인물이 오게 된 이유(이를테면, 전승[戰勝])를 가리키는 말로 자주 사용되었다. 물론 바울을 다룬 문헌들에서는 이 *parousia*라는 말이 예수의 재림이 임박했다고 믿은 바울의 믿음을 가리키는 표준 언어가 되어왔다. 그러나 사실 바울 사도는 예수의 재림을 이야기할 때 이 말을 단지 다섯 번만 사용하고 있다(살전 2:19, 3:13, 4:15, 5:23, 고전 15:23).[54] 그렇지만 예수의 **파루시아**(*parousia*)를 고대하는 바울의 소망은 은연중에 다른 **파루시아들**(*parousias*)을 기다리는 소망을 거부한다. 그 파루시아가 황제의 파루시아든 장군의 파루시아든, 그런 파루시아는 인간의 실존을 고양하거나 변화시키는 데 그 목적이 있기 때문이다. 특히 황제의 **방문**(*parousia*)을 고대하던 로마인의 소망은 바울에 이르러 황제

---

52) "주의 날"의 세부 내용은 선지자에 따라 달라진다.
53) 살전 5:2, 고전 5:5("주 [예수]의 날"). 고전 1:8, 고후 1:14("우리 주 예수 그리스도의 날"). 빌 1:6("그리스도 예수의 날"). 빌 1:10, 2:16("그리스도의 날"). 이런 말들은 때로 "그날"이라는 말로 줄여 표현되기도 한다(고전 3:13, 롬 13:12). Kreitzer, *Jesus and God*, 특히 93-129를 보라.
54) 이 말은 살후 2:1,8에서도 등장한다. 바울은 이 말을 사도가 온 것을 가리키는 말로 다섯 차례 사용한다.

가 아니라 진정한 구원자요 주님이신 예수 체험으로 옮겨가는 동시에, 그 체험으로 말미암아 소망의 내용도 (이 진정한 주님의 파루시아를 고대하는 것으로) 바뀐다.

따라서 바울의 경우에는 그리스도의 날, 곧 그리스도의 **파루시아**(재림)가 그가 품은 소망의 초점이다. 바울의 사명은 십자가를 본받는 믿음과 사랑, 그리고 십자가를 본받는 삶의 능력과 소망을 지닌 공동체들을 형성하는 것이다. 이런 공동체들은 장차 도래할 하나님 나라, 온 우주에 충만한 하나님의 "제국"의 완성을 고대한다.[55] 그러나 예수의 재림이 바울이 품은 소망의 **전부는 아니다**. 그의 소망은 그 범위가 넓기 때문이다. 예수가 오시면, 이 소망이 아우르는 범주가 모두 현실로 이루어지게 될 것이다.

무엇: 영광의 범위(영광을 누릴 수혜자들)

바울의 체험을 들여다보면, 장차 하나님의 영광에 참여하리라는 소망이 큰 것만 따져도 최소한 네 갈래로 표현되어 있다. 개인적 표현, 공동체적 표현, 보편적 표현, 그리고 우주적 표현이 그것이다. 이런 표현들은 십자가에 못 박히셨다가 높이 들림을 받으신 메시아 속에서 이루어진 자신의 하나님 체험이 하나님의 더 큰 일인 종말론적 화해와 재창조의 일부라는 바울의 확신에서 유래한다. 장래의 영광을 고대하는 이 소망의 수혜자들 내지 대상들에는 이미 지금 한 사람의 신자로서 그 영광에 참여하기 시작한 바울(그리고 각 신자), 신자들의 공동체, 이방인들과 유대인들을 포함하는 세계, 그리고 심지어 피조 세계 전체가 포함된다.[56] 이들을 하나씩 차례로 살펴보기 전에, 먼저 바울이 영광을 어떻게 이해하고 있는지 살펴봐야 한다. 영광이라는 말이 고난과 죽음을 뒤집는 패턴을 요약하고 있긴 하지만 그렇다 해도 이 말은 평범하

---

55) 이 주제는 다음 장에서 다시 다루도록 하겠다.
56) 영광의 "수혜자들"인 이 넷은 야훼의 상대편 당사자인 넷과 일치한다. 야훼의 상대방도 이스라엘(공동체), 개인, 민족들(이방인들과 유대인), 그리고 피조 세계이기 때문이다. 이 점은 월터 브루그먼이 언급하는 것이며(*Theology of the Old Testament: Testimony, Dispute, Advocacy* [Minneapolis: Fortress, 1997], 408-12), 이 책 1장 첫 번째 주에서도 언급한 것이다.

지가 않고 그 의미를 잘 포착하기가 힘들기 때문이다.

"영광"과 "영화롭게 하다(영광을 돌리다)"라는 말은 바울의 글속에서 서로 다르면서도 연관되어 있는 두 가지 의미로 사용되고 있다. 첫째 의미는 "영예(honor)" 또는 "찬송"이라는 의미다. 복음을 널리 전파하고 복음에 합당한 삶과 공동체를 형성함으로써 하나님께 영광을 돌린다고 말하는 경우가 첫째 의미를 보여주는 예다.[57] 둘째 의미는 우리 논지에 비추어 첫째 의미보다 더 큰 중요성을 갖고 있는데, 하나님의 "엄위(splendor)"를 의미한다. 다른 사람들과 더불어 하나님의 영광에 동참한다 말할 때, 영광은 이 엄위(또는 장엄함)를 가리킨다. 바울은 이 엄위 내지 영광을 "하나님의 형상"과 결합시킨다. 인간은 하나님을 영화롭게 하지 않음으로써(롬 1:21,23) 하나님의 영광을 갖지 못하거나 그 영광에 이르지 못한다(롬 3:23). 다시 말해, 인간은 창조주의 피조물이요 하나님의 형상을 가진 존재이지만(창 1:27), 하나님이 그들과 갖고자 하셨던 관계(사귐)를 체험하지 못한다.

하지만 그리스도는 하나님의 "형상"이시다. 그러기에 바울이 전하는 복음은 "하나님의 형상이신 그리스도의 영광의 복음"(고후 4:4)이다. 다시 말해, "하나님의 영광"은 "예수 그리스도의 얼굴"에서 발견된다(고후 4:6). 그리스도 안에 있는 하나님의 형상 내지 영광은 부활로 말미암아 완성된다. 이 부활로 말미암아 그리스도의 몸은 이제 "영광"의 몸이 되었다(빌 3:21). 그리스도께 속한 사람들은 이제 부분적이나마 이 영광에 참여하고 있으며, 장래에는 완전히 참여하게 될 것이다.

바울은 이렇게 참여하게 될 "영광"을 신자들이 미래에 하게 될 체험과 아주 빈번히 결합시킨다. 이 체험은 이미 신자들을 위해 준비되어 있다(고전 2:7). 그렇지만 바울이 꿈꾸는 신자들의 영화는 그 범위가 넓어져 피조물 전체가 영화를 누리는 범위에 포함된다. 결국 바울이 볼 때에 하나님의 영광이라는 말은 미래에 실제로 지극히 장엄하게 구원이 이루어지고 만물이 새롭게 되어 하나님이 인간과 모든 피조물을 향해 본디 품으셨던 뜻들이 완성되는 것을 통틀어 가리키는 말이 된다.[58]

---

57) 가령, 롬 15:7, 빌 1:11, 고전 6:20, 10:31, 고후 8:19, 9:13을 보라.
58) 베커는 바울이 하나님의 영광을 "피조물의 운명"이요(*Paul the Apostle*, 200), "하나님이 지으신 세

영광의 소망과 개인

개인 차원만 놓고 보면, 바울은 그가 당하는 고난이 그의 이야기의 끝이 아님을 절대 확신한다. 그는 고린도 사람들에게 열정을 다해 편지를 적어 보내면서, 만일 그 고난이 끝이라면, 자신은 부활을 믿는 많은 바보들 가운데 으뜸일 것이라고 말한다.

> 또 어찌하여 우리가 언제나 위험을 무릅쓰리요. 형제들아 내가 그리스도 예수 우리 주 안에서 가진바 너희에 대한 나의 자랑을 두고 단언하노니 나는 날마다 죽노라. 내가 사람의 방법으로 에베소에서 맹수와 더불어 싸웠다면 내게 무슨 유익이 있으리요. 죽은 자가 다시 살아나지 못한다면 내일 죽을 터이니 먹고 마시자 하리라(고전 15:30-32)

오히려 바울은 자기 삶의 끝이 새 삶의 시작이요 새로운 하나님 체험의 시작이 될 것을 알고, 이 앎에서 위로와 기쁨을 발견한다. 고대에 많은 사람들의 무덤 비문에는 "나는 없었다. 나는 있었다. 나는 있지 않다. 나는 괘념치 않는다(I was not; I was; I am not; I care not)"[59]라고 기록되어 있었지만, 바울의 비문은 다를 것이다. 바울은 죽어 주와 "함께" 있게 되겠지만, 현재 그는 주를 떠나 있다. 죽게 되면 "본향"에 있게 되겠지만 지금은 타향살이 중이기 때문이다.

> 이는 내게 사는 것이 그리스도니 죽는 것도 유익함이라. 그러나 만일 육신으로 사는 이것이 내 일의 열매일진대 무엇을 택해야 할지 나는 알지 못하노라. 내

계의 구속을 당신 나라 안에서 실현하시는 것"(363)으로 보고 있다고 말한다.

59) Richard Lattimore, *Themes in Greek and Latin Epitaphs*, Illinois Studies in Language and Literature, vol. 28, nos 1-2 (Urbana, IL: University of Illinois Press, 1942), 84에 있는 내용을 Dale B. Martin, *The Corinthian Body* (New Haven: Yale University Press, 1995), 109에서 거듭 인용. 이 비문을 더 간단히 적은 형태가 "나는 없었다, 나는 있지 않다, 나는 근심하지 않는다"(라틴어로 *non fui, non sum, non curo*)이다. 이 비문은 대중에게 널리 퍼져 있어서 n. f. n. s. n. c.로 줄여 쓰기도 했다. 마틴은 그리스와 로마의 비문들로 보아 내세를 믿는 사람들도 일부 있었지만 대다수 사람들은 내세를 알지 못하거나 내세에 냉담했으며 신들이 자신들에게 내세를 주리라는 기대도 갖고 있지 않았다고 결론짓는다(109). 물론 철학자들은 이 내세라는 주제에 관심이 더 많았지만, 그렇다고 그들이 꼭 덜 회의적이지는 않았다(112-17).

가 그 둘 사이에 끼었으니 **차라리 세상을 떠나서 그리스도와 함께 있는 것이 훨씬 더 좋은 일이라. 그렇게 하고 싶으나**(빌 1:21-23, 지은이 고딕 강조)

만일 땅에 있는 우리의 장막 집이 무너지면 하나님께서 지으신 집 곧 손으로 지은 것이 아니요 하늘에 있는 영원한 집이 우리에게 있는 줄 아느니라. 참으로 우리가 여기 있어 탄식하며 하늘로부터 오는 우리 처소로 덧입기를 간절히 사모하노라. 이렇게 입음은 우리가 벗은 자들로 발견되지 않으려 함이라. 참으로 이 장막에 있는 우리가 짐 진 것 같이 탄식하는 것은 벗고자 함이 아니요 오히려 덧입고자 함이니 죽을 것이 생명에 삼킨바 되게 하려 함이라. 곧 이것을 우리에게 이루게 하시고 보증으로 성령을 우리에게 주신 이는 하나님이시니라. 그러므로 **우리가** 항상 담대하여 **몸으로 있을 때에는 주와 따로 있는 줄을 아노니** 이는 우리가 믿음으로 행하고 보는 것으로 행하지 아니함이로라. 우리가 담대하여 원하는 바는 차라리 **몸을 떠나 주와 함께 있는 그것이라**(고후 5:1-8, 지은이 고딕 강조)

물론 이 소망은 바울만 홀로 갖고 있는 소망이 아니다. 이 소망은 그리스도 안에 있는 모든 사람들의 소망이다. 바울은 여기서(그리고 다른 곳에서도) "우리"라고 말하는데, 이 "우리"는 바울 자신, 그의 동지인 사도들, 고린도 신자들, 그리고(분명히 밝히고 있진 않지만) 예수를 주로 부르는 모든 사람들, 성령으로 말미암아 하나님의 넘치는 사랑을 체험했고 그 체험이 낳는 소망을 체험한 모든 사람들을 가리킨다(롬 5:1-5).

우리가 이번 장 벽두에서 언급했듯이, 바울은 소망을 다양한 이미지로 표현한다. 어떤 이미지들은 일반적이지만, 더 구체적인 이미지들도 있다. 영생(롬 6:23), 의(갈 5:5), 구원(살전 5:8), 장래의 노하심을 피함(살전 1:10, 5:9), 죽은 자 가운데서 부활함(빌 3:11,14), 우리 몸의 속량(롬 8:23), 그리스도와 함께 있는 것(빌 1:23), 하나님의 상속자요 그리스도와 함께 하는 상속자가 되는 것(롬 8:17), 그리고 영광(롬 8:17, 고후 4:17)이 그런 이미지 예들이다.[60] 바울의 소망 체험에

---

60) 여기서 언급한 것들이 전부라는 말은 아니다.

서 바울에게 지극히 중요한 것이 있다. 그리스도가 죽음에서 부활로 뒤집어짐을 체험하시고 그의 몸의 변화를 체험하셨듯이, 뒤집음과 변화를 겪게 되리라는 기대가 바로 그것이다. 고난은 영광에게 그 길을 내줄 것이며, 죽음은 부활에게 그 길을 내줄 것이다. 죽을 수밖에 없고 썩을 수밖에 없는 성질은 죽지도 않고 썩지도 않는 성질로 바뀔 것이다.

하지만 바울이 체험한 큰 아이러니는 이 변화 과정이 지금 시작되고 있다는 것이다. 바울은 고린도 사람들에게 편지하면서(고후 3:17-18) 이런 말로 한 장을 맺고 있다.

> 우리가 다 수건을 벗은 얼굴로 거울을 보는 것 같이 주의 영광을 보매 그와 같은 형상으로 변화하여 영광에서 영광에 이르니 곧 주의 영으로 말미암음이니라(고후 3:18)

주, 특히 주가 되비쳐주시는 영광을 응시함으로써 영화에 이르는 과정이 현세에서 시작된다. 실제로 하나님이 이방인과 유대인을 함께 부르신 목적은 그들을 당신 아들의 형상으로 바꾸시는 데 있다.

> 하나님이 미리 아신 자들을 또한 그 아들의 형상을 본받게 하기 위하여 미리 정하셨으니 이는 그로 많은 형제 중에서 맏아들이 되게 하려 하심이니라(롬 8:29)

우리가 이미 언급했듯이, 이 과정은 근본적으로 두 부분으로 이루어진 과정이다. 현재 그리스도의 형상으로 변화하는 것은 계속하여 십자가를 본받는 삶을 체험하는 것이다. 미래에 그리스도의 형상으로 변화하는 것은 몸으로 부활하여 그리스도와 같은 모양으로 완성되는 것이다. 각 부분은 그리스도의 형상으로 자라가는 과정, 영화롭게 되어 하나님이 원래 뜻하셨던 하나님의 형상, 하나님과 인간의 관계로 회복되는 과정의 필수 요소다.

영광의 소망과 공동체

부활의 소망은, 바울 사도든 아니면 평범한 신자든, 단지 개인에게만 보장된 차원으로 끝나지 않는다. 바울은 소망을 공동체의 체험으로 본다. 그는 다음과 같은 편지를 적어 보내면서, 자신을 모든 고린도 사람들 속에 포함시킨다.

> 그리스도께서 다시 살아나신 일이 없으면 너희의 믿음도 헛되고 너희가 여전히 죄 가운데 있을 것이요 또한 그리스도 안에서 잠자는 자도 망하였으리니 만일 그리스도 안에서 우리가 바라는 것이 다만 이 세상의 삶뿐이면 모든 사람 가운데 우리가 더욱 불쌍한 자이리라. 그러나 이제 그리스도께서 죽은 자 가운데서 다시 살아나사 잠자는 자들의 첫 열매가 되셨도다(고전 15:17-20)[61]

데살로니가 사람들은 그들이 살아있을 때 그들의 주님이 재림하시리라고 추측했던 것 같다. 그러나 그들은 그렇게 추측하고 있는 동안에 형제인 신자들의 죽음(순교?)을 체험했다. 바울은 이런 데살로니가 사람들에게 보낸 편지에서 부활의 소망을 품고 서로 위로하라고 권면한다.

> 형제들아 자는 자들에 관하여는 너희가 알지 못함을 우리가 원하지 아니하노니 **이는 소망 없는 다른 이와 같이 슬퍼하지 않게 하려 함이라.** 우리가 예수께서 죽으셨다가 다시 살아나심을 믿을진대 이와 같이 예수 안에서 자는 자들도 하나님이 그와 함께 데리고 오시리라. 우리가 주의 말씀으로 너희에게 이것을 말하노니 주께서 강림하실 때까지 우리 살아남아 있는 자도 자는 자보다 결코 앞서지 못하리라. 주께서 호령과 천사장의 소리와 하나님의 나팔 소리로 친히 하늘로부터 강림하시리니 그리스도 안에서 죽은 자들이 먼저 일어나고 그 후

---

[61] 바울은 무엇보다 또 다른 점에서 사람을 당황케 하는 "죽은 자들을 위한 세례"라는 말을 사용하여 공동체의 소망이라는 주제를 계속 전개해간다. "만일 죽은 자들이 도무지 다시 살아나지 못하면 죽은 자들을 위하여 세례를 받는 자들이 무엇을 하겠느냐. 어찌하여 그들을 위하여 세례를 받느냐"(고전 15:29).

에 우리 살아남은 자들도 그들과 함께 구름 속으로 끌어올려 공중에서 주를 영접하게 하시리니 그리하여 우리가 항상 주와 함께 있으리라. **그러므로 이러한 말로 서로 위로하라**(살전 4:13-18, 지은이 고딕 강조).

종말론적 소망을 언급한 것은 데살로니가전서 전체에 스며있는 목회적 분위기를 대변한다. 바울은 데살로니가 사람들에게 그들이 "우상을 버리고 하나님께로 돌아와 살아 계시고 참되신 하나님을 섬기며 죽은 자들 가운데 다시 살리신 그의 아들이 하늘로부터 강림하실 것을 **기다리고 있다**"(살전 1:9-10, 지은이 고딕 강조)고 되새겨준다. 데살로니가전서에서는 바울이 말하는 세 가지 "신학적 미덕들", 곧 믿음, 소망, 사랑(가령, 고전 13:13)을 배열하면서, 특히 소망을 강조하여 이를 맨 마지막에 배치한다(1:3, 5:8). 따라서 소망은 공동체의 체험으로서, 삶으로 드러내는 실재이자 서로 권면하는 근거가 된다. 소망은 자라가야 하고 끊임없이 새로워져야 하는 것이다. 특히 소망을 무너뜨리는 것처럼 보이는 죽음과 같은 체험을 하게 될 경우에는 더욱 그렇다. 죽은 사람들은 소망을 품고 죽었다. 남아 있는 사람들도 소망 가운데 살아가야 하며 기다리는 과정을 계속 걸어가야 한다. 그들이 회심한 것도 그 과정을 걸어가려 했기 때문이다.

영광의 소망 그리고 이방인과 유대인

소망이 개인의 소망이요 공동체의 소망이라 한다면, 마찬가지로 이 소망은 비단 공동체의 소망에만 그치지 않는다. 바울의 종말론적 소망은 철저히 그리스도 중심이다. 그러나 이 소망을 형성하는 것은 하나님의 미래(야훼의 날)를 소망하는 비전이다. 이 비전은 히브리/구약 성경의 시가서와 선지서들이 자세히 이야기하고 있다. 이 비전은 참되신 한 분 하나님께 모든 민족들이 영광을 돌리게 될 날을 꿈꾼다.

주여 주께서 지으신 모든 민족이 와서 주의 앞에 경배하며 주의 이름에 영광을

돌리나이다(시 86:9)

이 비전은 종종 모든 민족이 시온 또는 예루살렘으로 모이게 될 것이라고 말한다(가령, 사 2:2-4, 11:10, 42:6-7, 49:5-7, 미 4:1-4, 슥 8:20-23).[62] 때문에 세계가 유대인과 이방인으로 이루어져 있다고 생각하는 바울도 이방인과 유대인을 아우르는 미래를 소망한다. 실제로 그의 소망에는 모든 민족이 들어 있다.

> 이러므로 하나님이 그를 지극히 높여 모든 이름 위에 뛰어난 이름을 주사 하늘에 있는 자들과 땅에 있는 자들과 땅 아래에 있는 자들로 **모든 무릎을 꿇게 하시고 모든 입으로** 예수 그리스도를 주라 **시인하여** 하나님 아버지께 영광을 돌리게 하셨느니라(빌 2:9-11)

자기 동족인 유대인들의 미래를 향한 바울의 소망은 로마서 9-11장에 있는 에세이가 가장 예리하게 펼쳐 보이고 있다. 이 본문에는 모호한 부분들이 많아, 해석상 다툼이 있고 다양한 해석들이 존재한다. 그렇지만 절대 분명한 점들이 몇 가지 있다.[63] 이 분명한 점들 가운데 두드러진 것이 있다. 하나님은 당신과 언약을 맺은 백성을 내치지도 포기하지도 않으신다는 것이 바로 그것이다. 이 백성은 여전히 하나님의 신실하심과 사랑의 대상으로 남아 있다. 때문에 바울은 결국 "모든 이스라엘이 구원을 받으리라"(롬 11:26)고 철저히 확신한다. 로마서 전체에서 한 단락을 이루고 있는 로마서 9-11장 문맥을 살펴볼 때, 이 "이스라엘"은 틀림없이 이스라엘 민족, 곧 바울의 동족인 유대인과 긴밀하게 연관되어 있다. 바울은 자기 동족을 위해 자신의 구원까지 희생하려 한다(9:2-3). 바울은 이 자기 희생이 그럴만한 가치가 있다고 절대 확신하면서도, 그렇게 희생할 필요가 없으리라는 확신을 더 굳게 갖고 있다. 그리스도의

---

62) 아울러 토비트(공동 번역 성서를 보라) 14:5-7을 보라. 바울 이전 시대와 바울이 살아 있을 당시에 이스라엘이 품었던 소망을 탁월하게 개관한 글을 보려면, N. T. Wright, *The New Testament and the People of God* (Minneapolis: Fortress, 1992), 280-338을 보라.
63) 로마서 9-11장을 다루면서 그 해석의 역사와 광범위한 문헌들을 함께 제시한 책을 보려면, Joseph A. Fitzmyer, *Romans: A New Translation with Introduction and Commentary*, Anchor Bible 33 (New York: Doubleday, 1993), 539-636을 보라.

죽음이 하나님이 언약에 신실하시다는 것, 정말로 하나님이 성실하다는 것을 실증해주었기 때문이다. 이 그리스도의 죽음을 통해 이제는 모든 민족에게 구원을 얻을 길이 열렸고, 마음이 완고하고 배역한 이스라엘에게도 구원이 보장되었다.

그렇다면 바울은 보편구원론자였는가? 어떤 일이 있더라도 모든 사람이 구원을 얻으리라고 확신하는 사람을 보편구원론자라고 정의한다면, 바울은 보편구원론자가 아니다. 그가 목숨을 바친 복음의 메시지는 믿음, 곧 적절한 응답을 요구하기 때문이다. 그 적절한 응답은, 우리가 보았듯이 십자가를 본받는 삶이다. 그러나 바울은 하나님의 복음 자체가 **세상**의 소망보다 떨어지는 것이라고 믿지는 않았을 것이다. 그리스도 안에서 "하나님이 세상을 자기와 화목하게 하셨기" 때문이다(고후 5:19). 따라서 그의 동족 유대인들은 대다수가 끈질기게 믿지 않았지만, 바울은 그런 불신앙을 이방인들의 세계와 화목을 이루시려고, 또는 적어도 "이방인들의 충만한 수가 들어오기까지"(롬 11:25) 하나님이 정해두신 시간으로 생각했다. 바울이 가진 보편주의는 이방인과 유대인을 통틀어 유일하신 하나님이 그들에게 주실 구원을 마련해두셨으므로 그 구원은 틀림없이 이루어질 것이라는 그의 소망(이 소망에는 하나님의 보장을 절대 확신한다는 의미가 들어 있다)이다. 믿음이라는 응답은 필요하다. 그러나 어떤 의미에서는 그런 응답이 보장되어 있다. 모든 사람이 믿는다는 말이 아니라, 주님의 말씀이 거짓일 수가 없고, 거짓인 적도 없었으며, 거짓이지도 않을 것이기 때문이다. 복음은 유일하신 하나님의 복음이다. 따라서 이 복음은 보편적일 수밖에 없다. 지극히 자비로우신 하나님을 아는 모든 사람들에게는 "장래에 하나님이 베푸실 구원, 곧 셀 수도 없고 통제할 수도 없으며 한계도 없는 구원의 문이 활짝 열려 있는 게"[64] 틀림없다. 그런 의미에서 바울의 소망은 보편성을 갖고 있다.

---

(64) Heil, *Romans*, 81. 바울의 글 속에 명확히 존재하는 보편주의의 자취는 때로 그의 아담과 그리스도 신학에서도 찾아볼 수 있다. 아담 안에서 모든 사람이 죽었고 그리스도 안에서 모든 사람들이 생명을 얻게 되기 때문이다(롬 5장, 고전 15장). 하지만 이 주장은 바울이 구사하는 "아담 안에서"라는 말과 "그리스도 안에서"라는 말 사이에 존재하는 결정적 차이를 인식하지 못하고 있다. 바울 사도가 볼 때, 모든 사람은 인간이라는 점에서 아담 안에 있으나, 모든 이가 그리스도 안에 있는 것은 아니다. 아담의 불순종과 관련된 "형벌"은 모든 사람에게 적용되나, 그리스도의 순종(죽음)과 관련된 "혜택들"은 오직 믿음으로 응답하는 사람들에게만 적용되기 때문이다.

영광의 소망과 모든 피조물

하지만 이번에도 바울의 소망은 비단 우주적 차원에 머물지 않는다. 바울의 소망은 결국 우주적 소망이다. 바울의 소망 체험이 갖고 있는 이 우주적 차원은 로마서 8장 전체에서 가장 분명하게, 그러면서도 놀랍지 않은 모습으로 나타나고 있다.

> 피조물이 고대하는 바는 하나님의 아들들이 나타나는 것이니 피조물이 허무한 데 굴복하는 것은 자기 뜻이 아니요 오직 굴복하게 하시는 이로 말미암음이라. **그 바라는 것은 피조물도 썩어짐의 종노릇 한 데서 해방되어** 하나님의 자녀들의 영광의 자유에 이르는 것이니라. 피조물이 다 이제까지 함께 탄식하며 함께 고통을 겪고 있는 것을 우리가 아느니라(롬 8:19-22, 지은이 고면 강조)

베커가 바울이 말하는 이 주제에 관하여 써놓은 주석은, 이 주제가 바울 사도의 영성에서 중심 자리를 차지하고 있음을 잘 보여준다.

> 바울에 따르면, 그리스도인들은 그리스도의 부활이 그들의 신앙에서 근본적 중요성을 갖고 있음을 숙고하는 이상, 그리스도 사건이 갖고 있는 보편적-우주적 미래의 지평과 하나님 나라가 임박해 있다는 사실을 결코 포기할 수가 없다. 실제로 부활은 그리스도인들에게 이 세상에서 살고 있는 자신을 이때가 마지막 때라는 시각으로 이해하도록 촉구한다. 왜냐하면 그리스도인들은, 그 실존이라는 측면에서 볼 때, 그들의 불완전한 실존이 안겨주는 긴장을 그들 자신의 몸으로 실감하면서 구속받지 못한 피조 세계와 더불어 살아가고 있기 때문이다. 따라서 그들은 하나님이 당신의 창조물을 타락시킨 사망의 권세에 거두시는 승리인 부활의 완성을 갈망할 수밖에 없다.[65]

바울이 소망의 우주적 측면을 강조하고 있는 모습은 그리스도의 부활과

---

65) Beker, *Paul the Apostle*, 179.

그에 이은 신자들의 부활을 하나님이 적대 세력들을 격파하실 때 사용하시는 전략의 일부로 보는 바울의 확신에서도 발견할 수 있다. 이 적대 세력들에는 정치적 세력들, 곧 로마와 사탄의 권세,[66] 그리고 특히 우주 안에 있는 궁극적 권세인 사망이 포함된다.

> 그 후에는 마지막이니 그가 모든 통치와 모든 권세와 능력을 멸하시고 나라를 아버지 하나님께 바칠 때라. 그가 모든 원수를 그 발아래에 둘 때까지 반드시 왕 노릇 하시리니 맨 나중에 멸망 받을 원수는 사망이니라(고전 15:24-26)

따라서 개인적, 공동체적, 그리고 심지어 보편적 부활과 높이 들림까지도 바울에겐 단지 고난과 사망이 더 이상 존재하지 않는 마지막 때를 내다보는 거대한 비전을 구성하는 단계들 내지 차원들로서 의미가 있을 뿐이다. 베커는 다시 이렇게 말한다.

> 바울의 글에서는 소망이 묵시주의적(마지막 때의 계시 같은, apocalyptic) 특성을 갖고 있다. 이 소망은 시간과 공간 속에서 일어나는 한 사건을 그 중심으로 삼고 있다. 이 사건은 그리스도인들이 갈망하고 앙망하는 대상이요, 그리스도가 **재림**하실 때 또는 하나님 나라가 임할 때 악과 죽음을 격파하는 승리다(고전 15:24). 바울의 묵시주의적 이원론은 현세를 경멸하고 내세만을 생각하는 영지주의의 이원론이 아니다. 바울의 이원론을 결정하는 것은 그리스도 사건이요, 옛 질서의 효력을 없애버리고 피조 세계의 변화를 고대하는 소망을 만들어내는 사건이다. 제 궤도를 벗어난 이 피조 세계는 썩어짐에서 구속 받을 때를 갈망하느라(롬 8:21) 진통을 겪고 있다. 물론 하나님의 영광은 타락한 우리 세계로 뚫고 들어올 것이다. 그렇다 해도, 그 영광은 온 세상을 완전히 없애버리는 게 아니라, 다만 이 세상에 현존하는 구조인 죽음만을 꺾어버릴 뿐이다. 하나님의 영광은 이 우주를 존재론적 무로 만들기보다 이 우주를 변화시키는 것을 목표

---

66) 정치적 권세들이 격파당하리라는 점은 Klaus Wengst, *Pax Romana and the Peace of Jesus Christ*, trans. John Bowden (Philadelphia: Fortress, 1987), 78-79를 보라. 사탄에 관한 것은 롬 16:20상("평강의 하나님께서 속히 사탄을 너희 발아래에서 상하게 하시리라")을 보라.

로 삼고 있기 때문이다.[67]

결국 이것이 하나님의 "영광"을 바라는 바울의 소망이다. 바울은 이 소망을 율법과 선지자들(히브리/구약 성경)로부터 빌려온 언어를 써서 "새로운 피조물(새로 지으심을 받는 것)"(갈 6:15, 고후 5:17)로 표현한다. 이 소망은 그리스도가 재림하셔서 그의 죽음과 부활이 가능하게 만든 하나님의 영광스러운 미래를 완전히 체험하게 하실 때 완전히 이루어질 것이다. 그때까지, 신자들은 십자가를 돌아보며 믿음과 사랑의 백성으로 살아가고, 부활과 높이 들림과 마지막 구속 속에서 나타날 하나님의 영광을 내다보며 소망의 백성으로 살아간다. 이제는 신자들이 매일 삶 속에서 이 소망을 체험하는 것을 살펴봐야 한다.

매일 삶 속에서 십자가를 본받는 삶으로 표현하는 소망

우리가 분명히 보았듯이, 바울의 체험과 확신 속에서는 고난과 소망이 떼려야 뗄 수 없게 서로 얽혀 있다. 바울은 매일 삶으로 십자가를 본받는 삶의 소망을 드러낸다. 그의 그런 실존 현실 중에는 인격 형성, 소망과 신뢰, 그리스도와 다른 신자들 그리고 다른 피조물들과 맺은 연대, 제국의 종말론(imperial eschatology, 로마 황제의 통치를 통해 인류의 마지막 황금시대가 도래했다고 주장하던 로마인들의 이데올로기)을 배척하는 태도, 그리고 아직 구원이 완성되지 않은 현실을 냉정하면서도 기쁘게 인식하는 태도들이 다 포함된다. 이 모든 것들이 구원의 완성을 고대하는 갈망과 함께 뒤섞여있다.

---

67) Beker, *Paul the Apostle*, 149.

소망, 고난, 그리고 인격

고대에는 고난이 인격 형성에 기여하는 학교 역할을 할 수 있다는 생각이 널리 퍼져 있었다.[68] 바울도 처음에는 이런 시각을 되울려주고 있는 것으로 보인다.

> 그러므로 우리가 믿음으로 의롭다 하심을 받았으니 우리 주 예수 그리스도로 말미암아 하나님과 화평을 누리자. 또한 그로 말미암아 우리가 믿음으로 서 있는 이 은혜에 들어감을 얻었으며 하나님의 영광을 바라고 즐거워하느니라. 다만 이뿐 아니라 우리가 환난 중에도 즐거워하나니 이는 환난은 인내를, 인내는 연단을, 연단은 소망을 이루는 줄 앎이로다. 소망이 우리를 부끄럽게 하지 아니함은 우리에게 주신 성령으로 말미암아 하나님의 사랑이 우리 마음에 부은 바 됨이니(롬 5:1-5)

하지만 여기서 바울이 강조하는 것은 단순히 고난이 인격을 만들어낸다는 것이 아니다. 오히려 그가 결국 강조하고자 하는 것은 고난이 소망을 만들어낸다는 것이다. 고난은 그 본질상 소망의 보증인이다. 신자들은 영광의 소망을 자랑하는 것과 똑같은 이유로 고난을 "자랑한다." 신자들은 그리스도 안에 있는 하나님의 사랑이 과거에도 실재했고 현재도 실재하고 있음을 안다(롬 5:5; 참고, 5:6-8). 그러기에 그들은 미래에도 하나님의 사랑이 실재하리라고 확신한다.[69] 따라서 사람들이 고난으로부터 배우는 교훈은 그들 자신의 체험과 고통 중에 그 고통의 의미와 소망을 찾으려는 가느다란 노력뿐 아니라, 그리스도의 체험과 하나님의 승리에 그 근거를 두고 있다. 이처럼 신자들은 그들이 매일 체험하는 고난을 그저 견디거나 극복하는 것으로 그치지 않을뿐더러, 그 고난을 외면하지도 않는다. 오히려 그들은 그 고난을 자랑한다. 그리스도가 고난당하셨으나 하나님의 권능으로 죽음을 정복하신 것처럼, 언젠가는

---

(68) Talbert, *Learning Through Suffering*을 보라.
(69) 물론 이것이 로마서 8장의 테마다. 로마서 8장은 로마서 5장의 언어와 주제들을 발전시키고 있다.

그들도 넉넉히 이길 것이기 때문이다(롬 8:37). 신자들은 이제 마지막 승리를 준비하고 있다.

하지만 그때까지 신자들은 실제로 그들이 겪는 고난으로부터 배움을 얻는다. 특히 그들은 그들 자신이 아니라 하나님께 의지하는 법을 배운다. 바울은 고난이 신뢰 내지 믿음의 근원이 된다는 점에서 이 고난의 목적과 의미를 발견한다.

> 형제들아 우리가 아시아에서 당한 환난을 너희가 모르기를 원하지 아니하노니 힘에 겹도록 심한 고난을 당하여 살 소망까지 끊어지고 우리는 우리 자신이 사형 선고를 받은 줄 알았으니 이는 우리로 자기를 의지하지 말고 오직 죽은 자를 다시 살리시는 하나님만 의지하게 하심이라. 그가 이같이 큰 사망에서 우리를 건지셨고 또 건지실 것이며 이후에도 건지시기를 그에게 바라노라(고후 1:8-10)

로마서 5장에서 그리한 것처럼, 바울은 여기에서도(어쩌면 이 본문에서는 더 실제적으로 에둘러 표현했을지도 모르겠다) 고난을 소망을 가르치는 선생이요 보증인이라고 주장한다. 이 본문도 하나님이 겸손한 자들, "마음을 다해 하나님을 신뢰하는" 자들을 높이시리라는 성경의 근본적 확신을 암시하고 있다.

따라서 소망을 품고 사는 사람들은 그들의 삶을 그 소망의 완성을 준비하는 쪽으로 맞춰가려 한다. 바울의 체험에 비춰볼 때, 현세의 고난들은 끊임없이 소망을, 따라서 인격을 포기하도록 유혹한다. 이런 이유로, 바울은 데살로니가 사람들(이들은 자신들이 헌신한 대가가 무엇인지 알고 있었다[70])에게 그들이 품은 소망에 합당하게 살아가라고 일깨워준다.

---

70) "형제들아 너희가 그리스도 예수 안에서 유대에 있는 하나님의 교회들을 본받는 자 되었으니 그들이 유대인들에게 고난을 받음과 같이 너희도 너희 동족에게서 동일한 고난을 받았느니라. 유대인은 주 예수와 선지자들을 죽이고 우리를 쫓아내고 하나님을 기쁘시게 하지 아니하고 모든 사람에게 대적이 되어 우리가 이방인에게 말하여 구원받게 함을 그들이 금하여 자기 죄를 항상 채우매 노하심이 끝까지 그들에게 임하였느니라"(살전 2:14-16). 이 본문은 후대에 첨가된 본문이라고(심지어 "반[反] 유대주의" 본문이라고) 이해할 때가 잦지만, 본받음이라는 이 본문의 주제만큼은 철저히 바울의 글과 상통한다. 나아가 이 본문은 데살로니가전서에 있는 직접 문맥 및 더 큰 문맥들과 잘 들어맞는다.

형제들아 때와 시기에 관하여는 너희에게 쓸 것이 없음은 주의 날이 밤에 도둑 같이 이를 줄을 너희 자신이 알기 때문이라. 그들이 평안하다, 안전하다 할 그 때에 임신한 여자에게 해산의 고통이 이름과 같이 멸망이 갑자기 그들에게 이르리니 결코 피하지 못하리라. 형제들아 너희는 어둠에 있지 아니하매 그날이 도둑 같이 너희에게 임하지 못하리니 너희는 다 빛의 아들이요 낮의 아들이라. 우리가 밤이나 어둠에 속하지 아니하나니 그러므로 우리는 다른 이들과 같이 자지 말고 오직 깨어 정신을 차릴지라. 자는 자들은 밤에 자고 취하는 자들은 밤에 취하되 우리는 낮에 속하였으니 정신을 차리고 믿음과 사랑의 호심경을 붙이고 구원의 소망의 투구를 쓰자. 하나님이 우리를 세우심은 노하심에 이르게 하심이 아니요 오직 우리 주 예수 그리스도로 말미암아 구원을 받게 하심이라. 예수께서 우리를 위하여 죽으사 우리로 하여금 깨어 있든지 자든지 자기와 함께 살게 하려 하셨느니라. 그러므로 피차 권면하고 서로 덕을 세우기를 너희가 하는 것 같이 하라(살전 5:1-11)

바울은 이와 비슷한 권면을 로마 사람들과 고린도 사람들에게도 하고 있다.

또한 이 시기를 알거니와 자다가 깰 때가 벌써 되었으니 이는 이제 우리의 구원이 처음 믿을 때보다 가까웠음이라. 밤이 깊고 낮이 가까웠으니 그러므로 우리가 어둠의 일을 벗고 빛의 갑옷을 입자. 낮에와 같이 단정히 행하고 방탕하거나 술 취하지 말며 음란하거나 호색하지 말며 다투거나 시기하지 말고 오직 주 예수 그리스도로 옷 입고 정욕을 위하여 육신의 일을 도모하지 말라(롬 13:11-14)

몸은 음란을 위하여 있지 않고 오직 주를 위하여 있으며 주는 몸을 위하여 계시느니라. 하나님이 주를 다시 살리셨고 또한 그의 권능으로 우리를 다시 살리시리라(고전 6:13하-14)

바울은 이 마지막 본문에서 명백한 결론을 끌어내고 있다. 그것은 곧 많은 고린도 사람들이 미래에 몸으로 부활하게 된다는 진리는 지금 몸으로 행하는 모든 일들이 아주 중요하다는 의미임을 스스로 분명하게 깨닫지 못했다는 것이었다. 현재 몸을 입고 살아가는 삶은 미래를 내다보는 소망 속에서 주를 "위해" 살아가는 삶이요, 주와 "함께" 하는 실존을 온몸으로 구현하는 것이다.[71]

그리스도, 다른 신자들, 그리고 모든 피조물과의 연대

앞에서 보았듯이, 바울은 고난과 그에 따르는 소망을 교제(참여) 또는 연대 체험으로 묘사한다. 우선 고난과 그에 따른 소망은 그리스도와 연대하는 것이다. 그것은 부활을 고대하며 "그의 고난에 참여하는 것(koinōnia)"(빌 3:10)이다. 신자들의 공동체가 품고 있는 소망은 공동체와 그 공동체에 속한 각 신자에게 십자가를 본받는 삶을 통해 끊임없이 변화하는 삶을 살아가라고 요구한다.[72]

십자가를 본받는 삶의 소망은 공동체가, 그리스도와 연대함을 체험하는 것이라는 점에서 다른 사람들과 연대함을 체험하는 것이기도 하다. 그러기에 바울은 이렇게 말한다.

> 우리의 모든 환난 중에서 우리를 위로하사 우리로 하여금 하나님께 받는 위로로써 모든 환난 중에 있는 자들을 능히 위로하게 하시는 이시로다. 그리스도의 고난이 우리에게 넘친 것 같이 우리가 받는 위로도 그리스도로 말미암아 넘치는도다(고후 1:4-5)

실제로 바울은 그가 섬기는 공동체들이 고난과 소망 속에서 연대하는 공동체가 되기를 기대한다.

> 소망 중에 즐거워하며 환난 중에 참으며 기도에 항상 힘쓰며 성도들의 쓸 것을 공급하며 손 대접하기를 힘쓰라. 너희를 박해하는 자를 축복하라. 축복하고

---

71) 참고, 롬 14:9. "이를 위하여 그리스도께서 죽었다가 다시 살아나셨으니 곧 죽은 자와 산 자의 주가 되려 하심이라."
72) 공동체가 십자가를 본받아 변화해야 한다는 점을 (바울의 시각에서) 창조적이고 설득력 있게 해석한 글을 보려면, "그리스도가 보내신 서신"(고후 3:1-4:6)으로서 고린도 공동체를 다룬 리처드 헤이스의 글(*Echoes*, 122-53)을 보라.

저주하지 말라. 즐거워하는 자들과 함께 즐거워하고 우는 자들과 함께 울라(롬 12:12-15)

바울이 볼 때, 보복하지 않는 것이 신학이나 체험 면에서 의미를 가질 때는 오직 십자가를 본받는 삶의 소망이라는 맥락 속에 들어있을 때뿐이다. 더욱이 핍박을 받으면서도 보복하지 않고 다른 갖가지 고난을 겪을 때야말로 서로 기쁨과 슬픔을 나누는 것(롬 12:15)이 인간적으로나 영적으로나 필요하다. 바울은 공동체에 관하여 이야기하면서 지체끼리 서로 보살피는 것에 초점을 맞춘다. 그러면서도 공동체더러 모든 사람에게 선을 행하도록 요구한다(갈 6:10). 이런 요구는 십자가를 본받는 삶의 소망을 품고 연대해야 할 범위가 공동체 밖까지 확장되어야 한다는 것을 시사한다.

실제로 바울은 모든 피조물과 연대를 체험했다. 이런 연대 체험은 이와 똑같은 식으로 소망을 공동체 밖까지 확장하도록 요구한다. 로마서 8장은 바울이 체험한 고난과 소망이 모든 피조물이 갈망하며 탄식하는 것에 근거하고 있으며, 그런 갈망 섞인 탄식의 부분집합이라고 말한다(롬 8:22-23). 이것은 곧 신자들의 공동체가 고통 중에 있는 사람들, 위기에 빠진 세계, 위험에 처한 환경 등등의 모든 피조물과 자신을 동일시하고 그들과 함께 고난을 겪어야 한다는 것을 의미한다. 다시 말해, 십자가를 본받는 삶의 소망은 사명을 함축하고 있지, 종말론적 백일몽이 아니다.[73]

제국의 종말론을 거부함

소망은 인간을 하나 되게 하는 체험이다. 소망은, (마틴 루터 킹 목사가 이끌었던 민권 운동 같은 경우처럼) 선한 쪽이든 아니면 (아돌프 히틀러가 이끌었던 나치 독일 같은 경우처럼) 악한 쪽이든, 사람들을 하나로 뭉치게 할 수 있다. 로마 제국

---

[73] 베커가 강조하듯이, 사명이 없으면, 하나님의 아들들이 나타날 때 모든 피조물이 해방될 것을 고대하는 큰 소망을 피력한 바울의 말이 한낱 "교회의 가냘픈 흐느낌" 정도로 전락해버린다 (*Paul the Apostle*, 327).

은 사람들에게 소망을 주려 했을 뿐만 아니라, 로마와 그 황제들의 통치 아래 "황금시대"가 도래했다고 선포하려 했다. 제국이 떠들어대던 선전은, 그 본질상, 아우구스투스 때 시작되어 여러 황제들이 거둔 군사적 성공과 문화적 성공이 가져다 준 실현된 종말론을 선포하는 것이었다. 제국은 "평화"의 통치를 이룩하고 여러 국가들을 복속시켰다. 많은 사람들은 이를 신들이 지닌 가장 선한 의도들이 실현된 것으로 보았다(우리가 앞장에서 언급했듯이, 모든 사람이 그렇게 본 것은 아니었다).[74]

당시 널리 퍼져 있던 이런 확신과 이런 확신을 떠받들고 심화시켜 준 구조들을 피하는 것은 결코 쉬운 일이 아니었을 것이다. 초기 신자들은 예수가 아니라 황제를 구원자로 인정하라는 유혹을 끊임없이 받았다(참고, 빌 3:20). 사회적, 경제적 압력을 비롯하여 온갖 압력들이 그들더러 황제를 구원자로 인정하도록 밀어붙였을 터이니, 그런 유혹은 정말 컸을 것이다. 하지만 바울은 데살로니가와 고린도와 빌립보와 로마에 있는 자기 독자들에게 다른 소망을 받아들이라고 촉구한다. 그 소망은 폭력이 아니라 사랑과 십자가를 본받는 삶의 능력에 그 근거를 둔 것이요, 황제가 아니라 예수 안에서 하나님께 충성하는 이들에게 참된 평안과 안전을 제공해주는 것이었다(참고, 살전 5:3). 바울이 볼 때에는 이것이 곧 확실한 소망이요, 현재의 고난이 신비롭게도 장차 임할 참된 영광, 로마의 영광이 아니라 하나님 영광의 첫 열매이자 보증인이라는 것을 확신케 해주는 것이다.

"지금 그러나 아직 아니": 냉정하면서도 기쁘게

바울이 그리스도 안에서 십자가를 본받는 삶의 실존을 체험하는 것을 우울한 일이나 사람을 다 죽어가게 만드는 일로 받아들여서는 안 된다. 논쟁의 소지가 있긴 하지만 빌립보서는 바울 서신 중 십자가를 본받는 삶에 가장 많이 초점을 맞춘 서신이다. 동시에 이 서신은 그가 가장 많이 기쁨을 표현한 서

---

74) 제국의 종말론과 그 선전 내용을 다룬 많은 글 가운데, 간략하면서도 탁월한 출발점을 제공해 줄 수 있는 개관을 읽어보려면, Witherington, *Conflict and Community*, 295-98을 보라.

신이기도 하다.[75] 더욱이 그는 아주 진지한 어조로 자신이 장차 임할 하나님의 영광으로 말미암아 고난 중에도 기뻐한다고 주장한다. 그는 고난당했지만, 그와 동시에 기뻐했다.

바울의 기쁨은 크게 세 가지 원천에서 흘러나온다. 그가 섬기는 공동체들(물론 이 공동체들은 그에게 고통과 슬픔을 안겨주는 원인이기도 하다), 현재 그가 겪는 체험, 그리고 장차 영광을 누리게 되리라는 그의 소망이 바로 그 원천이다. 우리는 우리 논지에 비추어 오직 마지막 두 가지에만 초점을 맞추되, 특히 그 둘이 어떻게 함께 작동하는가에 초점을 맞춰보도록 하겠다.

거의 모든 바울 해석자들은 바울의 소위 "종말론적 유보(eschatological reservation)", 곧 "이미 그러나 아직 아니(already but not yet)"라는 그의 체험의 후반부(아직 아니)를 강조한다. 바울의 종말론적 유보는 마지막 부활이 아직 일어나지 않았다는 의미요(이는 고린도의 엘리트 신자들 내지 열혈 신자들의 입장과 **반대되는 것이다**), 성령은 미래를 담보하는 최초 할부금(따라서 실제로 존재하긴 해도 전부는 아니다)이라는 의미이며, 그 외에 다른 여러 의미를 함축하고 있다. 바울은 실제로 다음과 같은 사실을 알고 있었다.

> 우리가 지금은 거울로 보는 것 같이 희미하나 그 때에는 얼굴과 얼굴을 대하여 볼 것이요 지금은 내가 부분적으로 아나 그 때에는 주께서 나를 아신 것 같이 내가 온전히 알리라(고전 13:12)

그러나 바울의 삶과 사명에 원동력이 된 것은 단지 저 멀리 있는 소망만이 아니다. 도리어 그 미래는 이미 지금 시작되고 있다는 확신, 영광으로 변화하는 것이 이미 시작되었다는 확신(고후 3:18), 그리고 "이제 우리 구원이 처음 믿을 때보다 가까워졌으며 밤이 깊고 낮이 가까워졌다는 확신"(롬 13:11-12)이 그의 삶과 사명을 움직이는 원동력이다. 이것은 사실 바울이 그리스도 안에 있는 사람들의 체험을 아주 철저하게 해석한 것일 수 있다. 십자가를 본받는 삶의 소망은 그 영광이 멀리 있음을 시사하는 바로 그것(고난)이 사실은 그

---

75) "기쁨"과 "기뻐하다"라는 말이 열다섯 번 넘게 나온다.

영광이 아주 가까이 있음을 보여주는 증거임을 의미한다. 그처럼 확실한 보장은 기쁨과 기뻐함이 신자들의 실존을 규정한다는 것을 의미한다. 십자가를 본받는 삶의 소망은 멀리 있긴 하지만 더 나은 미래가 있다는 소망을 품고 현재 상황을 체념하는 게 아니다. 도리어 그 소망은 그 마지막 날과 영광이 십자가를 본받는 삶 속에서 이미 시작되었다는 것을 의미한다. "하나님 아들의 형상을 본받는 것"(롬 8:29)을 궁극적 목표로 삼고 있는 사람들만이 그 목표에 이르는 과정을 기뻐할 수 있고, 또 실제로 기뻐한다. 그 과정은 이미 지금 그 목표를 체험하는 것이기도 하다.

결론: 십자가를 본받는 삶의 소망

바울은 소망의 근거를 하나님이 뒤집음을 보여주신 행위들에 둔다. 이런 행위들은 성경이 계시하였고, 죽음-부활, 굴욕을 당함-높이 들림이라는 예수의 체험이 가장 완전하게 알려주었다. 따라서 이것은 소망이 본디 십자가를 본받는 삶의 소망임을 의미한다.

바울이 체험하고 변호한 십자가를 본받는 삶의 소망은 삼키기에 쓴 약일 수도 있다. 고난을 필요조건으로 하는 조건부 소망이기에, 어렵게 들릴 수도 있고 심지어 우리를 학대하는 말로도 들릴 수 있다. 하지만 바울은 고난을 이야기의 주된 플롯이나 결론으로 여기지 않는다. 오히려 고난은 고난당하신(그리고 높이 들림을 받으신!) 메시아와 자신을 동일시하는 사람들에게 필요한 현실이지만, 동시에 일시적인 현실이기도 하다. 이런 이유로 바울은 신자들과 온 우주의 미래는 정말 영광스러우리라는 확신을 품고 기쁘게 이런 글을 쓸 수 있는 것이다.

기록된바 하나님이 자기를 사랑하는 자들을 위하여 예비하신 모든 것은 눈으로 보지 못하고 귀로 듣지 못하고 사람의 마음으로 생각하지도 못하였다 함과

같으니라(고전 2:9)

우리가 잠시 받는 환난의 경한 것이 지극히 크고 영원한 영광의 중한 것을 우리에게 이루게 함이니(고후 4:17)

생각하건대 현재의 고난은 장차 우리에게 나타날 영광과 비교할 수 없도다. 피조물이 고대하는 바는 하나님의 아들들의 나타나는 것이니……그 바라는 것은 피조물도 썩어짐의 종노릇 한 데서 해방되어 하나님의 자녀들의 영광의 자유에 이르는 것이니라(롬 8:18-19,21)

제12장 옮긴이 주

[1] 집회서는 개신교가 사용하는 성경에는 빠져 있고 로마 가톨릭 교회가 사용하는 성경에는 들어 있다. 여기서 인용한 본문은 대한성서공회에서 1999년에 펴낸 공동번역 성서(개정판, 가톨릭용)에서 가져온 것이다. 이후에 인용하는 성경 본문 가운데 가톨릭용 성경에만 들어있는 책 본문은 모두 위 공동번역 성서에서 인용했다. 인용할 때, 공동번역 성서가 "하느님"으로 표기한 말은 모두 "하나님"으로 고쳤다.

[2] 유대교를 말살하고 유대인들을 헬라 문화에 동화시키려고 온갖 억압 정책을 폈던 폭군이었다. 예루살렘 성전에 헬라 신들의 형상을 세워놓고 유대교에서 금지한 돼지고기를 제물로 바치는 등 유대교와 유대인을 능멸했다. 곧이어 인용하는 마카베오하 7장 본문도 안티오쿠스 4세가 유대 율법이 금지하는 돼지고기를 먹도록 일곱 형제에게 강요하다가 이를 거부하는 형제들을 모두 죽이는 내용을 담고 있다. 안티오쿠스 4세의 이런 행태는 유대인들의 반감을 샀고, 결국 유대인들은 마카베오(마카비)의 지도 아래 조직적인 저항 운동을 펴게 된다.

"너희 안에 이 마음을 품으라 곧 그리스도 예수의 마음이니"

빌립보서 2장 5절

13장

십자가를 본받는 삶을 사는 공동체

바울이 경험한 교회 체험과 그가 그린 교회상

우리는 앞장들에서 십자가를 중심으로 이루어진 바울과 하나님, 그리스도, 성령 및 삼위일체 하나님 사이의 만남, 그리고 그에 상응하여 이루어진 십자가를 본받는 믿음과 사랑 체험 및 십자가를 본받는 삶의 능력과 소망 체험을 살펴보았다. 우리는 포괄적이면서도 초점이 뚜렷한 이 체험을 "내러티브 영성"으로 규정했다. 아울러 우리는 바울이 자신 안에서 십자가가 대변하는 그리스도의 실존을 재차 이야기해주는 삶의 패턴들을 어떻게 발견하고 있으며, 자기가 쓴 서신의 수신자들이 이 패턴들을 어떻게 구현하길 원하고 있는지 살펴보았다.

바울은 물론 개인이었다. 당연히 그는 신자 한 사람 한 사람이 그리스도 이야기를 온몸으로 살아내기를 기대했다. 그렇지만 십자가를 본받는 삶이라는 말로 대변되는 그의 영성은 근본적으로 **공동체** 영성이라는 특징을 갖고 있다. 다시 말해, 바울의 사명은 단지 십자가를 본받는 새 삶을 사는 개인들을 만들어내는 메시지를 전하는 것만이 아니었다. 오히려 그의 사명은 만유의 참되신 주님인 예수 그리스도, 이스라엘의 하나님과 동일하신 분이요 사이비

주인 로마 황제와 대조되는 그분의 복음을 선포함으로써, 만인이 보는 가운데 십자가를 본받는 삶을 살아가는 대안적(alternative) 공동체들을, 이 참되신 주님이 생명을 주시고 다스리시는 공동체들을 형성하는 것이었다. 따라서 이 공동체들은 이스라엘과 연계하여 존재할 수밖에 없었고, 로마 제국 및 문화와 대척점에 있을 수밖에 없었다.

앞장들에서도 시사했지만, 결국 십자가를 본받는 삶은 본디 공동체적 영성이요 심지어 정치적 영성이다. 가령, 십자가를 본받는 삶은 로마의 힘과 소망을 담은 이데올로기들과 현실들에 도전을 던진다. 우리는 바울에 관한 우리의 연구 자체를 맺는 이번 장에서 십자가를 본받는 삶이 갖고 있는 공동체적 특성을 살펴보도록 하겠다. 우리는 바울의 체험이 갖는 공동체적 특성을 간략히 되새겨보고, 바울이 전한 복음이 갖는 신학적 본질을 살펴본 다음, 십자가를 본받는 삶을 사는 공동체들 내지 심지어 "식민지들"이라고도 말할 수 있는 교회들의 정치 현실에 초점을 맞춰보도록 하겠다.

십자가를 본받는 삶이 갖는 공동체성

우리는 이 책 앞부분(2장)에서 바울이 체험한 "그리스도 안에" 있음이 공동체적 성격을 갖고 있음을 발견했다. "그리스도 안에" 있다는 것은 인격 대 인격의 개인적 관계이지만, 그렇다 해도 이 관계는 개인의 사사로운 소유물이 아니다. "그리스도 안에" 있다는 것은 그리스도 이야기가 만들어낸 공동체 안에서 살아간다는 것이지, 단순히 그리스도와 "개인적 관계/사귐"을 갖는다는 말이 아니다.

그리스도 안에 있음이 갖는 이런 공동체적 성격은 십자가를 본받는 삶이 본디 관계라는 특성을 갖고 있다는 점과 부합하는 것이기도 하다. 십자가를 본받는 믿음은 다른 사람들을 향하여 십자가를 본받는 사랑으로 표현될 때에 비로소 완전해진다. 십자가를 본받는 사랑과 십자가를 본받는 삶의 능력은 다른 사람들을 위하여 존재하는 방식들이요, 약한 자들, 더 큰 몸(공동체), 그리고 원수들에게도 헌신함을 표현하는 것들이다. 심지어 십자가를 본받는 삶의 소망은 자기 한 사람의 운명보다 훨씬 더 광대한 미래상을 요구한다.

바울의 영성이 갖고 있는 공동체성은 그가 목회 서신을 쓰는 방식이 표현해주고 있다. 바울은 (적어도 보존되어온 서신들을 놓고 볼 때) 그의 서신들을 개인이 아니라 공동체에 써 보낸다.[1] 사람들이 빌레몬서라 부르는 서신의 경우에도 마찬가지다. 빌레몬서는 사실 "우리의 사랑을 받는 자요 동역자인 빌레몬과 자매 압비아와 우리와 함께 병사 된 아킵보와 **네 집에 있는 교회에**"(빌 1절 하-2, 지은이 고딕 강조) 써 보낸 서신이다. 물론 바울은 빌레몬에게 특정한 요구를 하고 있다. 그렇지만 그는 이 요구를 교회 전체에 하는 말 사이에 끼워놓았다.[2] 바울은 분명 그가 쓴 서신들을 수신자들이 공동체라는 맥락에서 듣고 보기를[a] 원했다.

바울 서신을 영어 역본으로 읽는 사람들은 특히 불리한 점이 있다. 영어는 2인칭 인칭대명사("you")의 단수형과 복수형을 구별하지 않으며(단수 "you"와 복수 "you all"을 대비해보라), 이 두 대명사와 결합된 단수 동사와 복수 동사 사이에도 구별이 없기 때문이다. 그러나 바울은 신자들을 염두에 두고 서술하거나 명령한 말들을 거의 모두 2인칭 복수 인칭 대명사인 "너희"로 표현한다. 따라서 영역 성경을 읽는 일부 독자들은 "you"라는 말을 "you all"로 바꿔 읽는 것이 도움이 된다는 것을 발견했다. 그러나 이렇게 주어를 바꾸는 것도 바울이 쓴 서신들에 연이어 등장하는 2인칭 복수 명령형 동사들을 번역할 경우에는 아무 소용이 없다(가령, 단수 명령형이나 복수 명령형이나 모두 "walk", "consider", "be" 등등으로 적기 때문이다). 영어에서는 명령문일 경우 따로 대명사들을 사용하지 않기 때문이다.

결국 그 내용이나 문법 표현으로 볼 때, 바울의 영성은 확실히 공동체성 또는 집단성을 띤다. 현대의 개인주의자들은 이 점을 유념해야 한다.

---

1) 우리는 여기서 다만 바울이 썼다는 데 다툼이 없는 서신들만을 다루고 있다. 물론 바울은 개인들에게도 서신을 썼을 가능성이 아주 높다.
2) 빌레몬서 1절하-2절 이외에도, 3절, 22절하, 그리고 25절은 다수의 수신자를 가리키는 복수 대명사들을 담고 있다.

바울 복음의 신(神)-정(政) 통합 특성(theo-political character)

바울은 자신과 다른 사도들이 세운 공동체들이 종말의 때에 세워질 하나님의 이스라엘(갈 6:16), 선지자들이 약속하고(렘 31:31-34, 겔 11:14-21, 36:22-32, 고전 11:25, 고후 3:6) 특히 묵시주의 사상을 가진 모든 유대인들이 고대했던 "새 언약" 공동체들의 일부를 이루고 있다고 확신했다.[3] 바울이 볼 때, 그 교회는 "새 시대를 여는 새벽"이요 "하나님 나라의 청사진이자 교두보"이며 "하나님이 통치하실 미래를 내다보며 마지막 때를 예비하는 잠정적 공동체"였다.[4] 처음 이스라엘이 닻을 올릴 때와 마찬가지로, 하나님은 이 새 시대의 공동체에게 세상에서 독특하고 특이한 소수로서 존재하라고, 하나님을 향하여 거룩히 구별되고 그 거룩함과 내부 통일 때문에 다른 문화 및 다른 시대와 구별되는 공동체로 존재하라고 요구하셨다.[5] 바울은 이 공동체가 지녀야 할 모든 특징을 고스란히 보여주는 것이 십자가를 본받는 삶이라고 본다. 십자가를 본받는 삶은 그 공동체의 독특성과 하나님을 향한 헌신을 형성한다. 뿐만 아니라, 십자가를 본받는 삶은 그 공동체 내에서 공동체 존립에 필요한 통일을 만들어낸다.[6]

---

3) 분명 바울은 그리스도를 믿는 유대인들과 이방인들로 이루어진 진정한 교회를 체험했던 것 같다. 이 교회는 참된 이스라엘 백성들(가령, 롬 2:28-29, 9:6-8, 갈 3:6-9,28-29, 6:16)로 이루어진 총회들이었기에, 마지막 때에 세워질 "하나님의 이스라엘"의 (반드시 전부는 아니라 하더라도) 일부를 이루는 것이었다. 만일 우리가 갈라디아서와 로마서를 한데 묶어 고려한다면(하지만 그렇게 하고 싶어 하지 않는 사람도 일부 있다), 바울이 말하는 "하나님의 이스라엘"은, (1)현재를 기준으로 하면, (a)그리스도를 믿는 모든 유대인들(롬 11:1-6이 말하는 "이스라엘[민족]의 남은 자들")과 (b)그리스도를 믿는 모든 이방인들(롬 11:11-24이 말하는 "감람나무에 접붙임을 받은 가지들")이요, (2)미래를 기준으로 하면, "모든 이스라엘[민족]"(롬 11:26)을 의미하는 말이 될 것이다. "모든 이스라엘"이 구원을 받으리라는 점은, 예수의 신실하신 죽음이 잘 보여주듯이, 하나님이 언약에 신실하시다는 사실이 보장해준다. 만일 바울이 스스로 모순을 범하고 있지 않다면, 장차 모든 이스라엘이 받을 이 구원은, 지금 모든 사람이 구원을 받는 것과 마찬가지로, 예수를 하나님이 보내신 메시아로 고백함으로써(롬 10장) 이루어질 것이다.
4) J. Christiaan Beker, *Paul the Apostle: The Triumph of God in Life and Thought* (Philadelphia: Fortress, 1980), 303, 326.
5) Wayne A. Meeks, *The Moral World of the First Christians* (Philadelphia: Westminster, 1986), 130과 T. J. Deidun, *New Covenant Morality in Paul* (Rome: Biblical Institute Press, 1981), 16을 보라.
6) 레이먼드 피케트는 바울이 고린도전서에서 품고 있는 목적이 공동체 안에서 하나됨을 만들어내는 것이라고 요약하면서, 고린도 사람들이 "사회와 조화를 이룰 것인가는, 그 공동체의 모든

이처럼 바울의 영성을 표현하는 단어들은 이스라엘의 언어에서 유래한다. 가령, "언약", "주(야훼)", "구원", "믿음", "복음", "종", 그리고 "교회" 또는 "무리(총회)" 같은 단어들은 성경에서 나온 말들로서 모든 유대인에게 풍성한 의미를 갖고 있다. 하지만 바울이 구사하는 헬라어는 더 큰 배경인 그리스-로마의 상황을 반영하는 말이기도 하다. 헬레니즘 유대교도 이 그리스-로마 상황 속에 존재했었다. 실제로 바울이 구사하는 단어를 구성하는 많은 핵심 요소들은 바울이 살던 시대에 존재했던 다양한 제의들을 가리키는 유대교 이외의 종교 언어라기보다 당대의 정치 언어를 반영하는 것들이다. 다시 말해, 바울이 쓰는 말 중에는 통치 영역, 제국 영역에서 쓰는 말들을 그대로 되울려주는 말들이 많다. 하지만 유대인과 다른 민족을 포함한 고대인들은, 포스트모던 시대 서양 사회에 살고 있는 우리와 달리, 종교와 정치를 분리하지 않았다 (또는 적어도 그런 정교분리를 주장하지 않았다). 때문에 이렇게 종교와 정치를 분리하다 보면, 자칫 잘못된 길로 빠질 수도 있다. 바울이 사용하는 유대의 언어와 그리스-로마의 언어를 표현하는 말로 더 적절한 것은 (종교/신학과 정치가 떼려야 뗄 수 없게 결합되어 있다는 말인) 신(神)-정(政) 통합(theo-political)이다.

아래에서 제시한 표는 바울이 구사한 단어들 가운데 몇몇 단어를 아주 간단히 살펴본 것이다. 이 표는 해당 단어들을 유대교와 유대교의 성경(구약 성경)에서 유래하거나 그것들과 연관을 맺고 있던 그리스-로마 시대의 청중들에게 말했을 때, 그들이 포착했을 법한 그 단어들의 기본 의미(들)를 보여준다.[7] 이 용어들(이 용어 목록은 더 확장할 수 있을 것이다)은 분명 종교적 성격뿐 아니라 정치적 성격도 갖고 있다. 바울의 복음과 영성은, 집단성(공동체성)을 띠

지체가 '십자가의 도'를 따라 살아가라는 요구를 받은 공동체에 걸맞은 가치들에 온전히 헌신하는가에 달려 있다"고 적절히 지적한다(*The Cross in Corinth: The Social Significance of the Death of Jesus*, JSNTSup 143 [Sheffield: Sheffield Academic Press, 1997], 68-69).

7) 이 표가 모든 단어를 망라한 완성작은 아니다. 이 용어들과 다른 용어들에 관하여 유익한 논의를 제공한 글을 보려면, 다음 장들을 살펴보라. Richard A. Horsley, ed., *Paul and Empire: Religion and Power in Roman Imperial Society* (Harrisburg, PA: Trinity Press International, 1997); Richard A. Horsley, "Paul's Counter-Imperial Gospel: Introduction," 140-47; Dieter Georgi, "God Turned Upside Down," 148-57; Helmut Koester, "Imperial Ideology and Paul's Eschatology in 1 Thessalonians," 158-66; 그리고 Karl P. Donfried, "The Imperial Cults of Thessalonica and Political Conflict in 1 Thessalonians," 215-23. 아울러 Richard A. Horsley, ed., *Paul and Politics: Ekklesia, Israel, Imperium, Interpretation* (Harrisburg, PA: Trinity Press International, 2000)을 보라.

고 있다는 점에서, 확실히 정치적이다. 바울이 교회(the Church)에서 체험하는 것은 이 교회가 한 몸이라는 사실(corporate reality)이다. 이 사실은 당대 정치 질서에 도전을 던지는 것이기에, 오직 정치적 언어 내지 신-정 언어만으로 표현할 수 있다.

십자가를 본받는 삶을 살아가는 공동체들

우리는 바울이 단순히 개인을 구원하거나 복음으로 인도하는 데 그치지 않고 복음을 통해 십자가를 본받아 살아감으로써 대안을 제시하는 신-정 통일체인 공동체들을 만들어내기 시작했다고 주장했다. 이런 공동체들은 겉으로 보기에 아무런 해도 끼치지 않는 "가정 교회" 형태를 띠고 있었다. 이 가정 교회들은 기도와 성경 읽기, 사도의 보고와 서신 접수, 가르침과 격려, "주님의 만찬"에 참여하고 함께 식사하기, 가난한 이들을 돕기 위한 연보 및 이와 관련된 활동을 포함한 여러 가지 목적을 이루고자, 공동주택이나 이보다 큰 가정에 모인 그룹들이었다. 따라서 바울이 이런 공동체 체험을 묘사할 때 사용하는 핵심 용어들은 그 본질상 종교적일 뿐 아니라, 사회적 심지어 정치적 성격을 지니고 있다. 그가 전한 복음의 메시지 자체에서 사용한 용어들과 같은 성격을 갖고 있는 셈이다. 바울에게 특히 중요한 것은 교회를 "새로운 피조물"로, 예수를 주로 고백하고 예배하는 공동체로, **에클레시아**(*ekklēsia*, 모임, 총회, 집회; 영어로 assembly)이자 **폴리스**(*polis*, 도시; 영어로 city)[8]로, "몸"으로, 그리고 "가정"으로 체험하고 있다는 점이다.

---

8) 제시한 번역어 앞에 있는 헬라어 단어들은 심사숙고하여 제시한 것이다. 영어 용어들은 바울이 말하고자 하는 의미를 잘 전달하지 못하기 때문이다.

바울이 쓴 헬라어 용어	통상적인 번역어	유대의 맥락에서 가진 의미	더 넓게 그리스-로마의 맥락에서 가진 의미
euangellion, euangelizomai	좋은 소식/복음, 복음을 전하다	하나님의 구원을 알리는 좋은 소식, 하나님의 구원을 알리는 좋은 소식을 전하다	승전이나 황제의 탄생/통치를 알리는 좋은 소식, 황제의 은덕을 선포하다
kyrios	주	야훼(여호와, 하나님)	주인; 통치자, 황제
sōtēr, sōtēria	구원자, 구원	구원자 하나님, 하나님의 구원	정치적 구원자인 황제, 제국의 치세나 승전의 결과들
basileia	왕국, 통치	하나님 나라, 하나님의 통치	왕국, 제국; 황제의 통치, 제국의 치세
eirēnē	평화(평강)	사람과 사람, 사람과 하나님 사이의 올바른 관계	황제의 통치와 내외 분쟁의 종식; 라틴어로 pax(pax Romana, 로마의 평화)
pistis	믿음	언약에 신실함, 성실	성실(로마와 그 시민이 서로 상대에게 지고 있는 의무), 라틴어로 fides[b]
dikaios, dikaiosynē	정의로운, 의로운; 정의, 의롭다 하심을 받음, 의	언약에 신실하고 의로움	정의, (로마의) 정의
ekklēsia	교회	하나님 백성의 총회(회중)	도시(polis) 시민들로 이루어진 민회
parousia	재림		황제 또는 다른 관리의 도착, 방문, 머무름

13장 십자가를 본받는 삶을 사는 공동체   555

새 창조(새로운 피조물)

먼저 "새 창조(새로운 피조물)"부터 살펴보기로 하자. 그 이유는 바로 이 용어가 두드러지기 때문이 아니라, 이 말이 **새로운** 무엇에 관한 바울의 근본적 체험을 시사해주기 때문이다. 하나님은 그리스도 안에서 범상치 않게 역사 속으로 뚫고 들어오셨다. 덕분에 바울과 그의 형제 신자들은 이 시대와 장차 임할 시대가 "이어지는 시기" 또는 "중첩되는 시기"에 살고 있다(고전 10:11). 새 언약이 수립되었다. 그리고 이 새 언약은, 하나님의 옛 백성들이 예수의 신실하심에서 분명히 나타난 하나님의 신실하심에 믿음으로 응답할 경우, 이 옛 백성들을 새롭게 한다. 이와 똑같은 특권들이 이방인들에게까지 주어졌다. 이것은 사실 이방인들이 참되신 하나님을 알게 될 마지막 때가 시작되었음을 알리는 표지이다. 실제로 성경은 이렇게 말한다.

> 그런즉 누구든지 그리스도 안에 있으면 새로운 피조물이라. 이전 것은 지나갔으니 보라 새 것이 되었도다(고후 5:17)

이것은 예언이 성취되었음을 알리는 언어다.[9] 이런 이방인들은 용서받고 의롭다 하심을 받은 백성으로서 "하나님의 이스라엘"(갈 6:16)을 형성하고, "새로운 피조물을 구현한다."[10] 하나님이 처음에(창조 때) 뜻하셨던 것들을 인간이 망쳐놓았다. 그러나 이제는 하나님이 미래에(새 창조 때) 완성하실 일들이 이미 인간의 역사와 삶 속으로 뚫고 들어왔다.

이제 이미 새로운 피조물의 시대가 열렸기 때문에 인간이 망쳐놓은 옛 피조물("이 세상/이 시대")은 하나님의 심판 아래 놓여 있다. 옛 피조물의 시대는 지나가고 있다(고전 7:31). 따라서 새 언약에 속한 사람들은, 근본적 의미에서 볼 때, 그들이 살고 있는 이 시대에 속하지 않은 사람들이다(롬 12:1-2). 그들의 정체성, 가치관, 그리고 행동들은 이미 현존하고 있는 미래로부터 온 것이

---

9) 사 43:18-19, 65:17, 66:22에 있는 "새 창조"라는 언어를 보라.
10) 이 용어는 J. Louis Martyn, "Apocalyptic Antinomies," in *Theological Issues in the Letters of Paul* (Nashville: Abingdon, 1997), 122에서 가져온 것이다.

다. 새 영역인 성령의 영역에 살지 않고 옛 영역인 육의 영역에 사는 것(갈 5장, 롬 8장)은 시대를 거슬러 올라가 사는 것이다. 새 것 안에 옛 것이 살게 하는 것은 어울리지 않는 일이다. 바울이 체험한 교회 모습, 바울이 꿈꾸는 교회상은 이런 종말론적 실재 내지 마지막 때의 실재에 근거하고 있다. 미래가 현존하고 있다. 모든 것을 이런 시각에서 봐야 한다. 더욱이 이 새 실재를 시작한 사건이 십자가이기 때문에(갈 1:4, 고후 5:11-21), 새 창조를 구현한 세상에 사는 것은 곧 십자가를 구현한 세상에 사는 것이다. 이것이 바울의 교회 체험의 출발점이다. 그가 체험한 교회는 그리스도의 십자가가 계시한 유일하신 하나님을 믿는다고 고백하고 그 하나님께 예배하는 교회다.

예수를 주로 고백하고 예배하는 공동체

바울은 고대 세계에 "많은 신들과 많은 주들이"(고전 8:5) 있다는 것을 잘 알고 있었다. 이 신들과 주들은 자신들의 자리를 우주 안에서, 그리고 죽을 수밖에 없는 존재들 속에서 다른 신들이나 주들과 나눠 갖는 것에 만족하고 있었다. 하지만 오직 한 분이신 이스라엘의 하나님에게는 당연히 이런 자리 분점이 있을 수 없는 일이었다. 유일신을 섬기는 바울의 유대교는 바울이 회심시킨 이방 세계 사람들도 공유해야 하는 것이다. "우리가 우상은 세상에 아무 것도 아니며 또한 하나님은 한 분밖에 없는 줄 아노라"(고전 8:4). 하지만 이 하나님은 십자가에 못 박히신 메시아 속에서 계시되었기 때문에 바울과 그가 섬기는 공동체들 그리고 모든 초기 그리스도인들은 "예수가 주님이시다"라고 고백한다(가령, 고전 12:3, 롬 10:9, 빌 2:11). 바울은 이렇게 써놓았다.

> 그러나 우리에게는 한 하나님 곧 아버지가 계시니 만물이 그에게서 났고 우리도 그를 위하여 있고 또한 한 주 예수 그리스도께서 계시니 만물이 그로 말미암고 우리도 그로 말미암아 있느니라(고전 8:6)

톰 라이트(N. T. Wright)는 이것을 "기독론적 유일신론(christological

monotheism)"이라 묘사했는데,[11] 적절한 묘사다. 우리가 이 책 4장에서 보았듯이, 바울이 성령을 체험했다는 것은 바울이 이 기독론적 유일신론을 오직 "삼위일체를 표현하는(Trinitarian)" 언어로 묘사하도록 인도할 수 있었던 한 권능이 그에게 이 유일신론을 주입했다는 것을 의미한다. 반면 다른 신들과 다른 주들을 섬기는 제의 속에서 역사하는 능력은 귀신의 능력이다(고전 10:20-21).

바울이 초기 그리스도인들의 예배를 가장 완벽하게 묘사한 대목(고전 8-14장)에 따르면, 공동체는 함께 모여 그들 자신이 통일체임을 표현하고 체험한다. 이런 공동체의 통일성(한 몸 됨)은 그들의 하나님과 주님이 한 분이시라는 점에, 그들 속에서 역사하는 성령이 한 분이시라는 점에 그 근거를 두고 있으며, 특히 그들이 함께 모여 떡과 포도주를 나누는 한 끼 식사에 그 근거를 두고 있다(고전 10:14-22, 11:17-34). 결국 이런 통일성을 만들어내는 것은 모든 사람(이방인과 유대인, 남자와 여자, 노예와 자유인, 부자와 가난한 자, 강한 자와 약한 자)을 향하여 하나님이 사랑을 드러내 보이신 표지인 십자가다. 떡과 잔으로 이루어진 식사, 곧 "주의 만찬"(고전 11:20)은 몇 가지 기능을 한다. 이 만찬은 주님이 십자가에서 자신을 내어주신 사건을 기념하고 선포하는 것이다. 그 사건이 공동체를 세우고, 규정하고, 하나로 묶어준다(고전 11:23-26). 따라서 주의 만찬은 지위에 근거한 모든 분열을 초월하여 그 공동체가 하나임을 표현하는 것이다(고전 11:17-22,27-34). 주의 만찬은 예배를 구성하는 한 행위로서 그리스도와 그분의 죽음에 참여하는(koinōnia, 고전 10:16) 체험이다.

따라서 이런 공동체에 참여하려면 다른 모든 것을 배척해야만 한다. "그리스도 안에 있는" 사람들은, 말로 고백하거나 다른 우상에게 바친 제사 음식을 함께 먹는 것처럼, 다른 신이나 다른 주를 인정하는 일을 결코 해서는 안 된다.

> 너희가 주의 잔과 귀신의 잔을 겸하여 마시지 못하고 주의 식탁과 귀신의 식탁에 겸하여 참여하지 못하리라(고전 10:21)

---

11) N. T. Wright, "Monotheism, Christology, and Ethics: 1 Corinthians 8," in *The Climax of the Covenant: Christ and the Law in Pauline Theology* (Edinburgh: T&T Clark, 1991; Minneapolis: Fortress, 1993), 129.

"포용성"(여러 제의/종교의식에 참여할 수 있다는 입장)이 규범이 되었던 문화 속에서, 이런 배타성은 신경을 거슬리게 하는 반문화적 태도였다. 바울의 "교회"는 다른 종교 집단들과 달랐다. 교회는 모이면 주의 만찬을 행하고, 노래하고, 기도하고, 찬송했으며(고전 14:15-17,26), 특히 예언(고린도전서 14장의 주된 주제이자 십자가를 본받는 사랑의 영으로 해주는 말로서, 덕을 세우고 격려하며 위로하는 말)을 들었다. 다시 말해, 그 모임은 만나서 영예와 지위를 내세우는 고대 문화를 **배우는 게 아니라**, 한 분 하나님을 예배하고 그리스도의 십자가를 그 기초로 삼으며 십자가를 본받게 하는 성령이 그 안에 거하는 유일무이한 공동체, 당대의 여러 공동체와 다른 공동체로서 존재한다는 것이 무슨 의미인가를 **배운다**. 다시 말해, 그들은 하나님이 "밖으로 불러내신 공동체(called-out community)", 곧 하나님의 **교회**(ekklēsia)로서 만난다.[12]

교회(ekklēsia)와 도시(polis)

대다수 성경 역본은 에클레시아(ekklēsia)라는 말을 "교회"로 번역한다. 바울은 이 말을 예수를 십자가에 못 박히셨다가 높이 들림을 받으신 하나님의 메시아로 고백하고 예배하는 하나님 백성들의 총회(집회, 모임; assembly)를 가리키는 말로 쓴다. 하지만 앞에서 제시한 표에서 언급했듯이, ekklēsia라는 말은 유대의 정황 속에 그 뿌리를 두고 있을 뿐만 아니라, 그리스-로마 상황에서는 정치적 의미도 담고 있는 말이다. 분명히, 바울은 교회를 "주님의 총회", "하나님의 총회"[1](가령, 갈 1:13, 고전 1:2, 고후 1:1)로 본다. 마치 이스라엘 백성들이 "하나님의 총회(히브리어 카할[qāhāl])" 또는 "이스라엘의 총회"로 회집한 것

---

12) 아이러니하게도, 하나님 이외에 다른 신들을 모두 배척하는 이 배타주의자 공동체는 모든 인간을 차별 없이 받아들이는 철저한 포용주의자 공동체다. 이 공동체는 이방인과 유대인, 남자와 여자, 종과 자유인을 차별하지 않고 받아들인다. 에클레시아(ekklēsia)라는 말의 어원과 "의미"에 관한 설명은 잘 정리되어 있다. 헬라어 전치사 ek("밖에/밖으로부터")와 헬라어 동사 kaleō("부르다")가 결합하여 이루어진 명사 ekklēsia는 "밖으로 불러낸 사람들"과 같은 의미를 지니고 있다는 게 통설이다. 이런 견해를 비판하는 사람들은 어원(단어의 기원과 발전)이 그 단어의 의미를 결정하지 않는다고 적절히 지적하지만 이 에클레시아(ekklēsia)라는 말의 경우에는 어원과 의미가 상당히 일치하는 게 사실이다.

과 마찬가지였다. 하지만 이 교회라는 총회는 로마 제국이라는 정황, 특히 유대인들이 이방인들의 땅에 널리 퍼져 살던 디아스포라(diaspora) 지역이라는 정황에서 이루어지고 있다. 이 지역에서 유대인들과 그리스도를 믿는 신자들이 한데 어우러진 이 총회들은 독특한 존재들이다.

바울이 세운 총회들은 당대 몇몇 사회 집단들과 비교하며 대조해볼 수 있다.[13] 그러나 바울이 ekklēsia라는 말을 선호했다는 것은 그가 이 총회를 "'그리스도 안에 있는' 사람들의 정치적 모임으로서, 당시 도시의 공식 집회(민회)와 첨예하게 맞서며 '경쟁하는' 모임"으로 체험했다는 것을 시사한다.[14] 도시의 민회와 마찬가지로, **교회**(ekklēsia)는 모일 때마다 그에 속한 시민들에게 열린 광장을 제공하는 동시에, 선포("예언", "교훈", "해석", "계시": 고린도전서 14장), 토론, 로마 법정과 별도로 적절한 "사법" 활동이 이루어지는 마당을 제공했다.[15] 위에서 언급했듯이, 이 **교회**(ekklēsia)의 "시민들"은 모든 민족, 성, 사회경제적 지위에 속한 사람들로 이루어져 있다.

바울이 세운 이 공동체들, 곧 교회들(ekklēsiai)은 그 하나하나가 지역 도시(polis)와 구별된 또 다른 총회들이지만, 교회 전체를 함께 묶어놓고 보면, 그 공동체들로 이루어진 하나의 국제 네트워크로서 로마 제국과 구별된 또 다른 제국을 구성하고 있다. 이 **교회**(ekklēsia)를 단지 지역 차원에서 체험하든, 아니면 도시와 도시, 나라와 나라의 경계를 뛰어넘는 차원에서 체험하든, 이 **교회**라는 공동체는 지역 도시뿐 아니라 모든 지역 도시들이 충성을 바치는 제국 자체와 대비되는 존재다. **교회**에게 로마 황제는 주가 아니다. 십자가에 못 박히셨다가 높이 들림을 받으신 예수가 그들의 주님이시기 때문이다. 이스라엘

---

13) 이를테면, 회당과 길드(수공업자 조합)[d] 그리고 사람들이 스스로 결성한 단체들이 그 예다. Wayne A. Meeks, *The First Urban Christians: The Social World of the Apostle Paul* (New Haven: Yale University Press, 1983), 77-81, 108을 보라. 일부 집단들은 그들의 모임을 에클레시아이(*ekklēsiai*, *ekklēsia*의 복수형)로 불렀다(108). 그러나 바울이 쓰는 이 말은 더 큰 정치적, 종교적 상징인 로마 및 이스라엘과 더 밀접하게 관련되어 있는 것처럼 보인다.

14) Richard A. Horsley, "Introduction: Building an Alternative Society," in Richard A. Horsely, ed., *Paul and Empire: Religion and Power in Roman Imperial Society* (Harrisburg, PA: Trinity Press International, 1997), 209. 비슷한 해석을 보려면, Meeks, *First Urban Christians*, 108과 Dieter Georgi, *Theocracy in Paul's Praxis and Theology* (Minneapolis: Fortress, 1991), 57을 보라.

15) 고전 6:1-8뿐 아니라, 서신 전체에서 법률용어를 폭넓게 사용하고 있는 점을 살펴보라. 아울러 Beker, *Paul the Apostle*, 317, 320을 보라.

은 신을 참칭했던 모든 정치 지도자들 위에 유일한 주권자이신 하나님이 계시다고 선포했다. 교회들은 이 선포의 연장선에서, 이스라엘의 하나님이 주로 임명하심으로 거짓 "주"인 로마 황제를 몰아내신 예수만을 유일하신 주님으로 인정한다.[16] 데이비드 실리는 바울의 핵심 이야기(빌 2:6-11)를 주석하면서 이렇게 쓰고 있다.

> 그리스도 찬송은 이 지도자(예수)를 황제와 비교하여 분명 더 우월한 지위에 놓는다. 동시에, 이 찬송은 하나님을 이전에는 오직 하나님께만 적용되던 "주"라는 칭호를 그(예수)에게 이전한 분으로 묘사한다. 황제는 실제 존재하는 정치적 실체를 지배했다. 이스라엘의 하나님도 같은 지배권을 갖고 계셨다……물론 그리스도 찬송은 예수를 모든 이를 다스리시는 주님으로 선포했다. 그러나 예수의 영역이 그런 사실과 여전히 일치할 수 없었다는 것은 틀림없이 고통스러운 일이었을 것이다. 설령 그렇다 해도, 예수의 통치는 제국 내에서 형성되고 있던 조그만 모임 속에서 분명하게 나타나고 있었다. 이런 모임들은 제국의 부패에 물들지도 않았고 이스라엘이 주장하는 민족 장벽에도 제한받지 않았다.[17]

이런 점으로 보건대, 바울이 이 빌립보서에서 **교회**(ekklēsia)에 관한 그의 정치적 비전을 **도시**(polis)라는 언어로 어쩌면 가장 완전하게 표현하고 있는 것은 전혀 놀라운 일이 아니다. 바울은 제국에 반대하는 관점에서 그리스도 이야기를 전개할 뿐 아니라(빌 2:6-11), 특히 빌립보서를 **도시**(polis)에 반대하는 언어로 서술한다. 그는 그(교회라는 도시의) 시민들에게 그들의 "국가"(politeuma로서 polis에서 나온 말이다)가 "하늘에"(빌 3:20) 있고, 로마에 있지 않음(하늘에 그들의 국가가 있다는 것은 로마가 그들의 국가가 아님을 암시하는 것이다)을 알려준다.[18] 이

---

16) 아울러 가령 Horsley, "Introduction: Building an Alternative Society"와 John L. White, *The Apostle of God: Paul and the Promise of Abraham* (Peabody, MA: Hendrickson, 1999), 173-208, 237-45를 보라. 제임스 던(*The Theology of Paul the Apostle* [Grand Rapids: Eerdmans, 1998], 537-43, 특히 537)의 경우처럼, 이스라엘과 연속성을 갖는 "하나님의 총회"와 로마 민회와 대비되는 "시민들의 총회" 사이에서 선택해야 할 필요는 없다. 회당이라는 모임, 나아가 교회라는 모임이 갖는 독특성은 바로 이 모임이 도시의 총회나 황제의 총회가 아니라 하나님의 총회라는 점에 있다.
17) David Seeley, "The Background of the Philippians Hymn," *Journal of Higher Criticism* 1(1994): 72.
18) politeuma라는 말에 관한 설명은, 예를 들어, Klaus Wengst, *Pax Romana and the Peace of Jesus*

이미지는 특히 빌립보 교회에 깊은 인상을 남겼을 것이다. 그들이 사는 도시는 로마가 자랑하는 식민지였기 때문이다. 하지만 빌립보 사람들을 다스리는 권좌와 그들이 충성할 보좌는 로마가 아니라 하늘에 있다. 때문에 그들은 식민지 안의 식민지(하늘의 식민지)를 이룬다. 이 식민지에서 그들은 자신들의 "구원자"를 "고대하고 있다." 그 구원자는 지상의 황제가 아니라, 참되신 주님 예수이시다. 케어드(G. B. Caird)는 이런 주석을 제시한다.

> 각 지역 교회는 하늘(천국)의 식민지이며, 교회 지체들은 하늘에 있는 도시 시민으로서 완전한 시민권을 누린다……그러나 이 지체들은 세상으로 하여금 그리스도의 주권을 인정하게 할 책임을 지고 있다.[19]

이 말은 곧 교회의 정치적 정체성을 규정하는 근원이, "항간의 보통 빌립보 사람들"이 하는 말처럼 로마에 있는 게 아니라, 하늘에 있음을 말하는 것이다. 신자들이 체험하는 "국가"나 "제국의 통치"는 십자가에 못 박히시고 십자가의 삶을 사신 주 예수의 국가요 통치다. 신자들이 말하는 도시 헌장은 그리스도 이야기(빌 2:6-11)다. 이 신자들은 그리스도를 전하는 좋은 소식(빌 1:27)인 이 그리스도 이야기에 합당하게 "시민들로서 삶을 살아가라"(지은이의 번역; *politeuesthe*로서 이 말도 *polis*로부터 나왔다)는 요구를 받는다.[20] 그들은 세상을 피하

Christ, trans. John Bowden (Philadelphia: Fortress, 1987), 79과 특히 Peter O'Brien, *The Epistle to the Philippians* (Grand Rapids: Eerdmans, 1991), 459-61 같은 주석들을 보라. 이 말은, "공동체"나 "나라", "시민권" 그리고 "국가"처럼, 폭넓은 의미를 갖고 있다. NRSV는 이 말을 "시민권 (citizenship)"으로 번역해놓았지만, 여기에서는 대다수 주석가들이 이 번역을 거부한다. 오브라이언(O'Brien, 460)은 이 말이 공관복음에 나오는 "왕국(나라)"이나 "통치"(*basileia*)와 평행을 이루면서도 역동적 의미를 갖고 있음을 발견한다. 믹스(*First Urban Christians*, 35-36)는 이 말을 때로는 유대 공동체들이 "도시 안에 사실상 또 하나의 도시"로 존재하는 자신들을 가리키는 말로 사용했다고 말한다.

19) G. B. Caird, *Paul's Letters from Prison in the Revised Standard Version*, NCB (Oxford: Oxford University Press, 1976), 148. 이와 비슷한 해석을 가령 Gordon D. Fee, *Paul's Letter to the Philippians*, NICNT (Grand Rapids: Eerdmans, 1995), 379에서도 발견할 수 있다. 피(Fee)는 하늘의 "식민지"와 "전초기지"라는 말을 사용하면서, 이 식민지에서 살아가는 삶이 "십자가를 본받는 삶"이라는 특성을 갖고 있음을 강조한다.

20) 불행하게도, NRSV는 본문의 정치적 언어와 상징을 살리지 못했다("live your life in a manner worthy of the gospel of Christ"다). 바울은 "살아가다"를 표현할 때 그가 더 흔히 쓰는 말(이를테면, *peripateō*, "행하다")을 쓰지 않는다.

지 않고 교회(빌 2:1-4)뿐 아니라 세상에서도(빌 1:27-30, 2:12-16) 십자가를 본받아 당시 문화 및 제국의 이야기와 정반대인 겸손과 사랑의 이야기를 계속 이어감으로써 하늘 시민의 의무를 다한다. 이렇게 행함으로써, 그들은 자신들의 이름이 빌립보 시민 명부가 아니라 "생명책"(빌 4:3)에, 천국의 두루마리에 기록되어 있음을 증명해 보인다.[21] 빌립보서의 메시지를 이 서신이 제시한 모든 정치적 언어를 사용하여 요약한다면, 이렇게 말할 수 있겠다.

> 이제는 이 로마의 식민지 안에서도 하늘에 있는 제국 시민들로 이루어진 식민지 시민으로서 신실하게 살아가라. 너희 주님이시자 구원자(너희 "황제")는 예수이시다. 그분이 십자가에서 보여주신 믿음과 사랑과 능력과 소망 패턴은 너희가 사는 식민지 도시의 헌장이다. 너희는 이 헌장을 따라 살아갈 때, 한 몸으로 단합하여 살아가라. 옥에 갇힌(물론 우리가 노래하고 설교하며 그대로 살아가는 복음은 갇혀 있지 않다) 나 바울과 마찬가지로, 너희가 그리스도를 섬기다가 함께 핍박을 받을 때는 너희가 하나가 되어야 하기 때문이다.

만일 이것이 빌립보서의 메시지라면, 그리고 우리가 주장했듯이, 바울이 다른 서신에서도 이 메시지를 전하고 있다면, 로마서 13장에 있는 유명한 대목은 어떻게 해석해야 할까? 바울은 로마서 13:1-7 본문에서 로마 신자들의 총회를 향해 그들이 로마에 내야 할 세금을 내라고 권면한다. 얼핏 보면, 이런 권면은 바울의 비전이 갖고 있는 철저한 반제국(anti-imperial) 성향을 훼손하는 것처럼 보인다. 그러나 그렇지 않다. 물론 로마서 13:1-7은 많은 탐구와 놀람의 대상이 되어왔다. 하지만 이 본문은 헬레니즘 시대의 분위기를 따르면서도, 그 본질은 심지어 원수의 권세까지 포함하여 모든 정치 권세 위에 존재

---

21) 이 시민권이 가진 반문화적 차원에 주목하는 게 긴요하다. 바울은, 피(Fee)가 주장하듯이 (*Philippians*, 161-62, 378-79), 빌립보 사람들에게 그들이 제국의 시민과 하늘의 시민으로서 "이중 시민권"을 갖고 있다고 호소하는 게 아니라, 그들이 사실은 하늘의 시민임을 호소하고 있는 것이다. 이 시민권은 로마 식민지라는 그 도시 시민의 지위와 대조된다. 이것은 역사와 신학 면에서 중요한 의미를 갖고 있다. 빌립보 교회의 많은 구성원들이 로마 시민이 아니었을 가능성이 있기 때문이요, 각 제국이 그 시민들에게 주장하는 권리 내용이 기름과 물 사이이기 때문이다. 간단하면서도 예리한 통찰을 담은 논의를 제시한 Markus Bockmuehl, *The Epistle to the Philippians*, Black's New Testament Commentaries (London: A&C Black, 1997), 97-98을 보라.

하는 하나님의 주권을 강조하고 있다. 그런 점에서 이 본문은, 혁명을 지향하던 1세기 유대인들의 경향과 달리, 교회가 정치적 혁명을 지향한다는 어떤 인식도 거부한다. 결국 문맥에 비춰보건대(로마서 12-13장을 보라), 교회 밖의 모든 사람들에게 마땅히 보여야 할 반응은 (복수가 아니라) 평화(평강)와 사랑과 선이다. 그 사람이 원수이든 관원이든 상관치 않는다. 바울은 **로마의 평화**(pax Romana)와 다툼을 벌여야 할 곳은 납세 문제가 아니라, 공동체 안으로 침투해 들어올 수 있는 부적절한 문화적 가치관들을 용인하는 것이다. 그 가치관은 유대교의 가치관일 수도 있고 이교의 가치관일 수도 있다. 우리가 이 책 10장에서 보았듯이, 바울은 역사의 더 큰 맥락인 유대인의 반감과 봉기 차원에서 로마에 세금내기를 거부하는 것을 로마에게 복수하는 행위이자, 주권자이신 하나님께 불순종하는 행위로 본다. 그러므로 반감 표명과 봉기라는 맥락에서 납세를 거부하는 것은 십자가를 본받아 원수까지 사랑하라는 바울의 반문화적 메시지와 모순되는 행위이지, 그 메시지를 구현하는 행위가 아니다. 바울의 비전은 로마에 반대하고, 로마를 제거하고, 로마를 대체하는 것이 아니라, 로마의 대안을 만들어내는 것이다. 설령, 로마가 자신이 주조했던 바로 그 돈을 돌려달라고 요구하는 경우에도 마찬가지다. 신자들이 가장 큰 관심을 기울여야 할 사람은 그들의 돈을 받아가는 사람이 아니라, 그들의 존경을 받는 사람이다(롬 13:7). 로마서 12-13장 문맥에 비춰볼 때, 이 말은 신자들이 "존경하기를 서로 먼저 해야 한다"(롬 12:10)는 의미다. 이것은 황제의 "몸"이 아니라 하늘에 계신 주 그리스도의 "몸"인 총회(교회)에 속한 사람들이 서로 갚아야 할 십자가를 본받는 사랑의 "빚"(롬 13:8-10)이다.[22]

몸

나아가 바울은 교회를 그리스도의 "몸"(롬 12:4-8, 고전 11:29, 고전 12장)으로

---

22) 하지만 바울은 유대인들이 혁명을 일으킬 수도 있는 역사 정황 속에서 살고 있었다는 점을 강조함으로써, 세금을 내라는 권면은 널리 그리스도인들에게 주어진 보편적 도덕 명령은 아니었을 것이라는 결론도 가능할 수 있다.

서 십자가에 못 박히셨다가 높이 들림을 받으신 주님이 이 세상에 현존하고 계신 것으로 체험하고 묘사한다. "몸"이라는 이미지는 고대에 정치적, 사회적 실체를 묘사하는 이미지로 널리 사용되었으며, 오늘날까지도 널리 사용되기는 마찬가지다.[23] 그리스도의 몸인 **교회**(*ekklēsia*)는 교회의 핵심 이야기요 교회의 기초가 되는 내러티브를 만인 앞에서 그 몸 전체를 통해 되새겨주는 존재다. 이 핵심 이야기, 이 내러티브는 이스라엘의 이야기와 연속성을 갖고 있으며, 로마 및 로마의 정체(政體)가 표방하는 이야기와 이데올로기 그리고 가치들과 반대편에 서 있다. 이 교회라는 몸의 시민들은 자신들의 총회(교회)가 로마 및 로마가 표방하는 문화 가치들에게 충성하게 하려고 만들어진 것이 아니라, 예수에게 그리고 십자가를 본받는 믿음과 사랑, 십자가를 본받는 삶의 능력과 소망에 충성하게 하려고 만들어진 것임을 알고 있다.

로마와 마찬가지로, 교회는 그들이 도달할 종착점이 영광이라는 것을 (진정) 알고 있다. 하지만 교회는 미래에 있을 부활과 영화를 기다린다. 때문에 현재 교회의 주된 목적은 그 핵심 이야기(빌 2:6-11) 가운데 **십자가를 증언하는**(*cruciform*) 절반 부분을 다시 이야기하는 것이다. 높이 들림을 받으신 주님이 십자가에 못 박히신 예수이기 때문에 다음과 같이 되었다.

> 그리스도가 높이 들림을 받으심으로써, 교회는 그분이 지상에서 맞이하신 운명을 잊을 수 없게 하는 매개체가 되었다. 바울의 교회론은 이 사도의 십자가 신학의 일부이며, 때문에 그의 기독론에 비춰봐야 비로소 이해할 수 있다. 그 몸(교회)은 섬기도록 예정되어 있다. 그 몸은 지상에서 낮은 자리로 내려가 그리스도의 도구로 남아 있을 때에만 높이 들림을 받으신 주님의 영광에 참여한다. 바로 이렇게 낮은 자리에 있으면서 그리스도의 도구로 남아 있는 것만이 교회에 독특성과 종말론적 중요성을 부여해주기 때문이다.[24]

---

23) 가령, Margaret M. Mitchell, *Paul and the Rhetoric of Reconciliation* (Tübingen: J. C. B. Mohr[Paul Siebeck], 1991), 157-64과 Robert Banks, *Paul's Idea of Community: The Early House Churches in Their Historical Setting*, 2nd ed. (Peabody, MA: Hendrickson, 1994)을 보라.
24) Ernst Käsemann, "The Theological Problem Presented by the Motif of the Body of Christ," in *Perspectives on Paul*, trans. Margaret Kohl (Philadelphia: Fortress, 1971; reprinted Mifflintown, PA: Sigler, 1996), 113-14, 117.

교회가 진정 그리스도의 몸이라는 것을 증명해주는 첫 번째 인증서는 지체들이 서로 계발해주고(세워주고, oikodomē) 서로 도와주는 것이다. 이렇게 서로 계발해주고 돕도록 "만들어주는 것은 십자가에 못 박히셨다가 부활하신 주님의 인장이 찍힌 공동체가 품은 비전이다."[25] 교회는 **부활하신** 주님의 공동체로서 주님의 능력을 체험하지만 **십자가에 못 박히셨다가 부활하신 주님**의 공동체로서 그 주님의 능력을 오로지 약함 속에 있는 능력으로, 사랑의 능력으로 체험한다. 이런 종류의 정치적 실체(곧, 교회)가 갖는 독특성은 십자가가 요구하는 가치관의 뒤집음(a reversal of values)이 그 안에 존재한다는 것이다. 여기에서는 영예와 관심을 아낌없이 받는 이들이 부자들과 강자들이 아니라 약자들이다.

> 그뿐 아니라 더 약하게 보이는 몸의 지체가 도리어 요긴하고 우리가 몸의 덜 귀히 여기는 그것들을 더욱 귀한 것들로 입혀 주며 우리의 아름답지 못한 지체는 더욱 아름다운 것을 얻느니라. 그런즉 우리의 아름다운 지체는 그럴 필요가 없느니라. 오직 하나님이 몸을 고르게 하여 부족한 지체에게 귀중함을 더하사 몸 가운데서 분쟁이 없고 오직 여러 지체가 서로 같이 돌보게 하셨느니라. 만일 한 지체가 고통을 받으면 모든 지체가 함께 고통을 받고 한 지체가 영광을 얻으면 모든 지체가 함께 즐거워하느니라(고전 12:22-26)[26]

독일 학자인 게르트 타이센(Gerd Theissen)이 말했듯이, 바울이 이 구절들에서 집약하여 사용하고 있는 몸이란 이미지는 고대 사회가 통상 사용하던 몸의 이미지와 반대되는 것이기 때문에 바울이 쓴 "몸"이란 이미지를 이해하려면, 그 말을 들었던 사람들이 살던 사회 환경에 관한 "인식의 재구성(cognitive restructuring)"이 필요할 것이다.[27]

바울의 공동체들은 십자가를 본받는 삶을 사는 (하늘의) 식민지들로서 로

---

25) Pickett, *The Cross in Corinth*, 205(피케트의 강조).
26) 이 본문에 뒤이어 등장하는 구절들(고전 12:27-31)이 실증하듯이, 바울은 이렇게 가난한 자들의 편을 드는 것이 은사의 "위계 구조"를 부인하는 게 아니라고 본다. 도리어 그는 은사의 가치가 실상 그 은사들이 남을 얼마나 잘 계발해주는(세워주는) 기능을 하느냐에 달려 있다고 본다.
27) Gerd Theissen, *Psychological Aspects of Pauline Theology* (Philadelphia: Fortress, 1987), 326-30.

마 문화 전체와 완전히 다른 철저한 대안을 만들어내고 체험한다. 약함과 사랑의 능력은 지위 내지 "영예 사랑(philotimia)"에 근거한 문화를 뒤집어버린다. "차별 없는 참여(participation without distinction)", "모든 이들이 동등하게 그리스도의 제자가 됨(discipleship of equals)"은 바울의 교회들이(또는 적어도 바울의 체험과 비전이) 진정한 것임을 증명해주는 두 번째 인증서다.[28] 이런 급진적인 공동체 체험은 (특히 고린도전서가 증언하고 있듯이) 모임 속에서 자연스럽게 "사회 지위와 직업에 따른 선택(social and occupational selectivity)"[29]을 행하고 있던 문화 속에서 여러 가지 문제들을 만들어냈다. 그러나 **교회**(ekklēsia)는 하나님의 복음을 믿고, 성령을 체험하며, 세례를 받아 그리스도와 한 몸이 된 모든 사람에게 그 문을 활짝 열어놓았다. 이를 통해, 교회는 그곳에 오는 모든 사람들에게 하나님 앞에서, 그리고 그리스도의 몸 안에서(고전 12:13, 갈 3:28) 서로 동등한 지위를 부여해주었다.

가족

이렇게 체험한 평등과 상호 관심은 계급이 지배하고 영예를 추구하는 문화와 반대되는 모습이다. 바울은 이 평등과 상호 관심 체험을 가족이라는 언어로도 이야기한다. 그는 그리스도 안에서 이루어지는 공동체의 삶을 가족의 삶으로 체험했다. 그는 그와 같은 신자들에게 **교회**(ekklēsia)를 대행 가족(surrogate family) 내지 대안 가족(alternative family)으로, "피붙이가 아닌 형제자매들로 이루어진 사회"로 이해하도록 권면한다.[30] 남녀를 불문하고 바울과

---

28) 첫 번째 문구는 Jürgen Becker, *Paul: Apostle to the Gentiles*, trans. O. C. Dean, Jr. (Louisville: Westminster/John Knox, 1993), 245에서 인용했으며, 두 번째 문구는 Elizabeth Schüssler Fiorenza, *Discipleship of Equals: A Critical Feminist Ekklesia-logy of Liberation* (New York: Crossroad, 1993)에서 인용했다.
29) Becker, *Paul*, 244에서 가져온 용어다.
30) S. Scott Bartchy, "Undermining Ancient Patriarchy: The Apostle Paul's Vision of a Society of Siblings," *Biblical Theology Bulletin* 29 (1999): 68-78을 보라. "대행 가정" 그리고 특히 "대안 가정"은 사회과학자들이 자주 사용하는 "유사 가정(fictive family)"이라는 명칭보다 오히려 더 바람직한 명칭이다.

같은 신자들을 가리키는 말인 "형제/형제들"은 바울이 썼다는데 다툼이 없는 서신들 속에서 100번 넘게 등장한다.[31]

그리스-로마 문화 내에서 가족이 아닌 사람들 사이의 상호작용을 부추긴 것은 영예 추구와 영예를 얻으려는 도전들이었다. 이런 추구와 도전들은 특히 가장들인 남자들 사이에서 심했다. 하지만 핏줄로 이어진 가족 안에서는 유대 관계가 아주 끈끈했으며, 형제들은 경쟁과 불명예를 두려워하지 않고 모든 형제자매를 존경했다. 바울은 교회를 피붙이가 아닌 형제들, "개인의 헌신"으로 만들어진 형제들로 이루어진 가족으로 본다.[32] 바울은 그들에게 서로 먼저 존경함으로써(롬 12:10) 서로 피붙이 가족으로 대하라고 요구한다. 이 가족 안에는 모든 사회경제 계층 출신 사람들이 다 들어있지만, 그들은 이제 한 가족을 이루고 있다. 이렇게 가족을 이루고 있기 때문에 그들은 "보편적 상호주의(모든 사람이 서로 혜택을 주고받음, generalized reciprocity)"를 실천하거나 "자기 것을 따로 챙기지 않고 모두 나눔(sharing without keeping score)"(이것은 당시 피붙이 가족 내에서 통용되는 행위 규범이었지, 사회 전체의 삶에 적용되는 행위 규범은 아니었다)으로써 그들이 속한 문화가 서로 다른 계층의 사람들에게 기대하는 것들과 다른 모습을 보여준다.[33] 신자들은 가족 구성원으로서 "형제간의 가치에서 핵심이 되는 강한 성실과 상호 존경"을 체험하곤 했다.[34] 형제가 된 신자들에게 기대하는 이런 것들은, 십자가가 만들어내는 것이기에, 훨씬 더 강렬하고 분명하다. 다시 말해, 피붙이가 아니면서도 형제가 된 이 신자들은 십자가를 본받는 삶을 실천한다.

사도의 교회 체험이 갖는 이런 차원들-새 창조(새로운 피조물), 예수를 주로 고백하고 예배하는 공동체, **총회**(ekklēsia)와 **도시**(polis), 그리스도의 몸, 그리고

---

31) "형제," 곧 헬라어로 adelphos라는 말은 단수로 29번, 복수로 83번 등장한다. 복수형은, NRSV가 늘 나타내듯이(adelphos의 복수형인 adelphoi를 "형제들과 자매들"로 번역해놓았다), 분명 여성 신자들, 곧 자매들까지 아울러 신자들을 통칭하는 의미였다. adelphos의 여성 단수형인 adelphē("자매")는 5번 등장한다.
32) Bartchy, "Undermining Ancient Patriarchy," 70.
33) Bartchy, "Undermining Ancient Patriarchy." "보편적 상호주의(generalized reciprocity)"와 "자기 것을 따로 챙기지 않고 모두 나눔(sharing without keeping score)"이라는 말은 이 책 69-70에 나와 있다.
34) Bartchy, "Undermining Ancient Patriarchy," 72.

가족은 분명 서로 떼려야 뗄 수 없는 관계로 연결되어 있다. 각 측면은 교회가 가질 수밖에 없는 사회적, 정치적, 반문화적 본질을 강조해준다. 크게 볼 때, 바울의 교회는 개인주의자들의 공동체가 아니라, 밖으로 밀려난 사람들("사회의 상식과 달리 행동하는 사람들")의 공동체다.[35] 교회는 십자가와 십자가가 상징하는 모든 것을 거부하는 문화 속에서 십자가를 본받는 삶을 살아가는 공동체다.

교회라는 식민지가 지닌 선교사의 성격

불행히도, 바울이 섬기는 공동체들을 (하늘의) "식민지들"로 규정하게 되면, 바울이 체험하고 꿈꾸는 교회들은 게토(ghetto)ᵉ 같은 것들이거나 "비밀종파"(그들이 사는 세상으로부터 도피한 공동체들)라는 인상을 만들어낼 수 있다. 그러나 바울은 교회를 "세상의 맹공에 맞서 장벽을 쌓고 외딴 곳에 숨어 있는 수도원"으로 치부하지 않는다.[36] 바울은 집단 영성이라는 형태를 거부한다(물론 사해 사본을 만들었던 쿰란 공동체처럼, 그가 본받을 수 있었던 모델들이 존재했지만, 그래도 그는 이런 공동체 영성을 거부한다). 뿐만 아니라, 바울 사도는 자신과 자신이 섬기는 공동체들이 열방(이방인들)의 빛이 되어야 할 이스라엘의 사명을 구현하길 꿈꾼다.

바울은 고린도후서에서 자신과 자신의 동역자들을 "그리스도를 대신하는 사신들"(고후 5:18-20)로 규정한다. 바울의 메시지가 갖고 있는 정치적 맥락 및 특성을 고려하지 않으면, 사람들은 이 말을 단순히 "권위를 부여받은 대표자들"을 뜻하는 "사도들"을 지칭한 은유 정도로 들을 가능성이 있다. 그러나 "그리스도를 대신하는 사신들"이라는 말에는 더 많은 의미가 들어있다. 바울

---

35) 교회를 이렇게 묘사한 말은 Ben Witherington III, *The Paul Quest: The Renewed Search for the Jew of Tarsus* (Downers Grove, IL: InterVarsity, 1998), 33에서 가져온 것이다.
36) Beker, *Paul the Apostle*, 318.

과 다른 사도들은 실제로 그리스도가 권위를 부여하신 대표자들이었지만, 동시에 그들은 가짜 주와 정당성이 없는 다른 권세들이 다스리는 세상에서 유일하신 참된 주님의 사신으로 존재하는 이들이다. 따라서 사신이라는 언어는 은유 내지 서로 다른 종류의 대리인들(사도들과 사신들)이 가진 공통 요소를 표현하는 말 정도가 아니다. 바울은 자신의 사명을 원수가 점령하고 다스리는 세계 속에 온 우주의 주님이신 예수의 통치를 확산시키는 수단으로 본다. 그가 쓴 서신들과 그의 "목회 방문"(심방)은 "로마 제국의 질서에 맞서 대안이 되는 사회를 구성하는 이 총회들(교회들)이 그들의 참된 **구주**(*Sōtēr*)가 **재림**(*parousia*)하시고 하나님 나라가 세워질 때까지 온전하게 유지되도록 돌보려는"37) 그의 책임감을 실증해준다.

더욱이 이 사신 역할은 바울과 그의 동역자들에게만 국한되지 않는다. 바울이 쓴 빌립보서에는, 위에서 논의했듯이, 빌립보 사람들의 **교회**(*ekklēsia*)를 주님의 식민지로 언급하는 내용(1:27, 3:20)을 포함하여 정치적 언어들로 가득하다. 사도는 핵심 이야기(빌 2:6-11)를 자세히 이야기한 뒤에, 교회의 사명을 "흠이 없고 순전하여 어그러지고 거스르는 세대 가운데서 하나님의 흠 없는 자녀로 세상에서 그들 가운데 빛들로 나타나는 것"(빌 2:15)이라고 묘사한다. 빌립보 사람들이 십자가를 본받는 삶을 살아감으로써 대안이 되는 공동체를 만들어내는 한, 하나님의 종인 이스라엘이 이방인들에게 증인이 되었듯이, 이 빌립보 사람들도 스스로 종이 되신 분이요 그들이 들어가 사는 주님(the servant-Lord in whom they live)을 증언하고 있다는 결론을 내릴 수밖에 없다.

> 나 여호와가 의로 너를 불렀은즉 내가 네 손을 잡아 너를 보호하며 너를 세워 백성의 언약과 이방의 빛이 되게 하리니(사 42:6)

> 내가 또 너를 이방의 빛으로 삼아 나의 구원을 베풀어서 땅 끝까지 이르게 하리라(사 49:6하)38)

---

37) Horsley, "Introduction: Building an Alternative Society," 214.
38) 아울러 사 51:4을 보라.

이 두 구절은 이사야 40-55장에 나오는 소위 "종의 찬송" 중 첫 번째 종의 찬송과 두 번째 종의 찬송에서 등장한다. 문맥상, 그 종은 분명 이스라엘과 동일하다(41:8-10, 44:1-2, 21). 이스라엘 백성들이 해야 할 일은 하나님의 증인이 되어(사 43:10, 44:8), 주(야훼/여호와)만이 유일하고 참되신 하나님이요 왕이심을 열방 중에 증언하는 것이다(사 42:3, 43:10-13, 44:6-8, 45장 등). 위에서 인용한 이사야 42:6 본문은 이스라엘이 처음에 받았던 사명을 보여준다. 이스라엘은 이 사명을 완수하지 못하여 포로로 끌려가는 벌을 받는다. 이사야 49:6 본문은 하나님이 이스라엘을 구원하시고 열방을 향해 증인이 될 이스라엘의 첫 사명을 회복시킬 것이라고 말한다.

물론 바울은 이제 **교회**(*ekklēsia*), 다시 말해, 예수를 하나님이 기름 부으신 그리스도요 하나님이 세우신 주로 인정하는 사람들, 종의 처지에서 구원 받아 "패역한 세대"에게 증언하는 사람들이 이방의 빛이라고 생각한다. 그들은 이제 주의 종이다. 예수의 몸을 이루고 하나님께 순종하는 종 예수의 내러티브를 계속 이어가기 때문이다.

삶으로 이방에게 빛이 되는 교회는 이제 세상을 향하여 이스라엘의 하나님이 주신 약속들을 제시한다. 구원과 의와 평강과 안전이 바로 그 약속들이다. 예전에 선지자들도 이 약속들을 꿈꾸었다. 하나님이 열방에게 주시는 구원은 로마 제국이 제공하는 거짓 "평안 및 안전"(살전 5:3)과 철저히 다른 것이다. 하늘에 계신 주 예수의 식민지들(곧, 교회들) 안에 있을 때에만 지금 진정한 평안과 안전을 체험할 수 있고 종말론적 미래를 보장받을 수 있다. 역설적이게도, 이 평안과 안전 체험은 (교회) 공동체를 군부대로 바꿔버린다. 이 군인들은 황제들의 군대가 아니라 진정한 왕의 전사들이며, 이들의 힘은 믿음과 소망과 사랑이라는 갑주에서 나온다(살전 5:8).

이 군인이라는 이미지는 바울 같은 마지막 때의 인물에게 잘 어울린다. 그러나 바울이 상상하는 전투는 이미 이긴 전투다. 하나님이 십자가에 못 박히신 메시아를 부활시키심으로써 그 승리를 이미 확보하셨다. 따라서 군인들이 하는 전투는 미래에 확실하게 승리하리라는 메시지를 전파하는 것이요, 세상에, 나아가 온 우주에(롬 8:18-25) 그 마지막 승리를 알리는 표지 역할을 하는 것이다. 그러기 때문에 그 전투는 교회가 매일 드리는 "예배" 행위로 이루어진다. 교회는 전례 생활 중 하나인 이 예배를 교회 의식의 하나가 아니라, 이 세상과 이 세대를 본받음이 없이 이 세상과 이 세대 안에서, 이 세상과 이 세대를 향하여 올바르게 살아가는 삶으로 이해한다(롬 12:1-2). 그렇게 이해하지 않을 경우에는, 앞장에서 언급했듯이, "세상이 구속받기를 갈망하는 그리스도인의 탄식은 그저 가냘픈 교회의 흐느낌에 불과할 뿐이다."[39]

이런 이유로, 단지 같은 신자들뿐 아니라 "모든 사람에게" 선을 행하라는 바울의 권면(살전 5:15, 갈 6:10)은, 비록 "이 세상의 현재 외형"은 이미 지나가고 있다 할지라도(고전 7:31), 교회가 세상 밖으로 나갈 수도 없고 나가서도 안 된다는 그의 확신(고전 5:10)과 그 궤를 같이 한다. 따라서 교회라는 식민지는 사명을 갖고 있다. 그 사명에는 분명히 전도도 포함되지만, 그 사명이 "전도"에 국한되지 않는다는 점도 역시 분명한 사실이다. 바울이 쓴 서신들은 주로 **교회들**(ekklēsiai) 내부 문제들을 다루면서, 그룹 내의 연대와 단결을 특별히 강조한다. 그렇지만 이런 상황은 교회가 세상과 상호 작용하면서 종종 그 세상으로부터 핍박을 받는다는 조건들을 전제로 한다(가령, 살전 2:14-16, 3:1-5, 빌 1:27-30). 교회는 십자가를 본받는 삶을 사는 주님의 식민지로서, 우선 전례를 행하고 예언[f]을 통해 서로 세워주는 가운데 교회 자신의 이야기를 그 자신에게 들려준다. 그럼으로써, 교회는 그 안에서 십자가를 본받는 믿음과 사랑, 십자가를 본받는 삶의 소망과 능력이라는 이야기를 따라 살아갈 수 있다. 이렇게 되면, 교회는 그 이야기-복음의 메시지-를 세상에 들려주고 그 이야기대로 세상에서 살아가며, 성령의 능력으로 말미암아 사람들을 믿게 하고, 나아가 심지어 십자가의 원수들의 반대 속에서도 사랑과 소망으로 살아갈 준비가 된 것이다.

바울 서신을 읽는 대다수 사람들은 이 사명이 지닌 위험성을 충분히 인식하지 못한다. 물론 1세기에는 교회가 "관(官)으로부터 당하는 박해"가 드물었을 수도 있다(그렇다고 네로[g]를 잊어서는 안 된다). 그러나 교회들과 그 구성원들은 다양한 위협에 노출되어 있었다. 로마의 사회 질서와 제국의 권리를 뒤집어엎으려면, 대가와 형벌을 감수해야 했다. 가족들, 수공업자 조합들과 다른 조직들, 군대, 제국의 관원들, 엘리트들로 이루어진 네트워크들과 훨씬 더 많은

---

39) Beker, *Paul the Apostle*, 327.

집단들이 모두 복음으로부터 영향을 받았다. 어쩌면, 작은 규모를 가진 가정 교회들은 교회가 당할 수도 있는 위험을 비교적 최소한으로 줄여주는 유일한 길이었을지도 모른다. 아주 큰 집이라 해도 그 수용 인원이 기껏해야 50명에서 75명 정도였을 것이다. 그런 집들은 훨씬 더 작은 가정 교회들이 때때로 모이는 장소로 사용했을 수도 있다. 이렇게 더 작은 가장 교회들은 그 수가 10명에서 20명 정도였는데, 그 수는 그들이 모이는 도시 가옥이나 심지어 공동주택의 규모에 따라 결정되었다.

그러나 설령 그 사명이 아무리 위험하다 해도, 교회가 당하는 박해가 아무리 빈번하거나 강하다 해도, 바울이 아는 교회들은 오로지 비보복을 실천한다(가령, 살전 5:15, 고전 4:12, 롬 12:14-21). 십자가에 못 박히신 주님의 공동체는, 클라우스 벵스트(Klaus Wengst)가 한 말마따나, "폭력이 난무하는 세상 속에서 폭력이 중단된 영역"[40]이다. 평화가 가득하고 십자가를 본받는 교회의 삶은 그 교회가 세상에 전하는 메시지를 구성한다.

결론: 핵심 이야기를 삶으로 주해하는 교회

바울이 볼 때, 그리스도와 함께 죽는 체험은, 비록 강렬한 개인적 체험이긴 하지만 그래도 결코 한 개인의 사유물일 수가 없다. 십자가를 본받는 삶은 근본적으로 공동체를 의미하며, 공동체는 십자가를 본받는 삶을 의미한다. 우리가 보았듯이, 바울은 단순히 개인들을 "구하는 것"뿐만 아니라 공동체들을 만들어내는 것을 목적으로 삼았다. 이 공동체들은 특히 "배타주의자-포용주의자" 공동체라고 부를 수 있는 것으로서 십자가를 본받는 믿음과 사랑, 십자가를 본받는 삶의 능력과 소망으로 대안을 제시하는 공동체들이었다. 이 공동체들은 주 또는 신을 참칭하는 다른 모든 것들에게 충성하는 것을 배척

---

40) Wengst, *Pax Romana*, 88.

한다(그런 점에서 배타주의자들의 공동체다). 그런가하면, 이 공동체들은 사회 지위 여하를 막론하고 예수를 주로 고백하고 그 고백대로 살아감으로써 바로 그런 그들의 실존으로 당대의 가치들에 도전을 제기하는 사람들을 모두 포용한다(그런 점에서 포용주의자들의 공동체다). 이런 공동체들은 문화의 대척점에 서 계신 주님의 반문화 이야기가 만들어내며, 이 이야기를 구현하는 공동체로 만들어진다.

그러기 때문에 바울이 섬기는 공동체들은 빌립보서 2:6-11이 가장 완전하게 이야기하고 있는 그들의 핵심 이야기에 관하여 살아있는 주석이 된다. 따라서 빌립보서가 이 핵심 이야기와 이 핵심 이야기의 주해인 공동체의 이야기 사이에 존재하는 연관 관계를 아주 완벽하게 그려내고 있는 점은 결코 놀라운 일이 아니다. 그러나 우리가 이 책 모든 장에서 보았듯이, 그 연관 관계는 바울이 쓴 모든 서신에서 만들어진다. 바울은 메시아의 이야기를 가장 신실하게 해석한 것은 어떤 서신이나 논증이 아니라 살아있는 몸, 메시아 예수가 걸어가신 길을 따라 그 삶을 한 걸음 한 걸음 펼쳐가는 몸이라고 본다. 그런 몸은 그 몸에 "예수의 흔적들"(갈 6:17, 이 흔적은 실제일 수도 있고 은유일 수도 있으며 둘을 모두 가리키는 것일 수도 있다)을 지니고 있을 것이다. 이야기와 주해라는 언어보다 예술에서 쓰는 언어를 사용한다면, 교회는 십자가를, 십자가에 못 박히신 메시아를 삶으로 보여주는 아이콘(icon)이다. 또는 드라마 언어를 사용하여 표현한다면, 교회는 하나님의 대서사극(spectacle; theatron, 고전 4:9)이요, 생명을 주는 하나님의 능력인 십자가를 주제로 하나님이 만드신 "연극"이다. 교회는 복음을 그 삶으로 주석(註釋)하며 복음을 펼쳐보인다.[41]

결국 바울은 **교회**(ekklēsia)를 그리스도와 함께 죽고 부활하는 개인 영성에 덧붙여 추가로 선택할 수 있는 것이 아니라고 본다. 오히려 **교회**는 하나님이 세상 속에 세워놓으신 것이다. 한 몸으로 살아가는 삶으로 메시아의 죽음과 부활이 말하는 것이 무엇인가를 세상에 이야기하는 사람들을 하나님이 재창

---

41) 배절 데이비스(Basil S. Davis, "The Meaning of *proegraphē* in the Context of Galatians 3:1," *New Testament Studies* 45[1999]: 210-11)는 바울의 사역과 하나님의 "연극"을 연결 짓는다. 나는 이 연관 관계를 전체 교회의 삶까지 아우르는 것으로 확대하였다. 성경을 "극의 공연"이라는 관점에서 살펴본 글을 읽어보려면, 예를 들어, Nicholas Lash, "Performing the Scriptures," in *Theology on the Way to Emmaus* (London: S. C. M., 1986), 37-46을 보라.

조해놓으신 것이 바로 교회다. 이 사람들, 곧 "교회"는 그 이야기(하나님의 핵심 이야기)대로 살고, 그 이야기를 온몸으로 실천하며, 그 이야기를 전한다. 그것이 바로 믿음과 사랑과 능력과 소망을 전하는 하나님의 핵심 이야기를 삶으로 주해하는 것이다.[42]

---

42) 살아있는 주해(삶으로 주해한다)라는 개념을 알아보려면, Michael J. Gorman, *Elements of Biblical Exegesis: A Basic Guide for Students and Ministers* (Peabody, MA: Hendrickson, 2001), 128, 131-33을 보라.

제13장 옮긴이 주

[1] 개역개정판에서는 "총회"라 번역하지 않고 모두 "교회"로 번역했다.
[2] 개역개정판도 마찬가지다. 개역개정판은 "오직 너희는 그리스도의 복음에 합당하게 생활하라"(빌 1:27)라고 번역한 뒤, 난외주에 "생활하라"를 "시민 노릇하라"로 번역할 수 있다고 기록해놓았다.

"너희 안에 이 마음을 품으라 곧 그리스도 예수의 마음이니"

빌립보서 2장 5절

14장

오늘날의 십자가를 본받는 삶

십자가에 맞선 도전들, 그리고 십자가가 던지는 도전들

우리는 이 책 전체에서 바울의 십자가 영성이 그의 시대 종교 현상뿐 아니라 정치 현상과 사회 현상에도 도전을 던진 것이요, 그가 쓴 서신의 수신자인 공동체 내부에서 "다른 영성"을 주장하며 십자가를 덜 진지하게 받아들이거나 다르게 이해하던 이들에게 도전을 던진 것이었음을 살펴보았다. 더욱이 바울이 말한 십자가를 본받는 삶이 언제나 누구에게나 환영을 받은 것은 아니었다. 그 삶을 사도 자신에게 적용한 경우에는 특히 환영받지 못했으며, 그 삶으로 그리스도를 이해하거나 그 삶에 비추어 신자들의 체험과 의무들을 해석하는 경우에도 십중팔구 환영을 받지 못했던 것 같다.

우리는 이번 마지막 장에서 오늘날 십자가를 본받는 삶을 살펴보도록 하겠다. 우리는 다양한 영역에서 그 삶에 도전장을 던진 것들을 몇 가지 살펴보고, 아울러 이 십자가를 본받는 삶이 문화 현상, 특히 교회 안에서 나타나고 있는 문화 현상과 교회 내부에 있는 다른 영성들에게 제기하는 몇 가지 도전들을 살펴보도록 하겠다. 나는 이 책을 쓸 때 미국의 그리스도인, 특히 개신교 신자(나는 연합 감리교회 신자다)의 입장에서 썼다. 때문에 내 사상은 그런 사회적, 종교적 위치를 지향하고 그런 위치를 반영하고 있다. (아울러 독자들은 내가 로마 가톨릭 신학 분과와 교회 일치[에큐메니칼] 신학 분과를 모두 갖고 있는 한 신학교에서 10년을 재직하는 동안, 이 두 분과에서 모두 가르쳤다는 점을 알고 있는 게 아마 도움이 될 것 같다.)

우리는 먼저 바울에게 십자가를 본받는 삶이 중심이었다는 점을 살펴보되, 앞장들에서 다룬 내용을 다시 검토하거나 종합하기보다, 이미 살펴본 내용들의 결론을 맺고 이 시대를 성찰하는 데 이 십자가를 본받는 삶이라는 주제가 중요하다는 것을 제시하는 식으로 살펴보도록 하겠다.

중심을 차지하고 있는 십자가를 본받는 삶

지난 세기 전후에 걸쳐 바울 해석자들은 바울 신학에서 가장 중요한 차원이 무엇인가를 놓고 논쟁을 벌였다(때로는 치열한 논쟁을 벌이기도 했다). 이 차원은 자주 바울 신학의 "중심(center)"으로 묘사하곤 했지만, 일부 해석자들은 소위 이 사도가 개진한 사상의 "핵심(heart)"을 묘사할 때 다른 언어를 찾기도 했다. 저명한 해석자중 하나인 폴 악트마이어(Paul Achtemeier)는 이 핵심을 "생성 센터(generative center)"라고 부른다.[1]

바울 신학의 "중심"이라는 이 영예로운 자리를 놓고 가장 진지한 경쟁을 벌였던 몇 가지를 들어보면, 이신칭의(믿음으로 의롭다 함을 얻음), 그리스도에 참여함(특히 그리스도와 함께 죽고 함께 부활하는 데 참여함), 그리스도 바로 그분, 십자가, 부활, 화해, 언약, 그리고 하나님이 마지막 때에 거두실 승리들이 있었다. 일부 바울 해석자들은 이것 또는 다른 하나를 진정한 중심이라고 끈질기

---

1) Paul J. Achtemeier, "The Continuing Quest for Coherence in St. Paul: An Experiment in Thought," in Eugene H. Lovering and Jerry L. Sumney, eds., *Theology and Ethics in Paul and His Interpreters* (Nashville: Abingdon, 1996), 132-45. 악트마이어는 "하나님이 예수를 죽은 자들 가운데서 다시 살리셨다"는 바울의 확신이 이 "생성 센터"라고 본다(138-40).

게 주장했지만, 몇 가지 테마나 이미지에게 그 중심과 가까운 자리를 내어주면서 한 무리의 중심 테마들이나 이미지들 사이에 존재하는 내적 연관성을 보여주려고 시도한 이들도 있었다. 이 후자의 그룹에 속한 많은 사람들은 (내 생각에는 이 태도가 옳지 않나 싶다) "이신칭의"와 "그리스도에 참여함" 또는 "그리스도와 함께 죽고 함께 부활함"이 서로 배타적인 것이어서 어느 하나만 선택할 수 있는 게 아니라, 서로 보완해주는 것이어서 마치 한 동전의 양면과 같은 것임을 보여주려고 노력했다. 이럴 경우에는, 서로 떼려야 뗄 수 없는 이 두 테마들("이신칭의"와 "그리스도에 참여함")을 (이제는 부활하신) 그리스도와 그리스도의 십자가에 초점을 맞춘 마지막 때의 계시*와* 언약의 틀 또는 내러티브 (apocalyptic *and* covenantal framework or narrative) 안에 놓아둘 수 있게 된다. 내가 시도했던 것도 바로 이것이었다.

이 책 독자들은 지은이가 "그리스도와 함께 죽고 함께 부활함"이 바울 신학의 중심을 가장 잘 묘사하는 말이라고 생각하는 사람들을 지지해주길 기대할지도 모르겠다. 결국 "십자가를 본받는 삶"은 십자가에 못 박히신 그리스도를 본받는 삶으로서 믿음과 사랑과 능력과 소망으로 표현되기 때문이다. 물론 이 책에서는 "죽고 부활함"이라는 공식에서 "죽음"이라는 측면을 강조했다. 그러나 믿음을 논의할 때 새생명으로 부활함이라는 테마를 다루었고, 몸의 부활이라는 테마 역시 소망을 다룬 장에서 살펴보았다. 실제로 십자가를 본받는 삶은 바울 사도에게 중심이 되는 것이다. 그러나 그것은 좁은 체험이라기보다 포괄적인 체험이요, 심지어 부활까지 아우르는 것이다.

그러나 비록 이 십자가를 본받는 삶이 바울에게 중심이 되긴 하지만 그래도 이것을 "바울 신학의 중심"으로 묘사하는 것은 근본적으로 안 될 말이다. 우선, 이 책은 일부러 바울 신학을 이야기하지 않고 바울의 영성을 이야기하는 쪽을 택했다. 실제로 십자가를 본받는 삶은 바울의 영성에서, 그의 체험과 그가 그 독자들에게 바라는 체험에서 본질을 이루는 것이다. 물론 내가 이 책 전체에서 바울의 사상과 그의 체험을 함께 언급한 것은 사실이다. 그러나 바울의 사상 내지 신학을 그 체험으로부터 추출하는 것은 많은 문제를 안고 있다. 무엇보다 바울은 십자가를 본받는 삶에 관하여 **생각한** 게 아니라, 그 삶을 **살았다**. "나는 날마다 죽노라"(고전 15:31)라는 고백이 그 증거다. 그러나 이렇게 말은 했지만, 만일 누군가가 나더러 바울 신학의 중심을 밝혀달라고 끈질기게 요구한다면, 십자가를 본받는 삶이 가장 적절한 후보라는 데 동의하겠다.

십자가를 본받는 삶(또는 다른 어떤 것)을 바울 신학 또는 나아가 그의 영성의 "중심"으로 표현할 때 생기는 두 번째 문제는 중심이라는 은유가 갖는 약점이다. 이것이 더 근본적인 문제다.[2] 중심이라는 개념은 두 가지 이미지를 떠올리게 한다. 하나는 중심축과 바퀴살들로 구성된 바퀴라는 이미지다. 이 바퀴에서는 중심축에서 뻗어 나온 각 바퀴살이 다른 바퀴살과 아무 상관없이 중심축과 연결되어 있다. 또 다른 이미지는 태양계라는 이미지다. 태양계에서는 모든 행성이 그 중심으로부터 각기 다른 거리를 두고 떨어져 그 중심 둘레를 공전한다. 어떤 것은 중심에 더 가깝고 어떤 것은 중심으로부터 더 멀리 떨어져 있다. 이 두 이미지는 모두 그 중심이 각 부분들을 서로 연결해줌으로써 그 체계를 진정으로 통합해주는 기능을 수행하지 못한다.

마지막 문제는, 근래 사람들이 바울의 내러티브 신학과 윤리와 (이 책처럼) 영성을 강조하게 되면서, 신학의 "중심"이라는 말을 쓰는 것이 적절한지 의문을 품게 되었다는 것이다. 어쩌면 이것이 가장 중요한 문제일지도 모른다. 이 이야기들에는 플롯과 패턴과 중점이 있지만, 중심은 없다. 내러티브는 움직이지 않는 중심 형상 둘레에서 벌어지는 활동과 운동뿐 아니라 그 이야기의 중심 현상 **안에서** 벌어지는 활동과 운동도 함께 제시한다.[3]

---

[2] 일부 사람들은 "중심"이라는 이미지의 한 측면으로 (중심은 발전보다 정체를 시사한다는 점에서) 약점을 꼽지만, 내가 바울을 읽어본 바에 따르면, "중심"이라는 이미지는 약점보다 오히려 강점을 갖고 있다. 물론 바울은 유연하다 못해 심지어 100퍼센트 일관된 모습을 보여주지 못한다. 그러나 그의 삶과 사상 전체를 놓고 보면, 상황이 달라짐에 따라 달리 표현되는 경우가 있긴 해도, 일관성이란 것이 존재한다. 이 문제에 관하여 크리스티안 베커가 제시한 중요한 공식은 의미심장하다. 베커는 바울 속에서 "일관성과 우발성"이라는 패턴을, 다시 말해, 그리스도의 죽음과 부활을 다양한 우발 상황에 비추어 재해석하는 묵시주의적 해석이 규정하는 복음의 패턴을 발견했다(J. Christiaan Beker, *Paul the Apostle: The Triumph of God in Life and Thought* [Philadelphia: Fortress, 1980]과 뒤이어 나온 책들 및 논문들을 보라). 하지만 나는 바울이 십자가를 본받는 삶을 다양하게 체험한 것에 더 큰 강조점을 두고 싶다. 이 체험은 일관성을 지니면서도 그때그때 상황에 따라 달라지는 바울의 영성(및 신학) 패턴을 구성한다.

[3] 제임스 던이 바울의 신학에 접근하는 방법(*The Theology of Paul the Apostle* [Grand Rapids: Eerdmans, 1998], 713-37)은 이런 관심사 중 몇 가지를 추려내고 바울의 사상과 체험이 가진 다양한 요소들의 균형을 맞추려고 한다. 던은 바울의 신학을 계속되는 대화, 특히 이스라엘의 이야기와 그리스도의 이야기라는 두 이야기 사이에 이루어지는 상호작용으로 묘사한다(726). 이스라엘의 이야기는 바울의 신학에서 "고정된 기반"을 이루지만(716), 그리스도는 그의 신학에서 모든 것을

따라서 우리는 사도 바울에게 십자가를 본받는 삶이 중심이라는 점을 더 잘 표현할 수 있는 방도를 찾아야 한다.

우리의 바울 이해에 더 정확하면서도 더 도움을 줄 수 있는 접근법은 십자가를 본받는 삶을 그의 삶과 사상을 "통합해주는 내러티브 체험"으로 묘사하는 것이다. 물론 체험이라는 말은 십자가를 본받는 삶이 근본적으로 머릿속에서 만들어지는 개념이 아니라 삶으로 살아가야 할 것이라는 점을 되새겨 주려고 쓴 말이다. "통합해준다"는 말은 십자가에 못 박히셨다가 높이 들림을 받으신 메시아를 본받는 바울의 체험이 그의 모든 체험을 **규정했고**(defined) 그 체험이 가진 모든 차원에 **스며들었다는**(permeated) 진리를 전달할 목적으로 쓴 말이다. 십자가를 본받는 삶은 이 삶이 없으면 서로 무관하거나 심지어 갈등을 일으킬 수도 있는 체험들, 이를테면, 죽기를 원하면서도 죽음을 원하지 않은 것ª, 또는 그가 봉사한 대가를 받을 권리가 그에게 있음을 주장하면서도 재정 부담을 지우지 않으려고 자기 손으로 수고하여 일한 것과 같은 것들을 통합시켜 주었다. 따라서 바울이 볼 때, 십자가를 본받는 삶은 단순히 "생성하는" 확신이나 체험으로써 다른 믿음들이나 체험들을 만들어내는 것에 그치지 않고, 그것들을 하나로 통합시켜 주는 것이다.[4]

"내러티브"라는 말은 바울의 체험이 예상할 수 있는 패턴들을 담고 있으면서도 동시에 늘 새롭고 특별한 패턴들을 담고 있는 어떤 이야기를 항상 분명하게 보여주고 있다는 것을 되새겨주는 말이다. 요컨대 바울은 그의 삶으로 어떤 이야기, **세상에 둘도 없는 그** 이야기(the story)를 들려주길 원했다. 아울러 그는 각 신자들과 믿음의 공동체들이 그들이 어디에 있든지 그 삶으로 똑같은 이야기를 들려주길 원했다.

바울의 경우에 십자가를 본받는 삶은 그의 곳곳에 퍼져 있다. 이 삶의 이런 편재성(십자가를 본받는 삶은 바울이 그 자신과 그의 사명을 이해하고 해석할 때 기준

포괄하는 "초점이요 축점" 또는 "지레받침"이다(722-28). 이 지레받침에 가장 중요한 것은 십자가와 부활이요(727), 특별히 "점점 그리스도를 닮아가되 특히 그의 죽음까지 닮아가는 과정인 구원의 과정"이다. 이런 개념은 "일종의 신비주의 느낌을 불러일으킨다"(728). 다시 말해, 던은 우리가 "십자가를 본받는 삶"이라고 부르는 것을 명료하게 이야기하고 있는 편에 가깝다.

4) 이와 비슷하게, 던은 우리가 바울 속에 어떤 "일관성"이 존재한다는 생각을 받아들일 경우에는 그리스도(그리스도 체험 그리고 이 체험과 공생 관계에 있는 기독론)를 바울이 신학자요 선교사요 목회자로서 행한 모든 사업에 일관성을 부여해준 분으로 봐야 한다고 주장한다(Theology, 730).

이 되는 내러티브 체험이다)은 이 책에서 사도의 체험과 성찰들이 지닌 다양한 차원들인 하나님, 그리스도, 성령, 삼위일체뿐 아니라 믿음, 사랑, 능력, 사랑을 다룰 때 나타난 바 있다. 아울러 사람에 따라서는 바울이 십자가를 본받는 지혜, 십자가를 본받는 자유, 그리고 어쩌면 그의 영적 체험이 표현하는 "신학 단어"가 지닌 다른 측면들을 체험한 것까지 목격할 수도 있다. 바울은 그가 섬기는 공동체들이 모든 것을 포괄하고 그의 핵심 이야기(빌 2:6-11)가 만들어낸 "십자가를 본받는 마음(cruciform mind)"을 갖길 원했다.[5]

하지만 가장 중요한 것은 우리가 바울의 체험 내지 영성 속에, 따라서 그의 글과 "신학" 속에도 십자가를 본받는 삶이 **편재하고 있음**(omnipresence)을 강조하고 있다는 점이다. **십자가를 본받는 삶은 바울이라는 존재가 다양한 차원에서 표현하고 체험하는 그의 삶과 사상을 총괄하고 통합해주는 내러티브 실체로서, 그 실존의 다양한 측면들과 여러 갈래로 갈라질 수 있는 측면들을 한데 모아준다.** 요컨대 십자가를 본받는 삶은 바울의 전부이며, 그가 세우고/세우거나 양육한 메시아의 공동체들에게도 전부가 되는 것이었다. **따라서 십자가를 본받는 삶은, 루터파[6]의 공식을 빌려 표현한다면, 교회를 세우거나 무너지게 하는 체험이다.**

십자가를 본받는 삶에 맞서는 도전들

십자가를 본받는 삶은 분명 십자가 영성이다. 근래 몇 년 사이에 십자가는 점점 더 많은 공격을 받아왔다. 우선 신학 항목(속죄에 관한 전통적 이해들의 중심부에 있는 것)으로서 공격의 대상이 되었고, 나아가 영성 문제로서 공격의 대상이 되었다. 사실은 영적, 목회적 우려들이 십자가를 신학적으로 비판하는

---

5) "십자가를 본받는 마음"이라는 말은 Alexandra R. Brown, *The Cross and Human Transformation: Paul's Apocalyptic World in 1 Corinthians* (Minneapolis: Fortress, 1995), 145, 168에서 가져온 것이다.
6) 이신칭의를 궁극적으로 본질이자 근본이 되는 교리로 이야기하는 교파다.

동기가 된 경우도 종종 있었다. 혹자는 고난을 강조하는 십자가/속죄 신학이 다른 사람들에게 불의한 고난을 가하거나 받아들이도록 부추긴다고 주장했다. 제임스 케이(James F. Kay)가 써놓은 말에 따르면, 일부 사람들은 "책임 있는 설교자라면 더 이상 십자가라는 말을 입에 담지 말고, 십자가의 원수가 되어야 한다"(참고, 빌 3:18)는 결론을 내리고 있다.[7]

신학자인 윌리엄 플래처(William Placher)는 근래 발표한 한 논문에서 속죄에 관한 전통적 이해들, 그 중에서도 특히 그리스도의 죽음이 어떤 의미에서는 죽어야 할 자들을 대신하여 죽은 것임을 강조하는 이해들을 비판하는 세 가지 견해들을 검토하고 있다. 플래처는 이 속죄 신학을 비판하는 세 견해들을 다음과 같이 요약한다. 첫째, 속죄 신학은 인간의 고난에 영광을 돌림으로써 이 고난을 조장한다. 둘째, 속죄 신학은 복수하시는 하나님을 긍정한다. 셋째, 죄 없는 자가 죄 있는 자를 대신하여 벌 받는 것이 도덕적으로 의미 있는 일이라고 주장한다.[8] 더 넓게 보면, 십자가는 (1) 그 자체가 속죄 수단이라는 점에서, (2) 폭력과 관련되어 있거나 폭력을 정당하게 만드는 빌미라는 점에서, 그리고 (3) 자기희생이라는 윤리적, 영적 패러다임 역할을 한다는 점에서 도전을 받아왔다고 플래처는 지적한다.

이런 도전 중에는 오래된 것도 있고 새로운 것도 있다. 십자가를 통한 속죄를 비판하는 사람들은 때때로 십자가를 유혈이 낭자한 하나님의 복수 또는 심지어 하나님의 "자식 학대"라고도 부른다.[9] 십자가와 폭력이 관련되어 있다고 본 많은 사람들은 십자군(crusades, 이 말은 십자가를 뜻하는 라틴어 *crux*에서 나왔다), 반유대주의, 식민주의와 선교 운동의 결합[b], 노예 제도, 여성 억압, 나치의 유대인 학살, 큐 클럭스 클랜(Ku Klux Klan/KKK)[c]이 증오로 가득차서 십자가를 불태우는 것, 기독교 역사 속에 존재하는 수많은 무시무시한 이야기들, 그리고 기독교가 영향을 미친 문화들과 하위문화들(subcultures)을 적절히 지적

---

7) James F. Kay, "The Word of the Cross at the Turn of the Ages," *Interpretation* 53 (1999): 45.
8) William C. Placher, "Christ Takes Our Place: Rethinking the Atonement," *Interpretation* 53 (1999): 5-20.
9) 이를테면, Joanne Carlson Brown and Rebecca Parker, "For God So Loved the World?" in Joanne Carlson Brown and Carole R. Bohn, eds., *Christianity, Patriarchy and Abuse* (New York: Pilgrim, 1989), 2.

한다. 이런 잔학 행위들 속에서 교회의 으뜸가는 상징(십자가)은 폭력을 자행하는 압제자들 가운데 번듯이 자리를 잡고 있었을 뿐만 아니라, 그런 폭력에 명백한 정당성을 제공해주었다.[10] 위르겐 몰트만이 그의 고전 『십자가에 못 박히신 하나님』에 써놓았듯이, 교회는 "고난을 야기하는 사람들의 이익을 도모하려고 십자가 신학과 수난의 신비(영성)를 수없이 남용해왔다."[11] 이런 무시무시한 일들 가운데 일부가 초래한 결과 탓도 있지만, 십자가나 희생이나 자기 부인의 냄새를 풍기는 영성이나 윤리는 모조리 여성이나 미국의 흑인이나 남반구의 빈민 등등을 억압하는 것으로 묘사될 가능성을 안고 있다.

사람들로부터 도전을 받고 있는 십자가의 이 세 차원(속죄, 폭력, 자기희생)은 물론 서로 긴밀하게 연결되어 있다. 가령, 조앤 칼슨 브라운(Joanne Carlson Brown)과 레베카 파커(Rebecca Parker)는 가정 폭력에 시달리다가 예수께 더 가까이 나아가게 되면서 사랑으로 그런 폭력을 인내해야만 했던 학대받은 여성들의 사연을 청취한 그들의 목회 경험을 토대로 분노서린 글을 쓰면서, 속죄 신학을 여성들을 향한 폭력으로 표출하는 경우처럼, 가부장의 권위를 내세워 속죄 신학을 남용하는 경우에 초점을 맞춘다.[12] 하지만 그들은 모든 폭력의 뿌리를 속죄 신학에서 찾는다. 그들은 희생이 따르는 속죄 개념 뒤에는 희생시킬 수 있는 생명도 있다는 전제가 깔려 있다고 주장한다.[13] 속죄 신학에 따라올 수 있는 윤리 가운데 하나가 여성들은 "그리스도와 같은 식"으로 그런 폭력을 감내해야 한다는 윤리라는 것이다.

같은 맥락에서, 흑인 여성신학자(흑인 여성 해방 운동가)인 들로리스 윌리엄스(Delores S. Williams)는 인간이 예수의 죽음이 아니라 그가 "사역으로 보여준 삶의 비전"을 통해 구원을 받는다고 주장한다. 들로리스는 십자가를 잊지 못하지만 십자가에 "영광을 돌리지도" 못한다. 십자가에 영광을 돌리는 것은 고

---

10) 이를테면, "유대인들"이 예수를 십자가에 못 박아 죽임으로써 하나님을 죽이는 일을 저질렀다는 생각이 유대인들에게 폭력을 행사하는 것을 정당하게 만드는 빌미로 사용되었다.
11) Jürgen Moltmann, *The Crucified God: The Cross of Christ as the Foundation and Criticism of Christian Theology*, trans. R. A. Wilson and John Bowden (New York: Harper & Row, 1974), 49.
12) Brown and Parker, "For God So Loved the World?" 레베카 파커는 나와 나눈 개인적인 이야기(1999년 1월 11일)에서 그 논문을 쓰게 한 동기가 된 목회 정황과 우려들, 뿐만 아니라 나도 이해할 수 있는 분노들을 내게 이야기해 주었다.
13) 레베카 파커와 1999년 1월 11일에 나눈 개인적인 이야기.

난에 영광을 돌리는 것이요 미국의 흑인 여성들을 억압하고 착취하는 일을 신성한 일로 만드는 것이기 때문이라는 것이다.[14] 남녀의 동등한 권리를 외치는 신학자들과 흑인 여성 해방을 외치는 많은 신학자들은 속죄 교리와 이 속죄에 따른 산물인 "십자가를 지라"는 요구가 여성을 억누르는 빌미로 사용되었기 때문에 억압적이고 가부장적인 기독교의 나머지 부분도 내버려야 한다는 결론을 이끌어냈다.

하지만 일부 흑인 해방 신학자들은, 심지어 십자가가 압제를 거드는 역할을 한다 하여 비판을 받고 있을 때에도, 오히려 더 십자가를 지향하는 태도를 보여준다. 가령, 제임스 콘(James Cone)은, 흑인들이 부른 영가들에서 볼 수 있듯이 십자가가 흑인 노예들에게 긍정적 힘을 발휘했다는 것을 인정한다.

> 가난한 흑인들은 예수의 죽음 속에서 그들 자신을 보았으며, 그들의 상상력을 영가 속에 쏟아냈다……예수의 죽음은 예수가 흑인 노예들을 위해 십자가에서 죽으셨음을 의미했다. 예수의 죽음은 흑인들이 불의한 세상에서 당하는 고난과 시련과 간난(艱難)을 상징했다. 흑인 노예들은 예수가 십자가에서 당하신 죽음의 고통과 치욕이 가진 의미를 알고 있었다. 때문에 그들은 예수 옆에 그들이 있음을 발견했다.[15]

콘에 따르면, 마틴 루터 킹(Martin Luther King)[d]은 (1)미국의 자유 전통을 (2)정의와 자유를 외치는 선지자들의 전통 및 (3)예수의 십자가를 사랑과 고난으로 이야기하는 신약 성경의 전승과 통합했다. 킹과 그의 발자취를 따르는 사람들이 볼 때, 예수가 고난을 당하심으로 보여주신 하나님의 사랑은 억압에서 해방을 얻기 위한 규범이자 방법이 된다. 이 해방에는 늘 고난이 따른다. 예수가 십자가에서 고난을 당하셨기 때문이다. 그러나 예수가 고난을 당

---

14) Delores S. Williams, *Sisters in the Wilderness: The Challenge of Womanist God-Talk* (Maryknoll, NY: Orbis, 1993), 164-67.
15) James H. Cone, "An African-American Perspective on the Cross and Suffering," in Yacob Tesfai, ed., *The Scandal of a Crucified World: Perspectives on the Cross and Suffering* (Maryknoll, NY: Orbis, 1994), 52.

하셨다고 고난이 정당하다는 말은 물론 아니다.[16]

비슷한 시각을 갖고 있으면서도 더 넓게 세계를 바라보는 많은 신학자들은 끊임없이 "십자가에 못 박힌 세계에서 일어나는 스캔들(scandal of a crucified world)",[17] 믿을 수 없는 가난과 억압과 고난으로 점철된 세계에 주목하면서, 이런 일들이 벌어진 원인 중 적어도 일부는 십자가라는 이름을 내세워 자행한 식민지 확장의 결과라고 본다.

분명히 십자가를 비판하는 가장 중요한 근거들 가운데 하나가 되어 온 것이 유대인 대학살이다.ᵉ 이 무시무시한 억압과 말살을 자행한 나치의 상징은 구부러진 십자가(swastika)였다. 십자가에 반감을 보이는 이유를 증언해줄 수 있는 많은 이야기들 가운데 하나는 나치에게 점령당한 벨기에서 살아남은 한 유대인 친구의 체험담이다. 내 친구는 벨기에 안트워프(Antwerp)에서 자랐다. 가톨릭과 개신교를 믿는 어린이들 틈에서 자라난 내 친구는 이 어린이들로부터 종종 "더러운 유대인 계집"이라는 말을 듣곤 했다. 1943년, 나치는 독일에서 독일인들을 위해 "일하러 간다"는 명목으로 내 친구를 그 언니와 함께 소환했다. 앞으로 벌어질 일들을 의심은 했으나 확실히 알지는 못했던 이 두 10대 소녀들의 어머니는 동생의 출발을 연기할 수 있었다. 그러다가 가족들은 먼저 출발한 내 친구의 언니가 배로 곧장 아우슈비츠로 실려가 가스실에서 죽음을 당한 것을 알게 되었다. 가족들은 뿔뿔이 흩어져 몸을 숨겼다. 내 친구는 친절한 수녀들이 "개신교도인 고아"라며 수녀원과 기숙학교에 받아주었다. 은신처인 그곳에 들어간 첫날 밤, 내 친구는 침상에 올라갔다가 십자가에 못 박히신 예수상이 벽에 걸려 있는 것을 보게 되었다. 친구는 화가 나서 십자가에 못 박히신 예수에게 이렇게 소리쳤다. "내가 이렇게 고생하는 것은 다 당신 잘못이야!" 친구는 그 십자가상을 벽에서 떼어낸 뒤 침대 밑에 숨겨버렸다.

랍비 레온 클레니키(Leon Klenicki)는 이런 말로 한 에세이를 시작하고 있다.

---

16) Cone, "An African-American Perspective," 53.
17) "십자가에 못 박힌 세계에서 일어나는 스캔들(scandal of a crucified world)"이라는 문구는 테스파이(Tesfai)가 편집한 논문집 *The Scandal of a Crucified World: Perspectives on the Cross and Suffering*의 제목에서 가져온 것이다.

나는 회당을 떠날 때마다 그것을 본다. 토요일 아침, 예배를 마치고 집으로 돌아갈 때마다, 그것은 거기서 나를 기다리고 있고 내게 시비를 건다. 그것은 근처 교회의 십자가다. 그것만 보면, 내 마음이 불편한 이유가 뭘까? 과거의 기억들, 내 부모 세대가 전해준 기억들이 비춰주는 한 이미지가 그날(유대인의 안식일)의 신성함을 망쳐놓는다. 그것들은 내 민족에게 모욕을 안겨준 이미지들이다. 나 자신은 그리스도인들에게 형제애라는 경건한 감정을 느끼고 그들과 끊임없이 대화하는 데 열중하지만 그런 나도 어쩔 수가 없다. 거기 있는 십자가는 내 자신의 믿음에 시비를 건다.[18]

이런 비판들에 대한 반응들은 다양하다. 어떤 이들은 그 비판들을 물리칠 수도 있지만, 위에서 언급했듯이, 십자가를 물리치려 하는 이들도 있다. 그런가 하면, 십자가를 재해석함으로써 그 십자가를 "구출"해내거나 "구원"하려 하는 사람들도 있다. 처음 두 견해(십자가를 향한 비판들을 배척하거나 십자가를 배척하는 견해)는 신학적으로 지지할 수 없다는 것이 내 입장이다. 또 교회 안에서 십자가를 재해석하는 일이 늘 필요하다 할지라도, 그 일은 늘 아주 신중하게 해야 한다.[19] 자칫하다가는 "목욕물을 버린다면서 아기까지 버릴 수" 있기 때문이다. 내가 생각하기에, 바울이 체험하고 분명하게 이야기하듯이, 십자가를 본받는 삶은 십자가를 새롭고 다른 형태를 통해 구해내겠다는 희망을 품고 이 십자가를 재해석할 것을 요구하기보다 우리 자신의 정황 속에서 적용할 수 있게끔 원래 정황 속에서 십자가를 조심스럽게 펼쳐 보이는 작업을 요구한다. **따라서 나는 십자가를 본받는 삶이 문제가 아니라, 그 삶을 오해하는 것이 문제라고 생각한다.**

---

18) Leon Klenicki, "Toward a Process of Healing: Understanding the Other as a Person of God," in Leon Klenicki, ed., *Toward a Theological Encounter: Jewish Understandings of Christianity* (Mahwah, NJ: Paulist, 1991), 1.
19) "그리스도인들"이 유대인을 학대한 사실에 비추어 십자가의 의미를 탁월하게 다룬("구원한") 글을 보려면, Mary C. Boys, "The Cross: Should a Symbol Betrayed Be Reclaimed?" *Cross Currents* 44 (1994): 5-27을 보라.

십자가에 맞선 도전들에 대한 응답

위에서 언급한 모든 비판들뿐 아니라, (십자가와 십자가를 본받는 삶에 관한 모든 재해석은 물론이요) 그 외에 더 들려올 수 있는 다른 목소리들까지 이 책에서 다루는 것은 이 책의 범위를 벗어나는 일이요, 지은이의 전문 영역도 아니다. 나는 그런 비판들에 간결한 응답을 제시하려고 한다. 이 응답에서 내가 추구하는 목표는 십자가가 과연 고난과 폭력에 영광을 돌리고 정당성을 제공하는가라는 문제에 초점을 맞추면서, 바울의 십자가 영성은 파커와 브라운과 윌리엄스 같은 사람들이 발견했던 것을 요구하지 않을뿐더러, 실제로 십자가를 본받는 삶은 그런 고난과 폭력에 단호히 맞선다는 점을 논증하는 것이다.

1. 바울의 십자가 이해는 복수하시는 하나님이 요구하시는 대속이 아니라 압제자의 권력에서 인간을 해방시키시는 하나님과 그리스도의 사랑과 자유에 초점을 맞춘다. 바울이 그리스도의 죽음을 희생 나아가 심지어 대속으로 이해하는 견해를 물려받고 받아들인다는 것은 사실이다. 그러나 그 자신의 강조점은 다른 곳에 있다. 특히 바울의 관심사는 그리스도의 죽음이 하나님의 사랑과 그리스도의 사랑을 드러낸 행위요, 그리스도가 당신의 죽음을 스스로 원하여(비록 그것이 순종이긴 했어도) 받아들이셨다는 점을 보여주는 것이다. 그리스도는 마지못해 십자가형을 받아들이신 분이 아니라, 사랑의 행위를 주도하신 분이셨다. 플래처는 그리스도가 수동적 희생양이 아니라 "세상을 바꾸시고자 능동적으로 고난을 받아들이신" 분이라는 것을, 그리스도는 속죄염소(scapegoat)[f]가 아니라 "악에 맞선 전투에 스스로 참전한 군사"로서 고난당하셨다는 것을 우리에게 되새겨준다.[20] 바울은 하나님이 그리스도를 보내신 것을 근본적으로 폭력 행위가 아니라, 악을 받아들임으로써 동시에 악의 희생물이 된 원수들과 자기 의지로 죄인이 된 자들에게 주신 사랑의 선물로 체험했다.

---

20) Placher, "Christ Takes Our Place," 16.

따라서 바울의 관심사는 속죄가 이루어지는 세부 경위가 아니라 예수의 죽음 뒤에 그리고 그 죽음 안에 있는 사랑의 **동기**요, 그 사랑의 행위에 따르는 **효과**들이다. 그 사랑의 행위는 죄와 사망의 권세를 격파하여 증오와 폭력이 더 이상 들어설 자리가 없는 새 시대, **진정하고 유일한** 새 시대(*the* new age)를 엶과 동시에 사람들을 하나님과 화해시켰다.[21]

2. 그리스도의 죽음은 하나님이 고난을 정당하게 여기심을 보여주는 게 아니라, 하나님이 고난당하는 자들과 당신을 동일시하신다는 것을 보여준다. 우리는 십자가를 보고 무엇보다 먼저 "하나님이 우리를 위하신다는 것(*Deus pro nobis*)"을 안다. 우리는 그리스도를 보며 하나님이 고난당하는 백성들의 절규를 들으시고 이 땅으로 내려오신 분이자(출 3:7-8), 우리처럼 고난당하시고 우리보다 더 많이 고난당하신 분이라는 것을 안다. 이 하나님은 백성들에게 고난을 가하지도 않으시고 그 고난을 정당하게 여기지도 않으신다. 도리어 그분은 백성들의 고뇌를 **몸소 느끼시며**, 그들이 심히 괴로워할 때 그들과 함께 계시겠다고 약속하시고 그들에게 사랑을 베푸시는 분이다. 여성 해방을

---

21) 나는 결코 십자가가 하나님의 속죄 수단으로서 갖고 있는 기능을 **배제하거나 축소하고** 싶지 않다는 점을 분명히 해두고 싶다. 내 관심사는 바울이 보복하시는 하나님이 아니라 사랑을 베푸시는 하나님을 알고 있다는 점을 강조하는 것이다. 그런 점에서, 나는 십자가를 바울로부터 해방시키고 죄의 용서를 강조하는 시각으로부터 해방시키려는 엘리자베트 몰트만-벤델(Elisabeth Moltmann-Wendel)[8]의 시도가 부적절하고 다소 잘못 알고 있는 구석이 있다고 본다. 몰트만-벤델은 십자가와 관련하여 죄의 용서를 강조하는 것이 가부장적 시각이며 바울에게 그 뿌리를 두고 있다고 본다(Elisabeth Moltmann-Wendel, "Is There a Feminist Theology of the Cross?" in Yacob Tesfai, ed., *The Scandal of a Crucified World: Perspectives on the Cross and Suffering* [Maryknoll, NY: Orbis, 1994], 87-98). 몰트만-벤델은 십자가 없이 살고 싶어 하는 다른 여성 해방 운동가들에게 공감하면서도 동시에 그들을 비판한다. 그러면서 "십자가에는 여성 해방과 관련된 세 가지 차원들이 있는데, 이 차원 때문에 십자가를 죄의 원리로 축소하지 못할 뿐 아니라, 여성들 스스로 그 실존을 다 기울여 이 차원들에 참여할 수 있다"고 본다(94). 십자가가 가진 그 세 차원은 고난 속에서 고난당하는 자와 연대하는 십자가, 구조적 죄로 말미암아 고난당하는 십자가, 그리고 삶의 역설적 상징인 십자가다(95-98). 십자가가 이런 측면들을 갖고 있다는 주장은 정당하다. 또 몰트만-벤델은 십자가가 죄의 용서 방편으로서 갖고 있는 기능을 완전히 배척해야 한다고 주장하지도 않는다. 하지만 몰트만-벤델은 분명히 십자가가 속죄의 의미를 갖고 있다는 점을 인정하길 꺼린다. 게다가 몰트만-벤델은 바울이 공관복음의 전승을 자기에게 유리하게 끌어들이고 십자가를 죄의 용서로 강조하면서 가부장적 실수들을 저질렀다고 비판하는데, 이런 비판은 아이러니다. 하지만 우리가 이 책 전체에서 보았고 이번 장에서 더 분명하게 이야기하겠지만, 바울도 사실은 몰트만-벤델이 강조하는 내용 중 일부를 똑같이 강조하고 있다. 그러나 바울은 몰트만-벤델이 바울을 비판하는 이유들에 아무 책임이 없다.

외치는 여성신학자 낸시 더프(Nancy Duff)는 그리스도의 고통스러운 죽음이 유일무이한 속죄 행위임을 강조하며 이렇게 쓰고 있다.

> 십자가의 논리는 우리가 십자가에 달리신 그리스도와 나란히 희생제물이 될 수 있다는 게 아니라, 그리스도가 우리를 죄와 사망의 권세에서 풀어주시려고 희생제물이 되셨다는 것이다. 학대받는 아내는 자기를 희생하는 사랑의 본을 보임으로써 "그리스도를 대변하고 있는 게" 아니다. 그런 아내는 사람이 되신 하나님으로서 죄뿐인 인류를 위해 고난당하고 있는 게 아니다. 오히려 십자가에 못 박히신 그리스도가 그 아내를 대변하시고, 하나님이 그 아내와 함께 계심을 보여주시며, 그 아내를 학대하거나 무시하는 이들의 죄를 드러내신다. 그리스도는 그 학대받는 아내와 온 세상에 그 여인이 당하는 고난이 하나님 뜻과 **정반대라는 것을 알려주신다.**[22]

3. 바울 복음이 전하는 십자가는 능력(권세, 힘)의 의미를 재정의함으로써 십자가를 남용할 수 있게 하는 바로 그 힘의 구조들을 무너뜨려버린다. 여성해방을 주장하는 여성 신학자 샐리 퍼비스(Sally Purvis)는 십자가가 "힘(능력)에 관하여 사람들이 공유하는 몇몇 가정들만 놓고 생각할 경우에는 해를 끼치고 억압하는 데 사용될 수 있지만, 그 힘[능력]을 올바로 이해하기만 한다면, '십자가의 능력'이 해를 입힐 수 있고 억압적일 수 있는 힘 자체의 본질을 뒤집어버린다"[23]고 주장한다. 1세기 로마 시대든 21세기 미국이든, 가부장의 힘은 남성 자신 그리고 이 남성과 하나님 및 다른 사람들의 관계에 관한 어떤 근본 원리들에 그 기초를 두고 있다. 십자가는 벌거벗긴 채 십자가에 달려 있는 무력한 사람이 하나님의 능력이심을 보여줌으로써 그런 근본 원리들을 무너뜨려버린다. 십자가 안에서, 능력은 생명을 주는 사랑이 되었다. 그 능력은 약자가 되는 능력이요, 섬기는 능력이며, 권세 안에 거하지 않는 능력이다.

---

22) Nancy J. Duff, "Atonement and the Christian Life: Reformed Doctrine from a Feminist Perspective," *Interpretation* 53 (1999): 27.
23) Sally Purvis, *The Power of the Cross: Foundations for a Christian Feminist Ethic of Community* (Nashville: Abingdon, 1993), 14.

또 십자가는 다른 형태의 권세들도 무너뜨려버린다. 물론 이런 권세들이 다 가부장적인 것은 아니다. 힘의 남용은 자신들이 남성이라는 이유로 권세를 휘두르는 남성에게만 국한되지 않는다. 지위를 사랑하는 엘리트주의와 다른 사람들 위에 군림하는 권력 추구는 모든 공동체에서 나타난다. 심지어 여성들이 좌지우지하는 사회에서도 나타난다. 억압받는 자들이 억압하는 자들이 될 수 있다면, 억압받는 여성들도 억압하는 여성들이 될 수 있다.

바울 복음이 전하는 십자가는 이런 종류의 힘(권력, 능력)을 일체 허용하지 않는다. 십자가는 그 능력이 가부장적일 것을 요구하지 않기 때문에 애초부터 가부장적 권력이라는 비판을 받을 소지가 없다. 복음은, 그 힘이 어떤 형태를 취하든, 그 힘에게 십자가를 본받을 것을 요구한다. 이것은 언제나 힘의 구조들이 우선 십자가의 그늘 아래에서 흔들려야 하고 무너져야 한다는 것을 의미한다. 그리해야 이 구조들이 복음에 합당한 새 기초들, 이 기초들을 구현하는 공동체들에게 생명을 부여하는 새 기초들 위에 다시 건설될 수 있다.

4. 하나님이 십자가를 통해 의롭다 하시는 것은 사람들을 종으로 삼는 폭력으로부터 그 사람들을 해방시켜주시는 것이지, 그 폭력이 정당하다고 인정하시는 게 아니다. 우리는 이 책 전체에서 바울의 십자가 영성 속에는 폭력이나 다른 어떤 형태의 사랑이 없는 행위도 들어설 자리가 없다는 것을 보았다. 분명히 바울 자신은 십자가로부터 폭력으로 옮겨가지 않고, 오히려 십자가로부터 비폭력으로 옮겨갔다. 사실 십자가와 자신을 동일시한다는 것은 옛 시대와 옛 시대의 특징인 온갖 형태의 불의와 경건치 않음에 대하여 죽는다는 것을 의미한다. 다른 사람들에게 고난을 가하는 대신, (고난이 본디 선하기 때문이 아니라 고난이 다른 사람에게 선을 행하는 수단이기 때문에) 스스로 고난을 받아들이려 한다.

이것은 사람들이 피할 수 있는 고난이라도 감내해야 한다는 뜻이 아니다. 기독교 신앙은 대체로 사람들이 순교를 추구하지 못하게 했다. 학대받는 아내가 그 남편이 행사하는 폭력을 참는 것이 "사랑의 행위"라 여긴다면, 그 아내는 자신도 모르는 사이에 자기 남편이 스스로 했던 사랑 서약을 어긴 채 옛 시대와 옛 자아의 악한 욕망을 따라 살도록 방치하는 셈이다. 이 폭력을 용납하는 것은 고난으로 사랑을 표현하는 행위가 아니다. 도리어 그것은 (다시 말하지만 자기도 모르는 사이에) 옛 시대의 권세들과 공범이 되는 것이다. 하지만 이런 경우에도 그 여성에게는 비판받을 이유가 없다. 폭력을 행사하는 그 여성의 남편과 상황이 속임수와 온갖 악행을 통하여 그 여성을 지배하고 억눌러왔기 때문이다. 십자가에서 자신을 드러내신 하나님은 남편의 폭력을 용인하지 않으신다. 도리어 하나님은 그 남편을 폭력으로부터 해방시키길 원하신다. 물론 그 아내를 그 폭력으로부터 보호하는 것도 하나님이 원하시는 것이다.

그리스도의 십자가가 나타낸 하나님에겐, 버릴 수 있는 생명이 하나도 없다. 하나님은 원수마저도 사랑하신다. 하나님은 십자가를 통해 세상과 화해하길 원하셨고 지금도 화해하려 하신다. 진정, 버릴 수 있는 생명은 하나도 없다.

5. 자기를 내어주고 자기를 사랑하며 고난까지도 감내하는 사랑은 그리스도의 복음에 반드시 따라오는 산물이요 가장 심오한 자유의 표현이다. 바울은 사랑을 이해하고 체험한 뒤, 십자가를 본받는 실존을 아무에게나 강요하지 않았다. 그런 삶은 자유롭게 선택해야 하기 때문이다. 확실히 바울은 십자가를 본받는 삶을 열렬히 변호했다. 그런 삶이 그리스도의 삶이었기 때문이다. 그러나 그는 그 삶을 어느 누구에게도 결코 강요하지 않았다. 바울이 그리한 것은 (심지어 자기희생과 고난까지 필요한 경우에도) 스스로 선택하여 십자가를 본받는 사랑이 궁극적으로 자유를 체험할 수 있는 길임을 철두철미하게 믿었기 때문이다.

더욱이 십자가를 본받는 삶은 자유롭게 선택해야 하고 다른 사람들, 특히 가난한 자들과 약한 자들을 이롭게 하는 데 그 목적을 두어야 하는 것이기에, 결코 "위에서 아래로" 강요할 수가 없다. 다시 말해, 힘 있는 자들이 약한 자들을 강요하여 이 약자들이 갖고 있는 소량의 자유와 힘까지 포기하게 하는 일은 결코 있을 수가 없다. 이 약자들이야말로 그 누구보다 먼저 십자가를 본받는 사랑을 받아야 한다. 그러나 이 약자들도 자신들이 할 수 있는 한도에서 자신을 버리고 다른 사람들을 사랑할 경우에 비로소 그리스도가 주시는 기쁨과 자유를 체험할 수 있다. 실제로 우리 모든 사람은, 자기가 부자든 가난한 자든, "강자"든 "약자"든, 오직 자신을 버리고 다른 사람들을 사랑할 경우에만 그리스도가 우리를 해방시켜 누리게 해주신 그 자유를 최대한 만끽한다.

일부 사람들이 십자가를 남용한다고 이를 물탄 기독교[h]를 옹호하는 빌미로 삼아서는 안 된다. 그런 기독교에는 고난으로 표현하는 사랑이 들어설 자리가 없기 때문이다. 바울도 그리스도를 따르는 것이 쉽지 않은 길임을 알았다. "승리주의(triumphalism)"는 많은 형태로 등장할 수 있다. 승리주의 기독교는 그리스도인의 삶에서 희생이라든지, 당신 자신의 자유를 다른 사람들을 위한 죽음으로 표현하신 분께 순종함 같은 것은 없애버리고, 오로지 "승리"와 "자유"만이 그리스도인의 삶이라고 주장한다. 플래처는 오늘날 교회 안에서 우리가 십자가를 본받는 삶이라고 불렀던 것이 필요하다는 점을 이렇게 이야기한다.

> 여성 해방을 외치는 신학자들과 또 다른 사람들은 기독교 신앙이 여성들과 억압받는 그룹들에게 고난을 인내할 것을 너무나 자주 요구해왔다고 항변한다. 나는 그런 항변들을 들었고 이해한다. 그러나 나는 우리의 전형적인 회중들을 보면서, 그런 항변과 반대되는 주장도 성립할 수 있다는 생각을 해본다. 우리는 키에르케고어(Kierkegaard)[j]가 편안한 "기독교 세계"라고 비판했던 것과 같은 것을 만들어냈으며 고난의 길을 충분히 요구하지 않는 경우가 흔하다.[24]

루크 티모시 존슨은 그리스도인의 실존이 갖고 있는 기본 패턴을 더 넓게 서술하면서 이렇게 주장한다.

> 신약 성경 어디에서도 그리스도인의 제자도가 자기 자신의 성공이나 쾌락이나 안락이나 고난이 없는 상태나 다른 사람들을 희생시키고 획득한 권력과 일치한다는 이해를 찾을 수 없다……하나님께 신실히 순종하고 사랑으로 다른 사람들을 섬기는 기본 패턴이 그리스도의 이미지다. 성령은 이 그리스도의 이미지를 그리스도께 속한 사람들의 자유 속에서 다시 찍어내신다.[25]

---

24) Placher, "Christ Takes Our Place," 16.
25) Luke Timothy Johnson, *Living Jesus: Learning the Heart of the Gospel* (New York: HarperSanFrancisco, 1999), 200.

이 패턴은, 존슨이 적절히 주장하듯이, 그리스도인에겐 결코 타협할 수 없는 것이다. 물론 그가 성령에게 문을 열어놓은 것은 그리스도인의 삶에 고유한 부분을 모호하게 만든다. 하지만 다음 내용을 기억할 필요가 있다.

> 이 기본 패턴에서는 모호함을 발견할 수 없다……그리스도의 고난과 섬김의 삶을 따라 그분을 본받는 것, 자기 자신의 삶을 억압하기 위한 마조히즘(masochism) 행위가 아니라 다른 이들의 삶을 진작하기 위한 사랑의 행위로서 그분의 고난과 섬김을 본받는 것은 그리스도인의 정체성에서 선택 사항이 아니다. 그것은 그리스도인의 정체성을 규정하는 **본질** 그 자체다. 영적 삶에 관한 다른 모든 주장도, 그것이 진정 그리스도인의 삶인지 살펴보고자 한다면, 이 패턴에 비추어 평가해봐야 한다. 이 패턴은 예수로부터 배우는 것이다. 이 패턴이 바로 예수가 가르치시려고 하시는 것이다.[26]

6. 십자가가 없으면, 바울 복음도 없고 기독교의 복음도 없다. 십자가를 잘못 해석하고 잘못 사용하고 남용하고 잘못 적용한 경우가 아무리 잦고 아무리 많아도, 십자가는 바울이 전한 복음, 역사적인 기독교 복음의 핵심에 자리하고 있다. 이 복음은 생명의 말씀이지 사망의 말이 아니다. 이 복음은 소망의 말씀이지 절망의 말이 아니다. 이 복음은 사랑의 말씀이지 증오의 말이 아니다. 제임스 케이는 이렇게 말한다.

> 구원을 베푸는 십자가가 없으면, 기독교의 메시지가 기독교의 메시지일 수 있을까? 설령 교회의 선포가 좋지 않은 결과들을 낳았다 하더라도, 결과라는 기준만이 예수 그리스도께 신실한가를 평가하는 유일한 척도일까? 성경과 전통과 예배에 호소한다는 것은 십자가가 믿음이라는 직물 전체에 수놓아진 것임을 보여준다. 바울은 십자가-부활이라는 케리그마(kerygma)를 설교했다. 이 케리그마는 이어서 우리가 보는 정경 복음서의 핵심에 자리한 수난 내러티브까지 확장되었다. 이 내러티브를 의식으로 보여주는 상징이 입교(세례)와 성찬이

---

26) Johnson, *Living Jesus*, 201(존슨의 강조).

라는 기독교 성례다. **이런 이유 때문에 십자가를 기독교의 선포에서 배제하는 것은 당연히 바울이 경고했던 다른 복음**(진정한 복음이 아닌 가짜 복음, 갈 1:8-9)**을 가르치는 것이 될 것이다.**[27]

케이는 계속 말을 이어간다.

우리가 이 땅에서 하나님에 관해 이야기하는 모든 것이 진리인지 판단하는 기준은 그 이야기가 무아지경에 취한 영적 상태에서 나온 말인가 여부가 아니라, 그 말이 십자가를 통과함으로써 우리가 "곤핍한 처지에 있는 이웃"을 찾아내 섬기지 못하도록 가로막는 모든 것들을 우리 안에서 소멸시키는 하나님의 능력을 선포하고 있는가 여부다.

이런 이유로 **우리 십자가가 우리에게 허락해준 이웃을 사랑할 자유를 부인하는 십자가 설교는 어떤 것이든 물리쳐야만 한다. 마찬가지로, 십자가를 우리 자신의 지위나 공적을 더 높일 수 있는 장식물이나 수사적 도구로 원용하는 어떤 행위도 복음에 합당하지 않다.** 십자가는 부적이 아니며, 십자가의 도는 주문이 아니다. 이 시대 목사들과 신학자들의 속죄 교리 공격이 곧 육에 따른(kata-sarka) 십자가 해석을 공격하는 것이라면, 그 공격은 십자가의 도에 신실한 것이다. 그러나 이 공격이 십자가를 회피하라는 요구라면, 그것이 성령을 빙자한 것이든 부활절을 빙자한 것이든, 그 공격은 역시 옛 시대에 속한 것이므로 배척해야 한다. 하나님의 영은 십자가에 못 박히신 분의 영이다. 그리스도가 고난을 당하신 금요일 뒤에 부활절이 이어지지만, 그렇다고 부활절이 그 금요일을 대신하지는 않는다.[28]

요컨대 이 말은 십자가가 없으면 기독교 신앙도 없다는 말이다.
이 간결한 응답은 묵시적이든 명시적이든 오늘날 십자가를 본받는 삶을 비판하는 견해들에 맞서 단지 가장 두드러진 쟁점들 가운데 일부만을 다루었

---

27) Kay, "Word of the Cross," 45(지은이 고먼의 강조).
28) Kay, "Word of the Cross," 47(지은이 고먼의 강조).

을 뿐이다. 그렇다 해도, 바울은 십자가를 "폭력"의 진원지로 해석하는 입장을 옹호한 적도 없고, 십자가 영성을 바울처럼 이해하고 체험하는 사람들에게 그런 해석이 필요한 것도 아니라는 점을 분명히 해두어야겠다. 십자가를 본받는 삶은 교회나 어떤 사람들 내지 그룹들에 위험한 것도 아니다. 십자가를 본받는 삶이 위험하다고 말하는 사람들이 아무리 선의를 갖고 있다 해도, 그들의 결론은 기껏해야 불필요한 것이며, 최악의 경우에는 그들이 찾아내려는 악들보다도 오히려 더 위험한 것이다.

십자가를 본받는 삶이 던지는 도전

우리는 이 시대가 십자가 및 십자가 영성에 제기하는 도전들 몇 가지를 간단하게 살펴보았다. 이제 우리는 십자가를 비판하는 견해 대다수가 그릇된 정보나 지식에 기인한 것이거나, 아니면 이 비판론들이 겨냥하는 십자가 해석 자체가 그릇된 정보나 가르침 또는 양쪽 전부에 기인한 것이라고 가정한다면, 십자가를 본받는 삶이 우리 시대에 시사하는 몇 가지를 살펴보려고 시도할 수 있을 것이다. 결국 나는 바울의 십자가를 본받는 영성의 지지자로서 이 글을 쓰고 있는 것이다. 이는 내가 그레이엄 톰린의 말마따나 "십자가는 하나님의 서명이자 현재도 하나님이 활동하심을 보여주는 표지 역할을 하고 있다"고 확신하기 때문이요, 존 하워드 요더(John Howard Yoder)의 말대로, "십자가를 짊어진 사람들은 우주라는 티끌을 다루고 있다"고 확신하기 때문이다.[29] 나아가 나는 수전 우드(Susan Wood)의 이 말에도 역시 공감한다.

---

29) Graham Tomlin, *The Power of the Cross: Theology and the Death of Christ in Paul, Luther and Pascal* (Carlisle, U. K.: Paternoster, 1999), 279; John Howard Yoder, "Armaments and Eschatology," *Studies in Christian Ethics* 1 (1988): 58. 스탠리 하우어워스(Stanley Hauerwas)는 다양한 경우에 요더의 주장에 동감하며 그 주장을 인용했다.

여성들(그리고 남성들)은 섬김과 **자기 비움**(kenosis)이라는 이미지들을 거부한다. 그러나 이는 큰 위험을 부를 뿐이다. 모든 그리스도인 공동체는 예수가 우리에게 보여주신 모델을 따르든지, 아니면 영예와 엘리트주의, 지배와 권력이 걸린 자리들을 놓고 아귀다툼을 벌여야만 한다. 우리는 이 두 길을 모두 갈 수 없다. 우리는 서로 섬기든지, 아니면 서로 지배할 뿐이다. 중간 지대는 없다.[30]

우리는 십자가가 남용되고 그 효력을 잃어버린 상황 속에서 살고 있다. 이런 상황에서 우리는 다시금 에른스트 케제만이 한 말을 경청해야 한다. 그는 "'십자가 신학'에 관한 표어를 아무 비판 없이 사용하게 되면, 그 표어는 원래 의미를 잃고 만다"고 주장했다. 그 표어는 "늘 기독교가 전하는 메시지를 지배해온 전통적 해석을 비판하고 공격하는 것"이었기 때문이라는 게 그의 주장이다.[31] 따라서 우리에겐 십자가를 본받는 삶은 논박(비판)하는 영성이다. 이 삶은 전통적으로 십자가를 남용해 온 모든 사례를 비판할 뿐 아니라, 십자가를 기독교에서 제거하려는 이 시대의 대세에도 역시 똑같은 비판을 제기하기 때문이다.

우리는 먼저 십자가를 본받는 삶에 관하여 다섯 가지 일반 명제를 제시한 다음, 십자가를 본받는 믿음과 사랑, 십자가를 본받는 삶의 능력과 소망을 곱씹어보도록 하겠다.

1. 십자가를 본받는 삶은 포괄적이고 상상력을 요구하는 영성이다. 우리는 이 책에서 바울이 십자가가 자신의 체험과 이해의 모든 차원과 잇닿아 있으며, 또 그렇게 잇닿아 있는 것이 당연하다고 보았음을 살펴보았다. 바울의 "신학"이나 바울의 삶에 있는 영역들은 모두 십자가가 만들어낸 것이다. 십자가는 바울에게 그가 가진 가치관과 우선순위를 재조정할 것을 요구했다. 물론 십자가를 자기 지위를 포기함, 자기를 내어줌 등등의 상징으로 보는 바울

---

30) Susan Wood, "Is Philippians 2:5-11 Incompatible with Feminist Concerns?" *Pro Ecclesia* 6 (1997): 183(이 논문을 맺는 문구다).
31) Ernst Käsemann, "The Saving Significance of the Death of Jesus in Paul," in *Perspectives on Paul*, trans. Margaret Kohl (Philadelphia: Fortress, 1971; reprinted Mifflintown, PA: Sigler, 1996), 35; 케제만은 십자가를 "부활하신 분의 서명"이라고 부른다(56).

의 이해에는 일관성(아울러 비교적 단순함까지)이 존재한다. 그러나 그 십자가를 바울 자신의 삶과 그가 섬긴 공동체들의 삶 속에서 구현하는 일은 결코 정적인 일이 아니었다.

　우리는 하찮은 습관뿐 아니라 우리의 영성과 관련된 영역에서도 우리 삶을 구분하고 규칙으로 규율하길 선호한다. 어쩌면 의식적으로 그러거나 일부러 그러는 것은 아닐지라도, 사람들은 그들의 "영적" 내지 종교적 믿음들과 습관을 그들의 행위와 흔히 분리하곤 한다. 말하자면, 우리는 우리 영성을 우리 직장에서는 적용하지 않고 우리 가정에서는 적용하려 하며, 우리 정치에는 적용하려 하지 않고 "개인 도덕"이라는 주제에 관한 우리 의견에는 적용하려 한다. 또 그렇게 일단 "적용하고 나면", 우리의 영혼이 착념하는 것들에 비추어 우리 삶의 모습을 끊임없이 곱씹어보기보다 우리가 지닌 이해들을 그냥 그 자리에 놓아두는 것을 더 편하게 여긴다.

　십자가를 본받는 삶은 이런 모습을 일체 허용하지 않는다. 십자가를 본받는 삶은 끊임없이 능동적이고 창조적인 상상력을 발휘하여 우리 실존의 모든 차원과 늘 새로운 상황들 속에서 그 삶이 어떻게 구현되어야 하는가를 알아내도록 요구한다. 이런 요구는 비단 그리스도인 개인뿐만 아니라 그리스도인 공동체에도 똑같이 적용된다. 우리 앞에는 늘 이런 중대한 질문들이 놓여 있다. **우리 삶의 이야기 중 어떤 부분이 십자가 이야기를 들려주고 있지 않은가, 또는 들려준다 하더라도 어떤 부분이 신실하게 들려주고 있지 않은가? 어떻게 하면 십자가 이야기를 우리 삶 전체를 구성하는 이런 저런 상황에서 새로운 방법으로 들려줄 수 있을까?**

　십자가를 본받는 삶은 포괄적이어서, 한편으로는 예측할 수 있지만, 다른 한편으로는 예측할 수가 없다. 십자가를 본받는 삶은 늘 어떤 선택, 이를테면 복수 같은 것을 배제한다는 점에서 예측할 수 있는 것이다. 그런가하면, 이 삶은 살아계신 그리스도의 영의 역사라는 점에서 예측할 수 없는 것이기도 하다. 그리스도가 십자가에서 자신을 내어주신 신실한 행위는 똑같이 되풀이될 수는 없지만, 늘 현실 속에서 다시 이루어지고 있다. 십자가는 바로 그 본질, 똑같이 되풀이될 수 없다는 본질 때문에 늘 새롭고 다른 형태로 나타날 수밖에 없다. 그렇다 해도, 그 모든 형태는 똑같이 되풀이될 수 없는 하나님 아들의 행위, 십자가에서 자신을 내어주신 그 행위와 일관성을 갖는다. 그런 점에서, 십자가를 본받는 삶은 어딘가에 새겨놓거나 법으로 규율할 수 있는 것이 아니다. 십자가를 본받는 삶은 법률이나 규칙으로 규율할 수 있는 게 아니다. 그 삶은 다만 기억하고 낭송할 수 있을 뿐이요, 찬송하고 기도할 수 있을 뿐이며, 성령의 능력과 성령에 감동된 개인 및 단체의 상상이 만들어내는 활동을 통해 삶으로 살아갈 수 있을 뿐이다.

나는 바울의 "핵심 이야기"(빌립보서 2:6-11)가 믿음이나 사랑이나 능력이나 소망을 분명하게 언급하지 않는 찬송 형태를 띠고 있지만, 그런데도 이 찬송이 바울의 영성을 구성하는 이 네 차원들인 믿음, 사랑, 능력, 소망을 규정하고 끊임없이 재규정한 것은 결코 우연이 아니라고 본다. 그런 점이 우리의 영적 상상력을 빚어내는 이 이야기의 힘이다.

2. 십자가를 본받는 삶은 카리스마 영성이요 선지자의 영성이다. 물론 바울은 십자가가 세상이 정상이라 말하는 종교와 철학과 사회경제와 정치 관습들을 뒤집어버렸다고 보았다. 십자가는 현상(*status quo*)을 뒤흔들어놓았다. 바울이 자신을 예레미야 같은 선지자라고 이해한 것(갈 1:15-16)은 적절하다. 그의 영성은 실제로 기이하고 이상하기 때문이다. 그의 영성은 모든 "기존" 관행과 세상이 인정하는 모든 관행과 모든 규범에 도전을 제기한다. 이런 이유로 그의 영성은 늘 환영을 받지 못한다. 바울의 영성은 하나님의 영이 만들어낸 작품이다. 성경이 전하는 모든 선지자의 활동 뒤 그리고 그 활동 안에는 이 하나님의 영이 자리하고 있다. 십자가 이야기는 대안을 제시하는 말씀이요, 대안을 제시하는 핵심 이야기 내지 "메타내러티브(metanarrative)"다.[32]

---

32) "메타내러티브"라는 말은 다양하게 정의되어 왔다. 월터 브루그먼(*Theology of the Old Testament: Testimony, Dispute, Advocacy* [Minneapolis: Fortress, 1997], 558)은 이 말을 "다소 일관성을 갖고 현실을 바라보는 시각(a more-or-less coherent perspective on reality)"이라는 의미로 사용한다. 우리는 이 말을 세상이 어떻게 작동하고 어떻게 작동해야 하는지 은연중에 또는 분명하게 말해주면서, 이 세상에 참여하는 다양한 참가자들의 역할들을 개관하는 이야기로 부를 수 있지 않을까 싶다. 브루그먼은 서양 세계를 지배하는 메타내러티브가 "군사 소비자주의(military consumerism)"(또는 "상품 군국주의[commodity militarism]," 486)라는 것을 설득력 있게 제시한다. 이런 군사 소비자주의에서는 각 개인들이 "아무 속박을 받지 않는 자유를 누리면서 자신들이 선택하는 안녕과 안전과 행복"을 추구할 권위를 자신에게 부여한다. 이때 개인들은 자신들의 목적을 달성하는 데 필요한 것은 무엇이든 "확보하거나 기존의 불균형 상태를 그대로 유지

모든 예언 행위들과 카리스마를 행사하는 행위들처럼, 십자가는 창조적 사건이다. 실제로 십자가는 새 지평, 새 세계를 창조한다. 바울이 볼 때, "십자가가 창조한 세계의 특성을 규정하는 것은 기이하게 뒤집힌 것들이다. 이 세계에서는 지혜를 어리석음이라 규정하고, 가장 작은 것이 가장 큰 것이 되며, 강함이 약함 속에 있고, 풍성함이 비어있음에서 생겨난다."[33] 우리가 볼 때, 이 새 세계를 만들어내는 것은 무엇보다 말로 전달되고 삶으로 구현된 십자가의 도다. 이 점은 바울의 말을 듣는 청중들에게도 마찬가지였다. 알렉산드라 브라운(Alexandra Brown)은 하나님의 말씀이면서도 바울의 말인 이 말의 능력을 이렇게 파악한다. "바울은 십자가의 도를 휘두르며 그의 청중들이 지각하는 전경(全景)으로 침입해와, 새로운 현실을 예리하게 표현함으로써 그의 청중들에게 친숙한 인식 방법들을 완전히 절단해버린다."[34]

스무 세기가 흐른 지금, 십자가는 우리에게 아주 친숙한 것이 되었다. 정치적, 사회적 통제 도구로서 십자가형이 가지고 있던 그 참혹한 실상도 어쩌면 말끔히 씻겨나갔을지도 모르겠다. 그 때문인지, 우리는 십자가 영성의 고유한 급진적 본질을 인식하지 못하는 경우가 자주 있다. 우리는 1세기 십자가형이 가졌던 의미로부터 멀리 떨어져 있다. 이는 우리와 십자가의 관계가 왜곡될 수도 있음을 의미한다. 따라서 십자가를 받아들이는 데에는 상상이라는 행위가, 지금 이 시간 과거 역사를 상상해보는 것이 더 필요하다.[35]

우리가 진정 깨달아야 할 것이 있다. 1세기에는 십자가가 누구에게나 어리석고 약한 것이었다는 것, 그리고 바울에게 이런 십자가가 지혜와 능력을 규정하고 구현하는 것이 되었다는 것은 지혜와 능력과 다른 모든 것에 관한

하고자" 그들이 정당하게 행사할 수 있는(그리고 그렇다고 여기는) "위력이나 강제나 폭력"을 멋대로 행사한다(718). 브루그먼은 구약에서 이스라엘이 증언하는 말들이 현실을 해석하고 인간답게 살아가는 또 다른 방식을 제공하며 거룩함과 이웃 사랑을 강조한다고 주장한다(485-86, 558-64, 719-20 등등). 내가 볼 때, 이런 거룩함과 이웃 사랑은 십자가를 본받는 삶의 방식과 다르지 않다. 성경의 이야기는 늘 "더 지배적인 다른 형태들(versions)을 뒤집어버리려고 하는 현실의 '하위 형태(sub-version)'이다"(126).

33) Brown, *The Cross and Human Transformation*, 93.
34) Brown, *The Cross and Human Transformation*, xviii.
35) 나는 얼마 전에 파리 루브르 박물관을 방문했다. 거기에는 벌거벗은 채 아무 도움도 받지 못하고 십자가에 못 박힌 사람을 묘사한 1세기 조각상이 전시되어 있었다. 이 조각상은 당시 인간들이 보기에 십자가가 얼마나 수치스럽고 어리석은 것이었을지 생생하게 되새겨주었다.

모든 개념들을 이제는 누구나 파악할 수 있게 되었다는 것을 의미했다는 것이 바로 그것이다. 십자가 앞에서는 모든 관습, 모든 가치, 모든 미덕이 그 자리가 위태로워진다. 십자가는 모든 것을 샅샅이 검토해보는 것을 그 시대의 질서로 만들어버린다.

그러나 단순히 비판만을 위한 검토는 안 된다. 십자가를 본받는 삶이 요구하는 것은 선지자의 비판과 같은 것이다. 이런 비판을 불러일으키는 동기는 오직 타인의 이익과 하나님이 원하시는 궁극적 이익에 대한 관심뿐이다. 결국 십자가는 우리를 위하시는(pro nobis) 하나님이시다. 저열한 동기들(그리고 거기서 나오는 비판)은 받아들일 수가 없다. 십자가는 현재 상태를 뒷받침하는 가치들뿐 아니라 현상을 비판하는 사람들의 동기까지 샅샅이 살펴본다. 십자가 영성 안에는 자랑과 자기 의가 들어설 자리가 없다.

그렇지만 십자가를 본받는 삶은 우리에게 십자가에 비추어 **모든 것을** 깊이 생각해볼 용기를 요구한다. 어쩌면 십자가는 **모든 것을** 십자가에 비추어 이야기할 수 있는 용기까지 요구하는지도 모르겠다. 십자가는 우리가 모든 것을 보고, 인식하고, 평가하는 렌즈가 된다. 십자가는 특히 믿음과 사랑과 능력과 소망을 요구한다. 실제로 영성 그 자체야말로 십자가를 본받는 삶이 첫 번째로 검토해야 할 대상이다.

3. 십자가를 본받는 삶은 공동체 영성이다. 많은 사람들이 탄식했듯이, 서구 기독교인 중에는 확실히 신앙을 사생활로 여기고 개인주의를 추구하는 사람들이 많다. 우리는 좁게 "나와 예수"에 초점을 맞추는 영성을 발견한다. 이런 영성은 자연스럽게 교회는 선택 사항이며 구원은 개인의 사사로운 "영적" 문제로 여기는 확신들을 낳는다.

바울은 자기 안에 들어와 사시고 자기는 그분 안에 들어가 사는, 그리스도와 함께 십자가에 못 박히는 친밀한 체험을 했는데, 이런 체험은 서구의 사생활우선(비밀)주의(privatism)와 아주 다른 것이다. 설령 개인의 삶이라 할지라도, 십자가를 본받는 삶은 그 사람의 사생활이 아니다. 우선, 십자가를 본받는 삶은 오직 그리스도의 몸(교회) 안에서만 알 수 있고 체험할 수 있다. 그리스도의 몸은 높이 들림을 받으신 그리스도가 이 세상 속에서 현존하고 계신 곳이기 때문이다. 교회는 신자들이 그리스도 안에 거하는 곳이요, 그들 안에 들어와 사시는 바로 그 그리스도를 받아들이는 곳이다. 더욱이 십자가를 본받는 실존은 불가피하게 관계를 통해 이루어질 수밖에 없다. 교회 안팎을 막론하고 자신을 다른 사람들에게 내어주지 않는다면, 그리스도를 본받아 믿음과 사랑으로 하나가 되는 체험을 할 수 없기 때문이다.

따라서 십자가를 본받는 삶을 살라는 요구는 어느 누구도 홀로 고립된 상태에서는 이룰 수 없는 요구다. 십자가를 본받는 삶은 다른 사람들에게 우리를 일깨워주고, 우리에게 영감을 불어넣어주고, 우리를 격려하고, 우리와 함께 일하며, 우리와 함께 비용을 계산할 것을 요구하기 때문이다. 십자가를 본받는 삶은 사람들이 서로 주고받을 수 있기를 요구한다. 요컨대 십자가를 본받는 삶은 십자가에 못 박히신 그리스도 이야기를 배우고, 풍성하게 만들고, 묵상하고, 행할 수 있는 공동체를 요구한다.

4. 십자가를 본받는 삶은 내러티브 영성이다. 십자가를 본받는 삶의 특징을 "내러티브"로 규정하는 것은 물론 이 책의 근간을 이룬다. 이 책 부제도 그 점을 잘 보여주고 있다. 이 책 들어가는 말에서 시사했듯이, 내가 말하는 내러티브 영성은 내러티브에 근거를 두면서 동시에 내러티브로 표현된 영성을 의미한다. 이 내러티브 영성은 끊임없이 역동적으로 이어지는 삶 이야기(life-story)이며, 한 공동체가 그의 핵심 이야기를 "늘 동일하지 않은 모습으로 되풀이하는 것(nonidentical repetition)"이다.[36] 공동체는 삶으로 그 이야기를 주해하는 곳이 된다.

이런 종류의 공동체에서는, "십자가 내러티브가 '권력을 누리려는 의지'가 아니라 '사랑하려는 의지'가 그 공동체의 관계들과 삶을 이끌 수 있도록 동력을 제공한다."[37] 십자가에 못 박히신 그리스도 이야기는 단순히 말이나 개인 구원의 방편이 아니라, 이 세상에서 매일 살아가는 삶의 행동방식으로서

---

36) "늘 동일하지 않은 모습으로 되풀이하는 것(nonidentical repetition)"이라는 말은, 앞에서도 언급했듯이, 철학자인 존 밀뱅크(John Milbank)로부터 가져온 말이며, 스티븐 파울이 성경 신학계에 널리 퍼뜨렸다.
37) Tomlin, *Power of the Cross*, 314.

노래하고, 설교하고, 행동으로 재현된다.[38]

5. 십자가를 본받는 삶은 값진 영성이다. 디트리히 본회퍼가 쓴 고전 『나를 따르라』는 예수의 요구를 담은 산상설교, 그리고 (당연하다 싶은 생각이 들지만) 바울이 쓴 글 중 몇몇 핵심 본문을 자세히 설명한 책이다. 이 책에는 십자가를 본받는 삶이라는 말 자체가 등장하지 않지만, 이 책 역시 그 삶을 이야기한다. 이 책 앞부분에 있는 장들에서 나온 고전적 글귀 가운데 하나를 인용해본다. "그리스도는 어떤 사람을 부르실 때, 와서 죽으라고 부르시는 것이다."[39] 또 다른 글귀를 들어본다. "값싼 은혜는 우리 교회를 죽일 수 있는 원수다. 우리는 늘 값진 은혜를 얻으려고 싸우고 있다."[40] 본회퍼는 계속하여 이렇게 말한다. "그런 은혜는 **값지다**. 우리더러 따르기를 요구하기 때문이다. 그것은 **은혜**다. 우리더러 **예수 그리스도**를 따르라고 요구하기 때문이다."[41]

하지만 값싼 은혜는 "값도 없고…대가(희생)도 없는" 은혜다.[42] 그런 은혜는 "죄인을 의롭다 하심이 없이 죄만 의롭다 하시는 것을 의미한다."[43]

> 값싼 은혜는 **우리가 우리 자신에게 부여하는 은혜**다. 값싼 은혜는 참회를 요구함이 없이 용서를, 교회에서 훈련 받음이 없이 세례를, 신앙고백 없이 성찬을, 개인이 죄를 고백하지 않았는데도 형이 면제되었다고 설교하는 것이다. 값싼

---

38) 십자가를 본받는 삶이 설교에서 갖는 중요성을 알아보려면, André Resner, Jr., *Preacher and Cross: Person and Message in Theology and Rhetoric* (Grand Rapids: Eerdmans, 1999)을 보라. 예를 들어, 레스너는 교회 강단에서 이야기들을 사용하여 하는 개인 "간증"을 다루면서, "십자가 사건이 선포하는 시각에 비춰볼 때, 강단에서 하는 개인 이야기들은 대부분 그 십자가 사건을 구원 사건으로 바꿔버리신 하나님의 행위 앞에서도 설교자는 약하고 실패한 존재라는 점을 보여주는 것이어야 한다"고 제안한다(179). 레스너는 설교자들이 에토스(ēthos), 곧 개인의 특징(인격)을 수사상 사용하는 방식을 (1)그 개인의 이익을 위해(육을 따라, kata sarka) 사용하여 자기 자신의 재정적 목적이나 지위나 정치 선전에 이바지하게 만드는 방식과 (2) 복음을 위하여(십자가를 따라, kata stauron) 사용하는 방식으로 대조하여 살펴보는 문맥(168-72 등등)에서 이런 제안을 하고 있다.

39) Dietrich Bonhoeffer, *The Cost of Discipleship*, rev. ed., trans. R. H. Fuller (New York: Macmillan, 1959, 『나를 따르라』, 대한기독교서회 역간), 99. 이 말이 들어 있는 장("Discipleship and the Cross") 전체, 95-114을 보라.

40) Bonhoeffer, *Cost of Discipleship*, 46.
41) Bonhoeffer, *Cost of Discipleship*, 47(본회퍼의 강조).
42) Bonhoeffer, *Cost of Discipleship*, 45.
43) Bonhoeffer, *Cost of Discipleship*, 46.

은혜는 제자도가 없는 은혜요, **십자가가 없는 은혜이며**, 살아계시고 성육신하신 예수 그리스도가 없는 은혜다.[44]

본회퍼는 나치 체제가 흥하던 시기에 그가 사랑하는 독일의 루터파(개신)교회를 염두에 두고 그 교회에 관하여 글을 썼다. 아래 인용문을 읽을 때, "우리 루터파 신자들" 또는 "우리 개신교회"라는 말을 우리 독자들이 속한 교파나 우리 시대로 바꿔 읽어볼 수도 있겠다. 나는 그리해보라고 권하고 싶다.

우리 루터파 신자들은 값싼 은혜라는 사체(死體) 주위에 독수리처럼 모여들었다. 그리고 거기서 그리스도를 따르는 삶을 죽여 버린 독을 들이마셨다……값싼 은혜는 우리 개신 교회에 자비라곤 눈곱만큼도 베풀지 않는 것임이 밝혀졌다. 이 값싼 은혜는 우리 자신의 영적 생명에도 역시 재앙이었다. 값싼 은혜는 그리스도께 나아가는 길을 열어주기는커녕 닫아버렸다……값싼 은혜라는 말은 행위(공로)를 요구하는 어떤 계명보다 더 많은 그리스도인들을 파멸시켜버렸다.[45]

십자가를 본받는 삶은 예수가 말씀하셨고 바울과 본회퍼가 썼던 바로 그 값진 은혜를 온몸으로 구현하는 것이다. 오직 하나님만이 그 제자도가 각 사람의 삶 속에서, 각 교회 안에서, 그리고 시간 속에서 존재하는 각 순간 속에서 어떤 형태를 띠어야 하고 어떤 형태를 가질 수 있는지 정확하게 아실 수 있다. 그러나 모든 믿는 공동체와 개인이 이야기해야 할 기본 이야기는 분명하다. 그것은 믿음과 사랑과 능력과 소망의 이야기다. 이 이야기는 예수의 이야기와 확실히 유사하다. 이 이야기가 값진 이야기라는 점은 누구나 예견할 수 있고 누구도 부인할 수 없는 것이다.

이제 우리는 십자가를 본받는 삶에 이 확실한 일반 명제들을 토대로 십자가를 본받는 믿음과 사랑, 십자가를 본받는 삶이 보여주는 능력과 소망을 더 자세하게 살펴보도록 하겠다.

---

44) Bonhoeffer, *Cost of Discipleship*, 47(지은이 고딕체의 강조).
45) Bonhoeffer, *Cost of Discipleship*, 57-59.

십자가를 본받는 믿음

"믿음"이라는 말은 끊임없이 재정의할 수 있는 말이요 그러기 때문에 "희석될" 소지가 있는 종교 용어 가운데 하나다. 가끔은 이 말을 "긍정적 사고"와 서로 바꿔가며 쓰기도 한다. 하지만 우리가 보았듯이, 바울이 말했던 믿음은 두말할 나위 없이 분명하다. 그것은 확실히 값진 믿음이다. 그런 믿음이 오늘날 의미하는 바는 무엇일까?

1. 십자가를 본받는 믿음은 처음 출발할 때부터 줄곧 하나님 앞에서 역동적 내러티브 자세를 갖는 것을 말한다. 십자가를 본받는 믿음은, 비록 인식이라는 차원을 갖고 있고 지식의 회개를 요구하는 것이지만, 그렇다 해도 단순히 어떤 확언들에게 동의하는 것만을 의미하지 않는다. 또 십자가를 본받는 믿음은, 비록 감정이라는 차원을 갖고 있고 어린 아이처럼 인격체이신 하나님을 든든히 신뢰할 것을 요구하지만 그렇다 해도 단순히 신뢰만을 가리키지 않는다. 십자가를 본받는 믿음은 이 둘을 아우를 뿐 아니라, 이 둘을 넘어서는 것이다. 그 믿음은 "자세"다. "자세"라는 말을 쓴 것은 더 나은 말이 없기 때문이다. 이 자세를 가진 신자들은 오직 하나만 제외하고 자신들이 지극히 헌신했던 모든 대상들을 버린다. 그럼으로써 그리스도의 십자가에서 자신을 계시하신 하나님을 온전히 신뢰하고 자기 자신을 바로 그 하나님의 계획과 그분이 주신 사명에 온전히 바친다.

그러기에, 십자가를 본받는 믿음은 "단박에 모든 것이 결정되어버리는" 믿음이 아니다. 십자가를 본받는 믿음은 신자들의 신앙 여정 전체를 시작케 하는 것이자, 매일매일 그 여정을 형성해가는 것이어야만 한다. 십자가를 본받는 믿음은 그때그때 새로운 도전을 만날 때마다 믿음 자체를 되새김질하고 하나님을 신뢰하며 그분께 자신을 내어드릴 새 방법들을 발견할 기회를 찾는 것이다.

2. 십자가를 본받는 믿음은 순종을 의미한다. 믿음이라 하면 "받아들이고" 순종이라 하면 "내어버리는" 무리들이 많다. 그런 무리들은 이 "순종"이란

말이 (흥미롭게도) 맹목적이고 무비판적인 믿음과 연계되어 있고 권위나 "율법주의"가 기독교 경건을 지배하는 양식이었던 지난 시대와 연결되어 있다는 이유로 이 말을 역겨워한다. 그러나 순종은 십자가를 본받는 믿음을 달리 표현한 말일뿐이다. 십자가를 본받는 믿음은 유일하고 참되신 구세주께 순종하는 것(obedience à la Christ)을 의미한다. 십자가를 본받는 믿음은, 그토록 온전히 하나님께 헌신하려면 심지어 목숨까지 내놔야 하는데도, 그리스도가 하나님과 하나님의 뜻에 철저히 초점을 맞추셨던 것과 어떻게든 같은 길을 걸으며 시종일관 굳건하게 하나님을 지향하는 삶의 이야기를 의미한다.

믿음은 "받아들이고" 순종은 "내버린다면", 신자들이 예배하는 하나님은 이방신 중 하나로 바뀌어버린다. 이런 이방신의 지상목표는 세상을 바꾸기보다 개인들의 욕망을 채워주는 것이다. 이런 하나님이 주로 하는 활동은 "거룩함"(순종, 그리스도를 본받음)이라는 특징을 가진 구별된 사람들을 만들어내어 이들을 세상에 내보내 세상이 생각하는 것과 다른 주, 다른 제국이 있음을 알리게 하는 것이 아니라, 그들의 신들과 주들을 그들이 걸어가는 길에 행운을 가져다 줄 모든 것(그리스도인이 말하는 하나님도 이 모든 것에 들어간다)과 얼마든지 결합시킬 수 있는 사람들에게 행복과 성공으로 복을 부어주는 것이다. 하지만 십자가를 본받는 믿음은 모든 복의 근원이신 하나님이 또 우리가 온전히 충성해야 할 분이심을 안다.[46]

3. 십자가를 본받는 믿음은 십자가를 본받는 사랑으로 표현된다. 그리스도인이게나 비그리스도인에게나, 어쩌면 가장 잔인한 영성은 하나님을 알거나 사랑하거나 섬긴다고 주장하면서도 이웃을 무시하는, 또는 심지어 증오하는 영성이 아닐까 싶다. 십자가를 본받는 믿음은 하나님을 믿는 것과 이웃 사랑의 분리를 허용하지 않는데, 십자가를 본받는 믿음에겐 그런 일은 상상조차도 할 수 없는 것이다. 실제로 세상을 구속하시기 위한 하나님의 행위는 동

---

46) "도덕률 초월주의(antinomianism)로 빠지려려는 기독교 전통"과 "자율적 자유라는 환상으로부터 유혹을 받고 있는 현대 전통"에 반대하며, 언약의 틀 안에서 신학의 한 영역이요 영성 훈련의 하나인 순종을 변호하는 입장을 살펴보려면, Brueggemann, *Theology*, 198-201 등등(200이 인용하는 글들)과 Brueggemann, *The Covenanted Self: Explorations in Law and Covenant*, ed. Patrick D. Miller (Minneapolis: Fortress, 1999) 그리고 다른 글들을 보라.

시에 믿음과 사랑의 행위이기 때문에 모름지기 정당한 영적 행위라면 응당 믿음과 사랑을 함께 표현해야 한다. 믿음이 표현되지 않으면, 아무리 선한 행위도 진정 사랑의 행위가 아니다. 또 아무리 믿음을 주장한다 해도, 그리스도를 따라 다른 사람을 사랑하는 행위와 동떨어진 것이면, 그 믿음은 믿을 수도 없고 증명할 수도 없는 것이다.

교회가 너무나 오랫동안 이 믿음과 사랑(또는 더 널리 알려진 용어를 빌려 표현하자면, "선한 행실")의 관계에 몰두해왔다는 것은, 죄까지는 아니더라도, 부끄러운 일이다. 다행히도, 로마가톨릭교회와 루터교회가 함께 서명하여 1999년에 발표한 「칭의 교리에 관한 공동선언」(Joint Declaration on the Doctrine of Justification)은 은혜의 우선성과 함께 믿음과 사랑의 불가분성을 적절히 강조하고 있다. 루터는 이것을 이미 500년 전에 알고 있었다. 루터는 그의 "로마서 서문"에서 우리가 십자가를 본받는 믿음과 십자가를 본받는 사랑이라고 부르는 것의 연관관계를 이렇게 적고 있다.

> 믿음은……하나님이 우리 안에서 만들어내시는 것이다. 믿음은 우리를 바꿔놓으며 우리는 하나님으로부터 다시 태어난다……믿음은 옛 아담을 죽이고 우리를 마음과 뜻과 우리가 가진 모든 능력 면에서 완전히 달라진 사람으로 만든다……오, 믿음이란 것은 얼마나 생생하고 창조적이고 능동적이고 강력한 것인가! 믿음은 늘 선한 것만을 행할 수 있을 뿐이다……그것이 곧 성령이 믿음을 통하여 이루시는 일이다. 그러므로 믿음의 사람은 그런 은혜를 보여주신 하나님을 사랑하고 그 하나님께 영광을 돌리고자, 자기 의지로 기꺼이 모든 이에게 선을 행하려 하고, 모든 이를 섬기려 하며, 온갖 고난을 겪으려 하지, 억지로 떠밀려 하는 법이 없다. 진정, 믿음과 행위를 분리하는 것은 불가능하다. 그것은 마치 불에서 열과 빛을 분리하기가 불가능한 것과 마찬가지다.[47]

---

47) Martin Luther, "Preface to the Epistle of St. Paul to the Romans," in John Dillenberger, ed., *Martin Luther: Selections from His Writings* (Garden City, NY: Doubleday, 1961), 23-34. 루터가 이해하는 믿음("옛 아담을 죽이고")과 사랑("모든 이에게 선을 행하려 하고, 모든 이를 섬기려 하며, 온갖 고난을 겪으려 한다")이 십자가를 본받는 성격을 갖고 있다는 점이 이 글에서 분명히 드러난다.

십자가를 본받는 사랑

십자가를 본받는 믿음이 늘 십자가를 본받는 사랑으로 표현된다면, 그런 사랑의 모습은 어떠할까? 우리는 몇 가지 핵심 특징들을 추려볼 수 있겠다.

1. 십자가를 본받는 사랑은 다른 사람에게 중심을 두며 공동체에 이끌린다. 많은 서양 문화는 오랜 세월 동안 서로 연관되어 있고 치명적인 두 가지 사회적 질병에 감염되어 있었다. 함께 어울려 온갖 종류의 파괴를 일으키는 이 두 질병은 개인주의와 자기중심주의다. 개인주의는 "내"가 사회에서 가장 중요한 실체라고 말한다. 그런가하면 자기중심주의는 "나"를 중요한 개인들 속에서도 가장 중요하다고 규정한다.

십자가를 본받는 사랑은 말 그대로 십자가를 본받는다. 그리스도의 죽음은 궁극적으로 자기를 버리신 행위였다. 이 행위는 다른 사람들에게 초점을 맞추었는데, 여기서 다른 사람들은 비단 개인들뿐 아니라("그리스도가 나를 위해 죽으셨다"), 한 몸을 이룬 무리들, 화해와 조화를 필요로 하는 공동체들도 함께 의미하는 것("하나님이 그리스도 안에서 세상을 자기와 화목하게 하셨다")이었다. 십자가를 본받는 사랑은 나 자신을 만물, 심지어 내 영성의 초점으로 만들려는 유혹을 거부한다. 십자가를 본받는 사랑은, 만일 권리와 힘과 특권과 성령의 은사 등등을 사용하는 것이 내게는 유익이나 다른 사람들이나 내가 속한 공동체에게는 해가 된다면, 그것들을 행사하길 거부한다. 십자가를 본받는 사랑은 다른 사람을 위하여 나를 나 자신으로부터 해방시킨다.

2. 십자가를 본받는 사랑은 인내한다. 슬프게도 우리 문화는 단명하는 사랑이 지배하는 문화다. 남편들과 아내들은 만났다가 금세 갈라선다. 부모들과 고용인들과 프로 운동선수들은 헌신할 의무를 헌신짝처럼 차버린다. 정부들은 더 큰 정의를 실현하겠다는 공약(公約)을 공약(空約)으로 만들어버린다. 종종 그 자신이 무엇보다 자신을 만족시키려는 욕망의 희생물이 되기도 하는 하루살이 사랑꾼들은 때로(아니, 자주?) 자신들의 행위를 심지어 "영적인" 언어로 정당하다고 둘러댄다. "그렇게 하는 것이 나는 더 행복해", "그리하면 나는 마음이 편해", "하나님은 누구라도 그런 상황을 참고 있길 바라시지 않을 걸"

등등이 그런 예다.

하지만 십자가를 본받는 사랑은 "긴 안목으로 바라보는 것"이다. 이 사랑은 어려움을 만나거나 심지어 배척을 당해도 놀라지 않는다. 도리어 이 사랑은 어려운 상황 내내 지속되는 도전 속에서 기쁨을 발견한다. 이런 이유로, 십자가를 본받는 사랑은 믿음뿐 아니라 소망과 끈끈하게 결합되어 있다. 십자가를 본받는 사랑은 사랑에 대해 줄 수 있는 정상적 응답이 수용일 때도 있지만, 때로는 무관심이나 반대일 수도 있다는 점을 알고 있다. 이 사랑은 멜로 연속극에 나오는 로맨스의 불확실성이 아니라 언약에 따른 사랑이 지닌 안정성을 그 모델로 삼는다. 그런 안정성을 보여준 예가 부정한 아내 고멜을 향한 남편 호세아의 사랑이요, 우리가 아직 죄인이었을 때에 우리를 사랑하신 하나님의 사랑이다.

3. 십자가를 본받는 사랑은 지위, 특권, 권력(능력), 그리고/또는 돈을 가진 사람들을 움직여 낮은 자리로 내려가게 만든다. 모든 문화는 스스로 "지위를 나타내는 표지들"을 정의한다. 이 지위를 나타내는 표지들은 그것을 소유한 사람들에게 명성과 특권을 안겨주는 성공의 표지다.

바울이 섬긴 공동체들에는 부유하고 권력 있는 자들, 또는 다른 비중 있는 지위를 나타내는 표지들을 가진 사람들이 거의 없었다. 그런데도 십자가를 본받는 사랑을 다룬 바울의 가르침 중 상당 부분은 그런 부유하고 권력 있는 자들이 다른 사람들에게 지고 있는 책임에 초점을 맞추고 있다. 이런 사람들에게 주어진 근본 명제는 단순히 다른 사람들에게 중심을 둔다, 공동체를 생각한다는 말이 아니라, 그들의 지위와 특권과 힘과 부 등등을 포기하거나 재분배함으로써 정말로 다른 사람들을 중심으로 삼고 공동체를 생각하는 행동을 행하는 것이다. 요컨대 그들은 "낮은 곳으로 내려가는" 사람, 사회적 지위라는 사다리에서 위로 올라가지 않고 아래로 옮겨가는 사람이 되어야 한다.

십자가를 본받는 사랑은, 사람들이 무언가를 결정하거나 어떤 행동을 취할 때, 자신들의 결정이나 행위가 자신들과 사회경제적 지위가 같은 사람 또는 더 높은 사람들을 어떻게 감동시킬 것이냐를 기준으로 삼지 말고, 오히려 자신보다 지위가 더 낮은 사람들에게 필요한 것들을 기준으로 삼게 한다. 이

것은 거만하고 자기를 의식하는 생색내기나 **노블레스 오블리쥬**(noblesse oblige)가 아니라, 권세 있는 특권들을 철저하게 포기하는 것이다. 그리스도와 마찬가지로, 영예로운 자리에 있는 사람은 그 자리와 그 자리에 따르는 특권을 유지하려고 고집하는 것이 다른 사람들에게 좋지 않은 영향을 미칠 수밖에 없다는 것을 깨달아야 한다. 십자가를 본받는 사랑은 끈질기게 그리고 넘치는 상상력으로 이 두 질문을 던져야 한다. 첫째, 내 특권 행사나 권리 행사가 다른 사람들에게 어떤 해를 끼칠 수 있을까? 둘째, 내 지위에 따른 영적, 물질적 혜택을 다른 사람의 이익으로 바꾸거나 다른 사람의 이익을 위해 포기할 수 있는 방도가 무엇일까?

이 말은, 예를 들어, 부유한 그리스도인이 노숙자가 된다는 의미가 아니다. 어떤 의미에서는 평등을 이루는 것이 바울의 목표였으며, 이런 바울의 목표는 우리에게 권면하는 바가 많다.[48] 하지만 바울의 이런 목표는 어떤 부유한(또는 권세가 있거나 다른 지위를 가진) 그리스도인도 다른 사람에게 해를 끼치거나 혜택을 줄 수도 있는 그것들(부와 권세와 지위 등등)을 계속하여 보유할 권리를 갖고 있지 않다는 것을 의미한다. 십자가를 본받는 사랑은 우리가 가진 모든 것의 처분권을 하나님과 다른 사람들에게 넘긴다.

따라서 십자가를 본받는 사랑은 가진 자들에게 특히 요구하는 것이 많긴 하지만 특권을 포기하라는 그 사랑의 요구는 모든 이에게 적용된다. 권세와 특권은 사회에서 남과 비교하여 그 높낮이가 결정되는 품목이므로, 지극히 비천한 개인이나 공동체도 쉽게 간직할 수 있는 것을 남에게 줄 수 있고 나누어 줄 수 있는 복을 갖고 있다. 자신을 다른 사람들에게 내어주는 일은, 설령 그 자신이 물질적으로 가난하고 사회적으로 하찮다 해도, 한량없는 가치를 갖고 있다. 자신을 내어주는 일은 늘 무언가를 잃게 되지만, 그래도 그 일에는 훨씬 더 많은 것을 되돌려 받으리라는 약속이 주어져있다.

4. 십자가를 본받는 사랑은 사람들의 영적 요구뿐 아니라 그들의 정서적, 육체적 요구에도 관심을 기울인다. 만일 하나님이 세상을 구원하실 목적으로

---

48) 고후 8:14; 헬라어로 *isotēs*; NRSV, "fair balance."

그리스도 안에서 행하신 행위가 동시에 믿음과 사랑이라는 응답을 이끌어내려고 했던, 그리고 지금도 이끌어내려고 하는 믿음과 사랑의 행위였다면, 그것은 믿음과 사랑을 필요로 하는 인간의 근본적 요구들이 서로 분리될 수 없다는 것을 시사한다. 인간은 하나님과 친밀한 관계(사귐)를 체험하고 나누어야 할 뿐 아니라, 다른 사람들과 역시 친밀한 관계를 체험하고 나누어야 한다. 십자가를 본받는 사랑은 그런 관계들이 이루어질 수 있게 하고 실제로 이루어지게 하는 과정에서 한 부분을 담당하려고 시도한다.

아울러 십자가를 본받는 사랑은 사람들이 "육신과 영혼"으로 이루어진 통일체요 전인이라는 것을 인식한다. 따라서 인간 육체의 현실과 요구들을 무시할 수는 없는 것이다. 바울이 아주 매섭게 십자가에 호소하는 대목 중 하나는, 그리스도가 우리를 위하여 가난하게 되신 것처럼, 고린도 사람들에게 그들 자신과 그들이 이 땅에서 소유하고 있는 것들을 내놓도록 요구하는 대목이다. 요새 흔히 쓰는 말로 표현하자면, 전도와 목회자의 보살핌과 전인(全人)의 건강과 영적 인도는 긍휼과 정의를 실천하는 행위들과 함께 가야한다는 말로 표현할 수 있겠다. 이것은 곧 부유한 그리스도인들과 교회들에게 그들이 가진 부의 일부를 스스로 재분배하고 아울러 그들이 누리는 복들을 다른 사람들과 나눌 수 있는 창조적 방법들을 함께 강구함으로써, 성도들 사이에 평등을 이루고자 하는 바울의 목표를 향해 아주 조금이라도 전진해갈 것을 요구하는 것이다.

사람들의 영적 요구와 물질적 요구를 모두 만족시켜주어야 한다는 말은 대다수 사람들이 볼 때 당연하고 자명한 말이 되어서, 이제는 거의 진부한 말이 되었다. 그 말을 진부한 말에서 구체적 실천으로 바꿔놓는 것은 어려운 일이다. 그러나 십자가를 본받는 사랑은 그렇게 구체적 실천으로 나가는 길만을 요구한다.

5. 십자가를 본받는 사랑은 포용하는 사랑이다. 십자가를 본받는 사랑은 하나님이 그리스도 안에서 온 세상을 향해 보여주신 사랑 이야기를 계속해 나가는 것이기에, 신자와 비신자, 이방인과 유대인, 여성과 남성, 벗과 원수를 가리지 않고, 모든 이들을 부둥켜안는다. 이 사랑의 특징은 "배척"이 아니라

"포용"이다.[49]

하지만 이것이 곧 방향(분별) 없는 사랑을 의미하지는 않는다. 십자가를 본받아 포용하는 사랑이라도, 한 사람(또는 사람들)에게 필요한 것을 (가능한 한 많이) 알고 그 요구에 부응할 수 있으려면, 상상력을 동반한 분별력이 필요하다. 천방지축인 10대 딸, 노환을 앓으며 마지막 때를 앞두고 있는 90대 할아버지, 그리고 특정 도시 인근에 거주하는 소외당하고 가난한 소수 민족 사람들에게도 모두 십자가를 본받는 사랑이 필요하다. 그러나 그 사람들에게 그 사랑을 보여줄 수 있는 구체적 표현 형태는 똑같을 수가 없다. 바울에게도 그랬고, 우리에게도 마찬가지다. 우리는 일관되게 십자가를 본받는 사랑을 표현하면서도 그때그때 상황에 맞춰 융통성 있게 사랑을 표현할 수 있다. 지금 여기서 우리가 자신을 내어주고 다른 사람들에게 중점을 두며 원수에게 보복하지 않는 그리스도의 사랑을 알릴 수 있는 방도는 무엇일까? 그런 대담한 질문은 1인칭 복수형("우리")을 사용할 때, 다시 말해 공동체 안에서 가장 잘 묻고 가장 잘 대답할 수 있다. 십계명과 마찬가지로, 십자가를 본받는 사랑도 홀로 구현하기는 힘든 것이다.[50]

6. 십자가를 본받는 사랑은 사람들을 폭력과 복수로부터 해방시켜준다.
교황 요한 바오로 2세는 우리 문명을 "죽음의 문화"로 정의했는데,[51] 세상을 아주 조금만 겪어보면 이 정의에 충분히 공감하게 된다. 전쟁들이 일어났다

---

49) Miroslav Volf, *Exclusion and Embrace: A Theological Exploration of Identity, Otherness, and Reconciliation* (Nashville: Abingdon, 1996)을 보라. 이렇게 포용을 강조한다 하여 그리스도인의 신앙 공동체로부터 구성원을 쫓아낼 수 있는 근거가 전혀 없다는 말이 아니다. 타당한 근거에 따라 어떤 지체를 공동체 밖으로 쫓아내는 일은 바울 시대에도 있었고, 분명 우리 시대에도 여전히 존재한다. 내가 말하고자 하는 것은 십자가를 본받는 사랑이 무엇보다 배척이 아니라 포용에 주안점을 두고 있다는 것이다.
50) Stanley M. Hauerwas and William H. Willimon, *The Truth About God: The Ten Commandments in Christian Life* (Nashville: Abingdon, 1999), 19를 보라. "이 공동체(교회)를 제쳐놓고 생각하면, 하나님의 계명들은 영웅이나 지킬 만한 것이거나, 불가능하거나, 이상주의적이거나, 그저 기이하게 보일 뿐이다. 용서받은 자들의 공동체요 끊임없이 함께 모여 하나님을 예배하는 사람들이 모인 교회가 그 계명들(십계명)을 알 수 있게 해준다. 사실 우리는 십계명에 이런 경고문을 붙여놓을 수도 있다. '이 계명들을 가운데 어느 것이라도 혼자서 순종하려고 하지 말라.'"
51) 교황 요한 바오로 2세가 자신이 반포한 교황 회칙 『생명의 복음』(*Evangelium Vitae*, New York: Random House, 1995), 28조(50-51)에서 사용한 이래, 사람들이 널리 쓰는 말이 되었다.

는 소문이 들리고 실제 전쟁들이 벌어지고 있다. 이런 전쟁들에는 "인종 청소"와 어린이들을 굶어죽게 만드는 경제 제재 같은 현대의 독특한 부산물들이 따라다닌다.[l] 사무용 건물들과 심지어 학교들에서도 살인 잔치는 점점 더 많이 벌어지고 있고, 가정 폭력과 성적 학대, 인간이 상상할 수 있는 것과 상상조차 할 수 없는 각종 폭력과 복수극이 점점 더 늘어나고 있다. 낙태 숫자는 조금 줄어든 것처럼 보이지만, 안락사를 용인하는 경우는 더 늘어나고 있으며, 사형을 사용하는 것에 환호하는 무리들도 일부 있는 것으로 보인다. 이런 일들을 하나하나 열거하자면, 한도 끝도 없다.

사실, 종교적 근거들이 많은 폭력 행위와 복수 행위를 유발하거나 옹호하고 있다. 그 근거들 중에는 기독교를 빙자한 근거들도 들어있다. 아마도 그리스도인인 조종사들은 자신들이 수행하는 폭격 작전이 성공하도록 기도할 것이다. 그리스도인인 남편들은 가장으로서 자기 아내들이나 자녀들을 통제하려면 정서적 내지 신체적 위력을 사용해야한다고 주장할 것이다. 기독교 신학자들과 목사들과 평신도들 중에는 (심지어 성경을 인용해서라도) 낙태, 의사 조력 자살, 사형, 총기를 소유하고 이 총기를 자기 방어에 사용할 권리, 그리고 대량 살상 무기들을 옹호하는[m] 이들이 있을 것이다.

십자가를 본받는 삶, 곧 십자가 영성은 이 중 어느 것도 허용하지 않는다. 오히려 십자가를 본받는 삶은 사람들을 폭력과 복수를 향한 갈망과 욕구로부터 해방시킨다. 우리가 앞서 말했지만, 십자가를 본받는 삶은 버릴 수 있는 생명이 하나도 없다는 것을 잘 안다.

우리가 바울로부터 받은 십자가 이야기는 무엇보다 하나님이 원수들을 어떻게 다루시는지 일러주는 이야기다. 그리스도 안에서 하나님 사랑을 알게 된 사람들은 원수들에게 복수나 폭력이 아니라 값없는 사랑으로 응답하신 분의 사랑을 체험한 것이다. 따라서 이런 하나님을 믿는다는 것은 이런 사랑에 포용당하는 것이다. 그런 사랑을 다른 사람들에게 전달하는 것만이 하나님으로부터 그런 사랑을 받았음을 보여주는 유일한 증거다. 하나님이 그리스도 안에서 들려주신 당신의 사랑 이야기는 새로운 "성육신" 속에서 계속되고 있다.

우리가 앞서 언급했듯이, 오늘날 일부 사람들은 그리스도인들이 폭력을 사용하고 변호하는 일을 하지 못하도록 십자가를 강조하지 않으려 한다. 하지만 정말 필요한 것은 도리어 정반대다. 오히려 지금 이 시대에는 십자가를, 보복하지 않으시고 자기를 내어주신 하나님의 사랑이 표현된 이 십자가를 분명하게 더 강조해야 한다. 그럴 때에만, 현대 교회가 바울의 교회와 같은 교회가 되어, "폭력이 난무하는 세상 속에서 폭력이 중단된 영역"[52]이 될 것이다.

한 가지 더 강조해두어야 할 점이 있다. 우리 모든 사람이 폭력을 행사할 수 있음을 깨닫지 않으면, 삶의 방식으로서 비폭력 영성은 결코 지속될 수 없다는 점이 바로 그것이다. 신학자인 칼 바르트(Karl Barth)가 써놓은 말대로, 우리 각 사람 속에는 우리에 갇힌 늑대 한 마리가 들어 있다. 이 늑대는 기회만 닿으면, 자신이 갇힌 우리 문이 아주 조금이라도 열리기만 하면, 즉시 뛰쳐나와 공격할 채비를 하고 있다.[53] 우리는 우리 자신이 하나님과 원수지간이며 우리가 하나님과 그런 사이가 된 데에는 우리가 폭력과 복수를 행할 가능성을 갖고 있다는 것, 심지어 때로는 폭력과 복수를 행하고 싶어 하는 욕구를 갖고 있기 때문이라는 것을 인정해야 한다. 그 사실을 인정할 때에, 우리는 비로소 우리를 향한 하나님의 비폭력적 사랑을 완전히 깨달을 수 있다. 이를 인정하지 않는 것은 어리석은 일이요, 심지어 그 영혼이 죽어있는 것이다. 이를 인정하는 것은 우리 자신을 열어, 하나님이 우리를 위한 그리스도의 죽음 속에서 알려주신 이런 비폭력적 사랑을 받아들이고 이 사랑을 되살리는 것이다.

7. 십자가를 본받는 사랑은 "십자가에 못 박힌 사람들"을 위하여 자비와 정의를 추구한다. 지난 세대에 신학이 이룩한 가장 의미 있는 발전 가운데 하나는 기독교 신앙과 억압당하는 자들을 위한 정의 추구를 융합한 신학적 시각"의 등장이었다. 십자가를 본받는 삶은 그런 융합을 요구하는 영성이다. 그 삶은 사랑과 믿음이 떼려야 뗄 수 없게 서로 얽혀있다고 이해하기 때문이요, 이 세상의 많은 부분이 가난한 이들을 억압함으로써 복음이 계시한 하나님의 성품과 정반대 길을 가는 권력 형태들에 그 근거를 두고 있다고 인식하기 때

---

52) Klaus Wengst, *Pax Romana and the Peace of Jesus Christ*, trans. John Bowden (Philadelphia: Fortress, 1987), 88.
53) Karl Barth, *Church Dogmatics* III/4, trans. A. T. Mackay et al. (Edinburgh: T. & T. Clark, 1961), 413. 이 참고문헌을 참조할 수 있도록 도와준 프린스턴 신학대학원의 대니얼 밀리오레(Daniel Migliore) 교수에게 감사한다.

문이다.

라틴 아메리카 신학자인 욘 소브리노(Jon Sobrino)는 우리를 자극하는 한 책 속에 『자비의 원리: 십자가에 못 박힌 사람들을 십자가에서 구출하기』 (The Principle of Mercy: Taking the Crucified People from the Cross)라는 주제로 글을 써놓았다. 소브리노는 그의 논문집인 이 책에서 "이 시대를 알려주는 표지는 확연히 '십자가에 못 박힌 사람들이 존재한다는 것'"이라고 주장하면서, 인간과 그리스도인의 으뜸가는 의무는 우리가 "십자가에 못 박힌 사람들을 십자가에서 구하여 끌어내리는 것"이요 "십자가에 못 박힌 사람들에게 자비를 베푸는 것"이라고 주장한다.[54] 소브리노는 교회와 세상에게 "인간성을 잃어버린 잠에서 깨어나" "이 세상이 수백만의 죄 없는 사람들을 못 박은 거대한 십자가가 되었다"는 현실과 "현실이 이리된 것은 어떤 식으로든 우리에게도 일부 책임이 있다"는 진실을 직시하라고 요구한다.[55] 소브리노는 이렇게 말한다.

> 하나님이 계신 십자가는 하나님이 이 세상에서 희생당한 자들을 사랑하신다는 것을 지극히 절절하게 선포하시는 것이다. 그 십자가 위에서 나타난 하나님 사랑은 힘이 없지만 믿을 수 있다. 바로 이런 시각에서 하나님의 신비를 다시금 분명하게 나타내야 한다.[56]

교회는 십자가에 못 박힌 사람들이 사는 세상 속으로 자비와 사랑의 도구로서 보내심을 받았다. 이것은 곧 교회가 정의를 위하여 일해야 한다는 의미다. 정의는 "사랑이 불의한 억압을 받는 대다수 사람들을 생각하며 받아들이는 이름"[57]이다. 교회는 이 자비의 원리(십자가를 본받는 자비)가 십자가를 삶으

---

54) Jon Sobrino, *The Principle of Mercy: Taking the Crucified People from the Cross* (Maryknoll, NY: Orbis, 1994), vii. 이 문구는 소브리노가 인용한 엘살바도르의 성직자이자 순교자인 이그나시오 에야쿠리아(Ignacio Ellacuría) 신부의 글에서 가져온 것이다. 소브리노는 이 세상에서 십자가에 못 박혀 있는 사람들을 오늘날 고난당하는 야훼의 종들이요, "십자가에 못 박히신 그리스도를 현실로 보여주는 이들"이라고 본다(51; "The Crucified Peoples: Yahweh's Suffering Servant Today"라는 장, 49-57을 보라).
55) Sobrino, "Introduction: Awakening from the Sleep of Inhumanity," in *Principle of Mercy*, 1-11, 특히 4-5를 보라(「크리스천 센추리」[*The Christian Century*] 1992년 4월호에 처음 출간되었다).
56) Sobrino, *Principle of Mercy*, 9.
57) Sobrino, *Principle of Mercy*, 10.

로 주해하는 것으로서 어떤 형태를 띠어야 하는지 토론해볼 수 있을 것이다. 아울러 이런 형태의 영성("해방주의자의 영성" 또는 간단하게 "십자가를 본받는 영성")을 무어라고 이름 붙여야 할지 토론해볼 수 있을 것이다. 그러나 십자가에 못 박히셨던 그분과 자신을 동일시하는 사람들이라면, 이런 영성이 적절하고 이런 영성이 필요하다는 점에 시비를 걸 수 없다.[58]

십자가를 본받는 삶의 능력

능력은 사람들이 매력을 느끼면서도 몹시 피하고 싶어 하는 말들과 실체들 가운데 하나인 것 같다. 능력은 수수께끼요 신비다. 그리스도인들은 이 능력을 올바로 이해하고 사용해야 한다. 십자가를 본받는 삶의 능력은 본질상 역설적이다.

1. 십자가를 본받는 삶의 능력은 인간이나 세상 기준이 아니라 십자가에 못 박히셨다가 부활하신 그리스도의 복음이라는 기준에 비추어 측정되는 것이다. 능력(권력/힘, power)을 사람들이나 사건들에 영향력을 행사하고 심지어 그들을 통제할 수 있는 힘으로 정의한다면, 이 능력의 도덕적 위치는 얼핏 보면 중립적으로 보일 수 있다. 하지만 그리스도인들이 능력과 십자가(지배와 승리가 아니라 힘이 없음과 패배)를 결합시킨다는 것은 사람들이 보통 이해하고 체험하는 능력 개념에 큰 의심을 품고 접근해야 한다는 것을 의미한다.

십자가는 능력(권력, 힘)이 선할 수 있다는 것을 부인하지 않는다. 그러나 십자가는 보통 사람들이 행사하는 힘이 악한 경우가 자주 있다고 강조한다.

---

58) 원수들과 십자가에 못 박힌 사람들(이 사건에서는 1940년대 나치 치하의 프랑스에서 억압받던 유대인들)에게 모두 십자가를 본받는 사랑을 온몸으로 실천한 그리스도인 공동체를 다룬 감명 깊은 이야기를 읽어보려면, Philip Hallie, *Lest Innocent Blood Be Shed: The Story of the Village of Le Chambon and How Goodness Happened There* (New York: Harper, 1979, 1994)를 보라. 평화주의자 목사들이 이끌어가고 있던 이 조그만 위그노 마을은 수천 명의 유대인들을 나치의 비밀경찰인 게쉬타포와 나치가 세운 프랑스 괴뢰정권인 비쉬(Vichy) 정부의 경찰들에게 들키지 않게 숨겨줌으로써 그들의 목숨을 구해주었다. 이때 생존자 중 한 사람이 만든 다큐멘터리 *Weapons of the Spirit*는 그 이야기를 영화로 들려주고 있다.

또 십자가는 무슨 능력이 선한지, 또는 참인지 판단할 수 있는 기준을 완전히 뒤집어버린다. 참된 능력은 그 본질상 "제국(황제)의" 힘 같은 게 아니다. 참된 능력(힘)은 다른 사람들이 자기 뜻을 따르지 않을 경우 그들의 의사에 반하여 자기 의사를 강요하거나 강요하겠다고 위협하여 사람들을 좌지우지하거나 통제할 수 있는 능력을 말하는 게 아니다. 참된 능력은 십자가를 본받는 삶에서 나오는 능력으로서, 오로지 다른 사람들의 필요와 유익을 섬길 목적으로 행사하는 것이다. 우리는 이런 능력을 보여주는 각 경우를 긍정적 사례와 부정적 사례를 통하여 좀 더 자세하게 살펴볼 수 있을 것이다.

2. 십자가를 본받는 삶의 능력은 제국의 권력이 아니다. 십자가를 본받는 삶의 능력은 지배하거나 폭력을 휘두르지 않는다. 바울은 복음이 전해준 예수의 말씀, 곧 "이방인의 임금들은 그들을 주관하며 그 집권자들은 은인이라 칭함을 받으나 너희는 그렇지 않을지니 너희 중에 큰 자는 젊은 자와 같고 다스리는 자는 섬기는 자와 같을지니라"(눅 22:25-26)를 알고 있었거나 보는 즉시 깨달았던 것 같다. 인자(人子, 예수 그리스도)의 이야기는 예수가 사람들을 "주관하신" 이야기가 아니라 사람들의 종이 되신 이야기이기 때문이다. 십자가에 못 박히신 그리스도의 복음은 무엇보다도 폭력을 행사하겠다고 을러대거나 실제로 폭력을 행사하는 것을 포함하여 지배권을 휘두르는 권력에 반대한다. 그것이 무슨 형태를 띠든, 그런 권력은 십자가에 못 박히신 그리스도의 복음에 어긋난다.

로마의 정치 통제 도구요 사형 도구였던 십자가는 사람들에게 고난과 죽음을 안겨줄 수 있는 로마 권력의 상징이었다. 그러나 그리스도인들은 십자가를 능력의 상징으로 본다. 바로 그 십자가에서 그리스도가 고난과 죽음을 사람들에게 가하신 게 아니라 도리어 그 고난과 죽음을 **감당하셨기** 때문이다. 따라서 그리스도의 십자가는 십자가와 유사한 모든 로마의 권력 형태들을 심판하고 그리스도의 십자가를 모델로 한 능력의 새 시대를 시작한다.

그러나 그리스도인들은 너무나 자주 그리스도의 십자가가 아니라 제국의 십자가를 좇아가곤 했다. 이는 슬픈 일이지만 엄연한 사실이다. 역사 전체를 살펴보면, 그리스도의 이름을 내세웠던 사람들이, 은연중에 또는 아예 드러내놓고, 그들 자신의 폭력이나 그들 정부의 폭력을 정당화하는 데 주님의 십자가를 사용함으로써 이 십자가를 배반했다. 복음서를 잘못 읽어 개인이나 공동체의 삶 이야기들을 가장 엉망진창으로 만들 수 있는 사람은 십자가에서 폭력을 행사할 근거를 찾는 사람들이다. 이런 이유로, 교회는 가끔씩 그리고 몇몇 자리에서 참회해왔다. 하지만 교회가 꼼꼼하게 자기 점검을 해본다면, 나는 더 많은 참회거리와 더 큰 회개거리가 나오지 않을까라는 생각을 해본다. 그레이엄 톰린이 언급하듯이, 교회는 십자가 알려주신 능력의 모습(비전)을 "지극히 진지하게" 받아들여야 한다.

> 십자가 신학은, 다른 사람들에게 행사하는 힘(능력)이나 권위가 어떠한 것이든, 그 힘이나 권위의 존재 여부를 인식하고 있든 인식하지 못하고 있든, 그 힘(능력)이 다른 사람들을 **위한** 것이어야지, 다른 사람들 **위에 군림하는** 것이어서는 안 된다고 주장한다.[59]

폭력이 동반된 힘과 관련하여, 불행히도 교회는 기껏해야 일관되지 못한 행보를 걸어왔고 지금도 그런 행보를 계속하고 있다. 이렇게 일관성이 없는 우리 모습(소위 진보주의자들은 핵무기와 사형제에 반대하면서도 낙태할 "권리"는 지지한다. 반면 소위 보수주의자들은 낙태에는 반대하면서도 국가가 용인하는 다른 모든 형태의 폭력과 개개 시민이 무기를 소지하고 사용할 "권리"를 지지한다)은 통일성을 결여한 다른 형태(요한복음 17장을 보라)와 마찬가지로 우리가 사람들 앞에서 복음을 전하는 일에 해를 입힌다.

3. 따라서 십자가를 본받는 삶의 능력은 무장 해제를 요구한다. 월터 브루그먼은 평화를 도모하는 방편으로서 힘의 관계를 "이웃 사랑에 근거한 언약 구조"로 바꾸는 일을 논의하면서, 인류와 교회는 비단 군사 부문뿐만 아니라 문화 부문에서도 무장 해제를 실시해야 한다는 신학자 라이몬 파니카(Raimon Pannikar)의 주장을 반추한다.[60] 이것은 영혼의 무장 해제와 같은 것인데, 브루그먼은 그 패러다임이랄 수 있는 명령을 십자가와 바울의 핵심 이야기에서

---

59) Tomlin, *Power of the Cross*, 313(지은이 고딕의 강조).
60) Brueggemann, *Covenanted Self*, 80.

발견한다. 그는 도발적인 말을 써서 십자가를 "궁극적인 무장 해제"라고 주장한다. 그리스도가 "하나님과 동등됨을 취할 것으로 여기지 아니하시고 오히려 자기를 비우셨기" 때문이라는 것이다. 따라서 세례는 "십자가에 못 박혀 철저히 무장 해제 당하신 그분의 이름으로 살아가며 목숨까지도 내걸겠다는 우리의 결단"이다.[61]

공간이 한정되어 있어서 바울의 핵심 이야기가 개개 그리스도인과 교회의 무장 해제에 시사하는 의미들을 충분히 다룰 수가 없다. 나는 이미 사랑을 논의하는 자리에서 모름지기 십자가를 본받고자 하는 교회라면 당연히 비폭력의 길을 걸어야 한다는 점을 간략히 이야기했다. 하지만 과거와 현재를 불문하고 그리스도인이 체험하는 사실은 교회가 우리 세계가 다양하게 만들어 내는 무장 유혹을 너무 쉽게 받아들이고 이런 유혹에 넘어가 무장과 혼인해 버렸다는 점이다. 내가 다른 곳에서도 주장했듯이, 가령 교회와 군대가 혼인하는 경우에는 기필코 이혼으로 끝나게 되어 있다.[62] 십자가를 본받는 삶의 능력과 군사력은 서로 상대를 배척한다. 모든 신자들과 교회 전체가 군사적 폭력을 영원히 포기한다 할지라도, 인간의 마음속에 도사리고 있는 폭력은 끈덕지게 살아남을 것이다. 이런 현실을 해결할 수 있는 유일한 길은 끊임없이 십자가를 본받아 회개하는 것이요, 끊임없이 십자가로 돌아가는 것이며, 십자가에 못 박히신 그분의 약함을 전하는 강력한 핵심 이야기로 끊임없이 돌아가는 것이다.

4. 십자가를 본받는 삶의 능력은 타인의 유익을 위해 행사하는 영향력이다. 따라서 이 능력은 사랑의 행위다. 진정한 능력은 십자가를 본받는 것이요 타인의 이익을 위해 행사하는 것이라면, 정녕 능력이 종처럼 섬기는 것이라면, 진정한 능력을 행사하는 것은 사랑을 베푸는 행위다. 이를 바꿔 표현한다면(어쩌면 그것이 더 적절할지도 모르겠다), 사랑을 베푸는 행위가 능력을 행사하는 것이다.

---

61) Brueggemann, *Covenanted Self*, 89.
62) Michael J. Gorman, "Irreconcilable Differences: The Church Should Divorce the Military," *Christianity Today*, March 6, 2000, 77-78.

가장 심오한 변화들은 힘이 아니라 사랑을 통해, 힘과 특권의 포기를 통해 일어난다. 그런 변화는, 니체가 두려워한 것처럼, 삶을 부인할 때 일어나지 않고, 다른 사람의 삶을 철저히 긍정할 때 일어난다.[63]

바울이 볼 때, 부와 지위 그리고 권력이 지닌 근본 문제는 이것들이 모두 인간들이 그들 자신의 이익을 증진할 목적으로 바라거나 사용하는 "것들"이라는 점이다. 이런 것들을 적절히 다루는 길은 이것들을 포기하거나 다른 사람들에게 이익이 되는 쪽으로 바꿔놓는 것이다. 그리하지 않으면, 이런 부와 지위와 권력은 복음의 반대 명제 노릇을 하면서, 개인과 공동체로 하여금 십자가에 신실하지 않은 삶의 이야기를 만들어내게 한다. 바울은 하나님이 이런 이야기에 공명하지 않으신다고 본다. 십자가를 본받는 사랑과 마찬가지로, 십자가를 본받는 삶의 능력은 위로 옮겨가는 삶이 아니라 아래로 옮겨가는 삶으로 표현된다. 그 능력은 "낮은 곳으로 내려가는 십자가의 능력이다."[64]

5. 십자가를 본받는 삶의 능력은 모든 신자들, 십지어, 사실은 특히 약자들도 가질 수 있다. 이 능력은 약함 속에 존재하는 능력이기 때문이다. 십자가가 능력을 다시 정의한 사실보다 훨씬 더 두드러진 것은 그런 재정의가 일상생활에 끼친 효과다. 십자가가 그렇게 능력을 다시 정의한 결과, 이제는 능력을 "약함" 속에서, "약함"으로서 체험하게 되었기 때문이요, 그 때문에 십자가와 자신을 동일시하는 모든 사람들, 특히 약자들도 능력을 체험하게 되었기 때문이다.

이것은 세 가지 역설적 결과들을 가져왔다. (1)능력을 체험할 수 있는 이는 더 이상 힘 있는 자들에게만 국한되지 않는다. (2)사람들이 "보통" 체험하는 능력은 뭔가 다른 것임이 증명되었다. (3)약함을 체험하는 것은, 사실 하나님의 능력을 체험하는 것일 수 있다.

---

63) Tomlin, *Power of the Cross*, 314. 십자가 때문에 기독교가 수동적으로 "삶을 부정한다"는 니체의 두려움에 대한 톰린의 비판을 읽어보라(303-7).
64) Brown, *The Cross and Human Transformation*, 137.

십자가를 본받는 삶의 능력은 정말 이상한 종류의 능력이다.

십자가를 본받는 삶의 소망

우리가 살펴보고 있는 십자가를 본받는 삶의 마지막 차원은 소망이다. 이 소망도, 믿음, 사랑, 능력과 마찬가지로, 십자가가 새롭게 만들어낸다.

1. 십자가를 본받는 삶의 소망은 하나님의 마지막 승리를 확신한다. 하나님이 십자가뿐 아니라 부활에서도 승리하셨기 때문이다. 십자가를 본받는 삶의 소망을 비롯하여 십자가를 본받는 삶은 인간의 삶을 지배해 온 적대 세력들, 특히 죄와 사망을 하나님이 그리스도의 십자가와 부활로 무찌르셨다는 사실에 그 기초를 두고 있다. 바울은 그의 삶의 중심인 십자가에 끌려갔다. 그래도 바울이 십자가에 감격했던 단 한 가지 이유는 그리스도의 부활이 그의 부활도 보장해준다고 확신했기 때문이다. 우리도 마찬가지다. 우리도 그리스도의 부활이 곧 우리의 부활임을 확신한다면, 십자가를 삶의 중심에 둘 수 있다. 그런 확신이 없다면, "내일 죽을 터이니 먹고 마시고 즐기자"(고전 15:32을 보라) 할 것이다.

(믿음과 마찬가지로) 소망은 어떤 사실을 **무릅쓰고** 확신을 품는 게 아니라, 어떤 사실에 **비추어** 확신을 품는 것이다. 그리스도의 부활은 확실한 승리다. 이 승리 덕분에, 신자들은 (고초들이 복음 때문에 겪는 것이든 아니면 삶이 가져다 준 고난이든) 현세에서 잠시 겪는 그 고초들을 견뎌내고, 다른 사람들과 온 피조 세계가 겪는 고통과 고난을 견뎌낸다.

2. 그럴지라도 십자가를 본받는 삶의 소망은 승리주의자의 소망이 아니라 복음을 위한 고난을 기대하고 받아들인다. 그럼으로써 모든 영적 체험과 무아지경도 별로 중요하지 않은 것으로 만들어버린다. 따라서 그리스도 안에서는 미래에 관한 확신이 있다. 하지만 이 확신은 **지금** 완전한 승리를 누리고 있다는 생각으로 번역되지 않는다. 그리스도가 개인과 공동체에게 주시는 삶

의 심오한 목적이나 예배 때의 황홀감을 체험한 사람들은, 그들의 영적 체험이 아무리 부요하고 아무리 활기차다 해도, 그 체험이 고난을 배제하거나 하나님이 여실 미래를 대체한다는 태도를 취할 수 없다.

사실 그리스도 안에 있는 삶의 황홀함을 지나치게 강조하는 사람들은 큰 실망을 하게 될 것이다. 그리스도인들은 십자가가 없었으면 그리스도가 영광을 얻지 못하셨을 것이라는 점을 늘 마음에 새겨야 한다. 우리도 마찬가지다. 우리의 욕구는 늘 고난과 정반대 방향을 향하지만 우리는 영광을 얻기 전에 반드시 이런저런 고난을 겪어야 하고 또 겪을 것이다.

3. 십자가를 본받는 삶의 소망은 모든 고난을 그리스도의 죽음 및 모든 피조물의 "탄식"과 연결함으로써, 고난의 와중에서도 하나님의 임재를 체험할 수 있게 한다. 성경은 인간이 겪는 고통과 고난의 근원을 늘 분명하게 또는 일관되게 말해주지는 않는다. 하지만 바울은 그리스도의 패턴을 변함없이 따라가는 이들에겐 고난(십중팔구 불의한 고난일 것이다)이 있을 것이며, 우리 모든 이도 인간의 삶에서 흔히 있는 고난들을 겪을 것이라고 강조한다.

바울이 볼 때, 그리스도의 패턴을 따라가는 이들이 겪는 고난은 하나님이 계시지 않음이 아니라 하나님이 계심을 드러내는 것이다. 하나님은 죽은 자들을 다시 살리심으로 소망을 주시는 분이요, 죽음에서 생명을 끌어내시는 분이다. 우리가 살아가며 겪는 고난들은 하나님이 모든 피조물을 염두에 두고 세워두신 큰 계획이라는 맥락 속에 놓아두어야 할 것 같다. 그리스도인들은 그들의 고통과 고난을 부인하지 않으나, 그들이 고난을 당하는 첫 사람이 아니라는 것을 안다. 그리스도인들은 피하려 해도 피할 수 없는 고난을 애써 피하려 하지 않고, 장차 모든 피조물이 구원받으리라는 약속을 내다보면서, 현재 하나님, 그리스도 안에서 **우리를 위하시는**(pro nobis) 그 하나님의 신비로운 임재로 그 시선을 돌린다.

4. 십자가를 본받는 삶의 소망은 인간의 몸과 모든 피조물을 아우른다. 미국의 그리스도인들은(그리고 어쩌면 다른 나라의 그리스도인들도 마찬가지인 듯하다) 대체로 부활과 관련하여 몸으로 부활한다는 것을 믿지 않고, 개인주의 신앙

을 갖고 있다. 실제로 바울이 고린도전서 15장에서 논증하고 있고 기독교 역사에 존재했던 신경들이 분명하게 확언하는데도, 죽은 자의 부활이나 몸으로 부활하리라는 것을 믿지 않은 채 영혼 불멸만을 강조하는 사람들이 많다.[65]

하지만 근래 기독교 신학과 영성은 **인간이 몸을 가질 때** 인간이 된다는 성경의 체험(증언)을 적절히 강조해왔다. 비단 지금뿐 아니라 미래에도, 몸이 없는 인간은 존재하지 않는다. 우리는 그 본질상 몸을 갖고 있으며, 우리 몸은 우리와 하나님의 관계, 우리와 다른 사람들의 관계가 펼쳐지는 장소다. 지금도 그렇고 하나님이 여실 미래에도 마찬가지다.

이를 생각하면서, 우리는 다시 미국의 개인주의를 생각하게 된다. 미국의 그리스도인들은 "(몸이 없는) 영혼 구원"과 "천국 가는 것"에만 지나치게 큰 관심을 갖고 있다. 그러다보니 이들은 선지자들과 바울이 온 피조물의 거듭남을 기독교회의 소망으로 강조했다는 점을 잊어버렸다. 긴 안목에서 볼 때 하나님이 그리스도 안에서 관심을 보이신 대상은 단지 개인이나 심지어 교회가 아니라 모든 피조물이다. 복음이 약속하는 것은 어떤 신비스러운 하늘나라에서 몸이 없는 영혼들이 죽지 않고 영원히 사는 것이 아니다. 오히려 복음은 모든 죽은 자가 부활과 변화에 참여하게 될 것이라고 약속한다. 이 부활과 변형은 온 우주가 고난과 부족함이 존재하는 장소로부터 기쁨과 부요함이 존재하는 장소로 바뀌게 되는 더 큰 변화의 일부를 이룬다.

따라서 미국의 그리스도인들은 그들의 지평을 더 넓혀 십자가를 본받는 삶의 소망이 얼마나 구체적이고 얼마나 광대한지 다시금 깨닫고 그 구체성과 폭을 자기 것으로 만들어야 한다. 그렇지 않으면, 그들도 고린도 사람들처럼 미래와 몸의 부활을 부인함으로써, 현세에서 누리는 은밀한 영적 체험과 눈으로 볼 수 없는 영으로 천국에 들어가 하나님과 그들만의 친밀한 사귐을 계속해가리라는 소망만으로 인생의 낙을 삼고 살아가는 위험을 맞게 될 것이다.

---

65) 장례식장에서 흔히 듣는 말들이 있다. "이제 육신은 그의 것이나 그의 영혼은 주님과 함께 있습니다"와 같은 말이 그것이다. 이런 말들은 몸을 천하게 여겼던 기독교 이전의 믿음을 무심코 드러내는 것 같다. 그런가하면, 몸 자체의 외모에 건강하지 않은 관심을 내보이는 이들이 있다. 이 몸은 (영혼이 없으면) 실상 시신(屍身)이나 사실은 우리가 상상조차 할 수 없는 모양으로 변화될 것이다. 신학과 정서면에서 존재하는 이런 연속성과 불연속성 사이의 긴장이 어려운 문제임은 누구나 인정하는 바이다.

5. 십자가를 본받는 삶의 소망은 어떤 상황에서도 기뻐하게 한다. 바울의 삶이 보여주는 가장 두드러진 특징 가운데 하나는 그가 아주 힘든 상황에서도 기쁨을 체험했다는 것이다. 가령, 빌립보서만 하더라도 기쁨을 표현하는 단어로 유명한 서신인데, 정작 이 서신을 쓸 때 바울은 옥에 갇혀 있는 신세였다. 십자가를 본받는 삶에 관한 바울의 체험은 결코 소멸될 수 없는 것이었다. 그 체험은 미친 듯이 기뻐하는 체험도 아니었다. 오히려 그 체험은 냉철하면서도 기쁨으로 가득한 것이었다. 바울의 이런 체험은 현재로 하여금 (심지어 아무리 큰 고통을 겪는 와중에도) 심오한 만족과 기쁨을 갖게 해준 미래에 대한 확신의 결과물이었다.

오늘날 바울의 상속인으로 살아가면서 십자가를 본받는 삶을 실천하는 사람들은 바울과 같은 기쁨을 알 수 있다. 기쁨은 찾는다고 발견할 수 있는 게 아니다. 기쁨은 자기를 내어주는 사랑, 심지어 고난을 당하면서도 베푸는 사랑이 실존의 가장 완전한 모습이라는 것을 아는 삶이 만들어내는 부산물이다. 그런 사랑은 바울의 핵심 이야기(빌 2:6-11)가 지닌 특징을 갖고 있기 때문이다.

결론: 불가능한 가능성

나는 이 책의 들어가는 말에서 "내러티브 영성"을 어떤 이야기를 말하는 영성으로, 어떤 식으로든 하나님의 "이야기"를 따라가며 하나님과 함께 하는 역동적 삶으로 정의했다. 우리는 이어지는 장들에서 바울이 그의 삶과 사역으로 어떤 이야기를 들려주고 싶어 했다는 것을 보았다. 그가 들려주고 싶어 했던 이야기는 자기를 비우시고 자기를 내어주신 그리스도의 믿음과 사랑과 능력과 소망을 증언한 핵심 이야기와 일치하는 것이었다. 그 핵심 이야기는 삶의 패턴을 제공했다. 이 패턴은 아주 다양한 모양으로 믿음과 사랑과 능력과 소망의 행위들을 유추해낼 수 있는 경우들을 끊임없이 만들어냈다. 바울 사도의 사명은 그의 삶으로 그 핵심 이야기를 가능한 한 원형에 아주 가깝게 신실히 다시 들려주는 것이었으며, 모든 구성원들이 한데 어울려 또는 각 구성원이 삶을 통해 바로 그 이야기를 주해하는 공동체를 잇달아 만들어내는 것이었다. 십자가를 본받는 삶이라는 바울의 사명은 오늘날에도 계속되고 있다.[66]

따라서 십자가를 본받는 삶은 바울의 영성이다. 또 그 삶은 우리의 영성일 수 있다. 십자가를 본받는 삶은 사랑과 믿음을 하나로 통합해주고, 사랑에 비추어 능력을 다시 해석해주며, 신실하고 십자가를 본받는 삶을 소망의 조건으로 만든다. 그러나 이런 경우에도 의롭다 함을 얻는 것이 하나님이 은혜로 주시는 선물이라는 점은 변함이 없다. 십자가를 본받는 삶은 사람들에게 하나님 앞에서 철저히 자신을 제물로 바치는 자세를 취할 것(믿음)과, 그리스도처럼 다른 사람들을 위하는 사람이 될 것(사랑)과, 약함을 강함으로 받아들일 것(능력)을 요구하며, 확신을 품고 그들 자신이 몸으로 부활할 것과 온 피조물이 변화될 것을 갈망할 것(소망)을 요구한다.

이렇게 포괄적이면서 인간의 직관과 상반되는 요구는 이룰 수 없는 것처럼 보인다. 그렇게 보인다면, 그것은 아마도 인간이나 공동체 자신의 힘을 의지하기 때문, 아니 의지하고 있기 때문이다. 사람들은 십자가를 본받는 삶을 인간이 그리스도를 그대로 모방하는 것으로 오해하는데, 이런 모방은 사실 불가능하다. 하지만 십자가를 본받는 삶은 그리스도 자신이 (하나님이 보내신 그리스도의 영으로 말미암아) 시작하시고 계속하여 이끌어 가시는 것이다. 그리스도는 각 신자와 신자들의 공동체 안에 들어와 사시면서, 그들이 당신의 이야기를 이어가도록 만드신다(빌 4:13). 십자가를 본받는 삶이 이루어질 수 있는 가능성, 그 유일한 가능성은 바로 그 사실, 그 체험 속에 존재한다. 결국 십자가를 본받는 삶은 불가능한 가능성인 셈이다.[67]

그렇지만 십자가를 본받는 교회도 당연히 실패하며, 십자가를 본받아 살

---

66) 이와 비슷하게, 루크 존슨은 그가 쓴 책 *Living Jesus*(203)를 맺으면서, "성도"로 불리는 모든 그리스도인들이 하는 기도, 곧 "우리가 이 세상에서 예수를 삶으로 이야기하는 교과서가 될 수 있게 해 주소서"라는 기도를 곱씹어보고 있다.
67) 베커는 그가 쓴 책 *Paul the Apostle*에서 그리스도와 함께 죽음으로써 역시 죄에 대하여 죽은 사람들이 저지르는 죄를 가리키는 말로 "불가능한 가능성(impossible possibility)"라는 말을 쓴다. 그러나 나는 이 말을 분명 다른 뜻으로 쓰고 있다.

기를 열망하는 우리 각자도 실패한다. 그것도 거듭거듭 실패를 맛본다. 하지만 여기에서도 십자가가 해결책이다. 우리가 실패할 때, 우리는 용서와 화해의 상징이요 방편인 십자가로 돌아간다. 거기서 우리는 그 십자가가 계시한 신실하신 하나님을 발견한다. 그분은 우리를 포기하거나 거부하지 않으신다. 도리어 "그분의 특성은 늘 자비를 베푸시는 것이다(whose property is always to have mercy)."[68]

학계에서는 바울 신학의 중심이 무엇인가를 놓고 격론이 벌어지고 있다. 하지만 그의 삶, 그의 영성을 통합하는 내러티브 체험에 관하여 의문을 제기하는 사람은 아무도 없다. 바울은 오로지 **십자가에 못 박히셨다가** 높이 들림을 받으시고 살아계시는 그리스도를 체험했기 때문이다. 의도한 것이든, 우연이든, 아니면 은혜로 된 것이든, 바울 자신이 그 그리스도의 복음이요 그 그리스도의 이야기**였다**. 이제 그 그리스도가 남긴 사명은 모든 시대, 특히 이 시대의 교회에게 십자가의 공동체가 되도록 요구하는 것이다. 십자가를 본받는 공동체의 삶은 세상이 섬기는 주와 다른, 진짜 주님을 증언함으로써 세상의 모든 현상에 사랑이 담긴 마음으로 도전을 제기한다. 믿음과 사랑과 능력과 소망이 담긴 이 주님의 이야기가 세상을 바꾼다.

---

[68] 이 아름다운 문구는 1549년에 나온 공동기도서인 *Edwardian Prayer Book*(『에드워드왕 기도서』)의 성찬 기도에서 가져온 것이다. 이 문구는 오늘날에도 여전히 몇몇 의식 속에 남아 있다. 내 자신이 속한 연합 감리교회의 찬송가 속에서 등장하는 성찬 의식 중 하나에도 이 문구가 남아 있다.

| 옮긴이의 말 |

"예수 그리스도의 삶을 간단히 요약해보시오"라는 문제가 주어진다면, 여러분은 그 삶을 어떻게 요약하시겠습니까? 사도 요한은 그가 쓴 복음서 마지막 절에서 "예수가 행하신 일을 다 기록하면, 그 책들을 이 세상에 다 쌓아두기도 모자랄 것이다"(요 21:25)라고 말했습니다. 종이가 없어 파피루스나 동물의 가죽에 기록을 남겨야 했던 이천년 전 기준으로 따진다면 요한의 말이 맞을 수도 있겠지만, 조그만 칩 하나 속에 수많은 책을 저장할 수 있는 오늘날에야 그럴 리 있겠느냐고 반문하는 이들이 있을지도 모르겠습니다. 그렇다 해도, 예수의 삶을 요약하는 일은 그리 간단한 일이 아닙니다. 그런데 사도 바울은 그리스도의 삶을 간명하게 요약하여 남겨 주었습니다. 이 책의 지은이 고먼은 그것이 바로 빌립보서 2:6-11이라고 말합니다. 고먼이 이 책에서 그리스도 찬송이라고 부르는 이 여섯 구절 속에 바울은 그리스도의 삶을 고스란히 압축해 놓았습니다.

바울은 이 빌립보서 본문에서 그리스도의 자기희생과 높이 들림을 이야기합니다. 그리스도는 죄인인 우리를 위해 영광스러운 하나님의 자리를 버리고 이 땅에 오셔서 자기를 속죄 제물로 내주셨습니다. 그는 로마에서 가장 끔찍한 형벌로서 노예들이나 중죄인들이 받았던 십자가형을 받았습니다. 바울은 이 십자가가 우리를 향한 하나님과 그리스도의 극한 사랑을 표현한 것이요, 아버지 하나님을 향한 아들 하나님의 절대 순종 내지 절대 믿음을 드러낸 것이라고 말합니다. 그러나 그걸로 끝이 아니었습니다. 이 십자가는 그때까지 이 우주를 지배해왔던 질서를 하나님이 뒤집어버리시는 출발점이었습니다. 당신 뜻을 따라 자신을 속죄 제물로 내어줌으로써 극한 사랑을 실천한 아들에게 아버지 하나님은 부활과 주로 높임으로 보상하십니다. 십자가에 못 박히기까지 타인을 사랑하길 원했고 아버지께 순종하길 원했던 참 사람, 참 하나님은 이제 영원히 주의 자리에 앉아 만유를 통치하고 계십니다. 이것이 바로 바울이 압축한 "그리스도 행전"이었습니다.

바울은 이런 그리스도의 삶에서 자신이 살아야 할 삶을 발견했습니다. 그리고 그 삶의 자취를 따라갔습니다. 지은이 고민이 바울의 삶을 십자가 내러티브 영성이라고 표현한 이유는 그 때문입니다. 내러티브는 물 흐르듯 펼쳐가는 이야기를 말하는 것이니, 곧 물 흐르듯 흘러가는 삶의 궤적을 가리키는 이미지라고 볼 수 있습니다. 그렇게 본다면, 십자가 내러티브는 예수가 십자가를 향하여, 그리고 십자가 너머 저 참된 영광의 자리를 향하여 걸어가신 발자취를 가리키는 말로 볼 수 있습니다. 그런가하면 영성은 예수의 발자취를 따라가는 삶 자체를 가리키는 말이니, 결국 십자가 내러티브 영성은 예수가 십자가를 향하여, 저 십자가 너머를 향하여 묵묵히 걸어가셨던 그 자취를 그대로 따라가는 삶을 가리키는 셈입니다. 바울은 이방인의 사도로 부름 받아 온갖 고난을 다 겪으며 그리스도의 몸(교회 공동체)을 그의 발길이 닿는 곳곳에 세웠고, 그리스도의 삶을 따라 사는 그리스도의 몸을 만드는 데 헌신했습니다. 그리고 그는 자기가 세운 그 공동체들에게, 그리고 그의 서신을 읽는 모든 이들에게 자기처럼 십자가를 향해 나아가는 삶을 살 것을 요구했습니다. 때문에 오늘 바울 서신을 대하는 한국의 그리스도인들도 당연히 그의 요구 앞에 서 있다 하겠습니다.

본디 그리스도인에게 삶과 믿음은 별개 용어가 아닙니다. 삶이 곧 믿음이고 믿음이 곧 삶이기 때문입니다. 예수 그리스도를 주로 고백하는 믿음에는 그가 걸어가신 길을 그대로 따라가는 삶이 함께 붙어 있는 게 당연합니다. 그러나 오늘날 사람들의 입에서는 "왜 그리스도인들의 삶과 믿음은 따로 노는가?"라는 질문이 쉬지 않고 흘러나옵니다. 그 말은 이미 자신을 그리스도인이라고 부르는 사람들의 삶과 믿음이 분리되어 있음을 의미합니다. 바울은 그리스도의 삶을 남을 위하여 자기 지위를 포기하고 자기를 내어주며 죽기까지 자기를 버리는 사랑이라고 말했는데, 오늘날 소위 그리스도인 중에 이런 삶을 사는 사람이 과연 얼마나 되겠습니까? 그런 점에서, 자기가 그리스도를 본받듯이 우리더러 자기를 본받으라고 요구하는 바울의 말은 부끄럽게도 오늘날 더욱더 크게 울려 퍼지고 있다 하겠습니다.

이 책은 다섯 가지 특징을 갖고 있습니다.

첫째, 이 책은 십자가를 본받는 삶의 패러다임을 제시한 "원론"입니다. 그 삶의 각론이랄 수 있는 부분을 마지막 장에서 조금 다루고 있지만, 저자 자신의 말대로, 그 각론은 미국이라는 공간의 한계에 갇혀 있습니다. 때문에 한국 상황에서 십자가를 본받는 삶이 어떻게 나타나야 하는지 우리는 고민해봐야 합니다. 십자가를 본받는 삶의 패러다임이 정말 빌립보서 2:6-11이라면, 오늘날 한국의 현실이 과연 그런 패러다임과 일치할 수 있을지 의문이기 때문입니다. 고먼은 이 책 말미에서 십자가를 본받는 삶은 선지자와 같은 비판 태도를 요구한다고 말합니다. 그는 무엇이 타인에게 이익이 되는지, 하나님이 원하시는 궁극적 이익이 무엇인지 관심을 가질 때만 이런 선지자의 비판이 가능하다고 말합니다. 틀림없는 말입니다. 가난한 서민들이 입주비가 없어 삶의 보금자리에서 밀려나고 돈 있는 외부인들이 몰려들어와 새 주인이 되는 현재의 도시개발 정책을 그리스도인이 과연 기획하고 지지해야 하는지, 타인을 위한 존재를 길러내기보다 타인을 짓밟고 일어서는 자를 만들어내는 데 모든 이가 몰두하고 있는 현재의 교육 체제가 과연 옳은 것인지, 가진 자와 힘 있는 자들이 없는 자와 약한 자들을 돕고자 자기들이 가진 것을 더 내놓으려고 하기보다 오히려 자기들 것만 더 챙기고 보겠다고 아우성치는 현실이 과연 옳은 것인지, 우리도 옛적 선지자들이 품었던 그 비판 의식을 품고 고민해봐야 합니다. 지은이 고먼은 십자가가 바울의 삶과 신학을 만들었다고 단언하면서 동시에 바울의 영성을 공동체 영성이라고 정의하는데, 오늘날 한국 교회의 신학과 한국 그리스도인의 삶은 맘몬과 권력과 세상의 명예가 만든 것이 아닌지, 한국 교회가 추구하는 영성이 과연 나 자신의 이익보다 공동체를 염두에 둔 것인지 고민해봐야 할 것입니다.

둘째, 이 책은 바울 신학 전반을 다룬 바울 신학서가 아닙니다. 그러나 이 책은 바울이 쓴 서신을 통해 그리스도의 삶을 들여다보고 이를 통해 다시 바울의 삶, 바울의 영성을 들여다 본 책입니다. 그런 점에서 본다면, 이 책은 바울의 기독론을 연구하는 참고 자료가 될 수도 있고 바울의 영성을 탐구하는 자료가 될 수도 있습니다. 국내에 이미 바울 신학 전반을 다룬 서적들이 많이 나와 있기 때문에 그런 책들을 먼저 읽어보고 이 책을 바울 신학의 "각론"으로서 읽어보는 것도 좋은 방법이 되리라 생각합니다. 더불어 이 책은 특히 한국 교회가 많이 오해하고 있는 "영성" 개념을 바로 잡는 데에도 좋은 지침서가 될 수 있다고 봅니다. 지은이가 말하듯이, 바울의 십자가 영성의 핵심은 십자가를 본받는 삶이며, 이 삶은 십자가 형상을 지닌 믿음과 사랑과 능력과 소망을 공동체가 어우러지는 일상의 마당에서 표현되는 것이기 때문입니다.

셋째, 이 책은 연합 감리교회 신자이면서도 가톨릭 신학교에서 교수로 봉직하면서 교회 일치 신학에 큰 관심을 갖고 있는 성경신학자가 쓴 책입니다. 그 때문인지 지은이 고먼은 구원의 과정에서 하나님이 주도권을 행사하신다는 점을 인정하면서도 하나님의 부르심에 십자가를 본받는 삶으로 응답해야 한다는 점을 강조합니다. 이는 아르미니우스의 영향이 배어나는 감리교 신학의 한 단락을 시사하는 것 같습니다. 그러면서도 고먼은 불신자를 불러 당신을 믿게 하시고 이 십자가를 본받는 삶을 살아감으로 구원을 이루게 하시는 이가 하나님의 영, 성령이라고 말함으로써, 하나님의 주권을 누누이 강조합니다. 아울러 고먼은 죄인인 우리가 의롭다 하심을 받은 것은 오직 하나님 은혜임을 확실히 강조합니다. 이런 점은 또 칼뱅의 색깔을 드러내는 것이기도 합니다. 하지만 고먼은 특정한 교리를 앞세우지 않고 성경 본문을 토대로 십자가를 본받는 삶을 통해 날마다 죽고 날마다 구원을 이뤄가는 삶을 살아야한다는 바울의 가르침을 설파합니다. 때문에 우리는 특히 우리가 성화라고 부르는 과정이 얼마나 치열한 전투 현장(옛 시대, 옛 자아와 새 시대, 새 자아 사이에 벌어지는 전투 현장)인가를 절감할 수 있습니다. 그런 점에서 본다면, 이 책은 바울의 구원론, 교리로서 달달 외우는 구원론이 아니라 하나님 말씀 속에서 살아 움직이는 구원론을 연구할 수 있는 좋은 교재가 될 수도 있습니다.

넷째, 이 책은 바울이 생각하는 공동체의 모습, 특히 교회의 모습을 알아보는 데 좋은 참고 자료가 될 수 있습니다. 그는 그리스도의 자기낮춤과 자기희생을 교회를 비롯한 여러 공동체 생활에도 그대로 적용될 패러다임으로 규정하고 있기 때문입니다. 특히 바울은 성령이 주신 은사를 활용할 때에도 교회 전체에 덕을 세우는 것과 다른 이들을 섬기는 것을 우선시했는데, 이는 자기를 자랑하거나 그릇된 신비 추구로 흘러갈 소지가 다분한 현대 교회의 은사주의에 충분히 경종을 울릴만한 것입니다. 오늘날 한국 교회에서 갖가지 문제를 일으키고 있는 교회 내부의 부패 문제도 사실은 온 교회 공동체와 그 구성원이 그리스도의 십자가를 향해 나아가야할 본분을 잊어버린 탓이 아닐까 생각해봅니다. 바울의 교회론을 그의 십자가 영성과 연결하여 살펴볼 수 있다는 점은 이 책의 또 다른 장점이라고 말할 수 있겠습니다.

마지막으로, 이 책은 어쩌면 하나님 사랑의 또 다른 표현이 사회 정의임을 소홀하게 생각하였던 소위 한국의 보수 교회들에게 복음주의 성경 신학과 영성이 사회 정의와 얼마나 가까운가를 설득력 있게 변증해주는 책이 될 수 있을 것 같습니다. 그동안 한국 교회는 소위 진보 진영에서는 약자의 편에 서는 사회 참여에 적극성을 보였지만, 소위 보수 진영에서는 그런 점에 소홀하다 못해 오히려 정의롭지 못한 기득권까지 옹호하는 양상을 보인 게 사실입니다. 도리어 그런 소위 보수 진영에서 늘 외치듯이, 성경이 절대 오류가 없는 하나님 말씀임을 확신한다면, 가난한 자와 억압받는 자를 긍휼히 여기고 정의의 편에 서라고 요구하시는 하나님의 음성을 어찌 소홀히 할 수 있겠습니까? 높은 자와 배부른 자의 편에 자꾸 서려고 하는 한국 교회의 현실을 안타까이 여기는 이들이라면, 이 책의 마지막 장(14장)만이라도 꼭 한 번 읽어보기를 권합니다.

쉽지 않은 책이었으나 완역할 수 있게 되어 기쁘고 감사할 따름입니다. 혹여 잘못 옮긴 부분이 있다면, 그것은 오로지 옮긴이가 부족한 까닭입니다. 독자 여러분이 너그러이 이해해주시길 바랍니다. 좋은 책을 번역할 수 있는 기회를 주신 새물결플러스의 김요한 목사님, 정지영 실장님, 편집 과정에서 고생이 많으셨던 김병규 목사님께 감사 말씀을 드립니다. 무엇보다 세상의 성공과 부귀와 행복을 복음이라 말하며 십자가를 점점 더 멀리하는 한국 현실에서 십자가의 복음만이 든든히 서갈 수 있기를 기도하면서 옮긴이 글을 마칩니다.

2009년 가을
옮긴이 박규태

참고 문헌

Achtemeier, Paul J. "The Continuing Quest for Coherence in St. Paul: An Experiment in Thought." 132-45 in Eugene H. Lovering and Jerry L. Sumney, eds., *Theology and Ethics in Paul and His Interpreters*. Nashville: Abingdon, 1996.

_____. *Romans*. Interpretation. Atlanta: John Knox, 1985.(『로마서-현대성서주석』, 한국장로교출판사 역간)

Ashton, John. *The Religion of Paul the Apostle*. New Haven and London: Yale University Press, 2000.

Bainton, Roland H. *Here I Stand: A Life of Martin Luther*. New York: New American Library, 1950.(『마르틴 루터의 생애』, 생명의 말씀사 역간)

Baird, William. "Visions, Revelation, and Ministry: Reflections on 2 Cor 12:1-5 and Gal 1:11-17." *Journal of Biblical Literature* 104(1985): 651-62.

Banks, Robert, *Paul's Idea of Community: The Early House Churches in Their Historical Setting*. 2nd ed. Peabody, Mass.: Hendrickson, 1994.(『바울의 공동체 사상』, IVP 역간)

Barclay, John M. G. "Conflict in Thessalonica." *Catholic Biblical Quarterly* 55 (1993): 512-30.

_____. *Obeying the Truth: Paul's Ethics in Galatians*. Minneapolis: Fortress, 1991.

Barré, Michael L. "Qumran and the Weakness of Paul." *Catholic Biblical Quarterly* 42 (1980): 216-27.

Bartchy, S. Scott. "Undermining Ancient Patriarchy: The Apostle Paul's Vision of a Society of Siblings." *Biblical Theology Bulletin* 29 (1999): 68-78.

Barth, Karl. *Church Dogmatics*. Vol. III/4. Trans. A. T. Mackay et al. Edinburgh: T. & T. Clark, 1961.

Bassler, Jouette. *Divine Impartiality: Paul and a Theological Axiom*. SBLDS 59. Chico, Calif.: Scholars Press, 1982.

Bauckham, Richard. *God Crucified: Monotheism and Christology in the New Testament*. Grand

Rapids: Eerdmans, 1998.

_____. "The Worship of Jesus in Philippians 2:9-11." 128-39 in Ralph P. Martin and Brian J. Dodd, eds., *Where Christology Began: Essays on Philippians 2*. Louisville: Westminster/John Knox, 1998.

Becker, Jürgen. *Paul: Apostle to the Gentiles*. Trans. O. C. Dean, Jr. Louisville: Westminster/John Knox, 1993.

Beker, J. Christiaan. *Paul the Apostle: The Triumph of God in Life and Thought*. Philadelphia: Fortress, 1980. (『사도 바울』, 한국신학연구소 역간)

Betz, Hans Dieter. *Galatians*. Hermeneia. Philadelphia: Fortress, 1979.

_____. *2 Corinthians 8 and 9*. Hermeneia. Philadelphia: Fortress, 1985.

Black, David Alan. "Paul and Christian Unity: A Formal Analysis of Philippians 2:1-4." *Journal of the Evangelical Theological Society* 28 (1985): 299-304.

Bloomquist, F. Gregory. *The Function of Suffering in Philippians*. JSNTSup 78. Sheffield: JSOT Press, 1993.

Bockmuehl, Markus. *The Epistle to the Philippians*. Black's New Testament Commentaries. London: A. & C. Black, 1997.

Bonhoeffer, Dietrich. *The Cost of Discipleship*. Rev. ed. Trans. R. H. Fuller. New York: Macmillan, 1959. (『나를 따르라』, 대한기독교서회 역간)

Boys, Mary C. "The Cross: Should a Symbol Betrayed Be Reclaimed?" *Cross Currents* 44 (1994): 5-27.

Brown, Alexandra R. *The Cross and Human Transformation: Paul's Apocalyptic World in 1 Corinthians*. Minneapolis: Fortress, 1995.

Brown, Joanne Carlson, and Carole R. Bohn, eds., *Christianity, Patriarchy and Abuse*. New York: Pilgrim, 1989.

Brown, Joanne Carlson, and Rebecca Parker. "For God So Loved the Love?" 1-30 in Joanne Carlson Brown and Carole R. Bohn, eds., *Christianity, Patriarchy and Abuse*. New York: Pilgrim, 1989.

Brown, Raymond E. *An Introduction to the New Testament*. New York: Doubleday, 1997. (『신약 개론』, CLC 역간)

Bruce, F. F. *1 & 2 Thessalonians*. Word Biblical Commentary 45. Waco, Tex.: Word,

1982(『WBC 성경주석 45, 데살로니가전후서』, 솔로몬 역간)

Brueggemann, Walter. *The Covenant Self: Explorations in Law and Covenant.* Ed. Patrick D. Miller. Minneapolis: Fortress, 1999.

_____. *Theology of the Old Testament: Testimony, Dispute, Advocacy.* Minneapolis: Fortress, 1997. (『구약신학』, 기독교문서선교회 역간)

Bultmann, Rudolf. *Theology of the New Testament.* 2 vols. Trans. Kendrick Grobel. New York: Charles Scribner's Sons, 1951, 1955. (『신약성서신학』, 한국성서연구소 역간)

Byrne, Brendan. *Romans.* Sacra Pagina. Collegeville, Minn.: Liturgical, 1996.

Caird, G. B. *New Testament Theology.* Completed and edited by L. D. Hurst. Oxford: Clarendon Press, 1994.

_____. *Paul's Letters from Prison in the Revised Standard Version.* NCB. Oxford: Oxford University Press, 1976.

Carroll, John T., and Joel B. Green. "'Nothing but Christ and Him Crucified': Paul's Theology of the Cross." 113-32 in *The Death of Jesus in Early Christianity.* Peabody, Mass.: Hendrickson, 1995.

Castelli, Elizabeth. *Imitating Paul: A Discourse of Power.* Louisville: Westminster/John Knox, 1991.

Chadwick, Henry. "'All Things to All Men'(1 Cor. 9. 22)." *New Testament Studies* 1 (1954-55): 261-75.

Collins, Raymond F. *First Corinthians.* Sacra Pagina. Collegeville, Minn.: Liturgical, 1999.

Cone, James H. "An African-American Perspective on the Cross and Suffering." 48-60 in Yacob Tesfai, ed., *The Scandal of a Crucified World: Perspectives on the Cross and Suffering.* Maryknoll, N. Y.: Orbis, 1994.

Conzelmann, Hans. *1 Corinthians.* Hermeneia. Philadelphia: Fortress, 1975.

Cosgrove, Charles H. *The Cross and the Spirit: A Study in the Argument and Theology of Galatians.* Macon, Ga.: Mercer University Press, 1988.

Cousar, Charles B. *A Theology of the Cross: The Death of Jesus in the Pauline Letters.* Minneapolis: Fortress, 1990.

Culpepper, R. A. "Coworkers in Suffering: Philippians 2:19-30." *Review and Expositor* 77 (1980): 349-58.

Davis, Basil S. "The Meaning of proegraphē in the Context of Galatians 3.1", *New Testament Studies* 45 (1999): 194-212.

de Boer, Martinus C. "Paul and Jewish Apocalyptic Eschatology." 169-90 in Joel Marcus and Marion L. Soards, eds., *Apocalyptic and New Testament: Essays in Honor of J. Louis Martyn.* JSNTSup 24. Sheffield: Sheffield Academic Press, 1989.

Deidun, T. J. *New Covenant Morality in Paul.* Rome: Biblical Institute Press, 1981.

Deismann, Adolf. *Paul: A Study in Social and Religious History.* New York: Harper, 1957; orig. 1912, rev. 1926.

Donaldson, Terence L. *Paul and the Gentiles: Remapping the Apostle's Convictional World.* Minneapolis: Fortress, 1997.

Donfried, Karl P. "The Imperial Cults of Thessalonica and Political Conflict in 1 Thessalonians." 215-23 in Richard A. Horseley, ed. *Paul and Empire: Religion and Power in Roman Imperial Society.* Harrisburg, Pa.: Trinity Press International, 1997. (『바울과 로마제국』, CLC 역간)

Droge, Arthur, and J. D. Tabor. *A Noble Death: Suicide and Martyrdom among Christians and Jews in Antiquity.* San Francisco: Harper & Row, 1992.

Duff, Nancy J. "Atonement and the Christian Life: Reformed Doctrine from a Feminist Perspective." *Interpretation* 53 (1999): 21-33.

Dunn, James D. G. *A Commentary on the Epistle to the Galatians.* Black's New Testament Commentaries. London: A. & C. Black, 1993.

_____. *The Epistle to the Colossians and Philemon: A Commentary on the Greek Text.* Grand Rapids: Eerdmans, 1996.

_____. *Jesus and the Spirit: A Study of the Religious and Charismatic Experience of Jesus and the First Christians as Reflected in the New Testament.* London: S. C. M., 1975. Reprinted Grand Rapids: Eerdmans, 1997.

_____. "Once More, PISTIS CHRISTOU." 61-81 in E. Elizabeth Johnson and David B. Hay, eds., *Pauline Theology, vol. 4: Looking Back, Pressing On.* Atlanta: Scholars Press, 1997.

_____. *Romans.* Word Biblical Commentary 38A, 38B. 2 vols. Waco, Tex.: Word, 1988. (『로마서』, 솔로몬 역간)

_____. *The Theology of Paul the Apostle*. Grand Rapids: Eerdmans, 1998. (『바울 신학』, 크리스챤 다이제스트 역간)

Edwards, James R. *Romans*. NIBC. Peabody, Mass.: Hendrickson, 1992.

Ehrman, Bart D. *The New Testament: A Historical Introduction to the Early Christian Writings*. 2nd ed. New York: Oxford University Press, 2000.

Elliott, Neil, *Liberating Paul: The Justice of God and the Politics of the Apostle*. Maryknoll, N. Y.: Orbis, 1994.

Engberg-Pedersen, Troels, *Paul and the Stoics*, Louisville: Westminster/John Knox, 2000.

Fee, Gordon D. *The First Epistle to the Corinthians*. The New International Commentary on the New Testament. Grand Rapids: Eerdmans, 1987.

_____. *God's Empowering Presence: The Holy Spirit in the Letters of Paul*. Peabody, Mass.: Hendrickson, 1994. (새물결플러스 근간)

_____. *Paul, the Spirit and the People of God*. Peabody, Mass.: Hendrickson, 1996. (『바울, 성령, 그리고 하나님의 백성』, 좋은씨앗 역간)

_____. *Paul's Letter to the Philippians*. The New International Commentary on the New Testament. Grand Rapids: Eerdmans, 1995.

Fitzmyer, Joseph A. *Paul and His Theology: A Brief Sketch*. 2nd ed. Englewood Cliffs, N. J.: Prentice Hall, 1989.

_____. *Romans: A New Translation with Introduction and Commentary*. Anchor Bible 33. New York: Doubleday, 1993.

Fowl, Stephen E. "Believing Forms Seeing: Formation for Martyrdom in Philippians." Unpublished manuscript(forthcoming from Eerdmans in a collection of essays on character ethics and biblical interpretation, edited by William Brown).

_____. "Christology and Ethics in Philippians 2:5-11." 140-53 in Ralph P. Martin and Brian J. Dodd, eds., *Where Christology Began: Essays on Philippians 2*. Louisville: Westminster/John Knox, 1998.

_____. *The Story of Christ in the Ethics of Paul: An Analysis of the Function of the Hymnic Material in the Pauline Corpus*. JSNTSup 36. Sheffield: JSOT Press, 1990.

Frilingos, Chris. "'For My Child, Onesimus': Paul and Domestic Power in Philemon." *Journal of Biblical Literature* 119 (2000): 91-104.

Fuchs, Joseph. "Basic Freedom and Morality." 187-98. in Ronald P. Hamel and Kenneth R. Himes, eds., *Introduction to Christian Ethics: A Reader*. New York: Paulist, 1989.

Furnish, Victor Paul. "'He Gave Himself [Was Given] Up …': Paul's Use of a Christological Assertion." 109-21 in Abraham J. Malherbe and Wayne A. Meeks, eds., *The Future of Christology: Essays in Honor of Leander E. Keck*. Minneapolis: Fortress, 1993.

_____. *The Love Command in the New Testament*. Nashville: Abingdon, 1972.

_____. *II Corinthians*. Anchor Bible 32A. Garden City, N. Y.: Doubleday, 1984.

_____. *Theology and Ethics in Paul*. Nashville: Abingdon, 1968. (『바울의 신학과 윤리』, 대한기독교출판사 역간)

Georgi, Dieter. "God Turned Upside Down." 148-57 in Richard A. Horsely, ed., *Paul and Empire: Religion and Power in Roman Imperial Society*. Harrisburg, Pa.: Trinity Press International, 1997. (『바울과 로마제국』)

_____. *Theocracy in Paul's Praxis and Theology*. Minneapolis: Fortress, 1991.

Gorman, Michael J. *Elements of Biblical Exegesis: A Basic Guide for Students and Ministers*. Peabody, Mass.: Hendrickson, 2001. (『성서 석의 입문』, 크리스챤다이제스트 역간)

_____. "Irreconcilable Differences: The Church Should Divorce the Military." *Christianity Today*, March 6, 2000, 77-78.

_____. "The Self, the Lord, and the Other: The Signifiance of Reflexive Pronoun Constructions in the Letters of Paul, with a Comparison to the 'Discourses' of Epictetus." Ph. D. diss. Princeton Theological Seminary, 1989.

Grant, Robert M., with David Tracy. *A Short History of the Interpretation of the Bible*. 2nd ed. Philadelphia: Fortress, 1984. (『성경 해석의 역사』, 대한기독교서회 역간)

Green, Joel B. "Death of Christ." 146-63 in Gerald F. Hawthorne et al., eds., *Dictionary of Paul and His Letters*, Downers Grove, Ill.: InterVarsity, 1992.

Gritsch, Eric W. "The Church as Institution: From Doctrinal Pluriformity to Magisterial Mutuality." *Journal of Ecumenical Studies* 16 (1979): 448-56.

_____. "Defenders of Cruciformity-Detectors of Idolatry: The Case of Sixteenth-Century Restitutionists." *Katallagete* 6 (1977): 10-14.

Grossouw, W. K. *Spirituality of the New Testament*. Trans. Martin W. Schoenberg. St. Louis/London: Herder, 1961.

Hallie, Philip. *Lest Innocent Blood Be Shed: The Story of the Village of Le Chambon and How Goodness Happened There.* New York: Harper, 1979, 1994.

Hanson, Anthony Tyrell. *The Paradox of the Cross in the Thought of St. Paul.* JSNTSup 17. Sheffield: JSOT Press, 1987.

Hauerwas, Stanley M., and William H. Willimon. *The Truth About God: The Ten Commandments in Christian Life.* Nashville: Abingdon, 1999. (『십계명』, 복있는 사람 역간)

Hawthorne, Gerald F. "The Imitation of Christ: Discipleship in Philippians." 163-79 in Richard N. Longenecker, ed., *Patterns of Discipleship in the New Testament.* Grand Rapids: Eerdmans, 1996. (『신약성경에 나타난 제자도의 유형』, 국제제자훈련원 역간)

_____. *Philippians.* Word Biblical Commentary 43. Waco, Tex.: Word, 1983. (『빌립보서』, 솔로몬 역간)

Hays, Richard B. "Christology and Ethics in Galatians: The Law of Christ." *Catholic Biblical Quarterly* 49 (1987): 268-90.

_____. "Crucified with Christ: A Synthesis of the Theology of 1 and 2 Thessalonians, Philemon, Philippians, and Galatians." 227-46 in Jouette M. Bassler, ed., *Pauline Theology, vol 1: Thessalonians, Philippians, Galatians, Philemon.* Minneapolis: Fortress, 1991.

_____. *Echoes of Scripture in the Letters of Paul.* New Haven: Yale University Press, 1989.

_____. *The Faith of Jesus Christ: An Investigation of the Narrative Substructure of Galatians 3:1-4:11.* SBLDS 56. Chico, Calif.: Scholars Press, 1983.

_____. *First Corinthians*, Interpretation. Louisville: Westminster/John Knox: 1997. (『고린도전서』, 한국장로교출판사 역간)

_____. "Justification." 1129-33 in David Noel Freedman, ed., *Anchor Bible Dictionary*, vol. 3. New York: Doubleday, 1992.

_____. *The Moral Vision of the New Testament: A Contemporary Introduction to New Testament Ethics.* San Francisco: HarperCollins, 1996. (『신약의 윤리적 비전』, IVP 역간)

_____. "PIRTIS CHRISTOU and Pauline Theology: What Is at Stake?" 35-60 in E. Elizabeth Johnson and David B. Hay, eds., *Pauline Theology, vol. 4: Looking Back,*

Pressing On. Atlanta: Scholars Press, 1997.

_____. "'The Righteous One' as Eschatological Deliverer: A Case Study in Paul's Apocalyptic Hermeneutics." 191-216 in Joel Marcus and Marion L. Soards, eds., *Apocalyptic and the New Testament: Essays in Honor of J. Louis Martyn.* JSNTSup 24. Sheffield: Sheffield Academic Press, 1989.

Heil, John Paul. *Romans-Paul's Letter of Hope.* Analecta Biblica 112. Rome: Biblical Institute Press, 1987.

Hengel, Martin. *Crucifixion.* Trans. John Bowden. London: S.C.M., 1977. (『십자가 처형』, 대한기독교서회 역간)

Hock, Ronald F. *The Social Context of Paul's Ministry: Tentmaking and Apostleship.* Philadelphia: Fortress, 1980.

Holladay, Carl A. "1 Corinthians 13: Paul as Apostolic Paradigm." 80-98 in D. L. Balch, E. Ferguson, and W. A. Meeks, eds., *Greeks, Romans, and Christians.* Minneapolis: Fortress, 1990.

Hooker, Morna D. "Interchange and Atonement." 26-41 in *From Adam to Christ: Essays on Paul.* New York/Cambridge: Cambridge University Press, 1990.

_____. "Interchange in Christ." 13-25 in *From Adam to Christ: Essays on Paul.* New York/Cambridge: Cambridge University Press, 1990.

_____. "PISTIS CHRISTOU." 165-86 in *From Adam to Christ: Essays on Paul.* New York/Cambridge: Cambridge University Press, 1990.

Hoover, Roy W. "The Harpagmos Enigma: A Philological Solution." *Harvard Theological Review* 64 (1971): 95-119.

Horsely, Richard A., ed. *Paul and Empire: Religion and Power in Roman Imperial Society.* Harrisburg, Pa.: Trinity Press International, 1997. (『바울과 로마제국』)

_____. ed. *Paul and Politics: Ekklesia, Israel, Imperium, Interpretation.* Harrisburg, Pa.: Trinity Press International, 2000.

_____. "Paul's Counter-Imperial Gospel: Introduction." 140-47 in Richard A. Horsley, ed., *Paul and Empire: Religion and Power in Roman Imperial Society.* Harrisburg, Pa.: Trinity Press International, 1997. (『바울과 로마제국』)

Howard, G. "The Faith of Christ." *Expository Times* 85 (1974): 212-15.

_____. "On the Faith of Christ." *Harvard Theological Review* 60 (1967): 459-65.

Hurst, L. D. "Christ, Adam, and Preexistence Revisited." 84-95 in Ralph P. Martin and Brian J. Dodd, eds., *Where Christology Began: Essays on Philippians 2*. Louisville: Westminster/John Knox, 1998.

Hurtado, Larry W. "Jesus as Lordly Example in Philippians 2.5-11." 113-26 in Peter Richardson and John C. Hurd, eds., *From Jesus to Paul*. Francis W. Beare Festschrift. Waterloo: Wilfred Laurier University Press, 1984.

John Paul II. *The Gospel of Life[Evangelium Vitae]*. New York: Random House, 1995. (『생명의 복음』, 한국천주교중앙협의회 역간)

Johnson E. Elizabeth. "Ephesians." 428-32 in Carol A, Newsom and Sharon H. Ringe, eds., *The Women's Bible Commentary*. Expanded ed. Louisville: Westminster/John Knox, 1998.

Johnson, Luke Timothy. *Living Jesus: Learning the Heart of the Gospel*. New York: HarperSanFrancisco, 1999.

_____. *Reading Romans: A Literary and Theological Commentary*. New York: Crossroad, 1997.

_____. *Religious Experience in Earliest Christianity: A Missing Dimension of New Testament Studies*. Minneapolis: Fortress, 1998.

_____. "Romans 3:21-26 and the Faith of Jesus." *Catholic Biblical Quarterly* 44 (1982): 77-90.

Johnson, Luke Timothy, with Todd C. Penner. *The New Testament Writings: An Interpretation*. Rev. ed. Minneapolis: Fortress, 1999. (『최신 신약개론』, 초판 크리스챤다이제스트 역간)

Jones, L. Gregory. "A Thirst for God or Consumer Spirituality? Cultivating Disciplined Practices of Being Engaged by God." *Modern Theology* 13 (1997): 3-28.

Käsemann, Ernst. "The Saving Significance of the Death of Jesus in Paul." 32-59 in *Perspectives on Paul*. Trans. Margaret Kohl. Philadelphia: Fortress, 1971. Reprinted Mifflintown, Pa.: Sigler, 1996. (『바울신학의 주제』, 대한기독교서회 역간)

_____. "The Theological Problem Presented by the Motif of the Body of Christ." 102-21 in *Perspectives on Paul*. Trans. Margaret Kohl. Philadelphia: Fortress, 1971.

Reprinted Mifflintown, Pa.: Sigler, 1996(『바울신학의 주제』)

_____. "Worship in Everyday Life: A Note on Romans 12." 188-95 in *New Testament Questions of Today*. London: S. C. M., 1969.

Kay, James F. "The Word of the Cross at the Turn of the Ages." *Interpretation* 53 (1999): 44-56.

Keck, Leander E. "Biblical Preaching as Divine Wisdom." 137-56 in John Burke, ed., *A New Look at Preaching*. Wilmington, Del.: Micahel Glazier, 1983.

_____. "'Jesus' in Romans." *Journal of Biblical Literature* 108 (1989): 443-60.

Kee, Alistair. "The Imperial Cult: The Unmasking of an Ideology." *Scottish Journal of Religious Studies* 6 (1985): 112-28.

Klenicki, Leon. "Toward a Process of Healing: Understanding the Other as a Person of God." 1-15 in Leon Klenicki, ed., *Toward a Theological Encounter: Jewish Understandings of Christianity*. Mahwah, N. J.: Paulist, 1991.

Koch, Kurt. *The Rediscovery of Apocalyptic*. London: S. C. M., 1972.

Koester, Helmut. "Imperial Ideology and Paul's Eschatology in 1 Thessalonians." 158-66 in Richard A. Horsley, ed., *Paul and Empire: Religion and Power in Roman Imperial Society*. Harrisburg, Pa.: Trinity Press International, 1997. (『바울과 로마제국』)

Kreitzer, L. Joseph. *Jesus and God in Paul's Eschatology*. JSNTSup 19. Sheffield: Sheffield Academic Press, 1987.

_____. [Kreitzer, Larry]. "When He at Last Is First: Philippians 2:5-11 and the Exaltation of the Lord." 111-27 in Ralph P. Martin and Brian J. Dodd, eds., *Where Christology Began: Essays on Philippians 2*. Louisville: Westminster/John Knox, 1998.

Küng, Hans. *On Being a Christian*. Garden City, N. Y.: Doubleday, 1976.

Kurz, William S. "Kenotic Imitation of Paul and of Christ in Philippians 2 and 3." 103-26 in Fernando F. Segovia, ed., *Discipleship in the New Testament*. Philadelphia: Fortress, 1985.

Lash, Nicholas. "Performing the Scriptures." 37-46 in *Theology on the Way to Emmaus*. London: S. C. M., 1986.

Lincoln, Andrew. *Ephesians*. Word Biblical Commentary 42. Waco, Tex.: Word, 1990. (『에베소서』, 솔로몬 역간)

Longenecker, Bruce W. "Contours of Covenant Theology in the Post-Conversion Paul." 125-46 in Richard N. Longenecker, ed., *The Road from Damascus: The Impact of Paul's Conversion on His Life, Thought, and Ministry*. Grand Rapids: Eerdmans, 1997.

_____. *The Triumph of Abraham's God: The Transformation of Identity in Galatians*. Nashville: Abingdon, 1998.

Longenecker, Richard N., ed., *The Road from Damascus: The Impact of Paul's Conversion on His Life, Thought, and Ministry*. Grand Rapids: Eerdmans, 1997.

Lubac, Henri de. *Medieval Exegesis, vol. 1: The Four Senses of Scripture*. Trans. Mark Sebanc. Grand Rapids: Eerdmans, 1998.

Luther, Martin. *The Freedom of a Christian*. 42-85 in John Dillenberger, ed., *Martin Luther: Selections from His Writings*. Garden City, N. Y.: Doubleday, 1961. (『루터의 저작선』, 크리스챤다이제스트 역간)

_____. "Preface to the Epistle of St. Paul to the Romans." 19-34 in John Dillenberger, ed., *Martin Luther: Selections from His Writings*. Garden City, N. Y.: Doubleday, 1961. (『루터 저작선』)

McGinn, Bernard, and John Meyendorff, eds., *Christian Spirituality: Origins to the Twelfth Century*. New York: Crossroad, 1985. (『기독교 영성 1』, 은성 역간)

MacMullen, Ramsay. *Enemies of the Roman Order*. Cambridge, Mass.: Harvard University Press, 1966.

_____. *Roman Social Relations: 50 B.C. to A.D. 284*. New Haven: Yale University Press, 1974.

Malherbe, Abraham. "Gentle as a Nurse." 35-48 in *Paul and the Popular Philosophers*. Minneapolis: Fortress, 1989.

Malina, Bruce J. *The New Testament World: Insights from Cultural Anthropology*. Rev. ed. Louisville: Westminster/John Knox, 1993. (『신약의 세계』, 솔로몬 역간)

Martin, Dale B. *The Corinthian Body*. New Haven: Yale University Press, 1995.

_____. *Slavery as Salvation: The Metaphor as Slavery in Pauline Christianity*. New Haven and London: Yale University Press, 1990.

Martin, Ralph P. *A Hymn to Christ: Philippians 2:5-11 in Recent Interpretations and in the Setting of Early Christian Worship*. 3rd ed. Downers Grove, Ill.: InterVarsity, 1997. 이전 판들(1967, 1983)은 *Carmen Christi*라는 제목으로 출간되었다.

_____. *Second Corinthians*. Word Biblical Commentary 40. Waco. Tex.: Word, 1986. (『고린도후서』, 솔로몬 역간)

Martyn, J. Louis. "Apocalyptic Antinomies." 111-23 in *Theological Issues in the Letters of Paul*. Edinburgh: T. & T. Clark; Nashville: Abingdon, 1997.

_____. "Epistemology at the Turn of the Ages." 89-110 in *Theological Issues in the Letters of Paul*. Edinburgh: T. & T. Clark; Nashville: Abingdon, 1997.

_____. *Galatians: A New Translation with Introduction and Commentary*. Anchor Bible 33A. New York: Doubleday, 1997.

Matera, Frank J. *Galatians*. Sacra Pagina. Collegeville, Minn.: Liturgical, 1992.

_____. *New Testament Christology*. Louisville: Westminster/John Knox, 1999.

Mauser, Ulrich. "One God and Trinitarian Language in the Letters of Paul." *Horizons in Biblical Theology* 20 (1998): 99-108.

Meeks, Wayne A. *The First Urban Christians: The Social World of the Apostle Paul*. New Haven: Yale University Press, 1983. (『바울의 목회와 도시사회: 1세기의 기독교인들』, 대한예수교장로회 출판국 역간)

_____. "The Man from Heaven in Paul's Letter to the Philippians." 329-36 in Birger Pearson, ed., *The Future of Early Christianity: Essays in Honor of Helmut Koester*. Minneapolis: Fortress, 1991.

_____. *The Moral World of the First Christians*. Philadelphia: Westminster, 1986.

Meyer, Paul W. "The Holy Spirit in the Pauline Letters." *Interpretations* 33 (1979): 3-18.

Mitchell, Margaret M. *Paul and the Rhetoric of Reconciliation*. Tübingen: J. C. B. Mohr(Paul Siebeck), 1991.

Moltmann, Jürgen. *The Crucified God: The Cross of Christ as the Foundation and Criticism of Christian Theology*. Trans. R. A. Wilson and John Bowden. New York: Harper & Row, 1974. (『십자가에 달리신 하나님』, 한국 신학연구소 역간)

Moltmann-Wendell, Elisabeth. "Is There a Feminist Theology of the Cross?" 87-98 in Yacob Tesfai, ed., *The Scandal of a Crucified World: Perspectives on the Cross and Suffering*. Maryknoll, N. Y.: Orbis, 1994.

Morray-Jones, C. R. A. "Paradise Revisited(2 Cor 12:1-12): The Jewish Mystical Background of Paul's Apostolate, Part 1: Paul's Heavenly Ascent and Its

Significance." *Harvard Theological Review* 86 (1993):177-217.

_____. "Paradise Revisited(2 Cor 12:1-12): The Jewish Mystical Background of Paul's Apostolate, Part2: Paul's Heavenly Ascent and Its Significance." *Harvard Theological Review* 86 (1993):265-92.

Moule, C. F. D. "Further Reflexions on Philippians 2:5-11." 264-76 in W. W. Gasque and R. P. Martin, eds. *Apostolic History and the Gospel: Biblical and Historical Essays Presented to F. F. Bruce on His 60th Birthday*. Exeter: Paternoster, 1970.

Murphy O'Conner, Jerome. *Paul: A Critical Life*. Oxford/New York: Oxford University Press, 1997.

Neyrey, Jerome H. *Paul, In Other Words: A Cultural Reading of His Letters*. Louisville: Westminster/John Knox, 1990.

O'Brien, Peter. *The Epistle to the Philippians*. Grand Rapids, 1991.

Penna, Romano. "Problems and Nature of Pauline Mysticism." 235-73 in *Paul the Apostle: Wisdom and Folly of the Cross*. Trans. Thomas P. Wahl. Collegeville, Minn.: Liturgical, 1996.

Perkins, Pheme. *Love Commands in the New Testament*. New York: Paulist, 1982.

Petersen, Norman R. *Rediscovering Paul: Philemon and the Sociology of Paul's Narrative World*. Philadelphia: Fortress, 1985.

Pickett, Raymond. *The Cross in Corinth: The Social Significance of the Death of Jesus*. JSNTSup 143. Sheffield: Sheffield Academic Press, 1997.

Placher, William C. "Christ Takes Our Place: Rethinking the Atonement." *Interpretation* 53(1999):5-20.

Pobee, John S. *Persecution and Martyrdom in the Theology of Paul*. JSNTSup 6. Sheffield: JSOT Press, 1985.

Price, S. R. F. "Ritual and Power." 47-71 in Richard A. Horsley, ed., *Paul and Empire: Religion and Power in Roman Imperial Society*. Harrisburg, Pa.: Trinity Press International, 1997.

Purvis, Sally. *The Power of the Cross: Foundations for a Christian Feminist Ethic of Community*. Nashville: Abingdon, 1993.

Ramsey, A. M. *God, Christ, and the World*. London: S. C. M., 1969.

Resner, André, Jr. *Preacher and Cross: Person and Message in Theology and Rhetoric*. Grand Rapids: Eerdmans, 1999.

Richardson, Neil. *Paul's Language about God*. JSNTSup 99. Sheffield: Sheffield Academic Press, 1994.

Rowland, Christopher, *The Open Heaven*, New York: Crossroad, 1982.

Sampley, J. Paul. *'And the Two Shall Become One Flesh': A Study of Traditions in Ephesians 5:21-33*. Cambridge: Cambridge University Press, 1971.

_____. *Walking Between the Times: Paul's Moral Reasoning*. Minneapolis: Fortress, 1991.

Sanders, E. P. *Paul and Palestinian Judaism*, Philadelphia: Fortress, 1977.

Schneemelcher, Wilhelm, ed. *New Testament Apocrypha*. Trans. R. McL. Wilson. Vol. 2. Philadelphia: Westminster, 1965.

Schüssler Fiorenza, Elisabeth. *Discipleship of Equals: A Critical Feminist Ekklesia-logy of Liberation*. New York: Crossroad, 1993.

_____. *In Memory of Her: A Feminist Theological Reconstruction of Christian Origins*. New York: Crossroad, 1983.

Schweitzer, Albert. *The Mysticism of the Apostle Paul*. London: Black, 1931.

Seeley, David. "The Background of the Philippians Hymn." *Journal of Higher Criticism* 1(1994):49-72.

_____. *The Noble Death: Graeco-Roman Martyrology and Paul's Concept of Salvation*. Sheffield: JSOT Press, 1989.

Segal, Alan, *Paul the Convert: The Apostolate and Apostasy of Saul the Pharisee*. New Haven: Yale University Press, 1990.

Sobrino, Jon. *The Principle of Mercy: Taking the Crucified People from the Cross*. Maryknoll, N.Y.: Orbis, 1994.

Stendahl, Krister. *Paul Among Jews and Gentiles*. Philadelphia: Fortress, 1976.

Stowers, Stanley K. "Friends and Enemies in the Politics of Heaven." 105-21 in Jouette M. Bassler, ed., *Pauline Theology, vol. 1: Thessalonians, Philippians, Galatians, Philemon*. Minneapolis: Fortress, 1991.

_____. *A Reading of Romans: Justice, Jews and Gentiles*. New Haven: Yale University Press, 1994.

Stuart, Elizabeth. "Love Is ... Paul." *The Expository Times* 102(1991):264-66.

Sumney, Jerry L. "Paul's 'Weakness': An Integral Part of His Conception of Apostleship." *Journal for the Study of the New Testament* 52(1993):71-91.

Talbert, Charles. *Learning through Suffering: The Educational Value of Suffering in the New Testament and Its Milieu*. Collegeville, Minn.: Liturgical, 1991.

_____. *Reading John: A Literary and Theological Commentary on the Fourth Gospel and the Johannine Epistle*. New York: Crossroad, 1992.

Tannehill, Robert C. *Dying and Rising with Christ: A Study in Pauline Theology*. Berlin: Alfred Töpelmann, 1966.

Tesfai, Yacob, ed. *The Scandal of a Crucified World: Perspectives on the Cross and Suffering*. Maryknoll, N. Y.: Orbis, 1994.

Theissen, Gerd. *Psychological Aspects of Pauline Theology*. Philadelphia: Fortress, 1987.

Thompson, Marianne Meye. *The Promise of the Father: Jesus and God in the New Testament*. Louisville: Westminster/John Knox, 2000.

Tobin, Thomas H. *The Spirituality of Paul*. Message of Biblical Spirituality 4. Collegeville, Minn.: Liturgical, 1991.

Tomlin, Graham. *The Power of the Cross: Theology and the Death of Christ in Paul, Luther and Pascal*. Carlisle, U. K.: Paternoster, 1999.

Tuckett, Christopher M. "The Corinthians Who Say There Is No Resurrection of the Dead(1 Cor 15, 12)." 247-75 in R. Bieringer, ed., *The Corinthian Correspondence*. Bibliotheca Ephemeridum Theologicarum Lovaniensium 125. Leuven: University Press, 1996.

Volf, Miroslav. *Exclusion and Embrace: A Theological Exploration of Identity, Otherness, and Reconciliation*. Nashville: Abingdon, 1996. (IVP 근간)

Wansink, C. S. *Chained in Christ*. JSNTSup 130. Sheffield: Sheffield Academic Press, 1996.

Wedderburn, A. J. M. *Baptism and Resurrection: Studies in Pauline Theology against Its Graeco-Roman Background*. Tübingen: J. C. B. Mohr(Paul Siebeck), 1987.

_____. *The Reasons for Romans*. Minneapolis: Fortress, 1988.

Wengst, Klaus. *Pax Romana and the Peace of Jesus Christ*. Trans. John Bowden. Philadelphia: Fortress, 1987. (『로마의 평화』, 한국신학연구소 역간)

White, John L. *The Apostle of God: Paul and the Promise of Abraham*. Peabody, Mass.: Hendrickson, 1999.

Williams, David J. *Paul's Metaphors: Their Context and Character*. Peabody, Mass.: Hendrickson, 1999.

Williams, Delores S. *Sisters in the Wilderness: The Challenge of Womanist God-Talk*. Maryknoll, N. Y.: Orbis, 1993.

Williams, Sam K. "Again Pistis Christou." *Catholic Biblical Quarterly* 49 (1987): 431-47.

_____. *Galatians*. Abingdon New Testament Commentaries. Nashville: Abingdon, 1997.

_____. *Jesus' Death as Saving Event*. HDR 2. Missoula, Mont.: Scholars Press, 1975.

Willis, W. L. "Apostolic Apologia? The Form and Function of 1 Corinthians 9." *Journal for the Study of the New Testament* 24 (1985):33-48.

Wink, Walter. *Naming the Powers: The Language of Power in the New Testament*. Philadelphia: Fortress, 1984.

Witherington III, Ben. *Conflict and Community in Corinth: A Socio-Rhetorical Commentary on 1 and 2 Corinthians*. Grand Rapids: Eerdmans, 1995.

_____. *Grace in Galatia: A Commentary on Paul's Letter to the Galatians*. Grand Rapids: Eerdmans, 1998.

_____. *The Paul Quest: The Renewed Search for the Jew of Tarsus*. Downers Grove, Ill." InterVarsity, 1998.

_____. *Paul's Narrative Thought World: The Tapestry of Tragedy and Triumph*. Louisville: Westminster/John Knox, 1994.

Wood, Susan. "Is Philippians 2:5-11 Incompatible with Feminist Concerns?" *Pro Ecclesia* 6 (1997): 172-83.

Wright, N. T. *The Climax of the Covenant: Christ and the Law in Pauline Theology*. Edinburgh: T. & T. Clark, 1991; Minneapolis: Fortress, 1993.

_____. *Jesus and the Victory of God*. Minneapolis: Fortress, 1996. (『예수와 하나님의 승리』, 크리스챤다이제스트 역간)

_____. "Monotheism, Christology, and Ethics: 1 Corinthians 8." 120-36 in *The Climax of the Covenant: Christ and the Law in Pauline Theology*. Edinburgh: T. & T. Clark, 1991; Minneapolis: Fortress, 1993.

_____. *The New Testament and the People of God*. Minneapolis: Fortress, 1992. (『신약성서와 하나님의 백성』, 크리스챤다이제스트 역간)

_____. *What Saint Paul Really Said: Was Paul of Tarsus the Real Founder of Christianity?* Grand Rapids: Eerdmans, 1997.

Yoder, John Howard. "Armaments and Eschatology." *Studies in Christian Ethics* 1 (1988): 43-61.

Zanker, Paul. "The Power of Images." 72-86 in Richard A. Horsely, ed. *Paul and Empire: Religion and Power in Roman Imperial Society*. Harrisburg, Pa.: Trinity Press International, 1997. (『바울과 로마제국』)

Ziesler, J. A. *The Meaning of Righteousness in Paul: A Linguistic and Theological Enquiry*. SNTSMS 20. Cambridge: Cambridge University Press, 1972.

| 현대 저자 색인 |

A-Z

A. J. M. 웨더번(A. J. M. Wedderburn) 66n.34, 210n.7, 231, 231n.37,38, 392n.36, 508n.31, 515n.37

A. M. 램지(A. M. Ramsey) 40, 41n.27

C. F. D. 물(C. F. D. Moule) 273n.19

C. R. A. 모리-존스(C. R. A. Morray-Jones) 47n.5, 52n.12, 53n.14, 458n.51

C. S. 완싱크(C. S. Wansink) 340n.67, 341n.68, 343n.70

E. 엘리자베스 존슨(E. Elizabeth Johnson) 189n.36, 233n.40, 420n.65

F. 그레고리 블룸퀴스트(F. Gregory Bloomquist) 522n.48

G. 하워드(G. Howard) 189n.37

G. B. 케어드(G. B. Caird) 66n.34, 78n.50,51, 79n.52, 287n.40, 520n.45, 562, 562n.19

J. 루이스 마틴(J. Louis Martyn) 61n.29, 105n.16, 108n.21, 172, 172n.14, 178n.23, 199n.56, 201, 249n.62, 268n.13, 437n.24, 457n.48, 556n.10

J. 폴 샘플리(J. Paul Sampley) 420n.65, 524n.51

J. A. 지슬러(J. A. Ziesler) 221, 221n.24

J. D. 테이버(J. D. Tabor) 340n.67, 343n.70

L. 그레고리 존스(L. Gregory Jones) 17n.3

L. 조지프 [래리] 크라이처(L. Joseph [Larry] Kreitzer) 504n.23, 524n.50, 525n.53

L. D. 허스트(L. D. Hurst) 66n.34, 274n.21

N. T. 라이트(N. T. Wright) 31n.9, 40n.25, 163n.31, 186n.33, 227n.34, 228n.35, 273n.19,20, 278n.22, 503n.22, 533n.62, 557, 558n.11

R. A. 컬페퍼(R. A. Culpepper) 413n.60

S. 스코트 바치(S. Scott Bartchy) 445n.36, 567n.30

S. R. F. 프라이스(S. R. F. Price) 431n.4

T. J. 데이던(T. J. Deidun) 552n.5

W. K. 흐로사우(W. K. Grossouw) 207n.1, 225n.32

W. L. 윌리스(W. L. Willis) 298n.7

ㄱ

게르트 타이센(Gerd Theissen) 566, 566n.27

고든 피(Gordon Fee) 78n.50, 93n.1, 96n.4, 99, 99n.7,8, 106n.17, 115n.7, 118n.10, 119n.12, 129n.20, 272n.19, 377n.27, 521n.45,46, 562n.19, 563n.21

그레이엄 톰린(Graham Tomlin) 311n.31, 312n.36, 326n.51, 430n.2, 443n.31, 465n.60, 475n.70, 479, 479n.73,74, 598, 598n.29, 604n.37, 620, 620n.59, 622n.63

ㄴ

낸시 더프(Nancy Duff) 592, 592n.22
노먼 피터슨(Norman R. Petersen) 320n.43,45, 416n.61,62
니콜라스 래쉬(Nicholas Lash) 574n.41
닐 리처드슨(Neil Richardson) 38n.20, 39n.24
닐 엘리오트(Neil Elliott) 20n.11

ㄷ

대니얼 베리건(Daniel Berrigan) 178n.22
데이비드 실리(David Seeley) 210n.7, 214n.10,11,12, 444, 444n.33,34,35, 445n.37, 501n.18, 561n.17
데이비드 앨런 블랙(David Alan Black) 407n.54
데이비드 윌리엄스(David J. Williams) 55n.18
데이비드 트레이시(David Tracy) 23n.21
데일 마틴(Dale B. Martin) 300n.11, 303n.21, 308n.26, 311n.31, 459n.52, 495n.10, 528n.59
들로리스 윌리엄스(Delores S. Williams) 586, 587n.14
디터 게오르기(Dieter Georgi) 38n.20, 202, 202n.63, 334n.61, 431n.3, 447n.40, 468n.63, 503n.21, 553n.37, 560n.14
디트리히 본회퍼(Dietrich Bonhoeffer) 241, 241n.52, 605, 605n.39,40,41,42,43, 606, 606n.44,45

ㄹ

랄프 마틴(Ralph P. Martin) 153n.24, 271n.17, 273n.20, 340n.67, 387n.31, 411n.59, 458n.49, 504n.22,23
래리 허테이도(Larry Hurtado) 60n.27, 76n.49, 153n.24, 405n.52
램지 맥멀런(Ramsay MacMullen) 301n.15, 432n.5,8, 433
레베카 파커(Rebecca Parker) 585n.9, 586, 586n.12,13, 590
레온 클레니키(Leon Klenicki) 588, 589n.18
레이먼드 브라운(Raymond E. Brown) 59n.25, 257, 258n.1, 294, 294n.1,2,3, 295, 297n.6, 350n.3
레이먼드 콜린스(Raymond F. Collins) 377n.27
레이먼드 피케트(Raymond Pickett) 19n.8, 95n.3, 134n.4, 144n.14, 270n.15, 369n.21, 372n.23, 378n.28, 432n.8, 441n.28, 443n.32, 455n.46, 457n.47, 461n.53, 463n.57, 465n.60, 470, 470n.64,66, 471n.67, 479n.74, 552n.6, 566n.25
로널드 혹(Ronald F. Hock) 300n.12, 301n.14,16, 311n.31, 459n.52
로마노 페나(Romano Penna) 22n.19
로버트 그랜트(Robert M. Grant) 23n.21
로버트 뱅크스(Robert Banks) 565n.23
로버트 태니힐(Robert C. Tannehill) 85n.58, 89, 89n.61, 102, 102n.14, 176n.21, 210n.7, 222n.25, 224n.28, 242n.55
로이 후버(Roy W. Hoover) 274n.21, 273n.20
롤랜드 베인턴(Roland H. Bainton) 348n.1
루돌프 불트만(Rudolf Bultmann) 169, 169n.2, 178n.23, 440, 440n.26
루크 티모시 존슨(Luke Timothy Johnson) 18,

18n.6, 127n.19, 169, 169n.2, 188n.34, 233n.47, 241, 241n.51,53, 287, 287n.39, 334n.60, 350n.3, 397, 397n.43, 439n.25, 471n.68, 595n.25, 596n.25

리앤더 케크(Leander E. Keck) 40n.25, 81n.56, 190, 190n.42, 441n.27

리처드 롱거네커(Richard N. Longenecker) 47n.4, 235n.42, 405n.52

리처드 보컴(Richard Bauckham) 40n.26, 492n.8

리처드 헤이스(Richard B. Hays) 13, 19n.9, 71n.43, 103n.15, 125, 125n.17, 144n.14, 169, 169n.2, 189n.36, 190, 190n.40, 197, 197n.51, 199n.56, 203n.65, 228n.35, 233n.40, 253, 259n.2, 287n.39,40, 299n.9, 336n.63, 339n.65, 350n.3, 355n.10, 356n.11, 377n.27, 393, 394, 397, 402, 405, 405n.52, 425, 425n.67, 507n.27, 513, 513n.34, 518n.40, 541n.72

리처드 호슬리(Richard A. Horsley) 431n.4, 553n.7, 560n.14, 561n.16, 570n.37

ㅁ

마가렛 미첼(Margaret M. Mitchell) 565n.23

마르쿠스 복뮐(Markus Bockmuehl) 411n.58, 563n.21

마르티누스 드 보어(Martinus C. de Boer) 13, 437n.24

마르틴 루터(Martin Luther) 23, 40n.26, 311n.31, 347, 348n.1, 430n.2, 598n.29, 609, 609n.47

마르틴 헹엘(Martin Hengel) 20n.12

마리안 톰슨(Marianne Meye Thompson) 32n.10, 37, 37n.18

마이클 고먼(Michael J. Gorman) 78n.50, 115n.3, 182n.28, 216n.16, 262n.6, 265n.10, 393n.37, 397n.42, 404n.51, 414, 440, 454, 457, 458, 484, 497, 502, 509, 512, 514, 515, 518, 519, 529, 532, 535, 551, 597n.27,28, 606n.44, 620n.59, 631, 632, 633, 634

메리 보이스(Mary C. Boys) 589n.19

모나 후커(Morna D. Hooker) 150n.21, 235, 236n.46, 280n.26

미로슬라프 볼프(Miroslav Volf) 614n.49

미셸 바레(Michael L. Barré) 458n.50

ㅂ

바트 에어맨(Bart D. Ehrman) 235n.44

배절 데이비스(Basil S. Davis) 62n.30, 574n.41

버나드 맥긴(Bernard McGinn) 17n.4

벤 위더링턴 3세(Ben Witherington III) 19n.9, 72n.45, 163n.31, 249n.62, 304n.22, 360n.19, 425n.68, 507n.27, 569n.35

브렌든 번(Brendan Byrne) 233n.40, 403n.50, 514n.35

브루스 롱거네커(Bruce W. Longenecker) 219n.21, 234, 235n.42,43, 260n.4, 287n.39, 357.13

브루스 말리나(Bruce J. Malina) 432n.8

빅터 폴 퍼니쉬(Victor Paul Furnish) 81n.56, 118n.11, 215n.13, 216n.16, 281n.29, 328n.56, 350n.3, 387n.3, 441n.27

ㅅ

샐리 퍼비스(Sally Purvis) 592, 592n.23
샘 윌리엄스(Sam K. Williams) 169n.1, 176, 176n.20, 198n.54, 210n.6
수전 우드(Susan Wood) 598, 599n.30
스탠리 스토우어스(Stanley K. Stowers) 190n.41, 395n.39, 403n.50, 407n.54
스탠리 하우어워스(Stanley M. Hauerwas) 598n.29, 614n.50
스티븐 파울(Stephen E. Fowl) 19n.9, 82n.57, 273n.20, 340n.67, 405n.52, 411n.59, 501n.18, 504n.24, 604n.36

ㅇ

아돌프 다이스만(Adolf Deissmann) 72, 72n.46
아서 드로지(Arthur Droge) 340n.67, 343n.69
알렉산드라 브라운(Alexandra R. Brown) 584n.5, 602, 602n.33,34
알베르트 쉬바이처(Albert Schweitzer) 68, 68n.36, 69n.37, 252, 252n.64
앙드레 2세 레스너(André Resner Jr.) 462n.56, 605n.38
앙리 드 뤼박(Henri de Lubac) 23n.21
앤드루 링컨(Andrew Lincoln) 420n.65
앨런 시걸(Alan Segal) 54n.16, 56, 56n.20, 58n.24, 169
앨리스테어 키(Alistair Kee) 431n.4
야콥 테스파이(Yacob Tesfai) 587n.15, 588n.17, 591n.21
에드 샌더스(Ed P. Sanders) 69, 69n.38, 215n.13, 220, 220n.23, 252, 252n.64
에른스트 케제만(Ernst Käsemann) 45, 45n.1, 68, 68n.35, 81n.55, 134n.4, 162n.30, 254n.68, 565n.24, 599, 599n.31
에릭 그리취(Eric W. Gritsch) 20n.10
에이브러햄 몰허브(Abraham Malherbe) 81n.56, 315n.38, 441n.27
엘리자베스 쉬슬러 피오렌자(Elizabeth Schüssler Fiorenza) 420n.65, 567n.28
엘리자베스 스튜어트(Elizabeth Stuart) 464n.58
엘리자베스 카스텔리(Elizabeth Castelli) 464, 465, 465n.59,60
엘리자베트 몰트만-벤델(Elisabeth Moltmann-Wendel) 591n.21
요한 바오로 2세(John Paul II) 614, 614n.51
울리히 마우저(Ulrich Mauser) 115, 115n.4,5,6
월터 브루그먼(Walter Brueggemann) 27n.1, 33n.13, 173n.16, 274n.17, 175n.19, 215, 215n.14, 226n.33, 289n.42, 434n.14, 526n.56, 601n.32, 608n.46, 620, 620n.60, 621n.61
월터 윙크(Walter Wink) 433n.11, 437n.21, 476, 519, 519n.42
웨인 믹스(Wayne A. Meeks) 16, 16n.2, 81n.56, 95n.3, 160n.29, 209n.45, 362n.20, 441n.27, 521n.47, 552n.5, 560n.13,14, 562n.18
위르겐 몰트만(Jürgen Moltmann) 40n.26, 586, 586n.11
위르겐 베커(Jürgen Becker) 28n.2, 30n.4, 33n.13, 34, 34n.14, 134n.3, 147n.19, 163n.32, 223n.26, 436n.18, 508n.28, 567n.28,29

윌리엄 베어드(William Baird) 52n.2, 58n.23

윌리엄 윌리먼(William H. Willimon) 614n.50

윌리엄 쿠르츠(William S. Kurz) 405n.52

윌리엄 플래처(William C. Placher) 585, 585n.8, 590, 590n.20, 595, 595n.24

ㅈ

장 칼뱅(Jean Calvin) 241, 242n.54, 634

제럴드 호손(Gerald F. Hawthorne) 21n.18, 405n.52, 411n.59, 413n.60

제롬 나이리(Jerome H. Neyrey) 209n.4, 324n.50, 382n.30, 435n.16, 467n.61, 505n.25

제롬 머피 오코너(Jerome Murphy O'Conner) 79n.53

제리 섬니(Jerry L. Sumney) 316n.40, 580n.1

제임스 던(James D. G. Dunn) 18n.5,6, 21, 21n.17, 41, 41n.28, 56n.19, 72, 100, 100n.10, 108, 129, 133, 133n.1, 146n.18, 178n.23, 189n.36, 190n.41, 201, 210n.7, 219n.21, 290, 290n.44, 303, 303n.22, 320n.44, 336n.62, 350n.3, 425, 435n.16, 437, 483n.1, 503, 514n.35, 561n.16, 582

제임스 에드워즈(James R. Edwards) 223n.27, 237n.47, 238n.48,49, 242n.54

제임스 케이(James F. Kay) 585, 585n.7, 596, 597, 597n.27,28

제임스 콘(James H. Cone) 587, 587n.15, 588n.16

조앤 칼슨 브라운(Joanne Carlson Brown) 585n.9, 586, 586n.12

조엘 그린(Joel B. Green) 21n.18, 39, 39n.23, 144n.14

조지프 푹스(Joseph Fuchs) 170, 170n.3,4,5, 171n.6,7,8,9,10,11, 172, 172n.12,13, 173n.15, 175, 176

조지프 피츠마이어(Joseph A. Fitzmyer) 63n.31, 72n.45, 146n.18, 151n.22, 169, 169n.2, 190n.41, 254n.67, 336n.62, 397n.40, 533n.63

존 마이언도르프(John Meyendorff) 17n.4

존 밀뱅크(John Milbank) 411n.59, 604n.36

존 바클리(John M. G. Barclay) 102n14, 103n.15, 178n.23, 184n.30, 224n.30, 232n.39, 242n.55, 248n.61, 286n.37, 287n.39, 355n.10, 359n.14,15

존 애쉬턴(John Ashton) 90n.62, 93n.1

존 캐롤(John T. Carroll) 21n.18, 39, 39n.23, 144n.14

존 포비(John S. Pobee) 144n.15, 326n.52, 453, 489n.7, 502n.20

존 폴 하일(John Paul Heil) 483n.2, 523n.49, 534n.64

존 하워드 요더(John Howard Yoder) 598, 598n.21

존 화이트(John L. White) 32n.12, 561n.16

주에트 바슬러(Jouette Bassler) 19n.9, 29n.3, 391n.35, 407n.54

ㅊ

찰스 코스그로브(Charles H. Cosgrove) 103n.15,16, 108n.21, 176n.21, 249n.62, 355n.10

찰스 쿠서(Charles B. Cousar) 21, 21n.18, 39n.22, 40n.26, 136n.8, 447n.39

찰스 탤버트(Charles Talbert) 219n.20, 517n.38,

538n.68

Pedersen) 217n.18, 425n.69

ㅋ

칼 돈프리드(Karl P. Donfried) 553n.7

칼 바르트(Karl Barth) 616, 161n.53

칼 할러데이(Carl A. Holladay) 362n.20

쿠르트 코흐(Kurt Koch) 435n.15

크리스 프릴링고스(Chris Frilingos) 322n.48

크리스터 스텐달(Krister Stendahl) 56n.20

크리스토퍼 로우랜드(Christopher Rowland) 47n.5

크리스토퍼 터케트(Christopher M. Tuckett) 507n.27

크리스티안 베커(J. Christiaan Beker) 21n.15, 114, 115n.3, 135, 135n.5, 180, 180n.26, 223n.26, 252, 252n.65, 513n.34, 514n.35, 518n.41, 527n.58, 535, 535n.65, 536, 537n.67, 542n.73, 552n.4, 560n.15, 569n.36, 572n.39, 582n.2, 627n.67

클라우스 벵스트(Klaus Wengst) 431n.4, 454n.44, 536n.66, 561n.18, 573, 573n.40, 616n.52

ㅌ

테렌스 도날드선(Terence Donaldson) 29n.3, 30n.5, 46n.3, 57n.21

토드 페너(Todd C. Penner) 18n.6, 350n.3

토머스 쿤(Thomas Kuhn) 46

토머스 토빈(Thomas H. Tobin) 429n.1

트롤스 엥버그-페더슨(Troels Engberg-

ㅍ

폴 마이어(Paul W. Meyer) 93n.1, 108n.18,19, 127, 127n.19, 135n.4, 178n.23

폴 악트마이어(Paul J. Achtemeier) 227n.34, 238n.49, 580, 580n.1

폴 잰커(Paul Zanker) 431n.4

프랭크 마테라(Frank J. Matera) 200n.60, 249n.62, 290n.43

프레드릭 브루스(F. F. Bruce) 273n.19, 317n.42, 511n.33

피터 오브라이언(Peter T. O'Brien) 246n.57, 273n.19, 562n.18

필립 할리(Philip Hallie) 618n.58

핌 퍼킨스(Pheme Perkins) 350n.3

ㅎ

한스 디터 베츠(Hans Dieter Betz) 195n.49, 210n.7, 220n.22, 388n.32

한스 콘첼만(Hans Conzelmann) 183n.29, 216n.17, 263n.8, 307, 307n.25

한스 큉(Hans Küng) 15, 16n.1

헨리 채드윅(Henry Chadwick) 309n.28

헬무트 쾨스터(Helmut Koester) 522n.47, 553n.7

혼 소브리노(Jon Sobrino) 617, 617n.54

인용한 성경 구절과 다른 고전 문헌 색인

구약		시편		잠언	
		2편	31	3:34	486
창세기		6:4-5	494		
1장	434n13	16:10	494	이사야	
1:27	527	18:27	487	1-39장	57n.22
3:5	186n.32	25:9	487	2:2-4	533
22:1-19	497n.13	33:6	434n.13	2:12-22	525
		33:9	434n.13	6장	53n.13
출애굽기		35:24-28	487	11:10	533
3:7-8	591	43:1	487	26:19	494
20:3-6	173	44편	487, 518	40-55장	57n.22, 503, 571
		44:8-11	488	41:8-10	571
레위기		44:17-18	488	42:3	571
25:42	215	44:22(70인경 43:23)	333	42:6	571
		44:22-23	488	42:6-7	533
신명기		44:26	488	43:10	571
4:37	433n.12	66:3	433n.12	43:10-13	571
5:6-8	173	67:1-2	434	43:18-19	556
6:4	28, 125n.18	69:9	281	44:1-2	571
6:4-5	173	86:9	533	44:6-8	571
10:16	97	119:1	99	44:8	571
13:1-4	174	149:4-5	487	44:21	571
21:23	21, 57			45장	444n.35, 503, 571
				45:21-23	116

45:22-23	503	9:23-24	474	4:1-4	522
45:23	114n.2, 117, 211	9:26	97n.5	6:8	175
49:1	58	31:31-34	97		
49:1-6	50n.7			**스바냐**	
49:5-7	533	**에스겔**		1:14-2:3	525
49:6	58, 570	1장	52	3:8-13	525
51:4	570n.38	11:14-21	552		
52:1-12		11:19	97	**스가랴**	
52:13-53:12	144n.15, 151, 156, 186, 488n.6, 489-492, 501-502	18:31	97	8:20-23	533
		30:1-4	525	12-14장	525
		36:22-32	552		
52:13	490, 502	36:26	97		
52:13-15	157, 492	37장	494	**구약 외경**	
53:1-9	492	37:12	494		
53:4	334	44:7-9	97n.5	**토비트**	
53:7	334			14:5-7	533n.62
53:10-12	492, 502	**다니엘**			
53:11-12	157	7:9-14	53n.13	**솔로몬의 지혜**	494
53:12	502	12:1-4	493	2:12-20	488n.6
55:10-11	434	12:2-3	494		
65:2	240n.50			**집회서**	
65:17	556n.9	**호세아**		2:17	486
66:22	556n.9	11:1	31	3:17-20	486
				10:12-15	486
예레미야		**요엘**	525		
1:4-5	434			**마카베오하**	
1:5	50n.7, 58	**아모스**		7장	488
1:9-10	434	5:18-20	525	7:9	489
1:12	434			7:14	489, 493
4:4	97	**미가**		7:20	489

7:23	493	6:28	327	26:15	46
7:40	489	6:28-30	371	28:7-10	94
		6:32	327		
		6:36	327	**로마서**	391-404, 483
위경		10:25-28	174n.18	1-11장	392, 395n.39
		17:21	79n.54	1-3장	180
바룩2서	494	22:25-26	619	1:1	59, 215, 244
				1:34	31n.7
에녹1서	494	**요한복음**		1:4	141, 151, 446, 498n.16
		3:16	35	1:5	58, 63, 169, 176, 224
		10:11	317n.41	1:7	32n.11, 125n.18, 295
신약		17장	620	1:8	29
				1:9	31n.7
마태복음		**사도행전**		1:16	244
5장	328	9:1-19	47n.5	1:16-17	198, 237n.47, 392, 439
5:3-7	327	9:5	46		
5:10-12	327	16:1-5	309n.27	1:17	199, 199n.56,57, 203n.65, 441
5:39-40	371	16:6-10	47n.5		
5:43-44	327	17장	246	1:18-3:20	289
22:36-40	174n.18	18:1-11	47n.5	1:18	397n.41
23:12	486n.4	18:9	47n.5	1:18-31	170
		19:11-13	94	1:18-32	180, 213
마가복음		20:7-12	94n.2	1:20	446
10:38-39	210n.7	21:17-26	309n.27	1:21	97, 527
10:45	317n.41	22장	52n.12	1:23	527
12:18	494n.9	22:6-16	47n.5	1:24	97
12:28-34	174n.18	22:8	46	1:24-25	180
		22:17-22	47n.5	2:1-4	180
누가복음		23:6-8	494n.9	2:5	97, 180
6장	328	26:12-23	47n.5	2:17-24	180

2:23-24	180	5장	108, 127, 128, 147, 186,	5:15-21	188
2:25-29	180		199, 223, 227, 238, 241	5:16	187
2:28-29	552n.3	5:1	534n.64, 538n.69, 539	5:17	187, 435n.16, 437
2:29	97	5:1-2	227	5:18	187, 440
3:3-4	29	5:1-5	250, 529, 538	5:18-19	137, 145, 151,
3:9	73, 172, 179, 437	5:1-11	34, 127, 238, 239,		187
3:21-22	137, 192		288n.41	5:19	63, 186, 187, 197, 199
3:21-26	152, 183, 188n.34,	5:2	55, 128, 508	5:20	438
	196-199, 232, 393, 496	5:2-3	461	5:21	179, 435n.16, 438, 440
3:22	145, 151, 188, 193n.43,	5:3	454n.45, 476	6-8장	472
	203n.65, 233	5:3-4	251	6장	63, 85, 210n.7, 217,
3:23	392, 527	5:5	97, 103, 127, 538		219, 222, 222n.25, 223,
3:24-25	497n.14	5:6	115n.3, 403n.50		230, 234, 253, 498, 506,
3:24-26	141	5:6-8	115n.3, 328,		508, 509, 514n.37
3:25	31n.6, 147,		403n.50, 496	6:1	64
	198n.54, 233	5:6-10	143, 146	6:1-2	508n.31
3:26	137, 145, 192, 193n.43,	5:8	35, 115n.3, 146, 147,	6:1-11	63, 66, 152, 209, 222
	203, 233n.40, 253		147n.19, 197, 284n.33,	6:1-7:6	239
3:27	461		497n.13	6:2	516
3:28	197n.52	5:8-11	393	6:2-3	213
3:29-30	29	5:9	147, 397n.41	6:2-11	63, 119
4장	38, 212	5:9-11	227	6:3	509
4:12	189, 233	5:10	31n.7, 394, 403n.50	6:3-8	509
4:16	189, 233	5:11	127	6:3-10	498
4:16-22	234	5:12	187-188, 438	6:3-11	220n.23
4:17	446	5:12-21	134n.2, 198,	6:4	32n.11, 66, 66n.34, 67,
4:24-25	234, 496		199n.58, 288n.41, 289, 441		83, 85, 141, 151, 506,
4:25	31n.6, 141, 147, 148,	5:14	187, 435n.16, 437,		508, 522
	151, 496n.13, 497n.14, 498		438	6:5	64, 83, 85, 85n.58,
5-8장	238-239	5:15	137, 146, 188		119, 506

6:5-6	64	7:4	214n.9, 220n.23	8:9	96, 99, 101
6:6	64, 83, 135n.6, 137, 150, 184, 217, 516	7:5	179	8:9-11	98
		7:6	214n.9	8:9-16	121-122
6:6-7	64, 213	7:7-8:39	239	8:9-17	218
6:8	84, 137, 509	7:7-13	181n.27	8:10	71, 100
6:9	141, 151	7:11	179	8:11	99, 129, 142
6:9-10	150	7:11-23	435n.16	8:12-13	102, 514
6:10	137, 151, 182, 499	7:13	179	8:13	100, 102n.14
6:10-11	64, 213	7:13-20	438	8:14	96, 99
6:11	35, 66, 67, 217, 221, 222	7:14	73, 179	8:14-16	101
		7:17	73, 99, 179	8:14-17	116
6:11-22	508n.31	7:20	73, 99	8:15	31, 33, 101
6:12	222, 435n.16, 437	7:24	438, 516	8:15-17	484
6:12-23	63, 222	8장	98, 99, 104, 116, 121, 122, 128, 129, 152, 217, 239, 250n.63, 269, 270, 337, 436, 477, 484, 512-519, 535, 538n.69, 542	8:16-17	101, 102, 514
6:13	36, 217, 253, 516, 221			8:17	84, 102, 138, 149, 151, 456, 476, 484, 484n.3, 513, 518, 529
6:14	437				
6:14-15	55				
6:15	181n.27, 441			8:18	519
6:15-23	215	8:1	70	8:18-19	546
6:16	217	8:1-17	513, 515	8:18-25	571
6:17	97, 179, 223	8:2	440	8:18-39	513, 515, 516
6:19	217, 221	8:3	31, 31n.7, 34, 35n.15, 129, 142, 147, 148, 360n.17, 497n.13, 518	8:19-22	535
6:20	179			8:21	536, 546
6:20-23	438			8:22-23	542
6:21-23	516	8:3-4	31n.6, 51n.9, 98, 181, 182, 228, 403n.50, 496	8:23	484n.3, 523, 529
6:22	217			8:26	101
6:22-23	509	8:3-11	98-100	8:26-27	518
6:23	484n.3, 529	8:4	98-99	8:28	36n.17
7장	238	8:8	73	8:28-30	515
7:1-6	181n.27	8:8-11	98	8:29	31n.7, 33, 67, 84,

	514, 519, 530, 545	10:16	224	12:13	217n.18, 395, 398
8:31-32	33	10:17	168, 210	12:14	327, 396
8:31-37	519	10:21	240n.50, 224n.29	12:14-21	51, 573
8:31-39	337, 393, 518	11:1-2	29	12:15	542
8:32	31, 31n.6,7, 34,	11:1-6	552n.3	12:15-16	398
	35n.15, 129, 142, 148,	11:11-24	552n.3	12:16	398-399
	269, 336n.63, 496n.13, 518	11:25	534	12:17-21	396
8:34	143, 151, 269, 284	11:26	533, 552n.3	12:18	396
8:34-35	268	11:29	29	12:19	296, 327
8:34-37	269	11:36	28	12:20	396
8:35	435n.16, 453, 451, 476	12-15장	392, 394, 395,	12:21	397
8:35-37	257		395n.39	13장	398
8:36	333, 487, 518	12-14장	282	13:1-7	394, 397, 563
8:37	34, 268, 476, 517, 539	12-13장	564	13:6-7	397
8:38	435n.16, 437	12장	296	13:7	564
8:38-39	436, 477, 519	12:1	282, 331n.59, 392, 395	13:8	260, 282, 401
8:39	34, 129, 269	12:1-2	224, 516, 556, 572	13:8-10	395, 399, 564
9-11장	163, 533	12:2	395	13:9-10	282
9:1-3	335	12:3-8	103	13:11-12	544
9:2-3	533	12:4-8	564	13:11-14	540
9:3	335n.62,63	12:5	296	13:12	525n.53
9:5	114	12:9	282, 331n.59, 392, 395	13:14	219
9:6-8	552n.3	12:9-10	217n.18, 327, 335	14-15장	87, 282n.31, 470
10장	207, 224, 224n.29,	12:9-13	217n.18	14장	282, 310n.30, 311n.33
	240, 497n.14, 552n.3	12:9-21	327, 371	14:1	403n.49,50
10:5-13	209n.3	12:9-13:10	394	14:1-15:13	312n.35, 394,
10:8	497n.14	12:10	398, 564, 568		399
10:9	497n.14, 557	12:11	217, 217n.18	14:3	400
10:9-10	97, 240, 449	12:12	217n.18	14:7-9	86, 401
10:14	224	12:12-15	542	14:9	138, 150, 352n.8,

	496n.12, 511n.33, 541n.71	15:18	124	1:18-25	244
14:10-12	400	15:19	94, 105n.16, 124, 446	1:18-2:5	360, 466
14:14-21	401	15:30	123, 127, 261	1:21	442
14:15	402	16:18	217n.18	1:21-25	442
14:17-18	122	16:20	66, 435, 435n.16, 536n.66	1:23	21n.16, 135n.6
14:18	217, 402			1:24	16, 38, 442, 466
14:19	352n.8, 402	16:26	169, 176, 224	1:24-25	150
14:22-23	403n.49			1:25	41
15장	283, 402	고린도전서	24n.22, 46, 50n.8, 106, 107, 208, 216, 259, 261, 262, 265, 267, 284n.33, 296, 318, 360, 383, 403, 408n.55, 410n.58, 465, 478, 552n.6	1:26	301
15:1	282n.31			1:26-27	310, 311n.33
15:1-2	282, 283			1:26-28	451
15:1-3	87, 278, 282, 317n.42, 323, 371			1:26-30	474
				1:26-31	450
15:1-7	393, 402			1:29-31	363
15:1-13	404	1-7장	368	1:30	239
15:2	352n.8	1-4장	368, 369, 369n.21, 370n.22, 374	1:31	461
15:3	138, 149, 281, 282, 283, 404			2:1-5	95, 450, 451
		1-2장	38n.20, 443	2:2	15, 38, 106, 107, 135n.6, 287
15:5	282, 283n.31	1장	379		
15:5-6	87	1:2	559	2:3	448, 451
15:6	31n.8, 87	1:3	32n.11, 125n.18	2:4	446
15:7	404, 527n.57	1:4	29, 55	2:6	435n.16
15:7-8	282	1:8	525n.53	2:6-8	436
15:7-9	400	1:9	31n.7	2:7	527
15:7-13	404	1:13	135n.6, 138, 147, 147n.19	2:8	135n.6, 435n.16, 443
15:8	198			2:9	36n.17, 360n.17, 546
15:13	404	1:17	442, 450	2:12	435n.16
15:15	124	1:17-18	442	2:16	225
15:16	59, 124	1:17-25	450	3:1	369
15:17	461n.95	1:18	59, 93, 442	3:3	363, 369

3:5	215	5:3-6	370	7:22-23	218
3:5-9	461-462	5:3-8	467	7:31	556, 572
3:7	462	5:5	435n.16, 525	7:32-35	373
3;12-17	466	5:6	363	7:33-34	373
3:13	525n.53	5:8	365	7:36	364, 373
3:16	99n.9	5:9	360n.18	7:40	470
3:16-17	368	5:10	572	8-16장	373
3:21	363	6장	123, 369	8-14장	558
4장	325, 327	6:1	365	8-10장	373, 376, 378
4:1	215, 215n.15, 328	6:1-6	370n.22	8-9장	308
4:3-5	95	6:1-8	560n.15	8장	298n.8, 310, 311n.33, 374, 379
4:6	129, 363	6:1-11	372-373		
4:7	363	6:3	435n.16	8:1	106, 138, 147, 147n.19, 263, 264, 267, 296, 299, 308, 361, 364, 366, 367, 369, 373, 380
4:8-9	248, 507	6:7-8	371		
4:8-13	326, 451, 452	6:7-9	365		
4:9	454, 574	6:9-11	472		
4:9-13	396	6:10-11	371	8:1-13	374n.25
4:10	16, 454	6:11	96, 120, 208, 212, 371	8:1-11:1	106, 263, 282n.31, 298, 367, 373, 394, 401
4:11	248	6:12-20	364, 372		
4:12	573	6:13-14	540	8:2	308
4:14	296, 328, 360n.17	6:14	446	8:3	36n.17, 360n.17
4:14-21	466	6:15-17	123	8:4	298n.8, 557
4:16	88n.60	6:19	99n.9, 123, 150, 142, 183, 216, 516	8:4-6	263, 308, 374
4:17	360n.17	6:19-20		8:5	436, 557
4:18-19	363, 368	6:20	123, 216, 218n.19, 360, 527n.57	8:6	32n.11, 118, 125n.18
4:21	368			8:7	28, 298n.8, 308
5장	387	7장	218, 470	8:7-13	263
5:1	370	7:1-40	372	8:8-9	308
5:1-2	363-364	7:3	372	8:9	299, 302
5:1-13	369, 371	7:5	435n.16,17	8:9-10	298

8:9-11	264		305, 326n.53	10:32-33	303
8:9-12	308	9:18-19	460	10:32-11:1	303, 367
8:10	28, 298n.8, 373	9:19	60, 300, 302n.20, 305,	10:33	196, 107, 262, 263,
8:11	138, 147, 374		305n.23, 307		266, 303, 364, 366, 375,
8:11-12	299	9:19-22	301n.17		403, 408n.55, 409n.56
8:12	374	9:19-23	308, 309	11장	369, 379
8:13	299, 308, 375	9:20-21	311	11:1	88n.60, 106, 107, 266,
9장	267, 297, 298, 298n.7,	9:20-22	306-307		293, 304, 308, 366, 375,
	301, 303, 306, 306n.23,	9:20-23	300, 310, 375		409n.56
	308, 309, 313, 314	9:21	286, 300, 425	11:2-16	364
9:1	48, 51, 60, 70, 300, 307	9:22	300, 303, 309n.28, 311	11:17-22	558
9:1-6	308	9:23	303, 312	11:17-34	348, 376, 558
9:1-12	302	9:27	375	11:18	376
9:1-11:1	375	10장	262, 263	11:20	376, 558
9:4	106	10:1-22	299n.9, 374n.25	11:20-22	362, 364
9:4-6	302	10:11	182, 505, 524, 556	11:23-26	377, 558
9:5	106	10:14	296	11:25	552
9:6	106	10:14-22	376, 558	11:27-32	377
9:6-7	326n.53	10:16	558	11:27-34	558
9:7-12	308	10:19-22	436	11:29	377, 564
9:7-14	302n.19	10:20-21	435n.16, 558	11:33	362
9:12	106, 302, 305, 307,	10:21	558	12-14장	107, 369, 378, 382
	308, 365, 460	10:23	296, 352n.8, 367, 375	12장	103, 109, 259, 374,
9:13-14	308, 326n.53	10:23-24	262, 263, 367		378, 564
9:15	301, 302, 305, 306,	10:23-11:1	366, 367, 373	12:1-3	360
	310, 460, 461	10:24	303, 364, 366, 375,	12:1-13	96
9:15-18	308, 459, 460		408n.55, 409n.56	12:3	60, 117, 120, 557
9:16-18	308n.26	10:24-11:1	304, 308,	12:4-6	125
9:17-18	302		409n.56	12:4-7	379
9:18	106, 300, 301, 302,	10:31	376, 527n.57	12:7	475

12:10	105n.16, 446	14:2	381	15:13-19	510
12:12-13	119	14:3-5	352n.8	15:17	498
12:13	96, 120, 567	14:4	264, 381	15:17-20	498, 531
12:14-26	379	14:4-5	381	15:19	498
12:22-25	475	14:5	381	15:20	498, 511
12:22-26	379, 566	14:12	352n.8, 381	15:20-23	510
12:25	379	14:13	264	15:22	511
12:27-31	566n.26	14:15-17	559	15:23	525
12:28	475	14:17	352n.8, 381	15:24	32n.11, 435n.16, 536
12:28-29	105n.16, 446	14:18	94, 381	15:24-26	536
12:31	380	14:19	381, 382	15:24-28	525
13장	106, 259, 260, 261, 264, 360, 361, 362, 366, 367, 368, 370, 380, 394, 408n.55, 425, 464, 464n.58,	14:26	352n.8, 381, 559	15:26	435n.16
		14:28	382	15:28	31n.7
		15장	50, 50n.6,7, 66, 382, 383, 497, 498, 506, 510, 511, 534n.64, 625	15:29	531n.61
				15:30-32	528
				15:31	57, 221, 455, 461n.55, 581
13:1-3	106, 259, 380	15:3	51, 147, 283, 284n.33		
13:4-7	259, 261, 380	15:3-4	143, 151, 209	15:32	454n.44, 623
13:4-8	362	15:3-6	50n.8, 497	15:35	511
13:5	106, 107, 262, 262n.5,7, 263, 264, 267, 303, 361, 366, 367, 373, 408n.55,	15:3-7	85, 211, 510	15:42-44	511
		15:3-11	383	15:47-49	512
		15:4	506, 511	15:49	67
13:8-13	259, 380	15:5-8	50n.6	15:50-53	512
13:12	29, 30, 544	15:6-8	497n.15	15:51-52	524n.50
13:13	17, 532	15:8	46, 55	15:52	511
14장	94, 106, 109, 259, 264, 378, 380, 381, 408n.55, 475, 559, 560	15:8-10	48	15:54-58	512
		15:9	47	15:58	296, 383
		15:10	54	16:14	360, 383
14:1	259	15:12-17	511	16:22	36n.17
14:1-5	106, 296	15:12-19	498	16:24	296, 360n.17

고린도후서	67, 107,	2:5-6	387	4:16	338
136n.9, 279, 296, 318, 328,		2:5-11	387	4:16-18	519
328n.56, 329, 338, 383-384,		2:6-9	387	4:17	484n.3, 529, 546
447, 447n.40, 456, 468n.63,		2:11	388, 435n.16,17	5:1-2	338
471, 519, 569		2:17	385	5:1-8	529
1-7장	328, 329, 331, 384, 385	3장	54n.16	5:5	103, 507
1:1	559	3:1	385	5:6	338
1:2	32n.11	3:1-6	331	5:8	338
1:3-7	329	3:1-4:6	541n.72	5:11-14	331
1:3-11	328, 451, 452	3:2-3	331n.58	5:11-21	385, 557
1:4-5	541	3:3	97, 124	5:11-6:13	331
1:5	138, 149, 243, 456, 499	3:6	215, 552	5:12	331, 385
1:6	251, 476n.71, 500n.17	3:7-18	530	5:12-14	385
1:6-7	248	3:16-18	118n.11	5:13	331
1:8-9	455	3:17-18	118	5:14	73, 146, 258, 260,
1:8-10	454n.44, 539	3:18	49, 53, 67, 118,		270, 280, 281, 284,
1:8-11	249		508, 530, 544		294, 384, 385, 441
1:12	331	4:2	331, 385	5:14-15	138, 147, 150,
1:14	461n.55, 525n.53	4:4	31n.7, 49, 53, 118, 179,		268, 336n.63
1:15-2:4	330		435, 435n.16, 527	5:14-21	152
1:19	31n.7	4:5	60, 331, 358	5:14-6:2	331
1:20	439	4:6	30n.4, 49, 118, 527	5:15	86, 150, 180, 183,
1:21-22	122	4:7-12	67, 451, 452, 455		216, 216n.16, 217
1:22	100, 103	4:7-15	330, 338	5:17	184, 216, 253, 441,
1:23	330	4:10	138, 150		537, 556
1:24	249	4:10-12	61	5:18-19	142
2장	388	4:11	455	5:18-20	569
2:1	330	4:11-12	463	5:18-21	385
2:1-5	331n.57	4:14	84	5:19	34, 38, 70n.40, 534
2:4	330, 384	4:15	330, 464	5:20	331, 384

5:21	142, 147, 150, 182		150, 152n.23, 278, 279,	11장	460
6:1	386		280, 280n.25-28, 281,	11:4	107
6:2	386		285, 312, 390	11:5	53, 107, 328, 460
6:3-4	385	8:13-15	478	11:5-6	107, 449
6:3-10	328, 451, 452	8:14	612n.48	11:7	107, 319
6:3-13	331-332	8:14-15	391	11:7-11	326n.53, 333, 460
6:4	215, 331	8:19	389, 527n.57	11:7-12	459
6:10	390	8:24	388, 389, 461n.55	11:7-15	318
6:11-13	386	9장	278, 279, 374	11:9	318, 319
6:14-7:1	328	9:6-12	391	11:10	461
7장	388	9:12	391	11:11	296, 319, 384, 460,
7:1	296	9:13	388n.33, 391, 527n.57	11:12	53
7:2	386	9:14-15	279	11:13	328, 460
7:4	461n.55	9:15	390	11:14	329, 435n.16
7:5-15	386	10-13장	296, 318, 328, 329,	11:14-15	435n.17
7:9	386		332, 384, 385, 448	11:15	215
7:10	386	10-12장	468	11:16-12:13	53
7:12	386	10:1	318, 332, 462	11:20-21	460
7:16	386	10:1-2	449	11:21-30	334-335
8-9장	328, 384, 388, 478	10:2-11	462	11:21-12:13	107
8장	278, 278n.23, 279,	10:3-6	469	11:23	215, 334
	388-389	10:4	469	11:23-25	245
8:1-2	247n.60	10:5	318	11:23-29	328
8:1-5	279	10:6	332	11:23-33	451, 453
8:4	390	10:8	332	11:28	221, 335
8:5	254	10:9-10	449	11:29	324n.50
8:6-7	391n.34	10:10	95	11:30	107
8:7	279	10:11	449	11:31	31n.8
8:8	279, 388, 389	10:12-18	461n.55	12장	52, 52n.12, 457, 462
8:9	55, 139, 146, 147, 149,	10:17	461	12:1	47, 457-458

12:1-4	49	13:8-9	468	1:13-14	47
12:1-7	94	13:9	468	1:15-16	48, 57, 61, 601
12:1-10	52	13:10	332, 352n.8	1:16	31n.7, 50n.7, 51, 94
12:1-13	107	13:13	123	2장	202n.64, 230
12:2	52, 53			2:1-2	48
12:2-5	458n.51	갈라디아서	24n.22, 46,	2:1-10	50
12:4	53		50n.8, 62, 82n.56, 97n.6,	2:2	52
12:5	95		103n.15, 104-108, 126,	2:7	48
12:6-10	54, 457-458		145, 148, 176n.21, 181n.27,	2:9	48
12:7	49, 324n.50, 435,		193-196, 200, 202, 225-229,	2:11-14	50n.8
	435n.16, 448, 458		235, 250, 309n.27, 350,	2:11-21	50
12:8-10	454		354-359, 441, 552n.3	2:14	224n.30
12:9	49, 73, 95, 107	1-2장	50	2:15-16	151, 191
12:9-10	335, 463	1장	50n.7, 52n.12, 58n.23	2:15-21	52, 74, 152, 195,
12:10	95, 328, 333, 447,	1:1	32n.11, 143, 151		195n.49, 225, 226, 228,
	451, 453, 458	1:3	125n.18		229, 232, 233, 355, 441
12:11-12	107	1:4	32n.11, 51n.8, 139,	2:16	139, 145, 188,
12:12	94, 95, 105n.16,		145, 147, 148, 150, 152n.23,		189n.38, 193, 193n.43, 194,
	107, 446		181, 200n.59, 268, 269, 272,		195, 203n.65, 210, 210n.6,
12:13	460		281, 283, 285, 317n.41, 441,		218, 228, 229, 230, 355
12:14-15	333		441n.27, 468, 557	2:16-21	234
12:15	296, 333	1:4-5	440	2:17	218, 229
12:19	296, 332, 352n.8	1:6	55	2:19	36, 195, 203, 210n.7,
12:21	29, 462	1:8	435n.16		214n.9, 230
13장	467	1:8-9	597	2:19-20	35, 105, 183,
13:1-5	467-468	1:10	59, 215		184, 220n.23
13:4	84, 135n.6, 139,	1:11-12	50	2:19-21	191
	150, 446, 468	1:11-13	48	2:20	31n.7, 51n.8, 64, 71,
13:5	72, 79n.54, 467n.32	1:12	50n.8, 51, 94		71n.43, 73, 74, 81, 83, 104,
13:8	468	1:13	55n.19, 559		135n.6, 145, 146, 147, 148,

	151, 152n.23, 181, 188, 194,	3:26	209	5:6	37, 70, 219, 221, 231,
	203, 214, 222, 221, 230, 257,	3:26-27	209		258, 259, 289, 290n.43,
	267, 268, 269, 270, 272,	3:27	63, 119, 209, 210n.6,		290n.44, 310n.30, 357, 402
	276, 280, 285, 288, 289,		218, 219, 354	5:6-22	354
	290n.43, 317n.41, 317n.42,	3:28	70, 119, 400, 474, 567	5:7	169, 224n.30
	354, 355, 356, 356n.11, 357,	3:28-29	552n.3	5:11	46, 250
	358, 418n.64, 441, 455	3:29	209	5:13	101, 104, 181n.27, 266
2:20-21	139	4장	128	5:13-14	101, 358
2:21	193, 194, 228, 229	4:1-7	209	5:14	260
3-4장	195, 253, 356	4:1-11	181n.27	5:15	359
3장	234n.41	4:3	435n.16, 436, 441n.27	5:16	101, 356
3:1	105, 135n.6, 195n.50	4:4	31, 31n.7, 51n.9, 99, 181	5:16-17	218
3:1-5	105, 208, 249,	4:4-5	31n.6, 105, 126,	5:20-21	369
	249n.62, 356, 572		200n.59	5:22	104, 107, 261, 358
3:1-18	209	4:4-6	105, 126	5:22-23	100, 103, 369
3:2	96, 354	4:4-7	356	5:23	462, 473
3:2-5	105	4:5	195n.50	5:24	64n, 100, 101,
3:4	249	4:6	31, 31n.7, 33, 97,		102n.14, 135n.6, 211,
3:5	94, 96, 249, 446		104, 126, 181		214, 220n.23, 516
3:6-9	552n.3	4:7	357	5:25	98, 356
3:10-13	357	4:8	179	5:26	369
3:13	57, 184n.30	4:8-9	436, 441n.27	6:2	282n.31, 286, 358, 359
3:13-14	195n.50, 357	4:9	29, 435n.16	6:5	359n.16
3:21-22	191-192, 195,	4:13	448, 454n.44	6:8	441n.27
	195n.50	4:19	19, 71, 89	6:10	260n.3, 358, 542, 572
3:22	140, 145, 188, 193,	4:31	181n.27	6:12	243, 250
	193n.43, 203, 209,	5장	217, 557	6:14	64, 135n.6, 213,
	437, 441n.27	5:1	181n.27		219, 220n.23, 222
3:22-29	208	5:2-4	250	6:15	184, 537
3:24	209	5:5	103, 484n.3, 529	6:16	97, 253, 552,

인용한 성경 구절과 다른 고전 문헌 색인 673

	552n.3, 556	5:28-29	420	1:20-26	405
6:16-26	228	5:31	423	1:21	342
6:17	61, 62n.29, 244, 457, 574	5:33	421	1:21-23	529
				1:22	339
6:18	125	**빌립보서**	24n.22, 74, 78n.50, 159, 196, 200-201, 202, 246, 272n.18, 319, 347, 350, 404-412, 444-456, 521n.47, 522, 543, 561, 563, 570, 574, 626	1:23	84, 342, 484n.3, 529
				1:23-26	342
에베소서				1:24	342
1-3장	417			1:25	246, 342
1:1	417n.63			1:25-26	342
4-6장	417			1:27	343, 406, 407, 407n.54, 562, 570
4:1	417	1장	404		
4:12	417	1:1	215	1:27-30	406, 563, 572
4:15	417	1:2	32n.11, 125n.18	1:27-2:4	76, 82, 159n.28
4:16	417	1:3	29	1:29	189n.38, 476, 500n.17
4:17-6:20	418	1:6	525n.53	1:29-30	246, 410n.57
4:31-5:2	418	1:7	245	2장	82, 104, 119n.13, 184-186, 186n.33, 223, 275n.21, 280, 280n.26, 281, 287, 287n.40, 305, 305n.23, 312, 321, 322, 501n.18, 502n.19, 523
5장	417-424	1:8	270, 271, 271n.16, 295		
5:1-2	420n.65	1:9	259		
5:2	419, 421	1:10	525n.53		
5:3-16	418	1:10-11	405		
5:18-21	418, 419, 421	1:11	117, 527n.57		
5:21	419, 420n.65, 421, 422	1:12-14	246	2:1	109, 271, 406
5:21-33	419	1:13	338	2:1-2	277
5:22	420, 420n.65, 421, 422	1:15-17	295	2:1-3	244
5:22-33	420n.65, 423	1:18	295	2:1-4	76, 77, 78, 78n.51, 80, 82, 109, 283, 406, 407, 413, 563
5:22-6:9	419	1:18-26	339, 341		
5:23	420, 421	1:19	99, 342		
5:24	420, 421	1:19-26	409n.56	2:1-5	270-271, 272
5:25	421	1:20	342	2:1-8	317n.42
5:28	421	1:20-23	339	2:1-11	398-399, 411, 412

2:2	283n.31, 407, 412		411, 411n.59, 443, 444, 500,	2:23-24	411
2:2-4	407		502n.18, 503, 504n.24, 520,	2:25	412
2:3	277, 408, 409		522n.48, 561, 562, 565, 570,	2:25-30	411
2:3-4	276, 277, 408, 411		574, 584, 601, 626	2:26	412
2:4	265n.10, 272, 277,	2:7	60, 148, 285, 412	2:27	412
	347, 408, 408n.55, 409,	2:7-8	272, 280	2:30	412
	410n.58, 412	2:8	135n.7, 145, 148,	3장	65, 67, 68, 193n.43,
2:5	71, 72n.44, 73, 74,		184, 185, 201, 243, 285,		200, 499, 520, 522
	75, 76, 76n.49, 78n.51, 79,		307, 412	3:2	246
	79n.52, 80, 81, 82, 88,	2:9	117, 140n.12, 143, 502,	3:2-21	159n.28
	109, 225, 398, 412		502n.19, 503	3:3-4	211
2:5-8	347	2:9-11	53n.15, 60, 114n.2,	3:4-6	520
2:5-11	153n.24, 271n.17,		151, 211, 410n.57, 501, 533	3:4-11	520
	273n.19,20, 340n.67,	2:10-11	116, 503	3:6	47
	411n.59, 503n.22,	2:11	31n.8, 32n.11, 60,	3:7-8	520
	504n.24, 599n.30		117, 120, 406, 412,	3:7-12	65
2:6	76, 117, 312, 520,		502n.19, 504, 557	3:8	71, 193n.43, 520
	520n.44	2:12	78, 159n.28, 295	3:8-9	192, 200, 506
2:6-7	285	2:12-16	563	3:9	145, 188
2:6-8	140, 151, 272,	2:12-18	469	3:9-11	140
	276-280, 285, 305,	2:13	159n.28	3:10	54, 54n.16, 73, 83,
	305n.23, 306-307, 314-315,	2:15	570		85n.58, 89, 149, 193n.43,
	321-322, 358, 390, 408,	2:16	461n.55, 525n.53		200, 243, 446, 506, 541
	409, 413, 501, 521	2:17	244, 412	3:10-11	220n.23, 456,
2:6-11	51n.10, 60, 60n.26,	2:19	412		499, 520-521, 521n.46
	76n.49, 80, 136n.7, 149,	2:19-24	411	3:11	66, 484n.3, 529
	152-160, 162, 200, 201,	2:19-30	411, 412	3:12	59, 257
	201n.60, 265, 270, 271,	2:20	412	3:14	484n.3, 522, 529
	277, 288n.41, 349, 404,	2:21	412	3:17	522
	405, 405n.52, 406, 410n.58,	2:22	412	3:17-18	200

3:18	243, 246, 522, 585	1:6	88n.60, 246, 317n.42, 495n.11	2:17-20	295n.4
3:20	116n.8, 543, 561, 570			2:18	435n.16,17
3:20-21	84	1:6-8	247	2:19	525
3:21	67, 523, 527	1:8	168, 225n.31, 247n.58	2:19-20	461n.55
4:1	461n.55	1:9	217, 224n.31, 439	3:1-5	572
4:2	413	1:9-10	211, 532	3:2	247n.58
4:3	563	1:10	31n.7, 484n.3, 529	3:3	245, 251
4:9	34	2장	314, 316n.40	3:3-4	245, 247, 317
4:10	71	2:1-12	354	3:5	247n.58, 435n.16
4:13	463, 477, 627	2:2	59, 244, 317, 448, 454n.44	3:5-10	247
4:14	413			3:6	247n.58, 350n.4, 351
4:14-20	413	2:3	314	3:7	247n.58
4:19	29	2:5	314	3:9-10	295n.4
		2:5-6	314	3:10	247n.58
골로새서		2:5-9	459	3:12	350n.4, 351n.5, 353
1:27	508n.29	2:5-12	314-315	3:12-13	351, 351n.5
2:5	189n.38	2:7	314-315, 316n.39	3:13	351, 351n.5
		2:7-8	315	4:3-5	473
데살로니가전서	24n.22, 120, 246, 313-318, 350-354, 532, 539n.70	2:8	59, 315, 316, 317, 317n.42	4:3-8	353n.9
				4:7-8	473
		2:8-10	317n.42	4:9	350n.4
1:1	32n.11, 125	2:8-12	295	4:9-10	352, 353
1:1-10	120, 121	2:9	59, 314-315, 316, 316n.39, 317, 318	4:13-18	247, 352, 531-532
1:2	351			4:13-5:11	352
1:3	32n.11, 225n.31, 247n.58, 251, 350n.4, 532	2:11	318	4:14	496n.12, 511n.33
		2:11-12	315	4:15	525
1:4	350n.4	2:13	314	4:15-17	524n.50
1:4-2:12	314	2:14-15	317n.42	4:16	511n.33
1:5	446	2:14-16	247n.59, 539n.70, 572	4:17	84
1:5-6	317			4:18	352n.6

5:1-11	352, 540	디모데후서		18	320, 323, 413
5:2	525n.53	3:12	251	19	320, 323, 414
5:3	543, 571			20	320n.44, 323, 414
5:8	350n.4, 351, 468,	디도서		21	320, 415
	484n.3, 529, 532, 571	2:13	508n.29	21-22	321
5:9	529			22	551n.2
5:9-10	140, 147, 150	빌레몬서(모두 절)		25	551n.2
5:10	84, 86, 147n.19		24n.22, 319-324, 551		
5:11	352, 352n.6	1	319, 320, 414	히브리서	
5:12-14	352	1-2	413, 551, 551n.2	12:2	495n.11
5:12-15	352	1-7	321	베드로전서	
5:13	350n.4	2	321	5:5	486n.4
5:15	353, 572, 573	3	551n.2		
5:16-19	122	4	29	요한1서	
5:19-21	94	4-5	414	3:9	37
5:23	525	5	319, 322, 415	3:16	317n.41
5:23-24	351	7	319, 322, 414	4:7-8	37
5:28	55	7-8	322	4:8	34
		8	321, 322	4:16	34
데살로니가후서	316n.40	8-10	321-322	요한계시록	
1:4	247n.60, 251	9	319, 322, 322n.49, 323	4-5장	53n.15
1:6	247n.60	10	320, 414	5:6	53n.15
2:1	525n.54	11	320n.44	5:9	53n.15
2:8	525n.54	12	414	5:12	53n.15
2:13	122n.16	12-14	320	7:14	53n.15
3:5	36n.17, 251	14	321, 322	7:17	53n.15
3:7	88n.60	15-16	415	12:11	53n.15
3:8	326n.53	16	319, 320, 414	13:8	53n.15
3:9	88n.60	17	320, 323, 414	17:14	53n.15
		17-19	321		

21:22	53n.15	1.3	343n.70
22:1	53n.15		
22:4	53n.15	*On Duty*	
		1.50	301n.15

초기 기독교의 다른 문헌 자료

에픽테투스(Epictetus)

Discourses

1.18.22   182n.28, 517n.39

바울과 테클라 행전

3장   449n.43

요세푸스(Josephus)

Antiquities

18.12-17   494n.9

이레나이우스(Irenaeus)
이단 논박(Against Heresies)

5.5.1   52n.11

Jewish War

2.163-66   494n.9

7.203   20n.13

다른 고대 문헌

세네카(Seneca)

키케로(Cicero)

Epistles

Against Verres

		70.11-12	339-340
2.5.62	20n.13	70.19-27	341
2.5.66	20n.13	70.28	339-340

In Defense of Flaccus

18   301n.15, 432n.9

In Defense of Rabirus

5.16   21n.14

Letter to My Brother Quintus

옮긴이 **박규태**는 고려대학교 법과대학(LL.B)과 총신대학교 신학대학원(M.Div)을 졸업했다. 교회 사역에서 물러난 뒤, 현재는 번역과 저작에 전념하면서, 영미뿐만 아니라 독일, 이태리, 스페인과 일본 등 세계 각지의 기독교 유산을 우리말로 옮겨 소개하려는 노력의 일환으로 아우구스티누스의 어머니 모니카에 대한 책을 이태리어에서 우리말로 옮겼으며, 한국 기독교계에 잘 알려지지 않은 전 독일 대통령 요하네스 라우의 책과 헬무트 틸리케의 책을 번역하기도 했다.

성경이 말하는 쉼에 대해 이야기하고자 『쉼』(좋은씨앗)을 썼으며, 『종교개혁 시대의 영성』 『기독교의 미래』 『진리의 기독교』 『내 어머니 모니카』(이상 좋은씨앗), 『세상을 잃은 제자도 세상을 얻는 제자도』 『신약성경에 나타난 제자도의 유형』 『구속사로 본 핵심 주석』(이상 국제제자훈련원), 『세계를 부둥켜 안은 기도』(홍성사), 『어쩔 수 없는 숙명이라는 말은 무신론자나 하는 말입니다』(살림), 『약할 때 기뻐하라』(공역, 복있는사람) 외에도 많은 책들을 우리말로 옮겼다.

옮긴 책 중 알리스터 맥그라스의 『기독교, 그 위험한 사상의 역사』(국제제자훈련원)는 2009년 제25회 한국기독교출판문화상 대상을 수상했으며, 이 책에는 목사로서의 교회를 향한 마음과 옮긴이로서의 꼼꼼함이 성실한 번역과 역주 및 옮긴이의 말 가운데 잘 나타나 있다.

삶으로 담아내는 십자가
: 십자가 신학과 영성

Copyright © 새물결플러스 2010

1쇄 발행	2010년 3월 3일
5쇄 발행	2024년 6월 30일

지은이	마이클 J. 고먼
옮긴이	박규태
펴낸이	김요한
펴낸곳	새물결플러스
편 집	왕희광 정인철 노재현 이형일 나유영 노동래
디자인	황진주 김은경
마케팅	박성민
총 무	김명화 이성순
영 상	최정호
아카데미	차상희

홈페이지	www.holywaveplus.com
이메일	hwpbooks@hwpbooks.com
출판등록	2008년 8월 21일 제2008-24호
주 소	(우) 04114 서울시 마포구 신촌로28가길 29
전 화	02) 2652-3161
팩 스	02) 2652-3191

ISBN 978-89-963761-0-1 03230

책값은 뒤표지에 있습니다.